De eeuwigheid verzameld

Uitgeverij Prometheus stelt alles in het werk om op milieuvriendelijke en duurzame wijze met natuurlijke bronnen om te gaan. Bij de productie van dit boek is gebruikgemaakt van papier dat het keurmerk van de Forest Stewardship Council (FSC) mag dragen. Bij dit papier is het zeker dat de productie niet tot bosvernietiging heeft geleid.

EVA ROVERS

De eeuwigheid verzameld

HELENE KRÖLLER-MÜLLER (1869-1939)

2012 Uitgeverij Bert Bakker Amsterdam

Eerste druk 2010
Vierde druk 2012

Tenzij anders vermeld zijn afbeeldingen van kunstwerken en foto's eigendom van het Kröller-Müller Museum in Otterlo. Van werken van beeldend kunstenaars aangesloten bij een CISAC-organisatie is het auteursrecht geregeld met Pictoright te Amsterdam. © c/o Pictoright Amsterdam 2010. De uitgever heeft getracht alle rechthebbenden van de illustraties te achterhalen. Aan hen die desondanks menen aanspraak te kunnen maken op enig recht, wordt verzocht contact op te nemen met Uitgeverij Bert Bakker, Postbus 1662, 1000 BR Amsterdam.

Deze uitgave is financieel mede mogelijk gemaakt door het Hartenfonds te Den Haag en de J.E. Jurriaanse Stichting te Rotterdam.

© 2010 Eva Rovers
Boekverzorging Willem Morelis
Omslagontwerp Tessa van der Waals
Foto omslag Kröller-Müller Museum
Foto auteur Wildt Imaging
www.uitgeverijbertbakker.nl
ISBN 978 90 351 3889 6

Uitgeverij Bert Bakker is onderdeel van Uitgeverij Prometheus

Voor mijn ouders

Some – Work for Immortality –
The Chiefer part, for Time –

EMILY DICKINSON

Inhoud

Proloog   11

1
Lompen en luxe
Een ernstige jeugd   19

2
Strategie en liefde
De wording van een koopmansvrouw   49

3
Zien en geloven
De kunstpaus, Spinoza en Van Gogh   85

4
Ouders en kinderen
Een nieuwe zoon in het gezin Kröller   115

5
Afgunst en bewondering
Inspiratie in Hagen voor ongewisse tijden   143

6
Leven en dood
Verzamelen voor de toekomst   173

7
Berlage en Mies van der Rohe
Titanenstrijd om een huis van hout en linnen   205

8
Particulier en openbaar
Het museum Kröller aan het Lange Voorhout   233

9
Oorlog en verzet
Een verpleegster in Luik en de bouw van Sint Hubertus   255

10
Winst en verlies
De bloei van de collectie en het verdriet dat Helene heet   291

11
Idealisme en realisme
Het megalomane museum van een bijna failliet echtpaar   327

12
Verval en behoud
Een volhardend Baumensch   365

13
Democratie en dictatuur
Het belang van politiek aan het einde van een leven   397

14
Alfa en omega
Een tijdelijk museum voor de eeuwigheid   425

Epiloog   455

Tot besluit en ter verantwoording
Terugblik op een leven   473

Woord van dank   481

Noten   484
Geraadpleegde archieven   572
Geïnterviewde personen   573
Geraadpleegde dag- en weekbladen   574
Literatuur   576
Register   592

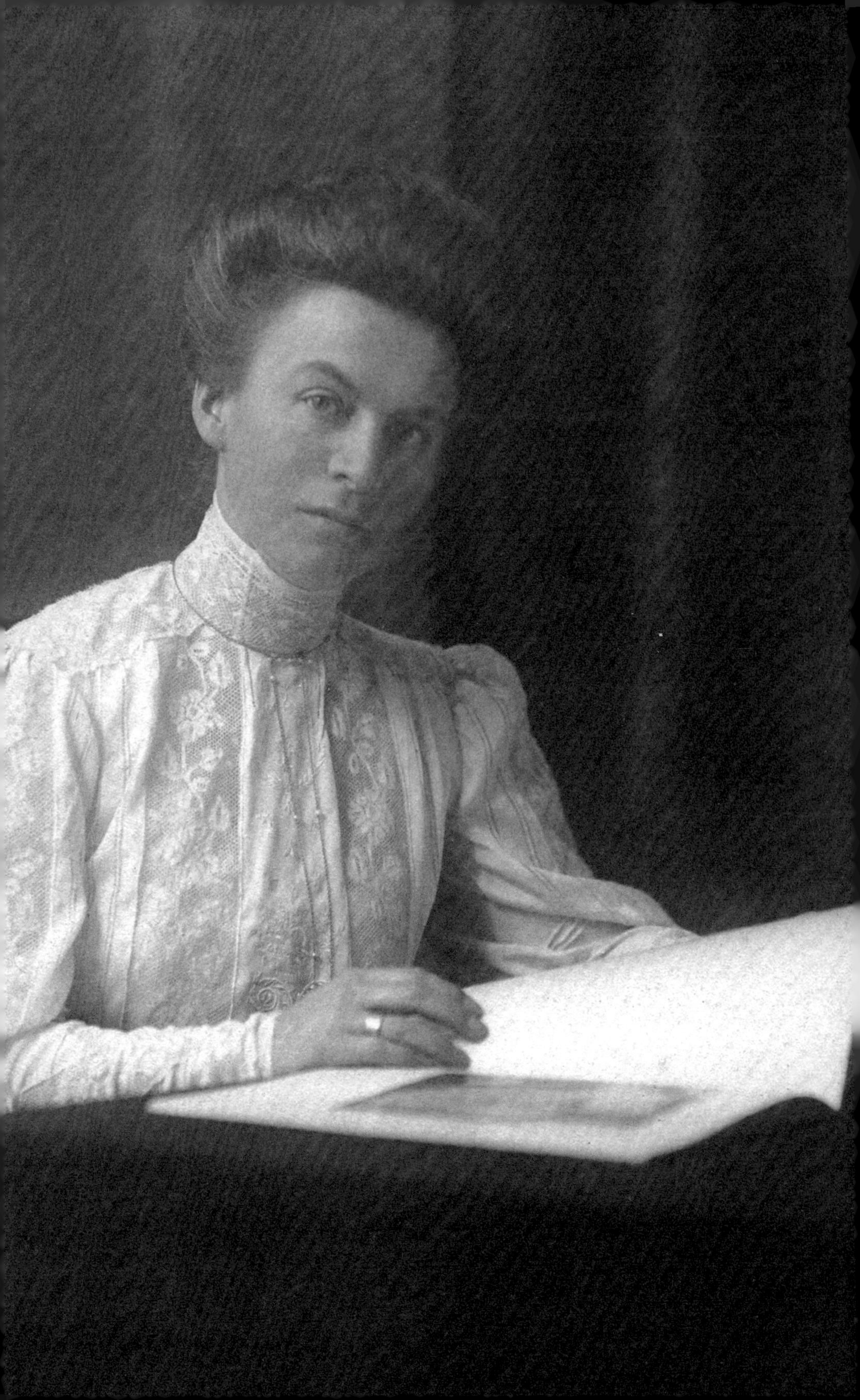

Proloog

Augustus 1911. Starend naar het plafond van haar kale ziekenhuiskamer voelde Helene zich een oude vrouw. Ze was pas tweeënveertig, maar de kwalen en kwaaltjes die haar al maanden plaagden, hadden haar alle levenslust ontnomen. Ondanks de slaappoeders die ze nam, bezorgde vooral buikpijn haar vaak doorwaakte nachten. De pijn was zo aanhoudend, dat ze de vakantie op haar Veluwse landgoed grotendeels in bed had moeten doorbrengen.

Drie dagen lang was ze onderzocht in het Amsterdamse Diaconessenziekenhuis. De diagnose die ze zojuist te horen had gekregen, was beangstigend. Op zakelijke toon had de arts haar verteld dat op de röntgenfoto's gezwellen te zien waren, die, wanneer ze niet zouden worden verwijderd, levensgevaarlijk waren. Ze zou een zware operatie moeten ondergaan, wilde ze kans maken op genezing. Helene had geen verdere toelichting nodig gehad. Zonder aarzeling had ze ingestemd met de ingreep. Tot verbazing van de arts was een lang, overredend gesprek niet nodig. Ook een gesprek van de dokter met haar man Anton had Helene resoluut afgewezen. Het was volgens haar geen reis naar Amsterdam waard, maar ze had de arts beloofd dat ze haar echtgenoot zou vertellen wat er stond te gebeuren.

Nu was ze terug op haar kamer, de woorden van de arts nog nagalmend in haar hoofd. Het was merkwaardig hoe snel de noodzaak van al die dingen die ze nog meende te moeten doen, verbleekte in het licht van haar eigen sterfelijkheid. Slechts een paar voornemens bleven nog over. Ze wilde met haar jongste zoon Bob de beloofde reis door Zeeland maken, haar net getrouwde dochter wilde ze ervan overtuigen haar echtgenoot te volgen naar Argentinië en uiteraard moest een aantal financiële zaken rond haar erfenis geregeld worden.

Terwijl ze dit alles de revue liet passeren, drong zich een ander idee aan haar op. Het was een gedachte die ze niet eerder had durven toelaten, omdat zij te groots was, te ambitieus. Niettemin had deze gedachte haar achtervolgd sinds ze in het voorjaar de Duitse mecenas Karl Ernst Osthaus had ontmoet. Of beter gezegd: sinds ze zijn verzameling moderne kunst en zijn museumhuis had gezien, waarmee hij de industriestad Hagen een culturele impuls wilde geven. Zelf had ze de afgelopen vier jaar ook een indrukwekkende collectie aangelegd. Toen ze Osthaus ontmoette, bezat ze zelfs al meer schilderijen van de omstreden Vincent van Gogh dan hij, terwijl deze jonge verzamelaar in Duitsland de eerste was geweest die Van Goghs werk had durven kopen. Enige jaloezie had ze niet kunnen onderdrukken toen ze besefte dat haar gastheer erin was geslaagd zijn verzameling te verheffen boven de status van een persoonlijke hobby. Dat was wat zij ook had gewild, maar als vrouw had zij zichzelf nooit in staat geacht zoiets te kunnen volbrengen.

Ondanks dat gebrek aan zelfvertrouwen koesterde ze het verlangen om wat wezenlijks na te laten. Vroeger had ze gedacht dat te kunnen bereiken door de opvoeding van haar kinderen. Ze had grote verwachtingen van hen gehad, maar zoals wel vaker met zulke verwachtingen het geval is, leidden deze slechts tot even zo grote teleurstellingen. Haar drie zoons legden weinig interesse aan de dag voor school, laat staan voor intellectuele ontwikkeling. En haar dochter, wel behept met een scherpe geest, koos ervoor zich geheel aan haar aanstaande gezin te wijden. Allen waren zij hun eigen leven gaan leiden, wars van de hooggestemde idealen van hun moeder. De hoop via haar kinderen iets van zichzelf na te laten, had Helene dan ook grotendeels opgegeven. Maar nu ze de dood in de ogen keek, besefte ze dat ze ook op een andere manier haar gedachtegoed kon laten voortleven.

Toen Anton haar de volgende dag kwam ophalen, vroeg ze hem niet direct naar huis te rijden, maar met haar naar het badhotel in Baarn te gaan. Daar maakten ze een lange wandeling door de lommerrijke omgeving. Weg uit het beklemmende ziekenhuis en eindelijk weer in de vrije natuur, voelde Helene zich herleven. Zonder omhaal vertelde ze haar man dat ze een levensgevaarlijke operatie moest ondergaan en dat ze besloten had om haar verzameling aan Nederlandse musea te schenken, mocht ze komen te overlijden. Maar belangrijker was het plan dat ze had opgevat als ze de operatie zou overleven. In dat geval wilde ze haar collectie verder uitbreiden en onderbrengen in een eigen museum, dat ze zou nalaten aan de Nederlandse bevolking. Als haar kinderen haar gedachtegoed niet lieten voortleven, dan zou ze daar zelf wel voor zorgen. De verzameling die ze tot nu toe had samengebracht was het ideale instrument om dat doel te verwezenlijken. 'Dan zou het over honderd jaar al zijn een interessant monument van kultuur, een groote les hoe ver aan innerlijke beschaving een koopmansgezin uit het begin der eeuw 't zou hebben gebracht. Het zou een museum zijn zoo natuurlijk & levend als het tot nog toe niet was vertoond.'

De vrouw die in augustus peinzend in het ziekenhuis lag, verliet in november datzelfde ziekenhuis als een vrouw met een missie. Vanaf dat moment zouden Helenes kunstaankopen elkaar in adembenemend tempo opvolgen. Er brak een tijd aan waarin zij Picasso's en Mondriaans kocht, zoals andere dames zich hoeden en handtassen aanmaten. Jaren waarin zij na drie dagen in Parijs te zijn geweest, naar huis terugkeerde met vijftien schilderijen van Vincent van Gogh, een kunstenaar die voor de Eerste Wereldoorlog nog maar door een select gezelschap van liefhebbers op waarde werd geschat. Vriend en vijand verbaasde ze met de astronomische bedragen die zij bereid was voor zijn werk te betalen. Haar aankopen kregen nog meer aanzien, omdat de hele kunstwereld wist dat zij gestimuleerd werden door haar adviseur H.P. Bremmer, voor de oorlog dé Van Gogh-kenner in Nederland. Zijn kennis en haar geld zouden er mede toe bijdragen dat de interesse voor de kunstenaar zich in de eerste twee decennia van de twintigste eeuw als een olievlek over de kunsthandel verspreidde.

Ook voor de museumplannen werden kosten noch moeite gespaard. Architecten van naam, onder wie Peter Behrens, Ludwig Mies (later: Van der Rohe) en H.P. Berlage, kregen de opdracht om een museumhuis te ontwerpen. Maar zonder succes. Juist de samenwerking met deze architecten zorgde ervoor dat Helene Kröller-Müller steeds zelfbewuster werd, waardoor ook haar veeleisendheid groeide. Het gevolg was dat de heren stuk voor stuk werden ontslagen. Uiteindelijk vond ze in Henry van de Velde de architect die haar museum zou bouwen. Maar toen in 1922 eindelijk de fundamenten van zijn megalomane ontwerp op de Veluwe waren gelegd, raakte Müller & Co in grote financiële problemen en moest de bouw worden gestaakt.

Toch zou het museum er komen, al was het niet het gedroomde museumhuis dat Helene voor ogen had gehad, maar het veel kleinere 'overgangsmuseum' dat wij tegenwoordig kennen als het Kröller-Müller Museum. Anno 2010 bestaat dit museum meer dan zeventig jaar. Hoewel de verschillende directeuren met uitbreidingen, de aanleg van een beeldentuin en een eigen verzamelbeleid hun stempel hebben gedrukt, ademt het geheel nog sterk de geest van de grondlegster. Met gemiddeld ruim driehonderdduizend bezoekers per jaar is het uitgegroeid tot een van de grootste en bekendste musea van het land. Vooral de vaste collectie weet mensen uit de hele wereld te bewegen om naar het afgelegen dorpje Otterlo af te reizen. Niet langer is de collectie 'hypermodern', maar zij staat nu vooral bekend vanwege haar klassiek moderne karakter. Mensen verdringen zich om *Le Chahut* van Seurat te zien, het grote schilderij met de vrolijke cancan-danseressen, of *De clown* van Renoir. Anderen krijgen geen genoeg van de robuuste werken van Charley Toorop, of proberen in de geometrische lijnen en primaire kleuren van Piet Mondriaan naar betekenis te zoeken. Maar de grootste aantrekkingskracht gaat nog altijd uit van de 87 schilderijen en 182 werken op papier van Vincent van Gogh, na de collectie van het Van Gogh Museum in Amsterdam de grootste verzameling van zijn werk ter wereld. Met dat grote en grensoverschrijdende bereik, voldoet het museum aan Helenes wens om haar verzameling bekend te maken bij een breed publiek. Op die onwaarschijnlijke plek midden op de Veluwe is inderdaad een 'internationaal cultuurcentrum' ontstaan, zoals zij voor ogen had.

Het belang van de verzameling is nog altijd onmiskenbaar, net zoals het gegeven dat deze zonder Helene Kröller-Müller niet had bestaan. Maar men kan zich afvragen of de samenstelling ervan wel in de eerste plaats haar verdienste was. Er is weinig voor nodig om aan te tonen – Helene beaamde dit zelf volmondig – dat niet zij, maar Bremmer de drijvende kracht was achter de totstandkoming van deze verzameling. Hij adviseerde, zij kocht. Wat dat betreft, is het zelfs de vraag of Helene Kröller-Müller werkelijk een verzamelaar was. In tegenstelling tot haar adviseur liet zij zich bijvoorbeeld nooit verleiden tot het hartstochtelijk najagen van een gewild kunstwerk. Haar collectie lijkt in de eerste plaats een middel tot een doel te zijn geweest, namelijk het nalaten van een monument van cultuur.

Toch was Helene wel degelijk een schoolvoorbeeld van een verzamelaar. Niet zozeer wat het aankopen zelf betreft, maar in de betekenis die zij heeft gehad voor de kunstgeschiedenis. Zij was exemplarisch voor de vele verzamelaars die ervoor zorgden dat de moderne kunst in de vroege twintigste eeuw haar plek vond in musea over de hele wereld. Op die manier vormden verzamelaars de verbinding tussen de prille erkenning door een beperkte groep van medekunstenaars en critici enerzijds en de grote bekendheid onder een breed publiek anderzijds. Behalve met kunst van gevestigde namen, vulde Helene Kröller-Müller haar collectie aan met werk van jonge kunstenaars, onder wie Piet Mondriaan, Bart van der Leck en Charley Toorop, die voor velen nog onbekend waren. Met die aankopen bevorderde zij hun carrières, zoals andere mecenassen dat ook deden. Zij het dat haar vermogen lange tijd zo omvangrijk was, dat zij in staat was tot duurdere en meer frequente aankopen dan veel van haar Nederlandse collega's.

Het belang van Helene Kröller-Müller schuilt echter niet in die overtreffende trap. Ze bracht namelijk niet alleen een bijzondere collectie bijeen, ze maakte deze ook toegankelijk. Natuurlijk stelden ook anderen hun verzamelingen open, maar in Nederland gebeurde dat nergens op de professionele en grootschalige manier waarop zij te werk ging. Haar ware verdienste ligt dan ook vooral in haar streven haar collectie openbaar te maken en met dat doel een museum te bouwen. Als voorschot richtte zij al in 1913 tentoonstellingszalen in aan het Haagse Lange Voorhout. Met dit 'Museum Kröller', zoals het in de volksmond heette, opende zij officieus het eerste museum voor moderne kunst in Nederland. Na een schriftelijk verzoek kon iedereen haar verzameling komen bekijken, een gelegenheid die door talloze bezoekers uit binnen- en buitenland werd aangegrepen. Dit was dan ook een unieke kans, want nergens anders in Europa bestond in die jaren een museum waar zo veel moderne meesters van deze kwaliteit te zien waren. Het was deze bereidheid om haar collectie al in een vroeg stadium openbaar te maken, die heeft bijgedragen aan de introductie en acceptatie van moderne kunst in Nederland.

Het is des te wonderlijker dat Helene Kröller-Müller tot haar zesendertigste nauwelijks geïnteresseerd was in kunst en cultuur. Zij groeide op in het behoudende Duitse *Besitzbürgertum*, waar niet meer dan de sociaal wenselijke aandacht werd besteed aan de schone kunsten. Ook als volwassen vrouw besteedde zij haar vrije tijd aanvankelijk aan allerlei andere bezigheden, zoals paardrijden, hockey en boottochtjes. Toen, plotsklaps, na kennismaking met Bremmers kunstbeschouwingslessen, draaide zij om als een blad aan een boom. Vervolgens stelde zij haar leven en een aanzienlijk deel van het familiekapitaal in dienst van het samenstellen en exposeren van een collectie moderne kunst.

Wat lag aan deze ommezwaai ten grondslag? Wat waren haar motieven om kunst te verzamelen, om uitgerekend het werk van Van Gogh tot middelpunt van haar collectie te maken? En waarom verzamelde zij geen Duitse kunst, terwijl zij zich altijd Duitse was blijven voelen? Sterker, waarom hield zij vast aan haar besluit om haar verzameling aan Nederland na te laten, zelfs nadat tijdens de Eerste Wereldoorlog haar nieuwe vaderland tot haar ontzetting overspoeld werd met anti-Duitse sentimenten? Minstens even opmerkelijk is haar latere sympathie voor het nationaalsocialisme, al was het maar omdat haar collectie grotendeels bestond uit wat men vanaf de jaren dertig in Duitsland *Entartete Kunst* noemde. Kortom: wat dreef haar om ondanks alle tegenslagen te volharden in haar streven om een museum voor moderne kunst te bouwen en dit te schenken aan het Nederlandse volk?

Lange tijd zijn haar motieven om te verzamelen en om een museum op te richten onbekend gebleven. Dat geldt ook voor veel andere aspecten van haar leven. Tot voor kort was er weinig meer over haar bekend dan het hagiografische verhaal van huisvriend Sam van Deventer, dat hij in 1956 publiceerde in *Kröller-Müller. De geschiedenis van een cultureel levenswerk*. Hoewel dit een interessante bron is, blijkt het boek veel onjuistheden te bevatten. Deze variëren van relatief onschuldige foutjes – Helene zou volgens hem het een na oudste kind in het gezin Müller zijn geweest – tot ernstiger verdraaiingen van de werkelijkheid. Zo doet Van Deventer het bijvoorbeeld voorkomen alsof Helene een halfjaar in een veldhospitaal in Luik werkte, terwijl dat maar twee maanden waren. Bij het schrijven van zijn boek baseerde hij zich op zijn eigen herinneringen en de brieven die Helene aan hem schreef, maar geen van beide heeft hij ooit geverifieerd. Bovendien werd hij zo verblind door bewondering voor het echtpaar Kröller dat hij een eenzijdig en te rooskleurig beeld schiep.

Omdat er weinig andere bronnen beschikbaar waren, moesten latere auteurs zich hoofdzakelijk op Van Deventer beroepen, waardoor zijn stem in bijna alle latere publicaties is blijven na-echoën. Pas in 1988 verscheen met de bijdrage van Johannes van der Wolk in *Kröller-Müller. Honderd jaar bouwen en verzamelen* een eerste inventarisatie van de documenten die betrekking hadden op het leven en werk van Helene Kröller-Müller. Toch ontkwam ook hij er niet aan rijkelijk uit *De geschiedenis van een cultureel levenswerk* te citeren, want de oorspronkelijke brieven waren volgens de wens van Van Deventer ondergebracht in een particuliere stichting en niet openbaar.

In december 2005 echter schonken zijn erven het archief aan het Kröller-Müller Museum. Deze 'kist van Van Deventer' bleek tot de rand gevuld met foto's, documenten, een jeugddagboek van Helene Müller uit 1882-1885 en zo'n 3400 brieven, het grootste deel geschreven door Helene en gericht aan Sam van Deventer. Door een toevallige samenloop van omstandigheden zocht het Biografie Instituut van de Rijksuniversiteit Groningen in dezelfde tijd contact met het museum, met het voorstel een onderzoek naar Helene Kröller-Müller op te zetten. Zodoende ontstond de mogelijkheid dit bijzondere materiaal tot een wetenschappelijk verantwoorde biografie om te smeden.

De brieven werpen een nieuw licht op het leven en de drijfveren van een van Nederlands belangrijkste kunstverzamelaars. Ze geven een prachtig beeld van haar dagelijks leven, haar passie voor literatuur en filosofie en haar zoektocht naar een eigen identiteit. Uit deze brieven komt een complexe persoonlijkheid naar voren, een vrouw die zichzelf en anderen een buitengewoon hoge morele standaard oplegde. Aan principes hield ze tot het uiterste vast, compromissen verafschuwde ze. Die onbuigzame houding zou haar vervreemden van haar kinderen en van veel mensen die voor haar werkten of anderszins met haar te maken hadden. Zelf verkoos ze dan ook de eenzaamheid van haar boudoir boven een intensief sociaal leven. Haar teleurstelling in de mensheid komt in volle hevigheid naar voren in de schrijnende brieven die zij tijdens en vlak na de Eerste Wereldoorlog schreef. Het is des te opvallender dat juist dit conflict en de daarmee gepaard gaande anti-Duitse stemming in Nederland, haar bevestigden in haar voornemen om haar monument van cultuur aan ons land na te laten.

Deze paradoxale levenshouding blijkt typisch te zijn voor Helene Kröller-Müller. Iedere beslissing, iedere ingrijpende gebeurtenis en iedere gedachte over het leven, ging bij haar gepaard met een schijnbare tegenstelling. Zij hield zich voor dat iedere verwoesting een vruchtbare bodem was, dat een mens door tegenslagen harder vooruitgaat. Materie en geest, blijdschap en verdriet, cultuur en natuur waren volgens haar geen tegenstellingen, maar twee zijden van dezelfde medaille, die bestaan bij elkaars gratie. Deze levensbeschouwing zorgde ervoor dat zij de teleurstellingen van het leven telkens weer bestreed door deze om te buigen tot iets constructiefs, zoals het opzetten van een succesvolle boerderij, de bouw van een nieuw huis of het aanleggen van een kunstverzameling. Niet voor niets schreef ze ooit: 'Dit museum is uit verdriet geboren!'

Ten dele klopt dat. De teleurstelling in haar kinderen, de leegte van het leven als directeursvrouw en haar breuk met het geloof, dat alles dreef haar naar de kunst en gaf haar de wilskracht om tegen de stroom in toch te blijven werken aan de verwezenlijking van haar museum. Maar onder al dat verdriet lag een nog veel sterkere kracht verscholen, die pas tot uiting kwam toen zij in 1911 geconfronteerd werd met de mogelijkheid van haar eigen dood. Vanaf dat moment stelde ze haar leven in dienst van niets minder dan de onsterfelijkheid. Ze nam zich voor niet langer te verzamelen wat zij zelf mooi vond, maar nog uitsluitend kunstwerken te kopen die de 'toets van de toekomst' konden doorstaan, zodat deze over honderd jaar nog steeds haar gedachtegoed zouden uitdragen. Met ieder schilderij en iedere sculptuur die ze in de komende jaren zou kopen, haalde ze beetje bij beetje de onsterfelijkheid in huis. Ze zou niet stoppen voordat ze zeker wist dat ze de eeuwigheid had verzameld.

18

1
Lompen en luxe

EEN ERNSTIGE JEUGD

Op het moment dat de grootouders van Helene Kröller-Müller in 1837 trouwden, waren er weinig tekenen die erop wezen dat hun toekomstige kleindochter een van de rijkste vrouwen van Nederland zou worden. Johann Heinrich Müller, Helenes grootvader van vaderszijde, kwam uit een eenvoudig koopmansgezin uit Osnabrück.[1] De financiële positie van zijn familie was zo bescheiden dat hij van zijn toekomstige zwager Julius Meese in 1834 nog geen toestemming kreeg om met diens zuster Minna Meese te trouwen. De zaken hadden misschien anders gelegen als Johann Heinrich afkomstig was geweest uit een eenvoudig ambtenarengezin. De familie Meese, zelf overwegend bestaande uit pastors en ambtenaren, had namelijk geen hoge pet op van handelaren. Handelaren waren immers geen *Bildungsbürger*, zij hadden vaak maar weinig opleiding genoten en deden hun kennis op in de praktijk. Voor grote delen van de Pruisische bevolking was goed onderwijs sinds het begin van de eeuw toegankelijk en vanzelfsprekend geworden. Dat zorgde ervoor dat een aanzienlijk deel van de inwoners hoger opgeleid was dan de generatie van voor 1800.[2] Zo was een nieuwe sociale klasse ontstaan, waartoe ook de Meeses behoorden. Zij vormde de ontwikkelde burgerij, die met dedain neerkeek op handelaren en zakenlui. Volgens de *Gebildeten* legden deze *Besitzbürger* nauwelijks interesse aan de dag voor intellectuele en kunstzinnige ontplooiing. Hun tijd besteedden zij hooguit aan plat vermaak als het lezen van kasteelromannetjes en het bezoeken van cabaretvoorstellingen. Verder leken zij slechts geïnteresseerd in het meest prozaïsche aller aardse genoegens: geld. Als zij dat dan, zoals de Müllers, ook nog eens niet in ruime mate bezaten, dan konden zij nauwelijks serieus genomen worden als huwelijkskandidaat.

Johann Heinrich moest dan ook eerst bewijzen dat hij de hand van

Wilhelm Müller en Emilie Müller-Neese (1864), Helenes ouders.

Minna waard was. Daar slaagde hij in toen hij in 1837 in Osnabrück een transportbedrijf oprichtte, dat binnen enkele maanden zeer winstgevend bleek te zijn.[3] Daarmee verdampten de bezwaren van Julius opvallend snel en konden Johann Heinrich Müller en Minna Meese elkaar op 20 juni 1837 het jawoord geven. Een klein jaar later, in maart 1838, werd hun eerste kind, Wilhelm Heinrich – Helenes vader –, geboren.

De eerste jaren verliepen voorspoedig voor het jonge gezin. De Müllers kochten een eigen huis aan de Markt in Osnabrück, waar nog twee zoons werden geboren, Julius en Heinrich. Rond 1840 ging het echter snel bergafwaarts met het transportbedrijf. Johann Heinrich zag zich genoodzaakt zijn bedrijf op te heffen en in plaats daarvan als opzichter te gaan werken voor de man van zijn zus Betty, de fabrikant Georg André. Jaren van grote onzekerheid en vele verhuizingen volgden. Na omzwervingen in Duitsland en Nederland verhuisde het gezin Müller in 1847, Wilhelm was toen tien jaar, naar Belm, een klein dorpje even buiten Osnabrück. Vader Müller werd door André benoemd tot directeur van een van diens fabrieken, maar die betiteling deed meer glans vermoeden dan de functie in werkelijkheid bezat. Ook Minna moest werken om het jonge gezin te kunnen onderhouden en werd opzichtster van de werkneemsters. Gezien haar achtergrond zal zij waarschijnlijk enige trots hebben moeten wegslikken. Het milieu waarin zij was opgegroeid had altijd medelijden gehad met vrouwen die moesten werken, omdat het zo'n duidelijk teken van armoede was. Maar aangezien er steeds meer monden gevoed moesten worden – er werd in Belm nog een dochter Betty geboren – hadden de Müllers weinig keuze.

Wilhelm bezocht het gymnasium in Osnabrück en verbleef daarom door de week bij familie in de stad. Hij voelde de afhankelijkheid op zich drukken, niet alleen zijn eigen afhankelijkheid van de oom en tante bij wie hij logeerde, maar ook die van zijn ouders, die gebonden waren aan een bestaan waaraan zij niet leken te kunnen ontsnappen. Het moet voor hem een opluchting zijn geweest dat zijn vader in 1852 besloot het werk in de fabriek op te geven en zijn geluk in Amerika te beproeven. Samen met Charles Sohns, een vriend uit Osnabrück, besloot Johann Heinrich te proberen om in Amerika een firma op te zetten, waarvoor vader Sohns het startkapitaal ter beschikking stelde. Dat was noodzakelijk, want ondanks het harde werken was Johann Heinrich er niet in geslaagd eigen kapitaal op te bouwen. Hij had nauwelijks voldoende geld om zijn overtocht te betalen. Zodoende moest zijn gezin voorlopig bij zijn moeder in Osnabrück wonen, totdat hij voldoende had verdiend om hen over te laten komen.

Voor Wilhelm is er nooit twijfel geweest: hij zou ook naar Amerika gaan. Nog voordat zijn vader in maart 1853 voet aan wal zette in New York, schreef de toen vijftienjarige Wilhelm dat hij met het gymnasium wilde stoppen om zich te kunnen scholen in het koopmansvak. In de tijd die hem dat zou kosten, kon zijn vader hopelijk een baantje voor hem in New York vinden. Johann Heinrich schreef hem dat hij geen bezwaar had tegen zijn voorstel, maar dat hij het geld niet bezat om zijn reis te betalen. Van de plannen met Charles Sohns was niets terechtgekomen, waardoor vader Müller alsnog zonder kapitaal in Amerika zat en nauwelijks kon voorzien in zijn eigen onderhoud. Hij rekende zijn zoon voor wat het kostte om in New York te wonen en hoe weinig hij als loopjongen zou verdienen: het eerste halfjaar een dollar per week. En het zou nog moeilijk genoeg zijn een baan voor hem te vinden. Er was een schreeuwende vraag naar werk en de concurrentie was moordend. De Amerikanen waren volgens Johann Heinrich 'zehnfache Juden', zelfs de jongste jongens werkten keihard.[4]

Niettemin droeg hij zijn zoon op zo snel mogelijk met het gymnasium te stoppen om lessen te volgen bij het Nölle Instituut, de plaatselijke handelsschool. Wilhelm zou zich moeten bekwamen in boekhouden en schoonschrift, en daarnaast moest hij het Frans en het Engels zo goed mogelijk onder de knie krijgen. Inderdaad verliet Wilhelm na Pasen het gymnasium en stapte hij een jaar later, op 22 april 1854, in Bremen op het zeilschip Gaston richting Amerika. Hij was niet de enige. De drukte in de haven van Bremen was indrukwekkend. Groepen van twintig, dertig emigranten lagen op strozakken in de wijde omgeving van de haven, sommige uitgedost in kleding die Wilhelm zelden eerder had gezien. Onder hen bevonden zich vooral veel jongemannen, die net als hij ervan overtuigd waren dat zij aan de andere kant van de oceaan hun fortuin zouden maken.[5]

Na vijfendertig dagen op zee voer Wilhelm de haven van New York binnen. Zijn vader had inmiddels een onderkomen voor hem gevonden bij een Frans gezin, zodat hij behalve het Engels ook snel het Frans zou beheersen. Ook wachtte er een baan op hem bij een ijzerhandel. Het was zwaar werk en hij was eigenlijk overgekwalificeerd, maar hij had tenminste werk. Voorlopig beschouwde hij het vooral als zijn taak om zijn vader te helpen hun gezin te onderhouden. Zijn loon stuurde hij daarom telkens zo snel mogelijk naar Osnabrück. Maar als het aan hem lag, zou het daarbij niet lang blijven. Hij kon niet wachten tot hij zijn loondienst zou inruilen voor zijn eigen zaak.

Johann Heinrich daarentegen besefte na een jaar dat hij in Amerika niet zou slagen. Zelfs in het land van de onbegrensde mogelijkheden lukte het hem niet een goedlopend bedrijf op te zetten, noch om een baan met perspectieven bij een werkgever te vinden. De gedachte om zijn hele gezin over te laten komen, liet hij daarom varen. Hij besloot terug te keren naar zijn familie, om nogmaals in eigen land te proberen een fatsoenlijke baan te bemachtigen. Tegen de wens van zijn ouders in weigerde Wilhelm mee te gaan naar Duitsland en bleef hij in New York. Voor hem was het avontuur net begonnen en hij was er zeker van dat hij spijt zou krijgen als hij zo snel zou opgeven. Hij bleef zeven lange jaren.

Op weg naar de gedroomde rijkdom verhuisde Wilhelm naar Milwaukee, waar hij bij ijzerhandel Nazro & Co een van de vele Duitse werknemers werd. Milwaukee leek hem wel een stad in zijn vaderland. Er waren koffiehuizen waar alleen Duitse emigranten kwamen en een keer in de maand voerde de Germania Musician Society een opera op, wat bezoekers uit de wijde omgeving naar de stad trok. Toch verhuisde hij in de winter van 1855 naar St. Louis waar hij weer een baan in een ijzerhandel kreeg. Zijn ervaring begon mee te wegen en langzaam werkte hij zich op tot vertegenwoordiger. Inmiddels had hij wat land gekocht, dat hij in 1857 met winst kon verkopen. Met dit bescheiden startkapitaal kocht hij samen met een vriend in het voorjaar van 1858 een blokhut in Richmond, Utah, die zij tot een winkel ombouwden. Vanwege een conflict tussen de Amerikaanse overheid en de mormoonse bevolking van Utah waren duizenden soldaten van het federale leger in de buurt van het stadje gestationeerd.[6] Wilhelms handel floreerde, maar in oktober brandde zijn winkel af, wat hem eensklaps berooid achterliet, zonder bezit en zonder eigendomspapieren.

De onoverwinnelijke stemming waarmee hij in Amerika was aangekomen, maakte langzaam plaats voor desillusie. Hij begon de schaduwzijde van het land te zien, waar iemand van de ene op de andere dag alles kwijt kon zijn en waar buitenlanders hoofdzakelijk wantrouwen ten deel viel. Aan een terugkeer wilde hij voorlopig echter nog niet denken. In de hoop tijdens de zomer een graantje mee te pikken van de heersende goudkoorts, besloot hij nog enkele maanden te blijven. De kampementen van de goudzoekers moesten bevoorraad worden, wat een lucratieve handelsmogelijkheid bood. Maar ook dit liep uit op een teleurstelling. Wilhelm maakte enige winst, maar het land dat hij daarmee in 1860 kocht, bleek met valse waardepapieren verkocht te zijn en leverde hem daardoor uiteindelijk niets op. Na zes jaar hard werken bezat de drieëntwintigjarige gelukzoeker elf dollar en een paar centen, wat niet eens genoeg was om zijn terugreis naar Duitsland te bekostigen.

Daarom opende vader Müller voor hem een rekening bij de bank Bachmann & Dubbers in Boston, waarvan hij de directeuren kende. Met dat geld zou Wilhelm zijn overtocht kunnen betalen. Hij was echter niet van plan onmiddellijk naar Duitsland terug te keren. Het zat hem dwars dat hij even arm de boot weer op zou moeten gaan, als hij er jaren eerder van afgestapt was. Hij wilde iets tastbaars aan zijn verblijf in Amerika overhouden. Voor hij zou terugkeren, wilde hij daarom het Amerikaans staatsburgerschap verkrijgen. Die papieren zouden hem bovendien vrijwaren van dienstplicht in Duitsland. In afwachting van zijn nieuwe nationaliteit werkte Wilhelm nog enige maanden in New York als vertegenwoordiger, maar ook deze stad kon hem niet meer bekoren. In het najaar van 1861 voer hij de haven van New York uit, een illusie armer, maar een nieuwe nationaliteit rijker.

Terug in Duitsland wachtte Wilhelm meer voorspoed. Al in januari werd hij gewezen op een vacature bij het mijn- en hoogovenbedrijf Neu-Schottland in Horst, nabij Essen. In een twee uur durend gesprek wist Wilhelm president-directeur Druckemüller voor zich te winnen en vanaf maart kon hij als kantoorchef beginnen. Dat was geen geringe prestatie voor een jongeman van amper vierentwintig met nauwelijks kantoorervaring. Kennelijk was men bij Neu-Schottland niet op de hoogte van de jeugdige leeftijd van hun nieuwste werknemer, want voor de Duitse wet was Wilhelm, zolang hij nog geen vijfentwintig was, minderjarig en dus niet beslissingsbevoegd. Zijn prestaties gaven de directie echter geen aanleiding om naar zijn leeftijd te vragen, want hij zorgde er met niet-aflatende inzet voor dat het bedrijf een aantal financiële crises overleefde.

Aan het einde van zijn eerste jaar bij Neu-Schottland ontmoette Wilhelm op een bruiloft de achttienjarige Emilie Neese, een dochter van een welvarende linnenhandelaar uit Bielefeld. Hoewel Wilhelm erg onder de indruk was, deed hij haar, toen zij elkaar enkele maanden later weer ontmoetten, geen aanzoek. Hij vond zijn financiële situatie nog niet stabiel genoeg om een gezin mee te onderhouden. Niettemin zag de familie Neese wat er gaande was en liet bij Neu-Schottland, waar een neef vennoot was, naar Wilhelm informeren. De referenties waren lovend, wat resulteerde in een uitnodiging van de familie om de kerst in Bielefeld door te brengen. Als verloofd man verliet Wilhelm de stad weer. Meteen toen hij terug was in Horst liet hij het kleine huisje dat hij van de zaak tot zijn beschikking had gekregen, opknappen om het gereed te maken voor zijn toekomstige vrouw. Wilhelm en Emilie trouwden op 20 juni

1864, maar pas nadat Wilhelm de pastor had gezworen dat hij niet al een vrouw in Amerika had gehuwd.[7]

Ook in het zakelijke leven bleef het hem voor de wind gaan. Samen met Franz Netke en Hugo Siegers werd hij in 1864 benoemd tot directeur van Neu-Schottland. Nog geen dertig jaar oud, kreeg hij de leiding over de handelsaangelegenheden en werd hij verantwoordelijk voor de externe vertegenwoordiging van het bedrijf. Onder zijn leiding ging het steeds beter met Neu-Schottland. Hij beperkte de te grote voorraden en was er mede verantwoordelijk voor dat het bedrijf over steeds meer kapitaal beschikte, wat in een tijd waarin er nog geen kredietbanken bestonden van groot belang was. Wilhelms succes had echter ook een schaduwkant. Zijn werk bestond vaak uit lange perioden van reizen in het buitenland, waar hij contacten voor het bedrijf legde en onderzocht of er vestigingsmogelijkheden bestonden voor nieuwe filialen. Vaak reisde hij 's nachts om tijd uit te sparen, wat zijn gezondheid begon te ondermijnen.

Met zijn functie als directeur had Wilhelm op zesentwintigjarige leeftijd een plek in de hogere middenklasse verworven. Zodoende was hem gelukt, wat zijn vader voor hem had proberen te bereiken. Aan het drukke sociale leven dat bij zijn positie hoorde, onttrok Wilhelm zich grotendeels. De geneugten van het *Bildungsbürgertum*, zoals het theater of concerten, lieten hij en Emilie in de eerste jaren van hun huwelijk aan zich voorbijgaan. Naar eigen zeggen was dat om redenen van spaarzaamheid, maar gezien Wilhelms positie is dat moeilijk te geloven. Waarschijnlijker is, dat hij er niet vertrouwd mee was en eenvoudigweg niet wist wat hij ermee aan moest. Zowel tijdens zijn jeugd, als bij zijn streven aan de top te komen, was hij zelden met de schone kunsten in aanraking gekomen.

Zijn nieuw verworven status bevestigde Wilhelm door in 1864 met Emilie te verhuizen naar een statige woning met een grote tuin aan de Dahlhauserstrasse in Horst. Het huis was zo groot dat het ruimte bood aan twee families. Het gezin van mededirecteur Netke betrok de begane grond en de Müllers kregen het bovenhuis tot hun beschikking. Ze lieten een veranda om hun verdieping heen bouwen, die een prachtig uitzicht bood over het Ruhrdal. Voor Wilhelm was de villa een afspiegeling van wat een eenvoudige man uit de lagere middenklasse door plichtsgetrouwheid, volharding en onophoudelijk werken kon bereiken.

In dit huis aan de Dahlhauserstrasse werd op 11 februari 1869 Julie Emma Laura Helene Müller geboren.[8] Haar namen kwamen van 'een wonder-

Helenes geboortehuis aan de Dahlhauserstrasse in Horst heden ten dage.

lijk kwartet'.[9] Helene, haar roepnaam, kreeg ze van haar overgrootmoeder. Tante Emma zou ze later beschrijven als 'de domineesvrouw die voor haar man de preken maakte'. Haar derde naam, Laura, kwam van een eigenzinnige zus van haar moeder, destijds 'een ongetrouwd familiestuk' dat de familie nog wel eens in rep en roer bracht met haar eigenaardigheden. En Julie was afgeleid van oom Julius, de broer van haar vader, die maar één genoegen in het leven kende en dat was de familie.

Helenes doopakte laat zien dat haar vader inmiddels weer afstand gedaan had van zijn Amerikaanse nationaliteit. Bij haar oudere broer Gustav, die in 1865 werd geboren, en zus Martha uit 1866 stond nog trots 'Direktor aus New York' vermeld, maar tegen de tijd dat Helene werd geboren, had haar vaders patriottisme het kennelijk gewonnen van de angst voor dienstplicht.[10] Dit patriottisme werd alleen nog maar versterkt toen anderhalf jaar na Helenes geboorte de Frans-Pruisische oorlog uitbrak.

Minister-president Bismarck had de kleinere Duitse staten ervan weten te overtuigen zich aan te sluiten bij Pruisen om gezamenlijk de wapens tegen Frankrijk op te nemen. Deze samenwerking – en het succes ervan – gaf Bismarck de mogelijkheid om de verdeelde Duitse staten met Pruisen te verenigen tot een nieuw Keizerrijk, dat hij in 1871 in Versailles uitriep. Niet alleen de overwinning droeg bij aan de felle opleving van de nationale trots in Duitsland, de *Gründerzeit* die erop volgde zorgde er eveneens voor dat het nieuwe Keizerrijk blaakte van zelfvertrouwen. In deze periode werd een recordaantal nieuwe ondernemingen opgestart, wat de industrialisatie en economie snel deed groeien. Ook Neu-Schottland profiteerde van de ondernemingszin die er heerste. Het bedrijf fuseerde in 1872 en ging verder onder de naam Dortmunder Union AG für Bergbau, Eisen- und Stahlindustrie.

De fusie betekende een grote verandering voor het gezin Müller. Wilhelm bleef directielid en omdat het hoofdkantoor van de nieuwe Union in Dortmund werd gevestigd, betekende dat een verhuizing van het kleine Horst naar de grote stad. De familie betrok een drie verdiepingen tellend hoekhuis in het centrum van Dortmund. De driejarige Helene zal zich nauwelijks van de verhuizing bewust zijn geweest, noch van de grotere luxe waarin haar familie nu leefde. De grootste gebeurtenis in dat jaar was waarschijnlijk de geboorte van een zusje. Met de komst van Emmy was Helene niet langer de jongste in het gezin en werd zij geacht zich ook als oudere zus te gedragen. Samen met het kindermeisje kreeg Emmy een kamer op de bovenste verdieping van het huis, terwijl Helene en haar oudere zus Martha twee verdiepingen lager op de begane grond een kinderkamer deelden.

Helenes leven speelde zich tijdens de jaren in Dortmund grotendeels af in deze kamer. Zij en Martha hadden een kindermeisje tot hun beschikking dat hen kleedde, met hen speelde en hen mee uit wandelen nam. Hun ouders zagen ze hoofdzakelijk tijdens de maaltijden, die zij gebruikten in de grote eetkamer. In de andere kamers, zoals de dubbele woon- en ontvangstkamer op de begane grond, mochten Helene en haar broer en zusjes niet komen. Deze representatieve ruimtes waren bedoeld om gasten te ontvangen, wat nog in sterkere mate gold voor de ruime en chique salon op de eerste verdieping. Als Emilie haar kroost iets duidelijk maakte, was het wel dat de zwarte en rode pluchen bekleding die in de salon de boventoon voerde, niet door kinderhanden 'beschmutzt' mocht worden.

In Dortmund moest Helene afscheid nemen van haar broer Gustav. Op zevenjarige leeftijd werd hij naar een kostschool gestuurd, iets wat gebruikelijk was in veel gezinnen uit de hogere burgerij. Maar zelfs al was het niet gebruikelijk geweest, Wilhelm Müller zag geen andere oplossing. Door zijn drukke bestaan was hij zelf niet in staat zijn zoon een goede opvoeding te geven en van kennissen hoorde hij dat de scholen in de omgeving niet streng genoeg waren. Na hun verhuizing brachten Wilhelm en Emilie hun zoon daarom naar Keilhau, bijna vierhonderd kilometer ten oosten van Dortmund. Helene en haar zussen werden wel thuis opgevoed. Ook onderwijs volgden zij de eerste jaren thuis. Taal en muziek kregen zij van hun gouvernantes en voor de lessen Frans stelden hun ouders een lerares aan.

Wilhelm en Emilie waren zich bewust van de sociale wenselijkheid om hun kinderen zich ook op kunstzinnig vlak te laten ontwikkelen. Deze taak namen veel ouders uit het *Bildungsbürgertum* deels zelf op zich door hun kinderen te stimuleren veel te lezen, hen mee te nemen naar het museum en rond hun twaalfde te introduceren in het theater en de concertzaal.[11] De Müllers hadden zelf te weinig interesse in de kunsten om deze gevoeligheid optimaal bij hun kinderen tot ontplooiing te brengen. Zoals iedere Duitser lazen zij Goethe, maar Wilhelm en Emilie deden dat pas toen zij een lange treinreis van Warschau naar Sint Petersburg moesten maken.[12] Ook bezochten zij bij gelegenheid het theater, hoewel ook dat meer lijkt te zijn ingegeven door sociale conventie dan door een diepgevoelde behoefte. De Müllers gingen voornamelijk naar de schouwburg of de opera wanneer dat ten gunste was van het bedrijf, zoals tijdens zakenreizen, waarop Emilie haar man regelmatig vergezelde.[13] Het is dan ook niet verwonderlijk dat zij de culturele ontwikkeling van hun kinderen overlieten aan gouvernantes en leraressen.

Het gezin Müller was zodoende een typische exponent van het *Besitzbürgertum*, wat betekende dat het bedrijf op de eerste plaats stond en al het andere daaraan ondergeschikt was. Culturele uitstapjes werden gemaakt wanneer het werk daarom vroeg en de kinderen kregen kunstonderwijs, omdat dat nou eenmaal bij de opvoeding van jongedames hoorde. Juist meisjes dienden volgens de burgerlijke moraal hun esthetisch gevoel te ontwikkelen.[14] Vermoedelijk lieten de Müllers zich in het theater en de concertzaal vooral ook zien om te voorkomen dat zij als parvenu's zouden worden beschouwd. Dat was namelijk een gevaar dat voor de financiële elite bleef bestaan. Duitslands bloeiende economie mocht dan grotendeels te danken zijn aan de opmars van het industriële kapitaal in de tweede helft van de negentiende eeuw, dat betekende niet dat ondernemers zoals Wilhelm Müller zonder meer op de waardering van de *Bildungsbürger* konden rekenen.[15] Ook na de *Gründerzeit* was geld alleen niet voldoende om aanzien te verwerven. Ondernemers en bankiers dienden zich te ontwikkelen en een verfijnde, niet al te opzichtige smaak tentoon te spreiden, wilden zij opgenomen worden in de sociale kringen van de ontwikkelde burger.

Helene en haar zusjes bleven dus niet verstoken van *Bildung*, maar een tweede natuur werd het niet. Met des te meer ontzag keken zij naar Emil

Russel, een collega van hun vader die soms enige tijd bij hen verbleef. Deze voormalige burgemeester was lid van de ondernemingsraad van Union en een ontwikkeld man, *hochgebildet* zoals de Müllers het met eerbied noemden.[16] Hij trok zich iedere avond met een stapel boeken terug op zijn kamer om tot diep in de nacht te lezen. Ook had hij in Dortmund een abonnement op het theater, waar de familie gebruik van mocht maken als hij er niet was, maar het was vooral Wilhelms zus Anna, die daar tijdens haar bezoeken aan de stad veel plezier aan beleefde.

Ondanks het hoopvolle begin werden het in Dortmund zware jaren voor het gezin Müller. Vanaf 1873 stagneerde de economie en daarmee de vraag naar industriële producten. Een beurskrach in mei van dat jaar was het gevolg. Met grote moeite slaagde de directie van Union erin om het bedrijf van de ondergang te redden. Het bedrijf was verzwakt geraakt, omdat het niet toegerust bleek om snel genoeg in te springen op de vele technische ontwikkelingen die de industrialisatie in deze jaren met zich meebracht. Wilhelms dagen werden steeds langer en de verantwoordelijkheid voor het voortbestaan van het bedrijf begon steeds meer op zijn gezondheid te drukken. Niet alleen leed hij onder de hoge werkdruk, de vele ontslagen en de onzekere toekomst, maar ook verloor hij een aanzienlijk deel van zijn eigen kapitaal. Hij raakte ruim veertigduizend mark kwijt die hij belegd had in industriële aandelen. Ook Emilies gezondheid begon onder de onzekerheid van de economie en de afwezigheid van haar man te lijden. Steeds vaker werd zij gekweld door migraineaanvallen die haar soms lange tijd aan haar bed kluisterden. De gespannen sfeer die de economische krach in huize Müller veroorzaakte en die nooit helemaal meer zou verdwijnen, bleef Helene zich altijd herinneren. In 1924, zij was toen vijfenvijftig, schreef zij haar tante Anna nog over de prikkelbaarheid van haar vader en het temperament van haar moeder die een schaduw over haar jeugd hadden geworpen.[17]

In 1876 werd de werkdruk voor Wilhelm te groot en besloot hij de zekerheid van loondienst op te geven voor een eigen bedrijf. Samen met zijn zwager Hugo Neese huurde hij een kantoor in Düsseldorf en liet op 20 april 1876 het bericht uitgaan dat het ijzer- en steenkolenbedrijf Wm. H. Müller & Co was opgericht, een handelsmaatschappij die zich toelegde op de export van Duitse metaalproducten en de vertegenwoordiging van Duitse producenten en fabrikanten in het buitenland. Nogmaals moesten de Müllers verhuizen, deze keer naar Düsseldorf.

Hoewel Wilhelm opgelucht was dat hij niet meer onder het juk van Union hoefde te werken, werd de spanning in huis niet minder. De verhuizing en de afhankelijkheid van een eigen bedrijf betekenden een

De familie Müller rond 1880.
V.l.n.r. Helene, Gustav, Martha, Wilhelm, Emmy en Emilie.

financiële aderlating. Op hun huis wilden Wilhelm en Emilie echter niet bezuinigen, want een representatieve woning was essentieel voor de geloofwaardigheid van een ondernemer. Daarom huurden zij een mooi huis aan de Goldsteinstrasse dat kleiner was dan het huis in Dortmund, maar ruim genoeg en rustig gelegen aan het grote park de Hofgarten. Welbeschouwd woonden de Müllers daar boven hun stand, aangezien het geld dat ze in hun eerste huwelijksjaren gespaard hadden, opgegaan was aan de opvoeding van hun kinderen en de inrichting van het huis in Dortmund. Het inkomen uit het bedrijf Müller & Co bood voorlopig nog weinig zekerheid. Om het huis te kunnen bekostigen ontsloegen zij twee leden van het huispersoneel en kwam Gustav weer thuis wonen. De bezuinigingen mochten echter niet baten, want binnen een jaar verhuisde het gezin opnieuw. Het nieuwe huis aan de Marienstrasse had niet de chique ligging aan een park, maar het was wel groter en gaf Wilhelm de mogelijkheid een kantoor aan huis in te richten, wat hem veel kosten bespaarde.

Voor Helene veranderde er weinig door alle verhuizingen. Haar dagen speelden zich nog steeds grotendeels af binnen de muren van haar kinderkamer in gezelschap van haar twee zussen en een kinderjuffrouw. Als haar vader thuis was, maakten zij op zondag wel eens uitstapjes met het hele gezin. Dan namen Wilhelm en Emilie hun kinderen mee naar de dierentuin of voeren ze met een bootje van Düsseldorf naar het nabijgelegen pittoreske dorpje Kaiserswerth om vervolgens wandelend weer naar huis terug te keren.

Hoewel haar vader veel thuis werkte, zag Helene hem weinig. Hij maakte lange dagen in het sombere kantoor op de begane grond van het huis en reisde daarnaast door Europa en Rusland om te proberen zijn bedrijf uit te breiden. De snelgroeiende industrialisatie joeg de vraag naar kolen en ijzererts op en maakte de transportsector tot een van de meest bloeiende branches. Was Müller & Co begonnen met het importeren van ertsen uit Spanje om ze vervolgens in Duitsland te verkopen, binnen enkele jaren was Wilhelm erin geslaagd om filialen van zijn bedrijf te openen in onder meer Antwerpen, Luik, Ruhrort, Londen, New York en Rotterdam en bovendien om zeer winstgevende importbetrekkingen met Bilbao te ontplooien. Vooral het kantoor in Rotterdam was succesvol en werd aan het einde van de jaren 1870 een van de belangrijkste spelers in de internationale ertsen- en kolenhandel. Dankzij de winst die deze uitbreidingen opleverden, was Wilhelm in staat weer een huis te kopen dat paste bij zijn plaats in de hogere kringen van de Duitse ondernemerswereld. En zo verhuisde het gezin in 1880 naar de Tonhallenstrasse, gelegen in een prestigieuze wijk in het centrum van Düsseldorf.

In het voorjaar van 1882, Helene was inmiddels dertien, kocht haar vader een tweede huis, de Villa Wilhelmina in Gerresheim, dat op een uur reizen van Düsseldorf lag.[18] De villa had een grote tuin van twee hectare, die vol stond met bloemen en fruitbomen. Het was vooral die tuin die Wilhelm had doen besluiten het buitenhuis te kopen. Voor hem was de aankoop de eerste stap in zijn plannen om zich terug te trekken uit de hectiek van het zakenleven. Hij wilde de zomer in Gerresheim gebruiken om de toekomst van de firma te overdenken. Op den duur hoopte hij een aantal kantoren te kunnen sluiten en zichzelf te laten uitkopen, om zich in de villa terug te trekken en zich nog slechts aan het tuinieren te wijden. Het nieuwe huis bracht echter ook spanningen met zich mee. Emilie had haar man van de aankoop proberen te weerhouden. Zij vreesde dat zij zich geen twee huizen konden veroorloven en voorzag grote financiële problemen. Bovendien kon zij zich moeilijk verenigen met Wilhelms voornemen om van het voorjaar tot het vroege najaar in Gerresheim te verblijven. Dankzij het succes van Müller & Co hadden de Müllers een plek verworven in hogere sociale kringen van Düsseldorf.

Een verhuizing naar Gerresheim betekende dat het contact met dit secuur opgebouwde netwerk moeilijker werd. Zo vermoedde Emilie dat gasten alleen op zondag de reis naar Gerresheim zouden willen ondernemen en dan nog alleen wanneer het mooi weer was.

De zorg over de afnemende sociale contacten werd vooral ingegeven door Emilies vrees om, verstoken van de stedelijke beau monde, geen geschikte huwelijkskandidaten voor haar drie dochters te vinden. Martha, de oudste, was inmiddels vijftien en moeder Müller achtte daarom de tijd rijp om over haar toekomst na te denken. Het was haar grote angst dat Martha, Helene en Emmy net zo lang ongehuwd zouden blijven als haar eigen vier zussen. Die angst was niet alleen gebaseerd op sociale conventies, maar ook op financiële gronden. Tenslotte waren ongetrouwde dochters voor hun levensonderhoud aangewezen op hun ouders en dat was een kostbare aangelegenheid.[19]

Ondanks de spanningen tussen haar ouders was Gerresheim voor Helene een paradijs.[20] Als dertienjarige was ze trots op haar vader, die een veelheid aan bloemen en planten kweekte in de kassen die hij in de reusachtige tuin had laten bouwen. Speciaal voor haar doopte hij een appelboom 'H', waarvan alleen zij de appels mocht plukken. Ze begreep niet waarom mensen dachten dat zij zich zouden vervelen in Gerresheim; op het gras was er alle ruimte om croquet te spelen en haar vader had een zwembassin en een tennisbaan aan laten leggen. In de winter, wanneer zij tijdens de kerstvakantie in hun buitenhuis verbleven, was er volgens Helene weinig prettiger dan een boek te lezen bij de grote open haard.

Toch verlangde zij iedere vakantie al snel weer terug naar school. Sinds enkele jaren bezocht zij de *höhere Töchterschule* van Frau Schuback aan de Bismarckstrasse in Düsseldorf.[21] De *Töchterschule* waren vaak private scholen en werden opgericht door de meer behoudende leden van de burgerij, als alternatief voor de stedelijke meisjesscholen.[22] Ze hadden tot doel de dochters van de burgerij op te voeden tot ontwikkelde moeders en huisvrouwen. De huiselijke sfeer die deze scholen ademden, werd noodzakelijk geacht voor het meisjesonderwijs en stond in schril contrast met het strengere en meer afstandelijke jongensonderwijs. Hoewel het algemeen geaccepteerd was dat meisjes beperkter onderwijs genoten dan jongens, was hun niveau in Duitsland rond de tijd dat Helene naar school ging hoger dan waar ook ter wereld. Volgens sommigen was het meisjesonderwijs in het keizerrijk rond 1880 zo grondig, dat zelfs de gemiddelde Duitse dienstbode beter ontwikkeld was dan menig Engelse jongedame.[23]

Gezien de leerplicht die zowel jongens als meisjes tot hun veertiende hadden, mocht Helene van geluk spreken dat haar ouders een *höhere Töchterschule* voor haar hadden uitgekozen. Het lesprogramma van deze scholen was bestemd voor scholieren van zes tot zestien jaar, wat betekende dat zij in vergelijking met de leerlingen van de reguliere *mittlere Mädchenschule* twee jaar langer in de schoolbanken kon blijven zitten.[24] Dit bespaarde haar het lot van veel andere meisjes uit de burgerij die na hun veertiende verjaardag hun dagen in ledigheid doorbrachten in het ouderlijk huis. Bovendien had Helene het geluk dat leerplicht niet de enige reden voor haar ouders was om hun dochters naar school te sturen. Ook een gedegen schoolprogramma was een teken van Bildung. De Müllers beseften maar al te goed dat een goede opleiding voor hun dochters bijdroeg aan het aanzien van het gezin onder de Düsseldorfse zakelijke en culturele elite en aan de kansen van de meisjes op de huwelijksmarkt.

Helene ging met plezier naar school en was een zeer serieuze leerling. Haar verlangen naar school werd nog groter toen zij in de derde klas – zij was toen dertien – Franse les kreeg van Henrika Rogge.[25] Fräulein Rogge was een jonge lerares op wie Martha en Helene 'bis über die Ohren verliebt' waren.[26] Haar enige gebrek was volgens de zusjes dat zij zo veel huiswerk opgaf. Regelmatig werkte Helene tot tien uur in de avond aan haar opdrachten, wat niet alleen veroorzaakt werd door de grote hoeveelheid. Zij was bijzonder ijverig en deed haar uiterste best om zo goed mogelijke resultaten te halen. Telkens als zij een rapport kreeg, vermeldde zij met trots de resultaten in haar dagboek. Haar rapporten uit de derde klas laten een voorbeeldige scholiere zien: haar vlijt werd beoordeeld met 'meist recht gut', voor gedrag en aandacht kreeg zij een 'sehr gut'.[27]

Wilhelm Müller vond de vlijt van zijn dochter echter te ver gaan en hij sprak haar streng toe, wanneer zij weer tot laat in de avond boven haar boeken zat. Helenes studiezin liet zich echter niet intomen, wat haar vaak flinke aanvaringen met haar ouders opleverde. Uiteindelijk zag Wilhelm geen andere oplossing dan hoofdlerares Schuback per brief dringend te verzoeken het vakkenpakket van zijn dochter te beperken. Naar zijn mening ging haar geblok ten koste van alles. Helene had nauwelijks nog oog voor iets anders dan school, ze ging minder met vriendinnen om en bezocht nog maar zelden het theater. Bovendien was het vele studeren, dat vaak al om vijf uur 's ochtends begon, niet goed voor haar gezondheid en haar zenuwen.

Uit Helenes dagboek komt inderdaad een kind naar voren dat graag voorbeeldig wilde zijn en alles naar beste kunnen deed. Ze wilde een goede indruk maken, vooral op degenen die ze liefhad. Die behoefte was zo groot dat zij een ernstige vorm van faalangst ontwikkelde. Zo durfde ze tijdens de lessen van Fräulein Rogge nauwelijks haar mond open te doen uit pure angst het verkeerde antwoord te geven. Van de zenuwen kon ze slechts op fluistertoon antwoorden, waarmee ze dan tegelijkertijd hoopte dat de juf haar fouten niet zou horen.

Opmerkelijk genoeg was Rogge waarschijnlijk de lerares waar Helene het minst van te vrezen had. Zij was een aardige en geduldige jonge vrouw, die begaan was met haar leerlingen en goed in de gaten hield wat er bij de meisjes speelde. Die genegenheid wilde Helene graag beantwoorden, maar ze wist niet goed hoe. De volwassenen die zij kende, waren over het algemeen streng en autoritair en ze wist zich dan ook lange tijd geen houding te geven tegenover deze uitzonderlijke lerares.

Fräulein Rogge sprak Helene vaak aan op haar verlegenheid en gesloten houding. Ze spoorde haar aan om toch wat vrolijker te zijn en om eens uit de band te springen. Kon ze niet een voorbeeld aan Frieda of Gretchen nemen? Die deden de hele dag niets anders dan lachen. Helene daarentegen was serieus en zwaar op de hand. Vanaf haar veertiende voelde zij zich steeds vaker eenzaam en onbegrepen, gevoelens die nog versterkt werden toen haar oudere zus Martha naar een meisjespensionaat in Aken verhuisde. Niet alleen verloor ze daardoor een vriendin, maar ook degene die het binnen het gezin altijd voor haar opnam. Wanneer ze weer eens met haar ouders in een discussie verwikkeld raakte over haar leerdrift, was het altijd Martha die bemiddelde tussen de twee partijen.

Hoe Helene haar best ook deed om Fräulein Rogge een plezier te doen, het lukte het kleine, tengere meisje met de ernstige blik niet om luchtiger in het leven te staan. Gelegenheden met veel mensen, zoals partijtjes van haar jongere zus of een familiebijeenkomst op Gerresheim, stonden haar tegen. Als het even kon, trok ze zich op die momenten terug op haar kamer. Na een drukke verjaardag bij een klasgenootje verzuchtte zij dat ze zoveel ernstiger was dan de anderen en dat ze alleen nog maar somberder was geworden van al de vrolijkheid om haar heen. Het meest op haar gemak was ze wanneer ze alleen met iemand was, een tante die haar begreep, een vriendin of Fräulein Rogge. Deze momenten waren haar zeer dierbaar en lieten haar even vergeten dat zij zich zo anders voelde dan haar klasgenoten. De meesten van hen vonden haar serieuze opmerkingen namelijk maar 'komisch' en dat kon Helene ze eigenlijk niet kwalijk nemen.[28]

Ook bij de paar vriendinnen die ze had, was Helene één brok onzekerheid. Frieda Osann was haar hartsvriendin die zij kende sinds zij beiden vijf jaar oud waren. Met haar kon Helene uren praten over Fräulein Rogge zonder dat ze – zoals thuis – geplaagd werd met haar dweperij. Zoals het vriendinnen betaamt, hadden de twee ook regelmatig ruzie. Helene weet dat vooral aan zichzelf. Ze was snel geraakt en een enkel woord van Frieda was voldoende om haar in grote onzekerheid te laten vervallen. Dan was ze ervan overtuigd dat Frieda andere meisjes aardiger vond dan haar, waardoor ze haar zelfbeheersing verloor en met een paar woorden vinnig uithaalde naar haar vriendin. In haar dagboek beklaagde ze zich over haar temperament en beschreef ze hoe ze iedere ochtend en avond tot God bad haar de kracht te geven zich te beheersen.

De school gaf Helene troost. Ze genoot boven alles van de literatuurlessen, in het bijzonder wanneer de hoogtijdagen van de Duitse literatuurgeschiedenis werden besproken, de tweede helft van de achttiende en vroege negentiende eeuw. Dat waren de dagen geweest van de verlichte en revolutionaire literatoren Lessing, Goethe en Schiller, van wie de populariteit gedurende de negentiende eeuw alleen maar zou toenemen en die de culturele trots van de natie vertegenwoordigden. Het werk van deze 'große Männer' te lezen, te leren over hun leven en hun persoonlijkheid was voor Helene 'das Höchste was es giebt'.[29] Haar ouders konden haar dan ook geen groter plezier doen dan haar met kerst de lijvige *Deutsche Literaturgeschichte* van Robert Koenig te geven, waarin hij de literaire hoogtepunten van de afgelopen dertienhonderd jaar beschreef. Dit overzichtswerk is een voorbeeld van het gewicht dat in de negentiende eeuw aan de Duitse bloeiperiode van de voorgaande eeuw werd gegeven. Koenig lijkt de literatuurgeschiedenis te zien als een onvermijdelijke gang naar Goethe en Schiller aan wie hij verreweg het meest omvangrijke hoofdstuk wijdde.[30]

Helenes liefde voor school was zo groot, dat zij ervan droomde om zelf lerares te worden. Geheel overeenkomstig het Bildungsideaal kon zij zich niets mooiers voorstellen dan met de kennis die zij had opgedaan 'anderen nützlich sein zu können'.[31] Ze wist dat het leven van een lerares niet altijd even makkelijk was, dat zij zich vaak zou moeten schikken naar de wil van anderen. Maar als zij haar werk met 'Lust & Liebe' zou doen, dan zou dat opwegen tegen de nadelen. Tegelijkertijd wist zij echter dat haar vader haar onder geen voorwaarde toestemming zou geven om examen te doen en naar de Selekta te gaan, een klas voor uitmuntende leerlingen, die hen voorbereidde op de universiteit. Een studie zou haar namelijk niet leren een huishouden te organiseren, noch scholen in de vaardigheden van een salondame. Een vervolgopleiding zou haar slechts nodeloos een beroep laten beheersen dat zij niet zou gaan uitoefenen, omdat het in de kringen van de Müllers en ver daarbuiten nog als buitenissig en ordinair bestempeld werd wanneer een vrouw werkte.³² Gelaten noteerde Helene in haar dagboek het citaat: 'Glücklich ist / Wer vergißt / Was nicht mehr zu ändern ist!' Het is maar de vraag of zij zich bewust was van de lichtzinnigheid waarmee deze strofen in *Die Fledermaus* werden gebruikt.

De literatuurlessen op school zorgden er niet alleen voor dat Helene aspiraties kreeg om les te geven. Tevens luidden zij het begin in van de meest ongelukkige periode uit haar jeugd. In januari 1884 maakte de vijftienjarige Helene een terloopse opmerking in haar dagboek over *Nathan der Weise* van Lessing. In dit toneelstuk liet de schrijver de drie monotheïstische godsdiensten in de vorm van de sultan Saladin, de rijke joodse koopman Nathan en een christelijke ridder nader tot elkaar komen.³³ Lessing publiceerde het stuk in 1779 in reactie op de *Fragmentenstreit* die hij had ontketend en waarin hij de orthodoxe protestantse geestelijkheid scherp aanviel.³⁴ Inzet van de strijd was de lezing van de Bijbel. Lessing was een felle tegenstander van een feitelijke uitleg van de Heilige Schrift en in *Nathan* zette hij in de vorm van een parabel uiteen waarom.

Helene was vooral onder de indruk van deze ringparabel, die de kern vormde van Lessings boodschap. In deze passage laat de sultan Nathan bij zich roepen en vraagt wat volgens hem de ware godsdienst is. Hierop antwoordt Nathan met een verhaal over een ring die de geheime kracht heeft om de drager ervan geliefd te maken bij God en zijn medemens. De ring wordt doorgegeven van vader op de zoon die hij het meest liefheeft, en die als drager van de ring het volgende hoofd van de familie zal worden. Wanneer de ring in het bezit komt van een vader die geen onderscheid kan maken tussen zijn drie zoons, besluit deze de ring tweemaal na te laten maken. Na zijn dood willen de zoons weten wie nu in het bezit is van de ware ring, maar het origineel is niet meer te herkennen. Zij gaan naar een rechter om hen te helpen, maar ook hij ziet geen verschil tussen de drie identieke ringen. Daarom raadt de rechter ieder van de zoons aan de kracht van de ring te bewijzen door zachtzinnig en verdraagzaam te leven en goed te zijn voor zijn medemens.

Net zomin als er onderscheid gemaakt kan worden tussen de ringen, kan er volgens Nathan onderscheid gemaakt worden tussen de drie religies. De uitingsvormen van de religies mogen dan verschillen, ze komen allemaal voort uit de geschiedenis. En geschiedenis, te boek gesteld of mondeling overgeleverd, kan slechts op vertrouwen en geloof aangenomen worden. Geen enkel geloof – of mens – kan het volgens de koopman kwalijk genomen worden meer te vertrouwen op de geschiedenis van zijn eigen voorvaderen dan op die van anderen. Zodoende liet Lessing via Nathan aan zijn lezers weten dat volgens hem geen enkele heilige tekst letterlijk geïnterpreteerd kon worden. Er was nu eenmaal niet één waarheid, en daarmee ook niet één ware godsdienst.

Op Helene maakte het toneelstuk diepe indruk. Na haar eerste aantekening over *Nathan* verschijnen er in haar dagboek steeds vaker opmerkingen over haar afwijkende religieuze opvattingen. Toen ze enkele dagen later op zondag haar huiswerk maakte, schreef ze dat de pastor van haar kerk, *Pfarrer* Frey, er niet over te spreken zou zijn dat zij op de dag van de Heer aan het werk was.[35] Zelf vond ze dat geen al te grote zonde. Uit haar dagboek blijkt dat zij eerder ook al op zondagen werkte, maar deze keer zag zij kennelijk de noodzaak dit gegeven expliciet aan haar religieuze opvattingen te koppelen en zich daarmee te onderscheiden van Frey. Vervolgens noteerde Helene dat zij en de pastor tamelijk vaak van mening verschilden.

Ook andere dagboekpassages laten zien dat zij na haar ontdekking van *Nathan* haar ideeën over religie als middel begon te gebruiken om zich van anderen te onderscheiden. Zo klaagde Helene dat ze zelfs met Frieda niet kon praten over haar gedachten, omdat ze haar opvattingen over het geloof niet deelde. Verschillende keren riep haar vriendin uit dat ze toch niet kon menen wat ze zojuist zei. Ook op andere momenten stuitte ze op – vermeend – onbegrip. In maart reisde ze met haar moeder naar Aken om Martha op te zoeken. De mensen die het pensionaat leidden waren heel aardig, maar toch vermoedde Helene dat zij daar in Martha's plaats vreselijk ongelukkig zou zijn geworden. Men was namelijk streng religieus en de anderen zouden haar vanwege haar 'andere Ansicht nur verachten!'[36]

De zomer bracht weinig verlichting voor Helene. Gustav, de 'lieber Junge' zoals zij haar broer altijd liefkozend noemde, werd voor enige maanden op het kantoor in Bilbao aangesteld om buitenlandervaring op te doen en Martha bracht de zomer door in Engeland. Zo bleef zij eenzaam met haar ouders en haar jongere zusje Emmy achter in Gerresheim. Tot overmaat van ramp zwichtte haar vader voor de bezwaren van haar moeder en besloot hij het buitenhuis te verkopen. Dat betekende voor Helene dat er na de zomer ook geen paradijs meer zou zijn waarin zij zich kon onderdompelen om haar zorgen te vergeten.

Ook op school ging het allemaal niet meer zo goed. Haar prestaties gingen achteruit en van het hoofd van de school, Frau Schuback, kreeg zij de berisping dat ze eerzuchtig en opstandig was. De reden voor die terechtwijzing was waarschijnlijk Helenes neiging om ook tijdens de lessen haar afwijkende religieuze opvattingen te verkondigen. Haar mikpunt was daarbij de conservatieve pastor Frey, die de godsdienstlessen verzorgde en nogal rechtlijnig in de leer was. Door een minstens even rechtlijnige uitleg van de ringparabel stelde Helene Freys houding gelijk aan intolerantie en verweet zij hem vijandigheid ten aanzien van andere geloven. Vooral over joden zou Frey zich volgens haar onverdraagzaam uitlaten, terwijl Helene hen juist 'weit besser' vond dan christenen.[37] In een briefwisseling die zij enige tijd later met de pastor onderhield, benadrukte Helene dat zij met haar uitlatingen niet wilde impliceren dat hij een antisemiet was.

Hoewel haar opstandigheid waarschijnlijk deels voortkwam uit de natuurlijke behoefte van pubers om zich af te zetten, maakte Helenes verlangen om zich te onderscheiden in de loop van het jaar plaats voor dieperliggende twijfel. Niet langer kon zij het godsbeeld accepteren dat haar was aangeleerd. 'Hij was van bordpapier & had een neus & oogen & een mond & ik wist niet wat ik daarmee moest beginnen,' herinnerde zij zich jaren later.[38] Uit haar dagboek blijkt dat Lessing haar deed beseffen dat een minder letterlijke geloofsbeleving ook mogelijk was. Het gevolg was dat zij de Bijbel niet meer zo onbevangen kon lezen als voorheen. Ze zag de tegenstrijdigheden en begon daardoor te twijfelen aan de onfeilbaarheid van de Schrift. Geheel in de geest van de achttiende-eeuwse schrijver kon zij niet accepteren dat de Bijbel een absolute waarheid in zich droeg. Die vertwijfeling leidde tot een rigoureus besluit. In augustus vertelde ze haar moeder dat zij zich niet wilde laten confirmeren, omdat zij daarvoor de overtuiging miste.

Vader en moeder Müller waren allerminst gecharmeerd van deze boodschap. Van huis uit waren zij beiden luthers-evangelisch en zij hadden hun kinderen dan ook in de geest van deze protestantse stroming opgevoed. Hoewel hun religieuze denkbeelden niet bijzonder strikt waren, was het onbespreekbaar dat Helene geen belijdenis zou doen. Hun opvatting verschilde weinig van die van andere ouders uit de Duitse burgerij. Religie had in veel Europese gezinnen plaats moeten maken voor meer wereldse zaken en vond vooral in de grote liefde voor cultuur een grote concurrent.[39] Mensen brachten hun zondag liever musicerend door in huiselijke kring dan met een bezoek aan de kerk. Voor de Müllers was de zondag vooral een dag van sociale ontmoetingen en afspraken. Niettemin hielden zij, zoals het overgrote deel van de burgerij, vast aan tradities. Vooral bij geboorte, huwelijk en overlijden speelde de kerk nog steeds een belangrijke rol en de communie of confirmatie werd in deze kringen beschouwd als een belangrijke bijdrage aan de algemene ontwikkeling van kinderen. Wilhelm en Emilie vreesden dan ook niet zozeer voor het zielenheil van hun dochter, als wel voor de schande die haar weigering zou veroorzaken. Een grote ruzie was het gevolg.

Helene probeerde zich te verdedigen door te wijzen op de ruimdenkende godsdienstige ideeën van Goethe en Lessing. Het was een slimme zet om deze twee iconen van de Duitse literatuur aan te halen. Goethe had zich als jongeman in zijn religieuze ontwikkeling laten inspireren door de twintig jaar oudere Lessing.[40] Hoewel zijn overtuigingen in de loop van zijn leven verder van die van Lessing verwijderd zouden raken, waren er twee elementen waarin hun opvattingen overeenstemden. Beiden verwierpen het dogmatische karakter van het kerkelijke geloof en beiden verzetten zich tegen de woordelijke interpretatie van de Bijbel. Zoals *Nathan* als sleutelwerk van Lessings godsdienstige ideeën kan worden opgevat, zo kan *Faust* als een afspiegeling van Goethes opvattingen worden gezien. Veelzeggend is de openingsscène die zich afspeelt in de hemel, waar God en Mephistopheles een weddenschap afsluiten. God is ervan overtuigd dat Mephistopheles er niet in zal slagen de intelligente en brave dokter Faust te verleiden. Daarmee zette Goethe geen almachtige God neer, maar een humane figuur die de mens ziet als een zelfstandig wezen met een eigen wil.

Vader Müller was verbaasd dat Helene twee Duitse schrijvers gebruikte om haar twijfels onder woorden te brengen, maar al snel vielen hem de woorden van Faust in: 'Sie sagen's aller Orten [sic].'[41] De *Gretchenfrage* waarin Goethe zijn protagonist deze woorden liet spreken, was een alom bekende passage uit *Faust*, die door generaties Duitse schoolkinderen uit het hoofd werd geleerd. Aan het begin van de passage vraagt Gretchen, de geliefde van Faust, of hij in God gelooft.[42] Daarop is volgens de dokter niet eenvoudig antwoord te geven, waarop Gretchen hem vraagt of hij dan niet gelooft. Bij monde van Faust antwoordt Goethe daarop dat hij wel degelijk gelooft, want hij gelooft in het alomvattende. De hemel, de aarde, de eeuwige sterren, hun ogen: alles is verweven in een eeuwig mysterie. Hoe het gevoel te beschrijven wanneer je dat alles ervaart? Als geluk, als hart, liefde, God? Dat gevoel is volgens Faust alles en daar een naam aan geven is niets anders dan een versluiering van de werkelijkheid. Gretchen reageert schamper dat dat ongeveer hetzelfde is als wat de pastor zegt, alleen in andere bewoordingen. Waarop Faust zegt: 'Es sagen's allerorten / Alle Herzen unter dem himmlischen Tage.'

Waarop Helene het citaat aanvulde: 'Jedes in seiner Sprache; warum nicht ich in der meinen?'[43] Hoe eendrachtig ook, Wilhelms kennis van Goethes woorden betekende niet het einde van de onenigheid, integendeel. Vader en moeder Müller beseften dat Helenes weigering om zich te laten confirmeren, ingegeven werd door de literatuur die zij las. Tot grote ontzetting van zijn dochter eiste Wilhelm haar dagboek op. Ook verdacht ze hem ervan haar *Nathan* meegenomen te hebben, want ze kon het boek nergens meer vinden. In de weken die volgden bleven haar ouders zwijgzaam. Emilie was zeer bedrukt en liet niet na haar dochter duidelijk te maken dat zij daar de oorzaak van was. Degene met wie Helene thuis wel kon praten was tante Anna, die samen met haar de *Gretchenfrage* nog eens las, 'das herrliche Glaubensbekenntnis Goethes!'

Ondanks de gespannen sfeer thuis en de verwijten van haar ouders dat zij haar familie te schande maakte, bleef Helene vasthouden aan haar weigering. Vanaf januari 1885, Helene was toen bijna zestien, verplichtten Wilhelm en Emilie hun dochter daarom om driemaal per week met pastor Frey te spreken. De pastor nam alle tijd om haar vragen te beantwoorden. Aanvankelijk beloofde Frey haar zelfs dat hij haar niet zou dwingen tot confirmatie, waardoor Helene zich schuldig voelde over haar aantijgingen eerder dat jaar. De pastor moest zijn belofte onder druk van haar ouders echter alweer snel intrekken en Helene koste wat kost tot confirmatie overhalen.

Tijdens de gesprekken met Frey zocht Helene vooral naar argumenten die haar ervan zouden overtuigen dat de Bijbel onfeilbaar was. Pas dan, als ze vol overtuiging 'ja' zou kunnen zeggen op de vraag of zij geloofde, zou ze confirmatie kunnen en willen doen. Moedeloos schreef ze in haar dagboek – dat ze na vier weken op haar vaders bureau vond en meenam – dat ook Frey niet alles kon bewijzen en 'daß er da, wo sein Wissen aufhört, einfach glaubt'.[44] Daartoe was volgens haar alleen iemand in staat die geheel met zijn hart en niet met zijn verstand de Bijbel las. Zij kon dat niet.

Behalve in bijlessen, wisselden Frey en Helene ook in pagina's lange brieven hun gedachten over het geloof uit.[45] Bijna wanhopig schreef Helene dat zij Gods wil wilde doen, maar dat zij niet simpelweg kon geloven. Ze vroeg de pastor alles te doen om haar te overtuigen, want ze wilde niet de indruk wekken, zoals Frey blijkbaar gesuggereerd had, dat zij een afwijkende mening verkondigde om maar iets buitengewoons te beweren. Mogelijk had zij boeken gelezen die niet goed voor haar waren, maar ze kon niet ontkennen het prettig gevonden te hebben om ook eens liberalere geluiden over het geloof te horen. Haar brieven verhulden in het geheel niet welke schrijvers ze daarmee bedoelde. In een ervan wierp ze zich op als Nathan en vroeg ze Frey waarom er zo veel intolerantie tussen de geloven heerst. Het was toch onvoorstelbaar dat die minachting ten aanzien van andere religies de goedkeuring van de Heer kon wegdragen? In tegenstelling tot Nathan verhief Helene wel een godsdienst boven de andere, al was het niet haar eigen geloof. Ze kende joodse gelovigen '– & das nicht nur oberflächlich –' en het was haar opgevallen dat zij de christelijke waarden van liefde en verdraagzaamheid beter uitdroegen dan menig christen.[46]

Frey deed zijn best Helenes twijfels over de Bijbel weg te nemen en nam de tijd om haar uitvoerig te antwoorden. Inmiddels was de pastor druk bezig met de voorbereiding van de confirmatie die vlak voor Pasen plaats zou vinden. Dat vooruitzicht zorgde ervoor dat Helenes tweestrijd en onrust met de dag groeiden. Regelmatig werd ze bevangen door een onbeschrijfelijke angst en het kostte haar de grootste moeite om zich tegenover anderen te beheersen. Ze wist dat ze haar familie te schande zou maken wanneer zij geen belijdenis deed. Haar ouders bleven haar bovendien verwijten maken. Niet alleen vonden zij haar harteloos, ook gaf hun dochter in hun ogen blijk van een ernstig gebrek aan respect. Hoe zouden zij zich ooit nog in het openbaar kunnen vertonen wanneer hun dochter zich niet liet confirmeren? Op haar beurt wilde Helene niets liever dan geloven en belijdenis doen, maar dat zou volgens haar betekenen dat zij meineed moest plegen. En ze vond weinig meer verwerpelijk dan liegen, zeker wanneer de leugen betrekking had op het heiligste in een mensenleven.

In de week voorafgaand aan de confirmatie probeerde Helene zo goed als het ging haar kalmte te bewaren. Met een 'fester Wille' hoopte zij haar geloof terug te vinden, want ze moest en zou geloven.[47] Met gevoel voor pathetiek verzuchtte ze: 'Wenn ich mein ganzes Leben so weiter kämpfen soll wie in diesen Wochen so möchte ich lieber gar nicht mehr leben!'[48]

Zondag 22 maart 1885 was de dag van de belijdenis. Om tien uur verzamelden alle confirmandi zich in de doopkapel. Daarna namen ze plaats in de kerk, waar ze na de preek van pastor Frey werden ingezegend. Na een kort gebed legden ze in koor de geloofsbekentenis af. Vervolgens gingen eerst de jongens en daarna de meisjes naar het altaar om de zegen te ontvangen. Samen met haar vriendinnen Frieda en Fränzchen liep Helene naar voren. De confirmatiespreuk die de pastor haar voordroeg, luidde: 'Es ist ein köstlich Ding geduldig sein & auf die Hülfe des Herrn hoffen.'[49] Achteraf bezien vond ze dit een mooie en passende spreuk en ze hoopte dat ze dat geduld ook werkelijk zou hebben.

Op het moment zelf was Helene echter uitgesproken zenuwachtig.

Toen de plechtigheid was afgelopen, kon zij zich van de opwinding nauwelijks staande houden. In de kapel probeerde pastor Frey haar te kalmeren. Maar ze was niet te bedaren. Met haar volle verstand had ze zojuist een bekentenis afgelegd, terwijl ze wist dat ze die belofte zou breken. Overstuur riep ze uit dat ze *moest* geloven: 'Gieb Du Herr, daß ich kann!'[50] Nadat ze de dag van haar confirmatie tot in detail had beschreven in haar dagboek, repte ze met geen woord meer over het geloof.

De volhardendheid waarmee Helene zich gedurende lange tijd in de geloofskwestie vastbeet en de overspannen reactie op haar confirmatie, zouden een reactie kunnen zijn geweest op het keurslijf waarin zij gedwongen was op te groeien. De strenge, behoudende burgerlijke moraal die al vroeg van jongeren eiste dat zij zich volwassen en beheerst gedroegen, temperde iedere vorm van opstandigheid.[51] Vaak kwam het lange tijd niet tot conflicten tussen ouders en kinderen, omdat kinderen werd geleerd hun behoeften, driften en verlangens te onderdrukken. Uiteindelijk leidde dit in de puberteit echter vaak tot nervositeit en overgevoeligheid, wat aan het einde van de negentiende eeuw al snel bestempeld werd als neurasthenie of – bij meisjes en vrouwen – hysterie. Beide aandoeningen werden gekenmerkt door algehele malaise en lusteloosheid, die in het geval van vrouwen afgewisseld werd met oncontroleerbare emotionele uitbarstingen.[52] Het is de vraag of Helene leed aan een vorm van geestelijke instabiliteit, of dat zij simpelweg de puberteit doormaakte. In beide gevallen lijkt het aannemelijk dat haar emotionele uitbarstingen voortkwamen uit frustratie en dat zij de beknotting van haar behoefte zich intellectueel te ontwikkelen, tot een religieuze exercitie sublimeerde – om met Sigmund Freud te spreken.

Freud zelf, die een decennium later de basis van zijn psychoanalytische theorie ontwikkelde, zou een veel rigoureuzere diagnose hebben gesteld. In zijn ogen zou Helene ongetwijfeld een typisch slachtoffer zijn geweest van burgerlijke preutsheid en de manier waarop de bourgeoisie seksuele driften verdrong met neuroses, angsten en alle andere vormen van geestelijk lijden tot gevolg.[53] Deze theorie van Freud is nooit overtuigend onderbouwd en veel latere wetenschappers hebben er hun twijfels bij. Toch is het opvallend dat Helene in haar dagboek geen enkele keer een aantekening maakte over jongens of verliefdheden. De 'verliefdheid' op Fräulein Rogge daargelaten. Die genegenheid bleef aanwezig door de jaren, maar de zestienjarige Helene dacht er niet over om die liefde in dezelfde onbevangen bewoordingen te omschrijven die zij drie jaar eerder had gebruikt. Van andere liefdes maakt haar dagboek helemaal geen gewag. Over romantiek, laat staan ontluikende seksuele gevoelens, zwijgt het boekje oorverdovend hard, die lijken inderdaad te zijn verdrongen.[54]

De afwezigheid van romantische en seksuele gevoelens kan in ieder geval niet verklaard worden door de afwezigheid van mannen in Helenes leven. Haar vriendinnen hadden broers, en Gustav nam waarschijnlijk ook regelmatig vrienden mee naar huis. Bovendien had zij dansles toen zij veertien was, maar in de beschrijving daarvan beperkte zij zich tot de mededeling dat de jongens 'schrecklich lang' waren.[55] Ten slotte was daar nog Anton Kröller, een jongere broer van de Nederlandse compagnon van Helenes vader, Willem Kröller. Tussen september 1882 en mei 1883 was de toen twintigjarige Anton volontair op het hoofdkantoor van Müller & Co en in die periode woonde hij bij de Müllers in huis. Hoewel Helene hem in die periode zo ongeveer dagelijks gezien en meegemaakt moet hebben, schreef zij geen letter over hem in haar dagboek. Het mentale leeftijdsverschil tussen de dertienjarige Helene en zeven jaar oudere Anton zal daar ongetwijfeld een belangrijke rol in hebben gespeeld. Misschien was Helene toen überhaupt nog te jong om zich voor jongens te interesseren en was ze dat nog steeds toen ze zestien was en haar dagboek eindigde. Toen ze dertig jaar later terugblikte op haar jeugd, beschreef ze zichzelf zelfs als achttienjarige nog als 'een kind [...], de kinderkamer pas ontgroeid en veel meer een kind nog, dan hedendaagsche jonge menschen zich dat misschien voor kunnen stellen'.[56]

Niettemin besefte Helene toen zij zestien jaar was, wat het leven van haar verwachtte. Na de confirmatie wachtte haar een nieuw leven, een volwassen leven. In het najaar zou ze van school gaan en een jaar in een meisjespensionaat in Brussel doorbrengen. Daar zou ze worden opgevoed tot jongedame die een huishouden kon bestieren. En als ze terugkwam, zou ze volwassen zijn. Dan zou het grote wachten op een echtgenoot beginnen. Het vooruitzicht van dat 'ewige Nichtsthun' maakte haar neerslachtig.[57] Een groter contrast met wat ze eigenlijk zou willen, haar examen afleggen en verder leren, was nauwelijks denkbaar. Maar haar ouders hadden haar meer dan eens verteld dat zij met dergelijke buitenissige plannen niet zouden instemmen. Helene was jaloers op haar broer Gustav, die met zijn twintig jaar aan het begin van zijn leven stond en zijn lot in eigen handen had, terwijl haar leven juist op een eindpunt leek te zijn gekomen. Haar restte niets anders dan zich te onderwerpen aan de wil en conventies van anderen, 'so herzlos & falsch sie auch sind'.[58]

In oktober bracht Wilhelm Müller zijn dochter naar Brussel, waar zij zou verblijven in het Franstalig meisjespensionaat van Mademoiselle

Schollmeyer aan de Avenue Brugmann om haar kwaliteiten als echtgenote te vervolmaken.[59] Gelaten legde Helene zich bij de wensen van haar ouders neer. Ze had de burgerlijke moraal inmiddels volledig geïnternaliseerd en begreep ten volle dat het haar taak als jonge vrouw was om te gehoorzamen aan haar ouders. Haar eigen verlangens diende zij ondergeschikt te maken aan de opdracht die voor haar lag, namelijk zich de kwaliteiten eigen maken die het getrouwde leven van haar vroeg. En dus verdiepte Helene zich een jaar lang in de finesses van handwerken, perfectioneerde zij haar beheersing van de Franse taal, leerde zij hoe zij bedienden moest instrueren en doorgrondde zij de geheimen van het huishoudboekje met dezelfde toewijding waarmee zij voorheen Goethe en Lessing had bestudeerd.

In mei 1886 rondde Helene haar pensionaatsjaar af en keerde ze terug naar Düsseldorf, waar zij zich ontpopte tot het soort huisvrouw dat Mrs Beeton voor ogen gehad moet hebben toen zij in 1861 haar *Book of Household Management* publiceerde.[60] Bij afwezigheid van haar moeder overlegde Helene met de kokkin over het diner, legde haar vader de sug-

Helene circa 17 jaar oud, tijdens haar pensionaatsjaar in Brussel.

gesties voor het menu voor en presideerde zij de koffietafel alsof zij nooit anders had gedaan. Na Martha, die inmiddels getrouwd was met de graanhandelaar Wilhelm Heisinger, was zij nu de tweede dochter die haar entree diende te maken. Aan veel bals en soirees hoefde Helene echter niet deel te nemen om een geschikte echtgenoot te vinden, want al snel na haar terugkeer uit Brussel kreeg zij visite van het echtpaar Kalissendorf, die haar uitnodigden eens een bezoek aan Rotterdam te brengen. De Kalissendorfs waren vrienden van Anton Kröller en het was Helene dan ook al snel duidelijk wat de eigenlijke reden van hun uitnodiging was.

Haar vader was zeer gecharmeerd van Anton, die inmiddels uitgegroeid was tot een onmisbare medewerker. Na diens eerste verblijf ontving hij de jonge Kröller nog regelmatig in Düsseldorf. Het zal Wilhelm Müller niet ontgaan zijn dat Anton Kröller al enige tijd een oogje op Helene had. Zijn gevoelens voor haar kwamen aan het licht toen zij zich bij zijn laatste bezoek brandde aan het koffiezetapparaat en hij in grote opwinding het huis van de Müllers uit was gerend om een dokter te halen.

Behalve een oprechte verliefdheid, hebben waarschijnlijk ook andere motieven Antons handelen beïnvloed. Zijn keuze voor Helene kan het beste omschreven worden als een strategische liefde. Tenslotte was Anton een ambitieuze zakenman en verliefd of niet, hij moet de mogelijkheden hebben gezien die een huwelijk met een van de Müllerdochters bood. Ondanks de opkomst van het romantische huwelijk, was het in burgerlijke kringen nog alom gebruikelijk om de keuze voor een echtgenote te baseren op economische overwegingen.[61] De hogere sociale strata liepen daarin voorop. Adellijke families die hun kapitaal hadden zien slinken, huwelijkten regelmatig hun dochters uit aan rijke industriëlen, om de toekomst en het aanzien van de familie veilig te stellen. Ook ondernemersfamilies raakten niet zelden onderling verzwagerd. Voor hen waren huwelijken tot ver in de twintigste eeuw vooral een tactische zet om een zakelijke positie te verstevigen. Antons overwegingen waren daarop geen uitzondering.

Helene wist niet goed raad met de gebeurtenissen.[62] Ze was achttien, maar voelde zich nog een kind. Het idee van een bezoek aan Nederland, met de achterliggende gedachte dat daar haar toekomst zou liggen, vervulde haar met twijfel. Maar veel tijd voor contemplatie werd haar niet gegund. Nog op dezelfde dag dat de Kalissendorfs haar uitnodigden, liet Wilhelm Müller zijn dochter bij zich roepen in zijn kantoor. Dit had zij zelden mogen betreden, wat de ernst van de situatie benadrukte. Het donkere kantoor bestond uit een lage ruimte met tralies voor de ramen en een groot bureau. Toen zij binnenkwam, zwegen ze beiden. Haar vader had een ernstige blik in zijn ogen en doorbrak de stilte met slechts enkele woorden: 'Helene, wenn Du es irgendwie tun kannst, so tue es, denn ich kann ihn nicht entbehren.'[63] Een ogenblik later stond zij alweer buiten.

Hoewel ze niet precies begreep waarom Anton onmisbaar was voor haar vader, had Helene aan zijn stem gehoord dat de situatie hem zwaar op de schouders drukte. Niet alleen stond hij de verloving toe, hij drong er ten zeerste op aan. Met zijn korte pleidooi legde haar vader zijn eigen lot en dat van de firma in Helenes handen, iets wat zij door de toon van zijn woorden wel vermoedde, maar nog niet volledig bevatte. De dochters Müller waren nauwelijks op de hoogte van de hachelijke situatie waarin Müller & Co op dat moment verkeerde. Helene kon dan ook niet weten dat Wilhelm de controle over de firma aan het verliezen was en evenmin hoe groot de hoop was die haar vader koesterde dat Anton deze situatie ten goede kon keren.

Beide compagnons van Müller & Co, zowel haar vader als Antons oudere broer Willem, waren al lange tijd overwerkt, maar beiden weigerden zich terug te trekken uit de firma. Wilhelm Müller wilde zoveel mogelijk betrokken blijven, omdat hij de toekomst van Gustav binnen het bedrijf veilig wilde stellen en Willem Kröller was bang gezichtsverlies te lijden, wanneer hij vanwege gezondheidsoverwegingen minder zou gaan werken. Eind 1886 had hij een zenuwinzinking gekregen, wat hem het werken onmogelijk maakte.[64] Desalniettemin weigerde hij zijn zeggenschap aan iemand anders over te dragen. Voor Wilhelm betekende dit een verdere opvoering van de werkdruk, omdat hij nu ook de leiding over het Rotterdamse kantoor op zich moest nemen.

Wilhelms vermoeidheid en irritatie over 'de oude Kröller' zorgden ervoor dat ook zijn zenuwen steeds verder ondermijnd raakten. Eigenlijk kon hij evenmin nog werken, maar hij bleef aan met het oog op Gustav. Toch slaagde hij er niet in een goede positie voor zijn zoon te creëren, omdat Willem Kröller zowel weigerde Gustav als medefirmant op te nemen, als om Wilhelm toe te staan een deel van zijn aandelen aan zijn zoon te schenken. Dit leidde tot de ongezonde situatie waarin beide compagnons zichzelf als onmisbaar beschouwden voor de firma en zij wantrouwend tegenover elkaar stonden, bang om de controle over het bedrijf te verliezen.

De enige reden waarom de firma bleef functioneren was Anton. Hij fungeerde als schokdemper tussen de beide directeuren, die rond 1887 door de onderlinge spanningen op voet van oorlog met elkaar stonden.

Beide compagnons vertrouwden hem, waardoor hij kon bemiddelen tussen de strijdende partijen. Ook nam hij ongevraagd veel taken van zijn broer over, wat de firma behoedde voor een managementcrisis. Emilie, die in tegenstelling tot Helene wel op de hoogte was van deze situatie, zag eveneens in een verbintenis met Anton de oplossing van een gevaar dat al langere tijd dreigde. In navolging van haar man, drong ook zij er bij haar dochter op aan de Rotterdamse uitnodiging aan te nemen.

Dat een huwelijk de mogelijkheden om verder te studeren definitief zou dwarsbomen, begreep Helene maar al te goed. Door de perikelen rond haar confirmatie was ze echter gaan beseffen dat ze geen andere keuze had dan het belang van haar familie en de firma te laten prevaleren boven haar eigen verlangens. Ze was nuchter genoeg om te beseffen dat een huwelijk ook voordelen had, want het betekende het einde van het beklemmende leven bij haar ouders. En dus stemde ze in met de reis naar Nederland en de verloving die erop zou volgen. Vanuit Rotterdam stuurde ze haar ouders een telegram met de woorden 'Papa hat es erlaubt.'[65] Nadere toelichting leek haar overbodig. Ze had gedaan wat ze moest doen en was nu alleen nog maar verantwoording schuldig aan haar toekomstige echtgenoot.

Voor Wilhelm Müller was de verloving van zijn dochter met de veelbelovende Anton Kröller een geschenk uit de hemel. Met Willem Kröller kwam hij overeen dat deze na het huwelijk een kwart van zijn aandelen aan zijn jongere broer zou overdragen. Anton zou zodoende niet langer medewerker zijn, maar aandeelhouder worden in de firma. Kröller kon weinig anders doen dan instemmen. Zijn geestelijke en fysieke toestand maakten hem ongeschikt het Rotterdamse kantoor nog langer naar behoren te leiden. De enige die hij zijn taken in handen durfde te geven, was zijn jongere broer. Hij ging dus akkoord met Müllers voorstellen, maar eiste dat zij een mondelinge overeenkomst zouden sluiten en dat Anton slechts in het geheim vennoot werd. Kröller wilde namelijk voorkomen dat naar buiten toe de indruk gewekt werd dat hij uitgerangeerd was.

Op 15 mei 1888 trouwden Anton en Helene in de Johanneskirche in Düsseldorf.[66] Het sobere interieur van deze evangelische kerk in het centrum van de stad paste bij Helenes wens de bruiloft bescheiden te houden. De statige en trotse buitenkant van het gebouw daarentegen paste vooral bij de stemming van haar ouders, die dankzij hun schoonzoon weer met opgeheven hoofd de toekomst tegemoet zagen. Antons broer Nico en Helenes vader traden op als getuigen bij het huwelijk.[67] Behalve Nico was een aantal van Antons vrienden uit Nederland overgekomen. Familie van zijn kant was er verder niet. Zijn vader was te oud

Helene Müller en Anton Kröller ten tijde van hun verloving (1887/1888).

om te reizen en Willem Kröller werd in Rotterdam verzorgd door zus Marie. Zo werd de bruiloft grotendeels een Müller-aangelegenheid met de charmante en joviale Anton als stralend middelpunt.

Ondanks haar wens de bruiloft kleinschalig te houden, had Helene ingestemd met een *Polterabend*, een feestelijke avond die een paar dagen voor het huwelijk door familie en vrienden werd georganiseerd. Vrienden van Anton verrasten het bruidspaar met een bezoekje aan het Koninklijk Nederlands Circus van Oscar Carré, dat in die dagen in Düsseldorf was neergestreken. Toen het bruidspaar de voor hen gereserveerde loge in liep, werd het Nederlands volkslied ingezet. Voor Helene was het de eerste keer dat zij op haar nieuw te verwerven Nederlandse nationaliteit werd aangesproken, een ervaring die haar deed beseffen dat zij niet alleen op het punt stond haar kinderjaren achter zich te laten, maar ook haar identiteit als Duitse. Ze stond het zichzelf niet toe daar erg bedroefd over te zijn. De achterliggende jaren beschouwde zij als afgesloten en de verhuizing naar Nederland eenvoudig als de consequentie van trouwen met een man die zijn werk elders had.[68] Die keuze had ze zelf en op rationele gronden gemaakt en ze zou de gevolgen daarvan accepteren.[69]

Helenes karakter en trots zouden echter voorkomen dat zij haar Duitse identiteit werkelijk opgaf. Onder invloed van haar persoonlijkheid zou die identiteit mettertijd juist sterker worden. *Leistung* en plichtsbesef bleven de leidende principes in haar leven. Zij hadden haar gedreven het werk van Goethe en Lessing te doorgronden, zich met dezelfde nauwkeurigheid het huishouden eigen te maken en zij lagen aan de basis van haar beslissing zich met Anton Kröller te verloven en met hem naar Nederland te verhuizen. Beide zouden haar bovendien helpen zich aan te passen aan de Nederlandse gewoonten en de taal in korte tijd bijna vlekkeloos te leren beheersen. Maar Helene zou zich altijd een Duitse blijven voelen. Hoe dankbaar ze ook was voor de mogelijkheden die haar in Nederland geboden werden, ze bleef zich in de eerste plaats verbonden voelen met haar vaderland en het gedachtegoed dat zij zich in haar jeugd eigen had gemaakt.

Op die avond in mei 1888, enkele dagen voor haar huwelijk, was ze zich daar waarschijnlijk niet van bewust. Toen wilde ze slechts ontsnappen uit de benauwende en gespannen omgeving van haar familie. Pas jaren later zou ze zich weer bewust worden van de identiteit die ze voor de eeuwwisseling in Duitsland dacht te hebben achtergelaten.

2
Strategie en liefde

DE WORDING VAN EEN KOOPMANSVROUW

In het najaar van 1888 vestigde het kersverse echtpaar Kröller zich in Rotterdam. De stad ademde bouwlust, ondernemingszin en het vertrouwen in een onstuitbare opmars die Rotterdam tot de belangrijkste doorvoerhaven van de wereld zou maken.[1] Net als Düsseldorf was het een snel groeiende industriestad. Waar de Rotterdamse bloei opgestuwd werd door de havenuitbreiding en scheepvaart, was Düsseldorf voornamelijk gebouwd op de metaalindustrie. De groeiende vraag naar verwerkte metalen voor de aanleg van spoorwegen en de fabricage van treinen, schepen en de talloze uitvindingen die in deze jaren werden gepatenteerd, maakte de stad tot een van snelst groeiende steden van het Duitse keizerrijk.[2] Deze ontwikkeling liep grofweg parallel aan de sociale en economische groei van Rotterdam, dat in deze periode eveneens de werkgelegenheid en het inwoneraantal snel zag toenemen.

Anton was een geboren Rotterdammer, wat Helene, als ze de nuances van Nederlandse taal al had gekend, onmiddellijk zou zijn opgevallen door zijn Rotterdamse tongval.[3] Maar die nuances kende zij nog niet, evenmin als zij haar nieuwe woonplaats kende, of haar echtgenoot. Tijdens die eerste weken in Rotterdam heeft Anton zijn jonge bruid ongetwijfeld veel verteld over de stad. Wellicht wandelden zij 's avonds door de straten, waarbij hij over zijn jeugd vertelde, die zo verbonden was met de grote werkstad. Hij was in 1862 geboren aan de Bierstraat, in het zuidwestelijke deel van Rotterdam, vlak bij de Boompjes en de Nieuwe Maas en was de jongste van het gezin Kröller.[4] Zijn broer Willem – de compagnon van Helenes vader – was tien jaar ouder, daarna volgden Nico en Marie. Een tweede zusje, Elisabeth, was drie jaar voor Antons geboorte als peuter gestorven. Het gezin moest een tweede grote slag verwerken toen ook zijn moeder, Maria Kemp, in 1865 stierf. Na haar overlijden was Anton grotendeels opgevoed door zijn twee oudere broers en zus en door zijn bejaarde tante Hendrika Kluijt-Kröller, die sinds het overlijden van haar man bij het gezin inwoonde. Al snel nam zij behalve het huishouden ook de rol van moeder over binnen de familie.

Vader Kröller, die net als Anton voluit Anthony George heette, had een goedlopend timmermansbedrijf aan de Bierhaven, in een welvarend en levendig deel van de stad.[5] De jaren 1860 waren een gunstige tijd voor een timmerman met een eigen bedrijf. Nog voor de grootschalige aanleg van havens die vanaf de jaren 1880 in hoog tempo werden gegraven, trokken arbeiders uit het hele land naar de grote steden, waaronder Rotterdam.[6] De oude stadsdriehoek, die eeuwenlang kenmerkend geweest was voor de stad, dijde binnen enkele jaren naar alle kanten uit. Hierdoor nam de vraag naar woningen en bedrijfspanden tijdens Antons jeugd sterk toe, wat de familie Kröller een aardig inkomen opleverde.[7]

Dankzij die groeiende welvaart kon vader Kröller alle vier zijn kinderen naar de hbs laten gaan, dus ook zijn dochter Marie.[8] Hij behoorde daarmee tot de eerste generatie ouders die aan minister Thorbecke toestemming vroeg om hun dochter onderwijs te laten volgen aan een Hogere Burgerschool. Marie kon zodoende in 1872 naar de meisjes-hbs aan de Scheepmakershaven.[9] Anton volgde twee jaar later en bezocht de Gemeentelijke Handelsschool aan de Kortenaerstraat, een hbs voor jongens waarvan het curriculum in het vierde en vijfde jaar overwegend uit handelsvakken, staatsinrichting en moderne talen bestond.[10]

Onder Antons klasgenoten bevonden zich veel telgen uit vooraanstaande Rotterdamse ondernemersfamilies. Zo deelde hij de klas met Philippus van Ommeren, troonopvolger van Van Ommerens scheepvaartbedrijf, en was hij bevriend met Engel Pieter de Monchy, een erfgenaam van het De Monchy-imperium, dat zich onder meer als een van de eerste bedrijven toelegde op het opslaan en verhandelen van aardolie.[11] Een andere fameuze naam in het Rotterdamse was die van Pincoffs.[12] Lodewijk Pincoffs was als ondernemer en politicus samen met de invloedrijke bankier Marten Mees de drijvende kracht achter de ontwikkeling van Feijenoord tot havengebied. Pincoffs had in 1863 aan de wieg gestaan van de Rotterdamse hbs en het was dan ook niet meer dan logisch dat zijn zonen op deze school hun opleiding kregen.

Tijdens Antons middelbareschooljaren waren de contouren van Rotterdam als wereldhaven steeds duidelijker geworden. In 1866 werd begonnen met het graven van de Nieuwe Waterweg, die de bereikbaarheid van de stad vanaf 1881 flink vergrootte.[13] Het eiland Feijenoord, dat tot de eerste helft van de negentiende eeuw een stiefkinderlijke status had, werd de spil waaromheen de stad en havens zich in hoog tempo uitbreidden.[14] In het nieuwe havengebied maakten pakhuizen plaats voor professionele entrepotvoorzieningen en gestaag veranderde Rotterdam van koopmansstad in transito- en Rijnvaarthaven, waar goederen en grondstoffen uit de hele wereld werden aangevoerd om vervolgens naar het Ruhrgebied verscheept te worden. Jarenlang waren de havens weinig meer dan een decor waartegen het leven van Anton zich afspeelde. Zijn ouderlijk huis bevond zich te midden van de Wijnhaven en Leuvehaven en vlak bij de Boompjeskade. Het af- en aanvoeren van schepen, het laden en lossen van goederen en de eeuwige bedrijvigheid van havenarbeiders boden hem dan ook een vertrouwde aanblik.

In 1879 rondde hij zijn hbs af. Zoals de oorspronkelijke bedoeling was van de hbs, lag een groot aantal mogelijkheden voor hem open: hij kon een baan zoeken in de industrie, in de handel, bij de staat of in het onderwijs.[15] Hij kon ook verder studeren aan de polytechnische school in Delft, waar een nieuwe generatie industriëlen en ingenieurs werd opgeleid. Onder bepaalde voorwaarden kon hij zelfs aan een universitaire studie beginnen. Net als voor de meeste examinandi van de gemeentelijke Handelsschool lag het echter voor de hand dat hij de ingeslagen weg verder zou bewandelen en een plek als volontair zou proberen te bemachtigen om het handelsvak verder in de praktijk te leren.

De eerste – onbetaalde – baan die hij als zeventienjarige wist te bemachtigen was als jongste bediende bij de koffiehandelaren Westplate en Gleichman in Rotterdam, waar hij het kopieboek moest bijhouden.[16] Daarna bezorgde zijn broer Willem hem een betrekking als leerlingbediende bij het Rotterdamse filiaal van Müller & Co.[17] Willem had een jaar eerder honderdduizend gulden gewonnen in de Amsterdamse premieloterij.[18] Dat was het honderdvoudige van het toenmalige gemiddelde jaarinkomen en een groot goed in een tijd waarin banken nauwelijks investeringsleningen verstrekten. Dit geld besloot hij niet te gebruiken om een eigen bedrijf op te zetten, maar te investeren in de reeds bestaande firma Müller & Co. Dankzij die investering werd hij de gelijkwaardige compagnon van Wilhelm Müller. En na het uittreden van Müllers zwager Hugo Neese in 1882 bovendien de enige Co in Müller & Co.

Willem zond zijn jongere broer – nog steeds onbetaald – in 1882 uit naar het hoofdkantoor in Düsseldorf, waar hij zich verder diende te bekwamen in de bedrijfsvoering en de Duitse taal. In het grote huis aan de Tonhallenstrasse, waar de Müllers toen woonden, had de twintigjarige Anton voor het eerst Helene ontmoet, op wie hij geen enkele traceerbare indruk maakte. Wat Helene zich ongetwijfeld later nog wel kon herinneren, was dat zijn aanwezigheid des te meer invloed had op haar broer.[19] Tot wanhoop van zijn vader had Gustav eerder te kennen gegeven dat hij geen carrière in zaken ambieerde, maar graag verder wilde studeren, het liefst aan een kunstacademie. Na de komst van Anton in huize Müller draaide hij echter als een blad aan een boom om. Zich ervan bewust dat met de begaafde en ambitieuze Nederlander een concurrent in huis was gekomen, zag Gustav af van een academische studie en verklaarde hij zich alsnog bereid om bij Müller & Co aan te treden.

Na zijn verblijf in Düsseldorf maakte Anton snel carrière. Hij werd de rechterhand van zijn broer in Rotterdam, die door de grote werkdruk steeds nerveuzer en neerslachtiger was geworden.[20] Daarnaast behield hij goed contact met Wilhelm Müller en won al snel zijn vertrouwen door informeel de taken van zijn broer over te nemen. Het kan dan ook geen toeval zijn dat vlak na januari 1887, de periode waarin Wilhelm Müller in Rotterdam verbleef om samen met Anton het filiaal daar draaiende te houden, de verloving van Anton en Helene bekend werd gemaakt.

De verloving was een gunstige zet voor zowel de aanstaande schoonvader als de schoonzoon. Doordat Anton bij zijn huwelijk een kwart van de aandelen van zijn broer ontving en medefirmant werd, werden voor Wilhelm Müller de mogelijkheden groter om later een deel van zijn eigen aandelen aan Gustav te schenken. Bovendien moet Müller ervan uit zijn gegaan dat deze transactie Antons loyaliteit vergrootte. Zijn aanstaande schoonzoon behoorde nu tot 'zijn kamp'. Anton op zijn beurt besefte maar al te goed dat die loyaliteit hem een nog steviger positie binnen de firma opleverde. Door zijn bloedverwantschap genoot hij al het vertrouwen van zijn broer en door zijn aanstaande huwelijk met Helene wist hij zich nu ook verzekerd van de onvoorwaardelijke steun van zijn toekomstige schoonvader. Ten slotte, en dat was niet het minst belangrijke aspect van het geheel, werd hij op zesentwintigjarige leeftijd medefirmant van een snelgroeiend internationaal concern. Of hij dat ook met zo veel woorden aan Helene vertelde, is de vraag. Dat was ook niet nodig, want zij was ten volle doordrongen van het zakelijke belang van haar huwelijk.

Ondanks het grootstedelijke en industriële karakter dat Düsseldorf en Rotterdam met elkaar deelden, moet het verschil tussen de twee steden voor Helene hemelsbreed zijn geweest. Naast de metaalindustrie bepaalde in de Duitse Rijnstad het economische centrum voor een groot deel het karakter van de stad. Het landelijke bereik van de talloze banken en handelsondernemingen die in Düsseldorf gevestigd waren, gaf de stad meer allure en verfijning dan de noeste arbeidersstad waar zij na haar huwelijk naartoe verhuisde. Ook miste Rotterdam een opera en toonaangevende musea voor beeldende kunst, evenals de brede lanen en vele parken van Düsseldorf, die de stad tot *Gartenstadt* maakten. Door haar bezoekjes aan het theater was Helene in haar jeugd vertrouwd geraakt met de culturele sfeer van Düsseldorf, een sfeer die in Rotterdam nauwelijks bestond. Al met al was de bedrijvigheid in de havenstad onvergelijkbaar met de uitstraling van het chiquere Düsseldorf.

Ook haar nieuwe woning verschilde aanzienlijk van wat Helene gewend was. Zij en Anton weigerden het aanbod van haar vader om zijn ruime woning aan het Willemsplein te betrekken.[21] Wilhelm Müller had dit huis een jaar eerder gekocht, toen hij voorzag dat hij door de permanente afwezigheid van Willem Kröller langer en vaker in Rotterdam moest zijn. Tot zijn ergernis sloeg het jonge echtpaar, ondanks zijn herhaalde aandringen, de ruime woning aan de Nieuwe Maas af omdat de kosten hun te hoog zouden zijn. De woonkosten waren deels een beleefdheidsargument om niet de aanwezigheid van Wilhelm Müller en zijn ongezonde werklust als reden te hoeven aandragen. Het jonge stel was onaangenaam verrast geweest toen Wilhelm hen tijdens hun huwelijksreis in Antwerpen was komen opzoeken, omdat hij zich zorgen maakte over het Belgische filiaal. Bovendien was hij er niet voor teruggeschrokken om ook 's nachts bij hen aan te kloppen om het overleg van die middag nog even voort te zetten. Een woning op enige afstand van vader Müller had dan ook de voorkeur.

Ze verhuisden daarom naar een bescheiden bovenwoning aan de Kortenaerstraat nummer 12, enige straten verwijderd van het Willemsplein. Voor Anton was dit bekend terrein. In deze brede straat met hoge huizen was hij jarenlang naar school gegaan. Voor Helene daarentegen was het een grote overgang. In vergelijking met haar ouderlijk huis aan de Tonhallenstrasse en de villa in Gerresheim was de behuizing aan de Kortenaerstraat ronduit klein. Op de eerste verdieping bestond het huis uit een keuken en een ruime woonkamer, die door het openschuiven van de tussendeuren vergroot kon worden met de suite aan de voorzijde van het huis.[22] Een verdieping hoger lagen achter elkaar vier slaapkamers. Het voordeel van een bovenwoning was de zolder die over de gehele lengte van het huis liep. Deze bood nog plaats voor een was- en strijkruimte en een kamer voor de bediende. Het bleef echter een bovenwoning, zonder tuin en met weinig ruimte voor personeel.

Die eerste jaren nam Helene een groot deel van de huishoudelijke taken zelf op zich, zoals ze dat in Brussel geleerd had. Nauwelijks gunde zij zichzelf nog de tijd om een boek te lezen of een andere vorm van ontspanning te zoeken. Als gastvrouw voor Antons zakenrelaties beschouw-

Helene bezegelde haar nieuwe nationaliteit door haar Duitse *Kurrentschrift* te veranderen in het Nederlandse handschrift.

de zij het als vereiste de Nederlandse taal vloeiend te spreken en schrijven. In korte tijd ontdeed zij zich van het oude Duitse *Kurrentschrift* dat zij op school had geleerd en mat zij zich een sierlijke en zeer regelmatige variant van het Nederlandse handschrift aan. Haar ijver om de nieuwe taal te beheersen kon echter niet voorkomen dat nuanceverschillen soms aan haar aandacht ontglipten en zij onbedoeld het spottende taalgebruik van Anton overnam. Zo wilde het wel eens gebeuren dat zij buitenshuis in haar beschaafde Nederlands opeens sprak over 'een hoge mieter', een term waarvan vooral de belangrijke heren in haar kennissenkring zullen hebben opgekeken.[23]

Nadat zij zich de taal eigen had gemaakt en zij meer gewend begon te raken aan haar nieuwe omgeving, vulden Helenes dagen zich met het geven van instructies aan de dienstbode, het afleggen van visites, de voorbereiding van zakelijke soupers voor Anton en gesprekken over de firma.[24] Zowel aan tafel als in haar brieven aan haar moeder of aan Anna Müller, de zus van haar vader, was de firma een terugkerend onderwerp. Hoewel Müller & Co nog winst maakte, waren de tijden onzeker. Er werden grote investeringen gedaan in een vloot, maar de vraag naar de te transporteren goederen schommelde sterk en van een kalme bedrijfsvoering was dan ook geen sprake.[25] Daarbij bleven spanningen tussen Willem Kröller en Wilhelm Müller oplopen. De oudere broer van Anton werd inmiddels verpleegd in een sanatorium in Hilversum en hoewel zijn angstaanvallen op den duur minder waren geworden, was een terugkeer naar een leidende functie uitgesloten. Niettemin bleef hij zich fel verzetten tegen iedere vorm van machtsverlies, in het bijzonder tegen de opname van Gustav in het directoraat. Müllers zoon was geestig, wist veel en had grote belangstelling voor alles wat met de firma te maken had, maar het was Kröller duidelijk dat er geen getalenteerde zakenman in de jongen school en hij zag hem dan ook niet als serieuze kandidaat voor de directie van het bedrijf.[26]

Nadat Anton medefirmant was geworden, werd zijn rol als bemiddelaar steeds meer een noodzaak. Hij deelde met zijn schoonvader de opvatting dat de zeggenschap van Willem ingeperkt moest worden. Met zijn andere broer Nico en zus Marie kwam hij overeen Willem zo ver te krijgen om zijn behandelend arts dr. Stratingh Tresling een volmacht te geven.[27] Op die manier werd de bedrijfsvoering tijdens Willems afwezigheid niet langer gefrustreerd. Ook stelde Anton samen met zijn schoonvader een plan voor de toekomst op. De kantoren in Duitsland zouden worden samengevoegd tot één kantoor in Düsseldorf. Op die plek zou Gustav ervaring gaan opdoen om zich voor te bereiden op een leidende functie. Het hoofdkantoor zou worden verplaatst naar Rotterdam en Wilhelm en Emilie zouden zich de komende jaren permanent in Rotterdam vestigen.

Van dit alles kwam echter niets terecht. In mei 1889 werd Wilhelm in Rotterdam getroffen door heftige pijnen op zijn borst.[28] Jarenlang had hij zijn kwaaltjes en klachten van vermoeidheid onderdrukt en doorgewerkt met het vooruitzicht dat hij zich binnen afzienbare tijd uit de firma zou kunnen terugtrekken. De pijnen en extreme vermoeidheid die hem overvielen, kluisterden nu dus ook de overgebleven gezonde compagnon van Müller & Co aan bed. Waar Kröller met rust nog enigszins wist te herstellen, bleek Müller te veel van zichzelf te hebben geëist. Hij overleed op 30 mei, eenenvijftig jaar oud.

Voor Helene en de rest van de familie was de schok groot. Geen van allen had geweten hoe slecht de gezondheid van Wilhelm was geweest. Vanwege zijn niet-aflatende werklust had niemand vermoed dat zijn gestel zo ver ondermijnd was. Zowel de firma als zijn gezin had hij met ijzeren hand geleid en beide bleven na zijn dood enigszins ontredderd achter. Emilie Müller woonde nu nog alleen met haar zeventienjarige dochter Emmy in het grote huis aan de Tonhallenstrasse. Zij maakte zich grote zorgen over Gustav, wiens toekomst nog steeds niet zeker gesteld was bij Müller & Co.

Voor de firma betekende het overlijden van Wilhelm Müller dat het beheer van de firma niet langer deels in handen was van de familie Müller, maar geheel in die van Anton en Willem Kröller. Bij het oprichten van de firma was namelijk vastgelegd dat bij overlijden het vennootschap van de weggevallen compagnon zou overgaan op de overgebleven firmanten. Toch was de rol van de familie Müller niet uitgespeeld. Twee weken na het overlijden van Wilhelm Müller werd op 14 juni 1889 een nieuwe commanditaire vennootschap (cv) opgericht, waarvan de oprichtingsakte werd ondertekend door Anton, zijn schoonmoeder Emilie Müller en de gevolmachtigde arts Stratingh Tresling.[29] De enige beslissingsbevoegde vennoot van de cv werd Anton Kröller, zijn broer behield voorlopig het recht als beherend vennoot op te treden.

Uit loyaliteit met Wilhelm Müller voelde Anton zich verplicht om Gustav van een toekomst bij de firma verzekeren.[30] Wat zijn schoonvader in de voorgaande jaren niet gelukt was, lukte hem nu wel. Hij wist Willem zo ver te krijgen dat hij zou instemmen met een notariële bepaling die het mogelijk maakte dat Gustav op den duur medefirmant zou worden. Antons troef in deze was de baan die hij aangeboden had gekregen door de directie van bierbrouwerij Heineken, een baan die financieel aantrekkelijker was en meer zekerheid bood dan zijn huidige betrekking bij Müller & Co. Zijn broer was zich terdege bewust dat het vertrek van Anton het einde van de firma zou betekenen en hij had bijna geen andere keuze dan in te stemmen met het voorstel. Zodoende werd in de oprichtingsakte de bepaling opgenomen dat Gustav per 1 juni 1891 beherend en beslissingsbevoegd vennoot zou worden.[31]

Willem Kröller en Emilie Müller brachten alle activa en passiva van de oude firma onder de nieuwe Wm. H. Müller & Co cv. Bovendien stortten zij ieder nog het voor particulieren astronomische bedrag van honderdvijftigduizend gulden op de kapitaalrekening van de nieuwe firma.[32] Anton beschikte nog niet over een dergelijk kapitaal. Daarom werd bepaald dat hij zijn jaarlijkse aandeel in de winst in de firma zou laten als deze meer dan vierduizend gulden bedroeg. Deze regeling zou blijven gelden tot ook Anton zijn anderhalve ton in de firma ingebracht zou hebben.

Omdat Gustav nog geen compagnon was en Willem niet in staat was te werken, kreeg de zevenentwintigjarige Anton na het overlijden van Wilhelm Müller de dagelijkse leiding over de firma in handen. Tevens nam hij gedeeltelijk de rol van pater familias op zich door Gustav binnen het bedrijf te houden en het financiële beheer van zijn schoonmoeder op zich te nemen.

Voor Helene was het in het bijzonder een zware periode. Ze was zeven maanden zwanger toen haar vader overleed, eind juli verwachtten zij en Anton hun eerste kind. Het overlijden van haar vader betekende naast het verlies bovendien een grotere verantwoordelijkheid voor Anton en daarmee ook voor haar. Ze was opgegroeid als directeursdochter en wist dus hoe groot de invloed was die Antons nieuwe functie op hun leven zou hebben. Nu haar man aan de leiding van de Müller & Co stond, werd zij nog meer dan voorheen geacht een zorgzame en representatieve gastvrouw te zijn tijdens de vele zakenetentjes die vaak bij hen thuis plaatsvonden.

Haar opvoeding, haar schooljaren en haar verblijf in Brussel hadden in het teken gestaan van deze taak. Net als talloze andere jonge dames had ze geleerd haar leven in dienst te stellen van anderen en ervoor te zorgen dat haar man thuis de ontspanning en geborgenheid kon vinden die hij nodig had als tegenwicht voor het hectische zakenleven in de boze buitenwereld.[33] De burgerlijke moraal van de tweede helft van de negentiende eeuw had een onwrikbaar geloof in het traditionele rollenpatroon doen ontstaan. Hoewel de emancipatiebeweging steeds meer van zich liet horen en met toenemend succes streefde naar het zelfbeschikkingsrecht voor de vrouw, haar recht om te studeren en eerlijker verhoudingen op de arbeidsmarkt, bleef het ideaal van het vredige gezin als hoeksteen van de samenleving prominent aanwezig. Dat was ook het geval in de vrouwenbeweging zelf, waarvan de voorvechtsters zich vooral richtten op ongetrouwde vrouwen uit de burgerij.[34] Voor die groep was verdere scholing en een zelfstandig inkomen een recht dat hard bevochten diende te worden. Deze urgentie verdween echter wanneer een vrouw kinderen kreeg, want ook veel leden van de vrouwenbeweging zagen de opvoeding van kinderen als een voltijds bezigheid die fundamenteel onverenigbaar was met het uitoefenen van een beroep.

Helenes eigenzinnigheid, die bleek uit haar kritische houding ten aanzien van het geloof en haar wens om verder te studeren, strookte niet met de onderworpen rol die er voor haar binnen het klassieke burgerlijke leven was toebedacht. Toch schikte zij zich daar zonder protest in. Sterker nog, de rol van dienstbare huisvrouw nam ze als een soort verheven missie op zich. Ieder aspect van haar nieuwe leven wilde zij tot in de perfectie uitvoeren. Ze had geleerd dat het particuliere belang – zeker de individuele wens van een moeder, dochter of echtgenote – altijd ondergeschikt was aan het algemene belang van familie en bedrijf. Die les bracht zij nu met overgave in de praktijk.

Op 23 juli 1889 beviel Helene van een dochter. Het meisje kreeg de namen van haar moeder en beide grootmoeders: Helene Maria Emilie.[35] Door het moederschap, het overlijden van haar vader en Antons functie aan het hoofd van Müller & Co brak er een nieuwe periode aan in haar leven, dat zich nog uitsluitend afspeelde in Nederland. Geleidelijk begon het leven in de havenstad vertrouwd te raken. Via Anton raakte ze onder anderen bevriend met zijn vroegere klasgenoten Van Ommeren en De Monchy, die eveneens aan het begin van hun loopbaan stonden. Net als op de hbs gingen de mannen vaak roeien op de Maas, nu vergezeld door hun echtgenotes.

Het lijkt erop dat Anton zijn best heeft gedaan om zijn vrouw zich thuis te laten voelen in Rotterdam. Ondanks zijn drukke baan deden ze veel samen, zoals het maken van lange zeiltochten in de omgeving van de stad. Hoewel de reden voor hun verloving voornamelijk een zakelijke was geweest, was hun relatie meer dan een verstandshuwelijk. Antons gevoelens werden aanvankelijk misschien beïnvloed door economische beweegredenen, maar geheel opportunistisch lijkt zijn aanzoek niet te zijn geweest. Voor Helene verliep de verloving te snel om diepere gevoelens te ontwikkelen, maar haar eerste verblijf in Rotterdam op uitnodiging van de Kalissendorfs moet haar het vertrouwen hebben gegeven dat Anton geen slechte huwelijkskandidaat was. Hij maakte een hartelijke indruk en hield er ruimere opvattingen op na dan haar ouders. Door zijn relatief eenvoudige achtergrond was hij bovendien weinig gevoelig voor conventies. Vermoedelijk ging Helene ervan uit dat zij in een huwelijk met hem meer vrijheid zou hebben dan zij in haar jeugd gewend was geweest en dat die kans zich niet snel weer zou voordoen.

Ook al was hun huwelijk niet gebaseerd op een allesverterende passie, beiden waren waarschijnlijk gelukkiger dan menig echtpaar in hun omgeving. Zo ervoer Anton de intelligentie van zijn vrouw niet als een bedreiging en begreep hij haar behoefte om meer omhanden te hebben dan het huishouden alleen. Een ander bewijs van de relatief gelijkwaardige verhouding tussen beiden, was hun financiële huishouding.[36] Anton en Helene waren in volledige scheiding van goederen getrouwd, wat betekende dat Helene het beheer hield over haar vermogen.[37] Deze voorwaarden waren uitzonderlijk in een tijd waarin het kapitaal van een vrouw op het moment van huwelijk automatisch bezit werd van haar echtgenoot.[38] De enige manier om daaraan te ontkomen was door buiten gemeenschap van goederen te trouwen, waar aanstaande echtgenoten slechts bij uitzondering mee instemden.[39]

Niet alleen ging Anton hiermee akkoord, hij zou er tevens voor zorgen dat het vermogen van zijn vrouw aanzienlijk groeide. Binnen zijn eigen boekhouding maakte hij een rekening aan voor Helene, waar hij de bruidsschat van haar ouders van circa twintigduizend gulden op stortte en waar hij jaarlijks vijf procent rente op uitkeerde. In 1900 gaf hij haar bovendien een commanditair aandeel in Müller & Co à 55.000 gulden, waarvan hij de uitgekeerde dividenden jaarlijks op haar rekening bijschreef. Zodoende bouwde Helene een aanzienlijk eigen vermogen op, een luxe die maar weinig getrouwde vrouwen genoten. In de praktijk deed zij overigens weinig met dat geld. Zij bemoeide zich niet met de financiën en liet het beheer ervan grotendeels aan Anton over.

De gelijkwaardige verhouding tussen Anton en Helene zou door de jaren heen tekenend blijven voor hun relatie. Wanneer zij elkaar wegens Antons reizen brieven schreven, gebeurde dat altijd op een hartelijke toon. Zij schreef als een gelijke aan 'Pa' over de kinderen, de firma en later de architecten met wie zij werkten. Hoewel ze sterk aan zijn mening hechtte, vroeg ze nooit expliciet om zijn toestemming en ging alles in overleg. Dat betekende niet dat Helene geen traditionele rol op zich nam. Ondanks hun relatieve gelijkwaardigheid beschouwde zij Anton als haar meerdere, als degene die het laatste woord had – ook al wist ze goed dat zij grote invloed had op wat dat laatste woord was. Zij kon zich in deze quasionderdanige positie schikken, omdat zij Anton vanuit de grond van haar hart waardeerde, vooral vanwege zijn 'vlug & scherp in zich opnemen, dat dadelijk vatten & weten waar iedere clou zit', wat hem zoveel beter af ging dan haar.[40] Vanuit die waardering spande zij zich in om een ondersteunende echtgenote en directeursvrouw te zijn.

Vooral in haar eerste huwelijksjaren identificeerde Helene zich voornamelijk met deze rollen. Toen ze ruim een decennium later op deze periode terugkeek, omschreef ze zichzelf als 'kinderjuffrouw, huishoudster, dame tegelijk'.[41] Tegenover Anton beschouwde ze zichzelf vooral als koopmansvrouw: 'en als koopmansvrouw heb ik mijn man lief, den koopman.'[42] Deze afstandelijke liefdesverklaring van haar kant is veelzeggend voor de verhouding tussen beiden. Uit latere correspondentie tussen Anton en Helene blijkt vaak zijn liefde voor haar. Hij miste 'Ma' of 'Lief moesje' wanneer hij op reis was en verlangde er telkens weer naar om haar te zien.[43] Zij miste Anton ook, maar beperkte zich altijd tot een meer gereserveerde genegenheid. Soms uitte deze zich in een aansporing snel naar hun landgoed op de Veluwe te komen, omdat het daar zo mooi was, maar vaker beperkte Helene zich tot een 'veel liefs' in de ondertekening.

Die gereserveerdheid kwam deels voort uit Helenes serieuze en eenzelvige karakter, dat in contrast stond met de vrijmoedige natuur van Anton. Voor een deel werd haar gereserveerdheid waarschijnlijk ook veroorzaakt door een gebrek dat Helene in haar huwelijk ervoer. Ze had behoefte aan een zielsverwant, met wie zij haar bespiegelingen over het leven en literatuur kon delen. Die behoefte kon Anton kennelijk niet vervullen, ook al was hij een intelligente man met een brede belangstelling, die zich niet beperkte tot de prozaïsche kant van het leven. Zo was hij sinds 1889 tot zijn dood in 1941 lid van vrijmetselarijloge Frédéric Royal.[44] Het uitgangspunt van de vrijmetselarij, de erkenning van het spirituele facet van het leven, impliceert dat Anton op zijn minst geïnteresseerd was in geestelijke verdieping. Hoewel de vrijmetselarij van haar leden vraagt dat spirituele bewustzijn in het dagelijkse leven uit te dragen, was Anton buiten de broederschap waarschijnlijk zo druk met zaken dat hij niet de tijd en rust had om die geestelijke interesse intensief met zijn vrouw te delen.

Voor al te veel bespiegelingen had Helene zelf in die eerste jaren in Rotterdam overigens ook weinig tijd. Het gezinsleven nam haar steeds meer in beslag. In november 1890 werd Anthony George geboren, kortweg Toon genoemd. Een jaar later, in december 1891, breidde het gezin zich voor de derde keer uit, opnieuw met een zoon. Deze tweede jongen werd genoemd naar de twee broers van zijn vader: Willem Nicolaas Anthony, in het dagelijks leven Wim geheten. Naarmate de kinderen groter werden, begon het gezin Kröller het huis aan de Kortenaerstraat te ontgroeien. Bovendien paste de bovenwoning niet langer bij de standing van de directeur van een internationale firma.

In 1894 verhuisde de familie daarom naar het deftige Haringvliet. Daar betrokken de Kröllers een riante woning uit 1702, gelegen aan een zijtak van de Maas die de noord- en zuidzijde van het Haringvliet en daarmee twee werelden van elkaar scheidde. Aan de noordelijke kade werden de hele dag door kleinere goederenboten geladen en gelost. Groente, fruit, vleeswaren, textiel; alles werd over de Maas aangevoerd en van daaruit

Het Haringvliet rond 1900, met aan de rechterkant de chique zuidzijde, het rijkeluis-Haringvliet. Gemeentearchief Rotterdam.

vervoerd naar de verderop gelegen winkels en kraampjes. De chique zuidzijde, waar zich op nummer 94 het nieuwe huis van de Kröllers bevond, bestond daarentegen grotendeels uit statige, achttiende-eeuwse koopmanshuizen.[45] Niet voor niets heette deze zijde in de volksmond ook wel het rijkeluis-Haringvliet. Veel van de bemiddelde bewoners gebruikten de begane grond van de grote panden als kantoor- of bedrijfsruimte en woonden op de hogere etages. De meeste huizen waren ook met dat doel ontworpen. Bijna allemaal hadden ze twee imposante voordeuren, waarvan er een toegang verschafte naar het zakelijke gedeelte en een naar een vestibule, waarachter zich een trap bevond die naar de hoger gelegen woonvertrekken leidde.[46]

Op de eerste etage, de bel-etage, strekte zich een vier meter hoge, ruime zaal uit over de volledige breedte van de gevel. Drie hoge ramen boden uitzicht op de rivier die voor het huis liep en de bedrijvigheid die zich aan de overzijde van het Haringvliet afspeelde.[47] Deze kamer was het gezicht van het huis. Hier ontvingen de Kröllers hun gasten, vonden diners plaats en vierden zij hun feestelijke gelegenheden. Zelfs zonder meubels gaven de wandversieringen, de in de muren verzonken spiegels, de marmeren schouw en het geornamenteerde plafond dit vertrek de allure die een dergelijke representatieve ruimte moest hebben. Achter de zaal lagen de keuken en de ruime eetkamer, waar het dagelijkse, huiselijke leven van de Kröllers zich afspeelde. Een trappenhuis bood toegang tot de tweede verdieping, waar de slaapkamers zich bevonden en op zolder waren de personeelsvertrekken en de was- en droogkamers ondergebracht. Aan

De kinderen Kröller: Helene jr., Toon, Wim en Bob. Anton Kröller (rond 1900).

de achterzijde van het huis kon het gezin vanaf het balkon genieten van het spectaculaire uitzicht op de Maas.

Op 4 februari 1897, een week voor haar achtentwintigste verjaardag, beviel Helene van haar vierde kind. Robert Anthony Kröller, de benjamin, die onmiddellijk door iedereen Bob werd genoemd. En zoals het een benjamin betaamt, werd het jongetje dat meer dan zes jaar jonger was dan zijn broers en zus, moeders lieveling. Met hem voelde Helene een band die ze met haar andere kinderen niet voelde.[48] Tot haar lichte teleurstelling had ze gemerkt hoe snel haar andere kinderen zelfstandige personen waren geworden en zich losmaakten van haar zorg en daarmee van haar.

Lang kon ze daar die eerste jaren niet bij stilstaan. Met drie schoolgaande kinderen, een baby en het grote huis dat georganiseerd moest worden, had ze haar handen vol. Toen Bob eenmaal ook naar school ging, kwam er wat meer tijd voor haar vrij. Samen met Anton en enkele vrienden begon ze met paardrijlessen bij de heer Reimann, directeur van de Rotterdamse manege.[49] De sport ging haar bijzonder goed af. Met haar kleine en slanke lichaamsbouw had ze het ideale postuur voor een amazone. Al snel waren de wekelijkse lessen niet meer genoeg voor haar. Ze wilde haar rijstijl perfectioneren en ieder paard, bij voorkeur de meest temperamentvolle, leren mennen. Vanaf dat moment bracht ze 's ochtends de kinderen naar school om vervolgens naar de manege te gaan. Keurig gekleed in een elegant rijkostuum met zwarte hoge hoed en het haar strak opgestoken reed ze daar samen met Reimann de paarden af. Haar rijstijl was krachtig en sierlijk, waarbij ze de teugels altijd gedecideerd in haar handen hield en haar benen aan een kant van het dameszadel.

Hoewel Anton de liefde voor de paardensport met zijn vrouw deelde, liet zijn drukbezette leven hem steeds minder toe om haar te vergezellen. Sinds zijn benoeming tot directeur van Müller & Co had de firma een grote vlucht genomen. Volgens bewonderaars was Anton Kröller met zijn 'leenigen, intellectueele' natuur en 'reusachtige werkkracht' in de wieg gelegd om vooruit te komen in de maatschappij.[50] Zijn heldere, beweeglijke ogen waren die 'van den man van de daad, niet van den droomer of peinzer'. Deze eigenschappen en zijn aimabele karakter zorgden ervoor dat Anton binnen enkele jaren vele prominenten tot zijn kennissenkring kon rekenen. Zo had hij al in de jaren 1890 verschillende contacten op het ministerie voor Buitenlandse Zaken en sloot hij een levenslange vriendschap met onder anderen Antoine Plate, succesvol ondernemer, lid van zowel de Rotterdamse gemeenteraad als de Tweede Kamer en vanaf 1897 voorzitter van de Kamer van Koophandel.[51]

Onder Antons leiding werd Müller & Co verantwoordelijk voor veruit de meeste aanvoer van ertsen in de Rotterdamse haven.[52] In 1895 importeerde het bedrijf ruim twee keer zo veel ertsen als de grootste concurrent in de haven, de Duitse staalfabrikant Friedrich Krupp. Bovendien breidde Anton het aantal bedrijfsonderdelen en filialen van Müller & Co ieder jaar en in oplopend tempo uit. Zo nam hij in 1895 de Nederlandse Stoomboot Maatschappij (NSBM) over, die vanuit Rotterdam en Amsterdam lijndiensten onderhield met Londen.[53] Onmiddellijk liet hij de witte schoorstenen met zwarte kop van de overgenomen stoomschepen vervangen door zwarte schoorstenen met een rode band, waarin statig een witte Müller-M prijkte. Naast deze oude schepen liet Anton twee nieuwe boten bouwen, beide uitgerust met comfortabele onderkomens voor passagiers. Deze schepen waren sneller, wat prettig was voor de reizigers en wat bovendien de mogelijkheid gaf om ook bederfelijke goederen zoals fruit en vlees te transporteren in het royale ruim onder de passagiersverblijven.

Op de Londense lijndienst had sinds de oprichting in 1830 altijd een schip gevaren dat de Batavier heette. Anton noemde de twee nieuwe aanwinsten daarom Batavier II en III, om vervolgens de gehele lijndienst in 1896 om te dopen tot de Batavierlijn. Om deze dienst rendabel te maken gaf Müller & Co de opdracht tot het bouwen van een eigen werf en pakhuizen in Londen. Zodoende werd de exploitatie van zowel het inkoop-, transport- als overslagtraject vanaf 1899 volledig in eigen beheer gehouden. De Batavierlijn werd een begrip in Rotterdam. Iedere dag om vijf uur verdrongen de mensen zich aan de Boompjes om de afvaart van een Batavier te zien.[54] Drie sleepboten trokken het schip naar het midden van de Maas, vanwaar de scheepshoorn drie keer schalde om de afvaart aan te kondigen. Zelfs de klerken en havenbaronnen die in de vele aangrenzende kantoren werkten, legden vaak hun werk even neer om door het raam naar het spektakel te kijken.

Ondanks de uitbreiding van verschillende takken en de toegenomen vraag naar het transport van goederen en bederfelijke waren, ging het Müller & Co in de laatste jaren voor de eeuwwisseling niet uitsluitend voor de wind. Om het werk in de haven efficiënter te laten verlopen, drong Anton er bij de gemeente op aan elektrische kranen te laten plaat-

Postkaart van de succesvolle Batavierlijn, die dagelijks tussen Rotterdam en Londen voer.

sen in een van de Katendrechtse havens. Dit tot ongenoegen van de bootwerkers, die vreesden dat de mechanisatie ten koste van hun banen zou gaan. Stakingen – de eerste van vele in de Rotterdamse haven, die gericht waren tegen de modernisering – waren het gevolg.[55]

Ondanks deze stakingen, de vele investeringen in nieuw materieel en de felle concurrentie op de lijn tussen Rotterdam en Londen, wist Anton de firma binnen enkele jaren uitermate winstgevend te maken. Rond 1900 oversteeg het kapitaal van Müller & Co de anderhalf miljoen gulden en was zijn persoonlijke vermogen dusdanig gegroeid dat hij behoorde tot de grootste belastingbetalers van het land.[56] Dit was nog maar het begin, want nog geen vijf jaar later was het firmakapitaal toegenomen tot vijf miljoen gulden. Steeds meer buitenlandse rederijen lieten Müller & Co namens hen optreden in de Rotterdamse haven. Onder hen was de rederij van de Roemeense Staat en de Norddeutscher Lloyd, op dat moment een van de vier grootste stoomschipmaatschappijen ter wereld. Bovendien had het concern inmiddels nog meer filialen geopend in onder andere Frankrijk, Duitsland, Engeland en Spanje, kreeg het lucratieve ijzerertsmijnen in Noord-Zweden in handen en ging het een exclusief contract aan met de coöperatieve unie van Zuid-Afrikaanse Boeren die zich daarmee verplichtte haar wolproductie voor de Europese markt uitsluitend nog via Müller & Co te exporteren.

Deze vele internationale handelsbetrekkingen waren de stuwende kracht achter de snelle groei die de firma inzette. Om deze koers voort te zetten, leek de Maasstad Anton niet langer de geëigende plek voor het hoofdkantoor. De activiteiten in de haven waren cruciaal voor het bedrijf, maar konden ook vanuit elders aangestuurd worden. Hij achtte het van groter belang om dicht bij het diplomatieke vuur te zitten. Een verhuizing naar het nabij gelegen Den Haag zou een makkelijker contact betekenen met politici en ambtenaren. Bovendien zou Müller & Co zich dan te midden van de ambassades bevinden, wat niet onaantrekkelijk was voor een internationale firma met grote ambities.

De eeuwwisseling bracht voor de Kröllers dan ook grote veranderingen met zich mee. Vanaf 1900 zetelde het hoofdkantoor van Müller & Co in de residentie.[57] Ook het kantoor van de ertshandel verhuisde mee, omdat dit niet vanuit Rotterdam gevoerd hoefde te worden. Het scheepvaartbedrijf zelf bleef uiteraard gevestigd in de havenstad. De keuze voor Den Haag werd ingegeven door de toenemende invloed van de politiek op ondernemers. De staatszorg en de daarmee gepaard gaande wet- en regelgeving was in de tweede helft van de eeuw snel gegroeid, wat de politiek meer macht in handen had gegeven.[58] Een goede verstandhouding met de Haagse bestuurders werd voor bedrijven zodoende steeds belangrijker. Anton, een diplomaat in hart en nieren en zeer behendig in het aanknopen van nieuwe relaties, was al in het midden van de jaren negentig bevriend geraakt met de toenmalige minister van Buitenlandse Zaken Joan Röell en onderhield intensieve contacten met diens departement.[59] De verplaatsing van het hoofdkantoor naar Den Haag betekende dat de firma zich nu in het bestuurlijke centrum van het land bevond, waardoor Anton zijn kennissenkring in korte tijd kon uitbreiden met tal van hoge ambtenaren en politici. Hij was niet de enige. Met ruim twintig ambassades binnen haar gemeentegrenzen was Den Haag een uitstekende locatie voor internationaal opererende bedrijven. Daarom streken tegelijkertijd met Müller & Co ook talloze banken, verzekeringsmaatschappijen en andere ondernemingen in de residentie neer.[60]

De stad van weelde, zoals zij trots door haar bestuurders werd genoemd, spande zich bovendien doelbewust in om de 'vermogende lieden [die zich door haar schoon] voelen aangetrokken' zoveel mogelijk te verleiden 'hunne rijke inkomsten te verteeren' in de residentie.[61] Dat leidde tot de aanleg van het voorname Willemspark, de uitbreiding van het Scheveningse badhuis en de aankoop van de Koninklijke Schouwburg.[62] Om de economie nog verder te stimuleren begon het gemeentebestuur in de jaren 1890 met het voeren van een weloverwogen vestigingspolitiek die het voor overheidsinstellingen, banken, winkels en culturele instellingen aantrekkelijk maakte om zich in de Haagse binnenstad te vestigen.[63]

Het middelpunt van deze commerciële activiteiten werd het chique Lange Voorhout, dat tot enkele jaren daarvoor hoofdzakelijk bewoond werd door aristocratische families. Speciaal voor het Lange Voorhout reed vanaf 1881 een nieuw ingestelde tram van Station Holland Spoor naar het Bankaplein. Alleen de 'bekwaamste en beschaafdste conducteurs' werd het rijden op deze lijn toevertrouwd.[64] En hoewel de auto nog weinig meer was dan een prestigieus hebbeding voor een zeer gefortuneerde elite, waren er in 1913 maar liefst twee garages gevestigd op dit kleine stukje Den Haag. Een andere nieuwigheid waren de restaurants die zich vanaf 1890 op het Voorhout vestigden. Hotel des Indes en later Restaurant Royal verzorgden diners, vaak voorzien van hoogstaande muzikale omlijsting, voor het selecte Haagse en internationale gezelschap dat zich deze luxe kon permitteren. Voor vermaak kon men op het Lange Voorhout terecht bij Pulchri Studio, de Groote Sociëteit de Haagsche Club, of Diligentia, mits van het mannelijk geslacht en door de ballotage gekomen. De dames konden hun verstrooiing vinden in de vele exclusieve boetiekjes die ten oosten en westen van het Voorhout waren gevestigd, om vervolgens in een van de theehuizen weer op adem te komen. De meest exclusieve was ongetwijfeld thee- annex ijssalon Nieuwerkerk op nummer 92, waar koningin Wilhelmina met haar moeder regelmatig een bezoekje bracht.

Het Lange Voorhout was dan ook de aangewezen plek om het hoofdkantoor van Müller & Co naartoe te verhuizen. Anton kocht het pand op nummer 3 van mr. Joan Adriaan baron van Zuylen van Nyevelt. Net als veel andere leden van adel verruilde ook de baron zijn woning aan het Lange Voorhout voor een omgeving waar het 'plebejisch verschijnsel' van de oprukkende commercie nog niet was doorgedrongen.[65] De buren van Müller & Co waren typerend voor de nieuwe bewoners van het Voorhout: aan de ene kant woonde de Amerikaanse gezant Stanford Newel, aan de andere kant op nummer 5 bevond zich de Maatschappij voor Natuur- en Letterkunde Diligentia, dat overigens al sinds het begin van de eeuw aan het Lange Voorhout gevestigd was.[66] Een paar deuren verder was op nummer 7 het ministerie van Maritieme Zaken gevestigd, wat niet ongunstig was voor het scheepvaartbedrijf. Aan de overkant van de straat bevond zich de Rekenkamer en even verderop was aan de Kneuterdijk het ministerie van Financiën gelegen, ook al geen slechte buren voor het concern dat binnen enkele jaren een miljoenenkapitaal zou bezitten.

Helene en de kinderen volgden de firma in juni 1901 naar de hofstad.[67] Door het groeiende succes van Müller & Co konden de Kröllers zich rond de eeuwwisseling een huis permitteren dat de status van het deftige Haringvliet oversteeg. In 1901 nam de familie haar intrek in Villa Rembrandt aan de Cremerweg nummer 10, net buiten het Van Stolkpark in de Scheveningse Bosjes. Het Van Stolkpark was een van de eerste villaparken van het land. Met hun verhuizing naar deze landelijke omgeving gingen de Kröllers mee in de mode van de beau monde om het dagelijks leven te scheiden van de stad waarin men werkte en op zoek te gaan naar de rust en ruimte van het romantische buitenleven.[68] Wie het zich kon permitteren, ontvluchtte de stad met haar overbevolkte straten, woningnood en de altijd aanwezige penetrante geur van fabrieksrook. Frisse lucht was een luxegoed geworden en wie het zich kon veroorloven, verkoos de buitenlucht boven de stadswalmen. Voorheen was het alleen voor de aristocratie weggelegd om zich terug te trekken in vorstelijke buitenhuizen, maar vanaf de jaren 1860 kon de industriële en zakelijke elite deze gewoonte overnemen in de vorm van weelderige villa's die zij net buiten de stad liet bouwen.

De verhuizing van de Kröllers naar Den Haag was dan ook niet alleen een logisch gevolg van de verplaatsing van het hoofdkantoor, ze werd tevens ingegeven door de behoefte in een natuurlijke omgeving te wonen. Een vrijstaand huis in het Van Stolkpark was niet alleen comfortabel, het was ook een uiting van de toegenomen welvaart van het gezin en de stijging die de familie de afgelopen tien jaar op de sociale ladder had gemaakt. De Kröllers waren niet de enige Rotterdammers die tegen het einde van de eeuw naar Den Haag verhuisden. Juist het Van Stolkpark was een geliefde plek voor de welgestelden uit de Maasstad.[69] Het park was met de paardentram eenvoudig te bereiken, waardoor veel gezinshoofden in Rotterdam bleven werken en de eerste generatie forensen geboren was.

De meeste huizen lagen aan de brede lanen van het park op geringe afstand van elkaar. Villa Rembrandt lag daarentegen samen met drie andere huizen wat afgelegen ten zuiden van het Van Stolkpark. Het was een tijdelijke woning voor de Kröllers, want in juli 1901 kocht Anton een van de huizen die hij eigenlijk op het oog had. Voor 24.000 gulden kwam hij in het bezit van Villa Paulina aan de Dwarsweg nummer 2.[70] Hij kocht dit huis van een kennis, de Rotterdamse cargadoor Hendrik Houwens, die de villa twee jaar eerder voor een aanzienlijk hoger bedrag had aangeschaft, maar er nooit permanent was gaan wonen. Villa Paulina lag in de Scheveningse Bosjes, afgezonderd van de huizen in het Van Stolkpark. De dubbele villa stond aan de waterpartij, die de Bosjes een nog romantischer sfeer gaf. De twee torens die het hoge huis flankeerden, staken prominent boven de omliggende bebossing uit. Ondanks de charmante gestalte en het mooie uitzicht hadden de Kröllers ook dit huis niet voor bewoning in gedachten. De aanschaf van Paulina was slechts de eerste fase van de plannen die zij voor hun nieuwe huis hadden. Het tweede deel van de plannen werd enkele maanden later uitgevoerd.

Het huis waar de Kröllers werkelijk op aasden was de kapitale villa Ma Retraite, die gelegen op een heuvel statig uittorende boven het park.[71] Bij de aankoop van Paulina in juli wist Anton al dat ook het naburige huis binen afzienbare tijd te koop zou worden aangeboden. Het was hem ter ore gekomen dat de familie Van Stockum, die Ma Retraite sinds 1896 bewoonde, zich voorbereidde om naar Brussel te verhuizen. De koop was snel beklonken. Voor 110.000 gulden werden de Kröllers de nieuwe eigenaars. Het meest karakteristieke kenmerk van het huis was de wat plompe klokkentoren die het dak van het huis sierde. Het enige andere huis in de omgeving was Villa Paulina en de hoge ligging benadrukte nog eens extra de geïsoleerde plek waar de twee huizen stonden. Tegelijk bood die hoge ligging een prachtig uitzicht op de grote vijver aan de voet van de heuvel.

Ondanks de goede staat waarin beide villa's verkeerden, was van bewoning voorlopig nog geen sprake. Daarvoor was eerst een grootschalige verbouwing nodig, zodat het nieuwe huis zou voldoen aan de hoogste eisen van comfort en representatief zou zijn voor de torenhoge ambities van Anton en Helene. Het totale grondoppervlak besloeg een kleine negenduizend vierkante meter, waarmee het echtpaar tot de grootgrondbezitters van het park behoorde. Vanuit Villa Rembrandt regisseerden de Kröllers gezamenlijk de verbouwing van de twee huizen. De eerste stap was het aannemen van een architect. Die keuze was eenvoudig, want een jaar eerder had de Haagse societyarchitect Leo Falkenburg het bedrijfspand aan het Lange Voorhout verbouwd en ingericht. De Kröllers hadden er vertrouwen in dat hij ook de juiste persoon was om hun woonhuis opnieuw gestalte te geven.

De opdracht tot verbouwing die Falkenburg kreeg, betekende in praktijk dat beide villa's bijna helemaal werden afgebroken. Villa Paulina verloor behalve haar twee torens, ook haar functie als landhuis. De nieuwe bewoners werden onder andere de paarden die de Kröllers meeverhuisden uit Rotterdam. De begane grond werd verbouwd tot koetshuis met een ruime stal, een tuigkamer en een wasplaats.[72] Een trap in het midden van het stalgebouw leidde naar de eerste verdieping waar zich een

Huize ten Vijver, gelegen bij de Scheveningse Bosjes in het Haagse Van Stolkpark. Haags Gemeentearchief.

Zijaanzicht Huize ten Vijver.
(rechts) De blauwe kamer van Huize ten Vijver.

grote hooizolder bevond. Naast de hooizolder waren twee ruime dienstwoningen annex gastenverblijven ingericht. Behalve de gebruikelijke woon- en slaapvertrekken had de aan de voorzijde gelegen woning ook een zitkamer. De woning aan de achterzijde had zelfs een zaal, een grote kamer waar gasten konden worden ontvangen.

Ook Ma Retraite onderging onder leiding van Falkenburg een vergaande verbouwing. De Kröllers lieten de wat logge villa tot aan de fundamenten afbreken om daar vervolgens een eleganter, neoklassiek landhuis op te laten verrijzen. Het idee van een klokkentoren moet het echtpaar hebben aangesproken, want ook Huize ten Vijver, zoals zij het huis doopten, werd voorzien van een trotse, ronde variant die het huis op latere ansichtkaarten en foto's onmiddellijk herkenbaar maakte. Falkenburg gaf de villa een voornaam karakter. De dubbele trap die naar het ruime bordes leidde, de neoklassieke versieringen rond de monumentale deur en het gebruik van een lichtkleurige hardsteen gaven het huis de allure die de Kröllers voor ogen hadden.[73]

Een lange marmeren hal leidde naar onder meer Antons rijk gedrapeerde Empire-werkkamer en de eveneens overvloedig behangen salon en woonkamer.[74] De ruime salon werd door het gezin al snel de blauwe kamer genoemd, naar de blauwe zijde waarmee de wanden waren bespannen en de zware blauwe gordijnen die voor de ramen hingen. Net als de woonkamer was deze ingericht met frêle Louis Seize-meubelen en was de wandbekleding versierd met grote bloemmotieven, die terugkwamen in de tapijten, ornamenten en in de decoratie van de lambrisering. In het souterrain bevonden zich de ontbijtkamer en de studiekamer voor de kinderen, die beide een eersterangs uitzicht boden op de vijver aan de voet van de heuvel. In het souterrain bevonden zich verder nog een kleine bibliotheek, een garderobe voor de kinderen en de huishoudelijke ruimtes. De slaapkamers lagen allemaal op de eerste verdieping, met uitzondering van de kamers voor de dienstboden die op zolder hun onderkomen hadden.

Een ruime zolder was een vereiste, want het aantal personeelsleden dat de Kröllers in dienst had, bleef gestaag groeien. Al in Rotterdam beschikten zij over drie dienstboden, een luxe die vaak alleen de aristocratie en de bewoners van grote landhuizen zich konden permitteren.[75] De drie Rotterdamse 'meiden' verhuisden met het gezin mee naar Den Haag. Helene was streng voor haar personeelsleden, ze duldde geen tegenspraak en eiste uiterste stiptheid, maar ze wist hen wel te behouden.[76] Anders dan de meeste bemiddelde dames, hoefde zij niet om de paar maanden op zoek naar personeel en wist zij haar ondergeschikten jarenlang aan zich te binden.

In Den Haag breidde Helene haar huishouden nog uit met een huisknecht voor de wat zwaardere huishoudelijke taken die het grote huis met zich mee bracht.[77] Een koetsier werd aangenomen om de gezinsleden wanneer nodig van het park naar de stad te rijden. En om de kinderen thuis onderwijs te geven en Helene te helpen met de opvoeding kwam een Duitse gouvernante bij het gezin wonen. Zelf liet Helene zich voortaan assisteren door een kamenier, Elisabeth Haas, die haar dagelijks hielp met kappen en kleden en die het aanzien van haar 'mevrouw' daarmee een vorstelijk tintje gaf.

De luxe waarmee de Kröllers zich omringden, kwam behalve in het aantal personeelsleden ook naar voren in het comfort dat zij in hun huis lieten aanbrengen. Opvallend was vooral de badkamer die zij aan het einde van de gang tussen de slaapkamers lieten aanleggen. Tot ver in de jaren twintig maakten zelfs de bewoners van het chique Van Stolkpark nog vooral gebruik van de lampetkan en baadde men slechts eens per week.[78] De Kröllers daarentegen genoten van hun badkamer, waar zij op den duur om gezondheidsredenen zelfs een elektrisch bad in lieten plaatsen. Dergelijke baden werden normaliter in sanatoria en geneeskundige instellingen gebruikt en waren bedoeld om zenuwen te kalmeren en een sombere stemming te verlichten. Regelmatig maakte Helene gebruik van dit bad, wanneer zij verkouden was of gespannen.[79] Op de eerste verdieping werd naast de echtelijke slaapkamer voor haar ook een eigen toiletkamer ingericht. De vrouw des huizes had nu eenmaal meer behoefte aan privacy dan de andere leden van het gezin.

Helene had nog een kamer voor zichzelf. Op de bel-etage bevond zich links van de garderobe en dienkamer haar boudoir, de ruimte waar zij zich terug kon trekken uit de onrust van alledag. Het boudoir had een balkonnetje aan de voorzijde van het huis en een klein raam aan de zijkant. Naast het raam stond haar schrijftafel, met daarop steevast dezelfde attributen: een vaas met bloemen uit de tuin, een rond klokje, een dagkalender met spreuken, en een pennenhouder. Tegen de muur stond een kleine eenvoudige canapé, daarvoor een tafel met een paar stoelen. Alle meubelen waren delicaat vormgegeven en uitgezocht op hun bescheiden afmetingen, die bij Helenes kleine postuur pasten. Haar dierbaarste meubel was het herinneringenkastje, dat tegenover het raam tegen de wand stond. In de talloze vakjes en laden van dit kastje borg ze de brieven en foto's op die haar het dierbaarst waren.

In tegenstelling tot de salon en woonkamer, was het boudoir eenvoudig ingericht. Hier sierden geen drukke bloemmotieven de wanden, maar een rustig licht gestreept behang met daaronder een eenvoudige lambrisering. Deze kamer had dan ook geen representatieve functie. Het was Helenes persoonlijke domein en zelfs haar kinderen stond zij niet toe om zomaar binnen te lopen. Soms was het er zo stil, dat ze nauwe-

Het boudoir, waar Helene haar vele brieven schreef.

lijks door haar kamer durfde te lopen, uit angst de sfeer te verstoren. Ze genoot van die stille kamer 'met zijn stille platen, zijn enkele stille bloemen en vooral de stilte zelf die er boven hangt'.[80]

De bibliotheek die Helene in haar boudoir aanlegde was bescheiden, maar werd intensief door haar gebruikt. De grote mannen uit haar jeugd, Schiller, Lessing en Goethe, bleef zij lezen en herlezen. Tot haar favorieten behoorden Goethes *Faust* en *Iphigenie*, en natuurlijk Lessings *Nathan*. Ook een biografie van Marie-Antoinette sprak erg tot haar verbeelding. Het boek wekte haar sympathie voor de Franse koningin, en wel om de onnavolgbare reden 'dat zij eenvoudig wilde zijn in een wereld van wuftheid'.[81] Ze las haar boeken met een potlood in haar hand, om kleine streepjes te kunnen zetten in de kantlijn wanneer zinsneden haar aanspraken of wanneer ze het oneens was met wat ze las. Soms, zoals toen zij Dantes *Divina Commedia* las, maakte ze ook aantekeningen om zo min mogelijk te vergeten. Sommige zinnen zetten haar meer aan tot contemplatie dan andere. Deze regels schreef ze over in haar spreukenkalender, die haar zodoende iedere dag een motto gaf om over te filosoferen.

De verhuizing naar Den Haag betekende voor Helene dat zij meer tijd kreeg voor zichzelf. Anton ontving zijn zakenrelaties hoofdzakelijk nog op het imposante kantoor aan het Lange Voorhout en hij reisde steeds vaker naar het buitenland om daar met zijn handelspartners te overleggen. Huize ten Vijver was ook voor hem vooral een plek om op adem te komen en hij probeerde dat zoveel mogelijk te vrijwaren van zakelijke beslommeringen. Dat betekende voor Helene minder soupers om te organiseren en een minder bedrijvige rol als directeursvrouw.

Het leven op Huize ten Vijver werd behalve door luxe gekenmerkt door pragmatisme. De keur aan huishoudelijk personeel zorgde ervoor dat de kinderen Kröller op hun wenken bediend werden en de vrijheid die Anton en Helene hun gaven om hun hobby's te kiezen, beperkte hen evenmin in hun mogelijkheden voor een aangename jeugd. De actualiteit speelde een belangrijke rol binnen het gezin. Anton las dagelijks minimaal drie kranten, waaronder de NRC, *De Telegraaf* en *Het Vaderland*, die hij aanvulde met internationale dagbladen zoals de liberale *Deutsche Allgemeine Zeitung*, die vooral veel aandacht schonk aan de beurzen en economie. Hij stimuleerde zijn kinderen datzelfde te doen, zodat ze wisten wat er in de wereld speelde en welke invloed de wereldproblematiek had op de zaak. Tenzij bepaalde nieuwsberichten haar bijzonder interesseerden, las Helene in deze jaren slechts zelden de krant. Wel liet ze zich graag door Anton hieruit voorlezen tijdens het ontbijt of 's avonds na het eten 'en dat deed hij gaarne en smakelijk'.[82]

Zo veel aandacht als het nieuws kreeg, zo weinig viel het geloof te beurt. De Kröllers stonden bij de gemeente ingeschreven als Nederlands-hervormd, maar naar de kerk gingen ze niet. Ook kozen ze er bewust voor om hun kinderen niet te laten dopen, wat vooral in Helenes familie voor beroering zorgde.[83] Nog steeds raakte de beschuldiging van goddeloosheid haar, maar anders dan in haar jeugd hield ze nu vast aan haar besluit. Langzaam begon ze te beseffen dat lidmaatschap van een kerk niet de enige vorm was om het leven spirituele betekenis te geven.

Helene zag het als haar taak haar kinderen op te voeden tot zelfstandige en ontwikkelde individuen, met een groot gevoel voor verfijning. Daarom wees ze hen op de boeken die zij vroeger zelf met veel plezier had gelezen, zorgde ze ervoor dat haar dochter en zoons altijd goed gekleed waren en benadrukte ze telkens weer hoe belangrijk het was dat zij zich beschaafd en ingetogen gedroegen. In 1902, Helene jr. was toen bijna dertien, moesten Anton en Helene besluiten naar welke school zij hun dochter zouden sturen. Geheel in overeenstemming met hun pragmatische houding, schreven zij haar niet in bij een gymnasium, maar bij het Tymstra Instituut voor Handel en Administratie aan de Laan van Meerdervoort in Den Haag.[84]

Het Tymstra Instituut was een hbs met een drie- en een vijfjarig tracé.

De eerste drie jaren bestonden uit reguliere schoolvakken als talen, wiskunde, natuurkunde en geschiedenis. Daarna volgden leerlingen eventueel nog twee jaar vakken in handel en administratie. Die laatste twee jaren kenden een zwaar pakket met zestien vakken, waar naast de gebruikelijke vakken ook onderwijs werd gevolgd in onder andere handelsrecht, handelsgeschiedenis, boekhouden, staatsinrichting, stenografie en 'machineschrijven'.[85]

Met uitzondering van wiskunde haalde Helene jr. overwegend zevens en achten. Daarmee nam zij een uitzonderlijke positie in op school. Niet alleen was ze een van de slechts vier meisjes uit haar klas, tevens behoorde ze tot de beste leerlingen. Haar schoolcarrière liep zelfs zo voorspoedig dat zij de derde klas mocht overslaan, dit tot grote trots van Helene. De studiezin en gedrevenheid van haar dochter deden haar aan zichzelf denken, waardoor ze lange tijd meer verwantschap met haar voelde dan met haar zoons.[86] Die verbondenheid probeerde ze te versterken door veel met Helene jr. te lezen en te praten over literatuur. Uren brachten zij samen door in haar boudoir, waar ze *Faust* lazen. '[E]n hoe luisterde zij naar mij!' verzuchtte Helene jaren later.[87] Haar dochter moest dan ook de mogelijkheid krijgen om zichzelf zo goed mogelijk te ontplooien, een mogelijkheid die zij zelf als tiener had moeten ontberen. Ze legde haar dochter daarom geen strobreed in de weg om ook het vierde en vijfde jaar van de hbs te doorlopen, wat in de regel alleen door jongens werd gedaan.

Toon begon in 1903 aan het Tymstra Instituut. Al snel bleek dat hij in tegenstelling tot zijn zus niet in de wieg was gelegd voor een glansrijke schoolcarrière. Voor geschiedenis haalde hij incidenteel nog wel eens een zeven, maar voor de andere vakken schommelde zijn rapport rond vieren en vijven. Zowel in de eerste als tweede klas bleef hij zitten, waardoor hij uiteindelijk de schoolbanken deelde met zijn jongere broer Wim. Ook na het doubleren kwam Toon nauwelijks mee. Zelfs de tweede keer in de tweede klas ging hij ternauwernood over. Er was dan ook geen sprake van dat hij de twee vervolgjaren van de hbs in handelsvakken zou doorlopen. Daarmee vervloog voor Anton en Helene de hoop dat hun oudste zoon een functie van betekenis binnen Müller & Co zou kunnen vervullen. Tot hun opluchting waren Wims schoolprestaties beter. Ook hij blonk niet uit, maar ging toch met veel zessen en bijlessen Frans telkens door naar het volgende jaar. Helene hoopte, zij het niet met overtuiging, dat Wim uiteindelijk het directeurschap van zijn vader zou overnemen.

De cijfers van Helene jr. bleven hoog, zelfs met het zware handelspakket dat zij in de vierde en vijfde klas kreeg. Buiten schooltijd zat zij evenmin stil. Samen met onder anderen haar klasgenoten Bob Roessingh en Dick Buisman richtte zij in 1904 een gemengde hockeyclub op, waarvan zij secretaris werd en voor wie ze bijna alle wedstrijden in het gemengde elftal speelde.[88] Strijdvaardiger dan de concurrent PIOD – Pretmaken Is Ons Doel – doopten zij de club ODIS: Ons Doel Is Scoren. Hoe serieus de oprichters de sport namen, bleek wel uit de kleur van het tenue dat geheel zwart was en die de spelers de bijnaam 'de zwarte Hagenaars' opleverde.

Hoewel het initiatief van Helene jr. was uitgegaan, werd ODIS al snel een familieaangelegenheid. Toon, Wim en later ook Bob hockeyden in het eerste mannenelftal. Ook Helene hockeyde tot 1911 af en toe mee met het dameselftal en was een jaar lang presidente van de club.[89] Het 'geriefelijke' clubhuis aan de Pompstationweg en 'het beste [hockeyveld] van ons land' hadden zij en Anton aan de club in bruikleen gegeven.[90] En wanneer er buiten de stad gespeeld moest worden, stelden zij hun auto's beschikbaar om de spelers naar de plaats van bestemming te brengen.

Net als in haar jeugd hield Helene zich ook in Den Haag afzijdig van het gebruikelijke sociale verkeer. De vele visites die ze in Rotterdam had afgelegd en ontvangen, zette ze in de residentie maar beperkt voort.[91] Liever zat ze in haar boudoir een boek te lezen of haar correspondentie bij te werken, dan thee te nippen op de jours van haar buurvrouwen. Evenmin zocht zij actief het verenigingsleven op. Aan een kennis legde zij twintig jaar later met nauwelijks verhulde hooghartigheid uit dat er volgens haar 'in deze wereld menschen [zijn] die zich gaarne aansluiten bij vereenigingen' en anderen 'die bepaald behoefte hebben alleen hun weg te gaan'.[92] Het moge duidelijk zijn tot welke van de twee groepen zij zichzelf rekende.

Niettemin is het verschil tussen haar sociale leven in Rotterdam en dat in Den Haag opvallend groot. Het is dan ook maar de vraag in hoeverre dit isolement geheel een eigen keuze was. In Rotterdam had het echtpaar namelijk vanaf het begin van hun huwelijk tot de hogere sociale gelederen van de stad behoord. Dat vertaalde zich onder andere in Antons lidmaatschap van de vrijmetselarij, waar van oudsher alleen mannen 'van goede naam' lid van mogen worden.[93] De loge waartoe hij behoorde was de oudste en grootste loge van de stad, voornamelijk bestaande uit welvarende reders, vooraanstaande zakenlui en politici. Daarnaast maakten Antons vrienden van de hbs deel uit van een hechte kring van ondernemers, lokale politici, bankiers en assuradeuren die het zakelijke aangezicht van de stad bepaalde. Müller & Co was bovendien uitgegroeid tot een begrip in de Maasstad, wat het echtpaar veel aanzien had gegeven. Door het industriële karakter van de stad was de – overigens vrij kleine – elite vooral een economische elite, die meer gevormd werd door relatieve nieuwkomers uit het commerciële circuit dan door oud geld.[94] Deze bestond grotendeels uit mensen die hun vermogen niet, of niet alleen, hadden geërfd, maar dat hadden opgebouwd in de handel of industrie. Was men welgesteld in Rotterdam, dan was men al snel 'deftig', ongeacht achtergrond.[95] Hier hoefden de Kröllers dan ook geen moeite te doen, ze zaten toch wel 'boven aan de tafel', zoals Helene het uitdrukte, bij de vele sociale gelegenheden waarvoor ze werden uitgenodigd.[96]

In Den Haag echter bestond binnen de klasse van welgestelden nog een op zichzelf staande hiërarchie, waarvan de top gevormd werd door een nauwelijks bereikbare adellijke coterie. Doordringen tot de hogere kringen in de hofstad was daardoor een stuk minder eenvoudig dan in Rotterdam.[97] En dat gold in het bijzonder voor degenen die hun fortuin in recente jaren vergaard hadden, de nieuwe rijken. De sociale bovenlaag van de residentie bestond van oudsher uit een nauw verweven netwerk van oude, veelal verzwagerde aristocratische families. Deze elite dijde in de tweede helft van de negentiende eeuw flink uit toen steeds meer aristocratische families uit het hele land naar Den Haag verhuisden. Die trek werd deels veroorzaakt door de aura van deftigheid en elegantie die de hofstad ademde, maar niet minder door het veel prozaïscher gegeven dat de gemeentelijke belastingen daar een stuk lager waren dan in bijvoorbeeld Amsterdam en Rotterdam.[98]

Deze belastingen waren echter ook voordelig voor de industriëlen en bankiers die niet konden bogen op een eeuwenoude stamboom. Ook zij werden aangetrokken door het financiële voordeel in de hofstad en vestigden zich daar met evenveel enthousiasme. 'In Rotterdam you make your fortune, […] in the Hague you enjoy it,' zoals een Amerikaanse beschouwer het in 1899 formuleerde.[99] Die leus konden de Kröllers volledig onderschrijven. Zij waren exemplarisch voor de vele welvarende ondernemers en andere gefortuneerden die naar de hofstad verhuisden, waardoor het gemiddelde vermogen per inwoner daar in 1910 ruim vierduizend gulden bedroeg, tegen vijftienhonderd gulden in Amsterdam.[100]

De adel, het patriciaat en de gezeten burgerij – het oude geld – waren evenwel weinig gecharmeerd van deze nieuwkomers die zij steeds vaker ontmoetten in het theater of op de sociëteit.[101] Deze nieuwe rijken zouden hun smaak en omgangsvormen imiteren en schenen in de veronderstelling te verkeren dat men aanzien verkreeg door veel uiterlijk vertoon. Zo ook de Kröllers. Zij mochten dan inmiddels tot de welvarendste inwoners van het land behoren, dat betekende niet dat zij met open armen door de bestaande elite ontvangen werden. Juist door een majestueuze villa te laten bouwen, voorzien van alle luxe en comfort, waar zij zich per automobiel naartoe lieten vervoeren, verraadden Anton en Helene zichzelf als nouveaux riches. Deze in het oog springende consumptie maakte hen in de ogen van de Haagse chic juist ordinair en was er mede debet aan dat zij in deze kringen nauwelijks geaccepteerd werden.[102]

De Haagse high society bevond zich achter de muren van hun gedistingeerde familiebanden en toonde geen enkele behoefte om daarin plaats te maken voor een Rotterdamse familie die pas sinds één generatie tot de hogere sociale klasse behoorde. Op internationaal vlak daarentegen nam het netwerk van de Kröllers gestaag toe. De uitbreiding van Müller & Co op diverse continenten zorgde ervoor dat Anton internationaal zowel veel zakelijke als politieke contacten legde. Deze nieuwe kennissen waren over het algemeen minder standsbewust dan de Haagse aristocratie en stonden meer open voor een jonge, succesvolle ondernemer – nouveau riche of niet.

Hoewel Helene het Haagse sociale leven niet zelf opzocht, betekende dat niet dat zij niet door de hogere sociale kringen opgemerkt wilde worden. Daarom begaf ze zich op een favoriet domein van dit milieu, namelijk dat van de liefdadigheid. Als onderwerp van haar weldoen koos Helene Zuid-Afrika, een land dat rond 1900 op de warme belangstelling van Nederland kon rekenen.[103] Vooral in de hogere kringen werden veel steuncomités opgericht om geld in te zamelen voor de goede Afrikaanse zaak. Helene koos er echter niet voor om lid te worden van zo'n comité, maar om op persoonlijke titel haar steun te verlenen.

Samen met Anton volgde zij sinds 1899 het nieuws over de Tweede Boerenoorlog in Zuid-Afrika op de voet en beiden werden meegezogen in de Boerenliefde die heel Nederland overspoelde. Sinds de Eerste Boerenoorlog in 1880 en 1881 was Nederland zich weer bewust geworden van zijn stamverwanten in de kleine republieken Oranje Vrijstaat en Transvaal. Eerder hadden de Nederlanders nauwelijks oog of oor gehad voor de blanke Boeren, die zij over het algemeen beschouwden als lomp, ruw en grof, vooral tegen de oorspronkelijke bewoners van Zuid-Afrika.[104] Toen de Boeren echter als een ware David in de winter van 1880 met succes de strijd aangingen tegen de annexatie door Groot-Brittannië, werden zij plotseling gehuldigd als 'Transvaalsche broeders'.

In 1899 schaarde de Nederlandse bevolking zich opnieuw en bloc achter de twee republieken. Ditmaal in het bijzonder achter president Paul Kruger van Transvaal. Groot-Brittannië had met argusogen toegezien hoe de goudmijnen het land omvormden tot 'de rijkste plek op aarde'.[105] Als er geen actie ondernomen werd, zou Transvaal zich wel eens kunnen uitbreiden naar omliggende republieken om met hen een 'Verenigde Staten van Zuid-Afrika' te stichten. Dat zou niet alleen de Britse invloed in de regio bedreigen, maar ook de positie van Groot-Brittannië als wereldmacht. Om weer greep op de republiek te krijgen, was een interventie nodig. Het excuus daarvoor vond Groot-Brittannië in de rechten van de 'uitlanders' in Zuid-Afrika.

De uitlanders waren grotendeels Britten, die na de ontdekking van goudmijnen in groten getale naar Zuid-Afrika waren vertrokken. Hoewel zij in 1899 een belangrijk deel van de bevolking uitmaakten, hadden zij nauwelijks rechten en velen ervoeren hun leven als constant bedreigd door het geweld van de blanke Boerenbevolking. Daarom eisten de Britten nu stemrecht voor uitlanders die langer dan vijf jaar in Transvaal woonden. Zoals verwacht weigerde Kruger deze eis in te willigen, uit angst dat de uitlanders de veel geringere Boerenbevolking zouden gaan overheersen.[106] Die uitgelokte weigering was aanleiding voor de Britse regering om een troepenmacht naar Transvaal te sturen, waardoor tegelijkertijd een oorlog werd ontketend met Oranje Vrijstaat.[107]

De Nederlandse regering hield zich buiten het conflict, uit angst Groot-Brittannië tegen zich in het harnas te jagen. Des te sterker was de sympathie die de bevolking voor Transvaal en Oranje Vrijstaat ontwikkelde. Net als ten tijde van de Eerste Boerenoorlog werden talloze verenigingen en comités opgericht of nieuw leven ingeblazen, waarvan de meest invloedrijke de uit 1881 stammende Nederlandsche Zuid-Afrikaansche Vereeniging (NZAV) was.[108] De Nederlandse sympathie voor Zuid-Afrika bleek minstens zo sterk uit de berichtgeving in dagbladen en periodieken, die bol stonden van verhalen over heldhaftige Boeren en moordende Britten, wat een grimmige anti-Britse stemming deed ontstaan. Dat sentiment drong zelfs door tot het kabinet-Pierson, dat echter weinig mogelijkheden zag om de gemoederen te kalmeren, want Nederland kon niets ondernemen zonder Groot-Brittannië voor het hoofd te stoten. Op bondgenoten hoefde Pierson ook niet te rekenen, want andere landen waren eveneens beducht voor een conflict dat tot oorlog zou kunnen leiden met de grootmacht.

Uiteindelijk was het minister van Marine Jacob Röell die de opgebouwde spanning in Nederland suste. In september 1900 wist hij de twintigjarige koningin Wilhelmina te overreden de pantserkruiser Gelderland naar Mozambique te sturen om daarmee de gevluchte president Kruger naar Europa te brengen. Het was een gedurfde zet van de jonge koningin, die toen pas twee jaar aan het hoofd van de regering stond. De kans dat Nederland hiermee Groot-Brittannië provoceerde, was niettemin klein: Londen had Kruger liever binnen handbereik in Europa dan ongrijpbaar in Zuid-Afrika.[109]

Helene en Anton volgden Krugers reis aandachtig in de pers, van zijn aankomst in Marseille, via Parijs naar België en Keulen. Overal werd hij door een mensenmassa uitbundig ontvangen en gehuldigd door comités en hoogwaardigheidsbekleders. Op 6 december arriveerde Kruger in Nederland. De kranten berichtten uitgebreid over de duizenden mensen die een glimp wilden opvangen van de zesenzeventigjarige president. De Haagse afdeling van de NZAV verzorgde zijn welkom in de residentie, waar hij verbleef in het voor de gelegenheid uitbundig versierde Hotel des Indes.

Het is opvallend dat de Kröllers, die pas een halfjaar later naar Den Haag zouden verhuizen en geen lid waren van de NZAV, toch een rol speelden bij de verwelkoming van Kruger. De elfjarige Helene jr. was namelijk een van de zes meisjes die de president voorgingen bij zijn entree in het hotel en die zijn pad met bloemen bestrooiden.[110] De overige meisjes kwamen allemaal uit vooraanstaande families, die een duidelijke betrokkenheid hadden met Zuid-Afrika. De aanwezigheid van Helene jr. in dit uitverkoren groepje kinderen was waarschijnlijk te danken aan de exclusieve wolhandelsbetrekkingen die haar vader onderhield met de coöperatie van Zuid-Afrikaanse Boeren. Dankzij die betrekkingen konden de Kröllers zichzelf in de hofstad introduceren, nog voordat zij er goed en wel woonden. Minstens even opvallend is dat Helene noch Anton ook na dit eerste contact met de NZAV lid werd van de vereniging. Kennelijk zagen zij voor zichzelf een andere rol weggelegd dan die van een enkel radertje in een groter netwerk.

Kruger bleef in Nederland tot het einde van de oorlog in mei 1902, daarna verliet hij het land vanwege zijn zwakke gezondheid om in Zuid-Frankrijk en later in Zwitserland te gaan wonen. De oorlog bleef onderwerp van gesprek in West-Europese huiskamers en sociëteiten. Ook de Kröllers lazen met verontwaardiging over de tactiek van de verschroeide aarde die de Britten in Afrika toepasten en die duizenden vrouwen en kinderen dakloos maakte.[111] Nog schokkender was de ontdekking van de Engelse Emily Hobhouse, lid van het South African Women and Children Distress Fund, met wie Helene later nog regelmatig zou corresponderen. Tijdens haar reis door het oorlogsgebied ontdekte Hobhouse concentratiekampen, waar vrouwen en kinderen onder erbarmelijke en mensonterende omstandigheden gevangen werden gehouden.[112] Deze verschrikkingen leidden ertoe dat zelfs de 'bittereinders', onder wie president Steyn van Oranje Vrijstaat, in mei 1902 moesten capituleren, wat het einde van de zelfstandigheid van de twee staten betekende.

Het gevoel van nationalisme dat de Nederlanders aan de strijd van hun stamverwanten ontleenden, ebde opvallend snel weg toen de oorlog niet gewonnen werd door de twee kleine Zuid-Afrikaanse republieken. Toen Paul Kruger in de zomer van 1904 in Zwitserland overleed, bleek duidelijk dat de Boerenliefde in Nederland niet meer was wat deze ooit geweest was.[113] De voormalig president werd vanuit Zwitserland naar Den Haag gebracht, waar hij tijdelijk zou worden begraven. Vervolgens nam de NZAV de taak op zich om het stoffelijk overschot met gepast ceremonieel over te laten brengen naar Zuid-Afrika. De Nederlandse regering weigerde echter om voor de uitvaart een oorlogsbodem beschikbaar te stellen, uit angst Engeland hiermee uit te dagen. De vereniging noemde het 'een schande voor Holland' wanneer er geen plechtige uitvaart werd georganiseerd en stelde daarom alles in het werk om zelf een passend schip te vinden.[114] Waar vier jaar eerder de benodigde zesduizend gulden in mum van tijd verzameld zou zijn, slaagde de NZAV daar deze keer niet in. Het was uiteindelijk aan een aantal vermogende personen te danken dat het initiatief überhaupt uitgevoerd kon worden.

Tot die vermogende personen behoorden ook de Kröllers, die anders dan met geld een belangrijke bijdrage leverden aan het initiatief van de NZAV om voor Kruger een eervolle uitvaart te verzorgen. Anton en Helene deelden de mening dat Krugers laatste reis met passend ceremonieel vergezeld moest gaan en als de regering daar niet garant voor stond, dan droegen zij daar zelf wel toe bij. Daarom stelde Anton het gloednieuwe stoomschip de Batavier VI ter beschikking aan de NZAV, nadat hij eerst opdracht had gegeven om de romp van het immense schip zwart te verven.[115] In een bovenlaadruimte van het achterschip werd over de volle breedte van de boot een rouwkamer ingericht met een nis waarin de kist zou worden geplaatst. Een van de beste gezagvoerders van de Batavierlijn, kapitein Wilkens, werd aangesteld om het schip naar Kaapstad te varen. Ook de overige bemanning liet Anton rekruteren uit de beste gelederen van zijn varende personeel.

De Boerenliefde mocht in Nederland dan niet meer euforisch zijn, dat weerhield duizenden mensen er niet van om zich op maandag 31 oktober te verzamelen op de route die de lijkwagen aflegde langs de Coolsingel en Westersingel.[116] Om drie uur werd de kist, bedekt met de Transvaalse vlag, door matrozen aan boord van de Batavier gedragen. Anton liep voor de baar uit, achter de kist volgden Krugers schoonzoon en aangetrouwde kleinzoon, de voormalig gezant van Transvaal in Europa Willem Leyds en afgevaardigden van de NZAV. Nadat de kist in de rouwkamer op een katafalk was geplaatst, bracht jonkheer Sebastiaan de Ranitz namens de koningin een laatste groet aan Kruger door een zilveren palmtak op de kist te leggen. Om vijf uur vertrok het schip uit de haven van Rotterdam. Anton deed de voormalig president uitgeleide tot Hoek van Holland. Daar ging hij van boord en zette het schip koers naar Afrika. Kruger kwam op 3 december aan in Kaapstad, vanwaar hij per trein naar Pretoria werd gebracht om naast zijn vrouw begraven te worden.

De betrokkenheid van de Kröllers bij de Zuid-Afrikaanse zaak bleek ook uit de vriendschap die zij sloten met voormalig president Steyn van Oranje Vrijstaat en zijn vrouw. In de zomer van 1902 reisde Steyn om gezondheidsredenen met zijn vrouw Tibbie naar Nederland, om in Scheveningen een kuur te volgen. Per Batavier werd hij naar Hoek van Holland gebracht.[117] Anton had ervoor gezorgd dat het de zieke oud-president aan boord aan niets ontbrak en stelde rijtuigen beschikbaar om Steyn met zijn gevolg van Hoek van Holland naar Scheveningen te rijden. Hij had zelfs opdracht gegeven om de paarden die de rijtuigen trokken, te versieren met de kleuren van Oranje Vrijstaat. Uit deze eerste formele ontmoeting tussen de Kröllers en de Steyns, ontstond later een hartelijk contact tussen Helene en Tibbie Steyn-Fraser, die zich vertaalde in een jarenlange correspondentie.[118]

Toen de president na een verblijf van twee jaar in Scheveningen, Zwitserland en Duitsland in 1904 weer aan de beterende hand was, besloot hij terug te keren naar Zuid-Afrika. Vlak voor hun vertrek vergezelde Helene het echtpaar bij een bezoek aan het Zuid-Afrikaans Museum in Dordrecht, waartoe het bestuur van de NZAV Steyn en zijn vrouw had uitgenodigd. Dit museum van de kunstverzamelaar Hidde Nijland vormde sinds 1902 het Zuid-Afrikaanse hart in Nederland. Alles wat met de geschiedenis van de Boeren te maken had, werd hier tentoongesteld: van handgemaakte gebruiksvoorwerpen, opgezette dieren, planten, munten en edelstenen tot en met het complete interieur van een Boerenhuis, compleet met opengeslagen bijbel en leesbril.[119]

Het bezoek werd vastgelegd op een groepsfoto, waarop Helene, opvallend in het wit gekleed, aan de linkerzijde van de president zit. Het gezelschap poseert voor een groot schilderij van Willy Sluiter, dat hij in

Bezoek aan het Zuid-Afrikaans Museum in Dordrecht. Helene, gekleed in het wit, zit rechts vooraan naast voormalig president Steyn van Oranje Vrijstaat.

1902 in opdracht van Nijland maakte ter gelegenheid van het bezoek van de Boerengeneraals Louis Botha en Koos de la Rey.[120] Opvallend is dat Nijland – behalve afgebeeld op het schilderij – niet op de foto staat, en tijdens het bezoek van Steyn ook niet aanwezig was.[121]

Helenes vriendschap met de Steyns en haar medeleven met de Boeren en hun leiders vonden hun oorsprong in de moraal waarmee zij was opgegroeid, waarbinnen het algemene prevaleerde boven het individuele belang. De standvastigheid van Kruger en Steyn en de onverschrokkenheid van Emily Hobhouse wekten haar bewondering, omdat zij zich allen ondergeschikt maakten aan een hoger doel, net zoals zijzelf haar eigen ambities terzijde had geschoven ten bate van het familiebedrijf. Die herkenning voedde Helenes bewondering voor de Boeren, voor wie zij tot aan de oorlog nauwelijks aandacht had gehad.

Nog meer dan uit die gedeelde moraal, ontstond Helenes medeleven met Zuid-Afrika uit haar behoefte aan een hoger doel in haar eigen leven. Die eerste jaren in Rotterdam en Den Haag hadden haar dagen eruit bestaan 'een huis, een zaak, een naam [te] helpen maken', taken die ze met overgave had vervuld.[122] Maar achter haar leven als moeder, echtgenote en koopmansvrouw 'school wat van natuur nog machtiger was', een idealisme dat zij kon herleiden tot aan haar jeugdjaren, maar dat destijds 'zijn bewusten weg nog niet [kon] vinden'. Die weg, haar eigen individuele levensdoel, vond Helene echter niet in Zuid-Afrika, maar veel dichter bij huis: in de Haagse Trompstraat.

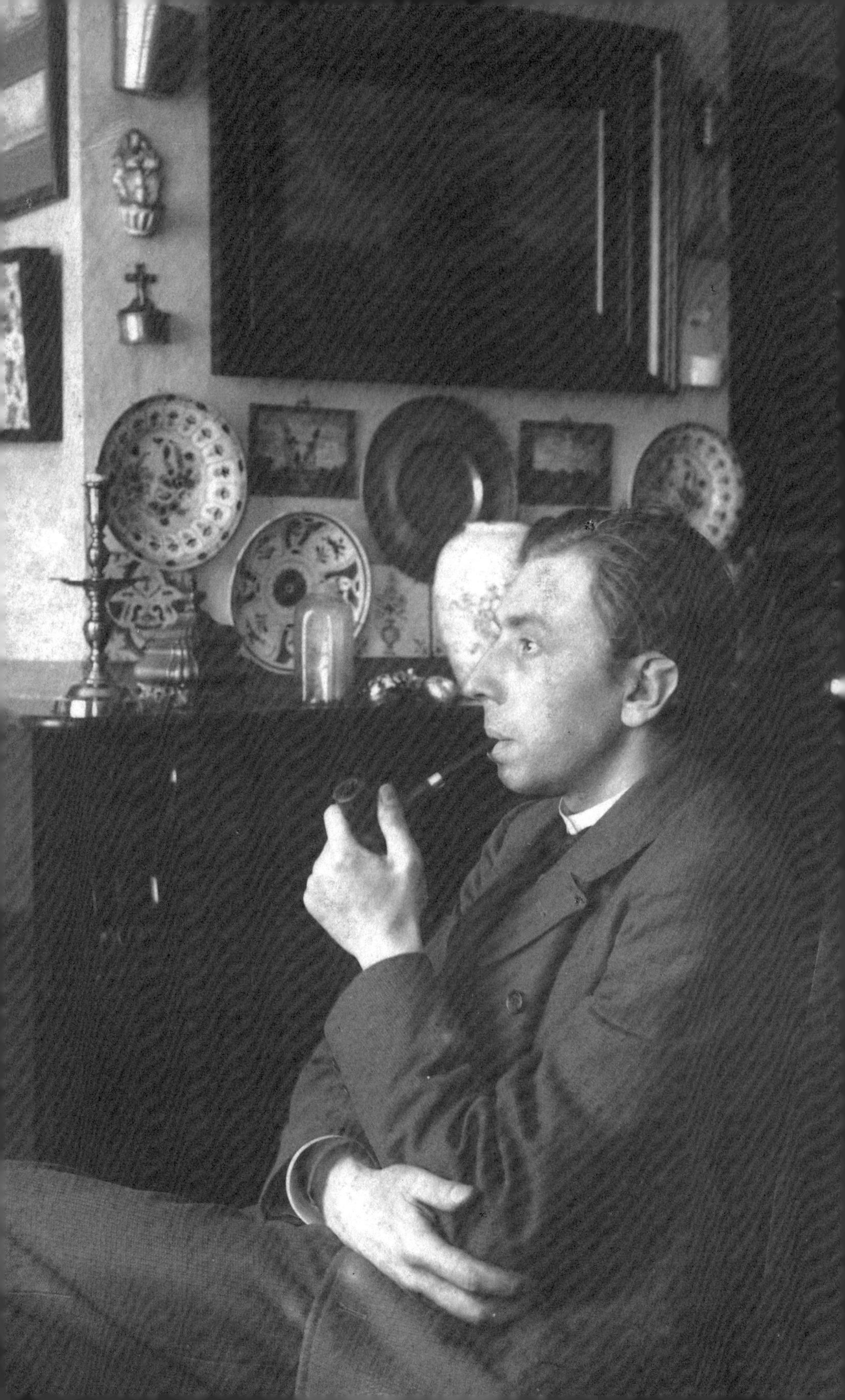

3

Zien en geloven

DE KUNSTPAUS, SPINOZA EN VAN GOGH

In de vroege zomer van 1905 beklom de zestienjarige Helene jr. met 'jeugdige, maar toch kordate stap' de trap van een ruim, drie verdiepingen tellend herenhuis in de Haagse Trompstraat, dat van de entree tot de zolder overladen was met schilderijen, tekeningen, Aziatica, Delfts aardewerk en een keur aan beeldjes variërend in omvang en materiaal.[1] Ze bevond zich in het huis van kunstpedagoog H.P. Bremmer. Helene jr.'s klasgenoot en hockeyvriend Bob Roessingh had haar aangeraden eens een cursus te volgen bij de gerenommeerde kunstkenner.[2] Na thuiskomst vertelde ze zo enthousiast over de lange, broodmagere en wat sjofel geklede man met zijn opzwepende manier van doceren, dat Helene haar dochter kort daarop vergezelde naar de Trompstraat.[3]

Op dat moment gaf Bremmer al tien jaar cursussen in kunstbeschouwing door het hele land.[4] Zijn lessen waren populair onder een grote groep welgestelden die hun toenemende vrije tijd graag besteedden aan de vervolmaking van hun persoonlijke ontplooiing. Niet zelden waren Bremmers lessen ingebed in een curriculum dat zij voor zichzelf samenstelden en waarin kunstbeschouwing een plek had naast lessen in bijvoorbeeld musicologie, voordrachtskunst of sociologie.[5] Ook Helene zou behalve zijn lessen diverse cursussen volgen over filosofie en bezocht tevens een aantal maal lezingen van de socioloog Rudolf Steinmetz, die vanaf 1908 als hoogleraar in de 'politische aardrijkskunde, de volkenkunde en de land- en volkenkunde van den Oost-Indischen Archipel' verbonden was aan de Universiteit van Amsterdam.[6]

Bremmer gaf zijn cursus aan groepen van circa acht personen, de zogenaamde Bremmerclubs, die vaak bestonden uit de sociale bovenlaag van een stad. In Den Haag was het overwegend de adel, in Rotterdam waren zijn leerlingen veelal succesvolle havenbaronnen, bankiers, verzekeraars

H.P. Bremmer in zijn huis aan de Trompstraat (1903).

en hun vrouwen, en in Utrecht en Groningen bestond Bremmers cliëntèle voornamelijk uit professoren en studenten.⁷ Vaak werd een groep door een of twee geïnteresseerden opgericht, die vervolgens een aantal vrienden of familieleden uitnodigden en Bremmer vroegen bij hen thuis les te komen geven. Omdat de groepen zich uitsluitend op uitnodiging vormden, werd exclusiviteit een typisch kenmerk van de Bremmerclubs.

Hoewel hij zich met zijn cursussen in de hoogste sociale regionen bewoog, was Bremmer zelf van eenvoudige komaf. Hij was in 1871 geboren in een Leids middenstandsgezin als zoon van een hoteleigenaar. In plaats van het familiebedrijf over te nemen, stelde hij zichzelf als vijftienjarige tot doel om kunstenaar te worden, maar zijn ouders weigerden een studie aan een kunstacademie te betalen. Daarom volgde hij een opleiding tot tekenleraar en probeerde zich daarnaast zelf verder te ontwikkelen. Hij oefende zich in het pointillisme en exposeerde vanaf 1893 met enige regelmaat werken, die door plaatselijke critici redelijk goed ontvangen werden. Maar lovende kritieken of aansluiting bij succesvolle kunstenaars als Jan Toorop en Théo van Rijsselberghe, die hij hevig bewonderde, bleven uit. Wel raakte hij met hen bevriend nadat Toorop het hotel van Bremmers vader ontdekte als geschikte gelegenheid om zijn buitenlandse vrienden van de Belgische kunstenaarsgroep Les Vingt in onder te brengen. Zo ontmoette de tweeëntwintigjarige Bremmer regelmatig Van Rijsselberghe, Henry van de Velde en de Belgische schrijver August Vermeylen, tevens redacteur van het vernieuwende literaire tijdschrift *Van Nu en Straks*.

Tijdens zijn jaren als kunstenaar werd Bremmer intellectueel gevormd door Henri Borel, schrijver, criticus en tevens China-deskundige. Borel, die slechts twee jaar ouder was, maar hem desalniettemin als zijn pupil beschouwde, introduceerde Bremmer in de Engelse en Duitse literatuur en wees hem op internationale tijdschriften over kunst en literatuur, waaronder het Franse symbolistische blad *Mercure de France*. Vooral zijn gevoeligheid voor mystiek en religie hadden een grote invloed op de vorming van Bremmers kunstbeschouwing. Die hang naar mystiek was een veelvoorkomend verschijnsel aan het einde van de negentiende eeuw, toen het kerkelijke geloof in grote delen van West-Europa tanende was en bij veel kerkverlaters uit de burgerij hiervoor een grote interesse voor het mystieke en occulte in de plaats kwam.⁸

Een andere grote invloed op de jonge Bremmer ging uit van Steinmetz – toen nog werkzaam als privaatdocent aan de Universiteit Utrecht – die hem aanzette om kunstkritieken te schrijven in regionale bladen. De twee heren leerden elkaar kennen toen Steinmetz een docent zocht om een aantal handwerklieden behalve tekenles ook 'eenig aesthetisch begrip' bij te brengen.⁹ Bremmer kweet zich zo goed van zijn taak dat Steinmetz vol enthousiasme over zijn protegé vertelde aan studenten uit zijn privaatcolleges. Enkelen van hen vatten in 1896 het plan op om het jonge talent in Utrecht een cursus esthetiek te laten verzorgen. Algauw hadden zich drie groepen van circa zeven personen gevormd, grotendeels bestaande uit hoogopgeleide, bemiddelde cursisten die wekelijks een uur les kregen. Deze professoren en renteniers, dan wel hun vrouwen, vertelden in hun familie- en kennissenkring bevlogen over de lessen van de ietwat excentrieke Bremmer en al snel werden in Den Haag, Rotterdam en Groningen eveneens Bremmerclubs opgericht, waarmee Bremmers carrière als kunstpedagoog was begonnen. Binnen vier jaar had hij meer dan driehonderd cursisten door het hele land.

Hoewel Bremmer door zijn werk als criticus in dagbladen zijn opvattingen over kunst al een aantal maal had verwoord, dwongen de cursussen hem een eenduidige esthetische gedachte te formuleren. Zonder enige academische scholing ontwikkelde hij gedurende de eerste tien jaar van zijn loopbaan als kunstpedagoog een esthetiek die hij in 1906 te boek stelde in *Een inleiding tot het zien van beeldende kunst*. Deze esthetiek gaat niet uit van de voorstelling van een kunstwerk, maar van de emotie die het werk overbrengt op de beschouwer.

Bremmers meest geliefde methode om zijn leerlingen kunst te leren beschouwen: de vergelijking.

Bremmers kunstbeschouwing, die hij de 'practische aesthetica' doopte, bestond grotendeels uit het vergelijken van kunstwerken onderling of – in sommige gevallen – het vergelijken van een kunstwerk met een foto van hetzelfde onderwerp.[10] Soms vergeleek hij twee werken waarvan hij er een als beduidend minderwaardig beschouwde, op andere momenten vergeleek hij kunstwerken uit twee verschillende perioden om juist de gelijkgestemdheid ervan duidelijk te maken.[11]

Het vergelijken van kunstwerken als manier van kunstbeschouwing was geen uitvinding van Bremmer, maar kwam overgewaaid uit het Duitse filosofische gedachtegoed en werd vooral gevoed door het hegeliaanse denken in these en antithese. Gedurende de tweede helft van de negentiende eeuw werd het denken in tegenstellingen steeds populairder onder Duitse esthetici en verbreidde dit zich al snel naar andere Europese landen. Ook de methode om kunstwerken met fotografische afbeeldingen te vergelijken, bedacht Bremmer niet zelf, maar nam hij over uit Ludwig Volkmanns *Naturprodukt und Kunstwerk*.[12] Met nadruk distantieerde hij zich van de verdere inhoud van het boek, omdat Volkmanns werk sterk kunsthistorisch van aard was, een discipline waarvoor hij weinig achting had. De kunstgeschiedenis bestudeerde volgens Bremmer namelijk niet het kunstwerk, maar slechts de context ervan. Wat dat betreft volgde hij de opvatting van andere kunstenaar-critici, onder wie de door hem bewonderde Jan Veth, die stelde dat het oordeel van een schilder, die 'zich dezelfde moeite geeft als een kunsthistoricus […] zeker honderd maal hoger' stond.[13]

In Bremmers kunstbeschouwing stond het kunstwerk centraal en alles wat daarvan een afgeleide was, was niet relevant voor de beoordeling van het werk. Een van de grondbeginselen van de praktische esthetica was dan ook het idee dat het belang van een kunstwerk een intrinsieke eigenschap is en zodoende alleen te ontwaren *in* het kunstwerk zelf.[14] De bestudering van thematiek, kunststroming of historische relevantie droeg vanuit Bremmers standpunt op geen enkele wijze bij tot de esthetische beoordeling van een kunstwerk. Alleen door het oog veel te oefenen en kunstwerken met elkaar te vergelijken, kon men tot esthetisch inzicht komen.

De praktische esthetica die Bremmer ontwikkelde, was een schoonheidsleer die doordrenkt was van spiritualiteit. Hij had als jongeman gebroken met het katholieke geloof van zijn jeugd en zocht sindsdien naar een individuele geloofsbeleving, een keuze die steeds meer mensen maakten aan het einde van de negentiende eeuw.[15] De snelle ontwikkelingen binnen de techniek en natuurwetenschappen 'onttoverden' de wereld door haar onverklaarbare en mythologische kanten te onthullen.[16] Hierdoor voelden met name hoger opgeleiden zich minder aangetrokken tot iets irrationeels als het traditionele geloof. Maar de behoefte aan spiritualiteit bleef, waardoor de late negentiende eeuw zich kenmerkte door een wildgroei aan geestelijke stromingen, die varieerden van spiritisme, akosmisme en occultisme tot yogaïsme, humanisme en spinozisme.[17]

Bremmer kwam in de ban van het gedachtegoed van de groeiende groep 'spinozisten', die aan het einde van de negentiende eeuw de filosofie van Benedictus de Spinoza herontdekte. De aandacht voor de zeventiende-eeuwse filosoof was in deze jaren zo groot, dat er zelfs werd gesproken van een ware 'Spinoza-koorts'.[18] Diens bespiegelende filosofie bood een tegenwicht tegen de verhardende samenleving, die door de onstuitbare opmars van techniek en natuurwetenschappen volgens sommigen steeds utilitaristischer werd.[19] Vooral onder kunstenaars, in het bijzonder onder de Tachtigers, werd Spinoza in deze periode populair. Frederik van Eeden, Herman Gorter en Albert Verwey lieten zich in hun gedichten en artikelen regelmatig door zijn gedachtegoed inspireren.[20] In 1895 verscheen een nieuwe, door Gorter vertaalde editie van de *Ethica*, Spinoza's hoofdwerk waarmee hij een alomvattend filosofisch systeem nastreefde dat zowel de werkelijkheid als de rol van de mens daarin inzichtelijk probeerde te maken. In zijn magnum opus spoorde hij de mens aan zich niet te laten leiden door emoties, maar de werkelijkheid uitsluitend rationeel tegemoet te treden.

Bremmer werd op de *Ethica* gewezen door Verwey, die hij kende via de schilder Floris Verster.[21] Verwey raadde hun beiden dringend aan het boek te lezen, wat zij dan ook onmiddellijk deden. Behalve hun interesse voor Spinoza, nam Bremmer van de Tachtigers ook hun pantheïstische interpretatie van diens filosofie over. Dat betekende dat hij in ieder aspect van het dagelijkse leven, maar in het bijzonder in de kunst, zocht naar de weerslag van het hogere, of 'het Absolute'.

Rond 1900 raakte Bremmer bevriend met filosoof en hoogleraar psychologie Gerard Heymans toen deze met een aantal andere hoogleraren in Groningen een Bremmerclub oprichtte.[22] Via hem maakte Bremmer kennis met het psychisch monisme, de filosofie van Gustav Fechner, wat een moderne 'correctie' was op het spinozisme.[23] Fechner zette zich af tegen de materialistische filosofie, die onder invloed van het toenemende belang dat aan empirische bewijslast werd gehecht, de werkelijkheid reduceerde tot enkel materie, tot 'atomen die blind en geluidloos door de leegte bewegen'.[24] Al het stoffelijke – mens en dier, evengoed als planten en sterren – bestond volgens hem uit bewustzijn. Zonder bewustzijn kon er namelijk geen geur, kleur, geluid of emotie bestaan, zaken die hij toch niet tot stoffelijke materie kon reduceren. Zijn opvatting dat alles bewustzijn bezat en dus bezield was, verweefde Bremmer weer in zijn kunstbeschouwing.

Kunst speelde vaak een belangrijke rol binnen spirituele en pantheïstische levensopvattingen.[25] Niet alleen was zij immuun voor de hectiek van het dagelijkse leven, maar ze steeg daar zelfs boven uit. Als gevolg hiervan werd kunst in cultureel onderlegde kringen beschouwd als een van die zeldzame sleutels waarmee men nog toegang had tot de wereld van de ziel.[26] In zijn lessen en in de vier boeken die hij publiceerde, benadrukte Bremmer telkens weer dat ware kunst een mystieke ervaring overbrengt, waarbij het spinozisme en psychisch monisme hem een theoretische basis verschaften. Een in verschillende varianten terugkerende formulering die hij hanteerde om die mystieke ervaring te omschrijven was de 'esthetische emotie', een term die hij waarschijnlijk ontleende aan de symbolistische schrijver en kunstcriticus Albert Aurier.[27] Alleen de kunstenaar die uit een dergelijke esthetische emotie en een innerlijke drang werkte, was in Bremmers ogen een ware kunstenaar.[28] In zijn definitie van kunst, 'kunst [is] wat een emotie geeft, en gemaakt is met de bedoeling om een emotie te geven', beschouwde hij emotie dan ook vooral als de mate waarin de mystieke belevenis van een kunstenaar ervaren werd door een beschouwer.[29] De beschouwer moest leren om die beleving gewaar te worden, en dat was precies wat Bremmer zijn cursisten probeerde bij te brengen.

Opmerkelijk genoeg probeerde Bremmer juist met deze spirituele invulling van het woord emotie zijn kunstbeschouwing te objectiveren. Hij gebruikte het ongrijpbare idee van emotieoverdracht als een wetenschappelijke maatstaf, waarmee de kwaliteit van een kunstwerk beoordeeld kon worden. Een oordeel over een kunstwerk kon volgens hem nooit voortkomen uit de beschrijving van het afgebeelde, maar uitsluitend 'in de beschrijving van de aandoening die wij daarvan krijgen'.[30] Als het werk spirituele emotie wist over te brengen, dan was aangetoond dat het werkelijk kunst was.

Wel erkende Bremmer dat er een gevaar school in zijn methodiek, want hoe kon iemand met zekerheid weten of die emotie een intrinsiek aspect van het kunstwerk was of dat deze er door de betreffende beschouwer bij werd 'gephantaseerd'.[31] Daarom moest men eerst iedere vorm van pretentie verliezen, wat Bremmer toelichtte aan de hand van Spinoza:

men moet 'niet dweepen en niet haten, maar begrijpen'.[32] Met een onbevangen blik diende de beschouwer vervolgens te kijken of het werk eenheid van voordracht bezat, wat in Bremmers jargon betekende of het gemaakt was met een achterliggende gedachte. Dit gold ook voor kunst die op het eerste gezicht vreemd oogde. Als de vreemdheid consequent werd doorgevoerd, dan zat er een bedoeling achter deze manier van weergeven en was het aan de beschouwer om deze te achterhalen. Alleen door veel en onbevooroordeeld te kijken, kon men achter die bedoeling komen en zo 'in zielegemeenschap treden met het wezenlijke, namenlijk de ziel van den maker die zich daarin openbaart'.[33]

Zodoende kwam Bremmer weer terug bij de esthetische emotie en de wetenschappelijke aanwijsbaarheid daarvan. Door objectief te kijken en zich niet te laten afleiden door de voorstelling, was emotie namelijk 'wetenschappelijk te constateren' aan de hand van lijnvoering, kleurgebruik, tonaliteit en materiaalsoort.[34] Al deze facetten lieten het temperament van de kunstenaar zien, de overtuiging waarmee hij te werk ging, maar ook de mate waarin een kunstenaar een geoefend oog had en in staat was een 'diepe ernst' in zijn werk te leggen. Door deze aspecten te bestuderen, kon een beschouwer bepalen of de kunstenaar erin slaagde om een mystieke ervaring over te brengen.

De bekwaamheid om die mystieke ervaring te ontwaren, ontbrak volgens Bremmer bij veel leken, omdat zij de neiging hadden om het kunstwerk te beoordelen op basis van de voorstelling. Een natuurgetrouwe weergave of een mooie voorstelling had naar zijn idee echter niets te maken met de kwaliteit van een werk. Het lijkt er sterk op dat Bremmer zelfs overhelde naar de tegengestelde overtuiging, namelijk dat meer geabstraheerde werken een hogere 'kunstwaarde' bezaten. Sinds het prille begin van zijn schildercarrière had hij tot de avant-garde willen behoren en het is daarom niet verwonderlijk dat hij zich ook in zijn kritieken en lessen als voorvechter van het moderne ontpopte. Zijn praktische esthetica was bij uitstek geschikt om deze kunst te verdedigen, deze lijkt er soms zelfs speciaal voor ontwikkeld te zijn. Zo benaderde Bremmer kunst regelmatig vanuit het principe van een evolutie die onherroepelijk had geleid tot moderne kunst. En hoewel een realistische weergave in theorie niet van minder waarde zou hoeven zijn dan een abstracter kunstwerk, bleek dit in Bremmers lespraktijk evenwel vaak het geval te zijn. Alsof de overdracht van het spirituele, de esthetische emotie, toch beter verliep wanneer de afbeelding een minder grote afleiding vormde.

Voor Helene was Bremmers mystieke kunstbeschouwing een openbaring. Zij was buitengewoon ontvankelijk voor zijn benadering van kunst, die aansloot bij haar behoefte aan een persoonlijk beleefde en niet dogmatische vorm van spiritualiteit. De praktische esthetica en Spinoza's filosofie hielpen haar deze vorm te geven. Met grote interesse las ze op aanraden van haar leermeester Spinoza's *Ethica* en het *Theologisch-Politiek Traktaat*. Regelmatig schreef ze stellingen en fragmenten hieruit over voor haar spreukenkalender, omdat deze haar nieuwe inzichten gaven in de kunst en in het leven. Om Spinoza te leren begrijpen, bestudeerde ze intensief de acht lezingen die filosofiehistorica Anna Tumarkin had gegeven aan de Universiteit van Bern en die in 1908 in boekvorm waren verschenen.[35] Dagenlang werkte Helene aan een nauwkeurige samenvatting, om vooral de ingewikkelde metafysica te doorgronden. Een beknopt overzicht werd haar uittreksel niet, want hoewel ze bepaalde passages 'uitpluizend gelezen en overdacht' had, moest ze vaak concluderen dat ze geen zin uit Tumarkins uitleg wilde weglaten.[36]

Hoewel Helene altijd huiverig was om zich tot een groep te rekenen, bestempelde zij zichzelf niettemin als spinozist.[37] Een onafhankelijke, autodidactische spinozist welteverstaan, die met 'peinzen, beleven & ontgoochelingen' wijs was geworden. Toen zij de boeken van de filosoof las, ontdekte ze daarin naar eigen zeggen door haar levenservaring eigenlijk niets nieuws, maar werd haar wat ze al wist nog duidelijker. Dat was minder pedant dan het lijkt, aangezien Helenes jeugdheld Lessing tot de bewonderaars van Spinoza behoorde.[38] Daardoor herkende ze al snel diens afkeer van religieuze dogma's, die ook haar geliefde schrijver zo fel had bestreden. Lessings pleidooi voor verdraagzaamheid en tolerantie tussen de geloven was eveneens duidelijk geïnspireerd op Spinoza. Het lezen van met name het *Theologisch-Politiek Traktaat* mocht Helene dan bevestigen in wat ze al dacht te weten, dankzij Spinoza kon ze haar inzichten wel beter verwoorden en kregen deze voor haar meer samenhang.[39]

Er is wel gesuggereerd dat Helene zich hoofdzakelijk liet leiden door het gedachtegoed van Hegel.[40] Net als het spinozisme won het hegelianisme aan het einde van de negentiende eeuw terrein in het denken over kunst en dit had dan ook evengoed een leidraad voor Bremmer en Helene kunnen zijn. Hegel baseerde zich deels op Spinoza's opvattingen over geest en materie, maar week daar uiteindelijk sterk van af. Waar Hegel geest en materie, het goddelijke en stoffelijke, ziet als twee entiteiten die met elkaar in wisselwerking staan, gaat Spinoza uit van het idee dat geest (denken) en materie (uitgebreidheid) twee eigenschappen zijn van 'het Absolute' of 'het Oneindige' (God).[41]

Een belangrijke stelling uit Spinoza's *Ethica* is: 'Alles wat is, is in God en niets kan zonder God bestaan, of worden bedacht.'[42] Daardoor is God volgens hem in alles aanwezig. Voor de spinozisten van het fin de siècle, onder wie Bremmer en Helene, vormde deze stelling de kern van hun mystieke en pantheïstische interpretatie van de filosoof. God en natuur, lichaam en geest vatten zij in navolging van Spinoza niet op als op zichzelf staande entiteiten, zoals Hegel deed, maar als onderdeel van een en hetzelfde oneindig geheel. De belangrijkste levensles die Helene dankzij Spinoza leerde, was dan ook 'het groote erkennen van de oneindige volmaaktheid der dingen'.[43] Aanvankelijk was ze verrast door het inzicht dat het goddelijke in alles aanwezig was, maar gaandeweg werd het een vanzelfsprekend onderdeel van haar levensbeschouwing, althans zo dacht ze er zelf over. Halverwege de jaren twintig zou ze dit besef formuleren in het motto *spiritus et materia unum*: 'materie & geest zijn een, zijn elkander dekkende begrippen'.[44]

De filosofie van Spinoza, waarin hij denken en uitgebreidheid als de twee eigenschappen van God definieerde, heeft duidelijke raakvlakken met de moderne theosofie.[45] De theosofie beschouwt stof en geest niet als de twee eigenschappen, maar wel als de twee verschijningsvormen van 'het Ene'. Deze esoterische filosofie vond in de late negentiende en vroege twintigste eeuw veel aanhangers onder kunstenaars, van wie Piet Mondriaan een van de bekendste is. Hoewel de moderne theosofie deels op Spinoza's denkbeelden is geïnspireerd, zou Helene zich nooit bij de theosofen aansluiten, noch ooit een duidelijke waardering voor hun gedachtegoed uitspreken.[46]

Het is op zijn minst opmerkelijk dat Helene, gezien haar spirituele beleving van kunst, nooit enige aandacht heeft gehad voor *Über das Geistige in der Kunst*, het boek dat Wassily Kandinsky eind 1911 publiceerde.[47] In deze verhandeling ontvouwde de Russische schilder zijn visie op de rol van de kunstenaar, die tot taak had de mensheid naar een hoger spiritueel niveau te leiden. Om deze missie te kunnen vervullen was het noodzakelijk dat kunst zich niet langer richtte op de objectieve werkelijkheid, maar slechts geïnspireerd werd door de belevingswereld van de kunstenaar. Zijn boek zou de aanzet blijken voor de metamorfose die de moderne kunst de volgende jaren zou ondergaan en fungeren als een vruchtbare voedingsbodem, waaruit de volledige abstractie kon voortkomen.

Hoewel Helene over Kandinsky's publicatie gelezen moet hebben en zowel het onderwerp als de filosofische benadering haar aangesproken zou moeten hebben, bezat ze het boek niet. Ook noemde ze *Über das*

Geistige in der Kunst nooit in haar correspondentie, wat doet vermoeden dat ze het niet gelezen heeft. Misschien stond het sterk theosofische karakter haar tegen, maar aangenomen mag worden dat vooral Bremmers negatieve oordeel over de kunstenaar hierin een rol speelde. Niet eenmaal besprak hij een schilderij van Kandinsky in zijn boeken of tijdschriften en tegenover een leerling liet hij zich ontvallen dat hij het werk 'Zonder emotie. Namaak' vond.[48] Vermoedelijk waren de kleurrijke schilderijen, waarin geen mensen of dieren, maar ongrijpbare geometrische symbolen figureerden, te lyrisch en fantasierijk voor zijn smaak. En als de kunstpaus geen waardering had voor een kunstenaar, dan was de kans bijzonder klein dat deze wel ontvlamde bij een van zijn leerlingen.

Het is typisch voor de afzijdige positie van de Kröllers in het aristocratische Den Haag dat Helene niet werd gevraagd voor een van de vele Bremmerclubs die in de residentie bestonden. Kennelijk had ze met geen van de tientallen Haagse dames die de cursus bevolkten dusdanig contact dat ze via hen over Bremmer hoorde, laat staan dat ze werd uitgenodigd om lid te worden van een van de clubs. Haar introductie verliep dan ook niet via het sociale circuit, maar via haar dochter. Samen met andere cursisten die evenmin toegang hadden weten te krijgen tot een particulier klasje, volgden moeder en dochter de cursus Praktische Esthetica bij Bremmer thuis in de Trompstraat. Meestal wandelden ze daar samen heen, maar soms legden ze de twee kilometer tussen Huize ten Vijver en Bremmers woning af met 'den tuf', zoals Helene de auto steevast noemde.

De lessen vonden plaats op de eerste verdieping in een ruime kamer, die uitkeek op de smalle straat met hoge huizen.[49] Voor het raam stond een rij stoelen, waarop de deelnemers plaatsnamen om naar de tafel in het midden van de kamer te kunnen kijken. Op deze tafel stonden de kunstwerken die besproken werden of – wanneer Bremmer het origineel niet bezat – een kartonnen standaard waartegen twee platen of reproducties steunden. Vaak verrijkte Bremmer zijn lessen met gedichten die hij voordroeg uit door hem samengestelde bundels. Hij had een duidelijke voorkeur voor de Tachtigers en declameerde dan ook veel werk van Van Eeden, Gorter, Kloos en Verwey.[50] Daarnaast las hij regelmatig klassiekers voor van Baudelaire en Goethe. Door deze poëzie in zijn lessen op te nemen, trachtte hij zijn cursisten de ogen – en de geest – te openen voor de esthetische emotie die uit een werk sprak.

Een andere manier waarop Bremmer zijn cursisten ontvankelijk probeerde te maken voor kunst, was hen te stimuleren zich er zoveel mogelijk mee te omringen. Iedere gelegenheid greep hij aan om hen bewust te maken van het dagelijkse plezier dat zij zouden beleven aan kunstwerken die zij in eigen bezit hadden.[51] Onder zijn hoede ontstonden dan ook talrijke collecties, sterk variërend in omvang, maar met overwegend dezelfde kunstenaars die de toets van de praktische esthetica doorstonden, onder wie Van Gogh (vaak reproducties), de gebroeders Jacob, Matthijs en Willem Maris, George Breitner, Floris Verster, Jan Toorop en negentiende-eeuwse Franse schilders zoals Jean-Baptiste Corot, Henri Fantin-Latour en Jean-François Millet. Dit waren stuk voor stuk kunstenaars die Bremmer in zijn lessen besprak en afbeeldde in zijn tijdschrift *Moderne kunstwerken*.[52]

Zijn kunstbeschouwing en aanmoedigingen om te verzamelen vielen bij Helene in vruchtbare bodem. Als zij er concurrentieoverwegingen ten aanzien van anderen op na hield, dan waren die in het begin hooguit beperkt aanwezig. In 1905 en 1906 schafte zij niet of nauwelijks werk aan, terwijl daarvoor gelegenheid te over was.[53] Bremmer wendde zijn lessen namelijk aan als weinig verhulde aanprijzing van de kunstwerken die hij besprak. Naast reproducties liet hij zo veel mogelijk originele kunstwerken zien. Waar te lande hij ook lesgaf, hij arriveerde altijd met koffers vol beeldjes en aktetassen gevuld met prenten, waarmee hij zijn cursisten regelmatig verleidde tot een aankoop.[54]

Dat Helene aanvankelijk niet toegaf aan deze verkooptechniek, zegt weinig over haar interesse in kunst. In plaats van het gebruikelijke uur kunstbeschouwing te volgen, nam ze al snel vier en soms zelfs zes uur per week les. Haar enthousiasme leidde ertoe dat zij in 1907 zelf een club oprichtte en Bremmer vroeg om een avond per week op Huize ten Vijver of aan het Lange Voorhout zijn voordrachten te houden. Daaraan namen behalve zijzelf en haar dochter ook Helenes broer Gustav en zijn vrouw Anne deel, die sinds kort vlak bij de Kröllers in het Van Stolkpark in Villa Sandhaghe woonden.[55] Het belangrijkste echter vond Helene dat ook Anton de lessen van Bremmer bezocht en zodoende een gevoel voor kunst ontwikkelde. Zij wilde namelijk niet het gevoel hebben 'eigenmachtig over zijn geld te disponeren voor dingen waar hij niets voor voelt'.[56]

Echte zorgen hoefde Helene zich niet te maken over Antons interesse in kunst. Van weerzin tegen haar kunstliefde en kooplust is bij hem nooit sprake geweest, integendeel. Regelmatig ging Anton alleen met Bremmer op pad om veilingen te bezoeken en kocht hij ook op eigen gelegenheid werk, zonder daarover met Helene te overleggen.[57] Voor zijn kantoor kocht hij bijvoorbeeld een stilleven van Albert Cuyp en een schildering van de vloot van Michiel de Ruyter door Willem van de Velde de Jonge.⁵⁸ Uit zijn voorkeur voor zeventiende-eeuwse schilderijen blijkt wel dat hij duidelijk minder gecharmeerd was van moderne kunst dan Helene.

Niettemin vatte hij een liefde voor Van Gogh op. Gekscherend noemde hij diens werk wel eens afkomstig uit een 'gekkenhuis', maar dat weerhield hem er niet van om in dezelfde periode *Rozen en pioenen* (1886) voor zichzelf te kopen.⁵⁹ Ook liet hij zich tijdens een tentoonstelling van het Franse werk van Van Gogh bij de Rotterdamse Kunstkring, tegenover Helene ontvallen dat hij 'het liefst alle schilderijen, die nog niet in vaste handen waren had opgekocht'.⁶⁰ Waarschijnlijk wilde Helene het jagersinstinct van haar man verfijnen tot de verheven waardering die zij zelf voor de kunst koesterde en was dit een minstens even belangrijke reden waarom zij Anton graag bij Bremmers lezingen had. Die strategie was succesvol, want in 1914 schreef Anton haar: 'Het moge veel langer geduurd hebben dan bij jou – en ik geloof dat ik zonder jouw invloed er ook nooit zoo toe gekomen zou zijn –, maar dat de schillen me van de oogen zijn gevallen omtrent het conventioneele, het holle, het banale – dat is gelukkig toch een feit.'⁶¹

Helenes snel opbloeiende interesse in kunst leidde er in 1907 ook toe dat ze Bremmer contracteerde om haar een dag per week 'behulpzaam [te] zijn bij het vormen eener kunstcollectie'.⁶² Ze bood hem een salaris dat zijn inkomsten uit een dag en een avond lesgeven ruim oversteeg.⁶³ Dat deed ze deels om te voorkomen dat hij zich door andere motieven dan door kwaliteit zou laten leiden bij zijn aankopen voor haar. Niet voor niets stelde ze de voorwaarde dat hij nooit een commissie van een kunsthandelaar zou aannemen voor werk dat hij voor haar collectie aanschafte.

Die voorwaarde was geen bezwaar voor Bremmer. Lastiger vond hij het beslag dat op zijn tijd werd gelegd door Helenes aanbod. Tot zijn spijt besloot hij te stoppen met zijn lessen in Groningen om deze uren te gebruiken voor zijn nieuwe functie als adviseur van mevrouw Kröller, zoals hij haar altijd zou blijven noemen. Maar toen kon 'het feest beginnen'.⁶⁴ Bremmer kreeg alle ruimte om de collectie samen te stellen. Wel diende hij rekening te houden met prijzen, 'welke niet buitensporig mochten zijn [...] maar overigens genoot hij bijna onbeperkte vrijheid tot koopen waar zich eene gunstige gelegenheid voordeed'.⁶⁵

In plaats van Bremmer bij gelegenheid om advies bij haar aankopen te vragen, zoals veel anderen van zijn cursisten deden, koos Helene ervoor hem in dienst te nemen en hem grotendeels te laten bepalen hoe haar collectie eruit zou komen te zien.[66] Dat betekende niet dat zij zich passief opstelde. Zij bestudeerde intensief diverse tijdschriften, waaronder uiteraard Bremmers *Moderne kunstwerken* en vanaf 1913 zijn tijdschrift *Beeldende kunst*. Ook las ze het sterk op moderne kunst gerichte *Kunst und Künstler* dat werd uitgegeven door Bruno Cassirer in Berlijn, en het maandblad *De beweging* van Verwey, dat behalve aan poëzie en proza veel aandacht besteedde aan kunst en politiek. Helenes betrokkenheid bij haar collectie bleek eveneens uit haar gewoonte om Bremmer duidelijk haar voorkeuren te laten weten wanneer hij naar een veiling afreisde.[67] Meestal droeg haar adviseur echter voorstellen aan, waaruit zij een selectie maakte. Uiteraard waren die wensen en voorkeuren geheel gebaseerd op de smaak die Bremmer zelf bij haar tot ontwikkeling bracht.

Helene was zich bewust van Bremmers leidende en vormende kracht ten aanzien van haar collectie. Ze had dan ook niet de ambitie de wording van haar collectie aan iemand anders toe te schrijven dan aan hem. Jaren later vertelde ze hierover aan haar jongste zoon Bob: 'Hij was mijn eerste minister en naast hem voelde ik mij koningin: trotsch was ik alleen daarop, dat ik mij op kunstgebied gaarne ondergeschikt aan hem voelde.'[68] Buitenstaanders kon ze alleen maar gelijk geven wanneer zij beweerden dat ze nooit iets zonder Bremmer besliste. 'Hem te volgen en niet eigenwijs te zijn' beschouwde ze als haar grootste kracht, want ze had haar leermeester nooit op een vergissing kunnen betrappen.[69]

Helemaal eerlijk was Helene niet met deze uitspraak. Wel degelijk was ze af en toe eigenwijs. Zo maakte ze eens de fout om buiten medeweten van Bremmer een Van Gogh te kopen. In november 1910 was ze samen met Anton in Berlijn op bezoek bij haar zus Martha Ullner-Müller. Bij die gelegenheid bezochten zij een tentoonstelling in de kunsthandel van Paul Cassirer aan de Viktoriastrasse, waar vierenzeventig schilderijen van Van Gogh tentoongesteld werden.[70] Cassirer was in Duitsland een fervente pleitbezorger van de kunstenaar, die tal van tentoonstellingen aan diens werk wijdde en nauw contact onderhield met Johanna van Gogh-Bonger – de weduwe van Vincents broer Theo van Gogh.[71] Ook bracht Cassirer hem onder de aandacht van vooraanstaande verzamelaars, onder wie Karl Ernst Osthaus uit Hagen. Tijdens de tentoonstelling, die van 25 oktober tot en met 20 november in de galerie werd gehouden, moeten Anton en Helene *Maaier met zeis (naar Millet)* hebben gezien. Van Gogh maakte het schilderij in 1889 naar voorbeeld van Millets *Le Faucheur*, een houtgravure uit de serie *Travaux des champs*, waarvoor Van Gogh grote bewondering had.[72]

De valse Van Gogh, die toch een Van Gogh bleek te zijn. Vincent van Gogh, *Maaier met zeis* (1889). Het schilderij bevindt zich tegenwoordig in een Amerikaanse particuliere collectie.

In hun enthousiasme besloten Helene en Anton het schilderij te kopen, zonder daarover te overleggen met Bremmer. Toen het werk half december op Huize ten Vijver werd afgeleverd, ontdekten ze wat het risico was van hun 'roekeloze' gedrag. Na een enkele blik op het schilderij verklaarde Bremmer dat het vals was.[73] Een oordeel waar Helene en Anton zich onmiddellijk bij neerlegden. Bremmer was tenslotte een connaisseur en van connaisseurs werd tot ver in de jaren twintig geaccepteerd dat zij met een enkele oogopslag de authenticiteit van een kunstwerk vaststelden.[74] Velen van hen – Bremmer bij uitstek – keurden nader onderzoek, zoals de opkomende natuurkundige technieken en herkomstonderzoeken, zelfs af en lieten zich voorstaan op een aangeboren talent om echte kunst van vervalsingen te onderscheiden.

Hoewel Bremmer het vaak bij het rechte eind had, vergiste hij zich in dit geval schromelijk. Dat had hij kunnen weten als hij nagegaan was hoe Cassirer het werk had verworven. Deze kocht *Maaier met zeis* namelijk in juni 1910 van Jo van Gogh-Bonger, wat betekent dat het schilderij tot de directe nalatenschap van Van Gogh behoorde en dus een smetteloze herkomst had.[75] Bremmers beschuldiging dat hij de Kröllers een vervalsing had verkocht, verbaasde Cassirer dan ook buitengewoon. 'Ist der Herr verrückt geworden?' vroeg hij Jo van Gogh geërgerd.[76]

Het is overigens maar de vraag of kennis over de herkomst Bremmer gehinderd zou hebben in zijn oordeel. Helene interesseerde het in ieder geval weinig, want ook zij hechtte meer waarde aan het oordeel van connaisseur Bremmer, dan aan de feitelijke achtergrond van het werk. Toen Cassirer bericht naar Den Haag stuurde dat het schilderij uit het beheer kwam van Jo van Gogh, merkte Helene snibbig op: 'ik kocht geen schilderij uit de nalatenschap, noch vroeg ik waar het schilderij vandaan kwam, noch hield hij eene tentoonstelling van werken uit de nalatenschap [van] Van Gogh, maar eene tentoonstelling van werken van Van Gogh. Dus het punt waar het schilderij vandaan komt, komt heelemaal niet in kwestie.'[77] Dat was logica waar niet aan te tornen viel. Het gevolg was dat de Kröllers Cassirer voor het gerecht daagden.[78] Cassirer won het proces, maar bood toch aan het werk terug te nemen.[79] Aan de authenticiteit van het schilderij is sindsdien nooit meer getwijfeld.

Het kan bijna niet anders dan dat Bremmers uitzonderlijke vergissing mede veroorzaakt werd door de ergernis over het zelfstandig handelen van Anton en Helene.[80] Door zijn afkeuring van het schilderij maakte hij hun fijntjes duidelijk dat zij er beter aan deden hem in de toekomst bij dergelijke aankopen te betrekken. Iets wat de Kröllers lange tijd ook braaf zouden doen. Wat hun kunstaankopen betreft tenminste, want met hun architecten maakten zij al snel dezelfde fout.

Overigens deed de uitspraak van de rechtbank dat het werk geen vervalsing was, niets af aan het vertrouwen van de Kröllers in hun adviseur. In 1914, vier jaar na dato, schreef Anton aan Helene dat hij dr. Fritz Wichert, directeur van de Kunsthalle in Mannheim, in Den Haag had ontvangen. Deze had *Maaier met zeis* – inmiddels weer in Duitsland – gezien en was ervan overtuigd dat het een vervalsing was. Anton noemde dat 'een satisficatie voor Bremmer'.[81] Gezien hun aankoop van een Van Gogh uit Cassirers bezit tijdens de *Sonderbund*-tentoonstelling van 1912 blijken zij evenmin het vertrouwen in de kunsthandelaar verloren te hebben. Misschien vermoedden zij stiekem dat zelfs het oordeel van een connaisseur wel eens vertroebeld kon raken door zoiets menselijks als jaloezie.

Al mat Helene zich tegenover de buitenwereld een volgzame rol aan ten aanzien van Bremmer, toch kon zij deze houding binnenskamers niet altijd volhouden en ontstonden er regelmatig spanningen tussen de twee eigenzinnige karakters. Zo beklaagde zij zich er bij Bremmer over dat hij het nodig scheen te vinden een moeilijker taalgebruik te hanteren dan 'tusschen pratende menschen [...] gebruikelijk is'.[82] Volgens haar bracht dat veel van zijn leerlingen in verwarring. Zelf was ze inmiddels gewend aan zijn wollige woordkeuze, maar ze raadde hem aan hier toch op te letten.

Ook herinnerde Helene haar adviseur er een paar keer aan wie van hen beiden de opdrachtgever was. Hij mocht dan nagenoeg carte blanche hebben om de verzameling naar eigen inzicht aan te vullen, maar het was niet de bedoeling dat hij de grenzen van die vrijheid overschreed. Aan een vriend schreef zij hierover: 'Met Bremmer moet ik een onaangenaam appeltje schillen. Hij kocht weer een schilderij van f.1000,- zonder mij eerst te vragen, maar ik schrijf hem af om hem een lesje te geven [...], ik moet mijn eigen baas blijven.'[83]

Naarmate Helene meer vertrouwd raakte met de praktische esthetica, kreeg zij bovendien de behoefte om Bremmers definitie van kunst aan te passen. Kunst was volgens haar datgene wat een *geobjectiveerde* emotie wist over te brengen.[84] Met die geobjectiveerde emotie bedoelde zij de manier waarop in een kunstwerk vorm was gegeven aan een emotie, 'de versmelting van het concreet geziene met het [...] Absolute in de kunstenaar'.[85] Het verschil in definitie was minimaal en het preciseren ervan had waarschijnlijk vooral een retorisch doel. Net als met haar commentaar op zijn taalgebruik, liet ze – aanvankelijk vooral aan zichzelf – op deze manier zien dat ze niet alles van Bremmer overnam en wel degelijk haar eigen gedachten over kunst had.

Lange tijd echter liet Helene zich kritiekloos door Bremmer leiden. De eerste werken die hij in zijn hoedanigheid als adviseur voor haar kocht, waren drie olieverfschilderijen, die typisch waren voor zijn smaak. Twee mooie, ingetogen landschappen, *Il vient de loin* (ca.1887, kleurafb.1) en *Landschap met sloot* (ca.1886), waren beide van Paul Gabriël, een kunstenaar uit de Haagse School, die Bremmer bewonderde en die volgens hem nog niet voldoende gewaardeerd werd.[86] De *Rozen* (1907) van de veel minder bekende – en minder getalenteerde – Jan Zandleven vertegenwoordigde het werk van contemporaine Nederlandse kunstenaars die Bremmer promootte. Hoewel zowel Gabriël als Zandleven gold als modern kunstenaar, waren dit veilige aankopen, die appelleerden aan de heersende verzamelaarssmaak, waarmee Bremmer ongetwijfeld Helenes vertrouwen in hem heeft willen bevestigen om van daaruit een meer gedurfd pad in te slaan.

Al in die eerste verzameljaren werden de zwaartepunten duidelijk die Bremmers smaak en zodoende ook Helenes collectie typeerden. Alom het meeste aanzien genoten de internationale (vroeg)moderne kunstenaars, onder wie vooral Franse negentiende-eeuwse schilders als Jean-

Jean-François Millet, *Het geboortehuis van Millet te Gruchy* (1854).
Matthijs Maris, *Zelfportret* (1860).
Truus van Hettinga Tromp, *Lijsterbessen* (1908).
Hendrik Avercamp, *IJsgezicht* (z.j.).

François Millet en Henri Fantin-Latour. Verreweg de grootste deelcollectie bestond echter uit Nederlandse moderne kunstenaars die in een brede kring van verzamelaars gewild waren, zoals Verster, de gebroeders Maris en Toorop. De minder bekende kunstenaars die voornamelijk door Bremmer en zijn cursisten werden gekocht, vormden het derde accent in de verzameling. Onder hen waren bijvoorbeeld Truus van Hettinga Tromp, Henri van Daalhoff, Jan Zandleven en de grafica Julie de Graag.

Volledig modern waren de Bremmercollecties nooit en de Kröller-Müller-collectie was dat evenmin. Buiten deze drie zwaartepunten werden de verzamelingen gekenmerkt door wisselende hoeveelheden oude meesters, Aziatica en oud Delfts.[87] Zo kocht Bremmer in 1908 en 1909 voor zijn opdrachtgeefster een aantal schilderijen uit de zeventiende eeuw, zoals *Delft* (1652) en *Riviergezicht* (1645) van Jan van Goyen, *IJsgezicht* (z.j.), dat tegenwoordig toegeschreven wordt aan Hendrik Avercamp, en *Visstilleven* (na 1648) van Pieter van Noort. Ook ontstond een gestaag uitdijende deelverzameling kunstvoorwerpen en aardewerk, waaronder Delfts blauw serviesgoed, antieke Italiaanse en Griekse vazen, tegels en schalen, talloze kleine beeldjes van dieren en mensen en boeddha's uit China en Japan.

Reproducties van meesterwerken werden door Bremmer eveneens onmisbaar geacht. Dat gold bij uitstek voor kunst uit de Renaissance, een van zijn favoriete perioden, waarvan de originele werken zelfs voor Helene onbetaalbaar waren. Bremmer liet daarom in 1902 bijvoorbeeld een paar honderd lichtdrukken maken van Rafaëls *Drie gratiën* (1501-1505) om aan zijn cursisten uit te delen. De aanwezigheid van oude kunst, al was het maar in de vorm van een reproductie, was volgens hem in deze moderne collecties noodzakelijk. Deze zorgde ervoor dat zijn leerlingen zich bewust werden van het feit 'dat spiritueele kunst te allen tijde bestaan heeft en dat zij niet is uitsluitend een creatie van den modernen tijd'.[88]

Dankzij Bremmer bezat Helene in 1910, vijf jaar na haar kennismaking met de beeldende kunst, een mooie collectie bestaande uit veertig werken, die zowel kon concurreren met verzamelingen van andere 'Bremmerianen', als met andere verzamelingen van moderne kunst in Nederland. Hoe toonaangevend haar verzameling toen al was, blijkt wel uit het gegeven dat Verster haar in dit jaar portretteerde (kleurafb. 2).[89] In zijn serie van vijftien verzamelaars uit Bremmers kring was Helene de derde die de Leidse schilder op het doek vereeuwigde. Het donkere, strenge portret behoort niet tot zijn sterkste schilderijen, maar Anton en de kinderen vonden het schilderij geslaagd.[90] Zelf was Helene niet onverdeeld enthousiast, omdat Verster haar karakter niet zou hebben doorgrond. Als ze naar het portret keek, zag ze zichzelf zoals ze tien jaar geleden was, 'toen ik nog geen weg kon vinden in 't chaos om mij heen'.[91] Hetzelfde commentaar had ze op het portret dat Truus van Hettinga Tromp in 1914 voltooide en dat veel lichter van toon was (kleurafb. 3). Ook daarin herkende ze zichzelf niet, omdat haar ware aard er niet uit naar voren kwam.[92] Hoewel ze veel waardering had voor de kunstenares, vond ze dat deze haar te treurig had afgebeeld, alsof ze geen enkele veerkracht had om het leven aan te kunnen.

Al vroeg was er nog een karakteristiek verzamelgebied in Helenes collectie te onderscheiden, dat met recht een op zichzelf staande verzameling genoemd mag worden. De talloze schilderijen en tekeningen van

Vincent van Gogh kunnen zelfs beschouwd worden als de kern waar de rest van de indrukwekkende collectie zich omheen vormde.[93]

Toen Helene op zesendertigjarige leeftijd begon met haar kunstlessen bij Bremmer, was zijn reputatie als Van Gogh-autoriteit al enige jaren gevestigd.[94] Voor Helene was dat geen overweging om voor de lessen van Bremmer te kiezen. Het is zelfs mogelijk dat zij op dat moment nog nooit van Van Gogh had gehoord. Hoewel in deze periode zijn werk aan bekendheid begon te winnen, was hij bij het grote publiek nog onbekend. Degenen die zijn naam wel kenden, associeerden die vaak met bizarre schilderijen, krankzinnigheid en een getergd leven dat eindigde in zelfmoord.[95]

Sinds zijn dood in 1890 was in Nederland de waardering voor het werk van Van Gogh langzaam op gang gekomen. In de jaren voor de eeuwwisseling was hij vooral geliefd onder een selecte groep kunstenaars en een aantal jonge critici. Zij organiseerden vanaf 1891 diverse tentoonstellingen van zijn werk en zwengelden het debat rond de kunstenaar bovendien aan door regelmatig over het werk te publiceren.[96] Buiten deze groep wisten veel critici echter niet wat voor houding zij ten aanzien van het werk moesten aannemen. Vooral de Franse schilderijen zorgden voor veel beroering. Sommige critici deden het af als 'gewrochten van een kranken geest', de meeste andere waren genuanceerder, maar bleven terughoudend en richtten zich veelal op het leven en de psychische gesteldheid van de kunstenaar.[97] Pas na een grote overzichtstentoonstelling in het Stedelijk Museum van Amsterdam in 1905, waar bijna vijfhonderd tekeningen en schilderijen tentoongesteld werden, begon het debat in Nederland rond Van Gogh serieuze vormen aan te nemen en werd ook zijn Franse werk meer inhoudelijk besproken.

Het was in niet geringe mate aan Bremmer te danken dat de naam van Van Gogh in Nederland ook buiten de bescheiden kring van kunstenaars en critici aan bekendheid won.[98] In zijn lessen en publicaties karakteriseerde hij het werk van Van Gogh als de weerslag van een heroïsch leven dat door lijden tot een diepere spiritualiteit was gekomen. Daarmee onderscheidde hij zich van de meeste andere critici die in het werk vooral wanhoop en verdoemenis lazen. Die overdracht van een diepere spiritualiteit maakte Van Gogh voor Bremmer tot de ideale kunstenaar. Tijdens zijn lessen hield hij vurige pleidooien voor de kunstenaar en spoorde hij zijn cursisten al vanaf het midden van de jaren 1890 aan om werk van Van Gogh te kopen. Een oproep waaraan zij vanaf 1902 geleidelijk meer gehoor durfden te geven.

Volgens sommige critici ontstond er rond 1903 zelfs een ware Van Goghmode. Die werd veroorzaakt door de schilderijen en tekeningen uit het bezit van Kees Mouwen en zijn neef Willem van Bakel, die in 1903 op de markt kwamen. De twee Bredase neven hadden tientallen – tot dan toe onbekende – vroege werken van Van Gogh in hun bezit, die Mouwen voor een luttel bedrag had gekocht van een plaatselijke opkoper.[99] Het ging om werken die Van Gogh bij zijn vertrek naar Antwerpen in Nuenen had achtergelaten en die door zijn familie uit het oog waren verloren. Uit angst dat de familie Van Gogh het werk zou claimen, zocht Mouwen contact met Bremmer, de enige van de familie onafhankelijke Van Gogh-autoriteit in Nederland. Mouwen vroeg hem te bepalen of het werkelijk om Van Goghs ging en zo ja, hoe hij deze werken het beste kon verkopen. Inderdaad stelde Bremmer de authenticiteit van de schilderijen en tekeningen vast en verwees Mouwen door naar kunsthandel Oldenzeel in Rotterdam.

Het gevolg was dat Oldenzeel in 1903 maar liefst drie verkooptentoonstellingen organiseerde, waar veel doeken tegen relatief hoge prijzen verkocht werden. Onder de kopers bevonden zich veel cursisten van Bremmer, die herhaaldelijk door hun docent op deze buitenkans gewezen werden. Niet geheel vrij van broodnijd schreef de criticus en tevens kunsthandelaar Albert Plasschaert: 'Vroeger kocht Vincents geen sterveling, [...] en nu schaft ieder, kris en kras, zich een Van Gogh aan. Waarom? Omdat toevallig een de kudden leidt die Vincents schoon erkent.'[100]

Nu betekende het inderdaad een breuk met het verleden dat er bij dezelfde handelaar driemaal een verkooptentoonstelling van Van Gogh werd georganiseerd en stuwden met name de bremmerianen de prijs op, maar de verkoop van de Mouwen-collectie betekende niet de definitieve doorbraak van de kunstenaar. Bij Oldenzeel werd voornamelijk het Nederlandse werk tentoongesteld en verkocht, dat nog sterk de sfeer ademde van de Haagse School en daardoor voor velen toegankelijker was dan het kleurrijke en expressieve Franse werk. Die latere schilderijen zouden nog jarenlang slechts door enkele pionierende verzamelaars als Cornelis Hoogendijk en Karl Ernst Osthaus verzameld worden.

Een jaar nadat Helene samen met Bremmer was begonnen met het samenstellen van haar verzameling, liet ook zij zich overhalen om een werk van Van Gogh aan te schaffen. Het eerste schilderij dat aan de ontluikende collectie werd toegevoegd was *Bosrand* (1883). Helene kocht het werk waarschijnlijk nog voor de zomer van 1908 bij veilinghuis Biesing in Den Haag voor het bescheiden bedrag van honderdtien gulden.[101] Het schilderij is duidelijk geïnspireerd op de Haagse School en paste goed bij het karakter van de verzameling zoals die op dat moment bestond.

Vincent van Gogh, *Bosrand* (1883).

De prijs en de conventionele aard van het schilderij hebben dan ook waarschijnlijk meer bijgedragen aan Helenes beslissing het werk te kopen, dan de kunstenaar die het had gemaakt.

Niet veel later echter, in augustus 1908, lijkt er een verandering te zijn opgetreden in Helenes waardering voor Van Gogh. Niet alleen kocht zij een schilderij uit zijn Franse periode, *Vier uitgebloeide zonnebloemen* (1887), ze betaalde er tevens 4800 gulden voor, het hoogste bedrag dat zij tot dan toe aan een kunstwerk uitgaf.[102] Een halfjaar later, in maart 1909, voegde zij *Mand met citroenen en fles* (1888, kleurafb. 4) en *Zaaier (naar Millet)* (1890) aan haar verzameling toe. Weer een jaar later, in 1910, kocht ze in totaal achttien werken van verschillende kunstenaars, waarvan drie van Truus van Hettinga Tromp, drie van Floris Verster en opnieuw vier schilderijen van Van Gogh, allemaal uit zijn Franse periode.

Helene was onder de indruk van zijn doeken, maar ze had niet de illusie dat zij ze al volledig doorgrondde. Datzelfde gold nog in sterkere mate voor Anton. Toen hij thuiskwam van een zakenreis, wilde hij dezelfde avond nog de nieuwe Van Goghs zien.[103] Hij was direct enthousiast, maar Helene vermoedde dat nadere uitleg van Bremmer zowel voor hem als voor haarzelf geen overbodige luxe was. Bovendien had ze geleerd dat een beschouwer tijd nodig had om het werk in alle rust te bekijken. Na enkele dagen de schilderijen in haar omgeving te hebben gehad, merkte ze dat ze er al meer in zag dan in het begin en ze verheugde zich erop dat dit inzicht alleen nog maar zou toenemen.

De snel groeiende waardering van Helene voor Van Gogh is zonder twijfel toe te schrijven aan de invloed van Bremmer. Dankzij zijn definitie van kunst als datgene wat een spirituele ervaring overbrengt, leerde Helene het werk van Van Gogh te begrijpen en waarderen.[104] Vanzelfsprekend gebruikte ze daarbij ook Spinoza's ideeën over de verbondenheid van geest en materie.[105] Net als Bremmer hanteerde ze een pantheïstische interpretatie van dit werkelijkheidsbegrip om 'het Absolute' te ontdekken in de dagelijkse werkelijkheid en in het bijzonder in kunst. Op sommige momenten kon zij dan, zoals Bremmer had voorspeld, in *Mand met citroenen en fles* 'de hemel zien'.[106] Gezeten in haar boudoir, mediterend bij het werk, keek ze niet langer naar de afbeelding, maar gaf zich over aan het 'gemoed van iemand die zóó citroenen heeft kunnen zien en ons vertolken'. Het lukte haar in haar eerste verzameljaren echter niet altijd om zo diep tot de schilderijen door te dringen, dan was zelfs mét Spinoza het werk van Van Gogh 'te groot & te diep'.[107]

Volgens Helene was Van Gogh een spinozist geworden 'buiten Spinoza om', dus zonder hem gelezen te hebben. Hij was volgens haar binnen de schilderkunst tot dezelfde inzichten gekomen als de filosoof die voor het leven had beschreven. Door zijn schilderijen te bezien in het licht van Spinoza, had Helene in 1912, vier jaar na haar eerste aankoop van een Van Gogh, het idee dat zij dankzij Spinoza de kunstenaar begon te doorgronden. Nog altijd wist ze dat ze hem niet volledig begreep, maar hij was niet langer de 'onbekende, [de] onbegrepene', die hij lang voor haar geweest was.[108] Iedere dag kreeg ze meer grip op zijn werk en ze was ervan overtuigd 'dat er eindelijk een tijd zal komen, dat hij mij nooit meer loslaat, dat ik nooit iets vreemd aan hem vind'.[109]

Ook al wilde Helene haar eigen leven niet met dat van Van Gogh vergelijken, toch meende ze veel in de kunstenaar te herkennen en vergeleek ze zichzelf wel degelijk met hem, 'want per slot kan men toch alleen een wereld begrijpen, wanneer men ze [peilt] in zich zelf'.[110] Vooral in zijn overpeinzingen over de invulling van het geloof herkende zij veel. Van Gogh had in 1878 en 1879 enkele maanden als religieus werker in de verpauperde Belgische mijnstreek de Borinage gewerkt en was daar teleurgesteld geraakt door de onmogelijkheid om het leven van de plaatselijke bevolking met behulp van het geloof te verlichten.[111] In plaats van preken te schrijven, richtte hij zich steeds meer op de verzorging van zieken en gewonden. Ook gaf hij al zijn bezittingen weg, inclusief zijn bed, en ruilde hij zijn kosthuis in voor een van de armoedige arbeiderswoninkjes. Zijn superieuren waren minder te spreken over de invulling die de jonge evangelist gaf aan zijn betrekking. Toen hij ook na een berisping zijn gedrag niet aanpaste, werd hij in juli 1879 ontslagen. Voor Van Gogh brak een periode aan van diepe religieuze twijfel, die hem zijn geloof in de kerkelijke instituties ontnam. Aan zijn broer Theo schreef hij een jaar na zijn ontslag 'dat het met evangelisten net zo is als met kunstenaars. Er bestaat een oude academische, vaak verfoeilijke, tyrannieke school [...], mannen die als het ware een stalen wapenuitrusting, een harnas dragen van vooroordelen en conventies'.[112]

Van Gogh liet het kerkelijke geloof achter zich, zonder daarmee zijn geloof in een hogere macht te verliezen en ging op zoek naar een nieuwe invulling van zijn leven. Deze vond hij in het tekenen, een liefhebberij die hij in de Borinage weer had opgepakt, maar die hij tot dan toe altijd beschouwd had als 'onmogelijk en boven mijn macht'.[113] In het tekenen en later het schilderen vond Van Gogh een nieuwe vorm voor zijn spiritualiteit. Hij ontwikkelde een humane geloofsbeleving, die hij dan ook niet verbeeldde door een religieuze iconografie in zijn werk te gebruiken. Religieuze thema's waren slechts bij uitzondering onderwerp van zijn schilderijen en tekeningen.[114] Hiervoor in de plaats koos Van Gogh menselijke, alledaagse onderwerpen en ontwikkelde hij een steeds expressiever kleurgebruik om aan zijn spiritualiteit uiting te geven. Juist die kleur moest mensen de troost bieden, waartoe preken niet in staat waren.

Van Goghs breuk met de kerk, de kritische redenen voor die breuk en zijn vermogen om desondanks het geloof in een hogere macht te behouden, spraken Helene sterk aan. Haar sympathie werd nog verder aangewakkerd door de manier waarop Van Goghs omgeving reageerde toen hij het kerkelijke geloof achter zich liet, wat haar deed denken aan de conflicten uit haar jeugd en de periode waarin ze haar kinderen niet had willen laten dopen. 'Dezelfde argumenten, dezelfde hartvochtigheid, die ook mij bedwelmde, zoo dat ik er soms nog de naweeën van voel.'[115] Boven alles herkende ze de tweestrijd tussen willen geloven en de onmogelijkheid dat op een voorgeschreven manier te doen. De innerlijke strijd die Van Gogh had moeten leveren, wekte bij haar dan ook veel ontzag. Voor haar moet het geleken hebben dat zij beiden tot dezelfde conclusie waren gekomen, namelijk dat het ware geloof niet gevonden wordt in religies, maar in het leven zelf; in de mensen, in de natuur en al datgene wat die twee omvat. Van Goghs keuze om geen religieuze onderwerpen te schilderen, maar te zoeken naar het ware geloof in het dagelijkse leven en in de natuur, sloot aan bij haar spinozistische levensbeschouwing, waarbinnen zij in de alledaagse facetten van het leven haar spiritualiteit probeerde te beleven.

Hoewel zij het werk van Van Gogh niet altijd even goed kon bevatten, zag Helene wel de grootheid van de kunstenaar. In 1910, twee jaar na haar eerste voorzichtige aankoop, noemde ze Van Gogh 'de sleutel & de tegenstelling van zoo veel'.[116] Ze was ervan overtuigd dat zijn werk een nieuwe ontwikkeling in de kunst teweeg zou brengen. Hierdoor ontstond er naast de kunst die zich ontwikkelde op basis van bestaande tradities een nieuwe stroming, die zich ontwikkelde uit het werk van Van Gogh. Waarschijnlijk werd Helene geïnspireerd tot dit idee door het boek *Entwicklungsgeschichte der modernen Malerei* van de gezaghebbende kunstcriticus Julius Meier-Graefe. Het boek was in 1904 voor het eerst verschenen, en werd talloze malen herdrukt. In de Duitse kunstwereld en in omringende landen werd het ontvangen 'als een lentebries, die het raam had doen openzwaaien en frisse lucht had binnengelaten in de bedompte ateliers'.[117]

Wat het boek in Duitsland berucht maakte, was Meier-Graefes onverholen liefde voor Franse kunst, die hij aanzienlijk meer en welwillender besprak dan Duitse kunst.[118] Niet minder opvallend was zijn aandacht voor Vincent van Gogh, aangezien de kunstenaar ten tijde van de publicatie nauwelijks bekend was in Duitsland. In 1904 was Meier-Graefe er dan ook nog van overtuigd dat de tijd nooit zou komen dat Van Gogh door de burgerij erkend zou worden. Hij achtte het waarschijnlijker dat er ooit helemaal geen schilderijen meer gemaakt zouden worden, dan dat het werk van Van Gogh ooit op algemene waardering zou kunnen rekenen. Niettemin voerde hij de kunstenaar op als de vernietiger van de oude culturele orde en als voorbeeld voor toekomstige schilders.[119] Volgens Meier-Graefe belichaamde Van Gogh namelijk de humanistische waarden, waaruit een nieuwe cultuur zou kunnen ontstaan.

Dit idee voedde Helenes gedachten over een tweedeling in de ontwikkeling van de moderne kunst. Tussen 1910 en 1925, het jaar waarin zij haar eigen ideeën over kunst te boek stelde in *Beschouwingen over problemen in de ontwikkeling der moderne schilderkunst*, kristalliseerden deze ideeën zich uit tot haar opvatting dat in de moderne kunst een ontwikkeling zichtbaar was van 'het concreet geziene naar het abstracte, het Absolute'.[120] Met haar verzameling wilde ze dat proces tot uitdrukking brengen.

Helene kwam waarschijnlijk deels door Meier-Graefe tot haar conclusie over deze ontwikkeling van moderne kunst, maar de echo van de jarenlange lessen bij Bremmer klinkt er minstens zo sterk in door. Hij had haar de ogen geopend voor het verschil tussen 'visueele & spiritueele kunst'.[121] Dat blijkt wel uit haar verzameling, waarin Helene de ontwikkeling van realisme naar idealisme, zoals zij het ook wel noemde, wilde laten zien. De positie die Van Gogh volgens haar binnen deze beweging innam, laat de religieuze betekenis zien die zij de kunstenaar toedichtte. Van Gogh stond aan de basis van de ontwikkeling van moderne kunst en droeg tegelijk 'het Absolute', het einde van die ontwikkeling, in zich.[122] Voor haar was hij de alfa en de omega van de moderne kunst.

De dominante aanwezigheid van Van Gogh verklaart deels een aantal lacunes in de collectie Kröller-Müller. De meest opvallende afwezige is Paul Cézanne. Hoewel zijn ernstige, doorwerkte schilderijen aansloten bij het soort kunst dat Bremmer propageerde, ontbrak zijn werk in nagenoeg iedere verzameling van diens cursisten en zo ook in die van Helene. Zij vond Cézanne een complexe schilder, maar ze zag in dat hij een groot man was.[123] Toen in 1911 Cézanne-verzamelaar Cornelis Hoogendijk overleed, deed zich de gelegenheid voor om de gehele collectie over te nemen. De Amsterdamse kunsthandelaar Douwe Komter, met wie Bremmer goed bevriend was, zocht na het overlijden van Hoogendijk een vermogende koper om de verzameling in zijn geheel aan te verkopen.[124] Het gegeven dat hij zich wendde tot Karl Ernst Osthaus, en niet – wat eenvoudiger was geweest – via Bremmer tot Helene, laat zien dat Komter de interesse van deze twee voor het werk van de Franse schilder laag inschatte.

Deze geringe belangstelling werd deels veroorzaakt door een artistiek oordeel op spirituele gronden, waarbij Cézanne het aflegde tegen Van Gogh. Naar aanleiding van een artikel in *Kunst und Künstler* concludeerde Helene: 'Cézanne ondergaat de dingen concreet en komt tot een synthese; van Gogh werkt ze in zich om tot een abstractie & geeft ze spiritueel.'[125] Minstens even doorslaggevend in haar keuze het werk niet te kopen was de roem die Hoogendijk al met zijn verzameling had geoogst.[126] Zowel Bremmer als Helene besefte dat hij hen altijd zou overschaduwen als de verzamelaar die het werk van Cézanne ontdekt had. Juist door zich niet op deze kunstenaar te richten, maar op Van Gogh dacht Helene haar collectie te profileren. Het argument om Cézanne niet te verzamelen was dan ook haar overtuiging dat haar verzameling 'een contrabeweging' was in een tijd waarin 'alles schreeuwde om Cézanne en van Gogh nog werd verfoeid'.[127] Met die voorstelling van zaken boog ze de werkelijkheid wel enigszins in haar eigen voordeel om, want in de vroege jaren tien kon Van Gogh op steeds meer waardering rekenen. Misschien was zijn werk nog wat minder bekend dan dat van Cézanne, maar onder verzamelaars werd hij zeker niet 'verfoeid'.[128] Helaas liet Helene zich dusdanig door Bremmer leiden, dat ze niet doorzag dat Cézanne juist een verrijking zou hebben betekend voor haar collectie.

Hetzelfde gold voor het latere werk van Paul Gauguin, dat hij na zijn vertrek uit Europa maakte. Ook dit zou een waardevolle toevoeging zijn geweest, maar behalve een weinig kenmerkend landschap uit zijn vroege jaren schitterden zijn schilderijen eveneens door afwezigheid. Vermoedelijk wist zowel Bremmer als Helene niet goed raad met de sensuele naakten die Gauguin in Tahiti schilderde, en werden deze daarom niet opgenomen in de collectie.[129]

Een ander merkwaardig gemis is de moderne Duitse kunst, in het bijzonder het Duits expressionisme, dat vrijwel geheel in de verzameling ontbreekt. Dit terwijl het expressionisme een logische schakel was in de ontwikkeling van moderne kunst, die Helene wilde laten zien. Zelf gaf ze twee verklaringen voor het kleine aantal Duitse kunstwerken dat ze verzamelde. In navolging van Meier-Graefe hield zij er de mening op na dat de Duitse artistieke kwaliteiten meer op het vlak lagen van muziek en literatuur, dan op dat van de schilderkunst.[130] Ook voerde zij als argument aan dat men in Duitsland 'al veel vroeger begonnen is, systematisch en veelomvattend te verzamelen'.[131] Dat was waar, maar juist de markt voor Duitse expressionisten was in de jaren tien, de periode waarin Helene haar belangrijkste aankopen deed, buitengewoon aantrekkelijk en toegankelijk voor nieuwe verzamelaars.[132]

De belangrijkste oorzaak van dit gebrek is Helenes opvatting dat expressionisten nazaten waren van Van Gogh, volgers van de meester en dus minder interessant. Uit haar *Beschouwingen* van 1925 komt deze visie duidelijk naar voren. In dit boek beschreef ze het expressionisme als 'het resultaat van een ontroeringsproces', als de weerslag van het innerlijk leven van de kunstenaar en niet – zoals bij de impressionisten het geval was – als de weerslag van indrukken die de buitenwereld op de kunstenaar maken.[133] Ze volstond ermee slechts Van Goghs *Mand met appels* (1887) als voorbeeld van deze stroming te noemen. Blijkbaar vond ze het nog in 1925, toen het belang van het expressionisme zelfs in conservatieve kunstkringen alom erkend werd, niet nodig om werk aan te halen van toonaangevende kunstenaars als Emil Nolde, Franz Marc en Ernst Ludwig Kirchner.

Helenes opvatting over Van Gogh als stamvader van het Duits expressionisme raakt zijdelings aan de opvattingen van verschillende Duitse critici en kunsthistorici, die Van Gogh als Germaanse kunstenaar trachtten te bestempelen om hem zodoende in te lijven in de Duitse kunstgeschiedenis.[134] De receptie van Van Gogh was voor 1900 in Duitsland achtergebleven bij de bekendheid die hij in Nederland en Frankrijk langzaam aan het opbouwen was. Daar kwam door de bemoeienissen van Paul Cassirer en de publicatie van Meier-Graefes *Entwicklungsgeschichte* snel verandering in. In 1905 en 1906 waren tientallen schilderijen van Van

Gogh op tentoonstellingen in onder meer Berlijn, Hagen, Hamburg en Wenen te zien.[135] Ook verscheen in 1906 voor het eerst een aantal van Van Goghs brieven in boekvorm. Het ging om een selectie van de brieven die voorheen in het tijdschrift *Kunst und Künstler* waren gepubliceerd. De tentoonstellingen en publicaties zorgden ervoor dat Van Goghs roem zich snel in het Duitse taalgebied verspreidde. Die ingezette triomftocht en de behoefte aan een kunst die opwoog tegen het succes dat Franse kunst in de negentiende eeuw had gekend – en nog steeds kende – vormden waarschijnlijk de belangrijkste redenen waarom Duitse kunsttheoretici begonnen te zoeken naar een cultureel of etnisch verband tussen Van Gogh en Duitsland.[136]

Georg Fuchs, een artistiek progressieve criticus, maar tevens aanhanger van racistische, germanocentrische theorieën, was in 1907 de eerste die Van Gogh als Germaans etiketteerde. In zijn boek *Deutsche Form* beschreef hij 'den Germane van Gogh' als een kunstenaar die losgebroken was van het door de Romaanse traditie doordrenkte impressionisme.[137] Fuchs' boek bleek de opmaat voor een stroom aan publicaties die de Germaanse identiteit van Van Gogh tot onderwerp hadden. Fervente, nationalistische pleitbezorgers van de Germaanse cultuur waren niet de enige deelnemers aan dit debat. Ook onder mildere en zelfs progressieve theoretici en historici werd het in de jaren voor de Eerste Wereldoorlog gemeengoed om Van Gogh als een Germaanse kunstenaar te beschouwen. De opvatting van Meier-Graefe over Van Goghs Germaanse achtergrond, bijvoorbeeld, kwam vooral voort uit het inzicht dat de kunstenaar – ondanks zijn verwantschap met de Franse schilderstraditie – in de eerste plaats een Nederlandse kunstenaar was gebleven.[138] Niettemin had ook hij blijkbaar de behoefte Van Goghs nationaliteit aan de Germaanse stamboom te verbinden en zijn werk te omschrijven als de 'moderne Germaanse bijdrage aan de ontwikkeling van de Europese schilderkunst'.[139]

Een andere belangrijke criticus in dit verband was Carl Gebhardt, een naam die Helene maar al te goed kende, omdat Gebhardt in Duitsland – en daarbuiten – bekendstond als de grote Spinozakenner. In het vermaarde kunstblad *Der Cicerone* schreef hij in 1912 over de aankoop van *Portret van Dr. Gachet* (1890) door het Städelsches Kunstinstitut in Frankfurt.[140] Hij kon niet anders dan concluderen dat het werk van Van Gogh 'germanische Kunst' was, en wellicht zelfs het enige vervolg dat binnen de Germaanse schilderkunst mogelijk was na Rembrandt.[141] Gebhardt ging bovendien verder dan Meier-Graefe door Van Gogh op te voeren als overwinnaar van de Franse suprematie in de schilderkunst. Met zijn kunst 'luidde hij het einde in van de Franse kunst zoals Michelangelo het einde had ingeluid van de Renaissance; door deze te vernietigen'.[142] Hij sloot met deze visie aan bij Fuchs, die er in 1907 al van overtuigd was dat de huidige generatie Germaanse schilders een nieuwe wereldcultuur zou stichten, ten koste van de Romaanse cultuur die tot dan toe de ontwikkeling van de kunst gedomineerd had.

In Helenes kunstopvatting drongen op sommige momenten klanken van deze fatalistische en nationalistische kunstbeschouwingen door.[143] Ook zij verkondigde in haar brieven het denkbeeld dat een nieuwe cultuur alleen kon ontstaan door de vernietiging van een oude cultuur. Toen in september 1914 de kathedraal van Reims werd gebombardeerd, schreef zij dat ze dat 'heel, heel jammer' vond.[144] Maar tegelijkertijd dacht ze: 'laat haar maar gaan, zij is oud, wij hebben behoefte aan een nieuwen tijd.' Ze was ervan overtuigd dat het Duitse volk 'alleen in staat [was] ons een nieuwe te brengen'. Deze opvatting werd gekleurd door de Eerste Wereldoorlog, en de anti-Duitse sentimenten die deze opriep. Toch was de basis voor haar denkbeelden gelegd door het gedachtegoed zoals dat sinds het einde van de negentiende eeuw door Duitse theoretici en filosofen was ontwikkeld en waarover zij al ruim voor de oorlog las.

Hoewel Helene voor Duitsland een belangrijke taak zag weggelegd in een dergelijke culturele omwenteling, ging haar artistieke smaak paradoxaal genoeg nog steeds meer uit naar Franse dan naar Duitse kunst. Haar denkbeelden sloten wat dat betreft aan bij die van Meier-Graefe, eveneens een groot liefhebber van Franse kunst. Ook hij schreef over oude culturen die voor een nieuwe orde moesten wijken, maar hij bezag dat vanuit een breder perspectief. Volgens hem braken moderne kunstenaars, in het bijzonder Van Gogh, met de banale burgerlijke traditie om kunst slechts als versiering te beschouwen.[145] Het is op zijn minst ironisch dat juist dankzij de burgerij moderne kunst de kans kreeg om door te breken.[146] De belangrijkste kopers en verzamelaars van moderne kunst uit het fin de siècle waren namelijk gegoede burgers en dat gold vooral voor Duitsland.

De verwantschap tussen deze opvattingen en die van Helene was niet in de laatste plaats ontstaan doordat zij zich buiten Bremmers praktische esthetica, vooral richtte op Duitstalige publicaties over kunst en architectuur. Op aanraden van haar adviseur las zij *Kunst und Künstler* en ook haar boekenkast verraadt dat zij haar kunstbeschouwing meer vormde op basis van Duitse dan Franse of Engelse auteurs. Zodoende raakte zij ervan overtuigd dat de twee stromingen in de kunst, die volgens haar in navolging van Van Gogh zouden ontstaan, hun theoretische basis zouden vinden in Duitsland: daar had 'men het meest in deze twee richtingen te zeggen'.[147]

Het is daarom niet verwonderlijk dat zij juist in een Duitse publicatie een uitspraak vond, die de kern van haar kunstwaardering verwoordde: 'Die Kunst ist der Spiegel der Seele.'[148] Deze formulering van de Duitse psycholoog Max Verworn was Helene uit het hart gegrepen. 'Daarom houd ik van [kunst], omdat zij mij het mooiste & beste, het waarste van menschen brengt, waar ik in vleesch en bloed ze moet [...] missen.'[149]

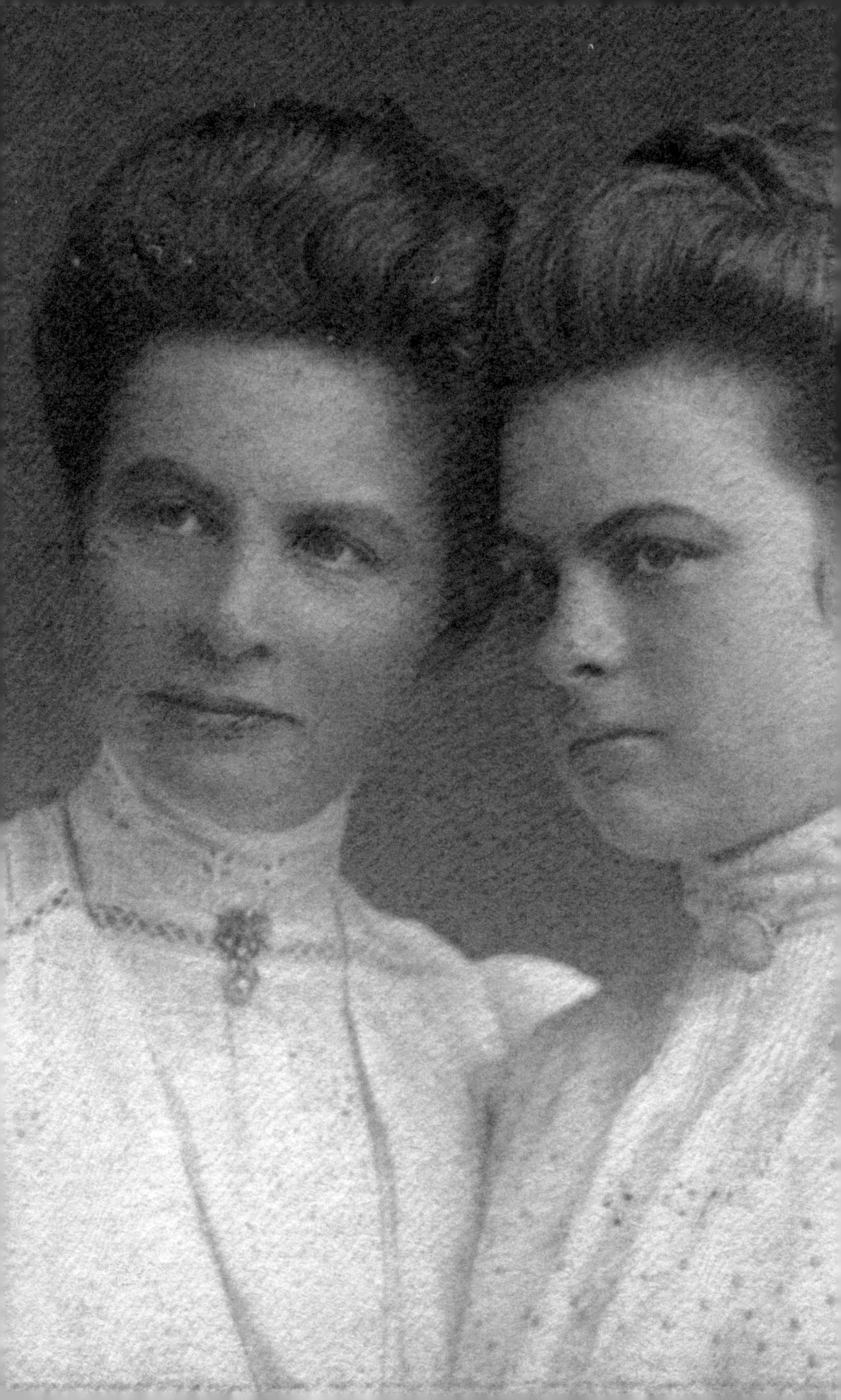

4
Ouders en kinderen

EEN NIEUWE ZOON IN HET GEZIN KRÖLLER

In het eerste jaar dat Helene in Nederland woonde, in 1889, richtte Wilhelmina Drucker de Vrije Vrouwenvereeniging op in Amsterdam.[1] Het was de eerste organisatie in Nederland die opkwam voor het recht van vrouwen op onder meer onderwijs, voogdij en het uitoefenen van een beroep. Zodoende was het de eerste vereniging die streefde naar een gelijke sociale positie van vrouwen naast de man en niet langer ondergeschikt aan hem. Het had voor de hand gelegen als de principes van de Vrije Vrouwenvereniging Helene hadden aangesproken. Als meisje had ze heftig geprotesteerd tegen de beperkingen en plichten die haar werden opgelegd en waarin de meeste jonge vrouwen zich zonder morren schikten. Tegen beter weten in had ze haar ouders gesmeekt verder te mogen studeren, deels uit een behoefte zich te ontplooien, deels uit angst de onvrijheid en ledigheid van het ouderlijk huis te moeten inruilen voor die van het getrouwde leven.

Mocht Helene de Vrije Vrouwenvereniging te radicaal hebben gevonden, dan had ze zich kunnen voegen bij de vele 'damesfeministen' uit de hogere burgerij, die zich in de jaren 1890 door het hele land organiseerden.[2] Zij pleitten voor aanpassing van het huwelijksrecht, voor meer ontplooiingskansen voor vrouwen en in het bijzonder voor vrouwenkiesrecht. Maar het feminisme kwam te laat voor Helene. Allerlei dilemma's die door de vrouwenbeweging werden besproken, zoals de vraag of vervolgonderwijs alleen weggelegd was voor alleenstaande vrouwen of ook voor moeders, hadden voor haar nooit bestaan, omdat er voor haar destijds eenvoudigweg niets te kiezen was geweest. Bij haar verloving in 1887 had ze de beslissing genomen de consequenties van het getrouwde leven te accepteren. Blijkbaar voelde ze zich daarna niet meer geroepen om de wensen die zij zelf had gekoesterd voor andere vrouwen te helpen verwezenlijken.

Helene met dochter Helene jr. (niet gedateerd).

Sterker, in haar latere leven zou zij een visie op emancipatie ontwikkelen die neigde naar het reactionaire. Daarmee stond zij in de jaren voor de Eerste Wereldoorlog niet alleen, maar ook toen na 1918 de twintigste eeuw werkelijk begonnen was, hield Helene vast aan een snel ouderwets wordend vrouwbeeld. Met afgrijzen zag ze in de jaren twintig hoe vrouwen hun haar steeds korter droegen en net als mannen hun avonden doorbrachten in cafés. Ze kon zich niet voorstellen dat deze uitwassen lang zouden bestaan. 'De vrouw zal toch weer de plaats innemen waar zij hoort & waar zij het sterkst & het waardevolst is. Men zal zijn dochters niet meer loslaten & de wereld insturen, maar men zal ze behoeden als een kostbaar bezit & wie het niet doet zal het betreuren ná het experiment.'[3]

Paradoxaal genoeg lijken haar behoudende ideeën over de positie van de vrouw juist gevoed te zijn door de bewegingsruimte die zij binnen haar eigen huwelijk genoot. Anton gaf haar namelijk weinig reden zich alsnog tot het feminisme te bekeren, omdat hij haar meer vrijheid gaf dan zij ooit had gekend. Helenes aanvankelijke vrees voor het huwelijk ruilde zij al snel in voor het standpunt dat vrouwen maar beter wel konden trouwen, omdat zij als echtgenotes meer mogelijkheden hadden zichzelf te ontwikkelen dan als alleenstaande dame.[4] Nu gold dat zeker voor haar, maar blijkbaar was zij zich er niet van bewust dat haar situatie uitzonderlijk was en niet bepaald representatief voor het leven van talloze vrouwen die met een minder liberale (en minder rijke) man getrouwd waren.

De vrijheid die Helene binnen haar huwelijk genoot, zorgde ervoor dat zij zich in het geheel niet aangetrokken voelde tot de verdediging van het vrouwenvraagstuk. Ze keurde de beweging niet af, maar beschouwde deze als 'het gevecht van enkelen, die [...] zo weinig het geheel overzien'.[5] Haar gebrek aan vertrouwen in de politieke invloed van vrouwen blijkt wel uit de correspondentie die zij in de jaren twintig onderhield met de Britse mensenrechtenactiviste Emily Hobhouse, die zij waarschijnlijk kende via de voormalige president van Oranje Vrijstaat Martinus Steyn en zijn vrouw.[6] In december 1922 was de tweeënzestigjarige Hobhouse in Nederland vanwege haar bezoek aan het Internationale Vrouwencongres voor de Vrede. Het congres werd dat jaar in Den Haag georganiseerd en had tot doel op te roepen tot een herziening van het Verdrag van Versailles, dat vooral in Duitsland tot grote armoede had geleid.[7]

Voorafgaand aan haar komst vroeg Emily Hobhouse aan Helene of ze dacht dat het congres voldoende gewicht in de schaal zou leggen en voor haar dus de moeite was om voor naar Nederland te reizen.[8] Helene antwoordde dat ze in het algemeen weinig vertrouwen had in 'meetings such as this', wat een vriendelijke manier was om te zeggen dat zij geen vertrouwen had in bijeenkomsten van vrouwen.[9] In een andere brief uit deze periode, die niet gericht was aan Hobhouse, liet ze namelijk onomwonden weten dat zij de insteek van vrouwen te specifiek vond en hun capaciteiten te beperkt. Een 'kernachtig, gloeiend, goed doorwerkt artikel van Mijnheer', zoals ze Anton tegenover anderen noemde, zou meer uitrichten.[10] Volgens haar konden vrouwen beter verandering teweegbrengen in de directe omgeving van hun persoonlijke leven en niet met lange toespraken op bijeenkomsten.[11]

Vergeleken met mannen vond ze vrouwen maar 'lamme wezens'.[12] De meesten waren in haar ogen zo oppervlakkig dat ze maar moeilijk met hen kon omgaan. De enige kwaliteit van haar eigen sekse waarvoor ze wel veel bewondering had, was het moederschap. Daarin toonden vrouwen een kracht, waartegen de prestaties van mannen niet opwogen. Ten dele sloot ze met die visie aan bij de stroming binnen het feminisme die, ondanks de strijd voor een gelijkwaardiger positie, het moederschap als de primaire taak van vrouwen beschouwde. Zo zag de invloedrijke Zweedse feministe Ellen Key het moederschap als de ultieme verwezenlijking van het menselijk potentieel.[13] Hoewel er geen aanwijzingen zijn dat Helene de publicaties of standpunten van deze feministe kende, laat haar diepe bewondering voor het moederschap zien dat ze onbewust toch een standpunt innam in het felle debat dat rond de eeuwwisseling werd gevoerd over de rol van de vrouw in de maatschappij. Net als Key zag ook zij in het moederschap de ware kracht van vrouwen, althans daar duiden haar uitspraken op. Hoe begaafd en intelligent een vrouw ook was, in Helenes optiek had zij maar half geleefd wanneer ze geen kinderen had gekregen.[14]

Haar waardering voor het moederschap kwam niet voort uit een warm, rooskleurig gevoel dat zij zelf had ervaren. Integendeel. Naarmate haar kinderen ouder en zelfstandiger werden, voelde Helene de afstand groeien en vervreemdde ze van hen. Ze kon het maar amper accepteren dat zij een eigen persoonlijkheid ontwikkelden en een eigen leven begonnen te leiden. Nog pijnlijker dan te zien dat haar kinderen zich van haar losmaakten – waarvan ze met moeite nog wel begreep dat dit een natuurlijk proces was – vond zij het besef dat haar kinderen een karakter ontwikkelden dat haar teleurstelde.[15] Vroeger had ze ervan genoten wanneer Bob en Wim even bij haar boudoir aanklopten om een kopje thee te drinken en met haar te praten. Dan had ze geen behoefte meer aan 'overpeinzingen of verzamelen'.[16] Maar toen die momenten steeds schaarser werden, kon ze er slechts nog met verbitterde melancholie aan terugdenken.

De desillusie die zij voelde jegens haar kinderen, weet zij aan hun beperkte diepgang. Vooral haar oudste twee zoons, Toon en Wim, leken zich slechts voor de oppervlakkige kant van het leven te interesseren en legden geen enkele belangstelling aan de dag voor literatuur, filosofie, kunst of spiritualiteit. Dat tienerjongens zich liever met sport, auto's en vrienden bezighielden, drong nauwelijks tot haar door. Ze nam het zichzelf kwalijk dat ze niet altijd blij genoeg was om Wim te zien en dat terwijl ze 'zoo verschrikkelijk blij zou kunnen zijn – wanneer er een klein beetje meer diepte in [hem] was'.[17] De teleurstelling in Wim stoorde haar meer dan de deceptie die Toon voor haar betekende. Haar oudste zoon had ze al op jonge leeftijd een moeilijk persoon gevonden, die snel in de contramine ging. Net als zijn vader was Toon ondernemend, wat Helene aan hem bewonderde, maar hij bezat niet de geestelijke rust en diepgang die ze zocht in mensen. Daarom vroeg ze zich af of hij wel de kracht had om werkelijk wat te bereiken.[18]

Met Bob bleef ze wel een band voelen, ook toen hij al een eind in zijn puberteit gevorderd was.[19] Hij was minstens zes jaar jonger dan zijn broers en zus, waardoor hij meer dan zij aan zijn moeder hing. Toch vreesde Helene voor de toekomst toen ze hem, zestien jaar oud, zag veranderen van een kind in een man. Ze vroeg zich af hoe zijn gedachten zich de komende jaren zouden vormen en in hoeverre zij zouden afwijken van die van haar. Als hij zich van haar zou losmaken, vreesde ze dat ze na de andere drie ook haar lieveling kwijt zou zijn.

Lange tijd beschouwde Helene haar dochter als degene met wie ze de meeste verwantschap had. De intelligentie van haar dochter, haar leeslust en de lessen die ze samen bij Bremmer volgden, smeedden een stevige band tussen beiden. Maar ook deze band was niet bestand tegen de veranderingen van de puberteit. Volgens Helene kon haar dochter opvliegend zijn met een kracht die haar angst aanjoeg, ze vond haar bovendien slordig en weinig ladylike. Door haar opleiding aan de Handelsschool was het 'Duitsche bedeesde meisje [...] bijna een Hollandsche jongen' geworden.[20] Ze trok er met haar broers op uit, reed op jongensfietsen en klom regelmatig uit haar slaapkamerraam om te ontkomen aan de kinderjuffrouw. Nu kon Helene deze onstuimigheid met enige goede wil wel waarderen en sprak zij er in latere jaren zelfs met een zweem van trots over.

Wat haar dochter echter onherroepelijk van haar verwijderde, waren de verwachtingen die zij niet waarmaakte. Anders dan Helene hoopte, ambieerde Helene jr. geen verdere opleiding of loopbaan. Na het Tymstra Instituut hadden de Kröllers hun dochter naar een pensionaat in Heidelberg gestuurd, wat vooral bedoeld lijkt te zijn geweest om Helene jr. wat omhanden te geven, maar misschien ook om haar alsnog van de ergste jongensachtigheid te ontdoen.[21] In ieder geval kunnen er weinig conventionele motieven achter gezeten hebben, want na terugkomst werd ze in september 1909 aan het werk gezet op het kantoor van Müller & Co in Rotterdam.[22] Dit bleek geen groot succes. De contemplatieve aard van haar moeder geërfd hebbende, legde Helene jr. weinig interesse aan de dag voor de kasboeken die zij bij diende te houden voor de Batavierlijn. Na kerst kwam ze dan ook niet meer terug.

Dit tot teleurstelling van Helene, die met lede ogen aanzag hoe haar dochter, twintig jaar oud, haar dagen nog slechts vulde met het lezen van boeken bij de haard. Wanneer ze haar dan van een afstand bekeek, vroeg ze zich af wel eens af: 'Is dat nu het meisje, wat in menig opzicht zo begunstigd werd door de natuur & door haar onafhankelijke positie? Maakt zij uit haar leven wat zij er uit maken kon?'[23] Thuis wonend bij haar ouders had Helene jr. geen enkele verantwoordelijkheid of taak die ze moest vervullen, wat volgens haar moeder niet goed kon zijn voor een mens. Maar daar iets aan veranderen deed ze niet.

In de zomer van 1909 verbleef Paul Brückmann bij de Kröllers, de bescheiden en serieuze jongste zoon van Helenes tante Mathilde Brückmann-Neese. Tijdens zijn verblijf raakte hij tot over zijn oren verliefd op zijn tien jaar jongere achternichtje Helene jr.[24] Aanvankelijk moedigde Helene de opbloeiende liefde aan. Ze stimuleerde Paul om haar dochter te helpen bij allerlei klusjes, zoals het opruimen van de bibliotheek of haar mee te nemen op een wandeling door de Scheveningse Bosjes. Tussen de twee ontspon zich al snel een lyrische correspondentie en in mei 1910 kondigden Paul en Helene jr. hun verloving aan.

Ondanks Helenes pogingen om de twee nader tot elkaar te brengen, was ze uiteindelijk toch niet onverdeeld gelukkig met de bekendmaking.[25] Wanneer ze haar dochter hoorde praten over kunst en filosofie, zag ze een jonge vrouw 'die te vergeestelijkt [was] voor een alledaagsch huwelijksbestaan & die er zich uit zal vechten met groot verdriet'.[26] In een openhartig gesprek bekende Helene jr. dat ze weliswaar verdrietig zou zijn geweest als Paul haar niet ten huwelijk had gevraagd, maar dat zij dan een ander doel voor zichzelf gezocht zou hebben, bijvoorbeeld het oprichten van een literaire kring of misschien zelfs een boek schrijven. Dat waren ambities die Helene beter bij haar dochter vond passen en ze waarschuwde haar dat ze dan beter niet kon trouwen.[27] Al haar minzame opvattingen over het vrouwelijk potentieel gingen blijkbaar niet op voor haar dochter. Sterker, juist omdat Helene jr. opvallend intelligent was, wilde ze haar behoeden voor de beperkingen van een huwelijk. Maar het besluit van haar dochter stond vast. Gelaten probeerde Helene te aanvaarden dat zij toch het leven van getrouwde vrouw tegemoet ging: 'het moet misschien zoo zijn, maar het is niet haar weg, het kan haar weg niet zijn.'[28]

Er waren meer redenen waarom ze bij nader inzien moeite had met het voorgenomen huwelijk. Paul werkte sinds kort namelijk voor Müller & Co in Argentinië. Dit betekende dat Helene jr. na haar huwelijk met hem mee zou gaan naar Buenos Aires en Helene vreesde voor de zwakke gezondheid van haar dochter in dat verre land. Nog meer vreesde ze dat Helenes liefde voor Paul niet sterk genoeg was en zou afbrokkelen zodra zij besefte dat Paul intellectueel voor haar onderdeed.

De ware teleurstelling lag uiteraard bij Helene zelf. Niet alleen raakte ze haar dochter kwijt aan Paul, deze nam haar ook nog mee naar de andere kant van de wereld. Dat gaf ze niet hardop toe, maar Helene jr. wist wel beter: 'Ach arme mama; ze zal vaak alleen zijn.'[29] In het door mannen gedomineerde Kröller-huishouden waren zij altijd naar elkaar toe getrokken en ze besefte maar al te goed dat haar moeder er moeite mee had dat de innige band tussen hen nu verbroken dreigde te raken. 'Ze kan niet geloven dat iemand anders dan zij belangrijk voor me is.'[30]

En er speelde meer. De hoop op een glansrijke toekomst, die Helene in het bijzonder voor haar dochter had gekoesterd, werd tenietgedaan door haar keuze voor het huwelijk. Ze zou niet het onafhankelijke en intellectuele leven gaan leiden dat Helene voor zichzelf gewenst had en via haar dochter alsnog verwezenlijkt hoopte te zien. Die teleurstelling voelde Helene jr. maar al te goed. 'Al met al ben ik voor haar nog altijd de dochter van wie zij meer verwacht dan van willekeurig wie. [...] Eigenlijk wil ze van mij een dubbelganger maken, maar daarvoor zijn mijn krachten niet toereikend – het is haar allemaal nog niet goed genoeg.'[31]

Daarmee raakte ze aan de kern van het probleem. Want kon Helene nog net de zelfstandige keuzen van haar zoons begrijpen wanneer deze afweken van haar toekomstbeeld, de invulling die Helene jr. aan haar leven gaf, was een deceptie waar zij zich niet mee kon verzoenen.

In de eenzaamheid van haar boudoir durfde Helene haar gevoelens van teleurstelling in haar kinderen aan het papier toe te vertrouwen, maar voor de buitenwereld hield ze deze verborgen. Niet omdat ze zich ervoor schaamde, maar omdat ze dacht dat niemand haar zou begrijpen.[32] Het leek haar dat niet veel anderen de donkerste krochten van hun innerlijk zo eerlijk hadden bekeken als zij dat had gedaan.

Als ze over zichzelf nadacht, vond ze zichzelf ondergeschikt aan 'andere moedermenschen, die altijd kunnen omarmen', hoe hun kind ook was.[33] Zelf was ze daar niet altijd toe in staat. Ook vond ze het moeilijk dat ze haar kinderen niet in gelijke mate kon liefhebben, omdat ze grote verschillen tussen hen zag.[34] Vooral in de oudste drie zag ze mensen van wie ze niet zonder meer zou houden als zij vreemden waren geweest. Want liefhebben betekende voor haar 'een geestelijke gemeenschap voelen, of toch iets waar dat mee verbonden is'. Die verstandhouding ervoer ze niet, omdat haar kinderen geen innerlijke harmonie bezaten. En 'waar geen harmonie is, daar heb ik niet lief'. Toch wilde ze niet beweren dat ze haar kinderen helemaal niet liefhad, tenslotte zou ze alles voor hen willen doen. Tegelijkertijd vroeg ze zich af of dat niet slechts plichtsbesef was. Want als ze eerlijk was, dan moest ze toegeven dat haar verantwoordelijkheidsgevoel haar in staat stelde haar rol in het gezin te vervullen, meer 'dan een heel groote liefde'.

In plaats van zich in te leven in de belevingswereld van haar kinderen, verwachtte Helene dat zij zich naar haar zouden richten en zich in haar zouden verplaatsen. Die verwachting kon alleen maar tot teleurstelling leiden en deed dat dan ook onverbiddelijk. Ze beschouwde het als een van de grootste desillusies in haar leven dat ze geen aansluiting vond bij haar jongvolwassen kinderen, waardoor het haar niet lukte om onvoorwaardelijk van hen te houden.[35] Blijkbaar hielp zelfs haar met zo veel overtuiging beschreven spinozistische levensbeschouwing haar niet om de 'oneindige volmaaktheid' in haar kinderen te zien.[36] In schril contrast staan de brieven die Helene jr. aan haar verloofde schreef en waarin ze – ondanks de druk die ze voelde – vol liefde en genegenheid vertelde over haar moeder, die 'doch so alles für uns [ist]'.[37]

Veelzeggend is de manier waarop Helene de reis ervoer die zij in juni 1910 met haar dochter maakte. Helene jr. had haar moeder gevraagd om voor haar huwelijk nog een keer samen op reis te gaan. De bestemming was snel bepaald. Ze wilden naar Italië, het land van de Renaissance waar zij beiden zo van hielden en dat ze altijd al eens hadden willen bezoeken.[38] Volgens haar moeder was Helene jr. zo verrukt over het vooruitzicht de grote Italiaanse kunststeden te ontdekken dat zij over weinig anders meer sprak, 'zelfs 't uitzet, het genot van het uitzoeken is vergeten'.[39] Zo herkende Helene haar dochter weer, zo was zij weer 'het lieve, het groote kind, waar ik mij mee kan vereenigen'.

Blijkbaar beschikte Helene jr. over meer psychologisch inzicht dan haar moeder. Inderdaad keek ze uit naar de reis en was haar enthousiasme oprecht, maar ze wilde vooral haar moeder een plezier doen.[40] Ze vermoedde terecht dat de recente afstandelijke houding van Helene veroorzaakt werd door haar voorgenomen huwelijk. Daarom stelde ze haar de reis voor en hoopte ze met behulp van hun gedeelde liefde voor de kunst weer nader tot haar moeder te komen.

Half juni arriveerden moeder en dochter in Milaan. Samen bezochten ze verschillende kerkjes die Helene aan het werk van Giotto en Dante deden denken en haar van binnen 'deden trillen' van ontzag en herkenning.[41] De lijnen van de gebouwen, die zij nu voor het eerst in ware gedaante kon beschouwen, waren 'een groote bevestiging [...], een groot Ja & Amen'. Zonder moeite kon ze zich mee laten voeren door haar liefde voor de Renaissance, die haar de zorgen over haar kinderen en hun toekomst deed vergeten.

De schoonheid van de Italiaanse steden, de stilte van een kerk in het landschap, het ruisen van de rivier de Arno dat zij vanuit haar Florentijnse hotelkamer kon horen en vooral de weldaad van de kunst en architectuur die haar omringden, inspireerden haar tot lyrische beschrijvingen. Wat ze in al die schoonheid vooral vond, was rust en verstilling. Met een sacraal ontzag keek ze om zich heen. Ondanks Bremmers lessen over de Renaissance en alles wat ze erover gelezen had, kreeg Helene in Milaan, Florence en Rome het idee 'een nieuwe wereld' te hebben ontdekt, 'die als een openbaring steeds grooter in [haar werd]'.[42]

Die openbaring gold niet alleen de kunst. Het leek Helene alsof ze haar dochter op deze reis pas echt leerde kennen. Ze zag hoe zij 'tintelt, leeft voor de kunst'.[43] Soms sloeg ze haar gade wanneer ze voor een schilderij zat, in een nette nieuwe jurk, haar gezicht gloeiend van geluk en met heldere ogen, waardoor zij 'iets onbewust vergeestelijks' had.[44] Met trots bekeek ze het resultaat van haar opvoeding, die had kunnen gedijen op haar dochters intelligentie en gevoeligheid. Als ze ooit haar kinderen 'fijn, lief en bijzonder' had gezien, dan was dat zoals ze Helene jr. nu zag in Italië.

Maar tegelijkertijd voelde ze de afstand tussen hen, waardoor ze voor haar 'de armen niet zoo wijd open [kon] doen als voor mijn Bob'.[45] Haar dochter was anders, onrustig en daardoor een vreemde voor haar, waardoor ze niet ongedwongen met haar kon omgaan. Met verbazing keek ze toe hoe een tomeloze liefde voor de kunst Helene jr. in haar greep had en haar voortdreef door de steden op zoek naar het volgende museum of bouwwerk. De alles overstijgende, verzengende liefde voor kunst, die ze bij haar dochter meende te ontwaren en zelfs groter leek dan de liefde voor haar aanstaande man, die herkende ze niet.

Rafaël, *Sposalizio* (1504), Pinacoteca di Brera, Milaan.

Haar eigen liefde voor de kunst was meer een fascinatie, een intellectuele uitdaging en bovenal een vervulling van een spirituele behoefte. Wanneer ze de eenvoudige lijnvoering van Italiaanse kerken bewonderde of de eindeloze reeks schilderijen in de Uffizi bekeek, dan was dat voor haar niets minder dan een mystieke ervaring. Dankzij de schoonheid van de Renaissance ervoer ze de innerlijke stilte die in het dagelijkse leven slechts op sporadische momenten over haar kwam. In Italië beleefde ze die rust iedere dag en dat hielp haar om kunst nog beter te begrijpen.

Het eerste schilderij dat haar trof in Italië was Rafaëls *Sposalizio* (1504), een van de topstukken van de Pinacoteca di Brera. Meer dan een halfuur zat Helene voor het schilderij om het te bewonderen. *Sposalizio* was het werk dat haar die dag 'het meest stil' maakte.[46] Verwoorden waarom ze zo stil werd, kon ze de eerste dag in Milaan nog niet, daarvoor waren de indrukken te overweldigend. Ze zag die dag daarom maar twee andere schilderijen. Door de intensieve manier waarop zij de schilderijen bekeek was dat genoeg, misschien zelfs al te veel, 'niet op het oogenblik zelf, dan bent je te veel in spanning, maar het werkt zoo na'.[47] De andere twee werken waren Mantegna's *Dode Christus* (ca. 1480) – bejubeld om de per-

Titiaan, *Flora* (1515), Uffizi, Florence.

spectivische beheersing die de kunstenaar in het werk tentoonspreidde – en een *Pietà* van Bellini (ca. 1465).[48] De keuze voor juist deze schilderijen was ingegeven door Bremmer, die tijdens zijn bezoek een paar jaar eerder precies vijfentwintig minuten had uitgetrokken om in de zesendertig zalen van de pinacotheek uitsluitend deze drie werken te bekijken.[49]

In Florence lukte het Helene een paar dagen later beter om te formuleren welk inzicht de werken haar gaven. Gezeten voor het Venusachtige vrouwenportret *Flora* (ca. 1520) van Titiaan in de Uffizi begreep ze ineens de diepere betekenis van het werk van de Italiaanse meester.[50] Ze kende *Flora* al, althans de reproductie ervan, die Bremmer tijdens zijn lessen wel eens als lichtbeeld liet zien. Door de stilte die het echte schilderij in haar opriep, kon ze het werk in diepe contemplatie beschouwen en zag ze de mystiek ervan die in reproducties meer verborgen bleef.

Het lijkt erop dat Helene dit mystieke element nog veel sterker naar voren zag komen in architectuur. Vanuit haar kamer in het Grand Hotel in Florence had ze uitzicht op de 'abstracte, vlakke gevel van een kerk, zoo als ik ze nog nergens in de wereld aantrof'.[51] Waarschijnlijk doelde ze op de Chiesa di Ognissanti, die op een steenworp afstand lag van het Grand Hotel. De kerk was in de dertiende eeuw gebouwd, waarna deze in 1627 bijna tot op de grond toe werd afgebroken, om vervolgens in de juist opkomende barokstijl opnieuw te worden opgetrokken.[52] De gevel, waar Helene iedere dag haar ogen op liet rusten, was van de hand van Matteo Nigetti en dateerde ook uit deze periode. Ondanks het barokke karakter fascineerde haar de eenvoud van lijnvoering. Waarschijnlijk was het die schijnbare eenvoud die Helene ook aantrok in de *Sposalizio*. De mathematische precisie van de compositie, waardoor zowel de architectonische verhoudingen van de tempel op de achtergrond, als de onderlinge verhoudingen van de figuren op de voorgrond in evenwicht zijn, zorgen ervoor dat het schilderij op het eerste gezicht zo ongecompliceerd lijkt.[53]

De reis door Italië gaf Helene een 'stil kerkgevoel', dat zij vast wilde houden toen ze weer terug was in Nederland.[54] Het is opvallend dat zij haar stemming een kerkgevoel noemde en bijvoorbeeld geen renaissancegevoel. Uiteraard is het idee van een kerk duidelijker verbonden met dat van spiritualiteit en mystiek dan de Renaissance, toch was dat niet de reden waarom zij die vergelijking gebruikte. De kerk was vooral zo treffend om haar gevoel te beschrijven, omdat het een bouwwerk was. In de eenvoudige lijnen en wiskundige verhoudingen van de bouwkunst zag Helene de meest geëigende manier om de 'groote Spinozawaarheid' uit te dragen, namelijk de erkenning van het geestelijke in het stoffelijke.[55]

Helenes ontluikende liefde voor bouwkunst was de reden waarom zij sinds enkele maanden nadacht over een nieuw huis. Het pompeuze en allesbehalve sacrale Huize ten Vijver begon haar tegen te staan, een gevoel dat tijdens haar verblijf in Italië sterker werd. Enkele maanden voor haar reis, in de periode dat ze intensief boeken van en over Spinoza las, had ze al aan Bremmer laten weten op zoek te zijn naar een architect. De opdracht die ze in gedachten had, was allesbehalve eenduidig. Haar plannen berustten dan ook niet op praktische overwegingen, maar op de wens een huis te laten bouwen dat 'de uitdrukking van vredige stilte' was.[56] Daarom zocht ze iemand die in staat was om door middel van verhoudingen en lijnen die stilte inzichtelijk te maken. Zodoende hoopte ze dat haar nieuwe woning ook aan anderen duidelijk zou maken wat zij dankzij Spinoza was gaan inzien.[57] Bij voorbaat legde ze zich neer bij de onmogelijkheid een architect te vinden die 'in muren uit kan spreken wat stilte is'.[58] Ze zou tevreden zijn met een eenvoudige woning om vervolgens te proberen daar zelf rust in te leggen.

Gedurende de maanden die volgden, kregen Helenes gedachten over haar huis steeds meer gestalte. Tijdens haar dagelijkse wandeling in het Van Stolkpark passeerde ze iedere ochtend om zeven uur een huis aan de Wagenaarstraat, vlak bij de Haringkade, waarvan ze dacht dat het ontworpen was door de veelzijdige kunstenaar Johan Thorn Prikker.[59] Pas jaren later zou ze erachter komen dat de villa niet door hem, maar door de Belgische kunstenaar-architect Henry van de Velde was ontworpen.[60] Hij bouwde Huis de Zeemeeuw in 1901, vlak nadat de Kröllers in het park waren komen wonen. Toen had Helene het maar een lelijk bouwsel gevonden, maar door de jaren heen was ze het gaan beschouwen als het enige moderne huis in de omgeving. De Zeemeeuw had zeggingskracht en dat moest haar huis ook hebben.

Het kostte Helene weinig moeite om Anton te overtuigen van de noodzaak van haar verhuisplannen. Ook hij voelde voor een nieuwe woning, zij het om heel andere redenen. Hij wilde meer eigen grondgebied om zich heen hebben en hij zou bovendien graag nog verder buiten de stad wonen dan in het Van Stolkpark het geval was.[61] Tussen de zomers van 1910 en 1911 maakte Helene daarom samen met hem of een van haar jongste twee zoons lange wandelingen door een uitgestrekt gebied in Wassenaar, dat tot dat jaar eigendom was geweest van de koninklijke familie. Daar hoopten ze een plek te vinden waar zij hun toekomstige huis konden bouwen.

Twee buitenplaatsen bevielen hun in het bijzonder. Het ene was landgoed De Paauw, het andere Ellenwoude. Beide waren in 1838 aangekocht door prins Frederik en werden nu na de dood van zijn dochter Marie te koop aangeboden.[62] De gronden werden deels omzoomd door duinen en boden ruimte en rust in overvloed. Welke van de twee buitenplaatsen het uiteindelijk zou worden, bleef lang onbeslist. Anton had zijn voorkeur voor De Paauw, dat minder afgelegen lag, terwijl de geïsoleerde locatie van Ellenwoude voor Helene precies was wat haar in dat landgoed aantrok.[63]

Maandenlang beheerste het nieuwe huis haar gedachten. Tijdens haar ochtendwandelingen, terwijl ze poseerde bij Floris Verster die haar in deze periode portretteerde, en vooral wanneer zij in haar boudoir aan het schrijven was, ordende ze haar ideeën over haar toekomstige woning. Het liefst had ze alle kamers naast elkaar, zodat geen enkele verborgen lag achter of onder een andere ruimte. In eerste instantie wilde ze zelfs geen trappen of verdiepingen.[64] Door het huis zich in de lengte te laten uitstrekken, hoopte ze het de openheid te geven van 'een roos [...], als ze eenmaal heel wijd open is gebloeid'.[65] Daarom wilde ze ook aan de voorkant een toegankelijke omgeving hebben – maar zonder dat een straat of een ander huis het uitzicht bedierf – terwijl de achtergrond duidelijk afgebakend mocht zijn, bijvoorbeeld door duinen of een bosrand.[66]

Nadat ze haar plannen voor zichzelf had geformuleerd, schreef ze Bremmer nogmaals een brief. Zelfbewust begon ze met de woorden: 'Links is mijn rijk', waarna ze nauwgezet inging op de verschillende kamers waaruit dat rijk moest bestaan.[67] Haar eigenlijke kamer, haar boudoir, wilde ze niet direct aan een gang hebben. Eerst moest nog een ontvangstkamer komen, zodat 'Jan & alleman die met mijn eigenlijke gedoe niets te maken heeft' niet zomaar binnen kon vallen.

Naast haar boudoir wilde ze een ruimte laten inrichten met al haar kunstschatten en 'omdat het kind een naam moet hebben, noemde ik het schilderijenkamer'.[68] Deze kamer moest deels een glazen plafond hebben, zodat het licht van bovenaf op de werken viel.[69] Het idee voor het bovenlicht had ze gekregen tijdens een tentoonstelling van de Rotterdamsche Kunstkring met werken van Vincent van Gogh, waar ook enkele van haar schilderijen waren te zien.[70] Behalve de lichtinval, raakte ze daar eveneens geïnspireerd door de manier waarop het werk was opgehangen, namelijk 'op de hoogte van je oogen & in een behoorlijken afstand van elkaar'.[71] Dat was heel wat anders dan de gebruikelijke wijze van presenteren, waarbij de schilderijen als een bont mozaïek naast en boven elkaar hingen over de volledige lengte van de wand. Door de ruime opstelling in Rotterdam leek het of ze zelfs haar eigen schilderijen voor het eerst zag. Die rust en dat licht wilde ze ook in haar toekomstige schilderijenkamer. Bovendien moest deze kamer een ruimte worden om in te leven. Ze zou er tafels en gemakkelijke stoelen in zetten, zodat men er een boek kon lezen, of er kon uitrusten van de beslommeringen van de dag. Van museale ideeën was nog geen sprake. De schilderijenkamer was onderdeel van een geheel, vergelijkbaar met de boekenkamer van Anton.[72]

Tussen zijn en haar kamer had Helene de huiskamer bedacht, als de ontmoetingsplek van het huis. Ook op de salon, eetkamer en slaapkamers ging ze in, tot aan het sanitair toe. 'U zult misschien verwonderd zijn over het aantal garderobes & baden,' schreef ze aan Bremmer, 'maar wij houden nu eenmaal van veel water & ieder van zijn eigen gedoe & wij hebben een tuf & die vraagt veel jassen, vooral als men soms een groot gezelschap mede neemt.'

Voor de uitwerking van haar plan had Helene de vaste architect van Müller & Co op het oog, Leo Falkenburg, die destijds ook Huize ten Vijver had verbouwd. Vervolgens wilde ze aan Thorn Prikker vragen de afmetingen te berekenen, want hij bezat volgens haar een beter gevoel voor verhoudingen dan Falkenburg. Maar wat zij al vreesde kwam uit. De societyarchitect voelde niet goed aan wat zij in gedachten had.[73] Helene deed haar best om voorbeelden te zoeken die hem op weg konden helpen. Tijdens een kort verblijf midden november 1910 bij haar zus Martha in Berlijn bezocht ze een grote stedenbouwtentoonstelling, waar gerenommeerde architecten hun ontwerpen presenteerden voor de uitbreidingsplannen van de stad.[74] Daar kocht ze verschillende boeken die Falkenburg ter inspiratie konden dienen. Het mocht niet baten. Kort na haar thuiskomst riep Helene daarom de hulp in van Bremmer, omdat ze vermoedde dat haar adviseur misschien nog wel beter dan zij zelf kon formuleren wat haar bedoeling was.[75] Op zakelijke toon zette zij in een brief aan Bremmer uiteen wat het probleem was. Het huis dat Falkenburg had getekend was veel te groot en het had daardoor niets van de eenvoudige verhoudingen waar zij naar op zoek was. Ze wilde een huis, geen paleis.

Naast de vraag of Bremmer eens samen met Falkenburg naar de plannen wilde kijken, schoof ze ook haar voorstel naar voren om aan Thorn Prikker te vragen of hij de afmetingen en het ontwerp van de buitenkant op zich zou willen nemen.[76] Maar Bremmer reageerde niet zoals verwacht. Op haar vraag over een eventuele samenwerking met Thorn Prikker ging hij niet in en zijn magere suggesties bij de bouwplannen van Falkenburg hielpen haar ook niet verder.[77] Wat ze vergeten leek, was dat ze aan het einde van haar brief – nadat ze pagina's lang had uitgelegd hoe ze haar huis voor zich zag en nadat ze herhaaldelijk gevraagd had of Bremmer wilde helpen bij de verwezenlijking ervan – het niet had kunnen laten in een laatste alinea nog even fel uit te halen naar zijn laatste les. 'Wat was U weer vervelend gisterenavond! Weer de aartskatholiek die een heiligenvereering maakt uit zijn bewondering van van Gogh.'[78] Dat Bremmer na het lezen van deze afsluiting wat minder hard voor zijn opdrachtgeefster rende, kan hem nauwelijks kwalijk genomen worden.

Helene was zich bewust van haar veeleisende houding, maar haar bouwplannen betekenden veel meer voor haar dan alleen een nieuw huis. Als ze haar eigen visie wilde vormgeven, moest ze de mensen die ze daarvoor nodig had naar haar hand zetten.[79] Dat kon ze alleen doen als ze zich durfde uit te spreken, 'want wie het doel wil, moet ook niet bang zijn voor de middelen, zoo lang zij eerlijk zijn'.[80] En dat doel was niet gering. Haar nieuwe huis moest haar geest ademen, zodat ook na haar dood mensen zich nog haar en haar idealen zouden herinneren.[81] Die verheven opdracht was duidelijk te hoog gegrepen voor Falkenburg. De neoklassieke traditie waarin hij werkte, strookte niet met de eenvoud die Helene voor ogen stond. Waren in zijn eerste ontwerp alle ruimtes veel te groot uitgevallen, in het tweede plan hadden de belangrijkste kamers volgens haar een verkeerde plaats gekregen. De schilderijenkamer lag nu te ver van het boudoir en de boekenkamer lag zelfs buiten haar bereik. Dat terwijl ze 'toch ook wel eens graag [las]', zoals ze het snerend tegenover Bremmer verwoordde.[82] Het was slechts een voorproefje van de eigenzinnigheid waarmee hij en de toekomstige architecten van de Kröllers te maken zouden krijgen.

De verhouding tussen Helene en haar adviseur bleef enkele weken gespannen. Het was de diplomaat Anton die daar verandering in bracht. Hij stelde voor om Bremmer uit te nodigen op een van de vele zoektochten naar nieuw grondgebied, want inmiddels was hem ter ore gekomen dat mogelijk ook de Wassenaarse landgoederen Eikenhorst en Blankenburg verkocht zouden worden.[83] Aanvankelijk aarzelde Helene, maar tijdens hun wandeling klaarde de lucht snel op. Want hoewel Bremmer op Blankenburg zin had gekregen zijn penselen en verf tevoorschijn te halen om alle schilderachtige plekjes vast te leggen, had hij daar op Ellenwoude geen behoefte meer aan. Daar wilde hij 'stil zitten denken & voelen als in een kerk'.[84] Hij begreep goed dat dit was wat Mevrouw zocht. En inderdaad, Helene had het niet beter kunnen formuleren. Ondanks de verzoening kwam het echter nog steeds niet tot een keuze.

De Paauw viel af, omdat een deel van de buitenplaats gekocht werd door de gemeente Wassenaar, die het bijbehorende landhuis later als stadhuis zou inrichten. Maar van de drie mogelijkheden die resteerden, ging ook nu weer Antons voorkeur niet uit naar Ellenwoude. Hij verhuisde liever naar Eikenhorst met zijn weidse en afwisselende omgeving. Bovendien liep er een riviertje over het landgoed, wat gelegenheid gaf om op eigen terrein te roeien en te vissen.[85] Waar Anton een woning zocht voor het hier en nu, om gasten te ontvangen, zich te vermaken op het water en de kinderen een prettig thuis te geven, zocht Helene naar een huis dat een uiting was van haar innerlijk leven. Toch legde ze zich neer bij Antons eerste keuze. Uiteindelijk was hij de eigenlijke 'bouwende', zoals ze het noemde.[86] De opdracht werd door hem gegeven en de rekening door hem betaald. Zijn wensen moest ze dus ook opnemen in haar plannen, wat de onderneming niet eenvoudiger maakte. 'Mijnheer' wilde namelijk vooral een gemakkelijk huis, zo gemakkelijk dat hij er met de auto in kon rijden en zich zodoende binnen kon omkleden zonder nat te worden. Vol afschuw zag Helene voor zich hoe 'een snorrende tuf door [haar] stille huis [zou] trekken, den eenen kant in, den anderen weer uit'.[87] Maar ze begreep hem wel, tenslotte ging het Anton slechts om vier muren met een dak. Daarom vroeg ze hem het landgoed Ellenwoude nog niet op te geven en het voor haar te bewaren voor een later moment.

Nadat de kunstbeschouwing en de teleurstelling in haar kinderen hun opwachting hadden gemaakt, nam in 1908 Helenes leven opnieuw een belangrijke wending. De plot kreeg vorm en de tweede akte ving aan toen zij in september van dat jaar namens Anton een kort briefje beantwoordde van Sam van Deventer, een van de teamleden van ODIS.[88] Enkele weken eerder had de jongeman met Anton gesproken over de mogelijkheden van een betrekking bij Müller & Co. Sindsdien had hij echter niets meer gehoord en hij informeerde daarom voorzichtig of de heer Kröller hem misschien al meer kon vertellen.

Toen Sam in het najaar van 1906 lid was geworden van ODIS had hij oppervlakkig kennisgemaakt met het gezin Kröller. Toon en Wim kende hij al van gezicht van het Tymstra Instituut, waar de oudste Kröller-zoons dat jaar in de tweede klas zaten. Zelf stroomde hij in het vierde jaar in en hij had dan ook weinig contact met hen.[89] Net als Helene jr. was hij achttien, maar omdat zij een klas had overgeslagen, had zij net eindexamen gedaan toen hij aan het vierde jaar van de Haagse hbs begon. Ook op het hockeyveld werd hij geen directe vriend van haar of van de andere kinderen Kröller. Zij hadden een eigen vriendenkring en hij was te druk met zijn studie.

Het eerste elftal van ODIS. Sam van Deventer is de vierde jongen van links op de voorste rij.

Voorheen had Sam op school gezeten in zijn geboorteplaats Zwolle, waar zijn vader eigenaar was van een wijnhandel en likeurstokerij. Vader Van Deventer zag zijn enige zoon graag het familiebedrijf overnemen en had hem daarom naar Den Haag gestuurd om de tweejarige handelscursus aan het Tymstra Instituut te volgen. Zich bewust van zijn verantwoordelijkheid, deed Sam gehoorzaam wat hem gevraagd werd. Maar na twee jaar zelfstandig leven in de residentie, was hij niet meer van plan om terug te keren naar Zwolle en was hij 'onder geen omstandigheden' bereid om de zaak van zijn ouders over te nemen.[90] In Den Haag blijven had echter ook niet zijn voorkeur. Het liefst wilde hij naar Parijs. Waarom precies wist hij niet, maar die stad trok hem als geen andere.

Voordat Sam welke droom dan ook kon gaan najagen, moest hij in het voorjaar van 1908 eerst het eindexamen aan het Tymstra Instituut afleggen. Tot zijn verrassing ontmoette hij op de dag van het examen Anton Kröller. Hij herkende de vader van zijn clubgenoten, omdat hij en zijn vrouw aan het einde van het hockeyseizoen alle ODIS-leden mee hadden genomen op een autotochtje naar het Teutoburgerwald, ter ere van het kampioenschap. Nu bleek Kröller lid te zijn van de examencommissie voor economie. Hoewel hij Sam tijdens het mondelinge examen met pittige vragen bestookte over het liberale vrijhandelssysteem, doorstond de examinandus met glans de beproeving. Na afloop van de diploma-uitreiking vroeg Anton naar de toekomst die Sam voor zich zag en nodigde hem uit om vooral contact op te nemen wanneer hij een baan zocht. Müller & Co kon altijd jonge mensen gebruiken.

Na zijn zomervakantie besloot Sam op het aanbod in te gaan. Hij had namelijk gehoord dat Müller & Co een filiaal in Parijs had. Eind augustus nam hij contact op met Anton en bezocht hem in Huize ten Vijver, waar hij hem vol enthousiasme vertelde hoe graag hij in de Franse hoofdstad zou willen werken. Een toezegging deed Anton hem die avond niet, maar hij beloofde bij zijn aanstaande bezoek aan Parijs te overleggen met de heer De Rin, de directeur van de Franse dependance. Opgetogen verliet Sam die avond de villa van de Kröllers.

Zijn blijmoedigheid sloeg na enkele weken van stilte om in bezorgdheid. Uiteindelijk won zijn ongeduld het van zijn reserves en besloot hij Anton een briefje te schrijven om te informeren naar de stand van zaken. Als reactie kreeg hij een dichtbeschreven briefkaartje van Helene.[91] Ze liet hem weten dat haar man met hun dochter in Aix-les-Bains verbleef om daar een kuur te volgen. De volgende dag zou zij zich bij hen voegen, vandaar dat ze slechts een kaartje als antwoord kon sturen. Ze beloofde Sam om zijn wens nog eens bij 'Mijnheer' in herinnering te brengen en ze nodigde hem uit om eens te komen logeren als Anton weer thuis was, want 'zo dicht bij de bron helpt soms het beste'.[92]

Dit kaartje werd het begin van een jarenlange correspondentie tussen Helene en de twintig jaar jongere Sam. Aanvankelijk wisselden zij vooral alledaagse wederwaardigheden uit. Hij bedankte haar voor de bemiddeling tussen hem en Anton, waardoor hij een baan als jongste bediende bij de Batavierlijn had gekregen. Op haar beurt bedankte Helene hem voor de bloemen die hij had gestuurd en gaf ze hem de zorgzame raad het overige deel van zijn eerst verdiende loon te bewaren, 'tot je eens iemand gevonden hebt, waar je heel veel van houdt'.[93]

Al snel werd Sam opgenomen in het gezin Kröller. Hij nam deel aan de wekelijkse leesavondjes die Helene een tijd lang thuis organiseerde en ging met mooi weer mee varen op de Lotos, het statige zeilschip van de Kröllers waarmee zij regelmatig lange tochten maakten. Een heel nieuwe wereld ontvouwde zich. Zelf kwam hij uit een middenstandsgezin, hij was niet in armoede opgegroeid en was evenmin van culturele ontwikkeling verstoken gebleven, maar het milieu van de Kröllers was van een heel andere orde. Ondanks zijn familieband met Hendrik Willem Mesdag – hij was een achterneef van de schilder – was Sam nauwelijks vertrouwd met beeldende kunst, laat staan met de moderne schilderijen die de kamers van Huize ten Vijver sierden. De jongeman keek dan ook huizenhoog op tegen de Kröllers, tegen hun succes en wat in zijn ogen een uitzonderlijke levensstijl was.[94] Hun leven verschilde in alles met het leven in het kleinsteedse Zwolle, niet in de laatste plaats op het gebied van religie. Het gehoorzame geloof van zijn eigen familie was ver verwijderd van de liberale opvattingen die er in Huize ten Vijver op na werden gehouden, waar de kerk geen enkele rol van betekenis speelde.

De eerste maanden had dit alles weinig invloed op de correspondentie, maar in de zomer van 1909 kwam daar verandering in. In augustus, Sam was twintig en op een paar maanden na nog minderjarig, besloot hij uit de kerk te treden, een beslissing die hij na veel twijfel en deliberatie had genomen.[95] Zijn familie was doopsgezind, wat inhield dat Sam zich pas op volwassen leeftijd – dus wanneer hij deze beslissing zelfstandig kon maken – zou laten dopen.[96] Nu hij bijna meerderjarig was, liet hij zijn ouders weten dat hij daarvan afzag en de kerk wilde verlaten. Een geëmotioneerde briefwisseling tussen Sam en zijn vader was het gevolg.[97]

Een van de brieven die Sam wilde sturen, liet hij eerst aan Helene lezen. Zij reageerde moederlijk en drukte hem vooral op het hart zijn boosheid over de reactie van zijn vader niet de toon van zijn brief te laten bepalen. Hij moest onthouden dat zijn vader hem in het verleden de vrijheid had gegeven zijn eigen weg te gaan in plaats van hem te dwingen de zaak over te nemen. Bovendien kwamen zijn ouders uit een andere tijd en bezaten zij 'niet de wijdere denkbeelden, die bij [hem] in wording' waren.[98]

Niettemin was ze trots op hem en vooral blij dat hij zelfstandig tot zijn beslissing was gekomen, zonder dat zij daarin had bijgedragen.[99] Zijn strijd deed haar denken aan haar eigen worsteling met het geloof in haar jeugd, een periode uit haar leven waar ze nog steeds met enige bitterheid op terugkeek. De reactie van haar familie had haar destijds doen geloven dat zij 'de grootste zondares op aarde was'.[100] Vijfentwintig jaar later nam zij het haar ouders nog steeds kwalijk dat ze toen niet de moeite hadden genomen om rustig met haar te praten, maar al hun gezag hadden ingezet om haar belijdenis te laten doen. Daarna had het tot de geboorte van haar eerste kind geduurd, voor zij zich openlijk van de kerk had durven distantiëren. Ze schaamde zich ervoor dat ze pas na zo'n lange tijd de moed had gevonden om die beslissing te nemen. Des te meer bewondering had ze voor Sam, die zo snel tot inzicht was gekomen en daaraan vast durfde te houden, ondanks de gekrenktheid van zijn vader.

Hoewel Helene schreef dat ze blij was dat zij 'part noch deel' had aan Sams besluit en hij helemaal zelfstandig zijn keuze had gemaakt, heeft zij wel degelijk invloed op hem uitgeoefend.[101] Op 4 augustus, een kleine week voordat Sam zijn ouders over zijn religieuze twijfels schreef, kreeg hij van haar een reproductie van Albrecht Dürers ets *Ritter, Tod und Teufel* (1513), een van de meesterwerken uit diens oeuvre, met de bedoeling deze boven zijn schrijftafel te hangen.[102] De voorstelling van een onverschrokken ridder, die zich niet laat afleiden door de duivel of de dood, moest hem inspireren zijn eigen pad te volgen. Iets wat Sam, gezien zijn breuk met het geloof enkele dagen later, ter harte heeft genomen.

Voortaan zouden in zijn zakagenda behalve verjaardagen twee data gemarkeerd zijn: '4 augustus – Ritter, Tod, Teufel 1909' en '7 augustus – de dag! 1909'.[103] Mogelijk verloor hij op de eerste dag zijn geloof, maar zeker is dat Sam en Helene de komende jaren op 7 augustus de geboorte van hun vriendschap zouden vieren.

Het had Helene veel moeite gekost om haar kinderen los te laten en lang had zij geprobeerd om hen bij zich te houden.[104] Toen ze voor zichzelf de teleurstelling in haar kinderen had durven toegeven, 'op het moeilijkste moment', ontmoette zij Sam. In een openhartige brief uit 1913 schreef zij de toen vijfentwintigjarige jongeman: 'Jij bent mij de kinderen geworden waarin ik voortleef, waarin ik kon zaaien, waarvoor ik nog kon *doen*. Dat heeft mij elke desillusie licht gemaakt.'[105]

De schrijftafel van Sam van Deventer met onder meer *Sposalizio* (links), *Pietà* van Bellini, daaronder *Ritter, Tod, Teufel* en rechts Titiaans *Flora*.

In tegenstelling tot haar eigen kinderen, die in het natuurlijke proces van volwassenwording een zelfstandige weg zochten, groeide de jonge Van Deventer juist naar haar toe. Tegelijkertijd maakte hij zich van zijn eigen ouders en achtergrond los, door op te gaan in het leven en de denkwijze van de Kröllers, in het bijzonder die van Helene. Hij hing aan haar lippen, wilde leren van haar kennis en stelde zich in zijn brieven voor haar open door zijn overpeinzingen en problemen met haar te delen. Dat alles miste Helene bij haar eigen kinderen, die haar voor haar gevoel buitensloten. Iets wat ze ongetwijfeld, gevoed door de teleurstelling die ze bij hun moeder voelden, ook daadwerkelijk deden. Bijgevolg werd Sam het enige kind dat zich ontplooide zoals ze gehoopt had dat haar eigen kinderen dat zouden doen, namelijk tot een gevoelige, ijverige, verstandige en wat aanhankelijke jongeman die haar vanuit het diepst van zijn hart respecteerde.

In januari 1909 werd Sam, toen eenentwintig jaar, overgeplaatst naar het kantoor van Müller & Co in Bremen.[106] Anton zag in hem een ambitieuze, hardwerkende werknemer en bood hem daarom een baan aan in de Duitse havenstad om buitenlandervaring op te doen. Een paar maanden later kreeg Sam gezelschap van Wim. De tweede zoon van de Kröllers was inmiddels zeventien geworden en legde meer belangstelling en talent voor het zakenleven aan de dag dan zijn oudere broer Toon. Lange tijd beschouwde Anton Wim als zijn opvolger en het was dan ook van groot belang dat hij het internationale aspect van Müller & Co goed leerde kennen. Nadat Wim het Tymstra Instituut (zonder diploma) had verlaten, stelde zijn vader hem aan op het Rotterdamse kantoor van Müller & Co.[107]

Wims schrijftafel in Bremen met prominent een reproductie van de Adam van Michelangelo uit de Sixtijnse kapel, schuin daaronder een kleine reproductie van Bellini's *Pietà*.

Na enkele maanden binnen deze veilige muren praktijkervaring te hebben opgedaan, stuurde Anton hem in september 1909 ook naar Bremen, waar Sam inmiddels al goed ingewerkt was.[108] Op deze manier waren Anton en Helene verzekerd van een loyaal en serieus rolmodel voor hun zoon, die hem bovendien broederlijk in de gaten zou houden.

Begin september brachten ze Wim met de auto naar Bremen. Het zou tot kerst duren voordat zij elkaar allemaal weer zouden zien en daarom bleven Anton en Helene enkele dagen om te helpen met uitpakken. De twee jongemannen zouden voortaan een appartement delen aan de Rutenstraße, dat door Helene met uiterste zorg werd ingericht. Vooral aan de schrijftafels, die een prominente plek in de huiskamer innamen, mocht niets ontbreken. Prenten, beeldjes en schrijfgerei kregen met evenveel zorg hun plaats toegewezen als op haar eigen bureau. Uit de reproducties die boven de tafels hingen, bleek wel wie zich het meest door haar liet leiden. Hingen aan Wims muur een aantal klassieke, maar voor de hand liggende prenten, als Sam van het schrijven opkeek, zag hij Rafaëls *Sposalizio*, Mantegna's *Dode Christus* en natuurlijk Dürers standvastige ridder.

Samen met Sam maakte Helene deze laatste zomerdagen een paar lange wandelingen langs de oude Bremer vestingwallen, gelegen in een uitgestrekt park met een verfijnd, Engels karakter. In deze idyllische omgeving was ze het meest op haar gemak en ze genoot ervan dat ze in Sam iemand had gevonden die haar ontzag voor de schoonheid van de natuur met haar deelde. Ook Wim wandelde af en toe een stukje mee en hoewel hij de natuur 'nog niet zoo ten volle' kon bewonderen als zij, was ze blij met zijn gezelschap.[109] Haar zoon gedroeg zich zoals ze dat het liefste zag: zonder gêne legde hij zijn arm om haar heen en samen wandelden ze vrolijk pratend door het park.

Het afscheid van Wim en Sam viel haar zwaar. Terwijl ze samen met Anton wegreed uit de Rutenstraße, prentte zij zich iedere aanblik van de stad in, zodat ze zich altijd kon voorstellen waar 'mijn jongens' waren.[110] Vanaf dit moment werd de correspondentie tussen haar en Sam intensief. Vaak schreef ze hem meerdere malen per week en vertelde ze tot in detail over de uitstapjes die ze maakte, hoe zij ontroerd raakte door de wijde natuur, over de aanvaringen met haar kinderen en over de nieuwe aanwinsten voor haar collectie.

Misschien was het de intimiteit van deze getuigenissen, de blik in haar ziel die Helene hem met haar brieven bood, die ervoor zorgden dat Sams aanhankelijkheid en respect omsloegen in een hevige verliefdheid. Het afscheid in Bremen, het heimwee en de wetenschap dat hij haar lange tijd niet zou zien, zorgden ervoor dat hij zijn gevoelens niet meer kon onderdrukken en hij haar kort na haar vertrek een geëmotioneerde brief stuurde, waarin hij haar vroeg hem niet meer te troosten, hem niet meer 'mijn jongen' te noemen en geen brieven meer te schrijven die zowel aan hem als aan Wim waren gericht.[111] Kortom, hij wilde serieus genomen worden als individu en als man, en niet behandeld worden als een van haar zoons. Hij hield van haar.

Zijn ontboezeming bracht Helene in grote verwarring. Een week lang begon ze telkens weer aan een brief om hem te antwoorden.[112] Ze schreef tot diep in de nacht, lag wakker en schreef de volgende ochtend weer verder. Tweeëndertig bladzijden lang probeerde ze haar gevoelens voor hem te peilen en te verwoorden zonder hem pijn te doen. Het frustreerde haar dat wat ze wilde zeggen in haar gedachten zo helder was dat hij het onmiddellijk zou begrijpen, maar dat de woorden tekortschoten zodra ze haar pen op het papier zette. Wat ze ook schreef, het benaderde niet wat ze wilde zeggen, want 'in letters & woorden is alles zoo afgebakend & precies & dat zijn gevoelens niet. Zij vloeien samen uit zoo veel, wat je er toch niet altijd bij kunt noemen & waar je ook zelf geen verklaring voor hebt'.[113]

Ook zij voelde meer voor Sam dan alleen een innige vriendschap. Alles zou ze voor zijn geluk over hebben. Zelfs als hij zou besluiten haar niet meer te schrijven, wilde ze zijn keuze niet in de weg staan, want, zo schreef ze: 'daarvoor houd ik te veel van je.'[114] In Sam herkende ze een gelijke ziel, iemand die dacht en voelde zoals zij. Tegen hem durfde ze te zeggen 'wat jaren en jaren in [haar] opgesloten was' geweest en waarover ze altijd tegen iedereen gezwegen had. Ook tegen Anton, die een veel pragmatischer persoonlijkheid bezat en minder contemplatief ingesteld was dan zij.

Met Sam kon ze daarentegen denken en spreken. Met een half woord begrepen ze elkaar. Ze vertelde hem veel in haar brieven en sprak hem soms door de telefoon, maar het meeste vertelde ze hem 'stil, heel stil, niet in brieven & niet in woorden, [maar] aan jou, aan een ziel, die voelt als ik'. Dan was er geen sprake van 'houden dat niet zou mogen', want dan stond ze 'tegenover een menschenziel & verder niets. Dan uit ik, wat anders nooit geuit wordt'.[115]

De verliefde gevoelens die Helene voor Sam koesterde, sublimeerde zij tot een hoger en zuiverder verlangen naar een zielsverwant. Ze maakte hem tot een ideële aanwezigheid, die haar altijd en overal vergezelde. Als ze 's ochtends haar ochtendwandeling maakte, vertelde ze hem in gedachten wat ze zag, hoe de bloemen in de tuin erbij stonden, hoe de vroege zon de dauw deed oplichten. In de auto praatte ze in gedachten met hem, ze beschreef de wegen, de weilanden, het uitzicht en de gedachten die door haar hoofd gingen terwijl ze naar buiten keek. Ook lopend door de kerk van Bramante in Milaan riep ze hem in gedachten bij zich. Ze liet hem zien hoe mooi de *Sposalizio* daar zou hangen en 'hoorde toen iets van een stil "ja" naast [zich]'.[116] Al snel werd Sam het klankbord en de zielsverwant waarvan ze gehoopt had dat haar dochter het zou zijn.

Het lijkt alsof Helene het leven beter begreep wanneer ze het met hem kon delen en aan hem kon uitleggen. In haar brieven toetste ze haar inzicht over kunst door schilderijen en boeken aan hem te verklaren. Geregeld leek zij te vergeten dat zij aan een persoon schreef. Op die momenten was haar verklaring van Dantes *Divina Commedia*, haar uitleg over de Renaissance of haar beschouwing van een werk van Vincent van Gogh vooral een manier om zelf tot dieper inzicht te komen.

De verwantschap tussen Helene en Sam zorgde ervoor dat zij de hevigheid voelde van zijn verdriet en wanhoop, die uit zijn brief spraken. De eerlijkheid waarmee hij zijn liefde voor haar bekende en de openhartigheid waarmee hij met zijn gevoelens worstelde, waren voor haar een bevestiging van zijn oprechte karakter dat haar 'zoo vreselijk' aantrok.[117] Met heel zijn 'jong, kloppend hart' had hij haar lief en het was die krachtige liefde die iemand ooit heel gelukkig zou maken, maar zij zou diegene niet zijn. Zij kon en mocht hem alleen troosten, ook al had hij haar gevraagd dat niet te doen.

In haar brieven smeekte Helene hem 'zijn rechte weg' te blijven volgen, want het 'moeten opgeven van 't geen men werkelijk & waarachtig lief heeft – oh 't is hard, maar 't moeten verliezen & uit zijn hart moeten bannen, omdat men 't niet achten kan, is nog harder'.[118] Hoewel niet met zo veel woorden gezegd, is het duidelijk dat Sam op een relatie gezinspeeld heeft. De heftigheid waarmee Helene daarop reageerde, onthulde de romantische gevoelens die zij ook voor hem koesterde. Maar zij weigerde aan die verliefdheid toe te geven. Daarom vroeg ze Sam om te proberen zijn gevoelens te beheersen, tot 'wij [...] goede vrienden zijn geworden'.[119] Haar strategie om hem op andere gedachten te brengen, was te benadrukken dat zij door een relatie te beginnen, niet meer achtenswaardig zou zijn en hij dan ook niet meer van haar zou kunnen houden.

Toch lijkt het of ze even met de gedachte gespeeld heeft, toen ze schreef: 'Ach Sam, ook ik heb gehoopt, je weet het, dat wij daarheen konden komen, waarheen je nu wilt.'[120] Maar op een seksuele relatie en een breuk met Anton kan ze niet gedoeld hebben, daarvoor was zij niet rebels genoeg en te veel een vrouw van het verstand. Niettemin hield ze zielsveel van Sam. 'Ik sta voor je [...] in een gevoel, zooals ik niet wist dat het bestond, groot, machtig in me, tot een diep in [het] stof neerbuigen in staat, maar toch ook zoo hoog rechtop overeind.'[121] Die liefde moest hij zien als die voor een zoon en zielsverwant. Ze herinnerde hem aan het afscheid in Bremen, hoe ze samen op zijn kamer zaten en elkaar gedag zeiden – als moeder en zoon. Zo had ze hem lief. 'Anders, anders niet, Sam, [...] Alles, alles in mij is er zoo van doordrongen dat het niet mag, niet kan, Sam.'[122] Daarom vroeg ze hem te respecteren wat voor haar heilig was; haar huwelijk en haar gezin. Ook al was ze niet altijd gelukkig met haar rol als echtgenote en moeder, ze kende haar plicht en die te vervullen maakte haar gelukkig – of althans, dat schreef ze aan hem.

Voor Sam zat er weinig anders op dan zich neerleggen bij haar woorden. Maar al te goed wist hij dat hij haar respect won door zijn gevoel te bedwingen en zijn persoonlijke verlangens ondergeschikt te maken aan haar huwelijk. Met een seksuele relatie zou zij nooit instemmen en door zichzelf te beheersen steeg hij in haar achting. Hij moet beseft hebben dat zielsverwantschap altijd nog beter was dan helemaal geen verwantschap.

Helenes aanwezigheid in zijn leven zou Sam jarenlang afhouden van een relatie met een andere vrouw. In hun correspondentie kwam een enkele keer wel eens een vriendinnetje ter sprake, maar tot een langdurige relatie kwam het nooit. Hoe oprecht Helene ook probeerde hem in de liefde los te laten, ze slaagde daar niet in. Eenmaal biechtte Sam op dat hij een meisje had ontmoet. Ze waren gaan schaatsen en hadden veel plezier gehad. Dit tot grote verwarring van Helene. Opnieuw was ze dagenlang van streek en opnieuw schreef ze hem brieven van tientallen pagina's in een poging haar teleurstelling te beteugelen.

Om haar gevoelens te rechtvaardigen verschool ze zich achter haar moederschap. Wat moest Wim wel niet denken als zijn rolmodel zich zo liet gaan? 'Heeft hij je gezien dien avond op het ijs, gezien dien Sam waar ook hij trotsch op is [...] Zijn voorbeeld dat hem sterkte gaf is hem ontnomen.'[123] Zichzelf hield ze voor dat ze niet jaloers was op het meisje – een naam kreeg ze niet –, want dat zou ze kleingeestig van zichzelf vinden. Ze was jaloers op de eenvoudige manier waarop het schaatsmeisje haar gevoelens voor Sam kon uiten.[124] Zo eenvoudig waren Helenes gevoelens voor hem niet en als ze dat wel waren geweest, dan waren ze in ieder geval moeilijker te verantwoorden tegenover de buitenwereld.

Pas in 1938, toen Helene negenenzestig was en Sam vijftig, ontmoette hij de vrouw met wie hij zou trouwen. Mary Lehnkering-Bottler was een Duitse van Amerikaanse origine, die hij tijdens een kuur in Glotterbad ontmoette. Ten tijde van hun kennismaking was zij echter nog getrouwd met de zakenman Eugen Lehnkering, met wie ze een dochter had. Helene heeft haar één keer ontmoet, in het voorjaar van 1939.[125] Ze reisde toen samen met Anton naar Berlijn, om daar nog eenmaal van de architectuur te genieten.[126] In hotel Kaiserhof, waar zij verbleef, stelde Sam zijn gelief-

Sam van Deventer (jaren twintig).

de aan haar voor. Later zou Helene tegen hem gezegd hebben dat ze direct had geweten dat ze hem aan Mary had verloren.[127] Inderdaad bleven Sam en Mary bij elkaar en met kerst 1940 kregen ze een zoon, Rudi. Vanwege de oorlog en omdat de scheiding van Mary nog voltrokken moest worden, traden zij pas in 1946 in het huwelijk, acht jaar na het overlijden van Helene.

In de periode waarin de correspondentie tussen Sam en Helene intensiveerde, kwam het decor tot stand waartegen een belangrijk deel van hun leven zich zou gaan afspelen. Begin 1909 kochten de Kröllers 228 hectare land op de Veluwe.[128] Op het grondgebied bevonden zich de hofstede Huize Harskamp en een aantal pachtboerderijen.[129] Een daarvan werd door Falkenburg bewoonbaar gemaakt voor de familie. Trots schreef Helene aan Sam: 'Je moest eens hooren hoe ik hem bij ieder postje het mes op de keel zet of het ook niet te duur wordt. En toch moet het aardig zijn!'[130] Kennelijk wachtte ze de verbouwing niet af, want bijna onmiddellijk werd het boerderijtje door de familie in gebruik genomen. Met volle teugen genoot ze van de landelijke omgeving, van de pasgeboren dieren en van de 'frissche wind die een mens goed deed'.[131]

De belangrijkste redenen om deze grond te kopen, waren de behoefte aan een buitenhuis en Antons wens om in zijn vrije tijd te kunnen jagen. Voor dat laatste was tweehonderd hectare echter niet voldoende en ook Helene wilde hun grondgebied graag verder uitbreiden. Tijdens een vakantie met Anton op De Harscamp in het najaar van 1909 schreef ze aan haar kinderen: 'Pa en ik maken heerlijke tochten; te paard en onze landhonger wordt steeds grooter.'[132] Dat niet alleen, ze dachten er ook over om een spoorbaan aan te laten leggen tussen Ede en De Harscamp. Hoewel het daar niet van kwam, gaven ze wel gretig toe aan hun expansiedrift. Tijdens een veiling korte tijd later, bood Anton met succes op het nabijgelegen landgoed Hoenderloo, dat 1200 hectare groot was.[133] Om de wildstand te kunnen uitbreiden en het gebied geschikt te maken voor de jacht, liet hij het gehele grondgebied afrasteren, waardoor het niet langer toegankelijk was voor het publiek.[134] Voor Anton kon gaan jagen moesten ook de pachtboeren die nog op het landgoed woonden naar elders verhuizen. Daarom zegde hij de huur op van de zeven boerderijen en liet hij vervolgens de woningen slopen, zodat er een ruim en ononderbroken jachtgebied ontstond. De boeren voorzag hij van andere grond in het nabijgelegen buurtschap Hoog-Baarlo.[135]

Was De Harscamp nog op naam gezet van Helene, het grote Hoenderloo brachten zij en Anton liever op een andere manier onder.[136] In december werd daarom Müller & Co's Algemeene Exploitatie Maatschappij nv opgericht, die het landgoed in haar bezit kreeg.[137] Op die manier behoorde Hoenderloo niet tot hun privé-eigendom, wat de kans verkleinde dat het ooit weer versnipperd zou raken door een eventuele boedelscheiding.[138]

Nadat de juridische kant was geregeld, kreeg de Koninklijke Nederlandse Heidemaatschappij de opdracht een rapport op te stellen over de ontginning en het gebruik van het woeste natuurgebied.[139] Zodoende wilden Anton en Helene antwoord krijgen op de vraag of de gronden geschikt waren als leefomgeving voor wild. Naar aanleiding van het rapport lieten zij het terrein flink bebossen en de bestaande begroeiing verbeteren. In zijn streven naar het ideale jachtterrein kocht Anton een paar jaar later zelfs de openbare weg die over het terrein liep, zodat ook deze geen hindernis meer vormde voor een ongestoorde jacht.[140] In ruil daarvoor bekostigde hij een nieuwe weg van Otterlo naar Hoenderloo, die ten noorden van zijn grondgebied werd aangelegd. Ten slotte kwam hij toe aan het belangrijkste aspect van het geheel: de dieren zelf. Aanvankelijk schoot Anton met zijn zoons en vrienden op het inheemse wild, voornamelijk reeën en de paar wilde zwijnen die nog op de Veluwe leefden, maar dat kon hun jachtlust niet stillen. In de jaren tien en twintig liet hij daarom onder meer edelherten uit de Karpaten, moeflons uit Corsica en zelfs kangoeroes importeren.[141]

De aankoop van de Veluwse gronden bezorgde Anton niet alleen een eigen jachtterrein, maar ook de vriendschap van prins Hendrik, de echtgenoot van koningin Wilhelmina. Het jachtterrein van het Loo was niet ver verwijderd van het landgoed van de Kröllers en Hendrik had in Anton al snel een fanatieke medejager gevonden. Vanaf het moment dat de Kröllers Hoenderloo verwierven, was hij een regelmatige gast.[142] Helene was vereerd door deze koninklijke aandacht, maar wist soms ook niet wat zij met de vriendelijke gestes van de prins aanmoest. Op de vijfendertigste verjaardag van de prins, op 19 april 1911, ging Anton hem in 'optima forma, met hoogen hoed en gekleeden jas' op Het Loo feliciteren.[143] Hij kwam terug op De Harscamp met een portret van de prins, waar Helene niet onverdeeld gelukkig mee was, 'want het is poesmooi met heel veel sterren en kwasten en tierlantijntjes en in een zware goudbronzen lijst'. Met grote letters stond erop: TER HERINNERING AAN HARSCAMP. Ze probeerde het gebaar te waarderen, maar waar ze het cadeau moest laten, wist ze niet.[144]

Wanneer zij konden, reisden Anton en Helene met de kinderen naar De Harscamp om van daaruit te paard of te voet de Veluwe in te trekken.

Helene vond de omgeving prachtig en ook het werk op de boerderij schonk haar veel voldoening.[145] Met spanning wachtte de familie in april 1909 op de bevalling van de grote zeug, die ieder moment kon biggen. 'Het houdt ons wellicht net zo in spanning als de geboorte van de Prins de Hagenaars,' schreef ze aan Sam.[146] Daarmee bedoelde ze de aanstaande bevalling van Wilhelmina, die een paar dagen later geen prins, maar een prinses op de wereld zette.

De boomgaard met de jonge appelbomen naast de boerderij beschouwde Helene als haar troetelkind. In gedachten kon zij de gaard al voorstellen als de bomen helemaal volgroeid waren.[147] Met De Harscamp had ze iets in gang gezet. Wat dat was, wist ze nog niet precies, maar de gedachte dat alles wat zij nu plantte er over jaren nog zou staan, gaf haar een onbestemd gevoel van bevrediging.[148]

5
Afgunst en bewondering

INSPIRATIE IN HAGEN VOOR ONGEWISSE TIJDEN

Na bijna anderhalf jaar van beraadslagingen op welk landgoed in Wassenaar hun nieuwe huis gebouwd zou worden, vond Anton het tijd om spijkers met koppen te slaan. In februari 1911, drie dagen na Helenes tweeënveertigste verjaardag, reisden ze naar Berlijn in de hoop daar een architect te vinden die hun ideeën voor een nieuw huis kon verwezenlijken. Bij die zoektocht had Anton de hulp ingeroepen van Richard Ullner, de tweede man van Helenes oudere zus Martha. Als lid van de raad van toezicht van de Deutsche Bank bevond Ullner zich in de hoogste regionen van de Duitse financiële wereld en bezat hij een invloedrijk netwerk.[1] Maar zelfs zonder een contactpersoon als Ullner was Berlijn op dat moment de juiste plek om op zoek te gaan naar een architect. De stad had zich met grote sprongen ontwikkeld tot het bloeiende industriële en culturele hart van Duitsland.[2] In zijn groei streefde Berlijn steeds meer andere Europese hoofdsteden voorbij en het aantal bouwopdrachten dat hiermee gepaard ging, maakte de stad buitengewoon aantrekkelijk voor projectontwikkelaars en architecten.

Toch verwachtte Helene weinig van het bezoek aan haar zwager, noch van Berlijn in het algemeen. Met moeite had ze zich neergelegd bij het idee dat ze háár huis nu nog niet zou bouwen. Op Eikenhorst zou een nieuw woonhuis verrijzen dat vooral comfortabel en representatief was.[3] Ze achtte zichzelf niet in staat om haar eigen plannen ten koste van alles en tot in lengte van dagen te vervolgen. Daarvoor voelde zij zich 'als vrouw te zwak'.[4] Zodoende droogde haar enthousiasme voor het nieuwe huis op en ze had al helemaal weinig zin om intensieve gesprekken te voeren over mogelijke architecten.

Nog moedelozer werd ze van de besprekingen met Ullner. Haar zwager bezat niet het soort persoonlijkheid waar zij veel waardering voor kon opbrengen. Hij was onrustig, zeer aanwezig en bovendien kende hij maar één kant van het leven: de buitenkant en 'dan ook nog maar de allerbui-

Portret Peter Behrens (1923) door Max Liebermann. Particuliere collectie.

tenste'.[5] Niettemin spande hij zich op verzoek van Anton in om een geschikte architect voor hen te vinden. Voor de bespreking had hij een groep kenners uitgenodigd en hij noemde tientallen gebouwen in Berlijn die ze zouden kunnen bekijken om inspiratie op te doen. Talloze gerenommeerde namen passeerden de revue en er kwamen foto's op tafel van prestigieuze projecten. Maar alles wat Helene onder ogen kreeg, was het tegenovergestelde van waar ze naar op zoek was. Eenvoud, uitgebalanceerde verhoudingen en zeggingskracht ontdekte ze geen enkele keer.

Deze beperkte keuzemogelijkheid stoorde haar dusdanig, dat ze toch maar besloot het heft in eigen handen te nemen. In *Kunst und Künstler* had ze een paar maal gelezen over het werk van Peter Behrens en nu ze toch in Berlijn was, wilde ze zijn gebouwen wel eens bekijken.[6] De architect was in 1907 op uitnodiging van de Allgemeine Elektricitäts Gesellschaft (AEG) naar de Duitse hoofdstad verhuisd om het bedrijf als artistiek adviseur te ondersteunen.[7] Niet alleen ontwierp hij een nieuw logo en briefpapier, maar ook verschillende gebruiksvoorwerpen en meubels. Zodoende werd de AEG het eerste bedrijf met een eigen huisstijl, waardoor het symbool stond voor een tijd waarin kunst en industrie steeds meer met elkaar vervlochten raakten.[8] Naast deze betrekking vestigde Behrens zijn eigen architectenbureau in Berlijn. In 1909 had hij voor de

AEG een turbinefabriek gebouwd in het stadsdeel Wedding. Met het eenvoudige, moderne ontwerp had hij bewezen dat industriële panden niet per definitie lelijke, karakterloze gebouwen hoefden te zijn, maar een elegant uiterlijk konden hebben. Behrens vestigde met deze turbinefabriek internationaal zijn naam en het pand zelf ging de architectuurgeschiedenis in als het eerste voorbeeld van het nieuwe industriële bouwen.[9]

In *Kunst und Künstler* werd Behrens gelauwerd als de architect die de bouwkunst een nieuwe, oorspronkelijke richting had gegeven en deze bovendien voorzien had van een theoretische fundering. Volgens de auteur – vriend en opdrachtgever Karl Ernst Osthaus – kwam Behrens' stijl voort uit een gemoed dat in het verlengde lag van de antieke en renaissancistische architectuur en dat zich afzette tegen barokke en gotische bouwkunst. Ruimte, samenhang en waardigheid waren de belangrijkste kenmerken van de ruimtes die Behrens ontwierp. De terugkerende elementen in zijn architectuur, ornamenten en meubels vergeleek Osthaus met het rijm van een gedicht. Als voorbeeld van dat alles noemde hij Behrens' ontwerp voor de nieuwe evangelische kerk in Hagen. Met dat ontwerp had de architect volgens Osthaus recht gedaan aan de kerk als tempel van waarheid. Dit pleidooi voor het nieuwe bouwen moet Helene buitengewoon nieuwsgierig hebben gemaakt naar Behrens.

Voorzichtig vroeg ze haar zwager en zijn 'Architektensammlung' naar afbeeldingen van gebouwen van Behrens, maar dat soort werk vond het gezelschap maar 'Klitsch'.[10] Het zou ook verwonderlijk zijn geweest als de moderne gebouwen, met hun metershoge ramen en de staalconstructies die het geraamte van het gebouw aan de buitenwereld toonden, in de smaak waren gevallen bij de conservatieve bouwheren waarmee Ullner zich omringde. In plaats van nodeloze versieringen en neoklassieke zuilen kenmerkte de moderne architectuur zich door eenvoud, waarbij de functie van het gebouw en het karakter van de bouwmaterialen centraal stonden in het ontwerp. Juist die eenvoud sprak Helene sterk aan. Als Anton dan toch op zoek ging naar een architect, dan moest hij het werk van Behrens ook in overweging nemen.

Daarom vroeg ze Anton om samen naar een van de door Behrens ontworpen fabrieksgebouwen in het stadsdeel Wedding te rijden. Daar aangekomen kromp haar hart ineen. Het rode bakstenen gebouw dat aan de Voltastraße voor haar verrees, was het toonbeeld van de veelbeproefde 'baksteengothiek'.[11] Het had niets van de eenvoud of oorspronkelijkheid waar Helene op gehoopt had. Toch maakten de Kröllers een afspraak met Behrens en samen met hem reden ze een paar dagen later nog eens terug. Toen bleek dat ze naar een oud gedeelte van de fabriek hadden staan kijken. Het nieuwe pand van Behrens lag om de hoek aan de Hussitenstraße en 'was prachtig, zoo groot van gedachte dat het in de woestijn had kunnen staan'.[12] Gedrieën reden ze nog verder door Berlijn, want Behrens wilde het echtpaar zoveel mogelijk van zijn werk laten zien.[13] In Wedding heeft hij ze zeer waarschijnlijk zijn meest recente opdracht van de AEG laten zien, de machinefabriek aan de Brunnenstraße, die op dat moment nog in aanbouw was. Daarna zijn ze wellicht via de befaamde turbinehal naar de andere kant van de stad gereden om het boothuis in Köpenick te bekijken. Bij ieder gebouw gaf Behrens uitgebreide toelichting en in de tijd dat ze van de ene naar de volgende plek reden, deed hij zijn best om zijn principes uit te leggen.

Zo zal hij Anton en Helene verteld hebben hoe hij in zijn ontwerpen tot een samensmelting van kunst en techniek probeerde te komen, waarbij hij iedere vorm van imitatie, zij het van materialen of van historische stijlen, schuwde.[14] In deze tijd van culturele bloei moesten architecten volgens hem niet meer achteromkijken, maar naar eigentijdse vormen zoeken. De moderne industrie kon voor de architectuur, maar ook voor kunst in het algemeen, als een bron van inspiratie dienen. Anderzijds moest iedereen die meedeinde op de golven van de industriële ontwikkeling beseffen dat 'ein reiches materielles Leben durch geistig verfeinerte Form geadelt ist'.[15] Met die uitspraak moet hij een gevoelige snaar bij Helene hebben geraakt, want zij stoorde zich eraan dat toenemende welvaart bij veel mensen in haar omgeving, zoals Ullner, niet gelijk opging met de ontwikkeling van hun esthetisch besef.

Door haar enthousiasme over het werk en de ideeën van Behrens begon Anton te begrijpen waarnaar zijn vrouw op zoek was. Volgens Helene was hij gaan inzien dat zij zich niet liet meeslepen door de mening van anderen, of gevoelig was voor een modegril, maar dat zij een eigen smaak had ontwikkeld.[16] Langzaam begon zich weer vastberadenheid bij haar af te tekenen en vatte ze de hoop op dat er toch een architect zou kunnen bestaan die haar ideeën kon verwezenlijken. Haar overtuiging sloeg echter niet onmiddellijk over op Anton. Hij was voorzichtiger en nam de voorstellen van Ullner nog steeds serieus in overweging. De tour met Behrens door Berlijn was dan ook niet genoeg geweest om hem volkomen te overtuigen. Maar ook Helene wilde graag meer voorbeelden van zijn ontwerpen zien, in het bijzonder van woonhuizen, want dat was uiteindelijk waar ze naar op zoek was.

In de hoop de twijfel van de Kröllers weg te nemen, stelde Behrens hun voor om een bezoek te brengen aan Hagen, nabij Düsseldorf. Daar konden zij onder meer Haus Cuno en Haus Schröder bekijken, die hij beide had ontworpen, om zodoende een beeld te krijgen van zijn capaciteiten als architect van woonhuizen. Zijn voorstel om uitgerekend de kleine industriestad Hagen te bezoeken was niet willekeurig. Behrens was in 1903 naar Düsseldorf verhuisd en hij was sindsdien goed bevriend geraakt met de filantroop Karl Ernst Osthaus.[17] Deze probeerde Hagen een culturele stimulans te geven, die later bekend zou worden als de Hagener Impuls. Om dat doel te bereiken, liet Osthaus niet alleen een museum in de stad bouwen, maar vroeg hij ook verschillende architecten om gebouwen te ontwerpen, die de grauwe arbeidersstad nieuw aanzien moesten geven. Een van hen was Behrens. In de loop van de jaren zou hij samen met Henry van de Velde een van de twee belangrijkste esthetische raadgevers van Osthaus worden.

Uit een brief aan Osthaus blijkt dat Behrens er veel aan gelegen was de opdracht van de Kröllers in de wacht te slepen.[18] Hij vroeg de mecenas of die hem een vriendendienst wilde bewijzen door de Kröllers vooral te bevestigen in hun voornemen hem te vragen als architect. De opdracht was voor hem van buitengewoon groot belang en hij zou het dan ook waarderen als zijn vriend het echtpaar persoonlijk wilde ontvangen en hun een rondleiding door Hagen wilde geven. Bij voorkeur zou Osthaus hun ook zijn eigen museum laten zien, want 'met name Mevrouw is de kunst zeer toegenegen'.[19] Het is opvallend dat Behrens in zijn brief voornamelijk over Herr Kröller en diens wensen sprak. Waarschijnlijk heeft de onderhandelaar Anton het woord gevoerd tijdens de besprekingen en heeft Helene zich volgens de etiquette wat op de achtergrond gehouden, erop vertrouwend dat haar man inmiddels begreep waarnaar zij op zoek was.

Hoopvol gestemd keerde Helene terug naar Nederland. Ondertussen zou Behrens aan Osthaus laten weten dat zij en Anton begin maart naar Hagen wilden komen. In de paar dagen die de twee reizen van elkaar scheidden, sprak ze op Huize ten Vijver met Bremmer.[20] Ze vertelde hem over haar ontmoeting met Behrens, haar overwegingen om hem aan te nemen als architect en over het bezoek aan Hagen dat over een paar dagen gepland stond. Wat ze van hem wilde weten was of Falkenburg het bezwaarlijk zou vinden om naast of onder een andere architect te werken. Dat zou volgens Bremmer niet het geval zijn, maar verder bleef hij opvallend stil. Over Behrens sprak de kunstpedagoog met geen woord. Als adviseur moet hij zich gepasseerd hebben gevoeld dat het echtpaar hem pas zo laat bij deze belangrijke ontwikkeling betrok. Daarbij hinderde het hem waarschijnlijk dat zijn opdrachtgeefster niet zozeer geïnteresseerd was in zijn oordeel over een esthetische aangelegenheid als wel over iets prozaïsch als de praktische samenwerking tussen twee bouwheren. Deze keer was Helene echter weinig onder de indruk van zijn stilzwijgen en reisde ze zorgeloos af naar Hagen.

Haar opgetogen stemming veranderde echter snel na aankomst. Wat 'die kolenstad' haar liet zien, was een blik op het moderne leven dat haar zo ver verwijderd leek van het hare dat ze het nauwelijks kon bevatten.[21] De talloze schoorstenen bliezen een niet-aflatende stroom grijze rook over de stad, die verzonken in een dal een ronduit sombere aanblik bood. Het uitzicht deed Helene onmiddellijk denken aan haar jeugd in het Ruhrgebied.

Wat haar echter nog meer trof was het echtpaar Osthaus en het leven dat zij leidden. De Kröllers werden ontvangen op Der Hohenhof, een villa gelegen in de groene voorstad Hohenhagen. De ontwikkeling van deze tuinstad had plaatsgevonden in opdracht van Osthaus, die daarmee het aangezicht en de leefbaarheid van Hagen hoopte te verbeteren. Dit idealisme was kenmerkend voor hem. Toen hij in 1896, nog geen drieëntwintig jaar oud, het miljoenenkapitaal van zijn grootouders erfde, ontpopte hij zich direct tot een *Veredler des Volkes*.[22] Het fortuin, dat zijn grootvader als grootindustrieel in Hagen had opgebouwd, beschouwde hij als een verantwoordelijkheid waarmee hij een voorbeeld moest stellen. Hij wilde het kapitaal niet alleen voor zijn eigen comfort aanwenden en besloot daarom tweederde van zijn erfenis terug te geven aan de stad. Tenslotte hadden de inwoners van Hagen in ruil voor hun harde werken slechts smerige lucht en een onooglijke omgeving teruggekregen.

Dit was in Duitsland, noch in de rest van West-Europa, rond de eeuwwisseling een vreemde gedachte. Filantropie paste naadloos in het ideaal van zelfbeheersing dat de hogere bourgeoisie zichzelf oplegde.[23] Men diende een groot vermogen niet te verheerlijken, maar op een zinnige en verantwoorde manier te besteden. Hoewel deze periode vaak getypeerd wordt als een van uiterste decadentie, beseften veel *Gebildeten* zoals Osthaus, dat de industriële en wetenschappelijke stroomversnelling waar hun land zich in bevond, ook grote nadelen met zich meebracht.[24] Materiële verleidingen hadden overkoepelende idealen, zoals het geloof, verdreven naar de marge van de samenleving, die mede daardoor steeds poreuzer dreigde te worden.

Een groeiende groep welvarende Duitsers probeerde hieraan tegenwicht te bieden en velen van hen zagen in kunst en cultuur het medicijn om het door oppervlakkigheid geregeerde leven weer inhoud en beteke-

Karl Ernst Osthaus, geportretteerd door Ida Gerhardi in 1903. Osthaus Museum, Hagen.

nis te geven. Osthaus was exemplarisch voor deze groep. Volgens hem behoorde het tot het wezen van de kunst om het leven te verheffen, maar waren kunst en leven volkomen van elkaar vervreemd geraakt.[25] Daarom stelde hij zichzelf tot doel deze twee weer te verbinden.

Met zijn gedrevenheid had Osthaus het liefst heel Duitsland op de schop genomen, maar hij begon met zijn geboorteplaats Hagen. Allereerst wilde hij een museum laten bouwen in de stad. Zodoende hoopte hij een bijdrage te leveren aan de door de bourgeoisie zo nagestreefde *Bildung*, zij het dat hij niet de burgerij, maar vooral de Hagense arbeiders de kans wilde geven zich te ontplooien. Tijdens zijn vele reizen door Europa en ver daarbuiten had Osthaus een buitengewone collectie exotica en insecten aangelegd en hij wilde dan ook aanvankelijk een antropologisch en natuurwetenschappelijk museum oprichten.

Toen hij in 1900 Henry van de Velde ontmoette, veranderde zijn belangstelling echter resoluut van richting. Vanaf dat moment ontwikkelde Osthaus zijn ideeën over een nieuwe vorm van kunst. Een art nouveau zoals Van de Velde het noemde in navolging van Parijse kunsthandelaar Samuel Bing, eigenaar van de in 1895 geopende galerie Maison de l'Art Nouveau.[26] De kunst die Van de Velde voorstond was er een waarin de individuele verschijningsvormen zoals beeldende kunst, grafisch ontwerp, nijverheid en bouwkunst waren verenigd en collectief werden aangewend om steden en huizen te bouwen, maar bijvoorbeeld ook om meubels te vervaardigen en kleding en gebruiksvoorwerpen te ontwerpen. Op die manier werd volgens hem een hoogstaande kwaliteit bereikt. Dat hoge niveau vond Osthaus belangrijk, want werk dat zonder enige kwaliteit tot stand was gekomen, was volgens hem de enige verspilling waar een natie zich schuldig aan kon maken.[27]

Van de Velde streefde bovendien naar een kunst die niet slechts was weggelegd voor een kleine groep ingewijden, maar 'Wahrheit und Schönheit' onder een breed publiek verbreidde.[28] Deze ideeën sloten nauw aan bij het gedachtegoed van de Britse cultuurhervormers William Morris en John Ruskin. Via Van de Velde leerde ook Osthaus hun sociale kunstopvattingen kennen, die ten grondslag lagen aan de *Arts and Crafts Movement*. Deze beweging was rond 1880 in Engeland ontstaan in reactie op de snelgroeiende industrialisatie, waardoor vooral ambachtslieden in de verdrukking waren gekomen. Zowel Morris als Ruskin streefde naar een maatschappij waarin schoonheid weer een rol van betekenis had en sociale rechtvaardigheid de plek had ingenomen van de wanverhoudingen die door het kapitalisme waren ontstaan.[29] Door arbeiders de kans te geven als ambachtslieden te werken, konden zij zich ontplooien en zouden hun producten weer schoonheid en kwaliteit krijgen.

Waar Morris en Ruskin de industrialisatie als vijand beschouwden en een sterke hang naar het verleden koesterden, probeerde Van de Velde juist op basis van de moderne ontwikkelingen tot een meer sociale kunst te komen.[30] De industrialisatie kon volgens hem dienen als een belangrijke inspiratiebron voor nieuwe kunstvormen. Osthaus vatte terstond een diepe sympathie op voor deze zienswijze, evenals voor de ideeën van Morris en Ruskin over het belang van kwaliteit en de volksverheffende mogelijkheden die kunst bezat. Dit gedachtegoed sprak hem zo sterk aan dat hij stante pede zijn architect Carl Gérard ontsloeg, die op dat moment de laatste hand legde aan zijn museum. Hoewel het neoclassicistische gebouw al zo goed als voltooid was, vroeg Osthaus Van de Velde om het interieur opnieuw te ontwerpen. En zo geschiedde.

Ook de invulling van het museum veranderde. Onder leiding van Van de Velde legde Osthaus binnen enkele jaren een belangwekkende collectie moderne kunst aan. De verzameling kevers, vlinders en gesteenten verhuisde naar het souterrain en schilderijen van Van Gogh, Signac en Renoir vulden de achtergelaten plekken in de prominente tentoonstellingszalen.

Nog geen anderhalf jaar na hun ontmoeting, in 1902, kon de jonge mecenas zijn Museum Folkwang openen, genoemd naar het hemelse onderkomen Folkvangr (volksveld) van de godin Freya.[31] Net als dit mythologisch oord moest ook zijn museum een ontmoetingsplek worden, niet voor de onsterfelijken, maar voor kunstenaars en – al dan niet nog op te voeden – kunstliefhebbers. Tegelijkertijd was Osthaus zich bewust van de onmogelijkheid het sociale klimaat te veranderen door de stad slechts een museum te schenken. Daarom vroeg hij gerenommeerde kunstenaars en architecten uit Duitsland en daarbuiten om naar Hagen te komen en een bijdrage te leveren aan de culturele metamorfose van de stad. Hij was ervan overtuigd geraakt dat een mooie omgeving en een bloeiende culturele atmosfeer het erbarmelijke leven van arbeiders kon *veredelen*.[32] Behalve het Museum Folkwang, liet Osthaus daarom tussen 1900 en 1914 tevens een museum voor kunstnijverheid verrijzen, gaf hij de opdracht tot het bouwen van een arbeiderswijk en tot het ontwerp van Hohenhagen. Waren in een museum schilderijen en beelden uit hun context gehaald, in de opzet van een dergelijke voorstad konden architectuur, tuinontwerp, decoratie en toegepaste kunst in samenhang ontworpen en ervaren worden.[33] Goed uitgevoerd, zouden deze tuinsteden uiteindelijk de volksverheffende functie van musea kunnen overnemen.

Het pronkstuk van Hohenhagen was de villa van Osthaus zelf. Der Hohenhof was ontworpen door Van de Velde, die het huis in 1908 voltooide. De architect had zijn ideeën over het *Gesamtkunstwerk* met deze villa volledig tot uiting kunnen brengen.[34] Alles in en rond Der Hohenhof, van de tuin tot de zegelstempel, werd door hem ontworpen en straalde dan ook een onmiskenbare eenheid uit. Maar hij was niet de enige kunstenaar die het huis vormgaf. Toen de Kröllers in het voorjaar van 1911 op bezoek waren, werkte Thorn Prikker bijvoorbeeld aan een aantal muur- en plafondschilderingen.[35] Een jaar eerder had de Nederlandse kunstenaar al een glasraam voor het trappenhuis ontworpen, dat net als de schilderingen mooi aansloot bij de meanderende art-nouveaustijl van Van de Velde. Gezien Helenes fascinatie voor Huis de Zeemeeuw in Den Haag en de vermeende bijdrage daaraan van Thorn Prikker moet ze zijn werkzaamheden met extra aandacht bekeken hebben.

Toch was ze niet bepaald enthousiast over Der Hohenhof. Uit de villa kon ze aflezen dat Van de Velde een ware kunstenaar was, maar ze kon hem desondanks niet anders dan lichtspottend karakteriseren als een 'geniale lijnentrekker'.[36] Ze werd bijna duizelig van alle rondingen, krommingen en draaiingen die Der Hohenhof – en daarmee de hand van Van de Velde – kenmerkten. Enige verfijning kon ze bij de architect niet bespeuren. De villa mocht dan uitermate oorspronkelijk zijn, het was niet het soort huis waarin ze zelf wilde wonen. Ze vond hem buitengewoon ongezellig. Met die mening stond ze niet alleen. Ook de kunstcriticus Karl Scheffler wees datzelfde jaar in een essay over Van de Velde op het rijkelijke decorum van Der Hohenhof, maar hij had daar minder moeite mee dan Helene, omdat dit volgens hem in evenwicht was met de ingetogenheid van de algehele atmosfeer.[37] Niettemin vond hij het geen goede ontwikkeling dat een harmonisch interieur voor Van de Velde leek te betekenen dat zelfs een wandtapijt niet zomaar door een ander vervangen kon worden. Juist die uitgekiende esthetiek gaf het huis een museumsfeer, waardoor Der Hohenhof volgens Scheffler niet in de eerste plaats gebouwd leek om in te wonen. Helenes grootste bezwaar was dat de woning geen enkel hoekje bood waar je ongestoord een boek kon lezen, waar je je kon terugtrekken en afsluiten van de wereld, want zo ongeveer elke ruimte was open en bood veel inkijk.

En niet alleen de vertrekken waren onbeschut. Met nauwelijks verholen verbazing sloeg Helene haar gastvrouw gade. Gertrud Osthaus, een rijzige, slanke vrouw met een blonde vlecht om haar hoofd gedrapeerd, was 'hypermodern' gekleed in een gedecolleteerde jurk met zéér korte mouwen.[38] Bij die aanblik voelde Helene zich ineens bijzonder prettig in haar blouse met hooggesloten halsboord, zodat ze hem nog maar eens extra hoog optrok. Aan Sam schreef ze dat ze geen aanstoot nam aan de kleding van haar gastvrouw, maar de toon waarmee ze Gertrud Osthaus beschreef, was van een aan afkeuring grenzende vinnigheid.

Osthaus zelf was eveneens een rijzige gestalte, hij was bijna twee meter lang, een exceptionele lengte voor die tijd. Zijn vastberaden, blauwe ogen moeten hem, in aanvulling op zijn postuur, een uitstraling gegeven hebben die onmiddellijk ontzag inboezemde. Hij deed Helene aan Bremmer denken. Net als haar adviseur was ook Osthaus' leeftijd moeilijk te schatten, was hij nonchalant gekleed en had hij een oververmoeid gelaat. Maar hij was wel meer heer dan haar adviseur. Die typering zal niet zozeer betrekking hebben gehad op Osthaus' voorkomen als wel op zijn aanzienlijke kapitaal. Bovendien had hij zijn erfenis te danken aan zijn grootvader, die Helenes vader goed gekend bleek te hebben en die veel zaken had gedaan met de tweede man van haar moeder, de handelaar Wilhelm Faulenbach.

Na de ontvangst op Der Hohenhof gaf Osthaus de Kröllers een rondleiding door Hagen. Ze bezochten de nabijgelegen villa van burgemeester Willy Cuno en het huis van tandarts Schröder, zoals Behrens had gevraagd. Maar het enthousiasme waarmee Helene Berlijn had verlaten, laaide in Hagen niet op. Na de kronkellijnen van Van de Velde waren de huizen van Behrens een verademing, maar ze misten eveneens iedere vorm van intimiteit en huiselijkheid. Beide villa's leken meer ontworpen om de kundigheid van de architect te etaleren, dan om de mensen die erin woonden een prettig huis te geven. Naarmate de dag vorderde en Helene meer zag van Hagen, kon ze zich steeds minder voor de geest halen hoe haar eigen huis eruit moest komen te zien.

Wat haar wel aansprak was het Eduard Müller-crematorium dat Behrens had ontworpen. Het ranke, witte gebouwtje met zijn ronde ramen en oranje puntdak had volgens haar het onstoffelijke dat men met een crematorium associeert. Volgens Helene bezat het crematorium de *Feierlichkeit*, het plechtige karakter, dat Behrens in zijn ontwerpen nastreefde. Deze aanduiding heeft ze waarschijnlijk van Osthaus overgenomen. In *Kunst und Künstler* gebruikte hij meerdere malen de term *Feierlichkeit* om de ruimtes van Behrens te typeren.[39] Hoewel ze deze eigenschap van het crematorium waardeerde, was plechtigheid niet waar Helene naar op zoek was. Dat paste niet bij 'christelijke of 20 eeuwsche gevoelens', maar hoorde bij het oude Egypte.[40] Zij zocht naar vroomheid. Paradoxaal, omdat zij zichzelf in deze tijd nadrukkelijk beschreef als hier volledig wars van.[41] Toch hoopte zij voor haar nieuwe huis een vroom man te vinden, waarmee ze iemand bedoelde die met ontzag het leven benaderde. En zo'n man was Behrens niet.

Opvallend genoeg schreef Helene Sam nauwelijks iets over het Museum Folkwang. Zij noemde het museum slechts in een bijzin toen zij over een ontmoeting sprak met een 'allergekst, klein mannetje'.[42] Dat was Johan Thorn Prikker, die met een tomeloze energie vertelde over zijn verblijf in Duitsland. De Nederlandse kunstenaar had sinds 1904 lesgegeven in Krefeld aan de *Handwerker- und Kunstgewerbeschule*, maar had na zes jaar de stad en de school verlaten om op verzoek van Osthaus mee te werken aan de Hagener Impuls. Zijn voornaamste bezigheden bestonden in het maken van wandschilderingen en het ontwerpen van glas-in-loodramen, onder meer voor het treinstation van Hagen.[43] Thorn Prikker vond Duitsland geweldig en wilde nooit meer terug naar het kleine, pietepeuterige, saaie Nederland. Als een kangoeroe sprong hij voor de Kröllers en Osthaus uit door de zalen van het museum, onderwijl een lofzang houdend op de schilderijen die zij passeerden: 'dat is nog wat anders dan de koetjes van Mauve, wie schildert nu koetjes?'[44] 'Maar Mijnheer Prikker, dat zit hem toch niet in de koetjes,' probeerde Helene. 'Maar natuurlijk doet het hem dat, koetjes zijn immers niets.' Een gesprek tussen de recalcitrante Thorn Prikker en Helene Kröller-Müller, die gewend was aan Bremmers overdachte en diepserieuze wijze van kunst beschouwen, kon ook niet anders dan resulteren in een verkeerde interpretatie van elkaars woorden. Hoewel er volgens Helene met Thorn Prikker niets te beredeneren viel, zag ze wel de inspiratie in zijn ogen branden en deed de ontmoeting niets af aan haar bewondering voor zijn werk.

Vanaf de opening in 1902 tot de voltooiing van Der Hohenhof zes jaar later had het gezin Osthaus in het museum aan de Hochstraße gewoond.[45] Van de Velde had het interieur namelijk zo ontworpen dat het ook als woonhuis kon worden gebruikt.[46] Op de parterre bevonden zich een eetkamer en keuken, op de eerste verdieping de schilderijenzaal met daaromheen de andere kamers. Op de vloeren in de privévertrekken lagen tapijten van William Morris en de meubels waren een ontwerp van de architect zelf. De muziekkamer met haar afgeronde hoeken en glazen plafond was de trots van het museumhuis, omdat daarin de samenhang tussen het meubilair en de ruimte evenals die tussen gebruiksgemak en decoratie het beste tot uiting kwam. Meer nog dan de andere woonvertrekken, was de muziekkamer een museum en huis tegelijkertijd. Die nauwe verbondenheid van functies moet Helene verrast hebben. Hier zag ze geen woning met in een willekeurige vleugel een schilderijenkamer, zoals zij voor zichzelf uitgedacht had, maar een gelijktrekking van het esthetisch belang van de collectie met het belang van wooncomfort.

Hoewel Osthaus in 1900 zijn ideeën over de inrichting van het museum radicaal had gewijzigd, had hij toch een aantal voorwerpen die hij van zijn reizen had meegenomen een plek in het museum gegeven. In de ruimtes op de begane grond was veel nijverheid te zien, in de zaal aan de zuidzijde Egyptische, Griekse en oosterse kunst, afgewisseld met wapens, Perzische tapijten en Japanse strowerken. Eveneens op de begane grond was een tentoonstellingsruimte ingericht met Italiaanse renaissancestukken, waaronder veel meubels en keramiek.

Het hart van het museum werd gevormd door de schilderijenzaal op de eerste verdieping. Deze collectie moet Helene met een mengeling van bewondering en afgunst bekeken hebben. Schilderijen van Signac, Renoir, Van Rijsselberghe en Van Gogh hingen hier in gezelschap van een kleiner aantal meer klassieke werken. De kern van de collectie moderne kunst schafte Osthaus aan in de twee jaar na zijn ontmoeting met Van de Velde. Nog tot 1907 adviseerde de architect hem bij iedere aankoop, zij het op meer vriendschappelijke wijze dan het geval was bij Bremmer en Helene. Van een contract is bij hen bijvoorbeeld nooit sprake geweest.[47]

Van de Velde introduceerde de jonge verzamelaar in zijn omvangrijke kennissenkring van kunstenaars en toonaangevende handelaars in moderne kunst, zoals Ambroise Vollard in Parijs en Paul Cassirer in Berlijn. Het is aan Van de Velde te danken dat Osthaus begon met het verzamelen van Van Gogh. In 1902 bood Cassirer een aantal werken van Van Gogh aan Osthaus aan, die daar in eerste instantie weinig belangstelling voor toonde.[48] Pas na enige tijd, waarschijnlijk na bemiddeling van Van de Velde, ging hij over tot aankoop van *Korenveld achter het Saint Paul ziekenhuis met maaier* (1889). Met die aankoop werd hij een van de eerste Duitse verzamelaars die een schilderij van Van Gogh kochten en zorgde hij er tevens voor dat diens werk voor het eerst in een Duits museum werd tentoongesteld. Osthaus' naam als Van Gogh-verzamelaar was dan ook al gevestigd voordat Helene überhaupt van de schilder had gehoord.

Merkwaardig is de wijze waarop Van de Velde zelf geïnteresseerd raakte in het werk van Van Gogh. Toen hij in 1894 op huwelijksreis per trekschuit door Nederland voer, raadde een vriend hem aan om Jo van Gogh-Bonger in Bussum te bezoeken.[49] Van de Velde kreeg van hem een introductiebrief mee zodat hij en zijn bruid gastvrij werden ontvangen en ze op de zolder van de Bussumse woning op hun gemak de tientallen schilderijen en honderden tekeningen mochten bekijken. Die vriend was de (toen nog) schilder en kunstcriticus H. P. Bremmer. Of Helene van deze speling van het lot geweten heeft, is niet bekend.

Wat wel bekend is, is dat Osthaus ten tijde van Helenes bezoek te boek stond als dé Duitse Van Gogh-verzamelaar.[50] In 1911 bezat hij 'maar' zes schilderijen van de kunstenaar – de helft van het aantal dat Helene op dat moment bezat –, maar hij had goed contact met Jo van Gogh-Bonger en had in 1905 en 1909 succesvolle tentoonstellingen van Van Goghs werk georganiseerd. Ook de andere schilderijen, beeldhouwwerken en handnijverheid uit zijn collectie stelde hij geregeld tentoon in maandelijks wisselende samenstellingen. Helene had nu dan ook niet te maken met een verzamelaar zoals haar Haagse medecursisten, van wie zij de collectie in omvang en kwaliteit voorbij kon streven. De grootte of het moderne karakter waren niet de belangrijkste eigenschappen van de verzameling van Karl Ernst Osthaus. Hij onderscheidde zich van Helene en van vele anderen door de bestemming die hij aan zijn verzameling had gegeven. Deze had niets te maken met het demonstreren van zijn vermogen of van zijn persoonlijke esthetische beschaving. Door zijn schilderijen onder te brengen in een museum met het specifieke doel hiermee de Hagense bevolking cultureel te ontwikkelen, kregen zijn schilderijen een symbolische meerwaarde. Zijn verzameling was een sociaal en moreel prestigeobject.

De volksverheffende missie van haar voormalige landgenoot en de wijze waarop zijn verzameling daartoe in dienst werd gesteld, moeten in Helene iets hebben aangewakkerd. De gedachte die aan het museum ten grondslag lag, moet een verwezenlijking hebben geleken van haar zoektocht naar haar eigen levensinvulling, veel meer dan haar ideeën over het nieuw te bouwen huis in Wassenaar. Door het Museum Folkwang zag zij zich geplaatst tegenover iemand die een gedachte gestalte had gegeven die nobeler was dan haar eigen streven. Tenslotte verzamelde Osthaus niet in de eerste plaats voor zijn eigen plezier, maar voor een verhevener doel. Het is niet ondenkbaar dat Helene zich ongemakkelijk, misschien zelfs terechtgewezen heeft gevoeld, omdat zij met haar geld slechts een mooi huis voor zichzelf wilde bouwen.

Met een somber gevoel verliet ze Hagen. Niet alleen omdat de grauwe stad haar deprimeerde, of omdat ze nog niet had gevonden wat ze zocht, maar waarschijnlijk ook omdat ze zich voorbijgestreefd voelde. Een zweem van jaloezie kon ze niet verbergen toen ze weer terug was in Den Haag en in haar vertrouwde boudoir aan Sam van Deventer over haar bezoek aan Hagen schreef. Ze had het gevoel dat zij het allemaal beter wist dan 'zij allen daar boven in Hagen [...] met al hun kunst'.[51]

De indrukken van haar bezoek, de personen die ze had ontmoet, de kunst, de nieuwerwetse architectuur en de ideeën van Osthaus kronkelden als de krullende lijnen van Van de Velde door haar hoofd en ze slaagde er thuis pas in om die kluwen te ontwarren. Toen ze haar gedachten weer aan het papier kon toevertrouwen, viel alles op zijn plaats. Nog meer dan anders was ze dankbaar om weer thuis te zijn, want als ze zich voorstelde in het huis van Osthaus te moeten wonen, wist ze zeker dat ze zou sterven van ellende.[52] Ze zou nog liever in een boerenhutje wonen, als ze haar dierbare bezittingen, die haar huis tot een thuis maakten, maar om zich heen had. Dit besef maakte het haar makkelijker een beslissing te nemen. Daar kwam bij dat Anton in Hagen overtuigd was geraakt van het werk van Behrens.[53] Dus hoewel Helene in de Hagense woonhuizen niet had gevonden wat ze van Behrens verwachtte, besloot ze hem niettemin te vragen een ontwerp te maken voor het huis in Wassenaar.

Voordat Behrens naar Den Haag werd gehaald, wilde Helene huisarchitect Falkenburg van haar besluit op de hoogte brengen. Het viel haar moeilijk de trouwe architect het nieuws te vertellen. In alle eerlijkheid vertelde ze over Berlijn, over haar reis naar Hagen en over haar bewondering voor Behrens, die ze, dat moest ze bekennen, als een grotere kunstenaar beschouwde dan Falkenburg.[54] Maar ook liet ze hem delen in haar twijfels ten aanzien van Behrens' huizen die ze in Hagen had gezien. Daarna liet ze tekeningen en boeken zien met werk van de Duitse architect en stelde toen de vraag: 'Wat doet u nu liever: zelf een ontwerp maken of met Behrens werken?' Falkenburg begreep de retoriek van deze vraag maar al te goed en koos voor samenwerking. Eigenlijk vond Helene dat een zwaktebod. Ze hield meer van personen die strijdend ten onder gingen, maar ze vergaf het hem, omdat hij zo manhaftig op haar besluit reageerde. Uiteindelijk spraken ze af dat zij beiden zouden proberen Behrens duidelijk te maken wat zij voor ogen had. Helene zou de tekeningen beoordelen op de gedachte die eruit sprak en Falkenburg zou de technische aspecten in de gaten houden.

Een paar dagen later, nog geen week na hun bezoek aan Hagen, bezocht Behrens de Kröllers in Den Haag om over de mogelijkheden van de opdracht te spreken. Dan weer vergezeld door Falkenburg, dan weer door Bremmer, bezochten Anton en Helene met de architect Eikenhorst en Ellenwoude. Helene merkte dat zij er beter dan voorheen in slaagde haar levensbeschouwing en haar visie op het huis te formuleren.[55] Maar tegelijkertijd werd haar duidelijk dat Behrens' opvattingen minder overeenkwamen met de hare dan zij gehoopt en gedacht had. Op Eikenhorst wilde hij het huis op een heuvel bouwen, omgeven met terrassen en berceaus.[56] Dat was een schrikbeeld voor haar, omdat zulke opsmuk in strijd was met de eenvoud en de uitgestrektheid van het landgoed. Aan versieringen had ze geen enkele behoefte, want ze wilde de natuur – al was het gecultiveerde natuur – laten spreken. Bovendien moest het karakter van het huis zo groots worden, dat het geen decoratie of verhoging nodig had. Sterker, in gedachten had ze de heuvel al laten afgraven, zodat er op een vlakte gebouwd kon worden, als vertolking van haar leven in het vlakke Nederland.

Ook Behrens' ideeën over de brede lanen die over het landgoed liepen, waren volgens haar een voorbeeld van zijn onvolgroeide visie. De lanen die door de koninklijke familie waren aangelegd, vond ze protserig, maar ze lagen er nu eenmaal en ze had geen behoefte daar wat aan te veranderen. De architect daarentegen wilde een slingerende laan aanleggen, die, al kronkelend door het landschap, arriverende gasten de omvang van het landgoed liet zien. Dat vond Helene maar onnodige poespas. Een laan was een meedogenloos strak aangelegde weg, leidend naar een doel en hoe rechter die weg liep, hoe liever het haar was.

De wandelingen over Eikenhorst en Ellenwoude lieten haar steeds meer inzien dat Behrens nog zoekende was, zowel in zijn architectuur als in het leven zelf. Zo vond ze zijn ideeën over de afmetingen van kamers en van het huis zelf nog te veel getuigen van een drang om te imponeren.[57] Dat was een aspect waartegen Anton overigens geen bezwaar had. Hij raakte steeds meer geïnteresseerd in de plannen van Behrens, wat Helenes stemming niet ten goede kwam. Het gevolg was namelijk dat ook haar man zich vaker in de gesprekken mengde, talloze suggesties deed en zij steeds meer concessies moest doen.[58] In de avonduren zette Anton zich aan het tekenen van het huis en hoewel hij daarbij 'herrlich systematisch' te werk ging, zag Helene met toenemende zorg hoeveel zijn plannen verschilden van de hare.[59] Ze probeerde dat te accepteren, want hij was tenslotte degene die het huis financierde.

Haar berusting betekende niet dat ze haar plannen uit handen gaf. De dag nadat Behrens naar Berlijn was teruggekeerd, nam ze zich tijdens haar ochtendwandeling voor nog eens rustig over haar huis na te denken.[60] Als ze die ideeën bij gelegenheid naar Behrens zou sturen, dacht ze meer te kunnen bereiken dan tijdens zijn korte bezoekjes aan Den Haag. Zoals gewoonlijk kon zij al schrijvende haar gedachten beter formuleren dan tijdens een gesprek, waarin ze zich al snel onbegrepen voelde. Zonder scrupules zette ze zich aan haar taak en bracht ze in een lange brief aan Behrens haar gedachten onder woorden. Daarin benadrukte ze dat ze geen kritiek wilde geven op zijn ideeën. Ze wilde hem alleen duidelijk maken waarom deze onderneming zo belangrijk voor haar was. 'Mein Haus ist für mich [...] ein Dokument auf mein Leben.'[61] Haar ging het dus niet om zomaar een woning. Het ontwerp moest uitdragen wat zij door een innerlijke zoektocht had ontdekt als de essentie van het leven: rust, vrede en waarheid.

Vooral over die rust had ze haar twijfels. Dat kon alleen in een huis gelegd worden door iemand die deze kalmte zelf ook voelde en ze schreef eerlijk aan Behrens dat ze niet wist of hij daarover wel beschikte. Volgens haar was hij een aristocraat, die zich krampachtig aan zijn rust vasthield in zijn poging zich af te scheiden van een minderwaardige buitenwereld. Zij zocht echter naar iemand die het evenwicht bezat om alles te accepteren, de grote gebeurtenissen van het leven evengoed als de kleine. Een psalm die ze uit haar kindertijd kende en die haar kortgeleden uit het niets was ingevallen, benaderde het dichtst wat zij onder rust verstond: 'Meine Seele ist Stille zu Gott.'[62] Die God betekende voor haar het 'zijn', legde ze aan Behrens uit, wat inhield dat alles wat is, volkomen is. Dat *zijn* der dingen kon een mens pas zien wanneer hij met genoeg afstand keek, op dat moment kon hij door de uiterlijke schijn heen kijken en de grote samenhang zien. Pas als iemand zo het leven beschouwde, bezat hij de rust waarnaar zij zocht.

Over die kalmte beschikte Behrens volgens haar niet, omdat hij geen vaste overtuiging had, maar nog heen en weer getrokken werd tussen verschillende standpunten.[63] Aan Sam schreef ze dat Behrens een kunstenaar was met een goed beschouwend oog, maar wiens ontwikkeling niet voortgekomen was uit een doorleefde levensvisie. Halsstarrig hield de architect volgens haar vast aan het idee dat cultuur uitgedrukt diende te worden in rechte lijnen. Hij prefereerde 'een recht nietszeggend huis, waar niet de minste geest in zit, boven een met gebogen lijn'.[64] Soms wilde ze hem recht op de man af aansporen om toch wijzer te zijn dan dat – wat ze echter niet deed. Echte warmte voor een idee leek hij ook niet op te kunnen brengen. 'Hij kent heftigheid, zelfs passie en bewondering, maar warmte kent hij niet. Niet de warmte en vertedering, die men in Bremmer wel eens waarneemt.'

In april 1911 kocht Anton Ellenwoude. Eikenhorst bleef uiteindelijk in handen van de koninklijke familie en om die reden werd het meer ongerepte landgoed gekozen waarvoor Helene vanaf het begin een voorliefde had gekoesterd.[65] Nu bekend was op welke grond er gebouwd kon worden, kon Behrens beginnen met het maken van schetsen. Begin mei kwam hij weer naar Nederland om zijn eerste tekeningen te bespreken. Op de plek waar het huis zou komen te staan, werd op de zanderige duingrond de eerste schets in houten planken uitgelegd om zo een beter beeld te krijgen van de verhoudingen en de ligging tussen de bomen.[66]

Ogenschijnlijk verliep alles moeiteloos, maar naarmate de dagen verstreken, groeide Helenes vermoeden dat zij niet met Behrens op één lijn zou komen. Had hij haar bij hun eerste ontmoetingen nog met een mengeling van verbazing en bewondering te woord gestaan, haar kennis en uitgesproken mening leken hem nu te storen.[67] Haar ideeën beantwoordde hij met een schijnbaar begrijpend knikken, maar ze wist dat dit slechts misprijzen in de vorm van beleefdheid was. Echt begrijpen deed hij haar niet en een poging daartoe ondernam hij volgens haar evenmin. Daarom hield ze zich steeds meer op de vlakte en liet de opdrachtgevende rol over aan Anton. Ze stelde zichzelf gerust met de gedachte dat zij in de inrichting van haar huis zou leggen, wat Behrens niet met de architectuur wist uit te drukken.

Een andere bron van ergernis was Behrens' drukke agenda. Behalve voor de Kröllers werkte hij aan verschillende andere opdrachten, met name voor de AEG, wat betekende dat hij veel onderweg was en dus afwezig. Op die manier kon Behrens zeker geen rust vinden, mopperde Helene. Ook Anton stoorde zich aan de geoccupeerdheid van de architect. Behrens was volgens hem moeilijker te 'vangen dan een aal bij zijn staart'.[68] Zijn afwezigheid had tot gevolg dat Behrens de voorbereidingen voor de Wassenaarse villa grotendeels overliet aan zijn assistent Ludwig Mies van der Rohe.[69] Hoewel de Kröllers deze gang van zaken niet op prijs stelden, zorgde het bekwame werk van de jongeman ervoor dat ze hun protest nog even inhielden.

Anton ontmoette de vierentwintigjarige assistent in Berlijn, waar hij in mei enkele weken een kuur volgde ter behandeling van zijn jicht. De kuur bestond grotendeels uit massages en radiumtherapie in de ochtend, waardoor hij de gehele middag vrij was. Zijn verblijf belette hem dan ook niet met Mies van der Rohe te overleggen over de bouwplannen, noch om zijn uiterste best te doen een afspraak met Behrens geregeld te krijgen. Hij slaagde erin om met de architect te dineren en de voorlopige bouwtekeningen te bespreken. Deze schetsen stuurde hij naar Helene met de vraag of zij op korte termijn naar Berlijn kon komen om gedrieën de plannen door te spreken.

Enerzijds wilde Helene wel naar Berlijn afreizen om met Behrens te spreken, want met de plattegrond die ze van Anton had gekregen was ze niet gelukkig. Het huis had een L-vorm gekregen, waarin haar boudoir aan het ene uiteinde en de salon en eetkamer aan het andere uiteinde terecht waren gekomen. Ze had er geen bezwaar tegen als haar eigen kamertje wat afgelegen lag, maar 'de officiële Mevrouw Kröller', zoals ze de salon en eetkamer noemde, kon toch niet zo weggemoffeld worden.[70] Veel hield haar anderzijds ook tegen om naar de Duitse hoofdstad te gaan, althans binnen een paar dagen. Helene jr., die na haar huwelijk in oktober 1910 met haar echtgenoot Paul naar Buenos Aires was verhuisd, zou die week na een verblijf van bijna een jaar tijdelijk weer terugkomen naar Nederland. Bij die gelegenheid wilde Helene graag thuis zijn om haar dochter te ontvangen.[71] Behrens moest dus nog maar even wachten. Tenslotte waren zij en Anton de opdrachtgevers, dus hij had zich maar aan te passen.

Behalve een overleg met Behrens was er nog een overweging om naar Berlijn te gaan. Anton had haar voorgesteld om hem te vergezellen in zijn kuuroord. Dan zou ze zich daar door een van de aanwezige artsen kunnen laten onderzoeken. De laatste tijd kwakkelde haar gezondheid nogal, ze had allerlei kwaaltjes en ze was vooral snel moe. Het stoorde haar dat haar lichaam nauwelijks nog kon wat het na tweeënveertig jaar nog wel zou moeten kunnen.[72] Toch besloot Helene daarvoor niet naar Berlijn te gaan. Ze zou te veel aan haar hoofd hebben: Helene jr., het huis, Behrens, en dat alles in het drukke gewoel van de stad.[73] Als ze zich liet onderzoeken, wilde ze speciaal met dat doel naar Duitsland afreizen.

Voorlopig werd daarom een heel andere oplossing gekozen. Zij ging niet naar Berlijn, maar Mies van der Rohe kwam begin juni – toen ook Anton weer in Nederland was – naar Ellenwoude. Helenes ongenoegen over Behrens ongrijpbaarheid verdween als sneeuw voor de zon na de kennismaking met zijn assistent. Ze vond Mies van der Rohe een aangename persoonlijkheid, hij was rustig, serieus en hij luisterde goed naar haar ideeën. Onmiddellijk begon hij met het maken van schetsen en aantekeningen. Deze wilde hij vervolgens samen met Behrens verder uitwerken om daarna weer met een nieuw voorstel te komen. Nu Helene zich over haar huis even geen zorgen meer hoefde te maken, kon zij opgelucht uitkijken naar een zomers verblijf in haar Veluwse boerderij. Vanuit het kuuroord had Anton al verzucht dat een paar weken met haar op De Harscamp hem weer helemaal zouden verfrissen, want er was 'niets beter voor lichaam & geest dan die liefde voor buiten'.[74] Hij vond het heerlijk om op het platteland te kunnen leven en ook Helene keek uit naar het verblijf op de boerderij, die binnenkort naar haar eigen smaak door Falkenburg verbouwd zou zijn.[75]

Landgoed De Harscamp was onder Helenes leiding binnen drie jaar uitgegroeid tot een modelboerderij. Ieder voorjaar werden het erf en de weilanden overstroomd door weer meer piepkuikens, biggen en kalveren, in de zomer stond de rogge op de velden meer dan manshoog en in de boomkwekerij groeiden beuken, linden en eiken. Latere gasten zouden zich herinneren met hoeveel liefde Helene de boerderij verzorgde en aan haar bezoekers toonde. Als het even kon, serveerde ze hun uitsluitend zelfverbouwd eten, eieren van haar eigen kippen en appelwijn die gemaakt was van fruit van 'Kroellerschen Grund und Boden'.[76]

Omsloten door een boomgaard lag het huisje dat de Kröllers tijdens hun verblijven zelf gebruikten.[77] Deze oude pachtboerderij was door Falkenburg omgetoverd tot een idyllische plek die Helene Het Klaverblad doopte, naar haar vier kinderen. In de voorzomer van 1911 werden de voorlopig laatste aanpassingen gedaan en vanaf juli kon zij er weer haar intrek nemen. Vergeleken met Huize ten Vijver was Het Klaverblad een buitengewoon bescheiden optrekje, met een woonkamer overlopend in een vertrek met een schrijftafel en een paar stoelen, een typisch Veluwse boerenkeuken en een paar kleine slaapkamertjes. De boerderij was dan ook niet bedoeld als luxeverblijf en evenmin om intensief te bewonen. Bovendien bracht de familie de meeste tijd niet binnen door, maar op de ruime, overdekte veranda.

De metamorfose die de boerderij had ondergaan stemde Helene geluk-

Boerderij Het Klaverblad, jarenlang het bescheiden buitenhuisje van de Kröllers op de Veluwe.

kig. Vooral haar kleine bedstee beviel haar uitstekend.[78] Toch zou deze verbouwing de laatste opdracht zijn die Falkenburg voor de Kröllers uitvoerde. Tegen de afspraken in rekende hij provisie bij leveranciers en hij leverde nooit de tekeningen in waarop het werk te zien was dat aan aannemers was uitbesteed, terwijl Helene zich had laten vertellen dat hij daartoe wel verplicht was.[79] Bovendien had ze het vermoeden dat Falkenburg prijsafspraken maakte met de aannemer, met wie hij altijd samenwerkte. Wat haar bovendien stoorde aan de architect was dat hij, wanneer alles af leek te zijn, toch nog allerlei kostbare aanpassingen nodig achtte. Kortom, ze wilde het 'chapitre F. sluiten'.

Ondanks haar ongenoegen over Falkenburg en ondanks het vele werk dat het leven op een boerderij met zich meebracht – van een controleronde langs het personeel tot het inmaken van groenten – kwam Helene tot rust op De Harscamp. Terwijl ze haar brieven schreef of lange wandelingen maakte, genoot ze van de stilte en de schoonheid van het landschap, waar herten en hazen door de lupinevelden struinden. Ze spoorde 'Pa' aan ook maar snel te komen om samen met haar te genieten van de rust.[80]

Helemaal onbezorgd genieten van De Harscamp kon ze niet. Haar verblijf in juli 1911 werd overschaduwd door een steeds zwakkere gezondheid, die haar veel energie en levenslust ontnam. Pijn in haar buikstreek hield haar steeds vaker uit haar slaap.[81] Ze probeerde rust te nemen, maar de pijn werd alleen maar heviger en zorgde ervoor dat ze nauwelijks nog op kon staan uit haar stoel of kon lopen. De pijn ging bovendien gepaard met een zwaarmoedige stemming, waardoor haar onrust groeide en alles haar moeilijk en onoverkomelijk leek. Slaappoeders boden even verlichting en zorgden ervoor dat ze tenminste beter kon slapen. Daar-

Helene met het echtpaar Jenny en Floris Verster op de veranda van Het Klaverblad.

door kreeg ze wat meer energie en lukte het haar om op te staan om samen met Bob op de veranda te ontbijten.

De verlichting was slechts van korte duur en de pijn bleef terugkomen. Kon ze de ene dag nog een wandeling of een autoritje naar Amersfoort maken, de andere dag durfde ze nauwelijks te bewegen. Anton had haar sinds zijn aankomst op De Harscamp bezorgd in de gaten gehouden. Toen hij zag dat haar gezondheid wankel bleef, verzamelde hij de adressen van een aantal artsen en liet hij informeren wie op korte termijn naar de Veluwe kon komen.[82] Hij maakte een afspraak met dokter Hidde Brongersma uit Amsterdam, specialist op het gebied van nier- en blaasziekten, aangezien Helenes klachten zich rond deze organen leken te concentreren. Om geen tijd verloren te laten gaan, liet hij de arts door hun chauffeur met de Landauer ophalen uit de hoofdstad.[83]

Aangekomen op De Harscamp onderzocht Brongersma Helene in haar koele slaapkamer in Het Klaverblad, waar zij weinig last had van de drukkende juliwarmte. Na een paar vragen en een kort onderzoek kon de arts haar geruststellen. Ze zou weer beter worden, maar dan moest ze zich voor een korte behandeling laten opnemen in het ziekenhuis. Toen Brongersma aan het einde van de middag weer terug werd gebracht naar Amsterdam, zat ze lange tijd in de schaduw van de veranda. Samen met Anton dronk ze appelwijn, terwijl hij haar voorlas uit een oud Gelders jaarboek waarin de geschiedenis van Hoenderloo stond beschreven.

Na een week werd de pijn echter steeds heviger, waardoor ze gedwongen was uren per dag in bed te blijven liggen. Ze was uitgeput, sliep nauwelijks en ze begon haar lichaam steeds meer als een last te ervaren.[84] Bij deze lichamelijke malheur voegde zich begin augustus bovendien toenemende onrust uit haar omgeving. Behrens verbleef enige dagen met

Bremmer op De Harscamp om samen met haar en Anton over de nieuwe tekeningen te praten.[85] Dit bracht donderende discussies in het rustieke Klaverblad, iets waar Helene in het algemeen gevoelig, zo niet overgevoelig, voor was.

Zelf kon ze haar mening evenmin voor zich houden. Misschien maakte haar ziekte haar nog ongeruster over de pompeuze plannen die Behrens en Anton aan het smeden waren voor Ellenwoude. In haar slapeloze nachtelijke uren had ze precies voor zich gezien wat ze wilde en dat probeerde ze aan de drie mannen duidelijk te maken. Maar haar voorkeur voor het intieme en bescheidene stuitte slechts op onbegrip bij Anton. Hem kon het niet groot en indrukwekkend genoeg zijn. Hij snapte niet waarom zijn vrouw voor veel geld een huis wilde laten bouwen waar ze niet in zouden wonen, maar slechts in veel te kleine kamertjes voor zich uit zouden zitten staren. Bremmer sloeg het echtelijke onbegrip laconiek gade: 'Wat een emotie, wat een emotie, niets of alles.'[86] Alles of niets was misschien overdreven in deze situatie waarin Anton al snel de beslissingen grotendeels aan zijn vrouw overliet, maar Bremmers uitspraak raakte met drie woorden de verschillen tussen de koopman Anton en de asceet Helene.

Bij deze verhitte gesprekken voegde zich bovendien een telegram van Helene jr. Na haar aankomst uit Buenos Aires en een kort verblijf bij haar ouders in Den Haag, was ze doorgereisd naar haar schoonfamilie in Heidelberg. Daar volgde ze een kuur tegen de reumatiek waar zij veel last van had. Omdat haar schoonmoeder (en tevens oudtante) Mathilde Brückmann-Neese, bij wie ze in Heidelberg verbleef, onverwacht naar Wildbad moest, wilde Helene jr. niet langer in Duitsland blijven.[87] Daarom was ze van plan om naar Den Haag te komen om de resterende weken voor haar terugkeer naar Argentinië in haar ouderlijk huis te verblijven. In haar telegram vroeg ze niet of haar ouders naar Den Haag kwamen, maar wel om de aanwezigheid van een dienstbode in Huize ten Vijver. Als geen van de dienstbodes beschikbaar was, zou ze voorlopig haar intrek nemen in een hotel. Dit ogenschijnlijk onschuldige telegram was voor Helene de druppel. Haar teleurstelling in haar dochter reageerde in volle heftigheid mee met de discussies over Ellenwoude en de zwaarmoedigheid die haar ziekte met zich mee had gebracht.

Helene nam het haar dochter kwalijk dat zij haar, sinds het moment dat ze de Rotterdamse haven was binnengevaren, nauwelijks had gezien of gesproken. De schamele momenten dat haar dochter op huize Ten Vijver was – meestal om te slapen of te eten – had ze zich steeds verscholen achter een boek, de rest van de tijd bracht ze bijna uitsluitend buitenshuis door. Vooral het huis van Bremmer en dat van de Rotterdamse verzamelaarsfamilie Van Stolk waren geliefde plekken voor haar dochter, waar zij voor het eerst in een jaar weer haar hart kon ophalen aan lange, filosofische gesprekken over kunst. Misprijzend concludeerde Helene dat het haar dochter niet zozeer om de mensen te doen was, maar om de kunst en de gesprekken over kunst. Ze vermoedde dat haar dochter zelfs haar man Paul terzijde zou schuiven, als hij niet in haar liefde voor de kunsten zou delen.[88] Wat haar vooral dwarszat, was de weinige aandacht die haar zelf te beurt viel. De eerste dagen na thuiskomst van haar dochter voelde ze zich alsof ze kapotging 'aan een wond vanbinnen'.[89] De uitstapjes van haar dochter, die voor het eerst in lange tijd haar vrienden en kennissen weer kon opzoeken, bestempelde ze als egoïstisch. Voor haar was de karige aanwezigheid van Helene jr. een teken dat haar gezin langzaam uit elkaar aan het vallen was. Behalve Bob leek geen van haar kinderen nog onderdeel uit te willen maken van een familie, maar slechts een eigen leven te willen leiden. Met moeite probeerde ze te aanvaarden dat zij slechts een gezin had gehad toen haar kinderen klein waren geweest.[90]

Het meest teleurgesteld was Helene in het karakter van haar dochter. De tweeëntwintigjarige Helene jr. kende volgens haar geen grenzen wanneer zij eenmaal iets in haar hoofd had.[91] Daarmee doelde ze vooral op haar dochters antipathie jegens Sam. Vanaf het moment dat hij zijn entree had gemaakt in het gezin was Helene jr. weinig gelukkig geweest met de vriendschap tussen haar moeder en de twintig jaar jongere man, die volgens haar vooral snel carrière wilde maken. In de paar maanden dat ze samen op het Batavierkantoor in Rotterdam werkten, meende ze aan zijn haastig neergepende getallen in het kasboek te kunnen aflezen dat hij op het moment van schrijven al bezig was met de volgende positie die hij zou kunnen bemachtigen.[92]

Ook als Helene jr. haar zogenaamde vierde broer er niet van verdacht heeft via haar moeder zijn loopbaan te willen bespoedigen, dan nog had ze weinig met hem op. Vooral zijn dweperigheid stond haar tegen. In een brief naar aanleiding van een verjaardag had Sam haar vanuit Bremen ooit geschreven: 'Wanneer je je eens erg verveelt [...], schrijf dan eens veel over je mama aan me, hoe die het maakt enz enz. En vertel ook van je eigen leven en doen, ik lees het zo prettig.'[93] Het was Helene jr. wel duidelijk dat het tweede verzoek vooral een poging was het eerste nonchalant te laten lijken. Spottend vroeg ze zich af of hij wilde dat ze berichtte: 'Mama staat op, mama eet, mama schrijft, mama slaapt.'[94] Vermoedelijk was hij daar inderdaad dolgelukkig mee geweest.

Naarmate Sams aanwezigheid in het leven van haar moeder prominenter werd, had Helene jr. haar afkeer steeds duidelijker laten blijken. De spanning liep zo hoog op dat Sam niet op bezoek kon komen in Huize ten Vijver of op De Harscamp wanneer zij daar ook was. Dit tot ergernis van Helene, die het gedrag van haar dochter zelfzuchtig vond.[95] Blijkbaar doorzag ze niet dat Helene jr., als enige dochter en als enige van de kinderen die haar liefde voor kunst deelde, het moeilijk vond dat haar moeder haar persoonlijke gedachten liever met een buitenstaander deelde dan met haar.

De positie die Sam binnen Müller & Co innam, deed de situatie ook geen goed. Het huwelijk van Helene jr. had er niet toe geleid dat Paul vanuit Argentinië naar een Europees filiaal werd overgeplaatst. Integendeel, zij had zelf naar Zuid-Amerika moeten verhuizen, terwijl Sam veel dichter bij huis een baan toebedeeld kreeg. Bovendien weigerde Anton om Paul als compagnon in de zaak op te nemen. Een weigering die – en dat moet Helene jr. geweten hebben – in belangrijke mate gevoed werd door haar moeder. Helene had er bij Anton op aangedrongen om te wachten met een hoge benoeming voor Paul, totdat zij hem (haar neef!) beter zouden kennen.[96] Mocht Anton hem toch op willen nemen in de zaak, dan moest hij Paul duidelijk maken dat hij dat niet deed omdat hij hem nodig had, maar vanwege de familieband. Anders zou Paul het volgens haar nog wel eens te hoog in zijn bol kunnen krijgen.

De vergaande bemoeienis van Helene met het leven van haar volwassen kinderen moet voor hen erg benauwend zijn geweest. Gevoegd bij haar innige vriendschap met Sam is het niet vreemd dat de kinderen, Helene jr. als oudste voorop, zich begonnen te verzetten. Voor de schreeuw om aandacht die hieruit sprak, was Helene echter doof. Met groeiende tegenzin vroeg zij Sam zijn reizen uit Bremen uit te stellen, om ze aan de steeds wisselende plannen van haar dochter aan te passen.[97] Eigenlijk wilde ze niet toegeven aan die grilligheid, maar ze vond dat ze haar plicht als moeder moest laten prevaleren. En zo ging het ook de eerste week van augustus 1911, toen pijn en discussies haar belemmerden om van de rust op De Harscamp te genieten en haar dochter haar komst naar Den Haag aankondigde.

Helene telegrafeerde haar dat zij nog een paar dagen moest wachten, totdat het personeel weer terug was in Huize ten Vijver, maar Helene jr. stond erop half augustus terug te komen. Zelfs een streng telegram van Anton bracht haar niet op andere gedachten.[98] Tot Helenes teleurstelling stemde Anton uiteindelijk in. Zijn dochter moest dan maar komen, maar van hem hoefde ze niets te verwachten. Op de dag dat hij

Behrens weer naar het station in Arnhem bracht, reisde Helene daarom naar Den Haag om het huis in orde te maken. Verbolgen zat ze in de trein, terwijl ze zich afvroeg waarom ze telkens toegaf aan wat zij haar dochters grillen noemde. Ze had meer karakter en trots van haar verwacht en begreep niet hoe ze twintig jaar van haar leven voor haar had opgeofferd.[99]

Aangekomen op Ten Vijver, vermoeid en geïrriteerd door de weinig voorspoedige reis en de zeurende pijn, zette ze zich aan het bewoonbaar maken van het huis. Daarna deed ze wat ze altijd deed wanneer de frustraties in haar woedden. Ze schreef een brief. In vlijmscherpe bewoordingen liet ze haar dochter weten wat ze van de situatie vond. Ze zou het huis voor haar op orde brengen om vervolgens nog voor het weekeinde weer terug te reizen naar De Harscamp om daar samen met Anton, Wim én Sam nog de laatste vakantieweek door te brengen. Daarmee wilden zij en Anton laten zien dat ze aan Sams kant stonden. Wanneer ze Helene jr. weer zou zien, zou ze haar best voor haar doen, omdat ze nou eenmaal haar dochter was. Maar 'kindje', voegde zij er gevaarlijk lief aan toe, 'vergeet alleen maar niet dat ik je moeder ben'.[100]

Het is onduidelijk hoe Helene jr. op deze terechtwijzing reageerde. In haar brieven aan Paul maakte zij zelden gewag van aanvaringen of vervelende situaties, vermoedelijk om hem aan de andere kant van de wereld niet ongerust te maken. Zij schreef hem dan ook hoe fijn ze het had gevonden dat haar moeder haar in Huize ten Vijver welkom had geheten en dat ze samen nog een 'schönen und ungestörten' dag hadden doorgebracht voordat Helene weer naar De Harscamp vertrok.[101] Met geen woord sprak ze over Sam of over de gekrenktheid van haar moeder.

Hoewel Helene een groot deel van de laatste Harscampdagen in bed doorbracht, genoot ze van haar verblijf in de rust en ruimte van de Veluwe. Vanuit de halfopen deur van haar slaapkamer kon ze over de weide uitkijken en Sam zat regelmatig in een grote stoel bij haar bed om haar gezelschap te houden.[102] Ze vond het jammer dat ze niet levendiger was, maar het deed haar goed om Sam, Wim en Anton vol energie eropuit te zien trekken om te jagen of zomaar wat over de Veluwe te rijden.[103]

Tijdens hun laatste twee dagen in Het Klaverblad kwam ook de familie Bremmer naar De Harscamp. Bremmer had de Kröllers gevraagd of hij en zijn gezin voor een korte vakantie hun huisje mochten gebruiken en daar had Helene graag mee ingestemd.[104] Met genoegen zag ze de kinderen van Bremmer plezier hebben van haar boerderij. Het waren aardige en intelligente kinderen die zichzelf prima konden vermaken, hoewel

Helene ze wel wat onopgevoed vond. Het is de vraag of zij een verband legde tussen de vrijere opvoeding van de Bremmers en de ontspannen, nauwelijks opstandige houding van hun kinderen, die zo contrasteerde met de afstandelijkheid van haar eigen oudste kinderen.

Nadat ze Het Klaverblad aan de familie Bremmer had overgelaten, bracht chauffeur Louis haar op 23 augustus naar het ziekenhuis in Amsterdam. Het Nederlands-hervormde Diaconessenziekenhuis bevond zich op de Keizersgracht 810, wat volgens Helene wel deftig klonk, maar dat zeker niet was.[105] Ze had niet zelf gekozen voor deze instelling, maar ze was er door Brongersma naar doorverwezen, omdat hij aan dit ziekenhuis verbonden was.

Na aankomst had Helene even tijd nodig om zich te hervinden. De ruimte leek in niets op wat ze verwacht had van een kamer waarin zij weer beter zou moeten worden. Het kamertje was klein en ongezellig, de meubels leken haar meer op onhygiënische afdankertjes dan op ziekenhuismeubilair en aan de muur hingen bordkartonnen affiches met 'onzinnige', vrome spreuken.[106] De diaconessen mochten van haar best een eersteklas tarief invoeren en tien in plaats van vijf gulden per dag rekenen, als haar dat een inktpot, een fatsoenlijke tafel en een eigen zuster opleverde. Als ze dit van tevoren had geweten, dan had ze nog even gewacht met haar opname en andere ziekenhuizen in overweging genomen. Nu maakte ze er maar het beste van door van het wiebelende tafeltje een echte schrijftafel te maken. Ze zette haar kalender met filosofische spreuken erop, evenals een klimopplantje en een vaasje met heide van de Veluwe. Haar Danteboeken zette ze ter inspiratie ook op het tafeltje. Ten slotte pakte ze haar schrijfmap uit haar koffer en zette ze zich aan haar correspondentie.

Terwijl ze Anton en Sam schreef over haar kamer en haar ergernissen, dwaalden haar gedachten af naar Helene jr. en Paul. De vorige ochtend had Anton haar verteld dat hun dochter niet terug zou gaan naar Argentinië.[107] Voorlopig zou ze op Huize ten Vijver blijven, om vervolgens te verhuizen naar de Haagse Riouwstraat, waar ze een woning had gevonden. Helene had al een vermoeden gehad en het nieuws verraste haar dan ook nauwelijks. Maar begrijpen deed ze haar dochter niet. Ze vond het maar een vreemd huwelijk. Hoe kon Helene jr. haar man zomaar in de steek laten? Een vrouw had de verantwoordelijkheid met haar man mee te gaan wanneer hij in het buitenland werkte. Zelf had ze dat twintig jaar geleden ook zonder enige twijfel gedaan. Dat was nou eenmaal een consequentie van het huwelijk. Ze had medelijden met Paul, die alleen terug zou moeten. Maar bijzonder groot was haar medelijden niet, want tenslotte was iedereen 'de smid van zijn eigen geluk' en koos haar schoonzoon ervoor om zijn vrouw niet op haar weinig loyale gedrag te wijzen, noch haar te verplichten met hem mee te gaan.[108] 'Wees een man,' had Helene tegen hem willen zeggen.

Onderzoeken vonden die eerste dag nog niet plaats. Pas de volgende dag kwam Brongersma haar ophalen. Tot haar verwondering vroeg hij haar een aantal maal met een flink tempo de trap op en neer te lopen, zodat zij zich goed zou vermoeien.[109] Dit was waarschijnlijk bedoeld om haar bloedcirculatie te versnellen, wat het makkelijker maakte om haar aders te injecteren. Pas toen ze moe was en haar hart in haar keel voelde kloppen, mocht ze naar de zaal waar de behandeling zou plaatsvinden. Ze werd ten overstaan van drie verpleegsters uitgekleed, wat ze 'een beetje griezelig' vond. Daarna injecteerde Brongersma een blauwe vloeistof in haar been, die ertoe diende om haar nieren te onderzoeken. Tot slot kreeg ze een aantal inwendige spoelingen en wassingen, waarna ze weer naar haar kamer gebracht werd en direct in slaap viel.

Toen ze weer wakker werd, drong het tot haar door waarom ze maar vier dagen werd opgenomen. Zo'n korte tijd kon niet genoeg zijn om haar te genezen, die diende slechts om een diagnose te kunnen stellen.[110] Inderdaad werd iedere dag een ander onderzoek gedaan om te bepalen waardoor de pijn veroorzaakt werd. Na de eerste behandeling had Brongersma een dag rust voor haar ingepland om de daaropvolgende dag röntgenfoto's te maken. Maar Helene wilde niets van een rustdag weten. De volgende ochtend kon ze best weer een onderzoek aan en dus werden op vrijdag röntgenfoto's gemaakt.

Uit die foto's bleek dat haar kwaal niets te maken had met haar nieren of blaas, maar zich concentreerde op haar baarmoeder.[111] Daarom had Brongersma zijn collega, de gynaecoloog Rudolph Meurer, gevraagd om haar die middag nog te komen onderzoeken. Meurer bevestigde het vermoeden van Brongersma en vertelde Helene dat ze een zware operatie moest ondergaan wilde ze kans maken op genezing. Vermoedelijk had Helene myomen in haar baarmoeder, gezwellen die wanneer ze niet verwijderd werden, door zouden groeien en daardoor levensgevaarlijk waren.[112] Verdere toelichting had ze niet nodig. Het was dezelfde kwaal waaraan haar moeder had geleden en zij had de operatie ook doorstaan. Zonder aarzeling stemde ze in met de ingreep. Tot verbazing van de arts hoefde Helene niet te worden overtuigd. 'Niet meer dan 10 woorden zijn er tusschen ons gewisseld. [...] Ik ben geen klein kind.'[113] De arts vroeg om een gesprek met Anton, zodat hij ook hem de situatie uit kon leggen, maar Helene zag hier de noodzaak niet van in. Het was volgens haar geen reis naar Amsterdam waard, maar ze beloofde de dokter dat ze haar man de volgende dag zou vertellen wat er stond te gebeuren.

Tot haar operatie zou Anton de enige zijn die wist hoe levensbedreigend haar ziekte was. Op het moment dat Helene de diagnose hoorde en zij het gevoel had de dood in de ogen te zien, besloot ze om Sam er niets over te vertellen.[114] Het was de eerste keer dat ze een geheim voor hem zou hebben en dat viel haar zwaar, maar het was de enige manier om hem veel ongerustheid te besparen. Toen ze weer op haar ziekenhuiskamer was, stak ze haar haar op zoals ze wist dat hij het mooi vond, maakte het zich gemakkelijk en schreef een oprecht gelogen brief. 'Er is geen twijfel bij de heren, dus als ik het ziekenhuis weer uit ga, dan zal ik helemaal weer gezond zijn.'[115]

In plaats van weg te zakken in zelfbeklag, wat gezien de stemming waarmee ze in het ziekenhuis was gearriveerd niet verwonderlijk zou zijn geweest, veerde Helene na de diagnose op. 'Freudvoll und Leidvoll' sprak Goethe vanaf haar kalender, een spreuk die paste bij haar gemoedstoestand.[116] Het vooruitzicht van de operatie liet haar beseffen hoe gelukkig ze was met haar leven en de mensen die daar onderdeel van uitmaakten. Ze was naar het ziekenhuis gegaan met het idee dat haar nog veel te doen stond, maar toen de mogelijkheid opdoemde dat haar nog slechts enkele weken restten, wist ze dat ze misschien maar een paar taken zou kunnen volbrengen.[117] Als eerste dacht ze aan Bob, die ze een reis door Zeeland had beloofd en die ze nu dubbelgraag met hem wilde maken. Het zou misschien wel voor het laatst zijn en ze hoopte dat ze haar jongste zoon op die manier een bijzondere herinnering kon meegeven. Verder wilde ze proberen Helene jr. alsnog over te halen met Paul mee te gaan naar Zuid-Amerika, zoals ze vond dat hoorde. Natuurlijk dacht ze ook aan haar collectie en aan het huis dat ze had willen bouwen. Mocht ze komen te overlijden, dan moest haar verzameling goed terechtkomen. Liever zag ze haar dierbare kunstwerken niet 'in de handen van een of andere schoondochter' belanden, 'meiden [...] die er niets van begrijpen'.[118]

De laatste dag in het ziekenhuis schreef ze in gedachten brieven aan alle mensen die haar dierbaar waren en waarin ze haar nalatenschap verdeelde. Wat haar zorgen baarde was het geld, dat haar kinderen nu te jong toebedeeld zouden krijgen.[119] Als het aan haar had gelegen, zouden ze pas aanspraak op haar erfenis maken wanneer ze vijfentwintig waren, maar 'de wet was onverbiddelijk' en dus legde ze zich erbij neer. Ze hoopte maar dat de herinnering aan hun moeder meer invloed op haar kinderen zou hebben, dan ze zelf tijdens haar leven op hen had gehad.

Bang voor de dood was ze niet, want deze zou de moeilijkheden en de pijn van het leven met haar begraven.[120] Maar ze vreesde voor Sam. Ze vroeg zich af hoe hij zou leven en wat hij zou voelen als zij er niet meer was. In haar denkbeeldige brief zou ze hem vanuit de grond van haar hart vragen te leven. Om dat te bewerkstelligen zou ze hem de zorg voor Bob toevertrouwen, dat was het dierbaarste wat ze te geven had. Bovendien zou Sam moeten volbrengen waaraan zij begonnen was, want ze zou voortleven in hem, 'alleen beter & jonger en verder, veel verder zou je het brengen, dan ik het ooit had gekund'. Al zijn brieven had ze bewaard en ze zou deze aan hem nalaten, zodat hij ze later kon lezen. Hopelijk zag hij daar dan de jongen in terug waar zijn 'Mevrouwtje', zoals ze haar brieven aan hem ondertekende, van hield. Ook daarom was haar dag *freudvoll*, want 'Glücklich allein ist die Seele, die liebt', zoals de laatste regels luiden van het gedicht, waartoe ook de spreuk van die dag behoorde.[121] In het belang van die liefde koos Helene ervoor om in de weken die volgden met geen woord over de zwaarte van haar aanstaande operatie te schrijven. Ze wilde Sam niet nodeloos ongerust maken en hem zich niet machteloos laten voelen, zeker niet nu hij het toch al moeilijk had met de grote drukte op het kantoor in Bremen.

Ook dacht ze aan Anton. Hoe zouden zijn eerste jaren zonder haar eruitzien? Zou het huis, dat zij altijd met ijzeren greep in goede banen had weten te leiden, tot chaos verworden? Zou hij vereenzamen? Zou hij Bob niet te veel verwennen? Denkend aan het leven van Anton zonder haar voelde zij zich het ene moment overbodig en dan weer juist onmisbaar.[122] Ondanks deze zorgen voelde ze berusting. Haar zoons stonden zelfstandig in het leven, ze liet een goed verzorgde boerderij na en haar nieuwe huis was dan niet verwezenlijkt, maar het stond tenminste op papier. Wanneer ze aan dat huis dacht, dan had ze het gevoel of ze met gelijmde vleugels naar de zon had willen vliegen.[123] Ze hield zich voor dat zij er het beste mee had nagestreefd en dat was voldoende in de tijd die haar gegeven was.

Al deze gedachten en herinneringen trokken aan haar voorbij die zaterdag in het ziekenhuis voordat Anton haar kwam ophalen. Toen hij er eenmaal was, wilde ze niet meteen naar huis. Doen alsof er niets aan de hand was, zou 'poppenkasterij' zijn.[124] Als ze Anton vertelde over haar toestand had ze in elk geval een bondgenoot. Daarom reden ze niet terug naar Den Haag, maar naar Baarn, waar zij twee dagen in het Badhotel verbleven.

Al van ver zagen ze het torentje van het door Berlage ontworpen hotel boven de bomen van het Prins Hendrik Park uitsteken, net zoals de toren van Huize ten Vijver haar altijd van boven het Van Stolkpark welkom heette. Het hotel had als voornaamste doel zijn gasten veel frisse lucht, een rustieke omgeving en de modernste technieken op het gebied van watergenezing aan te bieden, om zo 'ten nutte der lijdende menschheid werkzaam te zijn'.[125] Inderdaad kreeg Helene na de beklemmende sfeer van het ziekenhuis in Baarn het gevoel het leven weer in te wandelen.[126] Samen met Anton liep ze door het nabijgelegen bos. Omringd door stilte vertelde Helene over de onderzoeken, over de verwijzing naar dokter Meurer, die – zo was haar verteld – na Hector Treub de beste vrouwenarts van het land was, ze vertelde over de diagnose, over de absolute zekerheid waarmee ze had ingestemd met de operatie en ze vertelde hem dat ze dit alles voorlopig geheim wilde houden om niemand bezorgd te maken.

Als vanzelf ging het gesprek over op de verzameling en het nieuwe huis.[127] Toen durfde ze eindelijk hardop te zeggen, welk idee sinds het bezoek aan Osthaus bijna onmerkbaar in haar was ontstaan en zich in het ziekenhuis verder uitgekristalliseerd had. Zelfverzekerd en opgelucht vertelde ze Anton dat wanneer ze de operatie zou overleven, ze geen gewoon woonhuis wilde bouwen, maar een museumhuis, dat ze na haar dood zou schenken aan het Nederlandse volk. Met het ontstaan van deze gedachte waren Behrens' plannen niet langer te grootschalig. Tenslotte ging het nu niet meer om een woning voor haar en haar gezin, maar om een monument dat uit haar leven en dat van Anton was voortgekomen en waarvan nog velen na hen zouden genieten. 'Dan zou het over honderd jaar al zijn een interessant monument van kultuur, een groote les hoe ver aan innerlijke beschaving een koopmansgezin uit het begin der eeuw 't zou hebben gebracht. Het zou een museum zijn zoo natuurlijk & levend als het tot nog toe niet was vertoond.'[128]

6
Leven en dood

VERZAMELEN VOOR DE TOEKOMST

De twee maanden die Helenes onderzoeken in Amsterdam scheidden van haar operatie, waren allesbehalve rustig. Met Bob maakte ze de beloofde reis door Zeeland en daarna ging ze druk in de weer met de plannen voor het huis op Ellenwoude. Begin september was Behrens nog een dag in Den Haag om zijn nieuwe ontwerp met haar, Anton en Bremmer te bespreken.[1] Het huis, dat Helene in haar brieven aan Sam vanaf nu steeds vaker het museumhuis noemde, begon meer en meer te lijken op wat zij zich ervan had voorgesteld. Het nieuwe ontwerp was 'esthetisch veel mooier' geworden.[2] Beter dan voorheen kon ze zich vinden in de royale afmetingen die de architect voor ogen had. Er waren nog veel details, die ze graag met Behrens wilde bespreken, maar nu ze het doel van haar huis duidelijk had geformuleerd, had ze er vertrouwen in dat ze hem haar ideeën beter kon uitleggen dan voorheen.

Die nazomer van 1911 was Helene ook vaak op De Harscamp. Met volle teugen nam ze de zomerse pracht van de Veluwe in zich op. Het beheer van het landgoed hadden zij en Anton in handen gegeven van de Heidemaatschappij, de organisatie die zij een jaar eerder een rapport over het landgoed hadden laten opstellen. Gedurende enkele dagen trok ze samen met Toon en Johan Memelink, de opzichter van de Heidemaatschappij, er met een paardenkar op uit om de gronden van de Veluwe in kaart te brengen.[3] De heide, bossen, weilanden en bouwland werden door Memelink van een eigen kleur en becijfering voorzien, zodat hij kon uitrekenen hoeveel hectare iedere soort grond besloeg en hoe de Kröllers dit in de toekomst het beste konden verbouwen en uitbreiden. Helene was verrukt over de precieze manier waarop Memelink zijn werk uitvoerde, iets waarvan Toon nog veel kon leren. Als het kon, zou ze haar oudste zoon graag bij de Heidemaatschappij in de leer laten gaan.

Memelink zelf zou ze later vragen om hun rentmeester te worden. Tijdens een wandeling over het landgoed Hoenderloo vroeg ze hem wat hij van hun bezit vond. Hij antwoordde het 'ongelofelijk mooi' te vinden, waarop Helene hem vertelde dat dit pas het begin was.[4] Het ging goed met Müller & Co, waardoor zij en Anton het plan hadden opgevat om hun grondgebied op de Veluwe naar het zuiden toe nog verder uit te breiden. Dat zou veel werk opleveren, vooral voor een rentmeester. Ze bood hem het zelfstandig beheer van de boerderij en het landgoed aan, maar Memelink twijfelde of het wel verstandig was om in dienst te gaan bij deze, wat hij noemde, 'onberekenbare, wispelturige dame'.[5] Zich ervan bewust dat haar veeleisendheid de man tegenhield om het aanbod te accepteren, bracht Helene het onderwerp zelf maar ter sprake: 'Het werk lijkt U wel en U zou daarmee dolgraag blijvend worden belast, maar U is bang voor mij.'[6] Streng, maar tegemoetkomend verordonneerde zij Memelink daarom: 'Stel het dienstverband op 25 jaar en maak de overeenkomst zo, dat U niet afhangt van de humeurtjes van mij en mijn man.' En dus accepteerde hij het aanbod.

Tijdens haar verblijf op De Harscamp maakte Helene kennis met nog een andere man, met wie zij jarenlang intensief zou samenwerken en die van grote betekenis zou blijken voor de Veluwe. Omdat ze op zoek was naar een architect die een aantal arbeidershuisjes voor het landgoed kon ontwerpen, liet Bremmer haar kennismaken met iemand van wie hij zelf een groot bewonderaar was: H.P. Berlage.[7] Net als veel kunstliefhebbers, kende Helene de vermaarde architect als bouwheer van de koopmansbeurs in Amsterdam – de Beurs van Berlage –, die in 1903 gereed was gekomen. Ook kende zij het huis van Carel Henny, directeur van verzekeringsmaatschappij De Nederlanden van 1845, die een van Berlages belangrijkste opdrachtgevers was.[8] Villa Henny stond aan de Scheveningseweg, in de buurt van het Van Stolkpark. Tijdens haar ochtendwandeling kwam Helene er bijna dagelijks voorbij. Hoewel Henny ook een cursist van Bremmer was en beide heren nauw contact onderhielden met Berlage, wist Helene lange tijd niet wie dat bijzondere huis aan de Scheveningseweg had ontworpen.[9]

Berlage kwam een aantal maal naar De Harscamp om met Helene en Bremmer te overleggen over de arbeidershuisjes en – hij was tenslotte een man van veel talenten – het zilverwerk voor Ellenwoude. Haar ontmoeting met de Amsterdamse architect maakte Helene nieuwsgierig naar zijn publicaties. Op Bremmers aanraden las zij daarom onder meer *Over stijl in bouw- en meubelkunst*, waarin Berlage ten strijde trok tegen de 'bedenkelijke nuchterheid enerzijds' en de 'ergerlijk prullige tot ploertigheid stijgende blufferigheid anderzijds' van de negentiende-eeuwse architectuur en interieurontwerp.[10] Nu was Helene het niet met alles eens wat de architect schreef, maar toch gaf het boek haar 'een gevoel van het oude Dante lezen'.[11] Dat kwam voornamelijk door Berlages pleidooi voor eerlijkheid in de kunst. Hout moest als hout gebruikt worden en steen als steen. Zogenaamde schijnarchitectuur, waarin de constructie verborgen bleef of waarin overbodige versieringen werden gebruikt, verafschuwde hij.[12] Gepassioneerd schreef hij over een oorspronkelijke stijl, die geen kopie was van vroegere bouwkunst of vormgeving, maar die paste bij de huidige tijd.[13] Berlage was volgens Helene dan ook 'een eerlijken kunstenaar, die zijn leven lang streed voor het beginsel van oprechtheid'.[14]

Haar waardering voor de architect was zo groot dat zij hem als een mogelijk interessante bouwheer voor Müller & Co beschouwde. Daarom bracht ze hem in contact met Anton. Ze vermoedde dat haar man nog een groot aantal nieuwe bouwopdrachten te vergeven had en ze vond het een prettige gedachte als hij deze aan een kunstenaar zou verstrekken, 'om ook in dit opzicht iets achter te laten, wat voor wie na hem komt waarde had'.[15]

Er waren altijd de nodige gasten op De Harscamp. Eind september 1911 kondigde Mies van Stolk haar bezoek aan. Zij was sinds jaren een goede vriendin van Helene jr., met wie zij op de lagere school had gezeten. Voor Helene was Mies dan ook geen onbekende. Haar relatie tot het meisje veranderde echter nadat Toon in het voorjaar verliefd op haar was geworden en aankondigde om zich met haar te verloven. Op zich was Mies een uitstekende partij. Al generaties lang behoorde de familie Van Stolk tot de Rotterdamse koopmanselite.[16] Vader Cornelis van Stolk was een welvarende graanhandelaar en voormalig voorzitter van de Rotterdamse Kunstkring. De tantes Grietie Smith-van Stolk en Georgette van Stolk behoorden bovendien tot de eerste en meest trouwe 'Bremmerianen'.[17] Zodoende had Mies het fortuin en de culturele ontwikkeling die haar tot een interessante potentiële schoondochter maakten. Volgens Helene zou Mies een goede invloed op Toon kunnen hebben, omdat hij zou inzien 'hoe ver zij van hem [afstaat] in beschaving'.[18] Haar zorgen betroffen dan ook niet Mies haar achtergrond, maar de jeugdige leeftijd van het stel. Een zorg die zij met het echtpaar Van Stolk deelde. Daarom drukte Helene haar oudste zoon op het hart rustig aan te doen en eerst een eigen plaats in de wereld te verwerven voordat hij zich vastlegde.[19] Toon had zich voorgenomen om na zijn diensttijd boer te worden, maar ondernam vooralsnog weinig op dat gebied. Zodoende ontleende Toon zijn status nu nog geheel aan zijn vader en voor een dochter van Van Stolk was dat volgens Helene niet voldoende. Ook vreesde ze dat Mies te weinig daadkrachtig was voor het leven op een boerderij. Volgens haar keek het meisje vooral naar de mooie kant van De Harscamp en besefte ze niet hoe hard er gewerkt moest worden.[20]

Vanwege Toons verlovingsplannen wilde Helene zijn vriendin beter leren kennen en haar de ogen openen voor de 'lasten en zorgen' van een boerderij. Zo hoopte ze Mies bewust te maken van het soort toekomst dat zij kon verwachten. Ze was verrast dat Toons vriendin eind september liet weten toch niet naar de Veluwe te komen in verband met een verkoudheid. Ongeveer gelijktijdig ontving Helene een telegram van haar dochter met de vraag of ze naar De Harscamp kon komen. Deze keer had ze geen moeite met het spontane bericht en ze liet Helene jr. weten dat ze welkom was. Het bezoek deed haar goed, het was alsof ze de dagen herbeleefde waarin zij zich nog verbonden voelde met haar dochter. Samen verheugden zij zich op de afspraak met Behrens voor het nieuwe huis, de Bremmerlessen en het bezoek aan 't Binnenhuis, het meubelatelier van Berlage en Jac. van den Bosch in Amsterdam.

Helenes dochter was in verwachting van haar eerste kind en samen gingen ze bij 't Binnenhuis meubels uitzoeken voor de kinderkamer. Het atelier maakte degelijke meubels, maar Helene miste in de ontwerpen de warmte en ingetogenheid die Louis Seize- en Empire-meubilair volgens haar bezaten.[21] Hoewel ze op aanraden van Bremmer Berlages boeken inmiddels had gelezen, ontging haar nog de schoonheid van eerlijk materiaalgebruik waar het de architect-ontwerper om te doen was. De afkeer van onnodige versieringen of verdoezeling van het oorspronkelijke materiaal resulteerde volgens Helene in te eenzijdig werk, met 'altijd hetzelfde hout, altijd eiken'.[22] Ook de sociale gedachte achter het atelier bleef haar vreemd. 't Binnenhuis had tot doel te bemiddelen tussen koper en kunstenaar en tevens de smaak van de koper te verbeteren.[23] Hoewel de oprichters de kritiek kregen dat hun huisraad veel te duur was voor een gemiddeld huishouden, miste Helene 'het meubel dat bestemd is voor een ruimere beurs'.[24] In plaats van dit gemis aan de hand van de sociaaldemocratische gedachte achter het atelier te verklaren, legde Berlage aan Helene uit dat de gegoede kringen in Nederland nou eenmaal niet zo modern waren als die in Duitsland, waar grootindustriëlen hun huizen inrichtten met ontwerpen van moderne meesters.[25] In Nederland ging de voorkeur daarentegen nog altijd uit naar de klassieke Franse meubelen. Met haar voorliefde voor Louis Seize en Empire was Helene daarvan het levende voorbeeld – wat Berlage ongetwijfeld gedacht, maar niet gezegd heeft.

Moeder en dochter kochten bij 't Binnenhuis alle meubelen die zij voor de kinderkamer nodig achtten. Helene vond het allemaal maar 'heel onpractisch, [...] maar vol van esthetisch genot' voor Helene jr. Ondanks alle gezelligheid had ze toch een onbestemd gevoel, alsof er iets in haar stilstond, 'bang, eng tegelijk & toch in hoop'.[26] Toen ze de volgende dag in de dienkamer de bloemen aan het schikken was, vroeg een van de dienstmeisjes haar of ze het stapeltje paperassen weg mocht doen dat daar lag. Terwijl ze de papieren doorkeek, viel haar oog op de woorden: 'Helene zegt dat zij niets meer rein & natuurlijk kan zien', 'ongelukkig' en 'gecompliceerde ziel'.[27] Onmiddellijk herkende ze het handschrift van Mies van Stolk, maar het duurde even voor ze besefte dat deze woorden op haarzelf betrekking hadden. Zonder erover na te denken, las ze ook de rest van de brief, die inderdaad van Mies was en gericht aan Toon. Zij schreef dat Helene jr. haar dringend gewaarschuwd had voor hun moeder. Destijds zou ze er alles aan gedaan hebben om Helene jr. en Paul uit elkaar te drijven en ze was dat nu ook bij hen van plan.[28] In haar brief adviseerde Mies Toon om zich vooral zo vriendelijk en normaal mogelijk tegenover zijn moeder te gedragen. Moeders hielden ervan als hun zonen ook een beetje hun vriend waren en bovendien was het de enige manier om zeggenschap te krijgen over De Harscamp. Als hij in de contramine ging, zou Helene de boerderij nooit aan Toon overdragen. Mies vermoedde dat zijn moeders invloed zo groot was, dat zij 'nooit je je eigen gang zal laten gaan & daarom is het goed, dat je haar heelemaal op je hand houdt, heelemaal voor jouw ideeën wint, anders zult je geen leven hebben'.[29] Deze uitgekiende raad kwetste Helene het meest: 'als zoo, zoo een zoon tegenover zijn moeder moet staan, dan wil ik geen moeder wezen,' schreef ze aan Sam, bij wie ze haar hart uitstortte.[30]

Terwijl ze nog bezig was met deze brief, kwam Toon thuis. Hij was 'vriendelijk & aardig, maar God, zijn ze dat niet allen! Helene niet ook?' Ze voelde zich gekwetst dat haar kinderen zich anders tegenover haar gedroegen dan dat zij zich klaarblijkelijk voelden. De hele situatie ervoer ze als een verraderlijke komedie, waarvan de onoprechtheid haar het meest tegenstond. Op het moment dat Toon binnenkwam, besloot ze nu dan maar aan die komedie mee te doen. Tot haar eigen verrassing ontdekte ze iets 'slangachtigs' in zichzelf, waardoor ze haar uiterlijke rust hervond om te doen alsof er niets gebeurd was. Met 'een uiteengescheurd binnenste & met een doodkalm, lief gezicht' dronk ze samen met hem thee. Daarna ruimde ze op en verkleedde ze zich, alles zonder erover na te denken. Aan Sam schreef ze dat ze zichzelf alleen nog maar kon zien als het 'afgrijselijke spook' dat haar kinderen in haar zagen. Het voelde alsof er die dag 'iets ter dood geleid' was.

Nadat ook Anton de brief had gelezen, raakte hij buiten zichzelf van woede en stuurde zijn dochter het huis uit.[31] Door zijn woede kwam Helene juist tot bezinning en lukte het haar de situatie wat te relativeren. Wat er gebeurd was, liet haar echter niet los en helemaal rustig voelde zij zich de volgende dagen dan ook niet. De gedachte stond haar tegen dat Helene jr. zich nu alleen in het grote, lege huis aan de Riouwstraat bevond, waar ze eigenlijk pas na haar bevalling zou gaan wonen.[32] Het liefst zou ze haar helpen met inrichten en proberen weer nader tot elkaar te komen.[33] Maar voor het zover was moest haar dochter 'eerst [...] natuurlijk even haar hoofd buigen'.

Helene jr. had echter de koppigheid en trots van haar moeder geërfd. Een week nadat Anton haar de deur had gewezen kwam ze naar Huize ten Vijver met de bedoeling om het goed te maken, maar ze weigerde om te zeggen dat ze iets verkeerd had gedaan.[34] Waarschijnlijk was ze toeschietelijker geweest als ze had geweten van de ernst van haar moeders ziekte. Maar Helene had nog steeds niemand van het gevaar van haar aanstaande operatie verteld. Haar eigen trots was ook te groot om Helene jr. weer in de armen te sluiten. Zelfs in de wetenschap dat zij de operatie misschien niet zou overleven, nam zij geen genoegen met de verzoeningspoging, die zij te slap vond. Toch kon zij haar zwangere dochter niet nog eens wegsturen. Helene jr. zou op zichzelf blijven wonen, maar mocht overdag weer naar Huize ten Vijver komen, zodat zij haar kon verzorgen.[35] Dit tot ongenoegen van Anton, die zijn teleurstelling en woede minder goed kon verbijten dan zijn vrouw.

De operatie kwam inmiddels dichterbij. Helene bleef hierover luchtige berichten naar Sam sturen. Ze liet hem weten dat ze vol vertrouwen naar het ziekenhuis ging. 'Vol vreugde om [voor] jou gezond te willen zijn, om jou alle zorg te ontnemen. Dat maakt het eigenlijk een heerlijkheid voor mij – vreemd en toch is het zoo.'[36] De zorgen die zij zich wel degelijk maakte, drukte ze weg door zich te richten op wat er voor haar vertrek nog moest gebeuren. Allereerst nam ze Bremmer in vertrouwen over de ernst van haar ziekte en vroeg hem of haar verzameling genoeg statuur had om eventueel aan een Nederlands museum te schenken.[37] Dat leek hem zeker het geval en hij beloofde erop toe te zien dat de collectie een passend onderkomen zou krijgen, mocht haar operatie onverhoopt een ongunstige wending nemen.

Vervolgens gaf ze de leiding van De Harscamp over aan Memelink, die ze op het hart drukte het landgoed te beheren alsof het zijn eigen bezit was.[38] Tot haar opluchting had de Heidemaatschappij ermee ingestemd om Toon vanaf eind oktober voor een jaar als stagiair op te nemen, wat weer een zorg minder was. Als gezelschap voor Bob gedurende haar verblijf in het ziekenhuis vroeg ze Clifford Pownall om op Huize ten Vijver te logeren.[39] Deze jongeman was een vriend van Helene jr. en Helene kende hem, net als Sam, van ODIS. Ze wist dat Bob opkeek tegen oudere jongens en ze vermoedde bovendien dat Clifford haar en Anton graag een plezier deed.

Behalve Anton, Sam, Bremmer en Clifford was iedereen in de veronderstelling dat Helene een aantal dagen naar De Harscamp zou gaan. In een poging haar kinderen niet ongerust te maken, had zij hun namelijk verteld dat zij pas een week later geopereerd zou worden. Zo namen zij afscheid van haar alsof ze slechts een paar dagen weg zou gaan, niet wetende dat het misschien de laatste keer was dat ze hun moeder zagen.

Op zaterdag 21 oktober 1911 werd Helene weer opgenomen in het Diaconessenziekenhuis, om op maandag geopereerd te worden. Ze had geleerd van haar eerste bezoek en was goed voorbereid naar Amsterdam gekomen. Het eerste wat ze bij aankomst deed, was dan ook haar kamer gezellig maken. Haar spreukenkalender en haar boeken kregen samen met een bos bloemen een plek op het schrijftafeltje en tegen de grote, vlakke muur tegenover haar bed hing ze een aantal reproducties. Op zondag, de dag voor haar operatie, schreef ze haar afscheidsbrieven. Een maand eerder had ze al een brief voor Sam opgesteld, waarin ze hem vertelde over de goede afloop van de operatie. Hij was toen net enkele dagen op bezoek geweest op De Harscamp en in Den Haag. Het besef dat dit wel eens hun laatste samenzijn zou kunnen zijn, had Helene de behoefte gegeven hem op dat moment al de brief te schrijven, die ze pas een maand later door de verpleegster zou laten versturen – als ze de operatie zou overleven. Het was deze brief waarin ze hem opbiechtte dat ze voor het eerst een geheim voor hem had gehad, maar dat ze daarvoor gekozen had om hem wekenlange zorgen te besparen.

Nu ze eind oktober werkelijk in het ziekenhuis lag, wetende dat dit misschien haar laatste levensuren waren, schreef ze hem nog een brief. Dit verzegeld schrijven was een testament, waarin ze hem de gehele inhoud van haar boudoir, haar schrijftafel uit Het Klaverblad en *Zaaier (naar Millet)* van Van Gogh naliet.[40] Daarbij sprak ze de wens uit dat Sam deze erfstukken op een later moment in zijn leven weer zou voegen bij de rest van haar verzameling, of dat hij ze zou schenken 'tot nut van het algemeen'. Op een apart geschreven en verzegelde brief stemde ze in met een wens die hij eens met klem had uitgesproken, namelijk om naast haar begraven te worden. Ze hoopte voor hem dat hij tegen het einde van zijn leven een eigen familie om zich heen zou hebben, die zijn wens meer naar de achtergrond zou hebben geschoven. Niettemin gaf ze hem de toestemming die hij vroeg: 'Je moogt begraven worden daar, waar je je geestelijk leven hebt geleefd: in ons midden & naast mij, want ik voelde je altijd als een van de onzen.'[41]

Ook aan Anton schreef ze een testamentaire brief, waarin ze aangaf haar vermogen volgens de wet na te laten, maar haar kinderen dringend verzocht om hun erfdeel pas te aanvaarden als zij vijfentwintig waren.[42] Ze was van mening dat 'het vroege, niet zelf verworven bezit hun levensstrijd te gemakkelijk [zou] maken en hun capaciteiten niet ten volle [zou] doen ontwikkelen'. Verder hoopte ze dat Anton ermee zou instemmen om het deel van haar vermogen dat zij na aftrek van de kindsdelen vrij kon verdelen, te besteden aan kunst. Deze kunstwerken moesten dan toegevoegd worden aan de verzameling zoals die nu bestond, om uiteindelijk geschonken te worden aan de gemeenschap. Ook sprak ze de wens uit dat ooit de gehele verzameling in een gebouw ondergebracht zou worden dat de sfeer bezat die zij het nieuwe huis had willen geven. Daarbij benadrukte ze echter dat Anton de verzameling zo lang als hij wilde om zich heen moest houden. Tenslotte hadden ze alles samen gekocht en ze had de kunstwerken nooit als haar 'uitsluitend bezit' beschouwd, maar 'als een stuk van dat geestelijk huis, dat ik trachtte om ons allen heen te bouwen'.

Aan Toon wilde ze Het Klaverblad nalaten, maar pas wanneer Anton er niet langer gebruik van wilde maken. Bob liet zij een portret van zichzelf na, geschilderd door Thorn Prikker, voor Helene jr. bestemde ze twee portretten van haar meest geliefde kunstenaars, Henri Fantin-Latour en Vincent van Gogh.[43] Wim mocht uit haar bezit kiezen wat hem het meest aan haar herinnerde. Ook haar schoonzoon en toekomstige schoondochters liet Helene wat na; voor Paul een schilderijtje van Avercamp, voor de anderen sieraden of Delfts blauw. Verder vroeg ze aan Anton of hij voor haar vaste personeel een pensioen of een andere financiële regeling wilde treffen. Haar persoonlijke afscheid schreef ze hem in een andere brief, die helaas niet bewaard is gebleven.

De operatie verliep voorspoedig en op dinsdag schreef Helene heimelijk – want ze mocht eigenlijk niet bewegen – op een klein velletje en met een hanenpotenhandschrift van de nawerkende narcose een briefje aan Sam om hem te laten weten dat het goed met haar ging.[44] Haar wond was ingezwachteld in een strak verband, wat bewegen bijna onmogelijk maakte. Daarom schreef ze haar briefje plat op haar rug, met haar armen in de lucht, hopend dat de zuster niet binnenkwam. Ze deed zich sterker

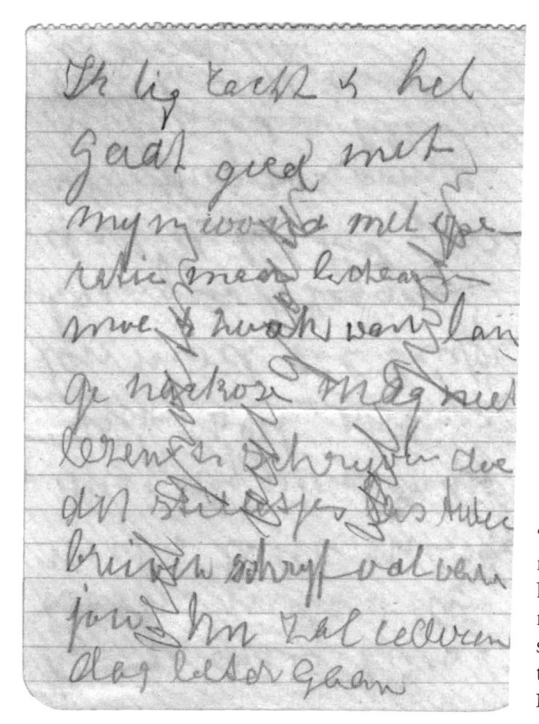

'Ik lig zacht & het gaat goed met mijn wond met operatie, maar lichaam moe & zwak van lange narkose mag niet lezen & schrijven doe dus stilletjes las twee brieven schrijf veel aan jou Nu zal iederen dag beter gaan.'

voor dan ze was, tegenover de verpleging en tegenover haar bezoek, omdat ze niet wilde dat iemand haar zwakte zag. Haar verblijf in het ziekenhuis moest namelijk 'een glorie zijn', die ze aan Sam kon geven.[45]

En een glorie werd het. Toen Helene uit het ziekenhuis werd ontslagen, kreeg ze van de artsen het verwonderde compliment dat zij nog nooit iemand hadden meegemaakt die zo kalm was in de dagen voor een operatie. Iemand die bovendien alles alleen deed, omdat zij vrienden en familie geen zorgen wilde geven. Daarop antwoordde Helene dat ook niet iedereen mevrouw Kröller was en dat mevrouw Kröller ook niet als iedereen mocht zijn. Voor zichzelf had zij niettemin een heel andere verklaring voor de kracht die zij had aangeboord. Door iedere minuut in het ziekenhuis in gedachten met Sam te delen en door haar wens hem te behoeden voor het leed dat haar dood bij hem zou veroorzaken, was zij boven haar pijn uitgestegen en had zij de verbetenheid kunnen opbrengen om koste wat kost met glans haar operatie en herstel te doorstaan.

De vier weken die zij in het ziekenhuis moest blijven om van de operatie te genezen, gaven haar veel tijd om na te denken. Vooral over de toekomst, die zich nu weer duidelijk voor haar uitstrekte. Ze verlangde ernaar om met 'het nieuwe leven van doen' te beginnen.[46] Geen passief leven meer, maar een leven van daden die 'een helpende hand voor velen die na ons [komen]' zouden nalaten.⁴⁷ Ze had het gevoel aan het begin van een nieuw leven te staan, 'want met het oude had ik afgerekend'.⁴⁸ Althans, dat wilde ze graag, maar ook nu gingen bijvoorbeeld bezoekjes van Helene jr. niet zonder kritiek voorbij. Nog altijd vond ze haar dochter slordig en gehaast. Bovendien nam ze het Helene jr. kwalijk dat ze van anderen moest horen dat zij kunstbeschouwingslessen 'à la Bremmer' ging geven.⁴⁹ Bitter verzuchtte Helene tegenover Sam dat ze het moeilijk vond om 'te voelen dat je kind toch niet je eigen vleesch & bloed & innerlijk is, het tegengestelde soms'.⁵⁰ Ondanks de kracht die Helene had gevonden om van haar operatie een glorie te maken, slaagde ze er nog steeds niet in om in haar kinderen de volmaaktheid te zien, die volgens haar eigen levensbeschouwing toch in ieder aspect van het leven te ontwaren zou moeten zijn.

Tien jaar later zou ze aan Bob schrijven dat het verdriet over Helene jr. haar gedwongen had een nieuw houvast te zoeken in het leven, dat beter bestand was tegen de tegenslagen van het leven.⁵¹ Ze moest een doel hebben om voor te leven. Door het conflict met Helene jr. besefte ze dat haar kinderen dat doel niet langer konden zijn. Haar kinderen zouden nooit kunnen uitdragen wat zij wilde nalaten. Steeds meer raakte ze ervan overtuigd dat het intellectuele erfgoed van haar verzameling en het toekomstige museumhuis 'meer vruchten zal brengen, dan de stoffelijkheid, die [zij] kon geven door de kinderen'.⁵²

Half november 1911 mocht Helene weer naar huis om daar verder aan te sterken. Anton kwam haar in Amsterdam ophalen om haar mee te nemen naar Huize ten Vijver, waar een vrolijk versierde eetkamer en een lunch op haar wachtten. Voordat zij vertrokken, moest eerst nog de rekening betaald worden. Na Helenes laatste gesprek met dokter Brongersma stond Anton al klaar met het 'chequeboekje in de hand'.⁵³ Behalve de kosten voor de operatie, doneerde hij nog een aardig bedrag, tot 'reuzendankbaarheid' van het ziekenhuis.

Hoewel Helene herstellende was en ze van de dokter het advies had gekregen om veel te rusten, stond ze zichzelf dit nauwelijks toe. Ze was vastberaden om met haar leven van doen te beginnen, zoals ze het zelf noemde. Met Bremmer overlegde ze over de toekomst van haar verzameling, die vanaf nu toegerust moest worden om een hoger doel te dienen.⁵⁴ Als ze haar collectie wilde schenken aan de Nederlandse staat en deze dus een meerwaarde moest vormen op wat het land al aan kunstschatten rijk was, dan moest ze zich volgens haar adviseur richten op spirituele – lees: moderne – kunst en niet op 'materialistische' kunst.⁵⁵ 'Van het laatste zijn onze Musea al vol en men blijft in die richting verder kopen.' Ook gaf hij haar in overweging om zich vooral op buitenlandse kunstenaars te richten, omdat deze in Nederlandse musea nauwelijks te zien waren.

Het waren twee gouden tips, want Bremmer had volkomen gelijk. De Nederlandse kunstmusea hingen vol met landschappen en portretten uit de zeventiende en achttiende eeuw. Bij gelegenheid was er wel eens moderne kunst te zien, maar dan ging het om tentoonstellingen van kunstenaarsverenigingen en niet om de eigen collectie.[56] Internationale moderne kunst was al helemaal niet te vinden in de ietwat stoffige zalen van de Nederlandse kunsttempels. Daarin zou pas in de jaren twintig verandering komen en zelfs toen nog maar mondjesmaat.[57] De belangrijkste reden voor dit weinig vooruitstrevende beleid was geldgebrek. En dat was nu precies waarvan Helene geen last had. Als ze een eigen museum wilde oprichten, dan was de internationale moderne kunst een uitstekende niche.

Overtuigd van haar missie vergezelde zij Bremmer steeds vaker naar veilingen en tentoonstellingen. Als ze weinig zin had om haar boudoir te verruilen voor een tocht door de winterkou naar een tentoonstelling, dacht ze aan haar museumhuis en vond ze dat ze niets mocht missen wat haar collectie betrof, om vervolgens toch haar jas aan te trekken.[58] Vier dagen na haar thuiskomst uit het ziekenhuis had ze daarom een afspraak met Behrens om de bouwplannen te bespreken. Weer een paar dagen later ging ze samen met Bremmer naar het veilinghuis van Frederik Muller in Amsterdam, waar op dat moment de kijkdagen plaatsvonden van de grote najaarsveiling.[59] En in dezelfde periode kocht ze bij de Amsterdamse kunsthandel C.M. van Gogh twaalf tekeningen van Vincent van Gogh. Het leek wel of ze de dood nog om de hoek waande en geen dag verloren wilde laten gaan in de verwezenlijking van haar nieuwe levensdoel.

Een van de eerste schilderijen die ze na haar ziekbed kocht, was een portret van de Franse dichter Stéphane Mallarmé, geschilderd door Antoon Derkinderen. Ze kocht het werk in februari 1912 voor honderd gulden bij de kunsthandel C.M. van Gogh en was zeer in haar nopjes met deze vondst.[60] Het was haar niet om de dichter te doen, want zijn naam vergat ze continu. Wat ze er zo mooi aan vond, was dat het portret geschilderd was in de geest van Matthijs Maris. Daarmee dacht ze waarschijnlijk aan diens latere werk, dat door sommigen werd gezien als aankondiging van het symbolisme.[61] Bij de aankoop zag Helene onmiddellijk voor zich hoe haar toekomstige schilderijenzaal met dit werk verrijkt zou worden.

Een paar dagen later verwierf ze *L'écharpe jaune* (circa 1899, kleurafb. 5), een ontwapenend portret van Redons vrouw Camille. Over de aankoop van deze bijzonder mooie pasteltekening had Helene overigens wel gemengde gevoelens: 'Het is toch hard dat zoo'n groot kunstenaar op zijn 70ste jaar het portret van zijn vrouw moet verkopen om aan een paar honderd fcs. te komen,' schreef ze aan Anton.[62] Kennelijk bezwaarde de koop haar niet genoeg om het portret bij wijze van vriendelijk gebaar aan de kunstenaar te retourneren.

Behalve de hernieuwde energie waarmee Helene de besprekingen met Behrens aanging en haar grotere betrokkenheid bij aankopen, hadden haar plannen voor het museumhuis ook tot gevolg dat zij nog meer geïnteresseerd raakte in kunstbeschouwing. Meer dan voorheen laafde ze zich aan de Bremmerlessen, die weer iedere vrijdagavond in Huize ten Vijver plaatsvonden. Steevast liet ze zijn lezingen in steno opnemen om ze vervolgens, soms voorzien van reproducties, op te sturen naar Sam en Wim in Bremen, zodat ze niets hoefden te missen.[63]

Vooral Helenes interesse in Van Gogh werd na haar operatie vergroot. Uit Bremmers lessen kende ze maar al te goed de strijd die de kunstenaar had geleverd om het lijden te boven te komen. Volgens Bremmer lag de kracht van Van Gogh in zijn capaciteit om zijn worsteling met het leven te kanaliseren via zijn kunst.[64] Die gedachte sprak Helene sterk aan. Begin 1912 las zij daarom Bremmers boek *Vincent van Gogh. Inleidende beschouwingen*, dat een jaar eerder was verschenen.[65] In deze inleiding gaf haar adviseur een minutieuze analyse van een groot aantal schilderijen en tekeningen van Van Gogh, waarbij hij de nadruk legde op stijl als instrument voor persoonlijke expressie. Hij plaatste het werk binnen de context van wat in zijn ogen Van Goghs grootste verdienste was: spirituele verheffing door het ontstijgen van ontberingen.

Volgens Bremmer hoefde Helene het boek niet te lezen, omdat zij toch al wist wat erin stond. Dat was waarschijnlijk de reden waarom ze de *Inleidende beschouwingen* pas een jaar na publicatie oppakte. Inderdaad ontdekte ze er weinig nieuws in en vond ze het boek 'geen prettige lectuur, geen literair genot, de stijl is zoo slecht', maar de diepgang waarmee Bremmer het werk van Van Gogh beschreef, vond ze niettemin 'diep doordacht'.[66] Die vernuftigheid en de herkenning die ze in het overwonnen lijden van de kunstenaar zocht, leidden ertoe dat ze Bremmers interpretatie van Van Goghs werk zonder meer overnam. Al in diens vroegste werk lag volgens Helene het bewijs dat Van Gogh het leed van de mensheid doorvoelde. Zijn Nederlandse werk, zoals de litho '*At Eternity's Gate*', de 'man die leed heeft met zijn vuisten voor zijn gezicht', liet de

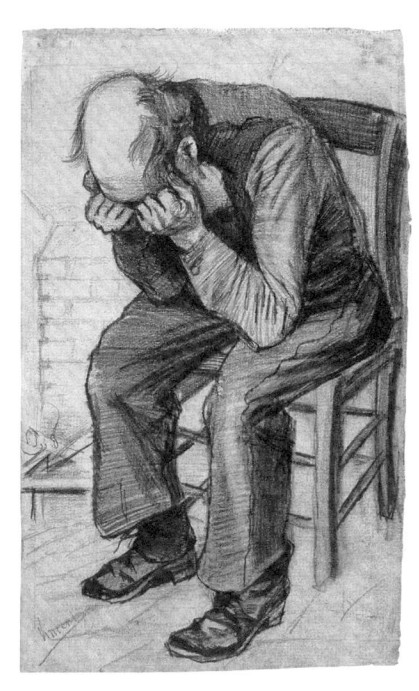

Vincent van Gogh, '*At Eternity's Gate*' (1882), litho. Van Gogh Museum, Amsterdam.

diepe compassie zien waarmee Van Gogh zijn onderwerpen vastlegde.⁶⁷ Die compassie bewees voor haar hoe 'totaal modern' zijn werk was. Het was een teken van de moderne tijd dat de mens, kunstenaars en schrijvers voorop, meer medeleven toonden voor de medemens dan in voorgaande eeuwen.

In de tien jaar dat Van Gogh probeerde de mens in al zijn psychologische diepte vast te leggen, slaagde hij erin – althans volgens Helene – om boven het lijden uit te stijgen. Dat maakte dat zijn Franse werk zo van zijn Nederlandse werk verschilde, zelfs wanneer het onderwerp hetzelfde was. Wanneer men de litho uit 1882 vergeleek met *Treurende oude man* ('*At Eternity's Gate*') (kleurafb. 8), het schilderij waartoe hij het acht jaar later uitwerkte, werd duidelijk dat Van Gogh in Frankrijk het leed schilderde als iets wat hij overwonnen had. 'Als men leed zoodanig schildert dan voelt men het eigenlijk niet meer als leed, men lijdt er op dat moment niet meer onder, maar weet dat het is een noodzakelijkheid & die erkenning daarvan geeft [rust].'⁶⁸

Het grote belang van Van Gogh lag volgens Helene dan ook niet zozeer in de werken die hij had achtergelaten, maar vooral in zijn menselijkheid. Hij was de eerste 'die ons & door alle tijden heen het algemeen menschelijke liet voelen & die schilderde omdat hij in de eerste plaats zelf mensch en dan schilder was'.⁶⁹ Zij was ervan overtuigd dat ooit zou blijken dat

Van Gogh 'snaren in het menschdom zal hebben aangeroerd, die [de mens] wel onderbewust in zich voelde trillen, maar waarvan een bewuste openbaring er nog niet was. […] Zoo zal men later, als alle menschen meer aan zijn taal, aan zijn vormen gewend zijn, beginnen iets van de psyche van de menschen [te] begrijpen in haar groote verschillen, die men nu nog niet kent'.[70]

Had Helene voor haar operatie de buitenlandse aankopen veelal aan Bremmer overgelaten, nu reisde ze met weinig moeite eind februari naar Berlijn, waar de collectie van de Hamburgse verzamelaar Eduard Weber werd geveild. De verkoop van de collectie Weber vormde de spectaculaire opening van het nieuwe veilinghuis van Rudolph Lepke aan de Potsdamerstraße.[71] Weber was in 1907 overleden en had een aanzienlijke collectie nagelaten, waaronder circa vierhonderd werken van oude meesters uit de veertiende tot achttiende eeuw. Met de verkoop van schilderijen van onder anderen Mantegna, Tiepolo, Rembrandt, Hals en Rubens werd de veiling van zijn collectie in 1912 dé spraakmakende gebeurtenis van dat jaar in de Berlijnse kunstwereld.[72] De veiling bracht museumdirecteuren, kunsthandelaars en verzamelaars uit de hele wereld naar de Duitse hoofdstad en maakte haar tot het centrum van de kunstmarkt op het gebied van oude meesters.

Toen Helene in Berlijn aankwam, hadden Bremmer en Anton de bijzondere collectie inmiddels al uitgebreid bekeken.[73] Helene verwonderde zich over de hoeveelheid werken die een mens tijdens zijn leven kon verzamelen, maar uitte daarbij onmiddellijk de kritiek dat minder werken en een zuiverder lijn de verzameling ten goede zou zijn gekomen. Haar oordeel kwam min of meer overeen met de mening in de toenmalige vakpers, die de verzameling als geheel ook wat onevenwichtig vond, maar desalniettemin veel waardering had voor het grote aantal topstukken.[74] Eén van die topstukken was Mantegna's *Maria met kind* (1496-1506), dat Helene 'mooi en edel' noemde.[75] Volgens haar zou Anton er 'een gekheid voor hebben gedaan', maar, moest ze tot haar teleurstelling ontdekken, 'Amerika is nog gekker: 500.000 Mark!' Het schilderij was inderdaad de sensatie van de veiling en werd zelfs voor 590.000 mark verkocht (plus bijna 30.000 mark transactiekosten) aan de zakenman Benjamin Altman.[76] De Kröllers kochten niets tijdens de veiling, daarvoor waren de prijzen van de oude meesters, die veelal door exorbitant rijke Amerikanen werden opgestuwd, te hoog.

De oude meesters lagen dan niet binnen haar bereik, dat wilde niet zeggen dat Helene zich ook maar enigszins liet ontmoedigen. Mogelijk stimuleerde deze beperking haar juist om zich meer te richten op contemporaine kunstenaars. In 1912 ontplooide ze in ieder geval een voor haar nieuwe manier van verzamelen door kunstwerken via een contract met een kunstenaar te kopen. Vanaf juli werd ze als geldschieter de stille vennoot in een overeenkomst tussen Bremmer en de toen zesendertigjarige schilder Bart van der Leck, waarin werd vastgelegd dat de kunstenaar een reguliere toelage kreeg van Bremmer in ruil voor een bepaald aantal werken.[77] Door het mecenaat van Van der Leck deels op Helene af te wentelen, creëerde Bremmer meer ruimte op zijn begroting voor de andere kunstenaars die hij met periodieke toelagen ondersteunde, onder wie Piet Mondriaan, Charley Toorop, Henri van Daalhoff en Jan Zandleven.[78] In ruil voor deze financiële hulp kreeg hij kunstwerken, die hij vervolgens weer aan zijn cursisten verkocht. Zo sneed het mes aan twee kanten; de kunstenaars konden in hun onderhoud voorzien en tegelijkertijd werd hun werk onder de aandacht van een grote groep belangstellende verzamelaars gebracht.

Van de kunstenaars in zijn stal beschouwde Bremmer Bart van der Leck als 'de grootsten onder de grooten' van zijn tijd.[79] Sinds 1909/1910 werkte de schilder en ontwerper aan een eigen stijl, waarin hij de werkelijkheid probeerde te veralgemeniseren.[80] Vanaf het moment dat Bremmer de kunstenaar in 1912 van een toelage voorzag, waardoor deze niet langer werd geplaagd door materiële zorgen, kwam zowel diens ontwikkeling als diens productie in een stroomversnelling. Gestaag werkte Van der Leck toe naar wat hij een nieuwe monumentale schilderkunst noemde. Figuren beeldde hij steeds platter en uniformer af en ontdeed hen van persoonlijke trekken, waarmee hij zijn werk een universele betekenis wilde geven. De vlakken in zijn schilderijen werden groter, hij maakte steeds meer gebruik van geometrische vormen en zijn kleurgebruik bracht hij terug tot primaire kleuren, maar dat alles zonder de figuratie helemaal los te laten.

Bremmer was ervan overtuigd dat hij met Van der Leck de Van Gogh van de twintigste eeuw had ontdekt en hij deed zijn uiterste best om de kunstenaar van een inkomen en opdrachten te voorzien.[81] Dat was waarschijnlijk een van de redenen waarom hij zijn meest vermogende cursiste vroeg om een bijdrage te leveren aan de ondersteuning van Van der Leck. Helene accepteerde het voorstel en werd na Bremmer tijdelijk de belangrijkste klant van de kunstenaar, evenals zijn grootste bewonderaar. Ooit zou hij volgens haar naast Berlage bekend worden als de representant van de Nederlandse moderne kunst, 'een hoeksteen voor onzen tijd'.[82] Vooral in zijn opvattingen over kleurgebruik kon Helene zich vinden.

Bart van der Leck, *Prenten kijken* (1915). Net als op Huize ten Vijver is het ook in dit schilderij de moeder die de kunst inzichtelijk probeert te maken voor haar gezin.

De open kleuren, zoals zij primaire kleuren noemde, beschouwde ze als symbolisch voor de waarheid. Vermenging had slechts tot doel een sfeer te creëren; 'weg met stemming, zij is een leugen'.[83] Tegelijkertijd besefte ze hoe moeilijk het was om via harde kleuren een harmonieus geheel te bereiken. In totaal zou Helene tussen 1912 en 1918 tientallen schilderijen en honderden studies van Van der Leck aan haar collectie toevoegen.[84]

Helenes voornemen een museumhuis te bouwen en dit te schenken aan de gemeenschap, rechtvaardigde de grootschaligheid waarmee zij voortaan zou inkopen. Aan Sam schreef ze dat ze zich wel zou inhouden als ze slechts haar eigen omgeving wilde verfraaien. Maar dat was niet langer haar doel. Ze wilde aan de toekomst geven wat 'mij lijkt het beste in het leven'.[85] Haar huis en collectie moesten het optimum van de mens in al zijn veelzijdigheid laten zien. Daarbij schroomde ze niet om behalve de grootheid van geest, ook de grootheid van materie te laten zien, oftewel: vele, dure en grote kunstwerken en een imposant huis.

Juist in deze periode las zij in *Kunst und Künstler* een artikel van de Duitse kunsthistoricus Alfred Lichtwark over het belang van verzamelaars voor het behoud van kunstschatten binnen de landsgrenzen.[86] 'Er staan zulk overdachte dingen in & het trof mij, dat het verzamelen een verschijning is, die zich meer voordoet & op zoo verschillende aard.'[87] Maar één soort verzamelaar noemde Lichtwark niet: 'de verzamelaars voor de toekomst, waartoe ik behoor'.

Sinds Helene zich voorgenomen had een monument van cultuur na te laten, liet ze zich naar eigen zeggen bij haar aankopen niet langer leiden door haar eigen smaak, maar door de vraag of werken 'de toets van de toekomst kunnen doorstaan'.[88] Voortaan lette ze nog slechts 'op de aesthetische waarde, zonder dat daarbij [haar] persoonlijke smaak in aanmerking kwam'.[89] Deels lijkt ze zich ervan bewust te zijn geweest dat dit een fictie was. Aan Sam schreef ze tenslotte dat ze aan de toekomst wilde geven wat haar het beste léék, waarmee ze de subjectiviteit erkende die aan iedere verwerving ten grondslag lag.[90]

Niettemin had haar voornemen tot gevolg dat ze begon aan de omvangrijke en opzienbarende reeks aankopen die karakteristiek zou worden voor de totstandkoming van haar verzameling. Alleen al in 1912 zou ze ruim 280.000 gulden besteden aan nieuwe kunstwerken.[91] Regelmatig hapte ze gretig toe wanneer bestaande verzamelingen onder de hamer kwamen. Slechts enkele voorbeelden zijn haar aankopen van moderne meesters uit de collectie van Cornelis Hoogendijk in mei 1912, de verwerving van tientallen renaissancistische schalen, kannen en tegels uit de collectie van de Berlijnse verzamelaar Adolf von Beckerath in mei 1916, de overname van bijna dertig kunstwerken en antieke gebruiksvoorwerpen van Carel Henny in 1917, de collectie beeldjes van onder anderen Joseph Mendes da Costa uit de verzameling van haar schoonzus Anne Müller in 1920, en de zesentwintig schilderijen van Vincent van Gogh uit de verzameling van Lodewijk Enthoven in het voorjaar van datzelfde jaar.[92]

Die uitzonderlijke collectieopbouw heeft het beeld doen ontstaan dat Helene werd gedreven door competitiedrang en annexatiedrift.[93] Zij was een trotse vrouw, die hoge eisen stelde aan zichzelf en aan haar omgeving. Alles wat ze ondernam, deed ze tot in de perfectie. Van bloemschikken tot de opvoeding van haar kinderen en het aansturen van architecten, niets gebeurde halfslachtig of nonchalant. Toen ze een verzameling begon, moest dat dan ook een bijzondere verzameling worden en niet een aan dilettantisme grenzende bezigheid. Grootschalige of dure aankopen deed ze ten dele omdat ze daaraan status ontleende, maar vooral omdat deze aankopen de kwaliteit van haar collectie ten goede kwamen.

De *gründliche Tüchtigkeit* waarmee Helene zich aan het verzamelen zette, laat zien wat haar werkwijze was, maar onthult weinig over haar motieven. Die gingen namelijk verder dan perfectionisme en hadden weinig van doen met concurrentieoverwegingen. In een moment van grote openheid schreef ze aan Sam: 'Ik geloof aan een groter voortbestaan van mijzelf in mijn geestelijk leven, dan in de materie die ik achterliet [...] door de kinderen.'[94] Van haar kinderen verwachtte ze niet dat zij haar gedachtegoed zouden koesteren en behouden, daarvoor vertrouwde ze mccr op haar geestelijke kinderen, namelijk haar collectie en het museum dat zij zou laten bouwen.

Het is dan ook maar de vraag in hoeverre Helene werkelijk een verzamelaar was. Haar bijdrage aan de collectie werd niet gedreven door een 'ongebreidelde verzamelwoede', zoals wel eens is gesuggereerd.[95] Verzamelen is een gepassioneerde bezigheid, die slechts vergeleken kan worden met een hartstochtelijke verliefdheid en gepaard gaat met een telkens terugkerende, onbedwingbare behoefte om iets te bezitten.[96] Het is een 'uitdrukking van een vrij zwevende begeerte die zich aan iets hecht en zich weer aan iets anders hecht – het is een opeenvolging van begeerten'.[97] Van dat alles gaf Helene bijzonder weinig blijk. Bremmer was degene die op jacht ging en 'trillende als een rietje' van opwinding een kunsthandel uit kon lopen, nadat hij een lang gezocht werk had weten te verwerven – nota bene voor andermans collectie.[98] Zelfs Anton was op meer impulsieve aankopen te betrappen dan Helene. Zo besloot hij onmiddellijk toe te slaan toen in 1928 ruim honderd tekeningen van Van Gogh uit de collectie van Hidde Nijland op de markt kwamen. Helene had die kans voorbij laten gaan omdat ze de prijs te hoog vond, maar Anton zorgde ervoor dat deze bijzondere verzameling op het laatste moment voor hun collectie werd veiliggesteld.

Dat wil niet zeggen dat Helene niet verguld was met ieder nieuw werk dat zij aan haar verzameling toevoegde, maar zij was te allen tijde beheerst en liet zich niet verleiden tot weinig overwogen handelingen. Zo wrong ze zich niet in vreemde bochten om een specifiek werk te bemachtigen, maar lijkt ze zich meer te hebben laten leiden door wat zich bij gelegenheid aanbood. De *thrill of the hunt*, die Bremmer en Anton bezaten en die typisch is voor de ware verzamelaar, was haar vreemd.[99]

Voor Helene telde dan ook niet de jacht, maar de vangst. Het ging haar niet om de volgende nieuwe aankoop, maar om de collectie als geheel. Deze gaf haar een doel in het leven en de mogelijkheid om een eigen identiteit te ontwikkelen die onafhankelijk was van haar rol als echtgenote en moeder. In plaats van door een passie, werd zij gedreven door een gecalculeerd streven naar een duidelijk omschreven doel: een museumhuis nalaten waarin de ontwikkeling te zien was die de moderne kunst had doorgemaakt, om daarmee haar geestelijk erfgoed verzekerd te weten.

De eerste grote slag die Helene sloeg als verzamelaar voor de toekomst en waarbij haar voorgaande reeks aankopen flets afstak, vond plaats in april 1912 in Parijs. Anton was in de Franse hoofdstad voor zaken en Helene reisde hem met Bremmer achterna om 'nog een paar keer tienduizend gulden' aan Van Goghs te besteden.[100] Niet alleen voelde Anton veel voor de verzameling van zijn vrouw, hij was er net als zij van overtuigd geraakt dat de verzameling ook in de toekomst nog van grote betekenis zou zijn en hij gaf Bremmer daarom de opdracht 'alle beste Van Goghs op te sporen'.[101]

Opmerkelijk genoeg was Helene wat terughoudender. 'De Van Goghen trekken mij niet te zeer,' schreef ze vlak voor haar vertrek aan Sam.[102] Ze hoefde niet zo nodig meer Van Goghs, daar ging het haar niet om. Alleen als ze haar 'bijzonder pakken & iets machtigs, iets dieps te vertellen hebben', dan wilde ze het werk graag aan haar collectie toevoegen. Dat zij daarmee de objectieve toets van de toekomst opnieuw een subjectief signatuur gaf, besefte ze blijkbaar niet.

Bremmer volbracht zijn opdracht uitstekend. Al de eerste avond in Parijs vond het drietal bij kunsthandel Bernheim-Jeune *La Berceuse (portret van Madame Roulin)* (1889, kleurafb. 6), 'de vrouw die de Fransche matroos zich 's avonds, 's nachts aan de boeg van zijn schip zittend droomt, die hij al zijn geheimen toevertrouwd [sic]. Haar heeft Van Gogh geschilderd, niet als een zeenymph, niet als een onder- of bovenaardsch wezen, maar als een oude hem [vertrouwde], bekende vrouw, die 't wiegentouw in haar hand houdt, die hem doet denken, dat zij het schip heen & weer schommelt terwijl hij haar opbiecht wat zijn binnenste beweegt. En zij begrijpt het, heeft hen allen begrepen, die nog tot haar spreken dat voel je uit de diepte van haar binnenleven dat zich ons openbaart in een zeldzame rust'.[103] Het was deze rust waarmee de kunstenaar 'stond tegenover de gecompliceerdheid der dingen' die volgens Helene liet zien 'wát of eigenlijk in zijn Franschen tijd de grootheid van Van Gogh is geweest'. Die rust was voor haar het belangrijkste wat een kunstwerk kon uitdragen, want wanneer een werk de ziel tot rust wist te krijgen, dan bezat het de mystiek waar zij naar zocht.[104]

Opvallend is dat Helene al voor het verschijnen van de brieven van Van Gogh in 1914 zijn analogie met de zeevaart gebruikte. In een brief van januari 1889 schreef Van Gogh aan zijn broer Theo hoe hij op het idee was gekomen om een schilderij te maken 'dat zeelieden – kinderen en martelaren tegelijk – dat ziende in de scheepskajuit [...], een deining zouden voelen die hen zou herinneren aan hun eigen wiegelied'.[105] Waarschijnlijk wist Helene van deze betekenis door een publicatie van Van Goghs vriend, de kunstenaar Émile Bernard. Haar formulering 'een onder- of bovenaardsch wezen' doet namelijk vermoeden dat zij het artikel van Bernard kende dat hij publiceerde in *Les Hommes d'aujourd'hui*, of over de inhoud ervan via Bremmer had gehoord.[106] In dat artikel ging Bernard in op *La Berceuse* en haalde daarbij een brief aan van Van Gogh, waarin deze schreef over een visserslegende. Hierin zingt een bovennatuurlijke vrouw op de boeg van een schip wiegeliederen om troost te bieden in het zware leven van vissers.[107]

Nog voor de lunch van de volgende dag was Helene zeven schilderijen en twee tekeningen van Van Gogh rijker. Bij Eugène Druet kocht het drietal *Mand met appels* (1887), *Olijfgaard* (1889), *Portret van Joseph-Michel Ginoux* (1888), *Het ravijn (Les Peiroulets)* (1889) en *Weefgetouw met wever* (1884).[108] Het aanbod was overweldigend geweest, 'maar alleen deze schilderijen vond Bremmer grooter of gelijk aan de onzen & kocht ze met een bod – een derde van de vraag'.[109] Vervolgens ging Bremmer alleen naar Bernheim-Jeune, waar hij behalve *La Berceuse* nog *Landschap met korenschelven en opkomende maan* (1889), plus de tekeningen *Arenlezende boerin* en *Gebed voor de maaltijd* kocht.

De Parijse aankopen beperkten zich niet tot Van Gogh. Tijdens een wandeling langs de vele antiekzaakjes vond Helene een houten Christuskop, die zij een 'Spinoza Christus' noemde, omdat zij in het beeld zowel een mens als een filosoof zag.[110] Ze was er bijzonder gelukkig mee, omdat het beeld voor haar weer 'een brok [was] van dat allerhoogste in de kunst & in het leven'.[111] Ook bracht ze samen met Bremmer een bezoek aan de schilder Paul Signac en zijn vrouw. Bremmer wist dat het echtpaar een schilderij van de overleden Georges Seurat bezat, dat hij alleen van een reproductie kende en graag eens wilde bekijken. Al bij binnenkomst was Helene gecharmeerd van de twee oude mensen, die op een 'fijn, gesoigneerde' bovenverdieping woonden, waardoor ze er nauwelijks nog een zolder in herkende.[112] Aan Sam legde ze uit dat Seurat het pointillisme had ontwikkeld 'om tot een spiritualiseeren van de kunst te komen', waarin Signac hem gevolgd was.[113] Van beide schilders kocht ze deze dagen een havengezicht uit hun pointillistische periode, waardoor ze haar verzameling verrijkte met Seurats *Bout de la Jetée à Honfleur* (1886) en Signacs *Gezicht op Collioure* (1887).[114]

Tijdens dit verblijf in Parijs brachten Bremmer en Anton ook een bezoek aan de kunsthandelaar Amédée Schuffenecker, die even buiten de hoofdstad in Meudon woonde.[115] In zijn woning troffen zij een kamer aan, waarin schilderijen van Van Gogh rijendik tegen de wanden stonden.[116] Uit dit overweldigende aanbod kozen zij wat zij de acht beste werken vonden, waarvoor Anton vervolgens zonder scrupules 63.000 gulden betaalde.[117] Helene was zich ervan bewust dat de aankopen die zij en Anton in Parijs deden, alleen al door de hoeveelheid exceptioneel waren, maar het was 'veel in de goede richting' en waarom zou ze haar man van iets weerhouden waar hij zo veel plezier in had?[118] Waar zij voor hun vertrek had getwijfeld over de aankoop van nog meer Van Goghs, had Anton kennelijk de smaak te pakken. Net als Helene was hij gegrepen door het werk, dat hij als koopman bovendien zag als een eigenzinnige investering. Dat was overigens een investering in imago, want de intentie om de werken weer te verkopen heeft hij noch Helene ooit gehad.

In totaal gaven de Kröllers in april 1912 meer dan 115.000 gulden aan Van Goghs uit. Dat was wel wat meer dan de enkele tienduizenden guldens die zij aanvankelijk in gedachten hadden. Deze grootschalige aankopen bleven niet zonder gevolg. Ze wekten de nieuwsgierigheid van een aantal internationale verzamelaars en handelaars in moderne kunst. Dat was te merken tijdens de veiling van de collectie Hoogendijk een paar weken later, op 21 mei 1912 in Amsterdam, waar een groot aantal moderne meesters werd aangeboden.[119] Het was de eerste keer dat het werk van Van Gogh op een veiling de meeste aandacht trok. Dat kwam niet in de laatste plaats door Helenes 'strooptocht' door Parijs, die zij tijdens de Hoogendijkveiling nog even voortzette.[120]

Die dag was ze opgetogen met haar adviseur naar Amsterdam afgereisd. 'Bremmer mocht kopen, want Mijnheer had [...] zijn kas opgemaakt & het kon best. Dat was prettig kopen met zoo'n goed geweten' en dat deden ze dan ook.[121] Helene schafte deze dag maar liefst vijftien schilderijen aan, waaronder twee Corots, werk van Jan Toorop, Odilon Redon, Honoré Daumier en vier schilderijen van Van Gogh. Het meeste opzien baarde het tweetal met de aankoop van *Brug te Arles (Pont de Langlois)* (1888), waar Bremmer namens de Kröllers bijna 16.000 gulden voor bood: meer dan het vijfvoudige van het bedrag waarop het werd ingezet. Helene noemde het werk een van de 'mooisten, de sterksten, de glashelderstens' van Van Gogh die zij bezat.[122]

Helenes aankopen bij de Hoogendijk-veiling waren zo opzienbarend, omdat in 1912 noch van de mythische proporties die de faam van Van Gogh later zou aannemen, noch van de financiële vertaling daarvan, sprake was. Ter vergelijking: haar aankoop van *Brug te Arles* voor 16.000 gulden was veruit het hoogste bedrag dat die dag voor een Van Gogh werd betaald, terwijl bij diezelfde veiling *Landschap met koeien* van Willem Maris 22.000 gulden opbracht, wat geen uitzonderlijk hoog bedrag was voor een dergelijk kunstwerk. De echte topprijzen werden dan ook niet voor (vroeg)moderne kunst betaald, maar voor oude meesters, wat wel was gebleken tijdens de veiling van de collectie Weber in Berlijn. Zo werd ook *Het melkmeisje* van Vermeer (ca. 1658), in 1907 op 400.000 gulden getaxeerd.[123]

Toch was Van Gogh geen onbekende meer in de kunstwereld en was Helene zeker niet de enige die zijn werk verzamelde. De eerste Nederlandse verzamelaar die meerdere werken van Van Gogh aan zijn collectie toevoegde, was Hidde Nijland, rentenier en directeur van het Zuid-Afrikaans Museum in Dordrecht. Al zo vroeg als in 1892 – twee jaar na de dood van Van Gogh – verwierf hij in ieder geval twee tekeningen bij de Rotterdamse kunsthandel Oldenzeel. Daarna breidde hij zijn verzameling gestadig uit, waardoor hij rond 1904 circa honderd tekeningen van de kunstenaar bezat.

Een andere vroege verzamelaar was Cornelis Hoogendijk zelf. In de memoires van kunsthandelaar Ambroise Vollard is te lezen hoe de tweeëndertigjarige Hoogendijk rond 1898-1899 enkele bijzondere Van Goghs en een groot aantal doeken van Cézanne bij hem kocht.[124] Na zijn terugkomst in Nederland liet zijn familie, geschrokken door het grote aantal merkwaardige schilderijen, de aankopen door experts bekijken. Deze kwamen tot de conclusie dat de werken door een krankzinnige gemaakt moesten zijn, waarna Hoogendijk onder curatele werd gesteld. Het zou daarna nog circa zeven jaar duren voordat de waardering voor het werk van Van Gogh dusdanig was toegenomen dat het Rijksmuseum enkele van zijn schilderijen uit de collectie Hoogendijk als bruikleen wilde accepteren.

In de jaren 1908-1914 waarin Helene de basis legde van haar Van Gogh-verzameling, bestond er een kleine maar gedreven groep liefhebbers die het werk van de Nederlandse kunstenaar kocht. De markt werd grotendeels bepaald door verzamelaars en handelaars uit Nederland, Frankrijk en Duitsland, van wie Jo van Gogh-Bonger veruit de belangrijkste was. Zij beheerde de nalatenschap en bepaalde wanneer en hoeveel werken van haar overleden zwager op de markt kwamen. In Nederland speelde tevens Bremmer een rol van betekenis vanwege zijn eigen verzameling tekeningen en schilderijen van Van Gogh, en door de tomeloze energie waarmee hij zijn cursisten stimuleerde diens werk te kopen. De kunstenaar was zo goed vertegenwoordigd bij de 'Bremmerianen' dat zij in 1921 door de Duitse kunsthistoricus Friedrich Huebner in zijn boek over particuliere verzamelingen in Nederland een apart hoofdstuk kregen toebedeeld onder de titel 'Kleinere Van Gogh-Sammlungen'.[125] In de meeste gevallen echter kochten Bremmers cursisten slechts één of enkele werken en kon er niet van een specifieke Van Gogh-verzameling worden gesproken.

Buiten Nederland bevonden de meeste verzamelaars zich in Duitsland, waar Van Gogh relatief veel door de joodse elite werd gekocht.[126] In

1914 waren er in Duitsland 210 werken van Van Gogh aanwezig, verdeeld over 64 particuliere verzamelingen. De belangrijkste verzamelaar en handelaar in Duitsland was ongetwijfeld Paul Cassirer. Hij organiseerde diverse tentoonstellingen en wist een aantal vermogende verzamelaars voor Van Gogh te interesseren. Franse kopers van het werk waren in deze periode vooral handelaars, in het bijzonder Josse en Gaston Bernheim van galerie Bernheim-Jeune in Parijs en de broers Émile en Amédée Schuffenecker. Een andere belangrijke Franse speler was Philippe Alexandre Berthier, beter bekend als de prins van Wagram, die tussen 1905 en 1912 circa zevenentwintig schilderijen van Van Gogh kocht – en vaak ook weer verkocht.[127]

Ook in Rusland, Engeland en Amerika begon de interesse voor Van Gogh in de vroege jaren tien te ontluiken, zij het trager dan op het West-Europese vasteland. De Russische verzamelaars Sergei Shchukin en Iwan Morosow bezaten samen tien schilderijen.[128] Dat was een mooi aantal voor die periode, zeker aangezien zij in eigen land de enigen waren die schilderijen van Van Gogh bezaten. In Amerika bevonden zich voor de Eerste Wereldoorlog twee Van Goghs, die beide in het bezit waren van grootverzamelaar Albert C. Barnes. Opvallender is dat ook in Groot-Brittannië slechts twee werken van de schilder in particulier bezit waren. Het zou zelfs nog tot 1923 duren voordat in Engeland een tentoonstelling exclusief aan Van Gogh werd gewijd.[129]

Voor de Eerste Wereldoorlog bestond er dan ook vooral in Nederland, Duitsland en Frankrijk een beperkte, maar levendige handel in Van Goghs, die tot een voorlopig hoogtepunt kwam bij de veiling van de collectie Hoogendijk in 1912. Tot dat moment werd de prijs bepaald door de genoemde kunsthandelaars en de familie Van Gogh-Bonger. Met haar bliksembezoek aan Parijs en de aankopen op de Hoogendijk-veiling introduceerde Helene zichzelf als nieuwe factor van betekenis in dit segment van de kunstmarkt. Niet alleen kocht ze tijdens de veiling meer Van Goghs dan bijvoorbeeld Vollard en Cassirer (respectievelijk één en twee schilderijen), ze liet Bremmer bovendien met opvallend hoge bedragen bieden.[130] De prijzen die zij betaalde, zorgden ervoor dat de aangeboden schilderijen van Van Gogh plotsklaps tot de kostbaarste werken van moderne kunst behoorden, wat de vraag flink opstuwde.[131] Behalve de bedragen die zij spendeerde, droeg ook haar reputatie van een serieuze verzamelaar – bijgestaan door Van Gogh-autoriteit Bremmer – bij aan de erkenning van Van Gogh in een steeds ruimer wordende kring van kunstkopers.[132]

De toegenomen aandacht voor Van Gogh lijkt er mede voor te hebben gezorgd dat Jo van Gogh-Bonger hogere prijzen ging vragen en minder schilderijen op de markt bracht. In 1905 vroeg zij gemiddeld circa 1000 gulden voor een schilderij, wat tot 1911 langzaam opliep naar circa 2700 gulden. Vanaf juni 1912 is een scherpe stijging te zien naar 5000 gulden.[133] Bovendien voerde zij vanaf dat jaar de in 1910 ingezette beperking van het aantal schilderijen dat zij bereid was om te verkopen verder door.

Die prijsstijging was uiteraard niet alleen toe te schrijven aan de kooplust van het echtpaar Kröller. Vanaf de tweede helft van 1912 nam de algemene belangstelling voor Van Gogh sterk toe. Dat kwam voor een belangrijk deel door de internationale *Sonderbund*-tentoonstelling van moderne kunst in Keulen, die op 25 mei was geopend.[134] Op deze tentoonstelling was, net als tijdens de voorgaande drie jaren, werk te zien van hedendaagse Duitse kunstenaars, naast – en dat was bijzonder in Duitsland – veel modern Frans werk, variërend van postimpressionisten tot fauvisten.[135] De Franse kunst werd aan de organisatoren uitgeleend door bevriende particuliere verzamelaars en kunsthandelaren. Opvallend aan de tentoonstelling van 1912 was de grote hoeveelheid schilderijen van Van Gogh die er tentoongesteld werden. Tegenover 24 schilderijen van Cézanne en 21 van Gauguin was Van Gogh met maar liefst 125 schilderijen het meest prominent aanwezig in Keulen. Het grootste aantal van zijn schilderijen werd ter beschikking gesteld door Helene en Anton, die ongeveer 30 werken in bruikleen gaven. Al dan niet met opzet streefden zij zodoende de enige andere autoriteit voorbij, namelijk Jo van Gogh-Bonger, die 16 schilderijen in bruikleen gaf.[136]

Na de aankopen in Parijs en op de veiling van de collectie Hoogendijk vond Helene dat zij nu werkelijk genoeg werken van Van Gogh bezat.[137] Op Huize ten Vijver hing een mooie verzameling, 'zeker de mooiste, die er bestaat'. De schilderijen die zij bezat, waren zo bijzonder, dat zij ze als het middelpunt van haar verzameling en van haar toekomstige huis beschouwde. Die mening deelde Anton echter niet. Het leek wel of de verzamelwoede hem meer in haar greep had dan haar. Twee weken na de veiling schreef Helene met lichte, maar merkbare irritatie aan Sam: 'Mijnheer is wéér met 3 van Goghen thuisgekomen.' Wat haar betrof waren dit de laatste werken die ze van hem kochten. Daarom probeerde ze Anton ervan te overtuigen hun geld niet aan nog meer Van Goghs uit te geven.[138] De collectie was mooi en groots zoals zij nu was. Ze hadden schilderijen uit zijn hele loopbaan en bezaten na Jo van Gogh-Bonger de grootste verzameling van zijn werk ter wereld. 'Klinkt dat niet trotsch?' vroeg zij retorisch aan Anton. Wel benadrukte ze dat haar voorstel niets te maken had met haar waardering voor Van Gogh, want ze beschouwde hem nog altijd als een geniaal kunstenaar.

Er was echter nog een andere schilder die zij graag prominent vertegenwoordigd wilde zien in haar verzameling. Ondanks haar waardering voor Van Gogh werd zij meer aangetrokken door diens tijdgenoot Henri Fantin-Latour. Hij schilderde portretten van artistieke vernieuwers onder wie Baudelaire, Zola, Monet, Manet, Verlaine en Rimbaud, maar liet zich door hun vooruitstrevendheid nauwelijks beïnvloeden en bleef vrij traditioneel werken.[139] De meeste bekendheid verwierf hij met zijn bloemstillevens, waarin hij naar eigen zeggen weinig zijn verbeelding kon laten spreken, maar die hem wel een inkomen opleverden. Volgens Van Gogh lag de grote kracht van Fantin-Latour in 'dat ondefinieerbaar kalme', dat hij in zijn schilderijen wist te leggen.[140]

Juist die kalmte sloot aan bij het karakter dat Helene aan haar collectie wilde geven. Ze gaf toe dat Fantin-Latour niet dezelfde genialiteit had als Van Gogh, maar hij bezat wel het talent om het spirituele, dat in het materiële aanwezig is, te schilderen, zonder het geestelijke element de boventoon te laten voeren. Of anders gezegd, zonder te veel te abstraheren. Hoewel ze Van Goghs 'abstracte' schilderijen, zoals ze zijn latere werk noemde, hoog inschatte, vond ze de schilderijen van Fantin-Latour beter. Van Gogh toonde door zijn abstracties namelijk meer aandacht voor het geestelijke, dan voor het materiële, terwijl Fantin-Latour volgens haar beide aspecten gelijkwaardig benaderde. Dat evenwicht tussen het geestelijke en het stoffelijke was precies wat Helene met haar museumhuis wilde uitdragen. Zonder omhaal drong ze er daarom bij Anton op aan 'dat wij al 't geld, wat wij nog voor schilderijen disponibel hebben [aan] Fantins [...] uitgeven'.[141]

Met die wens week ze af van Bremmers visie en dat wist ze. Voor haar leermeester kon een kunstenaar niet hoger stijgen dan Van Gogh. Fantin-Latour zou dan ook nooit dezelfde positie binnen de verzameling innemen als Van Gogh. Wel gaf Anton Helene een jaar later twee veelzeggende cadeaus ter ere van hun zilveren bruiloft: het prachtige, ongenaakbare *Portret van Eva Callimachi-Catargi* (1881, kleurafb. 7) van Fantin-Latour en Van Goghs *Treurende oude man ('At Eternity's Gate')* (1890, kleurafb. 8). Het is wel eens gesuggereerd dat Anton met deze twee schilderijen zijn vrouw een ironisch portret van hun huwelijk schonk.[142] Die humoristische verwijzing zal ongetwijfeld een rol hebben gespeeld in Antons overwegingen bij de aankoop. Toch lijkt het er vooral op dat hij zijn liefde voor zijn vrouw en zijn waardering voor haar collectie wilde laten blijken door Helene twee topwerken te geven van de schilders die zij het meest bewonderde. Zij was dan ook diep geraakt door het cadeau: 'al had je mij het mooiste, grootste, kostbaarste paarlen halsband gegeven, ik ware er niet zoo blij mee geweest.'[143]

De *Treurende oude man* vond zij een van de prachtwerken van Van Gogh en het liefst zou ze speciaal voor dit schilderij een aparte kamer in haar nieuwe huis inrichten.[144] Maar hoe groot haar bewondering ook was, toch was zij nog gelukkiger met het damesportret van Fantin-Latour. De serene rust die het werk uitstraalde, de kwaliteiten van de kunstenaar die eruit naar voren kwamen en de fijnzinnigheid ervan deden het schilderij volgens Helene de perfectie naderen. Eigenlijk beschouwde ze dit werk van Fantin-Latour als de sluitsteen van haar verzameling, want 'wat zou daar nog bovenuit moeten komen?'

Anton kocht *Treurende oude man* in 1912 – een jaar voor hun huwelijksjubileum – tijdens de *Sonderbund*-tentoonstelling in Keulen.[145] Hij moest voor zaken in de stad zijn en drong er bij Helene op aan om ook te komen, zodat zij de tentoonstelling samen konden bezoeken. Na de hectiek van de kijk- en veilingdagen van de collectie Hoogendijk in Amsterdam had zij niet veel zin, maar het enthousiasme van Anton deed haar besluiten toch naar Duitsland af te reizen.[146] Tijdens een paar bloedhete dagen bezochten zij de tentoonstelling, die plaatsvond in de Städtische Austellungshalle. Op verzoek van Anton kwam Bremmer een dag over om hen te adviseren over eventuele aankopen.[147] Door de warmte kon Helene zich maar met moeite op al het moois concentreren. Bovendien stoorde ze zich aan Bremmer, die naar haar smaak veel te druk was en 'hierheen & daarheen sprong [...] om iets te ontdekken' om te kopen, terwijl het haar daarom niet – maar Anton waarschijnlijk wel – te doen was.[148] Ze had gehoopt dat Bremmer hen het een en ander over het getoonde zou vertellen, want alleen ontdekkingen doen die tot aankoop moesten leiden, stond haar tegen, mopperde ze tegen Sam.

Op een koelere dag ging ze nog eens alleen met Anton terug en deze keer kon zij de tentoonstelling beter waarderen, voor zover het Van Gogh betrof tenminste. In de zalen van de Austellungshalle ervoer zij weer zijn grootheid, waarbij de meeste andere tentoongestelde kunstenaars 'niets' waren.[149] Helene vond het over het algemeen maar 'vreeselijk wat daar [hing], ordinair, onwaar' en het deed haar vrezen voor de moderne tijd. Ondanks haar afkeer, die ongetwijfeld gewekt werd door het vele expressionistische naakt en de fauvistische rauwheid, voegde ze tijdens de *Sonderbund*-tentoonstelling een aantal nieuwe aanwinsten aan haar collectie toe. Behalve Antons heimelijke aankoop van Van Goghs *Treuren-*

de oude man kochten de Kröllers het kubistische werk *Roses* (1911, kleurafb. 9) van Auguste Herbin en een levensgrote, gietstenen vrouwenfiguur van Wilhelm Lehmbruck uit 1910 (kleurafb. 10). Beide waren mooie aanwinsten, hoewel ze niet representatief waren voor het avant-gardistische karakter van de tentoonstelling.

Dat Helene binnen alle mogelijkheden die de *Sonderbund*-tentoonstelling bood, koos voor het gematigde expressionisme van Lehmbruck en de voorkeur gaf aan het formelere kubisme boven het chaotische fauvisme, laat zien dat voor haar ware kunst een grote mate van realisme en betamelijkheid vereiste. De ongeremde expressie en onontkoombare zinnelijkheid waarmee zij in Keulen geconfronteerd werd, strookten in het geheel niet met de verheven, serene bespiegelingen waarmee zij zelf kunst benaderde. Meer abstractie betekende voor haar dan ook niet vanzelf een grotere (spirituele) kunstwaarde. Zoals haar uitlatingen over Fantin-Latour laten zien, zag zij liever realistische werken, waarin het geestelijke zonder enige abstractie naar voren kwam. Naar dat soort kunst was zij op zoek voor haar museumhuis.

Na haar operatie richtte Helene zich behalve op haar verzameling, ook met hernieuwde energie op de relatie met haar dochter. Ze probeerde haar kwaliteiten te waarderen en ze was er trots op dat Helene jr. nu zelf thuis kunstbeschouwingslessen gaf. Op die manier gebruikte ze tenminste de kennis en intelligentie waarvan Helene zoveel had verwacht. Langzaam begon ze ook aan het idee te wennen dat haar dochter alleen woonde en niet met haar man was teruggegaan naar Buenos Aires. Helene jr. deed eveneens haar best om de band weer te herstellen. Vol liefde schreef zij aan Paul over de zorgzaamheid van haar moeder.[150] Ondanks hun pogingen lukte het de twee vrouwen toch niet om nader tot elkaar te komen. Zelfs de geboorte van Helenes eerste kleinkind bracht daarin geen verandering.

Helene jr. beviel in maart 1912 op Huize ten Vijver van haar eerste kind, Hildegard. Gedurende haar kraamtijd verbleef ze in het huis van haar ouders, waar Helene haar verpleegde. Als haar dochter zo rustig en keurig verzorgd in het grote bed lag, was ze weer even het kind dat Helene graag zag. Dan leek zij haar 'zoo een heel ander iemand dan in haar dagelijksche leven. Meer mijn dochter.'[151] Toch was er wat veranderd. Helene jr. was een zelfstandig persoon geworden, die er andere opvattingen op na hield dan haar moeder. Die zelfstandigheid lijkt Helene verward te hebben met afstandelijkheid, waardoor ze nog steeds 'den volwasschen mensch met een binnenste' in haar dochter miste.[152]

Haar teleurstelling stond nog altijd tussen hen in en zorgde ervoor dat

Helene gereserveerd reageerde op de geboorte van Hildegard. De eerste gedachte die door haar hoofd schoot toen ze haar kleindochter in haar handen hield, was: 'oh God, zullen ze weer van mij vragen dat ik dat liefheb?'[153] Om onmiddellijk gevolgd te worden door een diepe angst dat het kindje dood zou kunnen gaan.

Als ze naar haar kleindochter keek, was ze ervan overtuigd dat Hildegard uiteindelijk van haar ouders zou vervreemden.[154] Dat was tenslotte met haar eigen kinderen ook gebeurd. Niettemin besefte Helene dat haar hooggespannen verwachtingen mede schuldig waren aan die moeizame relatie. Daarom nam ze zich stellig voor om niet nogmaals dezelfde fout te maken en haar kleinkind anders te behandelen. Deze keer zou ze wijzer zijn. Ze zou zich geen illusies over haar maken en haar laten 'zijn en doen van [haar] kant'.[155]

De ogenschijnlijk harmonieuze relatie tussen Helene en haar dochter leek nog verder te verbeteren toen Helene jr. in de zomer voor vijfhonderd gulden een groot schilderij van Bart van der Leck kocht, waarover Helene vol trots aan Anton schreef. Zo kende ze haar dochter weer. Het ging om *Uittocht genie naar het kamp* (1911), een monumentaal werk, waarop een marcherende rij soldaten te zien was tegen een strakblauwe lucht, gadegeslagen door een groot publiek. In eerste instantie was het schilderij gekocht door Carel Henny, die eveneens een cursist was van Bremmer. Hij had het schilderij echter teruggebracht, omdat zijn vrouw er volgens Helene 'zoo over lamenteerde'.[156] Toen dat Helene jr. ter ore kwam, had ze Bremmer geschreven dat zij het schilderij graag wilde kopen. Helene was verguld met de gedecideerdheid van haar dochter. 'Als zij zo'n groote greep doet, dan vergeef ik haar weer graag, dat zij er soms zoo armzalig voor rond heeft geloopen & zie ik haar spaarzaamheid weer in een ander licht.'[157]

De toenemende genegenheid voor haar dochter kwam echter al snel weer onder druk te staan. Eind augustus ontving Helene een brief van haar schoonzoon, die de definitieve breuk tussen moeder en dochter inluidde. In zijn brief maakte Paul zijn schoonmoeder scherpe verwijten over haar omgang met Sam van Deventer, met wie zij volgens hem een buitenechtelijke relatie had.[158] Helene was verbijsterd. Voor zichzelf wist ze hoe ze tegenover Sam stond, een ander kon daar volgens haar niet over oordelen. Ze gaf de brief aan Anton, die diep verontwaardigd was en zich afvroeg waar Paul de arrogantie vandaan haalde om zo tegen zijn schoonmoeder te spreken.[159] Hij dreigde hem op staande voet te ontslaan. Met moeite wist Helene hem daarvan te weerhouden. Ze wilde het niet op haar geweten hebben dat het jonge gezin door haar toedoen in financiële problemen zou komen.

Ondanks haar verbijstering begreep Helene Pauls aantijgingen wel. Maar al te goed wist ze hoe buitenstaanders over haar en Sam dachten. Zelfs onder haar eigen personeel gonsde het van de geruchten, waardoor zij soms de neiging had hun een andere reisbestemming op te geven wanneer ze Sam in Bremen ging opzoeken.[160] Eigenlijk wilde ze niet aan die neiging toegeven, omdat zij vond dat ze niets te verbergen had. Toch vroeg ze Sam ook wel eens om cadeautjes van haar niet al te zichtbaar op zijn kantoor neer te zetten, want zij waren 'niet voor vragende oogen bestemd'.[161] Kortom, dat Paul hun omgang interpreteerde zoals hij deed, kon ze hem niet kwalijk nemen. Maar de moreel verheven toon waarmee hij haar in zijn brief aansprak, stond haar wel tegen. Bovendien vertrouwde haar schoonzoon haar kennelijk zo weinig dat hij ook een brief aan Anton schreef. Daarin kondigde hij aan dat hij en Helene jr. Huize ten Vijver niet meer zouden bezoeken, omdat Helene weigerde het contact met Sam van Deventer te verbreken.[162]

Tot verbazing van Helene verbond Paul in zijn brief aan Anton geen zakelijke consequenties aan zijn uitspraken. Hij stelde bijvoorbeeld niet voor om ontslag te nemen. 'Wil hij met Mijnheer blijven verkeeren in zaken & zijn vrouw niet goed genoeg vinden om verder in haar huis te gaan?' vroeg ze zich verwonderd af.[163] Ondanks haar bezwaren werd Paul alsnog twee weken later ontslagen. Volgens de officiële lezing omdat hij verantwoordelijk was voor de neergang van het Argentijnse filiaal.[164] Als schoonzoon en als zakenrelatie was hij 'gewogen en te licht bevonden', zoals Helene het formuleerde.[165]

Met zijn aanval bereikte Paul precies het tegenovergestelde doel. Geen moment nam Helene de mogelijkheid in overweging om minder intensief met Sam om te gaan. De beschuldigingen deden haar juist besluiten om zich niet langer te plooien naar de wensen en verwachtingen van haar omgeving.[166] In het verleden had zij, wanneer Sam ter sprake kwam, wel eens halve waarheden verteld en zaken verzwegen om haar kinderen te ontzien, maar ze was gaan inzien dat dit slechts een averechts effect had. Voortaan zou ze haar omgang met hem niet langer verdoezelen. Het eerste wat ze deed nadat ze Pauls brief had gelezen, was Sam nogmaals vragen zijn vakantie op De Harscamp door te komen brengen. Ook schreef ze hem dat een toenadering tot Helene jr. voor haar pas mogelijk was wanneer zowel zij als Paul de overtuiging zou uitspreken dat Sam een fatsoenlijk mens was.[167] Daarbij had ze Anton aan haar zijde: 'ik voel in Mijnheer een achting tegenover mij & een ruimheid, die mijlenver afsteekt bij een gedrag van Paul. Mijlenver!'[168]

Niettemin raakten de verwijten en de verwijdering van haar dochter haar diep. Gelaten probeerde ze te accepteren dat Helene jr. niet meer het kind was waarmee zij zich verbonden had gevoeld. Die verbondenheid was slechts gebaseerd geweest op schijnbare overeenkomsten tussen hen, verzuchtte Helene bitter. Zodra haar invloed op haar dochter was verdwenen, waren ook die overeenkomstige gevoelens en interesses verdwenen.[169] Toen ze deze sombere gedachte tot zich door liet dringen, voelde ze zich een moment niet in staat om verder te werken aan haar museumhuis. Ze vroeg zich af hoe zij een nieuw houvast moest vinden om haar 'weer te drijven tot doen'.[170] Want ook in haar andere kinderen vond ze weinig om in te geloven. Toon had ze de leiding over De Harscamp in handen proberen te geven, maar haar drieëntwintigjarige zoon bleek daarvoor een te weinig professionele houding te hebben en ze was blij dat hij nog onder toezicht stond van de Heidemaatschappij. Wim op zijn beurt was overgeplaatst naar Londen. Tot haar ongenoegen hoorde ze van Sam – die Wims direct leidinggevende was geweest in Bremen – dat hij zijn werk slordig had achtergelaten en de laatste periode nauwelijks had gewerkt. Dat gebrek aan gedrevenheid was haar een doorn in het oog, evenals zijn 'eeuwige zaniken' over zijn vertrek naar Londen, wat hem kennelijk meer had beziggehouden dan de importrekeningen die hij in Bremen nog had moeten controleren.[171]

En dan was er nog Bob, inmiddels vijftien jaar oud. Helene had het gevoel dat ook hij op het punt stond om zich van haar af te keren en zijn eigen weg te gaan.[172] Als hij bij haar kwam zitten, dan was dat volgens haar meer voor de vorm, dan omdat hij dat graag wilde. Net zoals zeven jaar eerder bij Wim en Toon het geval was geweest, lukte het Helene ook nu maar moeilijk om begrip op te brengen voor de behoefte van pubers om hun eigen weg te gaan. Ze troostte zichzelf met de gedachte dat ze haar verdere leven zou doorbrengen met Sam en Anton, de twee mensen die 'ieder op een andere wijze [haar] binnenste' hadden gezien.[173]

Steeds meer raakte Helene ervan overtuigd dat haar levensdoel niet verbonden hoefde te zijn met haar kinderen. Niet Helene jr., Toon, Wim of Bob zou ervoor zorgen dat haar nagedachtenis in stand werd gehouden, maar zijzelf. Wanneer zij tijdens haar ochtendwandeling langs het huis op de Cremerweg wandelde, waar zij in 1901 in afwachting van de verbouwing van Huize ten Vijver enkele maanden gewoond had, zag ze in het voorbijgaan de klimop en blauweregen die zij destijds in de tuin had geplant. Ze vond het een prettige gedachte dat mensen daar nog steeds plezier aan beleefden. Wie weet wat er uit dat plezier nog voort zou komen. 'Leeft een mensch zoo niet voort in een kleine, onschijnbare daad?'[174]

Datzelfde besefte ze ook toen ze die zomer van 1912 op De Harscamp arriveerde. Ze zag hoe de boomgaarden en gewassen gegroeid waren, hoe alles voller en rijper was dan het jaar ervoor. Die aanblik herinnerde haar eraan dat zij degene was geweest die het verwaarloosde landgoed 'de lust & de liefde' had ingeblazen die het nodig had om uit te kunnen groeien tot modelboerderij.[175] De rijkdom van het landgoed was het resultaat van haar harde werken. Het waren dat soort daden waarin de mens volgens haar voortleefde: 'Geen enkele zullen wij verrichten zonder gevolg.'[176] Plotseling besefte ze weer dat ze niet afhankelijk was van haar kinderen om haar gedachtegoed te laten voortleven. Haar geestelijk erfgoed in de vorm van De Harscamp, haar verzameling en het museumhuis zou haar drijfveer zijn om haar werk voor de toekomst weer op te pakken.[177]

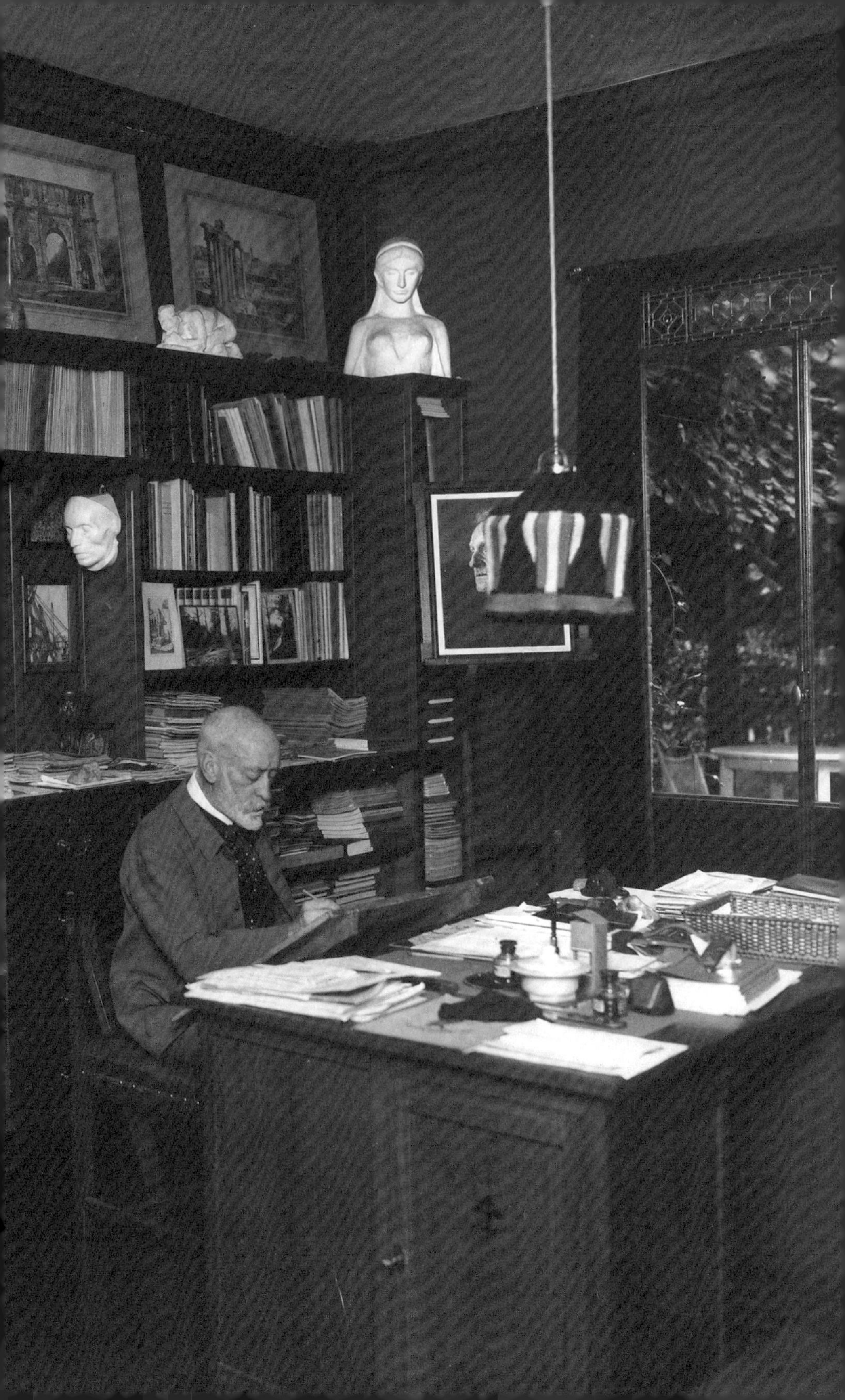

7
Berlage en Mies van der Rohe

TITANENSTRIJD OM EEN HUIS VAN HOUT EN LINNEN

Helenes plannen voor het museumhuis werden in 1912 langzaam maar zeker steeds tastbaarder. Nu zij geformuleerd had dat haar huis een geschenk zou moeten worden aan de samenleving, had ze nog maar weinig bezwaren tegen de grootse plannen die Behrens had voor Ellenwoude. Wel kreeg ze steeds meer moeite met Behrens als persoon. Naar haar smaak liet hij te weinig van zich horen en ze vond zijn manier van werken veel te traag. In februari 1912 werd het ontwerp van Behrens in hout en linnen op Ellenwoude uitgevoerd.[1] Zodoende hoopten Anton en Helene een beeld te krijgen hoe het huis er in het landschap uit zou komen te zien. Door de levensgrote maquette op een verrijdbare constructie te bouwen, kregen zij bovendien de mogelijkheid om het geheel te verplaatsen, om te bezien of het huis bijvoorbeeld meer in de richting van de duinen beter tot zijn recht kwam.

Het was de bedoeling dat de leiding van dit project in handen lag van Ludwig Mies van der Rohe, een voornemen dat Helene enigszins geruststelde. Behrens assistent was een 'technische man & diegeen die de koe bij de horens pakt'.[2] Ze had meer vertrouwen in hem dan in Behrens zelf. Toen in februari met de bouw begonnen werd, bleek echter dat Mies van der Rohe en Behrens met elkaar in conflict waren geraakt en dat de jonge architect inmiddels het bureau van zijn baas had verlaten.[3] De directe aanleiding lijkt een meningsverschil over nota bene H.P. Berlage te zijn geweest, van wiens werk Mies van der Rohe in Nederland onder de indruk was geraakt. Volgens hem was Berlages bouwstijl 'eerlijk tot op het bot', maar Behrens vond het hele oeuvre van de Nederlander passé.[4] De discussie liep zo hoog op dat Mies van der Rohe een moment dacht dat zijn baas hem een klap in het gezicht zou geven. Zo ver kwam het niet, maar de eerste flinke scheur in de verhouding tussen de twee getalen-

H.P. Berlage in zijn werkkamer.

Peter Behrens, huis van hout en linnen op landgoed Ellenwoude.

teerde architecten was een feit. Het groeiende zelfbewustzijn van Mies van der Rohe en zijn behoefte aan zelfstandigheid zorgden vervolgens voor een verdere verwijdering.[5] Toen Behrens ook nog het vermoeden kreeg dat zijn assistent zich de opdracht van de Kröllers wilde toe-eigenen, was de breuk helemaal compleet.

Het echtpaar liet hij weten dat hij het geen probleem vond om de houtbouw en het verdere ontwerp van Ellenwoude zonder Mies van der Rohe uit te voeren, maar Helene dacht daar anders over. Sinds het laatste overleg met Behrens in december was er weinig gebeurd, 'alleen hier & daar wat schijnwerk om ons zand in de oogen te strooien' en ze voorzag dan ook 'veel getob met Behrens & onregelmatigheid', wat haar weinig hoop gaf op een goede afloop.[6] Als het aan haar lag, zouden ze de houtbouw annuleren, maar alles stond al klaar en Anton was erop gebrand om het ontwerp op ware grootte te zien.

Begin maart werd daarom toch met de bouw van de maquette begonnen. Regelmatig ging Helene met Anton of een van haar zoons naar Ellenwoude om te kijken hoe daar het idee van haar huis gestalte kreeg. Ondanks het ambitieuze plan dat zij geformuleerd had, schrok ze van de omvang die het gebouw begon aan te nemen. Tegenover Sam bekende ze dat ze soms vreesde in de toekomst als een schim door het huis te dwalen, 'wanhopig het niet te kunnen'.[7]

Toen het houten huis eind maart klaar was, werden haar zorgen minder. Het was mooi weer en in 'een voorjaarsstemming lag het [huis] tegen het bosch aan; prachtig spreidde het weiland er zich voor uit'.[8] Vooral over het officiële gedeelte was ze tevreden. De ingang, hal, ontvangstkamers en schilderijenzaal waren goed uitgewerkt en hadden – voor zover dat te zien was in hout en linnen – de juiste sfeer. Met haar boudoir, de slaapkamers en de binnenplaats, was ze daarentegen niet gelukkig. Deze vond zij ronduit 'slecht & niet doorwerkt'.[9] Ze zou niet rusten voordat Behrens die ruimtes de intieme en verfijnde ambiance had gegeven die ze voor ogen had.[10]

Ongeveer tegelijkertijd kregen de Kröllers een brief van Mies van Rohe, waarin hij zijn ontslag bij Behrens uitlegde.[11] Hieruit maakten ze op dat Behrens, gedreven door jaloezie en wantrouwen, zijn assistent het werken onmogelijk had gemaakt. Daarom vond Helene dat ze uit principe niet verder kon gaan met Behrens. Bovendien was het haar duidelijk geworden dat 'onder al dit gedraai het huis niet de geest kan ademen' die zij erin wilde leggen.[12] Zonder Mies van der Rohe durfde zij het project niet aan, hij moest hoe dan ook bij het museumhuis betrokken blijven.[13] Niettemin begreep ze dat hij in zijn brief maar één kant van het verhaal vertelde. Daarom nodigde ze hem uit op Huize ten Vijver en besprak ze met hem alle gebeurtenissen van de afgelopen tijd. De slotsom was weinig gunstig voor Behrens. Helene noemde hem 'een leelijk mensch; hij liegt, hij hunkert naar geld & naam & doet alles om den schijn & heeft geen respect voor den evenmensch'.[14] Uit angst voor concurrentie zou hij zich negatief over Mies van der Rohe hebben uitgelaten bij potentiële klanten. Anton moest maar met Behrens gaan praten om hem zo ver te krijgen dat hij én zijn woorden zou intrekken én Mies van der Rohe weer aan Ellenwoude zou laten werken. Lukte dat niet, dan wilde zij niet verder samenwerken met Behrens, want in dit geval vond zij de persoonlijke kwestie belangrijker dan de opdracht. Haar huis was tenslotte niet gebaseerd 'op een aesthetischen grondslag alleen – verre van dat!'

Eind april 1912 reisden Anton en Helene naar Berlijn, waar zij met een aantal opdrachtgevers en collega's van Mies van der Rohe spraken en hun vroegen om schriftelijk hun mening over de jonge architect te geven.[15] De dag na hun onderzoek nodigden ze Behrens uit in hun hotel om hem met de getuigenissen te confronteren in de hoop dat hij zijn mening over Mies van der Rohe zou herzien. Dat gebeurde niet. Behrens, die zich wellicht betrapt, maar zeker verraden gevoeld moet hebben, weigerde de verklaringen te bekijken en ging volgens Helene steeds verder in zijn beweringen over zijn voormalige assistent. Zijn beschuldigingen stoorden Anton zodanig dat hij zijn geduld verloor en uitriep: 'U bent geen gentleman, stuur uw rekening; ik wil niets meer met u te maken hebben!'[16] Dat betekende het einde van het dienstverband van Behrens.

De summiere overgeleverde correspondentie van Behrens maakt het moeilijk zijn kant van het verhaal te reconstrueren.[17] In wat rest schreef hij niet over Anton en Helene, maar uit brieven van Osthaus aan Behrens blijkt dat de architect voor andere opdrachtgevers eveneens een moeilijke figuur was. Hoewel uit deze paar documenten geen krachtige conclusies getrokken kunnen worden, is het toch opvallend dat ook hierin klachten over gebrekkig contact en een stroperige gang van zaken de boventoon voeren.[18]

Na het ontslag van Behrens leek de weg naar Ellenwoude nu open te liggen voor Ludwig Mies van der Rohe. Helene en Anton kwamen met hem overeen dat hij voor vierduizend gulden (dat was het jaarloon van een hoogleraar, maar vermoedelijk slechts een derde van Behrens' honorarium) twee jaar voor hen zou komen werken.[19] Toch had Helene twijfels, die hoofdzakelijk gevoed werden door haar adviseur. Nu Behrens het veld had geruimd, zag Bremmer namelijk zijn kans schoon om Berlage weer onder de aandacht van de Kröllers te brengen, een poging waar Helene gevoelig voor was.

In *De beweging* had ze juist een gepassioneerd artikel van de architect gelezen, waaruit bleek dat hij een 'arme & sterke man' was, 'die in zich een kracht voelt & toch niet kan scheppen, die sterk blijft & toch niet bitter wordt'.[20] Daarmee refereerde ze aan het geringe aantal interessante opdrachten die Berlage in deze periode kreeg. Het ambitieuze plan dat

Ludwig Mies van der Rohe (1912).
Particuliere collectie.

hij in 1904 voor Amsterdam-Zuid ontwierp, zou pas in 1917 door de gemeenteraad worden aangenomen en zijn stedenbouwkundig ontwerp voor Den Haag uit 1908 werd helemaal niet uitgevoerd, net zomin als zijn inzending voor het ontwerp van een Vredespaleis in Den Haag in 1906.[21] Hetzelfde gold voor zijn plannen uit 1908 voor een concertgebouw in Bloemendaal, dat het Beethovenhuis moest gaan heten en het Wagnertheater in Den Haag, waarvoor hij in 1910 ontwerpen maakte. Voor Helene was het onbegrijpelijk dat zo'n grote architect zo weinig eer te beurt viel.

Haar waardering voor Berlage versterkte Helenes twijfels over Mies van der Rohe. Berlage was een gevierd architect, met dertig jaar meer levenservaring dan de zesentwintigjarige Duitse architect. Ze was ervan overtuigd dat hij in staat was een huis te ontwerpen dat 'grootere kunst' was, groter zelfs dan wat hij tot nu toe had laten zien.[22] Toch wilde Helene niet koste wat kost een smaakvol statement maken, ze had geen behoefte 'leermeester [te] zijn in esthetische zin'.[23] In de eerste plaats zocht ze een architect die van het huis een harmonisch geheel kon maken en wat dat betreft had ze wel haar bedenkingen bij Berlage. Zijn beginselvaste Hollandse aard waardeerde ze, maar ze miste in hem 'een innerlijk fijn sentiment', wat dat ook mocht zijn.[24] Ze achtte haar kansen groter bij Mies van der Rohe, die volgens haar weliswaar niet zo begaafd was als Berlage, maar wel beter aanvoelde wat zij met haar huis wilde uitdragen. Bovendien vond ze het een mooi idee als 'het goede triomfeerde, als hij bouwen kon en niet Behrens'.[25] Maar ze was te rationeel om zich te laten leiden door een half-heroïsch idee en ze bleef het belang van haar huis dan ook voorrang geven. Het liefst liet ze beide architecten aan het project werken, zoals aanvankelijk het plan was tussen Behrens en Mies van der Rohe, maar Berlage wilde niets weten van een samenwerking. Hij werkte altijd alleen en was – begrijpelijk met zijn staat van dienst – niet van plan daarvan af te wijken. Daarom besloot Helene beide heren de opdracht tot een ontwerp te geven, om daarna pas te beslissen wie van de twee het museumhuis zou bouwen.

Eind mei 1912 kreeg Mies van der Rohe een ruime werkkamer op het kantoor van Müller & Co. Anton had enkele weken eerder het aanpalende pand op Lange Voorhout 1 gekocht, waardoor de oppervlakte van het hoofdkantoor ongeveer was verdubbeld.[26] De kamer van Mies van der Rohe bevond zich op de begane grond, aan de voorzijde van dat gebouw, tussen de vestibule en de grote zaal.[27] Het nieuwe kantoorpand bood tevens een oplossing voor het groeiende ruimtetekort op Huize ten Vijver. Door het oplopende tempo waarmee Helene schilderijen, tekeningen, beelden en porselein aan haar collectie toevoegde, was er in de villa niet langer genoeg plaats voor alle kunst. Daarom verhuisde ze een deel van de collectie naar het Lange Voorhout en richtte ze de grote zaal en de kamer die daarachter lag in als schilderijenzalen.

Helene raakte bijzonder gesteld op Mies van der Rohe, hoewel hun omgang gekenmerkt werd door een zekere reserve. Dat vond ze vreemd, want ze had het idee dat zij 'gelijksoortige menschen' waren.[28] Dagelijks ging ze bij hem langs op het Lange Voorhout om te overleggen over het ontwerp. Zodoende hoopte ze hem enigszins duidelijk te maken wat haar huis zou moeten uitdragen, hoewel ze daar zelf ook niet altijd even eenduidige ideeën over had. Soms ging het haar slechts om een gedachte of een sfeer, maar steeds vaker leek het erop dat het huis een directe weerspiegeling van haar leven moest zijn: 'Geen kamer ligt zoo maar op die & die plaats, maar omdat zij er moet liggen in 't leven dat ik leid.'[29] Op een ander moment, toen Mies van der Rohe de schilderijenzaal tot het middelpunt van het ontwerp had gemaakt, stemde Helene daar eerst mee in, om na een slapeloze nacht weer op dat besluit terug te komen.[30] Haar verzameling was op dit moment in haar leven een belangrijke factor, maar daarmee ontkende de architect het leven dat zij vóór haar verzameling had geleid. Ook haar jonge leven, waarin zij 'kinderjuffrouw, huishoudster, dame tegelijk' was geweest, moest in het ontwerp naar voren komen, omdat zij daardoor inzicht en begrip had gekregen. Hoe een architect dat leven in een huis moest leggen, wist ze niet, behalve dat de woonkamer daarvan het symbool kon zijn.

Ondanks deze weinig concrete aanwijzingen had Helene het gevoel dat zij Mies van der Rohe hielp bij zijn werk. 'Door mijn telkens binnenkomen & over zijn werk praten, wilde [ik hem moed] geven & mijn belangstelling toonen.'[31] Wel klaagde ze tegen Sam dat de architect zich afhankelijk van haar opstelde, alsof hij zelf geen beslissing durfde te nemen.[32] Het ontging haar dat het wel eens haar eigen bemoeienis kon zijn die een remmende werking had op zijn creativiteit en de oorzaak was van zijn afhankelijke opstelling.

Behalve door Helenes dagelijkse bezoekjes werd een zelfstandige positie van Mies van der Rohe verder ondermijnd doordat zij de jonge architect als een zoon in het gezin opnam. Gedurende het ontwerpproces woonde hij op Huize ten Vijver en de Kröllers namen hem mee op allerlei uitstapjes.[33] De ervaren Berlage wist hoe verstikkend het kon zijn om zo dicht in de omgeving van een opdrachtgever te werken en maakte zijn ontwerp dan ook op zijn eigen bureau in Amsterdam. Alleen wanneer het nodig was, reisde hij naar Den Haag om met Helene te overleggen.

Berlage kreeg echter weer andere moeilijkheden te verwerken. In juni werd hij niet uitgenodigd om deel te nemen aan de prijsvraag voor het ontwerp van het nieuwe stadhuis van Rotterdam.[34] Hoewel zijn naam binnen de commissie de meeste stemmen had gekregen, had burgemeester Alfred Zimmerman zijn veto uitgesproken – vermoedelijk vanwege Berlages socialistische opvattingen. Ondanks een petitie aan de gemeenteraad en een interpellatie door SDAP'er Hendrik Spiekman bleef de totstandkoming van de lijst genomineerden in nevelen gehuld. In Huize ten Vijver was iedereen verontwaardigd over deze gang van zaken, Helene 'niet het minste'.[35] Tijdens de Bremmerles die avond werd heftig gedebatteerd over wat aan deze onrechtvaardige situatie gedaan kon worden. Tot haar teleurstelling bleef het bij woorden. Anton had het te druk met zaken, Bremmer wist niet goed wat te doen en de zevenentwintigjarige huisvriend Jan Hudig, telg uit de Rotterdamse assuradeurenfamilie Hudig, vond zichzelf te jong om op te treden. Helene was ervan overtuigd dat wanneer Sam in Nederland was geweest, zij samen tegen het gemeentebestuur van Rotterdam ten strijde waren getrokken. Het was namelijk niet de kunst die verdedigd moest worden, maar de waarheid. Blijkbaar voelde zij zich niet sterk genoeg om dit onrecht op eigen gelegenheid te bestrijden. Misschien kwam het haar achteraf ook wel goed uit dat Berlage geen groot project toegekend kreeg, want dat zou hem alleen maar van het ontwerp van haar huis hebben afgehouden.

Bij Berlages ontwerpproces zette zij overigens wel haar vraagtekens. De paar keren dat hij in Den Haag op bezoek kwam om te overleggen, gaven haar weinig vertrouwen. Volgens Helene dacht hij te snel te begrijpen wat zij bedoelde. In tegenstelling tot Mies van der Rohe, verzette Berlage zich tegen de toelichting die zij wilde geven op haar ideeën. Tot haar ontsteltenis stelde hij zelfs voor om maar niet te veel meer te praten. Eerst moest hij een beeld vormen. 'Eerst [een] beeld?' vroeg Helene zich verbaasd af. 'Mij dunkt eerst de gedachte!'[36] Berlage moet haar drang gevoeld hebben om precies uiteen te zetten wat zij in gedachten had. Waarschijnlijk was dat de reden dat hij zich gedurende de zomer nauwelijks liet zien in Den Haag om in alle rust aan zijn ontwerp te kunnen werken.

De maquette die hij in september presenteerde, was dan ook een verrassing voor Helene. Berlage was deels aan haar formele eisen tegemoetgekomen, maar hij had ze tot een beknopte vorm teruggebracht.[37] Het hoofdgebouw telde twee verdiepingen en werd geflankeerd door twee asymmetrische vleugels, bestaande uit in hoogte aflopende bijgebouwen. Twee parallelle zuilengalerijen verbonden deze vleugels met elkaar, waardoor een afgesloten binnenplaats ontstond. Aan de zij- en achterkant

H.P. Berlage, maquette voor Ellenwoude (1912).

van het huis lagen drie tuinen die door pergola's werden omsloten. Opvallend aan het ontwerp waren de puntdaken die Berlage zowel het hoofdgebouw als de vleugels gaf. Die strookten niet met het eenvoudige, open karakter dat Helene in gedachten had. Zij zag dan ook niet hoe haar gedachten in Berlages ontwerp uitgedragen werden. Het was duidelijk zíjn schepping, die vooral liet zien wat hij bij de Kröllers vond passen. Hoewel Helene veel waardering had voor de onverwachte fijnzinnigheid van de maquette, was zij niet onverdeeld gelukkig met het ontwerp: 'wat zou een Mevrouwtje, zoo als ik het nu eenmaal ben, b.v. met een huis met 7 trappen moeten doen? Dat zou mij lijken als een rijke Mijnheer die 7 horloges kocht om voor iederen dag een te hebben, maar zouden ze hem gelukkig maken of gemakkelijker zijn?'[38] Kortom, ze vond Berlages ontwerp te veel doelloze eigenschappen hebben, waardoor het geheel een overdreven vertoon van luxe uitstraalde.

Volgens Helene stak de maquette van Mies van der Rohe gunstig af bij die van Berlage. Zijn ontwerp had nog duidelijk het klassieke, eenvoudige karakter dat Behrens het had gegeven.[39] In tegenstelling tot Berlage, had zijn ontwerp slechts één verdieping – een duidelijke wens van Helene, die het liefst helemaal geen trappen in haar woning had. Het ontwerp was nog steeds langgerekt en daardoor veel breder dan diep. Op de eerste verdieping van het woongedeelte lagen de familievertrekken, daaronder bevond zich de ontvangsthal en een expositieruimte voor het porselein. De twee vleugels van het huis waren wat lager dan het woongedeelte en boden onderdak aan een wintertuin en nog meer tentoonstellingszalen. De twee vleugels waren met elkaar verbonden door een lange pergola, waardoor in het midden een langgerekte patio ontstond. In dit ontwerp zag Helene 'een waarheid & het is een Spinoza-rust in zijn mooiste vorm.

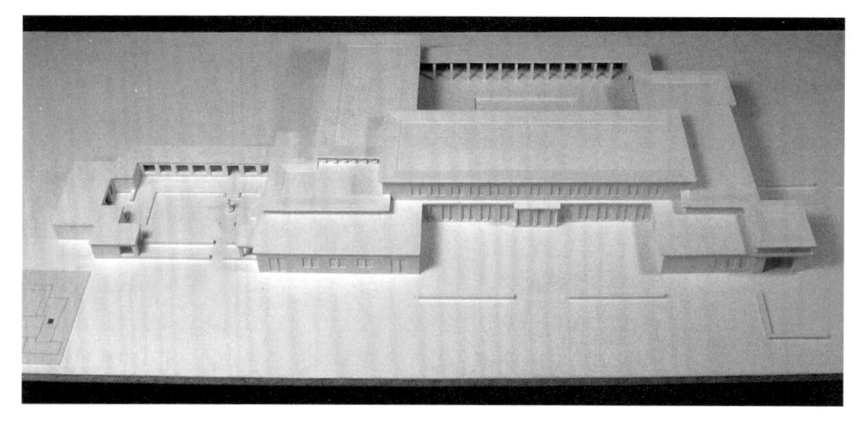

Ludwig Mies van der Rohe, maquette voor Ellenwoude (1912).

Nergens betrap ik een onzuiverheid, laat staan dan een leugen, nergens zijn concessies gedaan, is iets in het huis aangebracht wat niet noodwendig zou zijn.'[40]

Anton daarentegen had een duidelijke voorkeur voor het huis van Berlage. Dat was ook niet vreemd, want de architect had een biljartkamer in zijn ontwerp opgenomen en de ruimtes van de heer des huizes comfortabel dicht bij elkaar gesitueerd. 'Natuurlijk, dat kan men gemakkelijk [doen] als men andere dingen, die ons binnenste raken, die Berlage niet kent & Mies wel, achterwege laat,' schreef Helene beteuterd aan Sam.[41]

Omdat zij zelf niet tot een beslissing konden komen, vroegen Anton en Helene aan Bremmer om een oordeel over de ontwerpen te vellen. Beide architecten werd gevraagd om hun maquettes en tekeningen te presenteren in de schilderijenzaal van het Lange Voorhout, zodat Bremmer al vergelijkend tot een oordeel kon komen. In spanning gadegeslagen door Mies van der Rohe, Berlage, Anton, Helene en Sam, bekeek hij lang en bedachtzaam alle studies en de beide maquettes. Toen doorbrak hij de stilte. Wijzend op het ontwerp van Berlage, zei hij: 'Dat is kunst' en wijzend naar dat van Mies van der Rohe: 'dat niet.'[42] Daarna stak hij een gepassioneerd betoog af over de kunst van Berlage en zwakheden in het werk van Mies van der Rohe. Ongetwijfeld werd hij hierbij gedreven door zijn ongenoegen over het besluit van de Kröllers om zonder zijn medeweten een samenwerking met Behrens aan te gaan en vervolgens – opnieuw buiten hem om – Mies van der Rohe aan te stellen. Net als bij de aankoop van Van Goghs *Maaier met zeis* twee jaar eerder, zette hij de Kröllers met al zijn vakinhoudelijke overwicht op hun plek.

De aanval van haar adviseur op Mies van der Rohe raakte Helene diep. Door haar intensieve begeleiding van de architect moet zij Bremmers woorden als een persoonlijke aanval hebben ervaren. Ook de teleurstelling van Mies van der Rohe was groot. In het gunstigste geval moet het een bitterzoete ervaring zijn geweest, dat de architect die hij een halfjaar geleden nog tegen zijn voormalige werkgever Behrens had verdedigd, nu zijn begeerde zelfstandige opdracht dreigde weg te kapen. Maar het ging hem niet alleen om de opdracht van het huis, vooral het commentaar van Bremmer trof hem hard: 'is de kritiek waar, dan is zij voor mij de dood', zei hij geëmotioneerd tegen Helene.[43] Niettemin was hij zelfbewust genoeg om Bremmers commentaar niet eenvoudigweg voor waar aan te nemen. Daarom stuurde hij zijn tekeningen naar Julius Meier-Graefe met het verzoek deze te becommentariëren.[44] De criticus reageerde enthousiast. Het ontwerp toonde een duidelijke samenhang, waarin alle onderdelen uit een logische ontwikkeling waren voortgekomen. De criticus prees Mies van der Rohe om zijn treffend gekozen oplossingen, waardoor hij een goed evenwicht had gevonden tussen de functies van woonhuis en tentoonstellingsruimte. Voor de jonge architect kwamen deze woorden te laat. De beslissing was al genomen.

Terneergeslagen door het vooruitzicht dat ze toch niet haar gedroomde huis zou bouwen, troostte Helene zichzelf met de gedachte dat zij haar tijd vooruit was: 'Ware ik in een lateren tijd geboren [...], ik zou dan door anderen gesteund zijn.'[45] Anton zag hoeveel moeite zijn vrouw had met Bremmers oordeel en stelde voor om het ontwerp van Mies van der Rohe in hout op te trekken, zoals zij eerder ook met het ontwerp van Behrens hadden laten doen.[46] Zich ervan bewust dat hij een tweede kans kreeg, zette Mies zich vol energie aan het maken van een aangepast ontwerp.[47] Volgens Helene stak er onmiddellijk een frisse wind op in de tekenkamer aan het Lange Voorhout en ook zelf was ze vol goede moed. Begin december – een klein jaar nadat zij de reusachtige maquette van Behrens hadden laten bouwen – werd begonnen met de bouw van het houten Mieshuis.

Toen dat half januari 1913 bijna voltooid was, begonnen bij Helene opnieuw twijfels te rijzen. Ze was bang dat de zuilen van de pergola het zicht op de tuin wegnamen, dat de lichte steensoort niet paste bij het Hollandse landschap en dat het geheel te massief werd.[48] In het ontwerp hoorde zij 'het geraas, geklos & gehamer van onzen tijd [...], een lust haar te begrijpen, maar niet een zachter gemoed, dat haar in zich opneemt'.[49] Tegelijkertijd vreesde ze dat haar woning een anachronisme zou worden door de vele zuilen, die niet pasten bij het moderne concept van het huis. Misschien had Bremmer toch gelijk gehad met zijn kritiek op Mies van der Rohe.

Het tweede huis van hout en linnen dat op Ellenwoude werd gebouwd, dit keer door Ludwig Mies van der Rohe.

Haar twijfel betekende niet dat Helene het volledig eens was met Bremmers waardering voor Berlage, want met diens opvattingen en het gebruik van baksteen 'bleef [hij] Hollands & ik kan niet alleen Hollands zijn'.[50] Als zij Berlage zou laten bouwen, zou hij alleen aan het huis en niets anders dan het huis moeten werken. Dat was volgens haar de enige manier om een brug te slaan tussen hun verschillende visies. Als ze met Berlage verder ging, moest hij op het Lange Voorhout komen werken, zoals Mies van der Rohe had gedaan.[51] Alleen dan zou ze haar ideeën aan de koppige architect duidelijk kunnen maken. Dacht ze.

Naarmate het ontwerp van Mies van der Rohe eind januari 1913 op schaal 1:1 de voltooiing naderde, kwam Helene definitief tot de conclusie dat haar adviseur gelijk had. Ze had gewild dat hij in september de rust had opgebracht om haar zijn visie op een kalme, niet geëmotioneerde en heerszuchtige manier uit te leggen.[52] Dan had ze hem zeker begrepen en had ze niet aan haar keuze voor Mies van der Rohe vastgehouden. Toen ze begin februari het eindresultaat bekeek, had ze haar besluit al genomen. De mankementen van het ontwerp leken haar zo duidelijk, dat ze zelfs opgelucht was. Aanvankelijk was ze bang geweest om Anton te moeten uitleggen waarom zij dit huis na alle moeite toch niet wilde bouwen. Maar nu ze tegenover het grote houten bouwwerk stond, wist ze zeker dat ook Anton 'de slecht begrepen monumentaliteit, de steenmassa die de natuur verdrukt', zou zien.[53]

Over de indeling van de woning was ze wel tevreden. Het was levendig, met lange assen, en de verschillende ruimtes waren afwisselend in hun grootte en hoogte. Helene vond het een echt wandelhuis. Ze stelde zich voor hoe ze 's ochtends alle ramen zou openzetten om er vervolgens doorheen te slenteren, zoals door een museum. Een stuk minder enthousiast was ze over de schilderijenzaal, die haar deed denken aan 'een

Duitsche beer, die wil dansen als een Grieksche nymph'.[54] Haar oordeel was duidelijk. Het ging Mies van der Rohe niet om háár huis. Hij wilde vooral bouwen en daardoor had hij zichzelf in zijn ontwerp verloren. Dat vertelde ze hem nog niet, daarvoor wilde ze eerst het juiste moment afwachten. Het gevolg was dat Mies van der Rohe het hele gebouw nog schilderde om vervolgens met de hand over het hele oppervlak stenen te tekenen. Het overtuigde Helene niet meer, zij stond 'tamelijk ongevoelig' tegenover de moeite die de architect deed.[55] Maar helemaal zeker was ze nog niet van haar zaak. Twee dagen nadat ze de houtbouw bekeek, sprak ze opnieuw met Berlage over de mogelijkheid van een samenwerking met Mies van der Rohe, om zo tot een compromis van beide huizen te komen. Hoewel Berlage dit voorstel opvallend genoeg niet meteen afwees, zou het zo ver toch niet komen.

Om een besluit te kunnen nemen, moest Helene er blijkbaar eerst aan herinnerd worden waarom zij een nieuw huis wilde laten bouwen. Die herinnering kreeg zij eind februari 1913, toen haar broer Gustav op zevenenveertigjarige leeftijd stierf. Hij was lange tijd ziek geweest als gevolg van een hartkwaal.[56] De ziekte had hem zijn levenslust ontnomen en hij had zijn toevlucht gezocht in de drank, waardoor hij de laatste jaren steeds lastiger was geworden voor zijn familie. Hij werd grof, verkeerde in dubieuze kringen en gaf buitensporig veel geld uit aan zijn tuin en de exclusieve orchideeën die hij kweekte. Dat alles had zijn werk voor Müller & Co weinig geschaad. Pas de laatste paar maanden was hij zo ziek en onhandelbaar geworden, dat hij zijn functie als compagnon niet langer kon vervullen. Voor de buitenwereld was Gustavs aftakeling verborgen gebleven, zodat er lovende necrologieën verschenen en de familie overspoeld werd met condoleancetelegrammen uit de hele wereld.[57]

Hoewel bedroefd over het verlies van haar broer, zag Helene zijn dood toch als een zegen, omdat zij vermoedde dat hij zijn vrouw en dochter het leven in de toekomst nog moeilijker zou hebben gemaakt. Zelf probeerde ze zich Gustav te herinneren als de broer die zij lief had gehad, de 'liebe Junge' zoals ze hem noemde toen ze klein was. Als ze aan Gustav dacht en aan de noodlottige wending die zijn leven had genomen, verlangde ze ernaar ook jong te sterven. Ze beschouwde zichzelf niet als iemand die als een goed mens geboren was, maar als iemand die al haar energie en vermogen tot zelfreflectie moest aanwenden om te zijn wie zij was en te kunnen doen wat zij deed. '[Wat] als dat mij nu eenmaal verlaat?'[58]

De dood van haar broer deed Helene dan ook eens te meer beseffen wat haar motieven waren om een museumhuis te bouwen. Vlak na Gustavs begrafenis schreef ze aan Sam: 'de mensch is toch per slot wat hij achterlaat. Ik kreeg weer lust achter te laten!'[59] Op dat moment besloot ze Mies van der Rohe te ontslaan en verder te werken met Berlage.

Half maart 1913 reisde Helene naar Florence voor een vakantie van twee weken. Dit keer werd ze vergezeld door haar twee jongste zoons, Bob en Wim, de ene net zestien, de andere eenentwintig. De twee jongemannen maakten het haar onmogelijk om in de Uffizi en het Palazzo Pitti rustig voor een schilderij te gaan zitten en het even intensief te bekijken als zij drie jaar eerder met Helene jr. had gedaan.[60] Nu ze met haar zoons was, wilde zij het hun vooral naar de zin maken. Daarom bleef ze niet langer bij een schilderij stilstaan dan nodig was om Wim en Bob het meest noodzakelijke over het werk te vertellen. Haar dagen waren vol. Weer had ze een lijstje met bezienswaardigheden van Bremmer meegekregen en Bob ploos de *Baedecker*-reisgids uit om zo voor iedere dag een route uit te stippelen.[61] Ze maakten lange wandelingen door de stad en de 'meer dan heerlijke' omliggende natuur, die al haar verwachtingen overtrof.[62] Telkens weer verwonderde Helene zich hoezeer in Toscane 'natuur & cultuur elkander omhelzen'. Vaak vroeg ze zich af of de bomen, struiken en bloemen van nature zo vervlochten waren met de ruïnes, huizen en boerenhofsteden, of dat er menselijk ingrijpen aan te pas was gekomen.

Nog meer dan tijdens haar eerste bezoek aan Florence werd ze gegrepen door de vele voorbeelden van hoogstaande bouwkunst, die de stad bezat. Florence was 'wonderbaarlijk rijk aan architectuur', vooral de huizen vond zij interessanter dan waar ook ter wereld.[63] Deze waren volgens haar stuk voor stuk monumenten voor de mensen die ze hadden laten bouwen. Het was een openbaring voor haar dat al dat moois niet alleen gebouwd was door 'keizers & koningen, [maar ook door] menschen van een grooten stijl'.[64] Met Ellenwoude in haar hoofd en Berlage binnen handbereik, bekeek ze Florence als een visioen van haar eigen toekomstige huis. Dankzij haar verblijf in de Toscaanse hoofdstad kon ze het imposante ontwerp van Berlage beter waarderen, doordat ze nu de fijnheid in de grootsheid kon zien.[65] Dat nam niet weg dat het interieur wat haar betrof nog steeds veel eenvoudiger moest worden dan de architect in gedachten had.

Het Palazzo Vecchio, het huidige stadhuis van Florence, gelegen aan het Piazza della Signoria, maakte het meeste indruk op Helene. In lange tijd had ze niet zo'n mooi bouwwerk gezien.[66] Het Romaanse palazzo, opgetrokken uit een eenvoudige, lichte steensoort, deed haar sterk aan het werk van Berlage denken. Waarschijnlijk herinnerde het haar vooral aan de Beurs in Amsterdam, die net zo'n 'keurige toren' had.⁶⁷ Ze was zo vervuld van het palazzo, dat ze niet tot 's avonds kon wachten om Anton en Sam te schrijven. Daarom kocht ze een aantal postkaarten waarop het stadhuis was afgebeeld en stuurde deze direct op om te laten zien hoe het palazzo en de toren als een kroon boven de stad uitstaken. Helene projecteerde zo veel eigen ambitie op het gebouw, dat ze vol overtuiging aan Anton schreef dat dit was gebouwd door de familie Vecchio. Blijkbaar was het haar ontgaan dat het palazzo zijn naam niet ontleende aan een familie, maar aan zijn functie. Oorspronkelijk heette het gebouw het Palazzo della Signoria, naar het voormalige republikeinse bestuur dat er sinds de veertiende eeuw zetelde.⁶⁸ Vanaf het moment dat hertog Cosimo I de' Medici in de jaren 1560 dat bestuur verhuisde naar het sensationeel verbouwde Palazzo Pitti, werd voortaan naar het eerste paleis verwezen als het 'palazzo vecchio': het oude paleis.

Haar vergissing was van doorslaggevende betekenis. Ook Anton was gecharmeerd van de allure, die uitging van het bouwen van een indrukwekkend huis. De briefkaart van zijn vrouw overtuigde hem ervan om in navolging van 'de familie Vecchio' Berlage niet alleen aan te stellen als architect van Ellenwoude, maar tevens als vaste architect van Müller & Co.⁶⁹ Tot Helenes grote genoegen liet Anton haar vanuit Parijs weten dat zij de volmacht had om Berlage een langdurig contract bij de firma aan te bieden.⁷⁰ Hij had grootse bouwplannen in Amsterdam, Rotterdam, Den Haag en vooraleerst in Londen, maar dat was voor hem niet de enige reden om de architect te contracteren. De uitsluiting van Berlage voor het ontwerp van het stadhuis in Rotterdam een jaar eerder speelde daarbij ook een belangrijke rol. Want 'met een innerlijk verkneukelen' schreef hij aan Helene: 'Wat zal Rotterdam er wel van zeggen? Ze hebben hem er slecht behandeld, nu zullen wij hem eens in zijn eer herstellen.'⁷¹

De doorslaggevende postkaart van Helene aan Anton uit Florence met op de voorzijde het Palazzo Vecchio.

Zodra Helene begin april terug was in Den Haag, stelde ze een contract op. Anton en zij hadden een salaris voor de architect in gedachten van twaalfduizend gulden per jaar. Dit was niet alleen een veelvoud van het gemiddelde Nederlandse jaarinkomen, maar zelfs drie keer zoveel als het salaris van een hoge ambtenaar.[72] De opzet was dan ook dat Berlage hier geen nee tegen kon zeggen. Het plan was om de architect voor tien jaar aan te nemen, zodat hij onbezorgd kon leven, maar daar stond tegenover dat hij op het Lange Voorhout moest komen werken. Hij mocht andere opdrachten aannemen, maar alleen als dat niet ten koste ging van zijn werk voor Müller & Co.[73] Voordat Helene hem dit voorstel deed, wilde ze met Bremmer overleggen om zeker te weten of ze een redelijk salaris bood. Haar adviseur vond het plan 'heel erg aanneembaar' en beloofde dat hij de volgende dag Berlage in Amsterdam zou opzoeken om hem het voorstel voor te leggen.[74]

Ondanks het royale aanbod ging Berlage niet onmiddellijk akkoord. Hij had veel belangen in de hoofdstad. Zo hoopte hij onder meer op de opdracht om het pand van de Diamantbewerkersbond, dat hij in 1900 had ontworpen, uit te breiden.[75] Verder voelde hij zich bezwaard om zijn zoon Hendrik naar een andere school te laten gaan en zijn vrouw, die haar hele leven in Amsterdam had gewoond, te overreden om naar de residentie te verhuizen. Daarom vroeg hij de Kröllers vier maanden bedenktijd, wat Helene van hem tegenviel. Ze vond zijn bezwaren 'klein & omslachtig tegenover het groote werk, dat hij moet doen'.[76] De architect genoot alle vrijheid zolang hij zich aan het gestelde budget hield en hij kreeg het beheer over een eigen afdeling, die hij naar eigen inzicht kon aansturen. De firma faciliteerde zijn kantoor en het personeel, en Helene zou hem als zijn opdrachtgeefster naar beste kunnen helpen, maar hem zoveel mogelijk zelfstandig laten werken.[77] Kortom, Berlage moest inzien dat zij en Anton degenen waren die zich voor tien jaar vastlegden en het grootste risico namen. Geprikkeld schreef ze haar man: 'als een gebouw van Berlage over eeuwen nog staat [, zal] niemand meer vragen waar zijn zoon school is gegaan & waar de tekenaar het liefst heeft gewoond.'[78]

Even overwoog ze haar aanbod in te trekken, want als Berlage zich niet met hart en ziel aan de firma durfde te verbinden, voorzag zij grote problemen in de toekomst. Door het debacle met Behrens had zij geleerd dat een architect op afstand niet tot een bevredigend resultaat kon komen. Als ze dat nodig achtte, wilde ze op ieder moment bij hem binnen kunnen lopen en niet afhankelijk zijn van de vraag of hij dan aanwezig was. Aanvankelijk weigerde ze om Berlage een hoger salaris te bieden om hem over de streep te trekken. Tenslotte was hij al achtenvijftig en wellicht 'gauwer versleten dan hij denkt. Met 70 jaar presteert hij zeker niets meer'.[79] Daarom wilde ze hem bij voorkeur exclusief aan Müller & Co binden, want andere opdrachten zouden hem alleen maar vermoeien en afleiden van de taak die zij hem namens het bedrijf opdroeg.

Zo streng als de voorwaarden bedacht waren, sprak zij ze tegenover Berlage niet uit. Ze gaf hem twee weken bedenktijd en verhoogde het salaris naar 14.000 gulden per jaar, met 7500 gulden per jaar in geval van invaliditeit en 3000 gulden pensioen voor zijn vrouw, mocht hij komen te overlijden.[80] Wel handhaafde ze de eis dat Berlage zich voor tien jaar aan Müller & Co verbond en exclusief voor hen werkte als hun opdrachten daarom vroegen. Deze voorwaarden bracht ze hem niet zelf over. Wanneer ze met Berlage sprak over zijn persoonlijke bezwaren, zwichtte ze daar altijd voor, omdat ze 'de kleine, menschelijke wenschen' maar al te goed begreep.[81] Maar de zaak was gebaat bij doortastend optreden en daarom vroeg ze opnieuw Bremmer om de boodschap aan Berlage over te brengen.

De verregaande bemoeienis van Helene met het aannemen van de nieuwe bedrijfsarchitect lijkt opmerkelijk en zou dat ook zijn geweest als zij slechts de vrouw van de directeur was geweest. Maar door het overlijden van Gustav was er een plek vrijgekomen in de directie van Müller & Co, die Anton had opgevuld door haar te benoemen tot compagnon. Op 6 maart 1913 ondertekende Helene samen met hem de notariële akte, waarmee zij formeel beherend vennoot van de firma werd.[82] Daarmee werd haar handtekening bindend voor alle documenten die zij voor Müller & Co tekende. Ze was er trots op dat zij nu onderdeel van de firma was geworden, waar zij 'zoo heel veel voor [voelde]'.[83] Een maand later ondertekende ze al een trustakte en presideerde ze bij verstek van Anton een vergadering.[84]

De benoeming van Helene tot beherend vennoot was opmerkelijk, omdat vrouwen pas na de Tweede Wereldoorlog – en ook toen nog sporadisch – tot hoge functies in het bedrijfsleven wisten door te dringen.[85] Minstens even opvallend is het gegeven dat Anton formeel niemand aan hoefde te stellen. De oprichtingsakte van Müller & Co schreef namelijk voor dat bij overlijden van een van de compagnons het beherend vennootschap geheel in handen kwam van de overlevende partner.[86] Door na het overlijden van Gustav toch weer een tweede compagnon aan te stellen, voorkwam Anton dat na zijn eigen overlijden de firma door de Müller-erven verkocht zou kunnen worden, of dat zij hun deel van het kapitaal bij zijn zoons opeisten. Tegelijkertijd verzekerde hij op deze manier de financiële toekomst van Helene. Na Antons overlijden lag het beheer van de firma bij haar en was er geen sprake van geërfde aandelen die zij met de rest van de familie zou moeten delen.

Niettemin waren er verschillende andere gegadigden voor de positie van vennoot, die Anton had kunnen aanstellen en die naar de maatstaven van de tijd een logischer keuze waren dan zijn vrouw. Maar zijn oudste zoon Toon achtte hij niet in staat om welke positie dan ook binnen de firma te vervullen en Wim vond hij nog niet genoeg voorbereid op deze taak.[87] Schoonzoon Paul Brückmann was in andere omstandigheden misschien ook een kandidaat geweest, maar door de verstoorde familieverhoudingen en diens ontslag was zijn benoeming tot compagnon bij voorbaat uitgesloten. Antons zwager Richard Ullner, echtgenoot van Helenes zus Martha, was nog de meest voor de hand liggende persoon geweest om als compagnon op te treden, maar Anton noch Helene vertrouwden hem genoeg. Hij zou te weinig hart hebben voor de zaak en slechts uit zijn op geld.[88] Hebzucht was hoe dan ook een trekje waar Helene haar familie van verdacht: 'Zij allen voelen niets voor de zaak; denken alleen nog dat zij niet genoeg van haar geprofiteerd hebben. Zij allen zullen plukken.'[89]

Ook Anton vreesde voor de wensen van de Müller-familie. Emilie Faulenbach, Helenes moeder, was nog steeds een stille vennoot. Dat betekende dat zij wel profiteerde van de winst van het bedrijf, maar niet – zoals een beherend vennoot – hoofdelijk aansprakelijk was voor eventuele schulden van de firma. Daar stond tegenover dat zij als stille vennoot niet naar buiten toe mocht optreden namens Müller & Co en slechts over een beperkt aantal interne kwesties mocht meebeslissen. Contractueel was bepaald dat bij haar overlijden de echtgenoten van haar dochters, Richard Ullner en Ferdinand Hensel, haar vennootschap zouden overnemen. Dat was een scenario dat Anton weinig aanstond. Zijn schoonmoeder maakte weliswaar nauwelijks gebruik van haar recht om mee te beslissen over de bedrijfsvoering, maar hij vreesde dat zijn zwagers meer van zich zouden laten horen. Bij voorkeur kocht hij dan ook de hele familie uit, om in hun plaats een raad van advies aan te stellen.[90] Behalve een zakelijke oplossing, bood die gang van zaken Anton de mogelijkheid om zijn macht binnen het bedrijf zodanig te vergoten dat hij de alleenheerschappij kreeg. Een raad van advies kon hij tenslotte naar eigen inzicht samenstellen uit vertrouwelingen. Of zoals Helene het formuleerde: 'de raad van advies belemmert je vrijheid niet, het zijn geen commissarissen.'[91]

De opmerkelijke benoeming van Helene tot compagnon leidde tot grote beroering in haar familie. Zowel haar moeder, haar zussen Martha en Emmy, als haar zwagers wantrouwden de gang van zaken. Vooral Richard Ullner, die de zakelijke belangen van Gustavs weduwe Anne Müller-Abeken behartigde, protesteerde hevig. Hij vreesde dat de bedrijfsvoering belemmerd zou worden wanneer Anton voor langere tijd in het buitenland verbleef en waarschuwde hem dat zijn bedrijf na zijn eventuele overlijden binnen enkele weken in elkaar zou storten bij gebrek aan een 'geeignete Centralleiter'.[92]

Zijn bezwaren veranderden echter niets aan de situatie. Helene was tenslotte al benoemd en Anton dacht er niet over zijn beslissing terug te draaien – als hij daar juridisch gezien al toe in staat was. De Müller-familie moet beseft hebben dat zij buitenspel was gezet. Moeder Emilie, haar dochters en schoondochter hadden recht op een deel van het bedrijfskapitaal, maar zonder goedkeuring van Anton en Helene bleef hun zeggenschap in de firma minimaal.[93] Zoals Anton hoopte, maakten de beperkte vooruitzichten tot meer inspraak in de firma het voor de familie aantrekkelijk om zich uit te laten kopen, wat half juni dan ook gebeurde. De enige vennoot die de firma buiten Anton en Helene toen nog restte, was Willem Kröller, die door zijn zus Marie verpleegd werd in Hilversum. Van hem hoefden ze weinig tegenspraak te verwachten, want hij voelde 'voor de zaak als zijnde van de Kröllers'.[94] Kortom, Anton en Helene stonden half juni 1913 aan de top van wat zij met recht hun imperium mochten noemen.

Vanaf het eerste moment dat Anton gesproken had over een mogelijk compagnonschap van zijn vrouw, had hij haar de Afdeling Gebouwen toebedacht.[95] Daar kon Helene zich helemaal in vinden. Niet alleen had zij interesse voor bouwkunst, het beheer van een afdeling gaf haar ook het gevoel meer verbonden te zijn met Müller & Co. Haar functie als hoofd van de Afdeling Gebouwen, een onderdeel van dochteronderneming Müller & Co's Algemene Exploitatie Maatschappij, bewees volgens haar dat zij 'niet heelemaal voor den schijn in de firma [was] opgenomen'.[96] Met verve begon ze plannen te maken over de inrichting van de nieuwe kantoren op het Lange Voorhout 1, waar de afdeling gehuisvest zou worden. Tot een besluit kwam ze nog niet, omdat ze Berlage de keuze wilde laten, waar in het pand hij kantoor wilde houden.

De architect liet echter nog even op zich wachten. Hij reisde al wel naar Londen om de locatie te bekijken waar het nieuwe pand van Müller & Co gebouwd moest worden en kwam enthousiast terug naar Nederland.[97] Maar tot een overeenkomst leidde dit nog niet. Berlage was bereid akkoord te gaan met een salaris van twaalfduizend gulden per jaar, maar dan wilde hij pas na anderhalf jaar verhuizen. Dat bleef onbespreekbaar voor Helene. Haar bouwmeester moest 'voelen voor [...] de zaak voor welke hij werkt'.[98] Met Berlage onderhandelen weigerde ze dan ook. Dat vond zij überhaupt 'zijn grootste gebrek, dat hij denkt, dat hij met ons "onderhandelen" moet'.[99] De architect moest begrijpen dat er geen valkuilen zaten in haar aanbod. Zij wilde hem wel '5 Palazzo Vecchio' laten bouwen, maar dat kon volgens Helene slechts op één manier: met volledige inzet voor de zaak.

Daarentegen vond Berlage het vanzelfsprekend dat hij tijdens zijn dienstverband voor de Kröllers de vrijheid had om ook aan andere opdrachten te werken. Anders vreesde hij dat 'iedere nadere beperking hem ongerust zou maken en hem zou obsedeeren'.[100] De mogelijkheden die Müller & Co hem bood, waren aanlokkelijk, maar moesten meer dan dat zijn om een gerenommeerd architect zijn eigen bureau te doen opgeven. Door zich tien jaar exclusief te committeren aan Müller & Co, ontnam Berlage zichzelf potentiële opdrachten waarin meer artistieke vrijheid en ambitie besloten lagen.

Toch waren persoonlijke en artistieke overwegingen vermoedelijk niet de enige reden voor zijn twijfel. Berlage was een socialist, die in plaats van actief te zijn binnen de SDAP, zijn sympathieën vormgaf in een sterk geëngageerd programma dat aan zijn ontwerpen ten grondslag lag.[101] Net als veel andere sociaalvoelende kunstenaars van zijn tijd, werd Berlage geïnspireerd door de Engelse *Arts and Crafts Movement* van William Morris. Ook hij geloofde sterk in gemeenschapskunst, een kunst die bijdroeg aan een betere samenleving, door onder meer het menselijke en het ambachtelijke weer terug te brengen in het productieproces. Om een tienjarig verband aan te gaan met een van de meest succesvolle vertegenwoordigers van het grootkapitaal moest hij zijn principes dan ook tot het uiterste oprekken.

De schijn van hypocrisie had hij tien jaar eerder met de Beurs, toch het summum van commercie, weten te voorkomen door het gebouw tot belichaming van gemeenschapskunst te maken.[102] In het ontwerp had hij functies vervlochten die het mogelijk maakten dat de Beurs ooit – na de ondergang van het kapitalisme – voor meer publieke doeleinden gebruikt kon worden.[103] Op zijn verzoek gaf de dichter Albert Verwey het iconografisch programma vorm en schreef hij verzen voor de verschillende ruimtes.[104] Overeenkomstig Berlages idealen van een collectieve samenleving, werd het belangrijkste thema van Verweys programma de toekomstige klasseloze samenleving, waarin hij aan Amsterdam in de zijlijn een rol toebedeelde als handelsstad. Daarnaast had Berlage andere progressieve, linkse kunstenaars uitgenodigd, onder wie Jan Toorop en Richard Roland Holst, om de ornamenten van het gebouw te verzorgen. Of de architect zich dergelijke vrijheden ook bij de Kröllers kon veroorloven, moet hij sterk betwijfeld hebben.

Het kostte Berlage drie maanden bedenktijd om met Anton en Helene tot een overeenkomst te komen. Begin juni bezocht hij hen op Huize ten Vijver om nog eens over de voorwaarden te spreken. Het was de eerste keer dat Anton bij het overleg aanwezig was. Daardoor kon hij volgens Helene meer kalmte opbrengen, maar zij zat 'te trappelen van ongeduld' toen ze de voor haar bekende argumenten van Berlage weer hoorde.[105] Hoe ze ook probeerde zich afzijdig te houden van het gesprek, uiteindelijk kon zij zich niet meer inhouden. Het 'eeuwige geldgehaspel en conditiegestipuleer' vermoeide haar, het banaliseerde volgens haar het grote werk waar het uiteindelijk om ging. Helene vond het maar vreemd dat zij nu Berlage moesten overhalen om voor hen te werken, terwijl hij toch blij mocht zijn met zo'n opdracht. Na verloop van tijd voelde ze zelfs 'een heilig vuur voor de zaak & een groote verontwaardiging' opkomen en liet ze zich ontvallen dat Berlage de opdracht dan maar niet moest uitvoeren, want op deze manier kon ze niet met hem werken. Toen Anton haar gelijk gaf, zakte Berlage volgens haar als een gebroken man terug in zijn stoel. Tot haar verbazing gaf Anton hem vervolgens nog een paar dagen bedenktijd. Dat leek haar overbodig, want ze kon zich niet voorstellen dat Berlage nu wel zonder bezwaren hun aanbod zou accepteren.

Geheel onverwachts ontvingen zij enkele dagen later, nog voor de gestelde datum, bericht van Berlage dat hij zijn bedenkingen opzij had geschoven en de opdracht wilde aannemen.[106] Niet alleen de Kröllers keken op van zijn plotselinge besluit, ook in Berlages kennissenkring werd door sommigen verbaasd gereageerd op zijn voornemen om zich voor tien jaar te verbinden aan dit kapitalistenechtpaar.[107] Zo moest zijn vriend Richard Roland Holst niets hebben van 'aanstellerige kunstminnende vermogende dames', waarvan Helene Kröller-Müller volgens hem het prototype was.[108]

Berlages gebrek aan omvangrijke opdrachten en de daarmee gepaard gaande financiële onzekerheid gaven echter de doorslag voor de architect. Door voor de Kröllers te gaan werken, wist Berlage zich verzekerd van een inkomen en kon hij bovendien zijn artistieke capaciteiten richten op projecten waarvan hij zeker wist dat ze gerealiseerd zouden worden. Helene was zich bewust van deze pragmatische overwegingen. Ze hoopte dat de architect ooit zou geloven dat ook zij een zuiver ideaal nastreefde en dat ze dat doel niet ten koste van hem, maar samen met hem wilde bereiken.[109]

Zijn snelle ommezwaai verheugde Helene dusdanig, dat zij zich voornam niet langer stil te staan bij het problematische overleg van de afgelopen maanden en 'met grooten nieuwen moed [te] beginnen' aan de samenwerking.[110] Op zondag 22 juni 1913 tekenden zij het contract.[111] Daarbij kwam Berlage als winnaar uit de bus: niet alleen ging hij werken tegen de hoofdprijs van veertienduizend gulden per jaar, de Kröllers stemden er alsnog mee in dat hij het eerste jaar in Amsterdam bleef wonen en ze stonden hem toe om in overleg ook aan andere projecten te werken.[112]

Nu de formaliteiten achter de rug waren en Berlage per september met het eigenlijke werk zou beginnen, was Helene ervan overtuigd dat zij het prima samen zouden kunnen vinden. Maar hoe goed haar intenties ook waren, onbedoeld koos ze voor een ramkoers. In alle welwillendheid nam ze zich namelijk voor de architect op zijn manier te laten bouwen, maar maakte daarbij direct het tegenstrijdige voorbehoud, dat zij wel 'wat hij uit te drukken heeft, zal [...] trachten te beïnvloeden'.[113] Blijkbaar zat bij haar het principe dat wie betaalt ook bepaalt, te diep geworteld om te doorzien dat ze zich met haar ideeën over de expressie van een gebouw wel degelijk in het ontwerpproces mengde. En dat was precies de mentaliteit die Berlage van zijn kapitalistische opdrachtgevers vreesde.

Op maandag 29 september wandelde Helene samen met Anton naar de Haagse binnenstad, waar ze als hoofd van de Afdeling Gebouwen haar eigen kantoor aan het Lange Voorhout zou betrekken. Zij ging naar binnen bij nummer 1, hij bij nummer 3. Het zag er allemaal heel gewoon uit, maar voor Helene was het dat allerminst. Zij wist wat zij op het Lange Voorhout kwam doen: 'huizen bouwen, helpen bouwen althans, met al

Helenes kantoor aan het Lange Voorhout in Den Haag. Links in de kast staan de tientallen mappen die Bart van der Leck zou ontwerpen voor haar reproductieverzameling.

mijn kracht'.[114] De voldoening die deze taak haar gaf, was bijna onbeschrijflijk. Bij binnenkomst in haar kamer waande ze zich 'heerlijk als nieuw geboren, als ontwaakt'.[115] Haar bureau had ze laten voorzien van de noodzakelijke attributen, waaronder een vaas met bloemen en een kalender – helaas nog zonder spreuken, maar die zouden zich vanzelf weer aandienen in de boeken die zij samen met Sam las. Ze vermoedde dat haar boudoir in Huize ten Vijver nog wel eens concurrentie zou kunnen krijgen van haar kantoor, want hier waande ze zich op een kapiteinsbrug: '& Berlage is het schip, dat ik bestuur, een heerlijk denkend schip, dat overal een spoor achterlaat.'

Begin oktober 1913 betrok dat denkende schip zijn nieuwe atelier op de zolderverdieping van het Lange Voorhout 1, ingericht met meubilair van 't Binnenhuis. Berlages werkruimte was eenvoudig, er viel veel licht binnen en hij vond het prettig om over de stad uit te kijken.[116] De tekenaars die hij had meegenomen, deelden de kamer naast zijn atelier. Ook Berlages tweede dochter Cato was een van de nieuwe werknemers van Müller & Co. Zij nam de typografie voor haar rekening en ontwikkelde onder meer het briefhoofd voor de Afdeling Gebouwen.[117] Zoals vastgelegd in het contract, zou de architect pas na een wederzijdse proeftijd van een jaar verhuizen. Toch zegde hij per 1 mei 1914 zijn kantoor in Amsterdam op, waaruit blijkt dat hij in ieder geval de intentie had om zich uiteindelijk in de residentie te vestigen.[118] Voorlopig forensde hij echter nog tussen Amsterdam en Den Haag.

Bij aanvang van zijn dienstverband lagen drie grote opdrachten en een paar kleinere op zijn bureau. De meeste prioriteit had de bouw van het kantoorpand aan Bury Street in de Londense City. Daar moest een buitengewoon modern gebouw verrijzen, dat aanvankelijk deels verhuurd zou worden, maar waarvan Helene hoopte dat het met de voortgaande groei van de firma op den duur geheel in gebruik genomen kon worden door Müller & Co.[119] Voor Helene had het project speciale betekenis, omdat ze voor het eerst samenwerkte met Sam, die inmiddels overgeplaatst was naar Londen en van daaruit de bouwplannen coördineerde. Hij ontving Berlage, leidde hem rond op de locatie en correspondeerde met hem en Helene over het bestek van wat het Holland House zou gaan heten. De bouw van dit kantoor beschouwde Helene als de opmaat voor het gemeenschappelijke werk dat hun beiden in de toekomst stond te wachten. Opgetogen schreef ze aan Sam: 'Wie had dat gedacht, toen je nog geen vier jaar geleden zoo eenzaam naar Bremen gingt?'[120]

Het Holland House was een ambitieuze onderneming, die in het buitenland de vernieuwingszin van de Nederlandse architectuur moest tonen.[121] Het meest opvallende daarbij was de manier waarop Berlage het gebouw ornamenteerde. Dat deed hij niet door losse sierelementen aan te brengen, maar door de borstwering zo te ontwerpen dat een zich herhalend geometrisch motief ontstond.[122] Speciaal voor dit gebouw liet de architect grijsgroen geglazuurde keramiektegels ontwerpen, waarmee de stalen constructie werd bekleed. Deze tegels hadden een brandwerende functie en waren bovendien weinig gevoelig voor smog. Bremmer schroomde niet om dit ontwerp van Berlage te vergelijken met 'de beste bouwwerken der 17de eeuw', in het bijzonder met het Paleis op de Dam.[123] De Engelsen kostte het meer moeite om de schoonheid te ontdekken van het strenge gebouw met zijn eindeloze rijen uniforme ramen. Zo schreef de *Sunday Dispatch* na de oplevering dat het kantoorpand evengoed een barak of een armenhuis kon zijn.[124] Wie de architect ook was, hij had volgens de krant een 'artistic atrocity' gepleegd. Niettemin was Helene trots op het resultaat. Als Anton voortaan bij een imposant oud gebouw verzuchtte: 'Wie heeft vandaag nog den durf om zoo iets te zetten?', dan was haar antwoord dat zíj dat lef hadden en dat mensen in de toekomst bij het zien van hun gebouwen zich ongetwijfeld hetzelfde zouden afvragen.[125]

Behalve het Holland House, werkte Berlage aan een ander veelbelovend plan van de Kröllers. In 1908 en 1909 hadden zij niet alleen op de Veluwe, maar ook in Drenthe een stuk land gekocht.[126] Op dit 170 hectare tellende landgoed, De Schipborg, moest een modelboerderij ontwikkeld worden, die onder leiding zou komen te staan van Toon. Met deze hofstede wilden de Kröllers een moderne onderneming opzetten, 'iets dat geheel past bij het hedendaagsche bedrijf & profiteeren van alle uitvindingen' die de nieuwe tijd hun bood.[127]

Het ontwerpen van een boerderij was voor Berlage een ongewone opdracht. In augustus 1913 reisde hij met zijn werkgevers naar Groningen en Drenthe om naar voorbeelden te zoeken. 'Het wordt mijn eerste zakenreis, Sam,' schreef Helene trots.[128] Maar omdat het Drentse landgoed ongeveer viermaal zo groot was als de meeste andere Nederlandse boerenbedrijven, konden deze niet als voorbeeld dienen voor de grootschalige, gecentraliseerde opzet die de Kröllers voor De Schipborg in gedachten hadden.

Berlage nam Helene daarom eind september 1913 mee naar Huizen, om de hofstede Oud Bussem van zijn collega K. P. C. de Bazel te bekijken, en in het bijzonder om de inrichting van de stallen te bestuderen. In 1906 had Berlage Oud Bussem uitgebreid en waarderend besproken in een artikel in *Elsevier's geïllustreerd maandschrift*.[129] Deze boerderij was een van de grootste agrarische bedrijven van Nederland en tevens modern van opzet. Bij het ontwerp was veel aandacht besteed aan hygiëne, waardoor er onder meer een vernuftig systeem aangelegd was om mest uit de stallen te verwijderen. Op technisch gebied was deze boerderij dan ook een uitstekend voorbeeld voor De Schipborg. Ondanks de duidelijke symmetrie die beide boerderijen bezaten, waarbij alle gebouwen – stallen, woonruimtes, hoofdgebouw – in u-vorm gegroepeerd waren rond een groot rechthoekig plein, week Berlage voor de vormgeving van het complex af van de opzet die De Bazel had gekozen.[130] Vooral de gevels ontwierp hij minder star symmetrisch dan zijn collega. En waar De Bazel koos voor een rieten dak, voorzag Berlage De Schipborg van rode dakpannen, die wat betreft materiaal beter aansloten bij de bakstenen die hij voor de gebouwen gebruikte. Verder voorzag hij De Schipborg van een woonhuis voor Toon, terwijl in Oud Bussem alleen woonvertrekken voor het personeel waren ondergebracht.

Behalve het ontwerp van de boerderij, verzorgde Berlage ook het interieur van De Schipborg, waarvan de eetkamermeubelen een unieke plek zouden krijgen binnen zijn oeuvre.[131] Voor de langwerpige eetkamertafel en bijbehorende stoelen met hoge rugleuningen liet hij zich inspireren door de Amerikaanse architect Frank Lloyd Wright, wiens werk hij twee jaar eerder in Chicago had gezien. Bart van der Leck, die op advies

Binnenplaats van De Schipborg in Anloo, naar ontwerp van H. P. Berlage.

van Bremmer in 1914 eveneens in dienst kwam van Müller & Co, ontwierp onder meer het tegelfries boven de open haard met daarop afbeeldingen van koeien, paarden en varkens.[132] Ook was hij verantwoordelijk voor de kleurstelling van de keramiektegels, die de binnenmuren van het woonhuis sierden.

De exploitatie van De Schipborg werd ondergebracht bij de Afdeling Gebouwen. Als hoofd van de afdeling bepaalde Helene dat Toon vijftienhonderd gulden per jaar zou verdienen en een aandeel kreeg in de winst.[133] Helemaal zelfstandig lieten zij en Anton hem niet, want rentmeester Memelink was verantwoordelijk voor het algemene beheer van De Schipborg, zoals hij ook toezag op De Harscamp en het landgoed Hoenderloo. Inmiddels had Toon zowel in Nederland als in Duitsland ervaring opgedaan in de landbouw, maar ondanks het feit dat hij zich een professionele gesprekspartner toonde wanneer er over De Harscamp of De Schipborg werd gesproken, hadden zijn ouders niet het volle vertrouwen dat hij de taak alleen kon klaren. Naar aanleiding van verwikkelingen op De Schipborg schreef Anton aan Helene over hun oudste zoon: 'Het is en blijft een stoethaspel, maar gelukkig, dat zoolang wij er nog zijn, zijn bokkesprongen niet al te gevaarlijk kunnen worden.' In dezelfde brief drukte hij Helene op het hart om hun zoon 'in godsnaam uit de boeken van Harskamp' te houden.[134] Veel vertrouwen in zijn leiderschapskwaliteiten hadden zij overduidelijk niet.

Het derde project waaraan Berlage vanaf het najaar van 1913 werkte, was de verbouwing van Huize Harskamp, het herenhuis dat op het gelijknamige landgoed was gelegen.[135] Helene wilde de villa laten opknappen, zodat Memelink deze met zijn gezin kon betrekken.[136] Blijkbaar had zij noch Anton behoefte om zelf in het statige huis te gaan wonen en vertoefden zij tijdens hun verblijf op de Veluwe nog altijd steeds het liefst in het nabijgelegen Klaverblad. Bovendien was Helene zuinig op haar werknemers, zeker wanneer zij hoge verwachtingen van hen had. Door Memelink Huize Harskamp aan te bieden, liet zij zien welke waarde ze aan zijn functie als rentmeester hechtte en maakte ze meteen duidelijk dat ze een goede opdrachtgeefster was, hoe moeilijk ze af en toe ook was in de omgang. Aanvankelijk sputterde de rentmeester tegen, omdat hij het huis te groot vond, maar al snel ging hij akkoord.

Voor Memelink was op de Veluwe het meeste werk te doen en het lag voor de hand dat hij vanuit Deventer naar deze omgeving verhuisde. Behalve met de ontginning en het onderhoud van de landerijen, was hij belast met het beheer van De Harscamp. Ook op dit landgoed wilden de Kröllers een modern boerenbedrijf beginnen, wat in het begin tot verbazing van de Veluwse boeren leidde.[137] In opdracht van Helene kocht Memelink de beste werktuigen, zoals een zaaimachine en een schoffelmachine, die voor veel bekijks zorgden. Al snel kwamen boeren uit de omgeving vragen of zij de machines konden lenen, wat mocht op voorwaarde dat deze bediend werden door personeel van De Harscamp. Volgens Memelink waren deze nieuwe methoden van groot belang voor de hele streek. Ook werden op De Harscamp koeien en varkens gefokt, was er een kaasmakerij en experimenteerden de Kröllers met kunstmest, een nieuwe techniek die ze zowel op de Veluwe als op De Schipborg toepasten.

Samen met Memelink, Berlage, een tekenaar en Toon reisde Helene vanuit Den Haag naar de Veluwe om de noodzakelijk geachte verbouwing van Huize Harskamp en de ontwikkeling van een varkensboerderij op het landgoed te bespreken. Met steeds grotere behendigheid speelde ze haar dubbelrol van gastvrouw en opdrachtgeefster. Ze zorgde voor proviand, putte zich uit om 'de gemoederen rustig & bei der Sache te houden' en besprak tot in detail de plannen voor de varkensstallen en de planten die ervoor moesten zorgen dat het landgoed visueel een geheel bleef.[138]

Aangekomen bij het herenhuis stelde Helene voor om de oorspronkelijke trapgevel en de eerste verdieping van de toekomstige rentmeesterswoning af te laten breken en te vervangen door een rieten kap.[139] Berlage stemde in met Helenes plannen. Net als met eerdere renovaties in opdracht van de Kröllers het geval was geweest, werd ook dit pand grotendeels gesloopt, om vervolgens een geheel nieuw voorkomen te krijgen. Zo veranderde het herenhuis in een ruime woonboerderij, die nog werd uitgebreid met een kantoor.

Ook minder grootschalige opdrachten voerde Berlage voor de Kröllers uit. Hij ontwierp onder meer drie kippenhokken voor de kippenboerderij die op De Harscamp werd opgezet en een varkensstal met woning, die samen de curieuze naam Tepelenburg kregen.[140]

Omdat Berlage de leiding had over de tekenkamer, probeerde Helene zich zo min mogelijk met de formele gang van zaken daar te bemoeien. Dat viel haar soms zwaar, want hoewel ze tevreden was over Berlages werk, vond ze dat hij zijn medewerkers niet strak genoeg hield. De nieuwe chef-tekenaar die hij had aangesteld, zorgde voor een te gemoedelijke sfeer, die ze niet kon waarderen. Mensen wandelden pas na negen uur het kantoor binnen, waren te laat terug van hun lunchpauze en begonnen zich al om twintig voor vijf klaar te maken om weer naar huis te gaan. Vooral de jonge tekenaars moesten volgens haar niet aan deze mentaliteit gewend raken. Zij had gehoopt dat de nieuwe generatie kunstenaars van Berlage kon leren, maar op deze manier kwam daar weinig van terecht. 'Men moet werken voor het werk zelf, ter wille van de kunst & niet nog minder animo tonen dan op een zakenkantoor.'[141] De werknemers op hun werktijden aanspreken deed ze niet, omdat die verantwoordelijkheid nu eenmaal bij Berlage lag. Voorzichtig probeerde ze haar onvrede aan hem duidelijk te maken, maar aangezien de architect 'uit goedigheid socialist' was, vreesde ze dat haar verzoek weinig zou uithalen.

Op Berlages eigen arbeidsethos had ze weinig aan te merken. Vanaf januari 1914 hervatte de architect zijn werk aan een nieuw stadsplan voor Amsterdam-Zuid, dat in 1905 stil was komen te liggen.[142] In het begin was Helene niet onverdeeld gelukkig met het extra werk, maar ze was er nou eenmaal mee akkoord gegaan dat Berlage ook aan andere projecten mocht werken. Algauw moest ze toegeven dat hij zijn tijd consciëntieus verdeelde over de opdrachten voor Müller & Co en het stadsplan voor Amsterdam.[143] Hoe beter ze hem leerde kennen, hoe meer ze hem waardeerde. Toch hield ze de architect nauwlettend in de gaten. Midden in een brief aan Sam schreef ze: 'Nu ga ik hem een kopje thee brengen & poolshoogte nemen van het Londongebouw', om na een paar gedachtestreepjes te vervolgen: 'Ik kon niets zien. Hij was bezig op het teekenbureau.'[144]

Wanneer zij de tekeningen wel onder ogen kreeg, had Helene bijna steevast commentaar. Zo noemde ze de ramen van De Schipborg 'paleisramen', die ze niet vond passen bij een modern gebouw en had ze haar twijfels over de eerste ontwerpen van het Holland House.[145] Hoewel Berlage en zijn tekenaar Dirk Roosenburg het telkens met haar eens leken te zijn, bleek dat vervolgens niet uit de nieuwe tekeningen. Dan had Helene het idee opnieuw dezelfde argumenten aan te moeten dragen. Maar ze was ervan overtuigd dat zij uiteindelijk tot een oplossing zouden komen. In ieder geval had ze geduld genoeg, want ze wist precies wat ze wilde. Berlage op zijn beurt was minstens even halsstarrig, wat de samenwerking vanaf het begin moeizaam deed verlopen.

Dankzij Bremmer werd de situatie niet onmiddellijk problematisch. Hij trad op als een buffer tussen Helene en Berlage, onder meer door op verzoek van de Kröllers aanwezig te zijn bij de formele besprekingen van de tekeningen.[146] Als een volleerd diplomaat wist hij daarbij steeds beide partijen nader tot elkaar te laten komen. Met veel lof sprak hij over het Holland House, dat hij 'een nieuw moment bij Berlage' noemde, een kwalificatie die Helene graag hoorde.[147] Tenslotte was het als mecenas haar opzet om de architect boven zichzelf te laten uitstijgen. Bremmers woorden deden haar twijfel verdwijnen, zonder haar het idee te geven dat die twijfel onjuist was geweest. Hij kwam haar namelijk tegemoet door een kanttekening te plaatsen bij de ornamenten die Berlage had ontworpen. Deze waren volgens hem te klein en te speels voor zo'n monumentaal gebouw.

Het dienstverband was echter pas net begonnen. In de jaren die volgden, zou Bremmer zijn diplomatieke kwaliteiten nog tot het uiterste moeten aanwenden.

8
Particulier en openbaar

HET MUSEUM KRÖLLER AAN HET LANGE VOORHOUT

Op een koude januariochtend in 1913 liep Helene door haar schilderijenzalen in het kantoor van Müller & Co aan het Lange Voorhout. Een blik op de volgepakte muren was voldoende om een balans op te maken van haar eerste jaar als verzamelaar voor de toekomst. Maar liefst honderd kunstwerken, waaronder bijna dertig schilderijen van Vincent van Gogh, had ze in dat ene jaar aan haar collectie toegevoegd. Het verbaasde haar dan ook niet dat de tentoonstellingsruimtes uit hun voegen begonnen te barsten. Al langere tijd vond ze dat de Van Goghs 'op elkaar gepropt' hingen, wat haar helemaal niet beviel.[1] Daarom besloot ze de verschillende zalen opnieuw in te richten. Haar collectie bestond nu eenmaal uit 'stukken die ruimte noodig hebben, anders maakt een 't ander dood'.[2]

De ruime voorkamer met de hoge ramen werd de pronkkamer. Daar hingen Van Goghs krachtigste schilderijen uit zijn periode in Arles en Saint-Rémy, 'machtig, dramatisch & zwaar als hamerslagen, waarvan iedere slag raak' was.[3] Om de zwaarte enigszins te temperen, wisselde Helene deze schilderijen af met werken die volgens haar rustiger en gevoeliger van aard waren, zoals *Interieur van een restaurant* (1887), dat zij enkele weken eerder bij kunsthandel Artz & de Bois in Den Haag had aangeschaft en *Mand met citroenen en fles* (1888), een van de eerste schilderijen van Van Gogh die zij had gekocht.

In contrast met de zwaarte van Van Gogh, creëerde ze in de aangrenzende zaal een lichtere en meer mystieke sfeer, door deze ruimte voor haar pointillistische werken te bestemmen. Schilderijen van onder anderen Signac, Seurat en Van Rijsselberghe hingen hier bij elkaar, om zodoende de verschillen tussen de kunstenaars naar voren te laten komen. Dan volgde een klein tussenkamertje. Hier hingen onder meer een Italiaanse Madonna, *De levensbron* (1908) van frère Angel en Saenredams tekening *De Sint Bavo te Haarlem van binnen* uit 1628, die er samen voor gezorgd moeten hebben dat men de kleine ruimte betrad alsof het een kapel was.[4] De ach-

Tekeningen van Vincent van Gogh aan het Lange Voorhout, met op de achtergrond een beeld van Wilhelm Lehmbruck.
(rechts) Vermoedelijk een vergaderzaal van Müller & Co, met schilderijen uit Van Goghs Nederlandse periode.

terkamer bestemde ze voor Van Goghs Nederlandse tekeningen en schilderijen. Het is onduidelijk of Helene een deel van haar collectie met opzet inklemde tussen Van Goghs vroege en late werk, maar het lijkt er sterk op dat ze met die inrichting wilde benadrukken dat hij het begin- en eindpunt in de ontwikkeling van moderne kunst vertegenwoordigde.

Deze vier vertrekken waren na haar ambitieuze aankopen van het afgelopen jaar niet langer toereikend. Daarom liet ze ook op de eerste verdieping nog een aantal ruimtes opknappen, om daar plaats te maken voor de impressionisten en 'ultramodernen'.[5] Met die laatste benaming doelde ze op het kubisme van Juan Gris (kleurafb. 11) en Auguste Herbin, de luministische schilderijen van Leo Gestel, het werk van Bart van der Leck en *Tableau no. 1* (1913) van Piet Mondriaan. Ook richtte ze een kleine zaal in die geheel gewijd was aan het werk van Odilon Redon. Jaren later zou de criticus A.M. Hammacher zich nog herinneren hoe hij middagenlang door het Lange Voorhout kon zwerven, waar iedere kamer zo was ingericht dat bezoekers in alle rust de werken op zich in konden laten werken: 'Waar kon men, zooals daar, van een Redonkamer genieten, niets dan Redon; van een groote groep Degouves, van Seurat, enz. Daar kon men zich doordringen van een schilder en hem nooit meer vergeten.'[6]

Het hoofdkwartier van Müller & Co leek dan ook al snel meer op een museum dan op een kantoor. Dit niet tot ongenoegen van Anton, die het allemaal prachtig vond. In zijn werkkamer hing het indrukwekkende

Onweersbui boven een korenveld (1870) van Charles Daubigny, dat Helene op de veiling van Cornelis Hoogendijk had gekocht en een zeventiende-eeuws stilleven van Albert Cuyp.[7] Zijn waardering voor de verzameling bleek niet alleen uit zijn bereidheid Helene van een royaal aankoop-budget te voorzien, maar misschien nog wel meer uit de grappen die hij erover maakte. Wanneer hij naar het kantoor van zijn vrouw liep, kondigde hij regelmatig met een lach aan dat hij 'van de credit- naar de debetzijde' ging.[8]

Aanvankelijk waren de tentoonstellingsruimtes aan het Lange Voorhout uitsluitend bedoeld voor eigen gebruik. Familie en vrienden mochten de verzameling bekijken, net als zakenrelaties, maar voor een breder publiek waren de kunstwerken niet toegankelijk. Daar kwam in juli 1913 verande-ring in toen Bremmer voorstelde om in de zomermaanden een grote Van Gogh-tentoonstelling te organiseren in de benedenzalen van het hoofd-kantoor.[9] Zijn idee was om Helenes collectie te combineren met werken uit zijn eigen verzameling en deze aan te vullen met schilderijen en teke-ningen uit het bezit van zijn andere cursisten.[10] Bremmer nam de organi-satie voor zijn rekening en bereidde een lezingenreeks voor ter begelei-ding. De opbrengsten van de tentoonstelling zouden ten goede komen aan het Rembrandthuis in Amsterdam, dat in 1911 gerestaureerd was en sindsdien als prentenkabinet dienstdeed.[11]

> **BEWJS VAN TOEGANG**
> TOT DE VERZAMELING VAN MEVROUW
> H.KRÖLLER, DEN HAAG, LANGE VOORHOUT 1.
> DE VERZAMELING IS TE BEZICHTIGEN OP
> ELKEN MAANDAG EN ELKEN VRIJDAG
> ⊙⊙⊙⊙⊙⊙ VAN 10 TOT 4 UUR. ⊙⊙⊙⊙⊙⊙
>
> DEZE TOEGANGSKAART IS GELDIG VOOR
> ....
> ....

Toegangsbewijs voor de collectie ontworpen door Cato Berlage.

Helene stemde niet onmiddellijk in met de plannen van haar adviseur. Ze voelde weinig voor het idee dat ze haar stille vertrekken met tientallen onbekenden moest delen. Ook bij het entreegeld had ze haar bedenkingen. Natuurlijk begreep ze dat dit nodig was 'om de toevloed van Jan en alleman [...] te beperken', maar ze wilde de indruk vermijden dat de buitenwacht zou denken dat het haar om het geld te doen was.[12] Bremmer wist haar te overtuigen met de belofte dat hij een catalogus bij de tentoonstelling zou schrijven, waarvan hij het voorwoord zou gebruiken om uit te leggen dat alle schilderijen belangeloos ter beschikking waren gesteld en de inkomsten gedoneerd zouden worden aan het Rembrandthuis. Bovendien, redeneerde Helene – al kostte dat enige moeite –, zou ze nu tijdelijk openbaar maken wat ze in de toekomst toch al voor de samenleving bestemd had. Na enig gedelibereer verleende ze uiteindelijk haar toestemming, maar verder bemoeide ze zich nauwelijks met de organisatie van de tentoonstelling. Ze hield zich zo afzijdig dat ze zelfs de opening op vrijdag 4 juli niet bijwoonde, omdat ze met Anton en haar zoons vakantie hield op De Harscamp.

De kranten waren lovend over Bremmers initiatief en spraken van een 'waarlijk schitterende tentoonstelling'.[13] Met 152 schilderijen en tekeningen uit zowel Van Goghs Nederlandse als Franse tijd was dit verreweg het meest omvattende en diverse overzicht van zijn werk tot dan toe. Nooit eerder waren zo veel schilderijen bij elkaar gebracht. Tijdens de overzichtstentoonstelling in het Amsterdamse Stedelijk Museum in 1905 hadden 125 werken gehangen, hetzelfde aantal dat ook bij de *Sonderbund*-tentoonstelling in 1912 te zien was geweest.

Door het succes van de tentoonstelling besefte Helene dat zij haar collectie ook voor haar dood al openbaar kon maken, zodat deze al tijdens haar leven een monument van cultuur zou zijn. Vanaf het najaar van 1913 konden geïnteresseerden daarom een afspraak maken om op maandag of vrijdag tussen tien en vier uur de verzameling te bekijken.[14] Vanaf 1 september kwam Bremmer in vaste dienst van Müller & Co als esthetisch adviseur. Dat hield onder meer in dat hij de firma aanbevelingen deed over de voorgenomen bouw van nieuwe kantoren in Amsterdam, Rotterdam, Den Haag en Londen. Daarnaast bleef hij Helene helpen de collectie te beheren en inventariseren, zij het nu in opdracht van Müller & Co. Gecombineerd met de tentoonstellingszalen in het hoofdkantoor van Müller & Co begon de particuliere verzameling zodoende steeds meer op een bedrijfscollectie avant la lettre te lijken.[15]

Aangezien Bremmers vaste dagen maandag en vrijdag waren, mag aangenomen worden dat hij ook degene was die bezoekers langs de tentoongestelde werken leidde. De inrichting van de zalen liet Helene overigens niet over aan haar adviseur, want daar 'heeft hij geen slag van'.[16] Die taak nam ze zelf voor haar rekening. Ze legde de schilderijen dan plat op de grond en bleef net zo lang schuiven, tot de samenstelling haar beviel. Als ze eruit was, liet ze de compositie door haar personeel ophangen om vervolgens pas weer naar het resultaat te komen kijken als alles hing.

Twintig jaar lang zou Helenes expositieruimte aan het Lange Voorhout een van de weinige plekken in Europa zijn waar zo veel kunst samenhing van moderne meesters als Van Gogh, Signac, Seurat, Redon, Picasso, Gris en Mondriaan. Op die manier vergrootte zij de zichtbaarheid van deze kunstenaars die nog maar weinig in museale collecties waren opgenomen en voor een groot deel van het publiek onbekend waren. Zelfs na de Tweede Wereldoorlog, toen Nederlandse musea dankzij overheidssteun over grotere aankoopbudgetten beschikten, bleef de Kröller-Müller-collectie lange tijd koploper. Zo waren de vijf schilderijen uit het kleine oeuvre van Seurat 'wereldvermaard' en mede de reden waarom directeur Willem Sandberg van het Stedelijk Museum in Amsterdam er weinig heil in zag een poging te wagen zich met Seurat te profileren.[17]

Het aantal bezoekers aan het Lange Voorhout werd in de loop van de jaren dan ook steeds groter.[18] Dat was niet te danken aan de Nederlandse pers, want deze schonk nauwelijks aandacht aan de verzameling. Maar in internationale publicaties was deze wel terug te vinden. In 1921 wijdde Friedrich Huebner in zijn boek over Nederlandse kunstverzamelingen het langste hoofdstuk aan de verzameling Kröller-Müller.[19] Volgens de schrijver was deze met 669 werken niet alleen de grootste collectie van moderne kunst in Nederland, maar was tevens de samenstelling richtinggevend en uniek. Het eenvoudige feit dat de collectie bestond, ontnam

Een van de tentoonstellingszalen van het Museum Kröller aan het Lange Voorhout, met onder meer *Le Chahut* van Seurat (uiterst links) en Théo van Rijsselberghes *Portret van mevrouw van Rijsselberghe* (midden, staand).

volgens hem anderen de moed om zelf met verzamelen te beginnen, zo indrukwekkend was het geheel.

Een paar jaar later, in 1927, nam ook de populaire *Baedeker*-reisgids in de editie over Nederland een stuk op over het 'Museum Kröller'.[20] De verzameling werd hierin geïntroduceerd als 'der bedeutendste holländische Privatbesitz an Werken der neueren Malerei', waarna een gedetailleerde beschrijving volgde van al het moois dat in de verschillende zalen te bewonderen was. Door de vermelding in de *Baedeker* verwierf de verzameling een plaats in een van de invloedrijkste overzichten van internationale culturele hoogtepunten.

Veelzeggend is ook de waardering van andere liefhebbers voor de 'eminente schilderijenverzameling' aan het Lange Voorhout.[21] De meeste eer viel de Van Goghs te beurt. Zo prees Karl Ernst Osthaus de niet-aflatende energie waarmee Helene de schilderijen van de kunstenaar voor Nederland had veroverd.[22] Maar ook de collectie in haar geheel kon op veel lovende woorden rekenen van collega-verzamelaars. De Duitse diplomaat en mecenas Harry graaf Kessler beschreef de verzameling na een bezoek als een 'Anhäufung von Kunstschätzen'.[23] Vooral een portret van de hand van Monticelli en (opnieuw) de Van Gogh-collectie maakten diepe indruk op de excentrieke graaf.[24] Een andere bewonderaar was de Amsterdammer Pierre Regnault, die vanaf de jaren tien een schitterende en uiterst moderne verzameling aanlegde.[25] Bij zijn dood in 1954 bestond deze uit circa achthonderd schilderijen en tekeningen, waaronder werk van Odilon Redon, Pablo Picasso, Georges Braque, Marc Chagall, Kees van Dongen, Wassily Kandinsky, Amedeo Modigliani en Giorgio de Chirico. In een interview uit 1948 zou Regnault verklaren: 'Ik heb, toen ik eenmaal begonnen was met verzamelen, de eerzucht gekregen, om de mooiste moderne collectie in Nederland te maken, in aansluiting op die van Mevrouw Kröller.'[26]

In Nederland bevond Helene zich in een groot en gevarieerd gezelschap van kunstverzamelaars, die ieder op hun eigen manier bijdroegen aan de bekendwording van moderne kunst.[27] Veel van deze verzamelaars bevonden zich in de kring rond Bremmer en hun verzamelingen vertoonden zodoende duidelijke gelijkenissen met de collectie Kröller-Müller. Ook zij verzamelden werk van Bremmers jonge protegés, onder wie Charley Toorop en Bart van der Leck, alsook van zijn oudere favorieten Jan Toorop, Floris Verster en Johan Thorn Prikker. Daarnaast bezaten zij vaak werk uit de Haagse School, kochten zij Delfts Blauw en Chinees porselein en trachtten ze allemaal een werk of een reproductie van Van Gogh te bemachtigen. Vanaf de jaren twintig kochten zij bovendien regelmatig kubistisch werk. Bremmer maakte in 1921 kennis met Léonce Rosenberg, de eigenaar van Galerie de l'Effort Moderne in Parijs, wat het begin betekende van zijn interesse voor het kubisme.[28] In de verzamelingen van zijn cursisten was dan ook relatief veel werk te vinden van Picasso, Severini, Braque en Gris.

Slechts een paar bremmerianen wisten hun collectie door hun omvang of met een paar topwerken boven de gelijksoortigheid uit te tillen.[29] Hugo Tutein Nolthenius bijvoorbeeld, directeur van de Calvéfabrieken in Delft, was rond 1900 begonnen met verzamelen en bezat naast uitheemse keramiek, circa tweehonderd objecten, waaronder veel Haagse School, een aantal werken van Van Gogh en Van der Leck, en beelden van Mendes da Costa. De Rotterdamse redersvrouw Grietje Smith-van Stolk was een van de opvallend vele vrouwelijke verzamelaars onder Bremmers cursisten. Haar voorkeur ging uit naar oude kunst, maar omdat zij kunstenaars wilde steunen, legde zij ook een verzameling hedendaagse kunst aan en gaf zij regelmatig opdrachten voor het ontwerp van meubels. De mooiste collectie uit Bremmers vroege jaren als adviseur was volgens zijn vrouw Aleida die van de rentenier Gerlach Ribbius Peletier. Hij bezat beeldjes van George Minne en Mendes da Costa, en was vooral toonaangevend door de 'fijne Van Goyens, Versters en bovenal Van Goghs'.[30]

Hoewel deze bremmeriaanse voorhoede verantwoordelijk was voor een aantal interessante verzamelingen en zodoende een generatie kunstenaars in leven hield, viel hun invloed op de kunstwereld in het niet bij de mogelijkheden van de Kröllers. Typerend voor het verschil tussen deze grotere Bremmer-verzamelingen en de collectie van Helene, is het jaar 1916.[31] Ribbius Peletier kocht in dat jaar voor 16.674 gulden kunstwerken, wat ondanks zijn vermogen een ongekend hoog bedrag was binnen zijn verzamelboekhouding. Datzelfde jaar voegde Helene voor meer dan 140.000 gulden nieuwe schilderijen, tekeningen en beeldhouwwerken aan haar bezit toe. Alleen al voor een enkel werk van Matthijs Maris betaalde zij 30.000 gulden. Dankzij haar royale aankoopbudget kon zij iedere Nederlandse verzamelaar van moderne kunst achter zich laten, zowel wat betreft het aantal aankopen als de snelheid waarmee zij kon beslissen. Geld was er voorlopig toch wel.

Ook buiten Bremmers directe invloedssfeer was het vanaf 1912 moeilijk om moderne verzamelingen te vinden die de collectie Kröller-Müller evenaarden. En dat terwijl er zich tientallen in het land bevonden. Een van die verzamelingen behoorde toe aan de huidarts Willem Leuring, die niet ver van Huize ten Vijver woonde. In de loop der jaren legde hij een mooie verzameling postimpressionistische kunst aan met tekeningen, grafiek en schilderijen van onder anderen Van Gogh, Jan Toorop, Georges Lemmen, Théo van Rijsselberghe, een enkel werk van Paul Signac en Maurice Denis en een houtsculptuur van George Minne.[32] Een deel van de inrichting van zijn Huis de Zeemeeuw liet hij verzorgen door Johan Thorn Prikker, van wiens werk hij de belangrijkste collectie in Nederland aanlegde. Ondanks hun gedeelde smaak en het gegeven dat Leuring en Helene meer dan een decennium in elkaars nabijheid woonden, ontwikkelde zich tussen de twee verzamelaars geen intensieve vriendschap. Wel probeerde de arts in de jaren dertig tot een samenwerking te komen. Als mecenas van Thorn Prikker hielp hij een paar weken na diens dood in 1932 mee aan een postume tentoonstelling in Keulen. In dat verband vroeg hij enkele werken uit Helenes collectie te leen, maar zij weigerde.[33]

Net als de collectie van Leuring had ook de verzameling van Hidde Nijland in Den Haag overeenkomsten met die van Helene. Of beter gezegd: de collectie van Helene had overeenkomsten met die van Nijland, aangezien hij al in de jaren 1890 zijn belangrijkste aankopen deed. In 1904 bezocht Helene het Zuid-Afrikaans Museum in Dordrecht, waarvan Nijland oprichter was, maar tot een kennismaking met de eigenaar was het niet gekomen. Behalve een aanzienlijke collectie Zuid-Afrikaanse volkskunst, bezat de verzamelaar op dat moment ook een groot aantal werken van de Haagse School, met werk van onder anderen Jozef Israels, Anton Mauve en de drie broers Maris. Nijlands verzameling was zo bijzonder, dat Huebner deze in 1921 omschreef als het beste overzicht van het ontstaan van moderne kunst in Nederland.[34] Belangrijker nog in relatie met de collectie Kröller-Müller, waren de 122 tekeningen en aquarellen, twee litho's en twee schilderijen van Vincent van Gogh, die Nijland tussen 1892 en 1904 verwierf.[35] Behalve Haagse School en Van Gogh verzamelde hij ook het werk van de jongere generatie kunstenaars, onder wie Jan Toorop – van wie hij dertig werken bezat – George Breitner, Isaac Israels en Jan Voerman. Kortom, kunstenaars die ook goed vertegenwoordigd waren in de collectie van Helene.[36]

Een geheel ander geluid kwam in de jaren tien en twintig uit Bergen, waar Piet Boendermaker een belangrijke rol speelde in de ontwikkeling van een nieuwe stroming binnen de Nederlandse moderne kunst, het zogenaamde Bergens-Amsterdamse expressionisme.[37] Hij was begonnen als verzamelaar van de toen conventionele Larense School, maar na kennismaking met de schilder Leo Gestel in 1908 richtte hij zich op het werk van de vernieuwende kunstenaars uit zijn omgeving in Amsterdam. Vanaf 1915 verhuisden veel van deze kunstenaars naar het Noord-Hollandse dorpje Bergen, waar in 1917 ook Boendermaker een huis kocht, dat de ontmoetingsplek werd van wat later de Bergense School zou gaan heten. Anders dan de verzamelaars uit Bremmers kring, beperkte Boendermaker zich tot één stroming. Zonder zijn mecenaat had deze expressionistische groep niet of nauwelijks tot bloei kunnen komen, evenmin als de carrières van schilders die er deel van uitmaakten, onder wie Leo Gestel en Jan Sluijters.[38]

Helene kocht tientallen tekeningen en dertien schilderijen van Gestel, waarmee zij eveneens bijdroeg aan zijn bekendheid en erkenning. De eerste twee, *Vruchtenstilleven* (1911) en *Stilleven met bloemen en vruchten* (1911), kocht ze tijdens een tentoonstelling van de Moderne Kunstkring in 1912. Kenmerkend voor beide schilderijen zijn de lege achtergronden, waartegen de stillevens zijn afgebeeld. Gestel noemde dit 'geestelijke' ruimtes, een concept dat appelleerde aan Helenes spirituele kunstbeleving.[39] Deze aankopen van een andere verzamelaar dan de vertrouwde Boendermaker bevestigde Gestels belang buiten zijn directe omgeving. De elf overige schilderijen voegde Helene pas in of na 1916 toe aan haar verzameling, toen Gestel inmiddels in bredere kring bekendheid had verworven.[40] Ook van de tien schilderijen die Helene van Sluijters verwierf, kocht ze er in ieder geval negen na 1918. Als bekende verzamelaar bevestigde ze met deze aankopen wel de reputatie van deze kunstenaars, maar ze vervulde daarmee niet de rol van kwartiermaker die Boendermaker in de vroege jaren tien op zich had genomen.[41]

Hoewel de meesten van deze verzamelaars bij gelegenheid geïnteresseerden de mogelijkheid gaven om hun verzameling te komen bekijken, gebeurde dat nergens zo professioneel als aan het Lange Voorhout. Ook richtten de meesten van hen zich vooral op Nederlandse kunst uit de late negentiende eeuw en waren de internationale stromingen veel minder vertegenwoordigd in hun collecties. Niettemin was moderne kunst uit bijvoorbeeld Frankrijk, Duitsland en Rusland in particuliere verzamelingen altijd nog veel ruimer aanwezig dan in de Nederlandse musea, waar deze kunst tot ver in de jaren twintig zelden te zien was.[42] Wanneer dat wel het geval was, gebeurde dat op initiatief van een kunstkring of van een enkel gedreven individu. Musea stelden dan zaalruimte ter beschikking, die vervolgens door de initiatiefnemers met bruiklenen van verzamelaars werd ingericht. Pas in 1932 werd voor het eerst door een Nederlands museum een toonaangevende expositie van internationale moderne kunst georganiseerd, namelijk de *Tentoonstelling van Fransche kunst uit de twintigste eeuw – École de Paris* in het Amsterdamse Stedelijk Museum.[43] Ook deze tentoonstelling werd grotendeels samengesteld met schilderijen uit de collecties van kunsthandelaren en verzamelaars.

De eerste grootschalige en permanente tentoonstellingsruimte voor moderne kunst in Nederland, zag dan ook het licht toen Helene in 1913 haar deuren opende aan het Lange Voorhout. Ook al refereerde ze nooit aan het pand als haar museum, haar expositiezalen en de manier waarop zij haar verzameling beheerde, waren wel degelijk museaal te noemen.[44] Ze hanteerde (via Bremmer) een duidelijk aankoopbeleid, de kunstwerken werden gedocumenteerd, wanneer nodig gerestaureerd en – misschien wel het belangrijkste argument – toegankelijk gemaakt voor het publiek. Op die manier voorzag ze in de toenemende vraag van kunstliefhebbers naar gelegenheden waar altijd moderne kunst te zien was. Bijgevolg legde ze niet alleen de basis voor toekomstige musea voor moderne kunst, maar droeg ze ook in belangrijke mate bij aan de introductie van kunststromingen, die in Nederland nog nauwelijks bekend waren, laat staan gewaardeerd werden.

Ondanks de vele kunstverzamelaars die Nederland rijk was, stond Helene opvallend genoeg nauwelijks met hen in contact. Een groot aantal cursisten van Bremmer, zoals de familie Van Stolk, kende zij persoonlijk maar tot een intensieve vriendschap of uitwisseling van gedachten over hun respectievelijke verzamelingen kwam het nooit. Ook hield ze zich afzijdig van belangrijke verzamelaars buiten Bremmers invloedssfeer, die zij niettemin van naam gekend moet hebben, zoals de Rotterdamse zakenmannen George van Beuningen en Willem van der Vorm. De eerste bouwde vanaf de jaren tien een uitzonderlijk mooie collectie op, die aanvankelijk vooral bestond uit Haagse School en Delfts aardewerk en die dus Helenes goedkeuring moet hebben kunnen wegdragen.[45] Later kocht hij veel werk van Oude Meesters, onder wie Jan van Eyck, Lucas van Leyden, Rembrandt, Frans Hals en diverse Italiaanse schilderijen uit de vijftiende en zestiende eeuw, zoals Titiaans *Jongen met honden in een landschap* (ca. 1565). Ook Van der Vorm legde een grote verzameling Haagse School aan, die hij in de jaren twintig zou uitbreiden met vooral veel Nederlandse meesters uit de zeventiende eeuw.[46]

Net als de meeste andere Nederlandse verzamelaars komen Van Beuningen en Van der Vorm niet ter sprake in Helenes brieven. Behalve haar eenzelvige karakter, zal ook het moment waarop de Rotterdammers gingen verzamelen een rol hebben gespeeld. Hoewel Van Beuningen waarschijnlijk al in 1904 zijn eerste schilderij kocht, begon hij pas vanaf 1914 op grote schaal kunstwerken aan te schaffen.[47] De collectie van Van der Vorm ontstond nog later, rond 1918, en zou vanaf de jaren twintig bekendheid verwerven. Zodoende was er tot aan de Eerste Wereldoorlog binnen de landsgrenzen niemand die Helene genoeg imponeerde om als rolmodel te dienen.

Nu was zij er de vrouw niet naar om gewone stervelingen tot voorbeeld te nemen en zeker geen landgenoten met een bescheiden reputatie. Als Helene al over andere collecties sprak, dan waren dat imposante buitenlandse verzamelingen. Zo was zij vol lof over de collectie van de Zwitser Oskar Reinhart, een voormalige zakenman die op negenendertigjarige leeftijd het familiebedrijf had verlaten om zich geheel aan het verzamelen te wijden.[48] Tijdens een bezoek aan Basel had Helene er een flinke omweg in een tweedeklas treincoupé voor over om deze vermaarde collectie in Winterthur te bezoeken.[49] Bij binnenkomst in Reinharts villa waande zij zich in een museum. Het huis hing vol met meesterwerken uit de veertiende tot vroege twintigste eeuw, 'o.a. een prentenkamer met wissellijsten die dien dag uitsluitend met etsen van Rembrandt waren gevuld. Chic!'[50] De meest omvangrijke deelcollectie bestond uit een keur van impressionistische topschilderijen. Vol bewondering schreef Helene aan Sam, dat ze ieder werk kende van reproducties en ze zich verbaasde al die originelen bij Reinhart aan de muur terug te vinden.

Ook raakte ze direct bij de eerste kennismaking onder de indruk van de Von Nemes-collectie, die tussen juli en december 1912 in de Städtische Kunsthalle van Düsseldorf tentoongesteld werd. De Hongaarse grootverzamelaar Marczell von Nemes had een aanzienlijke verzameling van zowel oude als moderne kunst aangelegd. Onder heel veel meer, bevonden zich in deze collectie tien schilderijen van Courbet, zes van Cézanne, tien van de Spaanse zestiende-eeuwse schilder El Greco, evenals meerdere doeken van Rembrandt, Van Dijck, Rubens en een groot aantal Italiaanse en noordelijke renaissancekunstenaars.[51] Vol verbazing had Helene het ene meesterwerk na het andere gadegeslagen. Vooral de werken uit de Duitse Renaissance raakten haar diep. Ze zag bijvoorbeeld het voortreffelijke schilderij *Venus en Amor* (1524-1525, kleurafb. 12) van Hans Baldung Grien, 'een Venusfiguur, heerlijk, diepzinnig en wijds'.[52] Het was haar duidelijk dat ieder werk een klein fortuin moest hebben gekost, maar dat niet alleen Von Nemes' vermogen hem in staat had gesteld deze verzameling bijeen te brengen. De man moest volgens Helene een kenner zijn, want hij had uitsluitend exceptionele stukken gekocht 'die niet op den weg van iedereen liggen'. Waar zij zelf enkel de wil had om topstukken te leren herkennen, had Von Nemes volgens haar de aangeboren 'eigen kennersblik' die haar ontbrak.

De catalogus van de tentoonstelling nam ze mee naar huis om op haar gemak alles nog eens te kunnen bekijken en haar favorieten aan te strepen. Over die werken wilde ze Sam uitgebreid schrijven. Het bleek onbegonnen werk, want ze wilde bij ieder schilderij wel vertellen wat haar erin aansprak en waar haar protegé op moest letten. Die bewondering zette haar aan het denken over haar eigen collectie. Hoewel ze wist dat zij niet in staat was om zo veel topstukken te verwerven als Von Nemes had gedaan, moest de aard van haar verzameling ongeveer gelijk worden aan die van hem. Haar aankopen zouden bescheidener zijn, maar dat werd mede veroorzaakt door het beperkende selectiecriterium dat zij hanteerde, of zoals zij aan Sam schreef: 'Au fond zoek ik ook meer in een spirituele richting, al is daar de keus ook veel kleiner dan die van een Nemes.'

Haar inmiddels aanzienlijke kunstcollectie was dan wel bijzonder, maar Helene stond niettemin eind 1912 nog in de schaduw van een zwaargewicht als deze Hongaarse verzamelaar. De kwaliteit van zijn collectie wekte haar waardering, maar ze voelde zich tegelijkertijd in het nauw gedreven. In tegenstelling tot Von Nemes had zij namelijk niet de keuze gemaakt om uitsluitend topwerken te kopen, maar ook eenvoudiger objecten als Delfts blauw, wandtegeltjes, litho's, etsen en tekeningen. Voor zichzelf verdedigde ze die keuze met het argument dat kleinere kunstwerken evengoed een spirituele boodschap konden overbrengen als een groot meesterwerk. Dat haar collega hiervan niet doordrongen leek te zijn, deed haar vermoeden dat hij gedreven werd door de mannelijke drang om te excelleren en niet door liefde voor de kunst.[53] Hij mocht dan een geniale verzamelaar zijn, maar hij was 'ook de man van éclat, van activiteit, die nu verkoopt om dan weer te verzamelen, een nieuw paradestuk te doen & vijf miljoen heeft hij daarvoor weer noodig'. Juist dat maakte Von Nemes tot een echte verzamelaar. Meer nog dan door de kunstwerken die hij verwierf, werd hij gedreven door het verzamelen zelf, een neiging die Helene niet herkende.[54]

Haar voorspelling dat Von Nemes een deel van zijn verzameling zou verkopen kwam uit. De tentoonstelling in Düsseldorf bleek de opmaat voor de veiling van een deel van zijn verzameling in juni 1913 bij het Parijse veilinghuis Manzi-Joyant.[55] De kans om een aantal van zijn meesterwerken aan haar eigen verzameling toe te voegen, was een mogelijkheid die Helene niet aan zich voorbij liet gaan. Zij gaf Bremmer opdracht om te proberen de hand te leggen op drie topstukken van oude meesters, namelijk *Venus en Amor* (1524-1525) van Baldung Grien, waar zij bij de tentoonstelling haar oog op had laten vallen, *Hertenjacht* (1557) van Lucas Cranach de Jonge en een mansportret van Scipione Pulzone uit 1564.[56] 'Mijnheer was weer erg royaal' geweest en daarom had ze goede hoop dat Bremmer in zijn missie zou slagen.[57] Inderdaad kreeg ze op 18 juni bericht van haar adviseur dat hij alle drie de werken had weten te bemachtigen.[58]

Opmerkelijk is dat Bremmer nóg een schilderij voor haar collectie kocht, een waarover Helene echter met geen woord repte in haar brieven. Behalve de werken van oude meesters legde hij ook de hand op *Stilleven rond een bord met uien* (1889) van Van Gogh. Dat is des te opmerkelijker, omdat Bremmer voor dit schilderij 16.000 gulden betaalde, terwijl de Cranach en Pulzone respectievelijk 'maar' 6500 en 8000 gulden kostten.[59] Blijkbaar maakte de verwerving van werken uit de Renaissance meer indruk op Helene. De oudste schilderijen die zich tot dan toe in haar overwegend moderne collectie bevonden, waren dertien doeken uit de zeventiende eeuw. De drie nieuwe schilderijen waren door hun vroege datering dus uniek binnen haar verzameling, in tegenstelling tot Van Gogh, van wie ze eigenlijk vond dat ze inmiddels genoeg werk bezat. Bovendien was Helene een groot liefhebster van de Renaissance. Dat zij nu in staat was drie schilderijen uit deze periode aan haar verzameling toe te voegen, maakte de aankopen extra bijzonder. Twaalf jaar later zou ze haar collectie beschrijven als een poging de ontwikkeling van moderne kunst inzichtelijk te maken.[60] Binnen die ontwikkeling van realisme naar abstractie namen deze zestiende-eeuwse schilderijen de plek in van voorlopers van de moderne kunst.

De aanhoudende reeks succesvolle aankopen en de allure die de kunstwerken kregen door de professionele opstelling aan het Lange Voorhout maakten Helene steeds zelfbewuster, om niet te zeggen overmoedig. Een paar dagen nadat Bremmer zijn slag had geslagen bij Manzy-Joyant, schreef ze aan Sam over de Wallace Collection, die ze waarschijnlijk een jaar eerder in 1912 had bezocht. Dit museum was gehuisvest in het Hertford House aan het Manchester Square.[61] De indrukwekkende verzameling vijftiende- tot en met negentiende-eeuwse kunst, wapens, aardewerk, meubilair en kunstvoorwerpen uit de Middeleeuwen en Renaissance was gedurende tachtig jaar bijeengebracht door de derde en vierde markies van Hertford en de buitenechtelijke zoon van deze laatste, Sir Richard Wallace.[62] Deze schonk de verzameling aan de Britse staat, die Hertford House vervolgens tot nationaal museum liet verbouwen.

De rijkgeschakeerde en hoogstaande verzameling, bestaande uit onder meer schilderijen van Rubens, Rembrandt, Hals, Van Dijck, Titiaan, Velázquez, Canaletto, Poussin en Lawrence, trok sinds de opening van het museum in 1900 bezoekers uit heel Groot-Brittannië en daarbuiten. Uniek aan de Wallace Collection was de grote hoeveelheid schilderijen van achttiende- en negentiende-eeuwse Franse meesters. Werken van bijvoorbeeld Watteau, Fragonard, Meissonier en Rousseau waren – gedreven door chauvinisme tegenover de andere grootmacht van Europa – nauwelijks aanwezig in Britse musea, een gemis dat met deze schenking werd goedgemaakt.

Hoewel het museum vanaf de opening door vrijwel iedereen werd bejubeld, was Helene minder enthousiast. Ze had hoge verwachtingen van de collectie en had gehoopt in Wallace een geestverwant te vinden. Maar toen zij Hertford House bezocht, was haar teleurstelling groot. Het huis, de inrichting, de opstelling van de kunstwerken en vooral de collectie zelf lieten haar 'enttäuscht' achter.[63] Als zij de Wallace Collection moest vergelijken met een vrouw, zou ze haar omschrijven als 'een ijdele, oppervlakkige pop'. De verzameling was weliswaar bijeengebracht met een grondgedachte, maar deze was volgens Helene puur visueel van aard, waarbij 'elke diepzinnigheid angstvallig [was] vermeden'. Met haar opvoeding door Bremmer en haar voorkeur voor eenvoud en verstilling is het niet verwonderlijk dat zij vooral de zoetige Rococo-schilderijen beschouwde als weinig meer dan mooie plaatjes van grote namen. De schenking aan de staat vond zij nobel, maar ook deze ontbeerde iedere vorm van een diepere gedachte, die zij toch als noodzakelijk beschouwde bij een dergelijk gebaar.

Juist de teleurstelling bevestigde haar ideeën over haar eigen museumhuis. Het liefst wilde ze dat iedere bezoeker van haar verzameling ook de Wallace Collection zou bekijken, zodat hij beter begreep wat zij wilde laten zien. Dat waren namelijk geen schilderijen, 'maar wat of het hoogste is in den mensch & wat of het voor hem de moeite waard maakt om te leven'.[64] Ze peinsde er daarom niet over de bouw en inrichting van haar museum aan anderen over te laten. Dat zou ieder gevoel eruit wegnemen, zoals volgens haar ook was gebeurd met Hertford House.

Toch besefte ze dat als ze erin zou slagen een museumhuis te bouwen, ze uiteindelijk haar geesteskind zou moeten overdragen. Dat was een gedachte die haar angst aanjoeg, 'vooral wanneer ik aan de liefdelooze Verwaltung der tegenwoordige musea denk. Die worden toch alleen maar schoongemaakt & dienen verder om een warm plekje aan den resp. directeur te bezorgen'.[65] Des te groter was haar opluchting toen Sam haar in november 1913 vertelde dat hij bereid was haar levenswerk te voltooien en wilde leven in dienst van haar nagedachtenis.[66] Door zijn belofte, die hij haar deed zonder dat zij daarop had gezinspeeld, wist Helene dat ze haar gedachtegoed had doorgegeven, zelfs nog voordat ze was overleden. Niet bang voor grote woorden, schreef ze daarover aan hem: 'Dat is het, [het voorleven van mijn levensinzicht in & door jou,] wat ik onsterfelijkheid noem, de onsterfelijkheid waaraan ik hecht als aan geen.'[67] Wat ze naar eigen zeggen bescheiden was begonnen, zou hij voltooien op een manier waartoe zij zichzelf niet in staat achtte. Daarmee ging de wens in vervulling die aan de basis lag van haar collectie: 'Niet mijn naam, maar mijn denken moet leven.'[68]

De wetenschap dat dit streven dankzij Sam verwezenlijkt zou worden, ook als ze niet lang genoeg zou leven om haar doel te bereiken, gaf Helene rust en vertrouwen. Daarom bleef ze vol overtuiging plannen maken voor haar museumhuis. Haar oorspronkelijke plan was om dit monument van cultuur in de buurt van Den Haag te laten bouwen, zodat er in het dagelijkse leven van Anton en de kinderen weinig zou veranderen. Maar de afgelopen jaren waren haar kinderen bijna allemaal hun eigen weg gegaan, wat haar blik op de toekomst had veranderd. Tijdens een rondrit over de Veluwe in het voorjaar van 1914 nam ze daarom de beslissing om het museumhuis niet in het westen van het land, maar op de Veluwe te laten bouwen.[69] Zelf dacht ze aan de omgeving van de Franse

Berg, die een weids uitzicht bood over het landgoed Hoenderloo.[70] Anton had al langere tijd voor dit idee gevoeld en was dan ook enthousiast toen Helene over haar besluit schreef. Toch raadde hij haar aan er nog even over na te denken. Net als zij wilde hij kosten noch moeite sparen om het plan tot een goed einde te brengen, 'maar we hebben met Behrens – Mies wel langs den afgrond gelopen'.[71]

Het besluit om in Hoenderloo te gaan bouwen, was een plan van de lange adem. Daarom sprak Helene van een toekomsthuis en een plek waar zij zich op haar oude dag met Anton kon terugtrekken.[72] Ondanks de lange termijn verheugde ze zich op het idee dat haar kunstschatten ooit naar de Veluwe zouden verhuizen. Daarmee wilde zij ze niet verborgen houden voor het publiek, maar ze een plek geven waar mensen die oprecht in haar collectie geïnteresseerd waren, deze in alle rust konden bekijken.

De bouw van een museum, van een groot museum zelfs, was geen pretentieuze gedachte in 1914, maar een logische consequentie van de omvang en museale kwaliteit van Helenes collectie. Beide eigenschappen kwamen duidelijk naar voren uit de lezing die Bremmer op 15 juni 1914 hield ter gelegenheid van Antons vijfentwintigjarig jubileum bij Müller & Co.[73] Eigenlijk had Anton deze dag zo geruisloos mogelijk voorbij willen laten gaan en had daarom slechts enkele vrienden uitgenodigd voor een diner en een lezing op Huize ten Vijver. Maar hij slaagde niet helemaal in zijn opzet. 's Ochtends werd hij op kantoor verrast door minister van Handel Willem Treub, die hem namens de koningin benoemde tot Commandeur in de Orde van Oranje Nassau en hem het commandeurskruis overhandigde.[74] Ondanks deze extra reden tot feestelijkheid hield Anton het diner 's avonds klein. Behalve Helene en hun zoons, die ieder een korte speech hielden, nam zijn broer Nico deel aan het feestmaal. Sam was uit Londen overgekomen en vervulde als een ware zoon de rol van ceremoniemeester. Helene jr. daarentegen schitterde door afwezigheid. De radiostilte tussen de Kröllers en hun dochter en schoonzoon was nog volop van kracht sinds Paul zijn schoonmoeder van overspel had beticht. Op het laatste moment besloot Helene zelfs om neef Kurt Brückmann niet uit te nodigen, omdat ze gehoord had dat hij nog veel omging met hun dochter.[75] Voor Anton en Helene was dat een bevestiging dat de families Müller en Brückmann de aantijgingen van Paul niet veroordeelden en geen van beiden wilden op deze feestelijke dag aan die pijnlijke situatie worden herinnerd.

Behalve de naaste familie waren Bremmer en Berlage uitgenodigd, evenals drie van Antons beste vrienden, c.q. zakenpartners. Antoine Plate was lid van de Provinciale Staten en voormalig voorzitter van de Kamer van Koophandel, wat hem zowel op politiek als economisch vlak een invloedrijk figuur maakte.[76] Ook Willem Westerman behoorde al jaren tot Antons intimi. Sinds 1910 was hij president van de Rotterdamsche Bank, die na een fusie in 1911 verder was gegaan als de Rotterdamsche Bankvereeniging (Robaver) en de huisbank van Müller & Co was geworden.[77] De laatste in het rijtje was Joseph Limburg, een gerenommeerde Haagsche advocaat en Kamerlid voor de Vrijzinnig-Democratisch Bond (VDB), de partij waarvan ook Anton lid was.[78]

Voor dit selecte gezelschap gaf Bremmer een overzicht van de verzameling door een aantal kunstwerken op lichtbeelden te laten zien en ze grofweg chronologisch te bespreken. Uiteraard stak hij op deze avond niet van wal voordat hij benadrukt had dat het initiatief van de verzameling dan wel van Mevrouw was uitgegaan, maar eveneens voor een groot deel te danken was aan de steun van Mijnheer. Toch liet hij niet na Anton te waarschuwen dat wanneer hij de plannen van zijn vrouw wilde verwezenlijken, hij 'dieper en met meer vreugde' aandacht diende te besteden aan de collectie. Misschien was dat een indirecte aansporing om vaker bij zijn lezingen aanwezig te zijn.

Karakteristiek aan de Kröller-Müller-verzameling was volgens Bremmer dat deze inzicht gaf in de tijd waarin zij leefden, doordat zij niet alleen uit werk bestond van lang bekende namen, maar ook uit kunstwerken die een nieuwe ontwikkeling lieten zien. Met nieuw bedoelde hij niet zonder meer moderne kunst. Het nieuwe zat hem vooral in de spirituele ontwikkeling, die kunstenaars door de eeuwen heen hadden doorgemaakt en die in deze collectie zo mooi tot uitdrukking kwam. Voor de toehoorders die nog niet bekend waren met zijn praktische esthetica, lichtte Bremmer toe dat deze spirituele manier van schilderen voortkwam uit de innerlijke behoefte van kunstenaars om de werkelijkheid vanuit een eigen ervaring weer te geven en niet, zoals sinds de Renaissance werd gedaan, deze zo realistisch mogelijk op het doek vast te leggen.

Vol trots begon Bremmer zijn lichtbeeldenserie met Baldung Griens *Venus en Amor*, dat wat hem betrof 'van de oude kunst wel de parel van de verzameling' genoemd mocht worden. Het streven naar het spirituele kwam in dit schilderij met grote kracht naar voren. Bremmer beschouwde het als een teken van de nieuwe tijd dat de schoonheid van dit werk tegenwoordig weer erkend werd. Want hoewel de anatomie van de figuren technisch incorrect was, kon men daar tegenwoordig doorheen zien en openstaan voor de spirituele diepgang die Grien in het werk had weten te leggen.

Paul Signac,
La salle à manger
(1886-1887).
(rechts) Johan
Thorn Prikker,
Kruisafname (1892).

Vervolgens liet hij het mansportret zien van Pulzone, die in tegenstelling tot Grien niet zocht naar een weergave van het innerlijk, maar streefde naar een harmonische schoonheid van zijn onderwerpen. Het beeld van een zittende Boeddha, dat hij hierna toonde, liet de diepe oosterse wijsheid zien, die alleen door een generaties lange ontwikkeling tot uitdrukking kon worden gebracht. Het was die in en in doorleefde wijsheid en rust, die Bremmer zo waardeerde in de oosterse kunst. Via een Chinese tekening en een Griekse vaas, kwam de presentatie uit bij Paul Gabriël, de kunstenaar die het beginpunt van Helenes collectie markeerde. Daarna volgde een winterlandschap van Courbet, waarvan de kracht volgens de kunstpedagoog niet lag in de realistische weergave, maar in de ongrijpbare en diepere werkelijkheid die daarachter school.

In vogelvlucht toonde hij aan de vrienden en zakelijke partners van Anton hoe sterk en bijzonder de collectie was, die zij gedrieën hadden samengebracht. Een parade van esthetische hoogstandjes volgde, waarin Bremmer via het pointillisme van Van Rijsselberghe, *La salle à manger* (1886-1887) van Signac, naar de abstractie van Voerman, de *Kruisafname* (1892) van Thorn Prikker en de kubistische rozen van Herbin manoeuvreerde. Drie kunstenaars gaf hij speciale aandacht, omdat zij de spirituele ontwikkeling in de kunst het beste benaderden. Uiteraard was daar Van Gogh, van wie hij niet één, zoals van de andere kunstenaar, maar zes afbeeldingen liet zien. Bremmer kon zijn enthousiasme nog steeds maar nauwelijks bedwingen als hij over Van Gogh sprak en vertelde over het wonder van diens werk, zijn diepe compassie voor de mens, zijn worsteling met het leven en hoe hij het lijden had weten te overstijgen. Zijn geestdrift was enkele weken eerder nog eens extra aangewakkerd door de brieven van de kunstenaar, die recentelijk waren uitgegeven en waarmee Bremmer zijn lezing rijkelijk lardeerde.[79]

Vervolgens wijdde hij vier lichtbeelden aan schilderijen van Fantin-Latour, waarmee hij Helene ongetwijfeld een groot plezier deed. Hoewel hij aan deze kunstenaar meer tijd besteedde dan aan de meeste anderen, was zijn toon wat obligaat, alsof het niet helemaal zijn keuze was zo veel aandacht aan Fantins schilderijen te besteden, die 'zich langzaam en van lieverlede als stille schoonheid aan ons openbaren'.[80]

Opvallender was Bremmers keuze om de nadruk te leggen op een kunstenaar wiens naam de meeste toehoorders niet bekend in de oren klonk, William Degouve de Nuncques (kleurafb. 13). Bremmer kon het niet laten voldaan op te merken dat deze symbolistische kunstenaar 'zijn eerste werkelijke waardering' in de collectie Kröller-Müller had gevonden, waarmee hij nog even fijntjes benadrukte hoe visionair de verzameling was samengesteld.[81] Met die opmerking overdreef hij enigszins, want Willem Leuring kocht al in de jaren 1890 schilderijen van Degouve en stelde deze bij gelegenheid ook tentoon.[82] Niettemin bezat Helene in Nederland inmiddels het grootste aantal werken van deze Belgische kunstenaar. Drie maanden eerder, in maart 1914, had ze samen met Anton in Frankfurt am Main bij galerie Goldschmidt acht schilderijen van Degouve de Nuncques gekocht, waardoor zij er ten tijde van de lezing veertien bezat.[83] De meeste waren verstilde, wat melancholische winterlandschappen. Helene vond de werken 'vroom naïeve, stille stukjes, zoals alleen ze iemand kan maken die als goed mensch geboren is & als goed

William Degouve de Nunques, *De zwarte zwaan* (1896).

mensch door het leven gaat omdat hij de realiteit niet ziet, alles is even simpel & stil in hem als in een verhaaltje'.[84]

Wat betreft onderwerp, was een uitzondering op de landschappen van Degouve diens *Madonna in herinnering verzonken* (1912), waarin een smartelijke Maria in een verlaten landschap is afgebeeld. Dit schilderij was waarschijnlijk in de collectie opgenomen omdat het geheel volgens Bremmers principes 'een troostrijk zich opleven van alle misère en ellende op de wereld' uitbeeldde.[85] Die spirituele verheffing maakte het werk van Degouve de Nuncques voor zowel Bremmer als Helene tot een waardevolle aanvulling op haar collectie.

Bremmer eindigde zijn weinig verhulde aanprijzing van de collectie met Berlage en zijn ontwerpen voor een museumhuis. De lichtbeelden toonden nog geen indrukwekkend museum op de Franse Berg, maar wel liet Bremmer de studies zien die Berlage voor Ellenwoude had gemaakt. Ofwel koos hij hiervoor, omdat Berlage nog geen gelegenheid had gehad om een ontwerp voor de Veluwe te maken, ofwel – en dat is waarschijnlijker – hadden Helene en Anton hun nieuwste plannen nog niet kenbaar gemaakt. Zij waren zich er terdege van bewust dat ze een goed moment moesten kiezen om de architect en vooral hun bemiddelaar Bremmer van het Veluwemuseum op de hoogte brengen, wilden zij de samenwerking naar wens laten verlopen.

Niettemin bleek de tomeloze ambitie van het echtpaar uit Bremmers woorden. De Kröllers hadden hun verzameling met het oog op de toekomst samengesteld en het sierde hen dat zij deze voor latere generaties wilden behouden. Het idee van Mevrouw om haar collectie in een modern museum onder te brengen, en Mijnheers bereidheid dit te financieren was niets minder dan van 'esthetische waarde voor ons volk'.[86] Bremmer eindigde met de profetische woorden: 'Tussen bouwmeester en hem, voor wien gebouwd wordt, moet een harmonische verstandhouding zijn en alleen daardoor zal een der collectie waardig milieu ontstaan.'

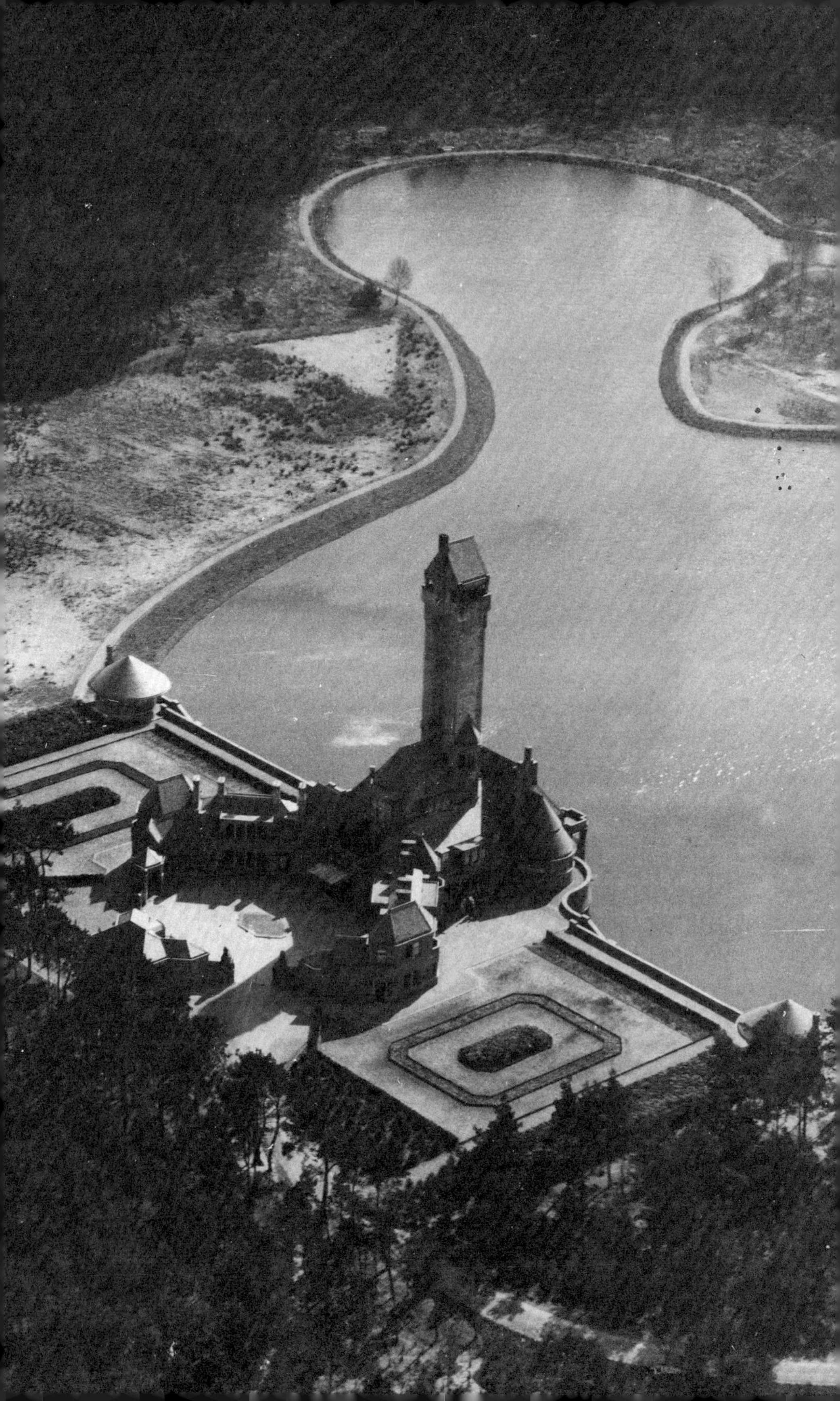

9

Oorlog en verzet

EEN VERPLEEGSTER IN LUIK EN DE BOUW VAN SINT HUBERTUS

Na de hectiek van Antons jubileum en zijn koninklijke onderscheiding verliep de vroege zomer van 1914 rustig voor Helene. Ze verdiepte zich in de brieven van Van Gogh, die voor haar 'als een ware spiegel van de menschelijke ziel' waren.[1] Wat haar opviel was dat Van Goghs ontwikkeling zich zo langzaam voltrok. In de eerste brieven 'zou men niet vermoeden het groote genie, dat op weg is zich te openbaren'.[2] Het verbaasde haar dat mannen als Van Gogh 'de levensproblemen niet dieper doorgronden & soms tot zulk oppervlakkige conclusies komen'.[3] Zonder een greintje ironie schreef ze aan Sam dat ze het jammer vond dat zij beiden Van Gogh niet hadden gekend, want 'daar zijn toch levensvragen, waarin wij [hem] verder hadden kunnen brengen'.[4] Van Goghs vriendin en model Sien Hoornik had zijn ontplooiing volgens Helene ongetwijfeld bevorderd door gevoelens van liefde en compassie in hem aan te wakkeren en door voor hem te poseren, maar Van Goghs geestelijke en intellectuele groei had hij in die jaren zelfstandig moeten ontwikkelen. Hoe rijk had zijn nalatenschap kunnen zijn als hij op intellectueel gebied meer gestimuleerd was? Kennelijk ontging haar het complexe en solitaire karakter van de kunstenaar voor wie juist die eenzame, beschouwende ontwikkeling bepalend is geweest voor zijn geestelijke vorming.

In Van Goghs brieven uit de Borinage zag Helene pas werkelijk een man naar voren komen, iemand met karakter en diepgang. Een persoonlijkheid die zich 'even eenvoudig en krachtig als in zijn schilderijen' uitsprak.[5] Vanaf dat moment zag ze een kentering in de toon en beschouwende kracht van de brieven. Het was vooral het menselijke karakter, de openbaring van een ziel, dat haar aangreep. Tegelijkertijd zag ze de grote waarde die de brieven zouden hebben voor de algemene waardering van de kunstenaar. Uit zijn brieven kwam naar voren wat Van Gogh met zijn

H.P. Berlage, *Jachthuis Sint Hubertus* (1915-1919).

werk bedoeld had, waarom hij ervoor koos om bepaalde aspecten van het leven te schilderen en waarom dat niet anders kon en moest zijn. Wie nog steeds ongevoelig was voor Bremmers pleidooien voor Van Gogh, 'dien zullen de brieven bekeeren'.[6] Dat was een uitspraak die bewaarheid zou worden. Vanaf 1914 zou dankzij de publicatie van de brieven de waardering voor Van Gogh een hoge vlucht nemen.

Dat gold ook voor Helene. In de voorgaande jaren had zij Van Goghs werk leren waarderen aan de hand van de spirituele benadering die Bremmer haar aanreikte. Mede dankzij die waardering was haar kunstbegrip vergroot en had ze vorm kunnen geven aan haar persoonlijke levensbeschouwing. De brieven verdiepten haar fascinatie voor de kunstenaar nog verder. Hierdoor leerde ze de mens Van Gogh kennen, wat haar ervan overtuigde dat hij behoorde tot 'de groote geesten onzer moderne kunst, op wie de bovenpersoonlijke tijdgeest geen vat had, omdat de eigen persoonlijkheid zich in hen te machtig toonde'.[7]

Naast Van Gogh vroeg nog een andere kunstenaar die zomer van 1914 om Helenes aandacht. In de voorgaande twee jaar had zij al als financier deelgenomen in een contract tussen de schilder Bart van der Leck en Bremmer, maar deze laatste vermoedde dat zijn favoriete protegé nog meer gebaat was bij de monumentale opdrachten die Müller & Co kon verstrekken.[8] Daarom trad de schilder op 1 juni 1914 voor een jaar in dienst van de firma.[9] Helene was tevreden over deze overeenkomst, omdat deze haar de mogelijkheid gaf concreet bij te dragen aan de ontwikkeling van moderne kunst: 'Ik geloof in v.d. Leck & ik hoop dat wij op hem een poesseerenden invloed hebben.'[10]

De eerste opdracht die Van der Leck van Müller & Co kreeg, was een ontwerp voor een groot glas-in-loodraam in de entreehal van het hoofdkantoor aan het Lange Voorhout.[11] Het thema van de voorstelling was de mijnbouw, omdat daar de oorsprong van de firma lag. Daarom reisde Van der Leck van april tot begin juli naar Algerije en Spanje om bij de Müller-mijnen inspiratie op te doen en schetsen te maken. Half juli was hij terug in Nederland. Helene zocht hem samen met Bob thuis op, waar zij de kunstenaar nog zongebrand van de lange reis aantrof.[12] Direct was zij gewonnen door de moderne eenvoud van de woning en de goedlachsheid van Van der Leck en zijn vrouw Bertha, die beiden maar weinig om opsmuk en conventie leken te geven.

Niet minder enthousiast was zij over de schetsen die de kunstenaar haar liet zien. Van der Leck had studies gemaakt voor een raam dat bestond uit vijftien afzonderlijke afbeeldingen, gegroepeerd in rijen van drie en kolommen van vijf, die tezamen een allegorie vormden van de mijn-

Paul Gabriël, *Il vient de loin* (ca. 1887).

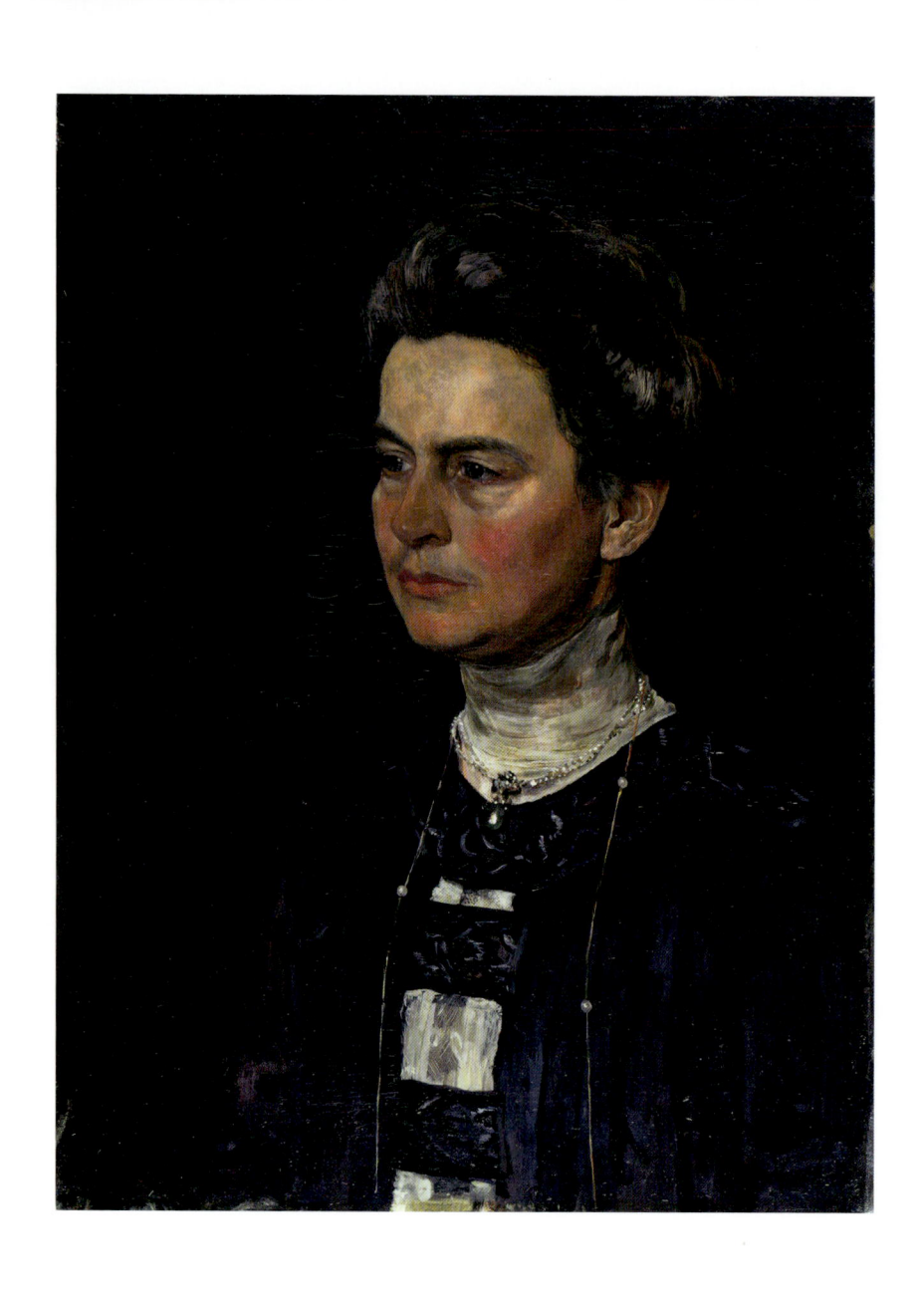

Floris Verster, *Portret van mevrouw H. Kröller-Müller* (1910).

Truus van Hettinga Tromp, *Portret van mevrouw Kröller* (1914).

Vincent van Gogh, *Mand met citroenen en fles* (1888).

Odilon Redon, *L'écharpe jaune (portrait de Camille Redon)* (ca. 1899).

Vincent van Gogh, *La Berceuse (portret van Madame Roulin)* (1889).

Henri Fantin-Latour, *Portret van Eva Callimachi-Catargi* (1881).

Vincent van Gogh, *Treurende oude man ('At Eternity's Gate')* (1890).

Auguste Herbin, *Roses* (1911).

Wilhelm Lehmbruck, *Staande vrouwenfiguur* (1910).

K-10

Juan Gris, *Guitare sur une table* (1915).

Hans Baldung Grien, *Venus en Amor* (1524-1525).

K-12

William Degouve de Nuncques, *Het blinde huis ('La maison Rose')* (1892).

Bart van der Leck, *Het mijnbedrijf* (1916).

K-14

H.P. Berlage, *Ontwerp voor het jachthuis Sint Hubertus* (1916).

H. P. Berlage, *Aanblik oostzijde van het museum te Hoenderloo, Franse Berg* (z.j.).
Hal van het museum te Hoenderloo, Franse Berg (z.j.).

Isaac Israels, *Mata Hari* (1916).

Jan Toorop, *Les rôdeurs* (1891-1892).

Jan Toorop, *Evolution* (1897).

Piet Mondriaan, *Tableau No. 1* (1913).
Compositie No. 11 (1913).
© 2010 Mondrian/Holtzman Trust c/o HCR International Virginia

Piet Mondriaan, *Compositie 10 in zwart wit* (1915).
Compositie in kleur A (1917).
© 2010 Mondrian/Holtzman Trust c/o HCR International Virginia

Bart van der Leck, *De kat* (1914).

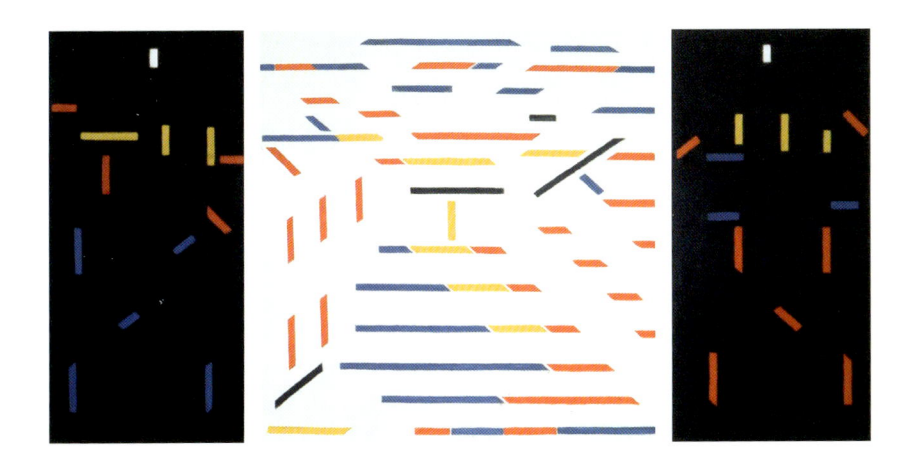

Bart van der Leck, *Compositie 1916 no. 4* (1916).

K-23

Odilon Redon, *Oannès* (1900-1910).

bouw. De taferelen in de uiterste hoeken waren donkerder dan de rest en beeldden het werk in de mijn zelf uit. Daartussen was het transport te zien van het gedolven materiaal vanuit de mijnen naar de treinen en schepen die het verder zouden vervoeren. Het middelste paneel van het raam ten slotte was een weergave van het kantoor, de kern van de onderneming van waaruit alle bezigheden werden gecoördineerd. Dit oorspronkelijke plan is nog duidelijk herkenbaar in het raam van bijna drieenhalf bij twee meter, dat Van der Leck in 1916 voltooide (kleurafb. 14).[13]

De rest van de maand juli besteedde Helene aan dagelijkse beslommeringen. Ze hield de wind eronder op het Lange Voorhout, werkte haar correspondentie bij, verbleef een aantal dagen op De Harscamp en overlegde met Bobs privéleraar over zijn volgende schooljaar. Niets bereidde haar voor op de scherpe kanteling die de werkelijkheid eind juli zou maken.

Het nieuws over de oorlog die op 28 juli 1914 tussen Oostenrijk en Servië uitbrak, bereikte haar op de dag zelf, maar net als de meeste Europeanen verwachtte zij dat het conflict snel weer gesust zou zijn.[14] Hoewel ze uit de kranten begreep dat het hele continent zich klaarmaakte om ten strijde te trekken, drong het gewicht van de gebeurtenissen nog niet tot haar door. Even vreesde ze voor Müller & Co toen een afgevaardigde van de Duitse regering in Den Haag op bezoek kwam om met Anton te overleggen over graanleveranties en deze op stel en sprong naar Berlijn moest, maar al snel ontving zij van hem bericht dat de situatie leek te stabiliseren. Desalniettemin bleef ze in afwachting van de vraag: 'komt de groote oorlog of niet?'[15] Toen Anton op 31 juli berichtte dat de toestand in Berlijn 'hoogst gespannen' was en hij nog niet kon vertrekken, besefte ze dat het antwoord op die vraag bevestigend was.[16]

Aanvankelijk gingen haar gedachten uit naar haar kinderen, die, op Bob na, ver van huis waren. Toon had gehoor gegeven aan de mobilisatie en bevond zich aan de grens met België, Wim was voor de firma in Genua en Sam werkte nog altijd voor het kantoor in Londen. Over haar dochter wist Helene weinig, behalve dat ze zwanger was van haar tweede kind en bij schoonfamilie in Hamburg verbleef. Hoewel het contact wederzijds verbroken was, hielp de oorlog Helene haar trots opzij te zetten. Ze stuurde Helene jr. een kort briefje om haar te laten weten dat zij altijd op de hulp van haar en Anton kon rekenen.[17] Maar het antwoord van haar dochter luidde dat zij Pauls gevoelens tegenover haar ouders te goed begreep om ooit nog hulp van hen aan te kunnen nemen. Helene was perplex en vroeg zich af wat zij gedaan had dat Paul haar niet eens de mogelijkheid gaf om haar dochter te ondersteunen wanneer dat nodig was.

Ondanks deze huiselijke spanningen maakte zij zich de meeste zorgen over Müller & Co.[18] Via diplomatieke sluipwegen probeerde Anton het gevaar voor zijn bedrijf tot een minimum te beperken. Tijdens zijn onderhandelingen in Berlijn over de graanleveranties bereikte hem het gerucht dat de Nederlandse regering sleepboten liet bewapenen. Vanuit Berlijn gaf hij zijn rechterhand Reinier Verbeek, directeur van het Haagse kantoor van Müller & Co, opdracht om dit persoonlijk op het ministerie na te vragen, omdat die bewapening vergaande consequenties zou hebben voor de sleepboten uit de vloot van Müller & Co.[19]

Binnen enkele dagen was Anton weer in Nederland, waar hij zich opwierp als een van de leiders van het Nederlandse zakenleven. Samen met François Waller, de succesvolle directeur van de Gist- en Spiritusfabriek in Delft, en Antoine Plate, inmiddels voorzitter van de Commissie voor Economische Belangen van Nijverheid en Landbouw, belegde hij een bespreking met minister van Handel Willem Treub over de import en export van levensmiddelen en brandstoffen.[20] Beide waren in gevaar, doordat de oorlogvoerende landen wilden voorkomen dat deze handelswaar de tegenpartij bereikte. Wilde Nederland handel blijven drijven, dan moest het zien vast te houden aan zijn neutraliteit, een positie die Anton met het oog op Müller & Co maar al te graag hielp versterken.

Helene voelde de verantwoordelijkheid die op Antons schouders rustte voor de duizenden werknemers van de firma voor wie de toekomst ongewis was. Op het kantoor van de Afdeling Gebouwen verwachtten de tekenaars binnenkort opgeroepen te worden voor de dienst en ze vroegen haar of zij dan hun salaris konden behouden. Helene beloofde dat ze haar best zou doen 'al moest ik er zelf ook nog zoo onder lijden'.[21] Ook dacht ze er niet over om het contract met Bart van der Leck te verbreken, waar deze voor vreesde. Ondanks de onzekere tijden liet ze Bremmer weten de kunstenaar 'in geen geval' aan zijn lot over te laten.[22]

Nadat Oostenrijk-Hongarije en Duitsland enerzijds en Servië, Rusland en Frankrijk anderzijds in oorlog waren geraakt, koesterde Helene in de eerste dagen van augustus nog de hoop dat de situatie niet zou escaleren. Anton en zij hoopten vooral 'dat het gezond verstand van Engeland in al den wirrewar de overhand zou behouden'.[23] De spanning steeg met de dag en toen zij op 5 augustus om vijf uur 's ochtends de krantenbezorger over het grind hoorde lopen, vloog ze op blote voeten naar beneden om zo snel mogelijk over de laatste verwikkelingen te lezen. Het bericht dat ook Groot-Brittannië zich in het conflict had gemengd, stelde haar diep teleur. Het Duitse Keizerrijk had van het neutrale België de vrije doorgang voor zijn troepen geëist om zo de Franse grens te kunnen

De auto's van de Kröllers: twee Rolls-Royces, een Mercedes, een Cadillac en een Italiaanse sportauto (jaren twintig).

passeren.[24] Dit hadden de Belgen echter geweigerd, wat hun op een oorlogsverklaring en bezetting door Duitsland was komen te staan. Die bezetting op 4 augustus was voor de Britten aanleiding om Duitsland de oorlog te verklaren en de aangehaalde betrekkingen met Rusland en Frankrijk te bezegelen. De Kröllers beseften ten volle dat de grote oorlog nu begonnen was.

Met verbazing keek Helene toe hoe Den Haag onder haar ogen veranderde. De eerste dagen werden winkels en banken bestormd, daarna werden de straten stil, de trams leeg en was de spanning op alle gezichten te lezen.[25] Het meest verwonderlijke vond zij de aanblik van de stad zonder auto's. Die waren gevorderd door de gemeente om ingezet te worden als ook Nederland in de oorlog werd betrokken. Bij de Kröllers sloeg de gemeente een grote slag. Zij hadden maar liefst vier auto's om in te leveren, waarvan Anton de Rolls-Royce ter beschikking stelde aan de Roemeense gezant.[26] In mei was hij benoemd als consul-generaal voor Roemenië in Rotterdam en het was dan ook niet meer dan logisch dat hij op deze manier de gezant terzijde stond.[27]

Dankzij Antons connecties wisten ze in ieder geval één auto voor eigen gebruik te behouden. Daarmee reden hij en Helene op 8 augustus naar Rotterdam, waar het hoofd van het scheepvaartkantoor oproer van de bootwerkers verwachtte, omdat het werk stil was gelegd.[28] Om plundering van het kantoor te voorkomen leegden ze de kas, die op dat moment anderhalve ton aan contanten bevatte.[29] Teneinde de rust te bewaren stelde Anton aan zijn werknemers voor om hun voorlopig per week een voorschot uit te betalen, in afwachting van betere tijden wanneer dit geld weer terugverdiend moest worden.

De aanloop naar de oorlog en de eerste dagen ervan volgde Helene naar eigen zeggen met een 'onpartijdig hart'.[30] Ze wijdde geen gedachten aan de vraag of zij Nederlandse of Duitse was en welke van de strijdende partijen op haar sympathie kon rekenen. Haar houding leek op die van veel Nederlanders, die de oorlog niet als een ideologisch conflict zagen waarin men zich vol overtuiging in een van de kampen kon scharen, maar als een machtsstrijd tussen een aantal grote naties die geen van alle de voorkeur verdienden boven een van de andere partijen.[31] Dat wil niet zeggen dat de Nederlandse bevolking geen partij koos. Vooral België kon op morele steun rekenen. Het buurland was geen grote mogendheid, maar een kleine staat die zonder pardon door het grote Duitse Keizerrijk bezet werd.

De sympathie van de Nederlanders voor België nam verder toe door het buitensporige geweld dat de Duitsers in de eerste weken van de bezetting gebruikten. In de eerste oorlogsmaand fusilleerden Duitse militairen in een roes van argwaan honderden willekeurige burgers en legden zij in verschillende steden duizenden gebouwen in de as, waaronder de Leuvense universiteitsbibliotheek met haar onvervangbare middeleeuwse manuscripten.[32] De wreedheden misten ieder strategisch doel, wat de anti-Duitse gevoelens die in Nederland de kop opstaken, nog eens verhevigde.[33]

Hoewel de meeste Nederlanders de eerste weken niet goed wisten of zij meer van Engeland en Rusland of van de centralen (Duitsland voorop, gevolgd door Oostenrijk-Hongarije en het Ottomaanse rijk) te vrezen hadden, en er zeker ook een pro-Duitse beweging was, hoorde Helene op straat vooral de opgetogenheid waarmee men sprak over Duitse verliezen en Belgische successen. Deze anti-Duitse stemming veranderde haar houding ten aanzien van de oorlog en ten aanzien van haar geboorteland. De meeste berichten uit België beschouwde zij als partijdig. Dat was deels terecht, aangezien noch aan de zijde van de geallieerden, noch aan die van de centralen objectieve nieuwsgaring werd bedreven. Nauwlettend volgde Helene de berichtgeving over de oorlog in de NRC, *De Telegraaf* en *Het Vaderland*, maar echt vertrouwen wat ze las, deed ze niet. Het 'tendentieus courantengeschrijf' baseerde zich volgens haar uitsluitend op geruchten en de kranten waren duidelijk op de hand van België, Frankrijk en Engeland.[34] De verhalen van de duizenden Belgische vluchtelingen over martelpraktijken, plunderingen en verkrachtingen die al snel door Nederland gonsden, waren veel moeilijker te relativeren.[35] Toch trok Helene ook deze verhalen in twijfel, tenzij ze deze uit eerste hand hoorde.

Meer nog dan aan de partijdige journalistiek, stoorde zij zich aan de hatelijkheden tegen Duitsland die de krantenberichten en verhalen in Nederland opriepen en die soms specifiek tegen haar gericht leken te zijn. Zo meende ze bij Berlage 'een tikje vijandigheid' waar te nemen.[36] Mocht die animositeit er zijn geweest, dan had deze waarschijnlijk vooral betrekking op de verhuizing waartoe Berlage gedwongen was. Precies op de dag dat de mobilisatie werd afgekondigd, stapte hij met zijn gezin op de trein om in Den Haag een nieuw leven te beginnen.[37] Zijn verhuizing naar Den Haag was een voorwaarde voor zijn betrekking bij de Kröllers, maar de architect was nooit gelukkig geweest met dit vooruitzicht. Nu het zover was, moet dat zijn humeur weinig goed hebben gedaan. Helene interpreteerde zijn gemor blijkbaar anders. Op haar beurt verweet zij de architect dat hij slechts aan zijn persoonlijke belangen dacht toen hij bezorgd bij het militair bestuur informeerde of zijn zeventienjarige zoon ook gemobiliseerd zou worden. 'Talenten mogen de menschen hebben, maar hun subjectief voelen maakt ze op zulke momenten toch klein in mijn oogen,' deed zij Berlages vaderlijke zorgen ijskoud af.[38]

Wat Helene ook tegenstond was dat niemand nog naar het grotere geheel leek te kijken en er onmiddellijk partij werd gekozen. Het trof haar vooral dat in Engeland 'de bekrompen afkeer van een ras of land tegen het ander' opnieuw zegevierde, terwijl de Europese landen de afgelopen jaren toch nader tot elkaar waren gekomen en waren gaan inzien dat het ouderwetse nationalisme nergens toe diende.[39] Engeland stond daarin niet alleen. De oorlog vaagde in één klap weg waar sociaaldemocraten uit heel Europa sinds het einde van de negentiende eeuw naar gestreefd hadden. Een internationale samenleving die gebaseerd was op solidariteit en rechtvaardigheid was vanaf augustus 1914 verder weg dan ooit. De proletariërs aller landen waren allesbehalve verenigd. Ondanks de op talloze internationale bijeenkomsten fel beleden voornemens om zich tegen een oorlog te verzetten, schaarden de meeste sociaaldemocratische kopstukken zich direct na het uitbreken van de oorlog achter hun respectievelijke regeringen.[40] Zelfs in het neutrale Nederland begroef SDAP-voorman Pieter Jelles Troelstra de strijdbijl tegen de klassenmaatschappij en stemde in met de voorgestelde mobilisatiekredieten, omdat 'in deze ernstige omstandigheden de nationale gedachte de nationale geschillen overheerscht'.[41]

Volgens Helene moest een modern mens ruimer van geest zijn en niet toegeven aan nationalistische sentimenten. Zelf was zij daar echter evenmin van gevrijwaard. Haar woorden over de Engelse bekrompenheid en afkeer van nationalisme waren nog niet uit haar pen gevloeid of zij verklaarde dat haar hart uitging naar het Duitse volk 'als drager van zoo veel, omdat er zoo veel in sluimert of verborgen in was, wat de Engelschman juist niet kent & apprecieert'.[42]

Toch benadrukte ze in haar brieven aan Sam keer op keer in het hele conflict geen partij te kiezen. De Nederlands-Duitse spagaat waarin Helene zich bevond, maakt haar zelfbenoemde onpartijdigheid enigszins begrijpelijk. Stelling nemen vóór de Belgen, betekende stelling tegen haar vaderland en dat was voor haar onmogelijk. Het gevolg was dat zij zich op het idealistische standpunt stelde dat mensen ook in oorlogstijd boven hatelijkheden en partijdigheid dienden te staan. Ze beschouwde zichzelf als iemand die sympathie noch antipathie voor de verschillende partijen voelde en meeleefde met alle mensen die onder de situatie te lijden hadden.[43] Ook zij had sympathie voor België, 'dat ongelukkige, kleine land dat buiten alles staande zo geteisterd wordt'.[44] En ze begreep maar al te goed Toons keuze om aan de Belgische grens zijn land te verdedigen tegen een eventuele Duitse inval. Zelf stelling nemen tegen haar vaderland, weigerde ze echter. Daarvoor had ze te veel begrip voor het Duitse volk, dat volgens haar handelde uit een 'zichzelf verdedigende beweging'.[45]

Helenes onpartijdigheid bleek snel onhoudbaar. Binnen enkele weken kantte zij zich niet zozeer tegen de geallieerden, maar schaarde zij zich wel degelijk aan Duitse zijde en uitte ze haar begrip voor de motieven die het keizerrijk tot oorlog hadden gedreven. De oorlog was volgens haar in de eerste plaats een strijd tegen Rusland en daarmee tegen een groot gevaar dat de meeste Nederlanders niet herkenden, omdat dit zich schijnbaar ver weg afspeelde. Voor de Kröllers, en met name voor het florerende Müller & Co, was dit gevaar allerminst een schim. Ook Anton stond daarom volgens Helene 'in zijn hart aan Duitschen kant', hoewel hij daar vanwege zijn diplomatieke functie geen ruchtbaarheid aan kon geven.[46] Beide echtelieden zagen de barbaarsheid in van de nietsontziende bewapening van het land, maar dat weerhield hen er niet van bewondering te koesteren voor de doeltreffendheid en opofferingsgezindheid van Duitsland om het Russische gevaar te weren. De grootschaligheid waarmee de Duitsers oorlog voerden, liet volgens Helene bovendien 'den mensch zien in zijn ware hoedanigheid; strijdend voor zelfbehoud'.[47]

Aan het begin van de oorlog behoorde Helene tot een minderheid met haar pro-Duitse opvattingen, een positie waarvan zij zich terdege bewust was. Op straat, in de trams en treinen was de oorlog het gesprek van de dag. Een reis met het openbaar vervoer was daardoor telkens een bezoeking. Mensen tergden haar 'met hun krankzinnig gepraat' over de verliezen en wandaden van de Duitsers.[48] De meesten van hen waren niet bij de oorlog betrokken en hadden volgens haar dan ook geen recht van spreken. Uit de 'moffenhaat' trok ze de conclusie dat de meeste mensen toch weer terugvielen op oude nationalistische sentimenten.[49] Het drong niet tot haar door dat de Nederlandse verontwaardiging grotendeels werd ingegeven door de angst hetzelfde lot als de Belgen te zullen ondergaan.

Hoewel Nederland zich klemgezet voelde tussen twee vuren, vermoedde het merendeel van de bevolking en van de politiek dat een overwinning van de meer democratische geallieerden een minder grote dreiging zou vormen voor de onafhankelijkheid van het land dan een zege van het autocratische Duitse keizerrijk.[50] Begrijpelijkerwijs baarde een eventuele Duitse annexatie van België de meeste mensen ook zorgen, omdat Nederland na een dergelijke inlijving geheel omgeven zou worden door Duits grondgebied. Helenes voorliefde voor Duitsland stond die eerste dagen kortom lijnrecht tegenover de publieke opinie in Nederland. In het openbaar durfde ze haar sympathie voor Duitsland dan ook niet uit te spreken, laat staan het op te nemen voor het keizerrijk. Dat was *geschmacklos*, zoals ze het zelf noemde.[51] Zou ze dat wel doen, dan was ze zelf partijdig en dat wilde ze niet, omdat zij net zomin als de meeste andere Nederlanders uit eigen ervaring over de situatie kon oordelen. Het stoorde haar des te meer dat anderen dit voorbehoud niet maakten. In toenemende mate raakte ze verbolgen over de Nederlandse neutraliteit, die in haar ogen weinig meer was dan een schijnheilige illusie.

Waarschijnlijk wist Helene dat het niet alleen haar voorliefde voor Duitsland was die niet overal in goede aarde viel, maar vooral ook haar opvatting over de oorlog zelf. Ze was er namelijk van overtuigd dat de oorlog, ondanks alle ellende en bloedvergieten, een nieuw modern tijdperk zou inluiden, 'het zal veel oude traditie overboord werpen & ons nieuwe wegen openen waarop wij verder kunnen gaan'.[52] In deze opvatting klinkt duidelijk de stem van Nietzsches *Also sprach Zarathustra* door, dat zij een jaar eerder met grote bewondering had gelezen en in haar brieven aan Sam tot in detail had proberen te verklaren. In dit moeilijk doorgrondbare werk introduceerde Nietzsche zijn concept van de *Übermensch*, die zich in zijn streven naar individualiteit losmaakt van de massa door middel van een vernietigende chaos. Volgens Nietzsche was die chaos nodig om een nieuwe creativiteit te laten ontstaan en daarmee een nieuw, moreel verheven tijdperk. Geheel in de geest van Zarathustra was Helene ervan overtuigd dat de oorlog de mensheid zou helpen om die nieuwe tijd binnen te gaan.[53]

In stilte hoopte ze steeds meer op de overwinning van Duitsland, wat voornamelijk werd ingegeven door haar geloof dat daar de dragers van een nieuwe cultuur zouden opstaan.[54] Toen de berichten half september ten nadele van de centralen leken te keren, schreef zij aan Sam: 'Wat ben ik bang geweest voor mijn Duitsche land, wat heeft mijn hart gebloed!'[55] Om de Duitse militairen een hart onder de riem te steken en om met eigen ogen te zien hoe de situatie in België was, reisde zij met Anton in twee dagen heen en terug naar Luik. Met duizend sigaren in de auto en een militaire pas gingen zij op weg naar Maastricht en van daaruit naar de Belgische grens.[56] Vanaf het moment dat zij bij Lixhe de grens overgingen, kreeg Helene het gevoel op vertrouwde grond te zijn. Ze deelde sigaren uit aan Duitse soldaten en het 'Grüß Gott' dat zij als dank terugkreeg was een verademing voor haar. Het was alsof zij 'uit een ziekenhuis komende, weer onder bekenden & onder gelijkdenkende menschen' was.[57]

In Luik maakten de kapotgeschoten voorsteden en de witte vlaggen die uit de huizen hingen, diepe indruk. Des te meer viel het Helene op dat in de binnenstad het gewone leven weer begonnen leek te zijn: de trams reden en zelfs een aantal kledingwinkels was open. Dat snelle herstel schreef ze toe aan de Duitsers, die na de val van Luik de stad voorzagen van een geoliede bureaucratische machine en ruimte gaven aan het Rode Kruis. Er was iets verheffends in de oorlogsrealiteit van de stad, die ze miste toen ze weer terug was in Nederland, waar iedereen 'keurig opgetuigd wandelt & van buiten oh zo neutraal is'.[58]

De Nederlandse neutraliteit was een allesbehalve passieve aangelegenheid, maar een diplomatieke tour de force die het kabinet-Cort van der Linden niet zelfstandig kon volbrengen.[59] Anton speelde in deze gevaarlijke koorddans een essentiële rol, die hem 'wirtschaftlich und zum Teil auch politisch der Einflussreichste Mann Hollands' maakte, zoals de Duitse handelsattaché Rudolph Gneist hem in 1917 beschreef in een brief aan rijkskanselier Von Bethmann Hollweg.[60]

Om de Nederlandse economie draaiende en het land zelfstandig te houden, was import van voorraden uit onder meer Engeland en export van brandstoffen naar Duitsland van levensbelang. In de declaratie van Londen uit 1909 waren internationale afspraken gemaakt over de handel van neutrale landen in oorlogstijd, waarbij bepaald werd dat het vervoer van levensmiddelen, bouwmaterieel en brandstoffen – de zogenaamde conditionele contrabande – naar neutraal gebied niet door de oorlogvoerende landen tegengehouden mocht worden.[61] In tegenstelling tot Frankrijk en Duitsland, had het Britse Hogerhuis deze afspraken nooit geratificeerd. Bij het uitbreken van de oorlog in augustus 1914 ging de Britse regering ten dele akkoord met de declaratie, maar met uitzondering van de afspraak over conditionele contrabande. Nederland kreeg zelfs te horen dat de gehele voedseltoevoer vanuit Groot-Brittannië zou worden stilgelegd als het vermoeden bestond dat de producten naar Duitsland werden doorgevoerd, hoewel juist tussen Nederland en Duitsland al jarenlang de overeenkomst bestond dat het vervoer van dergelijke handelswaar over de Rijn nooit gehinderd zou worden. Een acute crisis en bezetting door Duitsland dreigde toen minister van Buitenlandse Zaken John Loudon de Duitse gezant liet weten dat Nederland zou toegeven aan de Britse druk en van plan was het vervoer over de Rijn stil te leggen. Dit terwijl de regering dit besluit nog niet genomen had. Anton was degene die de gemoederen wist te kalmeren door bij zijn Duitse politieke contacten te benadrukken dat Loudon het Nederlandse standpunt onjuist had geformuleerd.

Ondanks deze ingreep bleef het probleem bestaan dat de Britse regering, gevolgd door Frankrijk, zich het recht toe-eigende om neutrale handelsschepen te controleren en wanneer dat nodig werd geacht, het vervolgen van de vaart te verbieden. Iedere maatregel die de Nederlandse regering in deze situatie zou treffen, zou een politieke keuze zijn, met alle consequenties voor de neutraliteit van dien. Export naar Duitsland werd door Groot-Brittannië en Frankrijk uitgelegd als begunstiging van de centralen, en het stilleggen van die export werd door Duitsland gezien als een pro-geallieerde manoeuvre. De oplossing kwam eind 1914 uit de hoek van de Commissie voor de Nederlandse Handel. Deze commissie was een paar maanden eerder in het leven geroepen door de invloedrijke directeur van de Nederlandsche Handelsmaatschappij Cornelis van Aalst met medewerking van onder anderen Anton, en was gehuisvest in het pand van Müller & Co aan het Lange Voorhout 1.[62] Binnen deze denktank onthulde Anton zijn plannen voor een private organisatie van handelaren, die via contracten garandeerde dat de door haar geïmporteerde goederen niet naar de tegenpartij verscheept werden. Met de oprichting van deze Nederlandsche Overzee Trustmaatschappij (NOT) in november kwam er een oplossing voor de patstelling waarin de Nederlandse politiek en economie zich sinds enkele maanden bevonden, omdat daarmee een particuliere trustmaatschappij en niet de Nederlandse regering verantwoordelijk werd voor de tegemoetkoming aan de handelsvoorwaarden. Dat de politiek daarmee haar economisch beleid uit handen gaf, nam zij op de koop toe.

Typerend genoeg concipieerde Anton wel het idee voor de NOT, maar hield hij zich afzijdig van de dagelijkse praktijk van de organisatie. Die liet hij over aan Van Aalst, die de leiding op zich nam van het hoogste orgaan van de NOT, de Uitvoerende Commissie. Afzijdig of niet, Anton had veel baat bij het doorslaande succes van de organisatie. Hoewel de trustmaatschappij aanvankelijk bedoeld was om tegemoet te komen aan de Britse eisen geen geïmporteerde goederen naar de centralen te verschepen, floreerde ook de export van landbouwproducten naar Duitsland.[63] Hiervoor kreeg Nederland kolen terug – een van de belangrijkste handelswaren van Müller & Co, waarmee de firma dan ook flinke winsten boekte. Van die handel met Duitsland was Groot-Brittannië niet gecharmeerd, waardoor het koninkrijk met allerlei sancties de druk op de NOT vergrootte. Premier Pieter Cort van der Linden zag daardoor de trustmaatschappij – en daarmee Nederland – steeds meer veranderen in een pion van de Britse blokkadepolitiek, wat de neutraliteit in gevaar bracht. Zijn geheime wapen om Duitsland te vriend te houden was opnieuw Anton Kröller. Hij reisde af naar Helenes vaderland om tot op het hoogste politieke niveau duidelijk te maken dat Nederland niet de bedoeling had de neutraliteit ten bate van de geallieerden los te laten; een klus die de neutrale minister-president niet kon klaren zonder Engeland en Frankrijk voor het hoofd te stoten.

Ook werd Anton in augustus 1916 door de nieuwe minister van Landbouw Folkert Posthuma aangesteld als voorzitter van de Commissie van Bijstand van het ministerie, die de nieuwe voedseldistributiewet moest uitvoeren. Hierdoor had hij vanaf dat moment verreikende invloed op de voedselvoorziening in het land, wat hem in Engeland de bijnaam 'the food dictator' opleverde. Ondanks die benaming werd ook daar het diplomatieke werk van Anton op waarde geschat en werd hij tegelijkertijd beschouwd als 'the very incarnation of modern financial and commercial internationality', zoals de Britse handelsattaché Sir Francis Oppenheimer het uitdrukte.[64]

De toch al drukbezette agenda van Anton werd door de oorlog alleen maar voller. Tijdens deze jaren belastte hij zich met tal van extra functies. In 1915 kocht en reorganiseerde hij de Haagse krant *Het Vaderland*, een jaar later accepteerde hij een commissariaat bij de Rotterdamsche Bankvereeniging, in 1918 was hij een van de grondleggers van de Koninklijke

Nederlandsche Hoogovens, om vervolgens in 1919 een belangrijke bijdrage te leveren aan de oprichting van de KLM en van beide bedrijven commissaris te worden.[65] Helene wilde over zijn tijdbesteding niet klagen, maar vond het toch jammer dat ze hem nog maar nauwelijks zag. Wanneer Anton 's avonds thuiskwam, was hij moe en geprikkeld. Zijn belangstelling voor haar altijd aanwezige zorgen over Wim en Toon was dan 'gering & medewerking totaal uitgesloten'.[66] Ze begreep dat hier een hoger doel gediend werd en dat Anton op zijn best was wanneer hij een complex spel moest spelen, waarmee veel belangen gemoeid waren. Dat hij op die momenten minder aandacht had voor de huis-, tuin- en keukenproblematiek, nam zij hem niet kwalijk, maar ze moest zichzelf in haar brieven aan Sam er wel telkens aan herinneren waarom.

De toenemende anti-Duitse stemming en het gevoel werkeloos te moeten toezien hoe zich onder haar ogen een ramp van wereldformaat voltrok, wekten bij Helene de behoefte op om Nederland te verlaten en zichzelf elders nuttig te maken. Ze zou zich schuldig voelen als ze in Den Haag bleef en het leven van alledag weer oppakte.[67] Haar gevoel van onrust werd nog groter door het idee dat ze door het uitbreken van de oorlog opnieuw met een mislukking werd geconfronteerd. In het verleden had ze de teleurstelling in haar kinderen weten om te buigen in haar vriendschap met Sam en haar werk voor de Afdeling Gebouwen van Müller & Co.[68] Haar verantwoordelijkheid voor de nieuwe kantoren, haar collectie en haar plan om een museumhuis te bouwen, hadden een nieuw doel aan haar leven gegeven. Door de oorlog was dit alles weer onzeker geworden. Was ze jonger geweest, dan had ze meer vertrouwen gehad dat het uiteindelijk goed zou komen. Maar ze was vijfenveertig en Berlage, haar belangrijkste troef, zelfs achtenvijftig, wat haar soms wanhopig maakte. 'Ik had zo gaarne achtergelaten, wat mij als moderne waarheid vervult.'

Haar pessimisme verdampte toen ze het plan opvatte naar België te gaan om een bijdrage te leveren aan de strijd en om onder lotgenoten te zijn, zoals ze de Duitse soldaten noemde. Ook wilde ze alles met eigen ogen te zien, zodat ze recht van spreken had wanneer ze in de toekomst met anti-Duitse verhalen geconfronteerd werd van mensen die zich daarbij alleen op kranten baseerden. Tijdens haar bezoek met Anton aan Luik had ze een man ontmoet, die zijn gewonde schoonzoon naar een ziekenhuis in Duitsland wilde overbrengen, maar niet over een auto beschikte.[69] Dit bracht Helene op het idee om met haar eigen auto gewonden vanuit België over de Duitse grens te vervoeren. Ze hoopte via de eveneens uit Duitsland afkomstige prins Hendrik, die voorzitter was van het Rode Kruis, een introductie te krijgen.[70] Maar Duitsland weigerde iedere buitenlandse hulp, inclusief van het neutrale Rode Kruis, waardoor zelfs een brief van de prins-gemaal weinig gewicht in de schaal legde.

Toen Helene begin oktober bij haar moeder en zus Martha in Düsseldorf op bezoek was, lukte het haar om een taak toegewezen te krijgen. Net als veel Duitsers waren de Müllers nauw bij de oorlog betrokken. Martha ging iedere dag naar het station waar zij met tientallen andere vrouwen gewonde soldaten opving, hen verzorgde en te eten gaf voordat ze naar ziekenhuizen elders in de omgeving werden gebracht.[71] Haar dochter Martha jr. werkte in het plaatselijke ziekenhuis in de keuken en zoon Willy stond op het punt om naar het front te gaan. Ook Wim, die met zijn moeder naar Düsseldorf was gereisd, zette zich in en hielp zijn tante op het station met de opvang van gewonden. Woorden schoten Helene tekort om te beschrijven hoe verheffend ze al die eensgezindheid vond en ze vergat op slag de bitterheid die tussen haar en haar familie was gegroeid sinds zij compagnon van Müller & Co was geworden. Ze meldde zichzelf en haar auto aan bij het Rode Kruis in de stad, hopend dat ook zij zich nuttig zou kunnen maken.[72]

Inderdaad kreeg ze al snel het verzoek of zij samen met vier andere auto's naar Luik wilde rijden om een veldhospitaal van een extra paar handen, maar vooral van vervoer te voorzien.[73] Omdat ze haar chauffeur beschikbaar stelde om een van de andere auto's te besturen, reed Wim haar samen met twee artsen naar Luik. Nu de oorlog zo dichtbij kwam,

Het Hôpital des Anglais in Luik, waar Helene tijdens de oorlog enige tijd gewonde soldaten verpleegde.

drong de realiteit ervan pas tot haar door. Aan Sam schreef ze plechtig dat ze sterk zou zijn en al het werk zou doen dat haar opgedragen werd. Tegelijkertijd vroeg ze zich af of ze de aanblik van al die gewonden wel kon verdragen, want ze vermoedde dat ze zo dicht bij het front de meest vreselijke taferelen zou zien. Zowel Sam als Anton maakte zich zorgen over haar voornemen zo diep de oorlog in te trekken, maar beide mannen begrepen de onrust en machteloosheid die haar tot haar voornemen dreven.

Het veldhospitaal waar Helene naartoe gezonden werd, was gelegen aan de noordelijke rand van de stad aan de Rue des Anglais, waar het in 1600 als Engels jezuïetenklooster was gebouwd.[74] Tot aan de oorlog had dit Hôpital des Anglais dienstgedaan als een door nonnen geleide kostschool voor meisjes.[75] Na de slag om Luik in augustus richtte het Duitse militair bestuur het grote bakstenen gebouw in als ziekenhuis, waar zo'n vierhonderd gewonden verpleegd konden worden, zowel Duitsers als gevangengenomen Engelsen. Het personeel bestond uit Duitse katholieke nonnen, die geholpen werden door verpleegsters en vrijwilligers. Ondanks die hulp konden de nonnen de vele gewonden nauwelijks aan.

Nu Helene zich bijna in het oog van de storm bevond, zag ze haar kans schoon om meer te zijn dan een rijke dame die haar auto ter beschikking stelde. Vanaf de dag dat ze aankwam, ging ze aan de slag als verzorgster. Het contact tussen de patiënten van verschillende nationaliteiten die samen op zaal lagen, leidde tot amusante situaties en ze voelde zich al snel op haar gemak tussen de soldaten. Het werk deed haar goed. Weg uit Nederland, waar ze het gevoel had alleen maar gedoogd te worden, kon ze eindelijk ontspannen en had ze het gevoel dat ze een bijdrage leverde, in plaats van hulpeloos af te moeten wachten welke wending de oorlog zou nemen. Ze wist dat ze met haar werk de strijd niet zou beëindigen, maar dit was het beste wat ze kon doen.

Het is niet ondenkbaar dat Helene zich in haar keuze om zich in het oorlogsgebied te wagen, gesterkt voelde door de correspondentie van Van Gogh, die zij in de zomer had gelezen. Ze was diep onder de indruk geweest van het karakter van de kunstenaar, dat volgens haar in de brieven uit Borinage voor het eerst tot uitdrukking was gekomen. Net zoals de kunstenaar drie decennia eerder geprobeerd had om het leven van de mijnarbeiders in de Belgische mijnstreek te verlichten, zo verzorgde Helene nu soldaten in de hoop hun lijden te verzachten. En net als de kunstenaar begon ook zij te twijfelen over haar levensinvulling: 'Misschien had ik wel zieken verpleegster moeten worden, in plaats van huizen te bouwen.'[76]

Een van de grote ziekenzalen in het Hôpital des Anglais (links) en een van de zalen met lichtgewonden (rechts) waar Helene werkte.

Tijdens haar tijd in Luik verbleef Helene in een hotel. Daar kwam ze iedere avond bij van een lange dag hard werken. Van 's ochtends zeven tot 's avonds acht uur was ze aan het koken, bedden opmaken en schrobben.[77] Taken waar ze thuis in Den Haag een batterij dienstboden voor had. Als een ware Florence Nightingale hielp ze de soldaten met baden en de verpleegsters met het verbinden van wonden. Hoewel ze niet de ernstigste gevallen hoefde te verzorgen, zag ze dagelijks sterke, jonge mannen veranderen in bleke, zwakke patiënten, die voor haar ogen bezweken aan hun verwondingen. Velen hadden te lang op het slagveld moeten wachten op hulp, anderen kregen infecties in het ziekenhuis, dat bij gebrek aan personeel buitengewoon vervuild was. Die vervuiling vond Helene onacceptabel. De nonnen vond ze 'vuilpeupen' en 'valsche, onbeschaafde kreaturen, die de zieken met de vreeselijkste etterende wonden wasschen met het puntje van een doek!'[78] Drie dagen keek ze de situatie in het ziekenhuis aan en werkte ze zo hard mogelijk om haar zaal op orde te krijgen. Daarna klopte ze aan bij het hoofd van het ziekenhuis, majoorarts Artur Menzer en gaf hem haar mening over de onhygiënische toestanden.[79] Ze vond hem een tiran, die niet in staat was zijn taak naar behoren uit te voeren, maar tot haar opluchting werd het ziekenhuis na hun gesprek wel grondig schoongemaakt.

Af en toe wanneer ze boodschappen deed en ze de steile kronkelende straat afliep waaraan het ziekenhuis lag, viel haar oog op de mooie oude gebouwen van Luik. Ze durfde er bijna niet naar te kijken, omdat deze haar herinnerden aan een droom die ze niet meer dacht te kunnen verwezenlijken. Meteen waren haar gedachten dan weer bij de oorlog. Te midden van al het geweld had ze geen idee hoe de troepen tegenover elkaar stonden en ze hoopte dan ook op een bericht van Anton, dat haar meer zou vertellen. Maar voorlopig was hij te druk met politiek en zaken om haar op de hoogte te houden van wat de kranten meldden. Ondanks de sporadische berichten uit de buitenwereld zag zij wel in dat België de dupe was geworden van de strijd. Ze vroeg zich af wat de toekomst het land zou brengen, want hoewel het dagelijks leven weer op gang kwam, vermoedde ze toch een nijpende nood achter iedere voordeur.

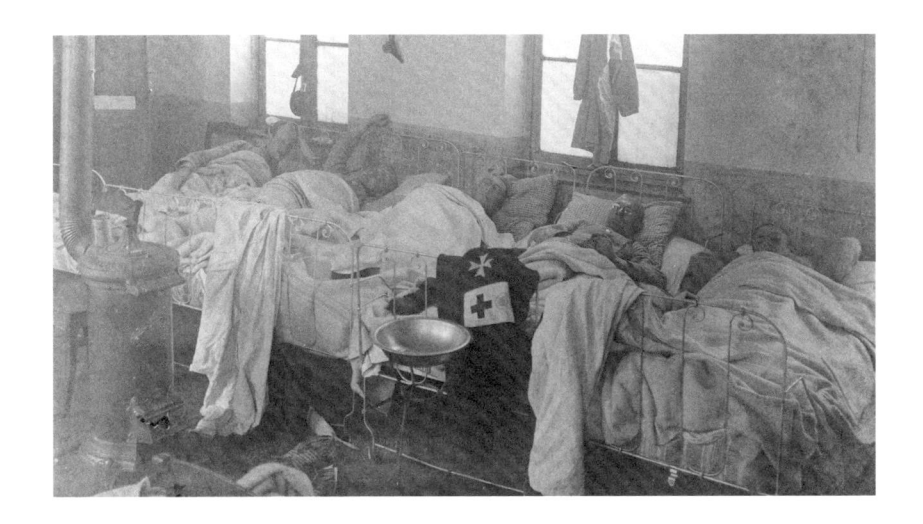

Begin november kreeg ze het bericht dat het noodhospitaal moest sluiten.[80] Het treinverkeer was inmiddels zo goed hersteld dat gewonde soldaten direct van het slagveld naar Duitsland konden worden vervoerd en de hoofdarts was nu dichter bij het westelijke front in Lille nodig. Aan Helene vroeg hij of ze met hem mee wilde reizen om in de Franse grensstad een nieuw ziekenhuis op te zetten. Ze was vereerd, want ze was de enige van het personeel die gevraagd werd. Haar inzet en doortastendheid zullen bij het verzoek van de arts zeker een rol hebben gespeeld, maar nog belangrijker – en dat wist ze zelf ook – was haar auto. Zonder dat schaarse goed had hij haar als ongediplomeerde en bovendien Nederlandse vrijwilliger nooit dit voorstel gedaan. Ook deze keer zou Wim meegaan als chauffeur. In Luik had hij allerlei hand- en spandiensten verleend, van assisteren in de operatiekamer tot het vervoeren van gewonden naar Aken en Düsseldorf. Die laatste bezigheid zou het plan om naar Lille te gaan doorkruisen. Tijdens een van zijn ritten naar Düsseldorf reed hij bij een onbewaakte spoorwegovergang tegen een goederentrein. Zelf had hij weinig meer dan een paar schrammen, maar de auto was geheel vernield. Daarmee vervloog iedere hoop dat Helene dokter Menzer naar Lille zou vergezellen.

Nog even leek er een mogelijkheid te zijn toen Anton haar kwam opzoeken in Luik. Toen hij hoorde over haar gedwarsboomde plannen stelde hij de auto waarmee hij gekomen was ter beschikking en beloofde hij ook zijn best te doen om in Duitsland een ziekenwagen te regelen. Maar Menzer moest op korte termijn vertrekken en Helene bleef achter om het noodhospitaal te helpen afbreken.[81] Nu moest ze zichzelf bij het Duitse Rode Kruis aanmelden met het verzoek naar Lille te worden overgeplaatst. Tegen dat bedelen zag ze op, want ondanks haar lovende referenties zou ze moeten bewijzen wat zij als ongeschoolde verpleegster waard was tegenover mannen 'die wel bij het roode kruis hooren, maar zieken & gewonden nog nooit hebben gezien'. Bovendien was ze bang dat deze heren haar verzoek om werk zo dicht bij het front buitenissig zouden vinden. Ze zou hen moeten overtuigen dat het haar niet om het avontuur te doen was, maar dat zij met hart en ziel wilde helpen. Daarom besloot ze niet naar Lille, maar terug naar Duitsland te gaan. Dit besluit rechtvaardigde ze voor zichzelf met haar antipathie jegens Menzer, die zij geen gentleman vond en die volgens haar te weinig aandacht schonk aan zijn patiënten en te veel aan zichzelf, zijn reputatie en zijn superieuren. In vredestijd zou ze niet met hem samenwerken, dus waarom zou ze dat in oorlogstijd wel doen?

Helenes beweegredenen om niet bij het Rode Kruis aan te dringen op een post in Lille lijken wat gekunsteld. Ze beschikte over een aanbeveling van de commandant van Luik, een aanbevelingsbrief van Menzer en een brief van de Duitse gezant in Nederland. Met die papieren was ze ongetwijfeld snel overgeplaatst, zeker gezien de ziekenwagen die Anton in het vooruitzicht had gesteld. Opvallend genoeg besloot Helene juist in dit geval, waarbij het hogere doel duidelijk omlijnd en haalbaar was, dat doel nu eens niet te laten prevaleren boven persoonlijke overwegingen. Dat wil niet zeggen dat ze haar zoektocht naar een dienstbare rol opgaf. Nadat het ziekenhuis in Luik definitief was opgeheven, ging ze korte tijd terug naar Den Haag om van daaruit een nieuwe post te vinden.[82] Begin december had ze genoeg lovende aanbevelingen verzameld om nogmaals te proberen als verpleegster uitgezonden te worden. Samen met Wim ging ze naar Brussel, maar haar moeite was voor niets geweest.[83] Ondanks de referenties keerde ze al snel onverrichter zake terug naar huis. Waarschijnlijk moest ze te veel 'bedelen' om haar doel te bereiken en dat weigerde ze.[84] Voor haar vertrek naar Brussel had ze zich voorgenomen: 'Ik zal eenvoudig zeggen: hier ben ik, ik wil helpen, ik wil alles doen. Is dat niet voldoende, neemt men mij niet gaarne, dan ga ik weer.' Vermoedelijk is dat ook gebeurd.

Ook al was Helene nog geen twee maanden in Luik geweest, toch vond ze het moeilijk, zo niet onmogelijk om weer te aarden in Nederland. Na haar terugkeer naar Den Haag leek zij zichzelf opnieuw uitgevonden te hebben: 'Deze oorlog, of liever al die hatelijkheden om mij heen, de afkeuring, de opgezweepte kritiek tegen mijn oude vaderland heeft mij weer tot Duitsche gemaakt.'[85] Daarmee isoleerde zij zichzelf bewust van haar voormalige sociale omgeving, wat ze nog aanzette door zich zoveel mogelijk terug te trekken uit het dagelijks leven en haar tijd nog slechts te besteden aan haar werk voor de Afdeling Gebouwen. De enige reden waarom zij in Nederland wilde blijven wonen, was haar voornemen om voor de toekomst moderne gebouwen en een museum te bouwen, omdat die 'boven personen & tijdsstroomingen' stonden.[86]

Met een energie die neigde naar verbetenheid, wijdde zij zich vanaf het voorjaar van 1915 weer aan de supervisie van de bouw van De Schipborg nabij Anloo. Berlages werk aan de boerderij oversteeg haar verwachtingen, ze vond het 'een zeldzaam zuiver voorbeeld van [zijn] kunst'.[87] Ze wenste alleen dat iemand het boerenbedrijf even succesvol zou kunnen maken. De hoop dat Toon die persoon zou zijn, hadden zij en Anton inmiddels opgegeven.

Naast De Schipborg en het Holland House nam Helene in 1915 twee nieuwe projecten onder haar hoede, die beide grote invloed zouden hebben op haar leven. Het eerste project was de verhuizing van Huize ten Vijver naar Wassenaar. Sinds een jaar dachten Anton en zij erover om de villa in de Scheveningse Bosjes te verkopen en op zoek te gaan naar een andere woning, zolang het museumhuis nog niet gebouwd was. Ten Vijver werd te groot nu bijna alle kinderen het huis uit waren. Ze hadden veel goede herinneringen aan de villa, maar die hadden toch vooral betrekking op hun gezin zoals dat vroeger was geweest: 'het roept ook te veel wakker, dat ik vergeten moet & vergeten wil, om nu prettig te kunnen leven'.[88] Voor Helene was de fase waarin haar gezin centraal had gestaan, afgesloten. Tegenwoordig richtte zij zich op een ander doel en een andere omgeving kon haar daar goed bij helpen. Ook was Helene uitgekeken op de 'bombarie' van neostijlen die in hun huis overheersten.[89] En Anton voelde zich evenmin nog thuis in zijn Empire-werkkamer, die hij ooit door Falkenburg had laten inrichten, toen 'het moderne [...] nog een gesloten boek' voor hem was.[90]

In de zomer, het werd inmiddels bijna traditie, lieten zij Berlages meest recente ontwerp voor hun nieuwe huis op Ellenwoude optrekken in hout en linnen.[91] Opnieuw mocht de moeite niet baten. Het houten model mocht dan veel moois hebben, Helene beklaagde zich er toch over dat

Berlage 'soms zo onharmonisch te werk kan gaan'.[92] Volgens haar ging het hem alleen om de zuivere constructie. Wanneer die was bereikt, was hij tevreden en had hij nog maar weinig oog voor ruimtewerking en lichtinval. Nu blinken Berlages ontwerpen inderdaad veelal niet uit in openheid en helderheid, maar het grote probleem was hier vooral dat Helene een precieze verwezenlijking verwachtte van haar visie.[93] Als een ander mens daar al in had kunnen slagen, dan toch zeker niet een eigenzinnige en ervaren architect met een onverbiddelijk stilistisch programma.

Het spel met de ontwerpen en de levensgrote houten maquetten had nog jaren door kunnen gaan als de verstedelijking rond Wassenaar de plannen voor Ellenwoude niet resoluut tot een einde had gebracht. De gemeente Den Haag opperde in 1915 het plan om na de oorlog een tramlijn aan te leggen naar Wassenaar en Leiden, die voor een deel over het landgoed van de Kröllers liep.[94] Dat was een schrikbeeld voor Helene die haar nieuwe huis boven alles in een serene, rustige omgeving had bedacht. Vermoedelijk was ze heimelijk opgelucht dat ze nu een reden in de schoot geworpen kreeg om het museumhuis niet in Wassenaar te bouwen. De aangekondigde tramverbinding bevestigde haar vermoeden dat de stadsuitbreiding in het westen vroeg of laat de omgeving van haar museum zou bepalen. Voor zichzelf had zij dan ook al besloten dat de enige juiste omgeving voor haar monument van cultuur de natuurlijke uitgestrektheid van Hoenderloo was.[95]

In dat voornemen werd ze bevestigd toen ze in het najaar van 1915 in Heidelberg verbleef. Net als in 1911 had ze weer veel buikklachten en ze reisde daarom in oktober naar de Duitse universiteitsstad af om behandeld te worden in de vrouwenkliniek van dokter Carl Menge.[96] Sam nam ze met zich mee, in de hoop dat de reis hem wat rust zou geven, aangezien hij overwerkt was en leed aan slapeloosheid. Na een eerste onderzoek bleek dat Helene aan haar blaas en een liesbreuk geopereerd moest worden en ze daarom ongeveer drie weken in Heidelberg zou moeten blijven. In de dagen voor haar operatie wandelde ze samen met Sam door het historische slot van de stad, een van de beroemdste ruïnes van Duitsland. Het grote, deels verwoeste renaissanceslot dat boven de stad uittorende en te midden van de bossen lag, maakte grote indruk op haar. Aan Anton schreef ze: 'Jouw vrees dat een cultuurmonument niet in een natuurpark zou kunnen staan, vind je hier gelogenstraft.'[97]

Op korte termijn waren echter zelfs gedachten over een mogelijke bouw van het museum op de Veluwe te hoog gegrepen. De oorlogssituatie maakte een investering van die omvang ronduit onverantwoord en bovendien was Anton te veel aan Den Haag gebonden om zo ver weg van de stad te gaan wonen. Daarom zochten ze naar een voorlopig alternatief voor de 'groote kast', zoals Helene Huize ten Vijver was gaan noemen.[98] Die gelegenheid deed zich voor toen het landgoed Groot Haesebroek en een deel van het Park Wildrust in Wassenaar te koop werden aangeboden. De koop was snel beklonken. Voor een kleine zevenhonderdduizend gulden was Anton – dat wil zeggen: Müller & Co's Algemeene Exploitatie Maatschappij – aan het einde van de zomer beide percelen rijker.[99] Het nieuwe huis van de Kröllers was in oppervlakte kleiner dan Huize ten Vijver, maar het gehele bezit telde twee villa's, een jagershuis dat Wildrust heette en ruim veertig hectare grond, bestaande uit een park, duinen, bossen en weiden.[100] Omdat Anton en Helene van plan waren om maar een paar jaar in Wassenaar te blijven wonen, lieten zij de huizen wel renoveren, maar niet tot de grond toe afbreken en opnieuw opbouwen zoals zij met Huize ten Vijver hadden gedaan.

Bart van der Leck kreeg de opdracht de woningen van een nieuwe kleur te voorzien, maar de kunstenaar had weinig zin om als 'verversbaas' te worden ingezet bij het 'verven van oude huizen'.[101] Voor het schilderwerk van een monumentaal, nieuw pand mocht Helene wel een beroep op hem doen, maar een reeds bestaand woonhuis bijkleuren, dat ging hem te ver. Hoewel ze onmiddellijk liet weten dat hij van al het schilderwerk aan de huizen ontheven was, vond ze de reactie van Van der Leck ondankbaar, want ze voorzag hem toch alweer een hele tijd van werkgelegenheid. Even dacht ze erover Bremmer te vragen om de kunstenaar weer van haar over te nemen, maar zo ver kwam het voorlopig nog niet.[102]

Na de renovaties liet zij villa Duinhoeve gereedmaken als gastenverblijf en richtte ze het jagershuis in voor Sam, die na een lang verblijf in het buitenland weer terugkwam naar Nederland. De Kröllers zelf be-

Groot Haesebroek zoals de Kröllers het landhuis in 1916 betrokken en nadat het in 1924 voorzien was van een rieten dak.

trokken Groot Haesebroek en verhuisden op 1 mei 1916, de vierenvijftigste verjaardag van Anton. De villa was dan niet het gedroomde museumhuis en het leeuwendeel van de verzameling bleef vooralsnog hangen op het Lange Voorhout, maar de mogelijkheid van een professionele opstelling van de schilderijen in haar woning bleef een vereiste voor Helene. Daarom richtte ze op de begane grond een ruime schilderijenkamer in.

Het tweede project dat zij na haar terugkomst in Nederland startte, was de bouw van een nieuw buitenhuis. Anton wilde graag op de Veluwe een jachthuis laten bouwen dat, anders dan het huiselijke Klaverblad, een representatief bouwwerk moest worden van waaruit hij met zijn jachtvrienden het terrein onveilig kon maken. In het voorjaar van 1915 kreeg Berlage te horen dat deze nieuwe onderneming aan zijn takenpakket was toegevoegd.[103] Het lijkt erop dat de architect aanvankelijk niet zat te springen om nog een grootschalige opdracht en dat hij deze daarom probeerde door te schuiven naar een van zijn tekenaars, W.N. van Vliet.[104] Hiermee gingen Anton en Helene niet akkoord, wat Berlage deed besluiten dan maar op een andere manier zijn tijd in te delen. Hij delegeerde het maken van detailtekeningen voor het Holland House aan een van zijn medewerkers en begon zelf aan de eerste schetsen voor het jachthuis.

Mocht hij zijn werk al met tegenzin gedaan hebben, dan bleek dat niet uit de ontwerpen die hij na enkele weken liet zien en waar Helene enthousiast over was. Er was een aantal kleinigheden die ze graag anders zag, maar het geheel vond ze 'erg mooi' en ze was tevreden over de ligging van haar kamers.[105] De irritaties tussen opdrachtgeefster en architect waren niettemin onmiskenbaar. Zo kon Helene haar misprijzen niet onderdrukken toen ze merkte dat het nog lastig was de architect te overreden een deel van zijn werk voor het jachthuis op de Veluwe uit te voeren.[106] Het liefst wilde ze hem acht dagen in Hoenderlo laten werken, waar zij hem beter duidelijk kon maken waarop volgens haar de nadruk in het ontwerp moest liggen, maar Berlage vond vier dagen buiten zijn kantoor meer dan genoeg. Waarschijnlijk had hij weinig behoefte aan eenzame opsluiting met zijn bazin. Maar voor Helene was het onbegrijpelijk dat Berlage zo weinig flexibel was, het was toch zijn roem die op het spel stond.

Ten dele was dat zo, maar het is de vraag hoe belangrijk die roem voor de architect was op dat moment. De opdrachten waaraan hij voor Helene werkte, waren bedoeld om háár idealen te verwezenlijken. Zij wilde voor de toekomst gebouwen laten verrijzen met een idealistisch oogmerk die 'unsre Zeit repräsentieren und einmal in die Hände des Staats übergehen sollen', zoals zij het in september 1915 omschreef.[107] Waarschijnlijk voelde Berlage zich bij tijd en wijle een veredeld hulpmiddel om dat doel te bereiken. Zijn eigen idealen lagen bovendien op een heel ander vlak. Deze probeerde hij vorm te geven in zijn utopische *Pantheon der Menschheid*, dat hij tijdens de eerste oorlogsjaren ontwierp, maar dat nooit gebouwd zou worden.[108] Dit immense octogonale vredesmonument zou worden omringd door onder meer acht lichtuitstralende torens, louteringswegen en bastions waar de gevallenen uit alle landen werden herdacht. Berlage droeg zijn ontwerp op aan de mensheid, die, zo hoopte hij, na de oorlog tot een 'nieuw onderling spiritueel begrip' zou zijn gekomen. De enige overeenkomst met Helenes idealistische plannen was dat dit megalomane gebouw eveneens voor de toekomst bestemd was. Vooral de wel zeer wereldse functie van het jachthuis was ver verwijderd van de morele betekenis van Berlages pacifistische pantheon.

Ondanks het prozaïsche doel moest deze nieuwe opdracht van de Kröllers een esthetisch hoogstandje worden, een toonbeeld van Berlages moderne, nuchtere bouwstijl voor latere generaties. Zijn opdracht omvatte niet alleen het ontwerp van het buitenverblijf zelf, maar ook van de omliggende tuinen, de aangrenzende vijver en het interieur, inclusief meubilering en gebruiksvoorwerpen. Opvallend genoeg voelde Helene de noodzaak om haar architect – nota bene een van de meest fervente tegenstanders van functieloze decoraties – op het hart te drukken dat het interieur van het jachthuis de grootst mogelijke soberheid zou bezitten.[109] Een bescheiden inrichting leek haar een mooie compensatie van de grootte van het gebouw en paste volgens haar beter bij het leven op het platteland. Kennelijk had Berlage blijk gegeven van een meer Bourgondische interpretatie van een jachthuis door een flinke eetzaal in een van zijn ontwerpen op te nemen. Helene vond het maar vreemd dat wanneer Nederlanders iets over een jachthuis hoorden, zij onmiddellijk dachten aan 'partijen & willen [ze] een zaal maken, waar gegeten wordt, diners gegeven met ouderwetsch eten en drinken'. Persoonlijk had ze geen enkele behoefte om overdadige jachtdiners in Hoenderloo te laten plaatsvinden. Sterker, de jacht beschouwde zij als een bijzaak en het nieuwe gebouw vooral als een 'logeerhuis'. Het is de vraag of Anton die visie deelde, maar hij was te druk met de internationale economische politiek om zich met de details van het buitenhuis te bemoeien.

Wel overlegde hij met Helene over de plaats waar het huis gebouwd zou worden. Na veel gedelibereer kozen ze voor een beboste plek in het meest noordelijke deel van hun Veluwse landgoed.[110] Daar was ruimte om een vijver aan te leggen zoals ze graag wilden en bovendien lag deze locatie op slechts enkele honderden meters afstand van de nieuwe weg tussen Ede en Apeldoorn, die vanaf augustus 1915 werd aangelegd op kosten van Anton.[111] De aanvang van de bouw liep vertraging op door de mobilisatie en de dijkdoorbraken rond de Zuiderzee in januari 1916, waardoor het lastig was genoeg werklui te vinden.[112] Bovendien wilde Helene eerst van Berlage weten hoe hoog de bouwkosten precies zouden uitvallen, inclusief de kosten van de vijver en de bouw van aanvoerwegen.[113] Speciaal voor dit project werd namelijk tussen De Hoef nabij Otterlo en de bouwplaats een spoorlijntje aangelegd, dat het Geitenspoor zou gaan heten vanwege het mekkerende geluid van de locomotief.[114] Via dit spoor kon materiaal makkelijk worden aangevoerd en was het tegelijkertijd mogelijk om de grond van de graafwerkzaamheden af te voeren. Op 31 mei 1916 vroeg aannemersbedrijf Boersma namens Müller & Co de bouwvergunning aan, die in juli door de gemeente Ede werd afgegeven, waarna met het grondwerk en de aanleg van fundamenten werd begonnen.[115] Meer werk kon nog niet verricht worden, want in oktober moest Berlage nog eens naar Hoenderloo reizen om de maten van het terrein op te meten en een nieuwe tekening vanuit vogelvluchtperspectief te maken.

Op dat moment had hij wel de plattegrond af voor het bijbehorende dienstgebouw, dat verder uitgewerkt werd door een van zijn tekenaars, Hendrik Suyver. Helene hield ook dat ontwerp nauwlettend in de gaten, want de tekeningen die zij tot dan toe had gezien, vond zij 'erg recht toe recht aan [...] zonder eenige aardigheid om ze wat gezellig te maken'.[116] Dit was commentaar waar Berlage, gezien het eindresultaat, weinig notie van genomen heeft. Hij koos welbewust voor een strakke en geometrische opzet, die hij ontleende aan het werk van Frank Lloyd Wright, zodat juist het landelijke karakter van het jachthuis werd benadrukt.[117]

De belangrijkste reden waarom er pas een kleine twee jaar na het eerste plan met de eigenlijke bouw werd begonnen, was Helenes grilligheid.[118] Net als met Ellenwoude lanceerde ze regelmatig nieuwe ideeën over de uitvoering van het jachthuis. Was het ontwerp dat Berlage in de eerste helft van 1915 maakte nog redelijk ingetogen van opzet, in de tekening van mei 1916 heeft de eenvoud plaatsgemaakt voor een imposant gebouw (kleurafb. 15).[119] Aanvankelijk tekende Berlage een relatief klein huis zonder zijvleugels en met een bescheiden toren die over de vijver uitkeek.[120] In een later ontwerp voorzag Berlage het huis van twee rechte vleugels, die in weer latere tekeningen van een verdieping voorzien werden. In de loop van de tijd verhoogde Berlage de toren aanzienlijk en verbond hij

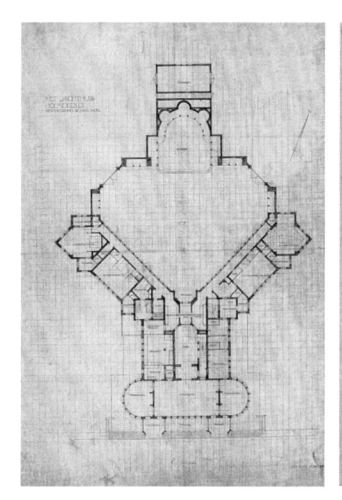

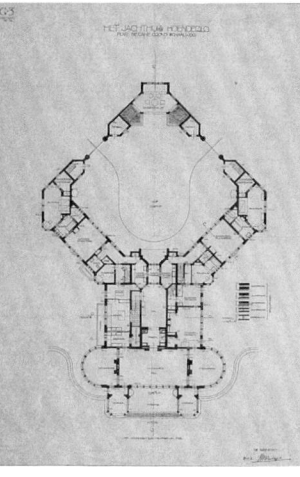

Berlages ontwerp voor het jachthuis uit 1915 (links) en uit 1916 (rechts), waarin hij de zijvleugels heeft verlengd en gekromd waardoor de plattegrond de suggestie wekt van een gewei.

alle kamers met elkaar, in plaats van ze ieder afzonderlijk op een gang te laten uitkomen. In het ontwerp uit mei 1916 kromde hij bovendien de zijvleugels van het gebouw, waardoor een ruitvormige binnenplaats ontstond die voor ongeveer driekwart werd omsloten. De omsluiting maakte hij compleet door recht tegenover het jachthuis een klein bijgebouw te plaatsen, dat door middel van hekken verbonden werd met de vleugels. Uiteindelijk werd in november 1916 begonnen met de constructie van de binnenmuren en de gevels, zij het onder constante wijziging, waardoor de muren van de begane grond pas in de zomer van 1917 stonden.

Een van de grootste debacles in het bouwproces was de aanleg van de vijver. Het oorspronkelijke plan was om hiervoor het drassige gebied De Veentjes als locatie te gebruiken, maar toen Helene en Anton besloten om het jachthuis meer naar het noorden te verplaatsen, veranderde ook de plek voor de vijver.[121] Anton wilde bij voorkeur een grote vijver die verbonden zou worden met de kleinere variant in De Veentjes, Helene daarentegen wilde liever een bescheidener en minder kostbare oplossing.[122] Zoals zij al vermoedde, hadden haar bedenkingen weinig invloed op Antons voornemen en werd er gekozen voor een grote ronde vijver, die overging in een kleiner watertje. Toen kosten noch moeite gespaard waren om beide af te graven, bleek in 1919 dat het water al snel weer wegsijpelde en de vijver binnen de kortste keren zo 'droog als een kurk' was.[123] Pas veel later zou bekend worden dat de graafwerkzaamheden het geoxideerde ijzerlaagje in de grond, waarop van nature regenwater bleef staan, hadden beschadigd.[124] Om het probleem van de lekkende vijver op te lossen, werd er na talloze andere reparatiepogingen gekozen voor een kunstmatige bodem. Honderden rollen mastiek werden naar Hoenderloo gebracht, over het volledige oppervlak van de vijver uitgerold en met teer aan elkaar gehecht om zo een waterdichte asfaltbodem te creëren. Het was een kostbare onderneming, maar het werkte wel. De windmolen die in 1921 bij de kleine vijver gebouwd werd om bij droogte grondwater op te pompen, heeft in ieder geval nooit hoeven draaien.[125] Maar dat was een van de weinige succesverhalen rond de aanleg van de vijver en de bouw van het buitenhuis.

Het zou uiteindelijk tot 1920, dus vijf jaar later, duren voordat het jachthuis in volle glorie verrezen was. Het eindresultaat was een totaalkunstwerk, dat van kelder tot zolder en van besteklade tot voordeur ontworpen was, met een indrukwekkende toren die een prachtig uitzicht bood over de wijde omgeving. Voor het exterieur had Berlage zich laten inspireren door de lange landhuizentraditie die Engeland rijk was.[126] Dat is vooral te zien aan de massieve vormgeving en de aaneenschakeling van de verschillende dakpartijen, die veel gelijkenis vertonen met Engelse landhuizen. In plaats van de natuursteen die in deze huizen werd gebruikt, trok Berlage het buitenhuis van de Kröllers op in de door hem geliefde en veelgebruikte baksteen. In het interieur liet hij de baksteen ook domineren, zoals hij in de meeste van zijn ontwerpen deed. Deze kregen een chiquere uitstraling dan de kale stenen van de buitenkant, doordat hij ze liet kleuren en glazuren. Die geglazuurde bakstenen verwerkte hij ook in de plafonds op de begane grond, die hij uit twee of meer kleuren samenstelde. Zodoende was zelfs de decoratie functioneel en liet hij zo de structuur van het gebouw zien. Voor Berlage was dit een manier om aan 'constructieleugens' te ontkomen, die volgens hem de bouwkunst van de negentiende eeuw kenmerkten en die werden ingegeven door de geestelijke leegte van het kapitalisme.[127] Zelf wilde hij op een eerlijke manier bouwen door onder meer op geen enkele manier de constructie te verschuilen achter bijvoorbeeld een sierplafond.[128] Daarom bleven ook de metalen steunbalken in het plafond zichtbaar en voorzag hij deze slechts van een kleur om ze op die manier te vervlechten met het interieur. Subtiele aanwijzingen verraden echter dat Berlage zeker niet de enige was die bepaalde hoe het gebouw eruit kwam te zien. Zo zijn de leistenen op het dak in geen enkel ander ontwerp van zijn hand terug te vinden en gebruikte hij in het jachthuis niet de voor hem kenmerkende natuursteen op plekken waar muren en bogen elkaar kruisen.[129] Mogelijk kwam hij hiermee tegemoet aan de wensen van Helene.

Het eerste vertrek bij binnenkomst was de hal, van waaruit een grote stenen trap naar de eerste verdieping en een galerij leidden. De kristalvormige lampen die in de hal hingen, waren ook een ontwerp van Berlage en correspondeerden met de lantaarns bij de hekken en met de ramen in de voordeur.[130] Aan het einde van de hal lag de eetkamer, een langwerpige horizontale ruimte met zeven ramen en twee erkers die alle uitzicht boden op de vijver. Voor de vloer ontwierp Berlage een mozaïek in verschillende groentinten, dat echter pas in de jaren twintig werd gelegd.[131] In het ontwerp van de vloer werd meteen duidelijk hoe zwaar Berlage tilde aan zijn creatie als totaalkunstwerk: hij liet het mozaïek precies ophouden waar het door hem ontworpen vloerkleed, waarop de tafel stond, begon. Daaronder lag slechts kaal beton. Zodoende wist hij zeker dat er nooit met de meubels geschoven zou worden en het evenwicht van zijn interieur behouden bleef.

De eetkamer werd aan beide zijden geflankeerd door halfronde kamers. Vanuit de hal gezien lag aan de rechterkant de fumoir annex bibliotheek van Anton. In deze rookkamer was over de gehele lengte van de ronde buitenmuur een boekenkast verwerkt, waardoor een intieme sfeer ontstond, omdat daarboven nauwelijks nog ruimte was voor ramen. Hier konden de mannen zich rustig terugtrekken om na het eten de politiek te bespreken onder het genot van een sigaar. Het halfronde vertrek aan de linkerzijde van de eetkamer was de theekamer, die door de heldere kleuren en grote ramen veel lichter was dan de rookkamer. Voor deze ruimte ontwierp Berlage een typisch Duitse tegelkachel, die vanuit de kelder gestookt werd en in de winter voor een aangename temperatuur zorgde.[132] De theekamer stond in verbinding met de zitkamer van Helene, uitgevoerd in witte geglazuurde bakstenen en een geel met blauw plafond, wat de ruimte een serene sfeer gaf. Dan volgde een kleine slaapkamer met een nog kleinere bedstee, een aangrenzende toiletkamer en een badkamer – alles ingericht en op maat gemaakt voor de vrouw des huizes. Na Helenes vertrekken volgden de geel en groene zitkamer van Anton, zijn eenvoudige slaapkamer en een badkamer, die net als die van Helene was voorzien van een luxe ligbad met warme buizen om handdoeken op te verwarmen.

Gasten konden verblijven in de logeervertrekken op de begane grond in de andere vleugel, of op de eerste verdieping. Waar zij ook ondergebracht werden, ze hadden de beschikking over een eigen zit-, slaap- en badkamer. Op de eerste verdieping bevonden zich tevens een kinderkamer voor de kleinkinderen en een linnenkamer. Dan was er nog een wel heel beperkte tweede verdieping boven de hal, die bestond uit slechts één kamer, de biljartkamer. Deze ruime speelkamer had langs de zijkanten twee podia, waarop royale banken stonden. Vanaf deze

Helene (midden) met twee kennissen in de torenkamer.

comfortabele tribunes kon men het spel goed gadeslaan dat plaatsvond op de biljarttafel in het midden van de kamer.

Het opvallendste kamertje van het jachthuis bevond zich op vijfendertig meter hoogte. Dat was de torenkamer, waar Helene graag haar thee dronk om van daaruit te genieten van het landschap. Geheel volgens de moderne uitgangspunten die aan het gehele gebouw ten grondslag lagen, kon zij de torenkamer bereiken per lift, die haar vanuit de hal binnen een halve minuut naar boven bracht. Volgens de overlevering mocht het personeel deze lift niet gebruiken en had de dienstbode geen andere keuze dan met dienblad en al per trap de zes verdiepingen te trotseren. Dit zal inderdaad de gang van zaken zijn geweest en destijds weinig opzien gebaard hebben, aangezien het in overeenstemming was met de toenmalige verhouding tussen personeel en werkgevers, die in strikt gescheiden werelden leefden.[133]

De binnen- en buitenzijde van het jachthuis waren niet alleen met elkaar verweven door de harmonische vormgeving en het consequente gebruik van bakstenen. In 1916, ongeveer rond de tijd dat het definitieve ontwerp klaar was – voorzover daarvan ooit sprake is geweest –, werd het jachthuis ook voorzien van een spirituele, ideologische verantwoording, die het geheel nog meer samenhang gaf en waaraan het gebouw tevens zijn naam ontleende: Sint Hubertus. Het was een voor de hand liggende keuze om de schutspatroon van de jacht tot onderwerp van het huis te maken, maar voor Helene gold vooral de diepere betekenis van de legende die de naamgever tot heilige had gemaakt. Deze legende vertelt het verhaal van Hubertus, een fervent jager die op een heilige dag – de verschillende geschiedschrijvers zijn er niet over uit of het Goede Vrijdag was of een reguliere zondag – niet naar de kerk ging, maar naar de bossen om te jagen.¹³⁴ Toen hij na een lange achtervolging op het punt stond een groot hert neer te schieten, draaide het dier zich naar hem om en verscheen in zijn gewei een lichtend kruis. Een stem sprak tot Hubertus: 'Indien gij het voornemen niet maakt u te bekeeren, zult gij weldra in de hel vallen.' Geschrokken vroeg de jager wat er van hem verwacht werd, waarop hij het antwoord kreeg zich tot bisschop Lambertus van Maastricht te wenden. Prompt gooide Hubertus zijn wapens van zich af en spoedde zich naar Maastricht. Onder leiding van Lambertus verdeelde hij zijn bezittingen onder de armen, wijdde zich aan het geestelijke leven en werd uiteindelijk de eerste bisschop van Luik.¹³⁵

Voor Helene lag het belang van de legende in de diepere boodschap 'dat de passie overwonnen moest worden & de wijsheid & bezonnenheid zegevieren'.¹³⁶ Deze Spartaanse conclusie was geheel in overeenstemming met haar levenshouding, waarin redelijkheid en zelfdiscipline de boventoon voerden. Hoeveel belang zij aan de legende hechtte, blijkt wel uit de plaatsing van vijf glas-in-loodramen in de hal die het verhaal uitbeeldden.¹³⁷ De twee linkerramen tonen de onrust in de natuur toen Hubertus

Artur Hennig, glas-in-loodramen Sint Hubertus (1923).

nog joeg en vertegenwoordigen het wereldlijke leven, in het middelste raam is het hert met het kruis te zien, staand voor de knielende man, en de twee rechterramen tonen een vredig bostafereel met reeën, als symbool van het geestelijke leven.

Deze ramen werden echter pas geplaatst in de jaren twintig toen de Kröllers het huis al in gebruik hadden genomen, terwijl ruim voor de voltooiing van het huis, de legende daar al een belangrijke rol in toebedeeld kreeg. Vermoedelijk werd dit leidmotief in 1916 geïntroduceerd en was dit de reden waarom Berlage de zijvleugels van het huis naar binnen liet buigen om zodoende een plattegrond te creëren die sterk op een gewei lijkt. De toren kan dan beschouwd worden als het kruis, een interpretatie die ondersteund wordt door de langgerekte, bakstenen raamkozijnen die over de gehele lengte van de toren in reliëf zijn aangebracht en samen met de balkons van de torenkamer, die als een even diep reliëf uit de gevel steken, een kruis vormen, wat in het ontwerp van 1915 nog niet het geval was.[138] Het meest tastbare bewijs dat de Hubertuslegende in 1916 in het ontwerp werd opgenomen, is het fronton van de toren, waarin een gewei en een kruis verwerkt zijn, de attributen waarmee de heilige doorgaans wordt afgebeeld. Deze afbeelding is voor het eerst zichtbaar in de tekeningen uit mei 1916.[139]

Om de legende ook elders te laten terugkomen, wilde Berlage boven de gemetselde banken op de binnenplaats twee plakkaten aanbrengen met daarop het monogram S H. Helene leek het een mooier idee om de beeldhouwer Joseph Mendes da Costa, die op dat moment ook werkte aan een standbeeld dat op de Veluwe geplaatst zou worden, te vragen om twee reliëfs te maken die de legende uitbeeldden: 'dus de jonge & de oude man, de passie van de jeugd & de bezonkenheid van de ouderdom'.[140] Op die manier was volgens haar het hele huis doordrenkt met de legende: 'in de toren het kruis, in de ramen van de billardkamer de lijnensymboliek van Berlage [...] & op de binnenplaats het Mendesgeval'.[141] En zo geschiedde, ondanks de bezwaren van Berlage, voor wie de reliëfs een doorn in het oog waren.[142]

Helenes drang om monumenten na te laten, haar onderschatting van het ontwerp- en bouwproces en haar vermoeden dat 'Dr Berlage zijn tijd van scheppen niet meer zoo heel lang zal duren' zorgden ervoor dat zij zolang het nog kon, de architect overlaadde met opdrachten.[143] Naast De Schipborg, het Holland House en het jachthuis vroeg zij hem in 1916 om een ontwerp te maken voor een museumhuis aan de voet van de Franse Berg op de Veluwe. Haar voorkeur ging uit naar deze ligging, omdat daar het gebouw tegen een duidelijke achtergrond van heuvels lag, terwijl de voorzijde juist een eindeloos uitzicht bood over de heide.

De eerste bekende schetsen die Berlage voor het museum maakte, dateren uit het voorjaar van 1917 en laten een statig gebouw zien, waarin zowel woon- als tentoonstellingsruimtes waren opgenomen. Kennelijk kwam óf dit ontwerp niet overeen met het beeld dat Helene van het museumhuis had, ofwel vermoedde ze dat een museum van die omvang niet groot genoeg was voor haar alsmaar groeiende collectie. Hoe dan ook, op de aquarellen die Berlage in januari 1918 inleverde, is een gigantisch bouwwerk te zien, dat pontificaal in het landschap lag.[144] Twee trappen leidden naar grote veranda's, die uitkwamen op een stijlvolle achthoekige vestibule. Deze gaf toegang tot het hoofdgebouw, dat geflankeerd werd door twee met loofgangen overdekte vleugels. De tekening van de hal uit deze serie benadrukt de afmetingen die het gebouw zou krijgen, waarin de meer dan levensgrote beelden slechts details lijken in de imposante ruimte, die blijkbaar minimaal twaalf meter hoog moest worden en de kern van het bouwwerk was. Dankzij de gele stenen had de hal een lichte uitstraling, die door een groot kristalvormig plafond van gekleurd glas een bijna mystieke sfeer zou hebben gekregen als dit ontwerp werkelijk was uitgevoerd. Aan de rechterzijde van de hal lagen de woonruimtes, met uitzicht over de ruige vlaktes. De tentoonstellingszalen lagen aan de linkerzijde, waarvan de Van Gogh-zaal de meest prominente plek kreeg. Achter deze publieksruimtes lag een beelden- en bloemenhof en wanneer men deze doorkruiste, kwam men bij de voordrachtenzaal. De imposante vleugels van het gebouw ten slotte waren bedoeld als galerijen waar de beeldhouwwerken tentoongesteld werden.

Ondanks de prachtige ideeën werd er nooit aanstalten gemaakt om het ontwerp daadwerkelijk uit te voeren. Dat is wonderlijk, want de tekeningen laten niets minder zien dan een kathedraal voor de kunst (kleurafb. 16). De reden waarom Berlage zijn ideeën voor het museum niet verder uitwerkte, was waarschijnlijk de problematische relatie tussen hem en Helene.[145] Naarmate de bouw van Sint Hubertus vorderde, raakte de onderlinge verhouding tussen hen ernstig bekoeld. In weerwil van de pacifistische denkbeelden van de architect en de niet minder hooggestemde idealen over menselijke verdraagzaamheid van zijn opdrachtgeefster, verkeerden zij in 1919 op voet van oorlog.

Het grootste struikelblok was vermoedelijk dat Helene zich niet als opdrachtgeefster, maar als co-architect opstelde en iedere beweging in het ontwerpproces met een haviksoog in de gaten hield. Waarschijnlijk heeft ze Berlage ook flink opgejaagd, want tegen Anton liet ze zich ontvallen: 'Het is godgeklaagd, dat menschen die iets kunnen scheppen zoo traag soms zijn, wat tot stand te brengen.'[146] Dit terwijl die vertraging vaak veroorzaakt werd door het grote aantal opdrachten waarmee zij de architect opzadelde en het nog omvangrijker aantal wijzigingen die ze telkens voorstelde. In plaats van eens flink tegen zijn veeleisende opdrachtgeefster uit te varen, was Berlage geneigd om de lieve vrede koste wat kost te bewaren.[147] Liever liep hij het kantoor uit, dan een flinke woordenwisseling te hebben. Zijn conflictvermijdende gedrag zorgde ervoor dat hij wel instemde met Helenes wijzigingen, maar ze vervolgens niet, of naar eigen inzicht, uitwerkte. Bij de Kröllers deed dit het beeld ontstaan dat hij 'in de gesprekken ja & amen zegt & achter je rug [...] zijn gang gaat'.[148]

Dit wederzijdse onbegrip maakte de bouwkundige meningsverschillen tot een persoonlijke strijd. Begrijpelijkerwijs bleef Berlage overwegend zijn eigen koers varen, waar Helene zich bij neer te leggen had. Dat deed ze tot op zekere hoogte ook, maar niet zonder protest. Toen ze in de zomer van 1918 weer eens poolshoogte ging nemen op de bouwplaats in Hoenderloo, kreeg ze een duidelijke indruk hoe het jachthuis uiteindelijk zou worden: 'een eigenaardig barsch Berlage-gebouw met veel moois, maar ook met zijn fouten. Die er in leeft zal zich naar hem moeten schikken, zijn veel steen & nauwe gangen moeten accepteren, maar een kunstwerk is het, dat staat onwrikbaar vast.'[149]

Ze was tevreden over de ruime hal, de cirkelvormige thee- en rookkamer en de erkers aan de voorkant van de woonkamer. Maar daarbuiten had Helene van alles op het huis aan te merken: ze vond de dakpartijen overdadig, de garderobes te klein, de huiskamer te donker en de veranda voor de eetkamer eenvoudigweg 'een gedrocht'.[150] Ze begreep niet hoe vakmensen zo'n veranda konden bedenken en nam daarom het ontwerp samen met Berlages assistent Gertrud Arper zelf ter hand, waarna ze de bouwmeester op het matje riep.[151]

Voor de kleuren die Berlage in gedachten had, kon ze evenmin enthousiasme opbrengen. Had ze zich bij het begin van hun samenwerking niet sterk genoeg gevoeld om zelf de confrontatie met de architect aan te gaan, in 1918 had Helene er geen enkele moeite mee om hem zonder omhaal te verstaan te geven dat als hij zijn kleurstelling zou doorvoeren, zij en Anton daaraan toe zouden geven, maar dat ze deze 'bepaald niet mooi, d.w.z. disharmonisch bij zijn gebouw vonden'.[152]

De kleurstelling van de diverse bouwopdrachten leidde vaker tot aanvaringen, waarbij ook Bart van der Leck regelmatig betrokken raakte. Tussen hem en Berlage was inmiddels de nodige animositeit ontstaan, omdat de architect volgens Van der Leck de schilderkunst als ondergeschikt beschouwde aan de bouwkunst en zo ook te werk ging.[153] Dit leidde tot frustratie bij de schilder, die in opdracht van Helene de kleurstelling van de kunstkamer van Groot Haesebroek toegewezen kreeg, maar slechts met moeite tot het ontwerp van het behang en het tapijt kwam, omdat Berlage niet zou willen dat Van der Leck zich daarmee bemoeide.[154] Of Berlage werkelijk niet wilde samenwerken is de vraag, maar het lijkt er wel op dat hij weinig onder de indruk was van Van der Lecks werk. Toen beiden eens een ontwerp hadden gemaakt voor een traploper en Berlages voorstel door Helene verkozen werd, kon hij het niet nalaten Van der Lecks ontwerp met primaire kleuren te omschrijven '[als iets] van leve Willem III, rood wit blauw & oranje'.[155]

Maar ook als Berlage meer waardering had gehad voor het werk van de schilder, was de samenwerking waarschijnlijk stroef verlopen. Hij streefde namelijk boven alles eenheid na.[156] De kleurstelling, vormgeving en het materiaalgebruik van iedere kunstdiscipline die bij de realisatie van een gebouw betrokken was – van het gordijnontwerp tot de afwerking van de buitenmuren – dienden een duidelijke samenhang te hebben, met elkaar en met het geheel. Binnen die opzet was er geen ruimte voor een schilder die een eigen visie wilde uitdragen.

In de discussie met Van der Leck stond Helene aan de zijde van Berlage, juist omdat hij de architect was. Nadat haar ter ore was gekomen dat de kunstenaar geweigerd had om met Berlage te overleggen over de kleuren van de kunstkamer in de nieuwe villa, schreef zij hem: 'Het is zijn gebouw, het is zijn werk en daarom moet men tenminste aanhoren, wat hij ons daarover te zeggen heeft. Hij is in den eigenlijke zin de opdrachtgever, niet ik.'[157] In de praktijk echter kon ze deze woorden niet waarmaken. Daarvoor identificeerde ze zich te veel met de bouwprojecten, die tenslotte haar gedachtegoed moesten vereeuwigen. Ondanks haar terechtwijzing van Van der Leck vertrouwde ze Anton toe dat zij uiteindelijk degene was die iedereen moest 'aanzetten & vooruitduwen'.[158]

Vooral haar bemoeienis met de bouw van Sint Hubertus nam door de jaren heen toe. Het jachthuis was de opmaat voor het monument van cultuur dat zij wilde bouwen. Van alle gebouwen die op dat moment gerealiseerd werden, was dit het enige dat speciaal werd ontworpen voor de Veluwe, het grondgebied waar haar museum uiteindelijk ook moest verrijzen. Naarmate de oorlog vorderde, mengde zij zich steeds meer in de totstandkoming van het buitenhuis, wat Berlage tot wanhoop moet hebben gedreven.

Een treffend voorbeeld van Helenes intensieve bemoeienis was haar veeleisendheid ten aanzien van de erker in haar zitkamer. Net als de andere kamers op de begane grond van Sint Hubertus, had ook deze ruimte aanvankelijk verticale schuiframen, die met contragewichten konden worden opgetrokken en neergelaten. Hiervoor werden over de hele omtrek van het huis uitsparingen gemaakt in de kelder, om ruimte te bieden aan de gewichten en het laten zakken van de ramen. Hoewel deze grote ramen uitkeken op wat ooit de rozentuin zou worden, miste Helene het uitzicht op de vijver en ze vroeg Berlage daarom in het voorjaar van 1918 om een uitbouw te maken.[159] Hij moet hier knarsetandend mee akkoord zijn gegaan. Niet alleen was dit een lastige opdracht, omdat een dragende muur moest worden afgebroken en een nieuwe fundering moest worden gelegd, maar een uitbouw betekende bovendien een ernstige inbreuk op de zorgvuldig uitgewerkte symmetrie van het hele gebouw.

Om de harmonie in het ontwerp nog enigszins te behouden, ontwierp Berlage een kleine uitbouw, die leek op de erkers van de slaapkamers.[160] Toen de werkzaamheden eind juni klaar waren, de muren afgebroken en de erker ingebouwd, vond Helene 'de uitbouw wel veel beter, maar nog niet geslaagd, nog te veel steen, waar je toch naar buiten wilt kijken'.[161] Het kon nóg beter en ze vroeg Berlage daar toch eens naar te kijken. Het gevolg was dat de architect zich opnieuw aan een ontwerp zette, waarin hij nog meer concessies moest doen aan de symmetrie en dus aan zijn eigen visie. In oktober voltooide hij een tekening voor een ruime erker, die niet al te scherp uitstak, maar parallel liep aan de gevel.[162] Deze kon wel de goedkeuring van zijn opdrachtgeefster wegdragen, maar dat was niet meer genoeg om Berlage en Helene dichter bij elkaar te brengen.

Wat de relatie verder onder druk zette, was Berlages herhaalde verzoek om ook voor andere opdrachtgevers te mogen werken. Bij aanvang van zijn contract had Helene daar weinig moeite mee gehad, maar in de loop van de tijd was ze onverbiddelijk geworden, uit angst dat haar opdrachten daaronder zouden lijden. Dit leidde in maart 1919 tot een aanvaring, of beter gezegd: tot Berlages reactie om een aanvaring te voorkomen door van kantoor weg te blijven.[163] Via een brief verzocht hij zijn opdrachtgeefster nogmaals om ook opdrachten van derden te mogen accepteren, wat Helene pertinent weigerde. Daardoor werd de situatie nog grimmiger.

Toen de architect in augustus 1919 de uitnodiging kreeg om een nieuw museum voor Den Haag te ontwerpen, hoefde hij dan ook niet lang na te denken. Ongeacht zijn contract, dat hem formeel nog tot 1923 aan de Kröllers bond, diende Berlage per 1 september zijn ontslag in. Het lijkt erop dat hij het aanbod van het Gemeentemuseum, dat nog voorlopig was, niet genoemd heeft, maar een discussie over geld heeft uitgelokt om als argument voor zijn ontslag te gebruiken. Op die manier werd de werkrelatie onhoudbaar, terwijl de Kröllers zich ongetwijfeld meer verzet zouden hebben, als zij geweten hadden dat de architect voor hen niet, maar elders wel een museum ging bouwen.[164]

Voor Berlage bood de Haagse uitnodiging een prachtige ontsnappingsmogelijkheid. Zijn nieuwe opdrachtgever was Hendrik van Gelder, de directeur van het Gemeentemuseum en een goede kennis uit de Amsterdamse socialistische kringen van de jaren 1890.[165] Het kapitalistenechtpaar kon hij zodoende inruilen voor een gelijkgestemde opdrachtgever en in plaats van een constante stroom wijzigingen en eisen, begon nu een stimulerende samenwerking. Ook moet het een opluchting zijn geweest dat hij zijn ideeën voor een groots museum alsnog kon uitwerken. Het lijkt er in ieder geval op dat zijn ontwerp voor het museum van de Kröllers aan de basis lag voor het Haags Gemeentemuseum.[166] Zo doen de grote horizontale vlakken van het indrukwekkende exterieur sterk denken aan Berlages ontwerp voor de Veluwe. De hal met zijn uitspringende pilasters, de groene vloertegels, de indrukwekkende hoogte en gele wandtegels lijken eveneens hun oorsprong te hebben in zijn eerdere tekeningen. Dat geldt ook voor de binnentuin van het Gemeentemuseum, die een verwezenlijking lijkt van de beelden- en bloemenhof die hij voor de Kröllers ontwerp.

Zo groot als de opluchting voor Berlage moet zijn geweest, zo groot was de ontsteltenis van Helene. Zij zou zich de architect blijven herinneren als 'de kleine man, de chagrijnige mensch, het leelijk, onaangenaam karakter'.[167] Na zijn vertrek probeerde ze de man Berlage te vergeten, maar zijn kunstenaarschap te blijven koesteren. Daarvoor hield ze grote waardering, ondanks de onvolkomenheden en inconsequenties die zij toch ook zag in zijn werk.[168] Desondanks erkende ze zijn grote talent en bleef ze ontdaan achter toen de architect te kennen gaf de voltooiing van Sint Hubertus aan zijn medewerkers over te laten. Nu zat ze opnieuw zonder architect. Voor haar was het hoofdstuk Berlage afgesloten, wat haar betrof was het 'Auf nimmer wiedersehen'.[169]

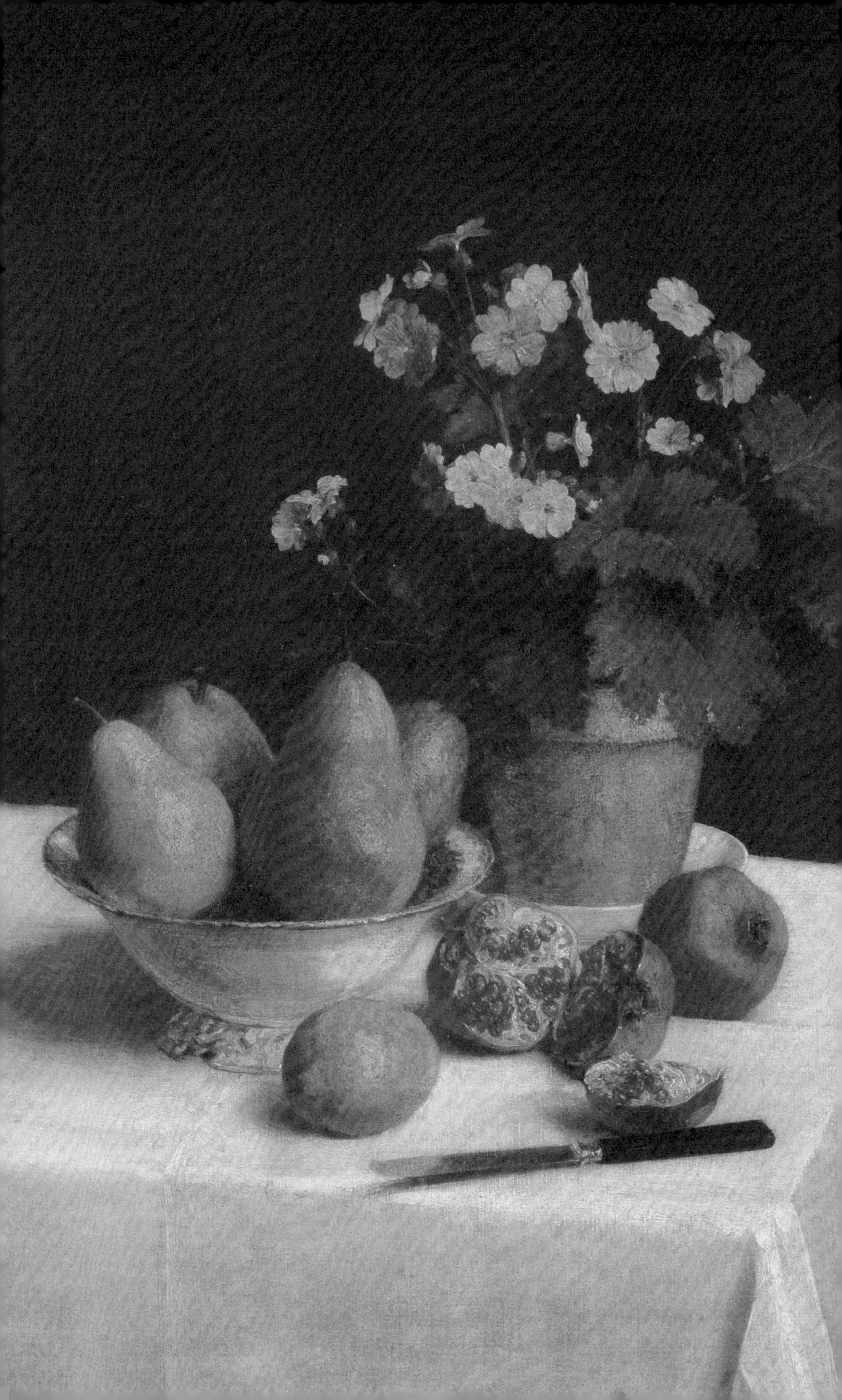

10
Winst en verlies

DE BLOEI VAN DE COLLECTIE EN HET VERDRIET
DAT HELENE HEET

Naarmate de oorlog vorderde, klampte Helene zich steeds meer vast aan haar toekomstdromen. Niet alleen raakte ze door het mondiale conflict teleurgesteld in de weldenkendheid van de mensheid in het algemeen, de verwijdering ten opzichte van haar kinderen werd in deze jaren ook steeds groter. Toevallig, maar buitengewoon symbolisch, koos schoonzoon Paul Brückmann de dag waarop Duitsland België bezette als het moment om zijn schoonouders een furieuze brief te schrijven. In emotionele bewoording sprak hij over het vermeende bedrog van Helene, dat zij zou hebben willen verhullen door 'haar zoon zijn bruid te ontnemen'.[1] Daarmee doelde hij op de verloving van Toon en Mies van Stolk, die een jaar eerder was verbroken. Ook reageerde hij in zijn brief op de beschuldiging dat hij en Helene jr. de goede naam van de familie bezoedelden. Volgens Paul hadden zíj die naam niet te grabbel gegooid, maar hadden de Kröllers dat zelf gedaan. Helene door haar vermeende verhouding met Sam, Anton door zijn vrouw te blijven verdedigen. Hun gedrag was naar Pauls mening dan ook zo verwerpelijk, dat zij doodziek zouden worden, wanneer dit tot hen door zou dringen. Hij sloot af met de onheilspellende woorden: 'Nicht Ihr, aber mein Gott wird meinen Zorn verzeihen.'

Het is onduidelijk of Paul deze versie van de brief verstuurde, maar de toon ervan en frustratie die eruit spreekt, geven aan hoe ontwricht de relatie tussen de Kröllers en hun dochter en schoonzoon was.[2] De oorlog bracht hen ook niet dichter bij elkaar. Toen Helene in de zomer van 1915 het bericht kreeg dat Paul ziek was en Helene jr. daardoor in geldnood zat, zag ze zich genoodzaakt om anoniem geld te sturen. Ze liet het geld via Müller & Co uitbetalen, want als duidelijk werd dat het van haar afkomstig was, 'dan wordt het weer van de hand gewezen & het conflict nog groter'.[3]

Henri Fantin-Latour, *Nature morte (primevères, poires et grenades)* (1866).

Met haar andere kinderen verliep de omgang al bijna even stroef. Net als Paul en Helene jr. beschouwde ook Toon zijn moeder als de belangrijkste oorzaak van zijn breuk met Mies van Stolk. Inderdaad hadden Helene en Anton zich verzet tegen hun verloving, omdat zij Toon nog niet zelfstandig genoeg achtten en te afhankelijk van hun steun.[4] Door hun zoon en de familie Van Stolk werd deze gereserveerde houding geïnterpreteerd als een afkeuring en een moedwillige vertraging van de trouwplannen. Daarop bood vader Van Stolk zijn aanstaande schoonzoon een stuk grond aan in de buurt van Tilburg, evenals een maandelijkse toelage. Toon accepteerde het voorstel en liet zijn ouders weten dat hij van plan was zijn werk als opzichter van De Schipborg te beëindigen. Helene was verbijsterd. Ze vond het een onverantwoordelijke manier van Van Stolk om met jonge mensen om te gaan, die zodoende niet op eigen benen leerden staan. Meer nog was ze geschokt door het feit dat haar zoon zo weinig trots bleek te hebben, dat hij bereid was financieel afhankelijk te worden van een buitenstaander. Zijn gedrag bevestigde haar conclusie dat hun zoon te weinig verantwoordelijkheidsgevoel had.

Sinds zijn jeugdjaren hadden zij en Anton gezien hoe Toon met groot enthousiasme aan nieuwe uitdagingen begon, maar hoe zijn interesse telkens ook snel weer verflauwde.[5] Tot gestructureerd werken was hij niet in staat, wat hem ongeschikt maakte voor een betrekking op kantoor, laat staan dat hij in aanmerking kwam als opvolger van Anton. Daarom hadden ze hem een praktische opleiding laten volgen en aan het werk gezet op De Harscamp en De Schipborg. Door zijn naam werd hij echter door de meeste werknemers beschouwd als de toekomstige eigenaar, waardoor hij werd ontzien en een eigendunk ontwikkelde 'die niet in verhouding stond tot zijn werkelijke kennis en ervaring', zoals Anton het verwoordde.[6] Toon ervoer dit alles ongetwijfeld anders en was ontstemd over de bemoeienissen van zijn ouders met zijn verloving en werkzaamheden. Hij vond een luisterend oor bij zijn zus Helene jr., met wie hij tijdens de oorlog weer contact zocht.

Ook Wim schaarde zich aan de zijde van zijn oudere broer en zus. En ook in zijn geval was een verloving de reden om zich tegen zijn ouders te keren. Al voor de oorlog was hij verliefd geworden op een Duits meisje. Helene wist dat hij regelmatig met haar schreef, maar vroeg niets zolang hij zelf niet de noodzaak zag het onderwerp met haar of Anton te bespreken.[7] Waarschijnlijk hield Wim zijn gevoelens stil, omdat hij had gezien op hoeveel ouderlijke bedenkingen Toon en Helene jr. waren gestuit tijdens hun verlovingen. Hij moet gedacht hebben daaraan te kunnen ontkomen door vooral niets te zeggen. Het gevolg was dat hij zijn ouders eind november 1914 telegrafeerde dat hij was verloofd en Anton een dag later de gedrukte aankondiging van een zekere familie Kresse in zijn hand hield, volgens Helene zonder die naam ooit eerder te hebben gezien.

Net zoals ze eerder tegen Toon had gezegd, liet ze nu ook Wim weten dat ze haar schoondochter pas kon accepteren wanneer hij een zelfstandig leven had opgebouwd, omdat ze dan pas achter hun keuze kon staan. Tussentijds zou ze zich tegenover de buitenwereld gedragen alsof ze instemde met de verloving, maar Wim moest weten dat zij de relatie in haar huis niet tolereerde zolang hij niet meer bereikt had. Het feit dat hij met een smoes geld had geleend van Anton om daar de verlovingsring mee te kopen, was volgens haar typerend voor de mate waarin hij nog van zijn ouders afhankelijk was. Zijn manier van doen liet zien dat hij zich nog als een jongen gedroeg en niet als een man die besefte dat hij de toekomst van een meisje in zijn handen hield. Ze hoopte dat hij ooit zou begrijpen dat zij ondanks de harde woorden en principiële opstelling het beste met hen beiden voor had.

Uiteraard begreep Wim dat niet. Hij zag bevestigd wat hij eerder bij zijn broer en zus had zien gebeuren en waarvoor zij hem mogelijk gewaarschuwd hebben. Het gevolg was dat nu een derde kind zich hardhandig van Helene losmaakte. Dat de situatie niet zo ernstig escaleerde als bij Helene jr. het geval was geweest, kwam deels door de gelatenheid waarmee de Kröllers deze zoveelste aanvaring met hun kinderen opnamen en deels doordat Wim zijn positie bij Müller & Co niet in gevaar wilde brengen. Tenslotte werd hij nog steeds gezien als Antons troonopvolger. Niettemin bekoelde de omgang tussen de Kröllers en hun tweede zoon en werden opnieuw Helenes 'familie-illusies en kindertoekomstdromen [...] uitgedoofd'.[8]

Door haar trotse karakter slaagde ze er niet in de getroebleerde verhouding met haar kinderen te verbeteren. De aantijgingen van Paul en Helene jr. hadden haar zo diep gekwetst dat ze iedere omgang van haar familie met hen als een stellingname tegen haarzelf beschouwde. Ze was ontsteld toen ze hoorde dat Antons broer Willem en zijn zus Marie haar dochter regelmatig ontvingen, onaangenaam verrast dat Helene jr. bij haar grootmoeder in Düsseldorf kwam logeren op een moment dat zij daar ook was en allerminst gelukkig om te horen dat Toon nog contact met zijn zus onderhield.[9] Die omgang kon alleen maar leiden tot 'noch mehr unsympathisches Gerede'.[10] Het lukte haar niet haar gekrenktheid opzij te zetten en haar kinderen hun eigen fouten te laten maken, ook niet nu de oudste drie de twintig al ruim gepasseerd waren.

Een eerste toenadering diende dan ook van hen te komen, zij moesten '[ihren] Kopf beugen'.[11] Zodoende werden haar goedbedoelde pogingen om hen te behoeden voor onverstandige keuzes, de oorzaak van de levenslange verwijdering tussen haar en haar kinderen.

Het enige kind met wie zij nog verbondenheid voelde, was Bob. Maar ook zijn positie als lieveling kwam onder druk te staan. Zijn prestaties op school waren matig. Hij zat nu voor de tweede maal in de derde klas van het gymnasium, ditmaal met gunstige cijfers.[12] Niettemin stelde Helene een privéleraar voor hem aan, want na de geknakte opleidingen van haar oudste twee zoons wilde ze er koste wat kost voor zorgen dat Bob wél zijn diploma behaalde (wat overigens niet zou gebeuren). Verder vond ze het maar niets dat haar tienerzoon rookte, wat ze een bijzonder onhebbelijke gewoonte vond. Toch waren dit maar kleine rimpeltjes vergeleken bij de golf van teleurstelling die haar oudere kinderen veroorzaakten.

Soms als zij 's avonds de slaap niet kon vatten, schreef Helene in gedachten een boek over hoe haar plannen voor het museumhuis zich ontwikkeld hadden. Ze wenste dat ze vanaf het eerste moment een dagboek had bijgehouden, want ze vermoedde dat er later mensen zouden zijn die wilden weten uit welke motieven het idee van een museum op de Veluwe was ontstaan. Als zij zo in bed haar denkbeeldige boek schreef, luidden de eerste regels meestal: 'Dit museum is uit verdriet geboren! Als een dankbare bloem is het er uit opgebloeid en dit verdriet heet Helene.'[13]

De breuk met haar dochter had ervoor gezorgd dat zij een nieuw houvast in haar leven had moeten zoeken waarin zij haar liefde kwijt kon, en dat steviger was dan een kind. Het moest een stabiele, onvergankelijke kern zijn die bestand was tegen de tegenslagen en teleurstellingen van het leven. Daarbij maakte ze meteen de kanttekening dat niet alleen haar dochter haar had gedreven om haar leven in dienst te stellen van de toekomst. De oorlog had haar wakker geschud en haar de ogen geopend voor het kwaad, de lelijkheid en de ellende in de wereld. Tegelijkertijd had deze misère haar doen beseffen dat er ook 'zoo oneindig veel goeds' was en daarop wilde zij zich richten.

Het is dan ook geen toeval dat naarmate haar kinderen zich meer van haar afkeerden, het aantal nieuwe kunstwerken dat zij jaarlijks kocht, toenam en haar plannen voor de toekomst duidelijker werden. De oorlog lijkt daarbij als katalysator gefungeerd te hebben, deels vanwege Helenes behoefte om het goede te blijven benadrukken, maar vooral vanwege het nuchtere feit dat Müller & Co tijdens de Eerste Wereldoorlog flinke winsten maakte, die haar ruimte gaven om grootschalige aankopen te blijven doen. Na het topjaar 1912, waarin ze onder meer in Parijs en op de veiling-Hoogendijk voor ruim 280.000 gulden bijna honderd kunstwerken kocht, daalde in 1913 en 1914 het aantal verwervingen weer.[14]

Toen de eerste schok van de oorlog was weggeëbd en duidelijk werd dat de politieke situatie een allesbehalve ongunstige invloed had op de resultaten van Müller & Co, ging Helene vanaf 1915 weer regelmatig naar veilingen en kunsthandels. Zo ontstond tussen 1916 en 1920 een bloeiperiode, die de collectie haar definitieve vorm gaf. Daarbij hield ze vast aan de vierdeling die al in de eerste verzamelperiode was ontstaan: internationale kunst uit de late negentiende en vroege twintigste eeuw, Nederlandse kunst uit dezelfde periode, de contemporaine Bremmerkunstenaars en de op zichzelf staande verzameling aardewerk en Aziatica, waaronder jade vazen, schotels en schalen van Chris Lanooy en tientallen boeddha's.

De bestaande zwaartepunten binnen de collectie werden in deze periode nog duidelijker aangezet. Behalve Van Gogh, bleven ook twee van Helenes andere favorieten, Henri Fantin-Latour en Floris Verster, ruim vertegenwoordigd. Van beide kunstenaars zou ze in 1920 meer dan vijftien werken bezitten, waarvan het merendeel schilderijen. In het boek dat ze een aantal jaar later aan haar verzameling wijdde, omschreef ze hen als 'het hoogtepunt der Positief Realistische richting' in respectievelijk Frankrijk en Nederland.[15] Beide kunstenaars zou ze uitgebreid bespreken, in tegenstelling tot bijvoorbeeld Degouve de Nunques, Redon en Jan Toorop, die ook volop aanwezig waren in haar verzameling, maar die zij niettemin slechts terzijde of helemaal niet aan bod liet komen.

Floris Verster, *Eieren in houten nap* (1914).

Verreweg het grootste deel van nieuwe aankopen werd – net als in voorgaande jaren – gevormd door Nederlandse kunst uit de jaren rond de eeuwwisseling. Zo kocht Helene tijdens de oorlog een aantal mooie werken van de Haagse School van onder anderen de gebroeders Maris en Anton Mauve, en van de Amsterdamse impressionisten, onder wie Willem Witsen en Isaac Israels.[16] De twintig tekeningen en schilderijen van deze laatste vormden zelfs een onmiskenbare deelverzameling (kleurafb. 17). De koploper was Jan Toorop, van wie ze tijdens de oorlog maar liefst veertig werken aanschafte (kleurafb. 18 en 19). Helene had grote waardering voor Toorop, maar die stond niet in verhouding tot de dominante positie die hij binnen de verzameling innam. Die lijkt toch vooral terug te voeren op de bewondering van Bremmer, die een warme vriendschap met de kunstenaar onderhield.[17] Met deze aankopen uit de periode rond 1900 onderscheidde Helene zich overigens allerminst. Toen de Eerste Wereldoorlog uitbrak, behoorden deze kunstenaars al ruim een decennium niet meer tot de pioniers, maar tot de gevestigde orde en vond hun werk in brede kring gretig aftrek.[18]

Dat gold niet voor het werk waarmee de verbluffende reeks aankopen uit de oorlogsjaren werd ingeluid. Op 3 oktober 1915 kocht Bremmer voor Helene op een tentoonstelling van de Moderne Kunstkring in het Amsterdamse Stedelijk Museum een schilderij dat de herkenbare werkelijkheid schijnbaar helemaal had losgelaten. Zelfs kleur ontbrak volledig in het werk. Wat resteerde was een raster, een verzameling zwarte streepjes tegen een witte achtergrond, sommige horizontaal andere verticaal, soms elkaar kruisend dan weer parallel naast elkaar gezet, die ondanks de schijnbare willekeur samen onontkoombaar een horizontale ovaal vormden.

Bremmer zette het werk in het aankoopboek als *Kerststemming*, waarmee hij raakte aan de spirituele filosofie die eraan ten grondslag lag, maar deze te letterlijk opvatte.[19] Hoewel de kunstenaar het werk *Compositie 10 in zwart wit* had gedoopt, ging het abusievelijk de geschiedenis in als *Pier and Ocean* (kleurafb. 21).[20] De maker was de Nederlandse kunstenaar Piet Mondriaan, die het schilderij net had voltooid en daarmee een kanteling in zijn oeuvre markeerde. De oorlog had zijn zoektocht versneld naar absolute waarheden, die hij door middel van de schilderkunst wilde blootleggen.[21] Steeds meer abstraheerde hij zijn onderwerpen, in de hoop zo orde in de chaos te scheppen en gestalte te geven aan de universele, verbindende waarden die volgens hem aan de werkelijkheid ten grondslag lagen. Door een raster als grondvorm te gebruiken, reduceerde hij de natuur tot haar minimale vormen van hoogte en breedte. Deze stonden symbool voor de andere primaire tegenstellingen, zoals donker en licht, man en vrouw, ruimte en tijd, die samen een harmonieuze eenheid vormden.

Volgens Helene was *Compositie 10* 'uitsluitend op ontroering gebaseerd', waarmee zij de spirituele ontroering bedoelde, die Bremmer haar geleerd had in kunst te ontwaren.[22] Ondanks de spirituele zoektocht die aan het schilderij ten grondslag lag, was deze toch uit een andere drijfveer voortgekomen dan de ontroering die Helene in het werk zag. Zij zocht naar een geestesgesteldheid, een rust, die ze niet in het geloof had kunnen vinden, maar wel in de kunst. Mondriaans spiritualiteit was daarentegen meer filosofisch van aard. Met zijn werk probeerde hij de absolute waarheid te vinden, die achter de werkelijkheid verscholen lag. Ondanks deze verschillende interpretaties had Helene in navolging van haar adviseur grote waardering voor Mondriaan en voor zijn abstractie. Dat blijkt onder meer uit het gegeven dat zij een aantal van zijn schilderijen kocht in hetzelfde jaar dat zij gemaakt werden, toen, bij wijze van spreken, de verf nog moest drogen. Dat ging specifiek op voor *Compositie 10*, die Bremmer voor haar kocht tijdens de opening van een tentoonstelling in het Stedelijk Museum.[23] Het werk was toen in feite nog niet eens voltooid. Mondriaan schreef hierover aan Bremmer: 'Mijn bedoeling was geweest 't in kleur te maken, maar ik had geen tijd meer en ik vond dat 't toch wel uitdrukt wat 't uitdrukken moet.'[24]

Opnieuw was het dus Bremmer die Helenes waardering wekte voor een onbekende kunstenaar. Hij was aanvankelijk een groot liefhebber van Mondriaan en had er daarom voor gezorgd dat hij in de zomer van 1914 zijn werk bij de Haagse kunsthandel Walrecht kon exposeren. Ook steunde hij Mondriaan vanaf 1916 met een financiële bijdrage van vijftig gulden per maand, welk bedrag hij in 1918 verdubbelde.[25] Verder bemiddelde hij voor hem bij zijn leerlingen en zorgde hij er bijvoorbeeld voor dat Helene tussen 1913 en 1919 ieder jaar minstens één schilderij van hem kocht.

Hoewel *Compositie 10* door zijn verregaande abstractie en het ontbreken van kleur weinig raakvlakken leek te hebben met de andere werken in de collectie, paste het tegelijkertijd in de ontwikkeling van realisme naar abstractie die Helene wilde laten zien. In de jaren voor de oorlog rekten kunstenaars, beïnvloed door het kubisme van Picasso en Braque, de grenzen van de abstractie steeds verder op. Mondriaan was er in belangrijke mate verantwoordelijk voor dat deze ontwikkeling voortgestuwd werd in de richting van volledige abstractie.[26] De twee schilderijen die Helene in 1913 en 1914 van de kunstenaar had gekocht, *Tableau No. 1*

(1913) en *Compositie No. 11* (1913) (kleurafb. 20), laten dat proces zien en vormen mede de basis waaruit *Compositie 10* kon voortkomen.

In juni 1917 vulde ze haar collectie aan met nog drie werken van de kunstenaar, waaronder een andere uit horizontale en verticale streepjes opgebouwde ovaal, getiteld *Compositie in lijn (tweede staat)* (1916-1917), die Mondriaan kort voordien had voltooid. Dit schilderij was voor Helene een voorbeeld van 'cubistische kunst in haar zuiversten vorm' en ze beschouwde het werk als een belangrijke schakel in de kunstontwikkeling.[27] Inderdaad liet Mondriaan met *Compositie in lijn* een logische vervolgstap zien op de drie andere werken die zij inmiddels al bezat en waarmee het een logisch geheel vormde.

De consequentie van dit schakelstuk werd zichtbaar in twee andere werken die Helene in 1917 kocht. In *Compositie in kleur A* (1917) (kleurafb. 21) en *Compositie in kleur B* (1917) introduceerde Mondriaan de kleurvlakken, die zijn latere oeuvre zouden kenmerken. Dit werk kon Helene echter minder waarderen. Geen van beide nam ze als afbeelding op in haar *Beschouwingen* en ze noemde de werken evenmin in de paragraaf over Mondriaan. Datzelfde gold voor de twee ruitvormige rasterschilderijen, die zij in 1919 aanschafte.[28] Haar twijfel werd ingegeven door Bremmer, die vanaf dat jaar zijn steun aan Mondriaan halveerde, omdat hij niet meer achter diens artistieke ontwikkeling stond. Met de rasterschilderijen was de kunstenaar volgens hem verstard geraakt in zijn eigen theorie.[29] Toch zou Bremmer begin jaren twintig nog twee van deze volledig abstracte werken voor Helene kopen. Zelf schafte ze in 1922 *Compositie met blauw, rood, geel en zwart* (1922) aan, dat volgens de kunstenaar op het moment van verkoop het enige werk was dat 'af en droog' was.[30] Maar blijkbaar heeft Helene toch bedenkingen gekregen. Een van deze drie schilderijen zou ze later weggeven als huwelijkscadeau aan Gertrud Arper, die lange tijd voor haar werkte bij de Afdeling Gebouwen, en ook de andere twee verdwenen op een gegeven moment weer uit haar verzameling.[31]

Een andere verfrissende toevoeging van Nederlandse bodem was het grote aantal werken van Bart van der Leck. Helene zou hem jaren later in haar *Beschouwingen* omschrijven als een 'nog veelzijdiger, krachtiger kunstenaar dan Mondriaan'.[32] Die opmerkelijke mening lag in het verlengde van haar afkeuring van volledige abstractie. Want in tegenstelling tot Mondriaan zag Van der Leck zich wel genoodzaakt het commentaar van Bremmer ter harte te nemen en de herkenbare werkelijkheid niet helemaal los te laten.

De voorkeur voor Van der Leck blijkt uit het grote aantal werken dat

Interieur van een Batavierschip met het affiche voor de Batavierlijn door Bart van der Leck.

Helene van hem bezat en uit de opdrachten die ze hem gaf. Na het ontwerp voor het glas-in-loodraam voor het hoofdkantoor van Müller & Co, vroeg ze hem in december 1914 om een affiche te ontwerpen voor de Batavierlijn. Verguld schreef Van der Leck aan een vriend: 'Vind je [het] niet merkwaardig, dat ik een affiche te maken heb voor de Batavierlijn? – werk waar ik zoo vaak aan gedacht heb als begerenswaard? en nu in opdracht!'[33] Ook vroeg Helene hem portefeuillebanden te ontwerpen voor de duizenden reproducties die zij door de jaren heen had verzameld. Van der Lecks enthousiasme over deze opdracht is duidelijk te zien in de 125 unieke banden, waarin zijn opdrachtgeefster voortaan haar reproducties per land of per discipline kon opbergen.[34]

Ook Helene was tevreden over de samenwerking. Zo schreef ze opgetogen aan de kunstenaar dat ze *De kat* (1914, kleurafb. 22) een plek had gegeven op de witte muur van haar badkamer in Groot Haesebroek, tegenover *De zangers*, die ze boven de tobbe hing.[35] Het is de vraag of Van der Leck dit als een compliment beschouwde, maar volgens Helene kwamen de schilderijen in de kleine, besloten ruimte goed tot hun recht en genoot ze er daar dan ook dagelijks van.

Nadat ze in februari 1916 werd gevraagd om bestuurslid te worden van de nieuw op te richten Haagsche Volksuniversiteit, gaf ze Van der Leck de opdracht om een affiche voor de universiteit te maken. Midden augustus stuurde hij haar een ontwerp toe, waarop twee sterk geabstraheerde personen te zien waren, de ene lezend, de ander schrijvend.[36] Onder invloed van Mondriaans lijnencomposities, gebruikte ook Van der Leck geen kleur meer in zijn werk en bouwde hij de twee figuren op uit een aantal eenvoudige, strakke zwarte lijnen tegen een witte achtergrond.

Bart van der Leck, *Ontwerp voor affiche Haagsche Volksuniversiteit* (1916).

Helene was heel tevreden met het resultaat, waaruit ze meende op te maken dat de kunstenaar weer tot nieuwe inzichten was gekomen. Niettemin vermoedde ze dat het ontwerp niet geaccepteerd zou worden door de andere leden van het bestuur, omdat het te abstract was. 'Een minder geniaal, meer kunstnijverheidswerk v. Mej. Berlage zal het Uwe wel verdringen,' schreef ze hem met pijn in het hart.[37] Ze liet het ontwerp inlijsten en hing het in de gang van het Lange Voorhout, hopend dat latere generaties het ontwerp beter op waarde zouden kunnen schatten.

Ondanks haar waardering voor Van der Lecks affiche waarschuwde ze hem dat hij niet te veel in de voetsporen van Mondriaan moest treden en er goed aan deed zijn eigen ontwikkeling te blijven volgen.[38] Met Mondriaans abstractie kon zij (vooralsnog) meer instemmen, omdat hij een filosofie in zijn werk probeerde te vatten. Van der Leck daarentegen ging uit van de werkelijkheid en dagelijkse onderwerpen. Volgens Helene begrensde dat de mate waarin hij kon abstraheren. Als hij tot het uiterste ging en de realiteit helemaal losliet, kon een schilderij dat een concreet onderwerp had volgens haar niet meer boeien. 'Is het schilderij dan niet alleen gemaakt ter wille van den schilder, d.w.z. om zijn abstractietheorie geheel uit te leven?'[39]

Niettemin voerde Van der Leck in navolging van Mondriaan vanaf 1916 zijn abstractie zo ver door, dat de waarneembare werkelijkheid geheel uit zijn werk verdween.[40] Die volledige abstractie ging Helene te ver. Zij geloofde in de balans van het geestelijke en het stoffelijke, in *spiritus et materia unum*. Door een van deze twee componenten van 'het Absolute' in een werk te ontkennen, in dit geval de materie, ging volgens haar het evenwicht tussen beide verloren. Toen ze in december van dat jaar de schilderijen ontving die Van der Leck de afgelopen tijd had gemaakt, liet ze hem weten dat ze de kwaliteit van geabstraheerde werken nog niet doorzag.[41] Daarom vroeg ze hem haar de bijbehorende voorstudies te sturen in de hoop dat die haar meer duidelijkheid zouden verschaffen. Maar ook dat mocht niet baten. De enige reden dat zij vanaf dat moment nog werk van Van der Leck afnam, was omdat het contract haar daartoe verplichtte.[42] Dit gebrek aan waardering stuitte de schilder zo tegen de borst dat hij, ondanks het feit dat hij zijn gezin grotendeels met de steun van Helene onderhield, het contract per februari 1918 via Bremmer liet ontbinden.[43]

Van der Leck kon zich deze stap permitteren, omdat hij zich voortaan weer verzekerd wist van een jaarlijkse toelage van Bremmer. Ook dat inkomen dreigde een jaar later echter op te houden, omdat Bremmer zich evenmin kon vinden in de volledige abstractie die Van der Leck beoogde. In oktober waarschuwde hij de kunstenaar dat hij geen mogelijkheid zag zijn werk te verkopen aan cursisten, want 'wat ge nu maakt zou toch geen, zoover ik weet, willen accepteren' en een paar maanden later leek het erop dat hij ook zijn eigen bijdrage zou stopzetten.[44] Om financiële malaise te voorkomen, liet Van der Leck al snel weer enige figuratie in zijn werk terugkeren. Niet alleen behield hij daardoor Bremmers steun, maar ook Helenes waardering. In de jaren twintig zou zij nog een twaalftal schilderijen van hem kopen.

Collega-kunstenaars spraken schande van deze gang van zaken. In december 1916 bezocht Vilmos Huszár – van wie Helene op Bremmers aanraden drie schilderijen aanschafte – samen met Theo van Doesburg het Lange Voorhout om het meest recente werk van Van der Leck te bekijken. Beiden waren diep onder de indruk van zijn *Compositie 1916 no. 4* (1916, kleurafb. 23), waarover Van Doesburg aan Van der Leck schreef: 'Bij geen enkel kunstenaar, oud of nieuw, [...] trof ik het beeldend beginsel zo zuiver en rijp als in [dit] werk.'[45] Beiden vonden het dan ook zorgwekkend dat de eigenaresse zijn ontwikkeling richting volledige abstractie als een dwaling beschouwde. Volgens Huszár werd Van der Leck behandeld alsof hij een kwajongensstreek had uitgehaald, terwijl het ware probleem bestond uit de onkunde van Bremmer en Helene: ''t wezen vatten ze niet.'[46] Hij maakte zich zorgen over de invloed van grillige mecenassen op de artistieke ontwikkeling van kunstenaars en was dan ook opgelucht toen hij hoorde dat het contract tussen Van der Leck en Helene Kröller-Müller beëindigd zou worden.[47]

Jan Toorop,
De prentenliefhebber (Dr. Aegidius Timmerman) (1900).
Théo van Rijsselberghe, *Portret van mevrouw van Rijsselberghe* (1892).
Odilon Redon, *Tête de martyr* (1877).

Helenes internationale aankopen zorgden voor minder commotie. Deze bleven sterk georiënteerd op Franse kunst uit de tweede helft van de negentiende en vroege twintigste eeuw, met uitzondering van het fauvisme, dat net zoals het Duits expressionisme nog altijd een opvallend hiaat vormde in haar verzameling. Ondanks de zwakke plekken in de collectie en het gegeven dat het aantal internationale stukken daarin kleiner in getal was, deed dit deel van de verzameling allerminst onder voor de Nederlandse kunstwerken, integendeel. De Van Goghs daargelaten, gaven juist de schilderijen van onder anderen Corot, Daubigny, Millet, Renoir en Seurat de collectie haar internationale allure. Bovendien waren er dwarsverbanden te leggen met het Nederlandse werk in de verzameling.

Zo vormden de zestig tekeningen en schilderijen van Jan Toorop, die haar verzameling nu telde, een mooi geheel met de buitenlandse kunst. Zijn pointillistische schilderijen waren nauw verwant aan het werk van zijn studiegenoot Théo van Rijsselberghe.[48] Onder het tiental schilderijen dat Helene van deze Belgische kunstenaar bezat, was een pointillistisch, ingetogen portret van diens echtgenote als jonge vrouw, dat ze tijdens een bezoek aan Van Rijsselberghes Parijse atelier kocht.[49] Toorops latere symbolistische werk, waarmee hij internationale bekendheid verwierf, sloot weer mooi aan bij onder meer de mysterieuze landschappen van de Belg William Degouve de Nuncques, van wie Helene in 1920 twintig schilderijen bezat.[50]

Gezien de nadruk op het symbolisme in haar verzameling is het niet verwonderlijk dat Helene in de loop van de jaren ook tientallen Redons verwierf.[51] Haar collectie tekeningen van de kunstenaar breidde zij in de oorlogsjaren uit met diverse litho's, etsen en nog meer tekeningen, waaronder het gewilde werk *Tête de Martyr* (1877) uit het bezit van Jan Toorop. Ook wist ze in 1916 de hand te leggen op het schilderij *Oannès* (1900-1910, kleurafb. 24), een bijzondere aanwinst, omdat Redon zelden anders werkte dan op papier. In dit schilderij werkte Redon een thema uit, dat hij al eerder in litho's had gevat: de oorsprong van het leven.[52] Hij schilderde een visachtig wezen dat zweeft voor een groot wolkendek en vanuit die positie lijkt toe te kijken hoe een aantal amorfe wezens de zee verlaten en het land op gaan.

In het begin had Helene moeite om die mysterieus aandoende onderwerpen te waarderen en vroeg ze zich af of deze wel van zo veel waarde waren als Bremmer beweerde.[53] Ze stond onwennig tegenover de cyclopen, centauren, mythische figuren en ijle schoonheden die rijkelijk in het oeuvre figureren. Maar door Redons werk veel te bekijken, kreeg zij op den duur meer bewondering voor zijn fijnzinnige techniek en kleurgebruik.[54] Uiteindelijk concludeerde ze tegenover Sam: 'Een Spinozistische wereldbeschouwing kan ons liever zijn, maar ook dit is diep in het leven gekeken [...] & waar vindt men diepte en fijnheid zo gepaard?'[55]

Toorops vroegste impressionistische schilderijen, ten slotte, pasten bij onder meer *La Briquetterie* (1880) van Alfred Sisley, *De schildersboot* (1874) van Claude Monet en de landschappen van Camille Pissarro. Ruimschoots was het Frans impressionisme echter niet vertegenwoordigd in de collectie, wat grotendeels te wijten is aan Bremmers koele waardering van deze stroming, die hij 'te luchtig en vluchtig' vond.[56] Dat verklaart waarom Helene van de twee schilderijen die ze van Renoir bezat een heel vroeg werk, *De clown* (1868, kleurafb. 25), in haar boek opnam om zijn werk te illustreren, terwijl dit een schilderij is dat om allerlei redenen niet representatief is voor zijn oeuvre. In plaats van bevallige baadsters, (familie)-portretten en kleurrijke indrukken van het grootstedelijke leven, had dit werk een wat oudere clown in een circuspiste tot onderwerp. Bovendien hanteerde Renoir een nogal precieze penseelvoering in tegenstelling tot de lossere verftoets die hij in zijn latere werk gebruikte, een impressionistisch schilderij kon het dan ook niet genoemd worden. Enkele maanden na de aankoop van *De clown* in februari 1919 kocht Helene *Het café* (1876/ 1877), dat wel een typisch Renoir-schilderij is. Daarmee vond ze de kunstenaar voldoende vertegenwoordigd in haar collectie, omdat deze twee werken 'een zeer duidelijk beeld [geven] van des kunstenaars aesthetische ontwikkeling en vermogen'.[57]

Volgens Meier-Graefe, die *De clown* weinig geslaagd vond, maakte de kunstenaar het grote schilderij (193x130 cm) in opdracht van het café van het Cirque d'hiver in Parijs om wat bij te verdienen en kon het schilderij daarom niet als proeve van Renoirs kunnen worden beschouwd.[58] Helene daarentegen had terecht wel veel waardering voor *De clown*, al doen haar argumenten wat vergezocht aan. Door slechts een clown, een stoel en twee loges af te beelden was de kunstenaar er volgens haar in geslaagd de essentie van het circus aan de beschouwer over te brengen. Daarmee bedoelde ze niet het gebouw, maar 'een geestelijk moment [...], dat eigenaardige mengsel van zottigheid en ernst, waarvan eigenlijk niemand iets begrijpt en dat toch iedereen boeit'.[59] Het schilderij was voor haar dan ook het bewijs dat Renoir een mens was die de diepere kant van het leven wist te peilen.

Net als in voorgaande jaren bleef het Duits expressionisme in Helenes collectie ontbreken. Dat is des te opmerkelijker, omdat zij in april 1915 met grote interesse Paul Fechters *Der Expressionismus* las, dat een jaar eerder was verschenen.[60] In zijn boek besprak Fechter de ontwikkeling van de moderne kunst vanaf het impressionisme via – wat hij als tegenbewegingen aanduidde – het postimpressionisme en symbolisme naar het expressionisme, kubisme en futurisme. In zijn inleidende hoofdstuk over het impressionisme schonk hij vooral aandacht aan de laatste twee exponenten van die stroming: Van Gogh en Cézanne. Volgens Fechter analyseerde geen van beide kunstenaars hun waarneming nog op puur rationele wijze om vervolgens de conclusie van dat onderzoek op het doek weer te geven, zoals de impressionisten hadden gedaan. Het proces waarbij de impressie van de omgeving wordt omgezet in de uitdrukking van een schilderij liep volgens hem bij Van Gogh en vooral bij Cézanne niet meer via het verstand, maar via het gevoel, waardoor zij een brug sloegen naar latere stijlen en de basis legden voor het expressionisme. Het belang van het expressionisme lag voor Fechter namelijk niet in het *kunnen* schilderen, maar in het *moeten* schilderen uit een innerlijke noodzaak om uitdrukking te geven aan het gevoel van het menselijke bestaan. Die noodzaak lag volgens hem van oudsher ten grondslag aan de Germaanse wereldbeschouwing, die Fechter de gotische ziel noemde en die ondanks de Renaissance en de opeenvolging van naturalisme, rationalisme en materialisme altijd weer naar boven was gekomen en het wezen van de Duitse geest bepaalde.

Een aantal van Fechters argumenten en redeneringen sloot nauw aan bij Helenes kunstopvatting. Zo beschouwde hij Van Gogh als de laatste mogelijkheid van het impressionisme en daarmee als het einde daarvan, en tegelijkertijd als het begin van een nieuwe periode in de schilderkunst, een opvatting die sterk doet denken aan Helenes geloof in Van Gogh als de alfa en omega van de moderne kunst. In zijn beschouwing van Van Gogh bracht Fechter terloops de achterliggende gedachte van zijn betoog ter sprake, die er ongetwijfeld mede voor gezorgd heeft dat Helene zo enthousiast was over het boek. In zijn betoog over het impressionisme noemde hij Van Gogh namelijk een van oorsprong Germaanse kunstenaar, met de bewering dat diens 'germanisches Natureinfühlen' onder de zuidelijke zon van Arles tot waanzin uitgroeide.[61]

Ook in latere hoofdstukken liet Fechter niet na om het belang van Germaanse kunst over het voetlicht te brengen. Sterker, het doel van zijn studie lijkt te zijn om de suprematie aan te tonen van het Duits expressionisme boven het Franse kubisme en het Italiaanse futurisme. In duidelijke bewoordingen stelde Fechter vast dat Frankrijk had voorgelopen in de ontwikkeling van moderne kunst met de introductie van het impressionisme, maar dat Duitsland die leidersfunctie inmiddels had overgenomen en daarmee de kunst verlost had uit het rationele keurslijf waarin zij zich sinds het impressionisme bevond.[62] Hoewel het kubisme en futurisme naar zijn mening evengoed als het expressionisme waren ontstaan als een reactie tegen het impressionisme, verweet Fechter die eerste twee stromingen te veel terug te vallen op het verstand en weinig anders te zijn dan 'Bluff'.[63]

Hans Thoma,
Huisje in bergland
(1914).

Helene vond het boek zo interessant dat ze haar nichtje Martha Heisinger vroeg om het adres van Fechter te achterhalen.[64] Vervolgens stuurde ze de schrijver een samenvatting die ze van zijn boek had gemaakt en die ze had laten illustreren met reproducties van schilderijen uit haar verzameling. Tweeënhalf jaar later, in december 1918, reageerde Fechter.[65] Hij was net terug van het front en vond pas toen Helenes attentie, waarvoor hij haar uitvoerig bedankte. Het gevolg was een jarenlange correspondentie tussen beiden, een enkele keer afgewisseld met een bezoek van Fechter aan Hoenderloo en Den Haag waar hij de collectie bewonderde. Kennelijk was hij onder de indruk van Helene, want hij omschreef haar later als 'eine der eigenartigsten, tatkräftigsten und großartigsten Frauen ihrer Generation'.[66]

Toen Helene in april 1915 *Der Expressionismus* las, was zij net enkele maanden terug uit Luik. Haar teleurstelling in de Nederlandse neutraliteit en de anti-Duitse stemming die zij in Nederland ervoer, zorgden ervoor dat zij zich ingroef in haar werk in de hoop na de oorlog het Duitse aanzien te kunnen verbeteren. Fechters boek moet haar bevestigd hebben in dat voornemen. Paradoxaal genoeg zorgde de publicatie er niet voor dat zij alsnog Duitse expressionisten aan haar collectie toevoegde. Zij bleef bij haar standpunt dat Duitsers voornamelijk literatoren en musici waren, waarmee ze haar ongemak ten aanzien van het ruige expressionisme verbloemde. Door in navolging van andere Duitse auteurs Van Gogh als Germaanse kunstenaar te beschouwen en als grondlegger van het expressionisme, achtte ze daarmee die loot van de moderne kunst voldoende vertegenwoordigd in haar collectie.[67]

Artur Hennig, *Grablegung* (1918).

De enige twee 'moderne' Duitsers van wie zij wel werk aanschafte, waren Hans Thoma en de minder bekende Artur Hennig. Van Thoma kocht zij onder meer *Huisje in bergland* (1914), wat typerend is voor het idyllische, pastorale thema dat hij vaak gebruikte en dat nauwelijks vernieuwend genoemd kan worden. Hennig daarentegen kan wel onder het expressionisme geschaard worden, en dan in het bijzonder onder het religieus expressionisme. Zodoende was hij de enige – maar weinig overtuigende – representant van het Duits expressionisme in de collectie Kröller-Müller. Zijn schilderijen kocht Helene in 1918 en 1919 voor bescheiden bedragen van gemiddeld honderdvijftig gulden.[68] Al deze werken hebben een fatalistisch Bijbels thema tot onderwerp, dat geïnspireerd was op het gevoel van ondergang en destructie, dat tijdens de oorlog alom tegenwoordig was in Duitsland.[69] De wijze waarop Hennig die religieuze thema's verbeeldde, overtuigde Helene ervan hem in 1920 de glas-in-loodramen voor Sint Hubertus te laten ontwerpen.

Behalve internationaal en landelijk gerenommeerde kunstenaars, bleef Helene ook werk kopen van kunstenaars die onder Bremmers hoede werkten en hoofdzakelijk door zijn cursisten werden verzameld, zoals Henri van Daalhoff en Truus van Hettinga Tromp. Kenmerkend voor de werken van deze eigentijdse kunstenaars was het spirituele realisme dat eruit sprak (kleurafb. 26).[70] Hoewel dit sterk appelleerde aan Helenes smaak, kocht zij tot aan de oorlog relatief weinig uit deze groep, zelfs wanneer het werk van Bart van der Leck wordt meegerekend. Tussen 1907 en 1914 verwierf ze vijfendertig schilderijen van typische Bremmer-kunstenaars, tegenover respectievelijk honderdvijftig en zestig werken van Nederlandse en internationale kunstenaars in diezelfde periode.[71]

Daar kwam enige verandering in tijdens de oorlog toen Bremmer steeds vaker een beroep op haar deed om kunstenaars te steunen. Niet alleen schafte Helene vanaf 1917 meer werk aan van zijn protegés, ook kocht ze steeds meer sculpturen. De tientallen dieren en mensen in brons of grès van de veelgevraagde Joseph Mendes da Costa, de houten en ivoren beeldjes van Jan Altorf en de bronzen van Lambertus Zijl gaven een nieuwe impuls aan de verzameling (kleurafb. 27, 28 en 29). Deze beeldhouwers maakten alle drie veel dierfiguren, waarbij Zijl zich onderscheidde door een vrije en robuuste aanpak, die afweek van het sterk gestileerde werk van Mendes da Costa en Altorf. De meeste van deze beelden kocht Helene van Bremmer of rechtstreeks van de kunstenaar, wat in het bijzonder gold voor het werk van Altorf dat buiten de invloedssfeer van haar adviseur nauwelijks bekend was.[72] Van hem kocht ze ruim dertig beelden, een indrukwekkend aantal voor deze wat roemloze kunstenaar.

Al sinds haar eerste verzameljaren had Helene beelden van eigentijdse beeldhouwers gekocht, maar toen Bremmer in 1915 een inventaris aanlegde van de aankopen tot dan toe, nam hij deze werken daarin niet op.[73] Hoewel deze beslissing deels ingegeven zal zijn door tijdgebrek – alleen het aantal schilderijen en tekeningen beliep toen al de driehonderd stuks –, blijkt hieruit ook dat hij het minder noodzakelijk achtte de sculpturen te registreren. Dat was geheel in navolging van de negentiende- en vroegtwintigste-eeuwse kunstopvatting waarin beeldhouwkunst minder aanzien genoot dan schilderkunst.[74] Die visie was dan ook in Helenes collectie terug te zien en verklaart ten dele de lacunes in haar beeldenverzameling.

Hoewel zij ook aan sculpturen een spirituele betekenis toekende, hadden deze anders dan de schilderijen veel meer een decoratieve functie. In de hiërarchie van de verzameling stonden de beelden dan ook dichter bij de vele tegels, vazen en Aziatische beeldjes die dienden om de schilderijenverzameling mee te larderen. Veelzeggend is de manier waarop Helene dacht over haar schrijftafel en de attributen die daarop een plek hadden. Voor haar bestond er nauwelijks een groter genoegen dan opkijken van een brief die zij aan het schrijven was en de beeldjes te zien die op haar bureau stonden, zoals een uil van Altorf of *Spinoza* van Mendes da Costa.[75] Haar plezier lag dan niet zozeer in die kunstwerken, maar in het geheel dat zij iedere dag zorgvuldig arrangeerde; een vaas met enkele bloemen, haar spreukenkalender, een klokje, de boeddha's en de sculpturen. Het was ondenkbaar dat daar bijvoorbeeld alleen Mendes da Costa's *Adam en Eva* had gestaan.

De ondergeschikte plaats die beeldhouwkunst innam, was waarschijnlijk de reden dat Helene sculpturen minder ambitieus inkocht dan schilderijen. Zo was ze weinig geneigd beelden uit het buitenland te betrekken, waardoor haar collectie nauwelijks inzicht gaf in de internationale ontwikkeling op dat gebied.[76] Ook van kunstenaars die zich naast het schilderen in meer of mindere mate toelegden op de beeldhouwkunst, zoals Degas, Matisse en Picasso, kocht ze geen sculpturen. Datzelfde gold voor een grootheid als Rodin, die meer dan menig ander kunstenaar in haar verzameling een doorslaggevende rol had gespeeld in de ontwikkeling van de moderne kunst rond de eeuwwisseling en dus mooi gepast zou hebben in de gedachte die aan haar verzameling ten grondslag lag.

Ook belangrijke kubistische beeldhouwers, onder wie Raymond Duchamp-Villon en Henri Laurens, schitterden door afwezigheid in de collectie. Een andere blinde vlek was het werk van Constantin Brancusi, dat Helene door de eenvoud en subtiele lijnvoering toch aangesproken zou moeten hebben. De sculpturen die ze wel verwierf, geven deels een verklaring voor deze hiaten. In de jaren twintig kocht Helene bijvoorbeeld veertien beelden van de Hongaarse kunstenaar Joseph Csáky, niet zijn kubistische werk uit de jaren tien, maar zijn latere, meer decoratieve sculpturen. Die voorkeur voor het klassieke, figuratieve beeld is ook te zien in de beelden van George Minne en Aristide Maillol, die eveneens een plek vonden in de collectie. Nog meer dan uit haar schilderijenverzameling, blijkt Helenes heimelijke hang naar het figuratieve dan ook uit het soort beeldhouwwerken dat zij kocht.

Dit aspect was van ondergeschikt belang bij haar talrijke aankopen van Chinese, Japanse en Egyptische beeldjes. Hoewel deze sterk figuratief waren, hechtte Helene vooral betekenis aan hun spirituele karakter. Binnen de overwegend moderne collectie lijken deze oude beeldjes niet op hun plek, net zomin als de antieke schalen, vazen en tegels die Helene tijdens de oorlog in groten getale bleef kopen. Volgens Bremmer waren die relieken uit vervlogen tijden juist belangrijk binnen de verzameling, omdat zij lieten zien dat spirituele kunst altijd en overal had bestaan.[77] Daarom stonden op het Lange Voorhout vitrines met Italiaanse kruiken en ivoren boeddha's in zalen, waar zij omringd werden door de schilderijen van Degouve de Nuncques.

Helenes fascinatie voor oude kunst bestond ook onafhankelijk van de betekenis die Bremmer eraan toekende. Vaak schreef zij in bewondering over de spekstenen priesters en Chinese wijzen die haar bureau sierden. '['t mooie Boeddhabeeldje] staat nu naast mij op het rekje & doet erg groot naast de kleine menschelijke menschjes van Mendes da Costa.'[78] Hun verfijning en de eeuwenoude geschiedenis die ze erin meende te zien (helaas bleek ze regelmatig vervalsingen te kopen), lijken haar meer aan te hebben gesproken dan de hierbij robuust afstekende moderne beeldhouwkunst.

De meeste van deze oude kunst verwierf ze bij Nederlandse kunsthandels, voornamelijk bij Komter in Amsterdam, die gespecialiseerd was in oude Japanse kunst en antiquiteiten, en een paar maal bij Kleykamp, die veel Aziatica verkocht.[79] Een keer was ze in de gelegenheid om in Egypte aankopen te doen, toen ze Anton en Sam vergezelde op een zakenreis naar de kantoren van Müller & Co in Suez en Port Said.[80] Ongetwijfeld heeft ze die gelegenheid te baat genomen om zo dicht bij de bron een paar mooie Egyptische beeldjes te kopen.

Haar hang naar oude beschavingen kwam duidelijk aan het licht toen zij in 1913 een tentoonstelling in het Louvre bezocht waar opgravingen uit Egypte werden tentoongesteld. Met gevoel voor drama schreef ze aan Sam: 'Welk een kultuur […] lag daarachter, een kultuur die zich door duizenden van jaren rustig heeft kunnen ontwikkelen afgesloten in dat

Vitrine met Aziatica en aardewerk omringd door schilderijen van William Degouve de Nuncques aan het Lange Voorhout.

van woestijn en bergen begrensde Nijldal.'[81] Nog meer bewondering had ze voor de oude cultuur toen ze een uur later in een chique Parijse theesalon zat, 'met zijn banale decors. Wat een val & een zelfverheffing sprak daaruit'. Haar tijdgenoten, inclusief kunstenaars, mochten dan denken dat het moderne leven de apotheose van beschaving was, Helene wist wel beter. Misschien zorgde ze ervoor altijd oude kunst in haar nabijheid te hebben om zichzelf daaraan te herinneren.

Anders dan hun handzame tegenhangers, lijken de monumentale beeldhouwwerken waartoe Helene opdracht gaf wel op hetzelfde niveau gestaan te hebben als de schilderijen in haar collectie. Een van de grootste commissies verstrekte zij in de zomer van 1915 aan Mendes da Costa, toen ze hem vroeg een standbeeld te maken van de Zuid-Afrikaanse generaal Christiaan de Wet. Sinds het einde van de Boerenoorlog in 1902 had ze contact gehouden met onder anderen voormalig president van Oranje Vrijstaat Martinus Steyn en zijn vrouw Tibbie, en was ze diep ontzag blijven koesteren voor de mannen die tot het bittere eind voor hun land hadden gevochten. Het standbeeld van De Wet was dan ook niet zozeer als eerbetoon voor hem persoonlijk bedoeld, als wel 'voor den mensch die iets wilde, die door overtuiging iets wist te bereiken, meer misschien dan door gaven'.[82] Op de Veluwe was ruimte genoeg om deze helden de eer te bewijzen die hun volgens Helene toekwam.

Haar keuze voor de uitvoering van dit betekenisvolle beeld viel op Mendes da Costa, omdat zij hem beschouwde als de grootste beeldhouwer van zijn tijd.[83] Ze legde dan ook een indrukwekkende deelverzameling aan van zijn werk, die uiteindelijk uit meer dan honderd beelden en beeldjes zou bestaan.[84] Inderdaad behoorde Mendes in Nederland tot de grondleggers van de moderne sculptuur en reikte zijn bekendheid tot in het buitenland. Vooral zijn gewoonte om details weg te laten, zijn vloeiende lijnen en zijn psychologische benadering van het onderwerp vonden veel navolgers.[85] Niettemin was hij vereerd met het vertrouwen dat de Kröllers hem schonken. Dit was dan ook een unieke opdracht, wat wel bleek uit de woorden van zijn assistente Emmie Mesdag, die aan een kennis schreef: 'Mendes mag er van maken, wat hij zelf wil en 't mag klaar zijn, wanneer 't hem past, een mooie opgave, vind je niet en dat in ons land, waar zo weinig grote bestellingen gemaakt worden.'[86] Logischerwijs accepteerde Mendes vrijwel onmiddellijk.[87]

Een paar maanden later liet hij een eerste maquette zien. Mendes deed zijn reputatie van vernieuwende kunstenaar eer aan door een ontwerp te presenteren dat inging tegen zo'n beetje alle conventies van de monumentale beeldhouwkunst.[88] In het oog sprong de massieve ronde sokkel, die niet alleen ter verhoging diende, maar een integraal onderdeel vormde van het beeld. Rondom had de kunstenaar uit het voetstuk acht paar koppen gehakt, ieder exemplaar met eigen gelaatstrekken, strijdlustig kijkend en tot de tanden toe bewapend. De sokkel leek daardoor op een fort of een bunker, een indruk die nog versterkt werd door de smalle openingen van waaruit de mannen de omgeving bespiedden. Het eigenlijke standbeeld van de generaal plaatste hij op een pilaar, die weer een plek kreeg op de sokkel.

De figuur zelf leek weinig op De Wet, maar daar ging het volgens Helene ook niet om. Mendes had hem vormgegeven zoals hij de generaal kende uit de heldenverhalen die over hem werden verteld, als een man die had bewezen dat 'een vaste wil bijna het bovenmenschelijke kan bereiken'.[89] Ondanks de ongebruikelijke vorm waren zij en Anton dan ook beide tevreden over het resultaat.[90] Het beeld werd uitgevoerd in hardsteen en in de zomer van 1921 op het Otterlosche zand geplaatst (kleurafb. 30). Dat gedeelte van het Veluwse grondgebied vonden de Kröllers namelijk het meest op Zuid-Afrika lijken, tenminste zo berichtte Helene vlak na de plaatsing aan de inmiddels bejaarde De Wet. Wat hij daar zelf van vond is onbekend, maar in de Zuid-Afrikaanse krant *Die Burger* werd melding gemaakt van een standbeeld waarin 'de grote ziel van 'n volksheld begrepen en weergegeven [was] door de grote ziel van 'n kunstenaar'.[91]

In werkelijkheid was Helene niet gelukkig met de plek die het standbeeld kreeg. Wat haar betrof, was het beter geweest wanneer De Wet op een terrein was geplaatst waar hij tegen een duidelijke achtergrond van begroeiing stond, maar noch Mendes en Bremmer, noch Anton deelden die mening.[92] Dat is maar goed ook, want juist de uitgestrektheid van de omgeving liet het dertien meter hoge beeld goed tot zijn recht komen. Midden op de verlaten zandverstuivingen biedt het nog altijd een bijna surreële aanblik. Eenzaam torent De Wet op zijn pilaar boven de vlakte uit, verdedigd door zijn soldaten in het voetstuk. Juist op die plek blijkt hoe goed Mendes in staat was om het beeld niet verloren te laten gaan in het landschap, maar het juist een extra dimensie te geven door de omgeving als strijdtoneel te laten figureren voor de turende koppen in de sokkel.

Vanaf 1918 zou Helene ook werk van John Rädecker kopen, een beeldhouwer die, net als Mendes een generatie eerder, tot de vernieuwers van zijn tijd behoorde. Ze voegde onder meer een aantal intrigerende koppen van brons en steen aan haar collectie toe en gaf hem in 1922 de opdracht om een beeld te ontwerpen dat een plek moest krijgen op haar Veluwse landgoed. Rädecker en zijn vrouw reisden naar Hoenderloo om daar met Helene de opdracht te bespreken. Na die eerste ontmoeting omschreef zij hen aan Sam als 'aardige oermenschen, die erg Amsterdamsch praten, maar overigens niet onbeschaafd zijn'.[93]

Als gevolg van faalangst zou de voltooiing van het beeld tot 1926 op zich laten wachten – en zou de samenwerking tijdelijk stopgezet worden door Helene – maar uiteindelijk kon zij op de driesprong nabij Sint Hubertus een levensgrote, stenen hinde plaatsen.[94] Voor het jachthuis zelf ontwierp Rädecker een imposante gevelsteen van Maulbronner zandsteen, waarop in reliëf een hertenschedel met gewei was uitgebeeld.[95] De steen werd nooit opgenomen in de pui, maar kreeg als sculptuur een plek in de omringende natuur (kleurafb. 31).

Afgezien van de opdrachten die Helene aan Rädecker verstrekte, blijkt haar waardering voor hem uit haar pogingen om zijn werk in het buitenland onder de aandacht te brengen. In 1928 schreef ze Karl Koetschau, directeur van het Städtische Kunstmuseum in Düsseldorf een brief, waarin ze hem attendeerde op twee werken van de kunstenaar.[96] Korte tijd later schafte Koetschau niet twee, maar zelfs vier beelden van hem aan.

Hoewel de toename van het aantal werken dat Helene uit de Bremmerstal kocht voornamelijk veroorzaakt werd door de introductie van beeldhouwers, voegde zij gedurende de oorlog ook diverse houtsneden van Julie de Graag en schilderijen van Bertha van Hasselt, Jaap Nieweg en Henri van Daalhoff aan haar collectie toe, kunstenaars die nooit op bijzonder grote bekendheid zouden kunnen bogen.[97] Ook kocht zij in 1917 voor het eerst twee schilderijen van Charley Toorop, de dochter van Jan Toorop, die sinds enkele jaren met enige regelmaat exposeerde.[98] Zij werd door Bremmer gepropageerd, maar kon in tegenstelling tot de eerder genoemde kunstenaars vanaf de jaren twintig ook op een publiek rekenen buiten zijn cursistenkring. Niettemin leunde ook zij sterk op (financiële) steun en opdrachten van Bremmer en zijn vermogende entourage.

Het is geen toeval dat Helene juist tijdens de oorlog meer kunst uit onbekende hoek kocht. Bremmer bracht deze, vaak toch al armlastige, kunstenaars onder haar aandacht om hen in deze jaren van broodnodige extra steun te voorzien. Direct na de oorlog betuigde Bremmer zijn dank voor Helenes medewerking door haar met kerst 1918 een schilderij van zijn eigen hand te schenken. Hij had *Dennenbomen* in 1912 geschilderd tijdens een verblijf met zijn gezin op De Harscamp. Het werk was een zeldzaamheid, aangezien hij sinds zijn jeugdjaren nog maar nauwelijks

H. P. Bremmer, *Dennenbomen (Harskamp)* (1912).

zelf kunst maakte. Al die jaren had hij het werk bewaard, 'tot zich een heel bijzondere gelegenheid voordeed om er iemand een plezier mee te doen'.[99] Die gelegenheid diende zich aan nu hij haar en Anton wilde bedanken voor hun bereidheid om tijdens de oorlog jonge kunstenaars 'steeds in de ruimste mate' te helpen.

Overigens hielp Helene kunstenaars niet zonder meer. Zo kreeg zij in september 1915 van de glazenier Gottfried Heinersdorff uit Berlijn de vraag of zij misschien een opdracht wilde verstrekken aan Thorn Prikker.[100] Heinersdorff was mede-eigenaar van Puhl & Wagner, een van de meest gerenommeerde ateliers voor glasmozaïek en glasschilderkunst in Duitsland, die onder anderen Thorn Prikker had gevraagd om ontwerpen te maken voor de gebrandschilderde ramen die zij vervaardigden.[101] Ondanks haar vroegere waardering voor de kunstenaar weigerde Helene op het verzoek in te gaan. Haar belangrijkste argument was dat zij bouwde voor de toekomst en zij daarom een streng esthetisch programma moest handhaven.[102] Het tegenwoordige werk van Thorn Prikker paste daar volgens haar niet meer in. De fijnzinnigheid die zij in het verleden in zijn schilderijen en tekeningen bewonderd had, was verdwenen en daarvoor in de plaats was een overheersende nadruk op kleur gekomen. Op zichzelf vond ze dat kleurenpalet mooi, maar het was ten koste gegaan van de inhoud en de uitvoering, waardoor zij het werk leeg vond. In het oeuvre van Thorn Prikker is na zijn verhuizing naar Duitsland in 1903 inderdaad een verschuiving te zien.[103] Maakte hij in de jaren 1890 hoofdzakelijk symbolistisch werk, rond de eeuwwisseling liet hij zich in toenemende mate beïnvloeden door de art nouveau. Na zijn vertrek naar Krefeld legde hij zich steeds meer toe op monumentale opdrachten zoals wandschilderingen en glas-in-loodramen. Vanaf dat moment werd zijn lijnvoering expressiever en begon hij met steeds grotere vlakken te werken.

Deze abstrahering was voor Helene een teken dat de kunstenaar het spirituele in zijn werk losliet ten bate van de vormgeving. Een opvatting waar de diepreligieuze Thorn Prikker het ongetwijfeld grondig mee oneens zou zijn geweest. Eenzelfde verwijt had Helene de 'ultramoderne' kunst gemaakt, die zij in 1912 tijdens de Sonderbundtentoonstelling had gezien. Spiritualiteit in kunst lijkt voor haar dan ook toch vooral samen te hebben gehangen met verfijning en enige mate van figuratie. Zodra kunstenaars te expressief of abstract werkten, werd volgens haar de vorm dominant en ging het evenwicht verloren tussen het diepere gevoel dat aan een werk ten grondslag lag en de wijze waarop dit verbeeld werd.

Heinersdorff reageerde op Helenes kritische opmerkingen met een brief waarin hij haar ten dele gelijk gaf, maar haar attendeerde op de nieuwe weg die Thorn Prikker was ingeslagen. Daarin maakte hij gebruik van 'abgewogene Aufteilungen [und] geistvolle Linienverteilung mit wenigen Farbenflecken'.[104] Gecharmeerd door de bevlogenheid en kennis waarmee Heinersdorff Thorn Prikker verdedigde, nuanceerde Helene vervolgens haar uitlatingen en vroeg hem om haar enkele reproducties van Prikkers nieuwe werk toe te sturen.[105] Blijkbaar toch ook aangesproken op haar verantwoordelijkheid, liet ze hem bovendien weten dat ze de kunstenaar inmiddels had gevraagd om een serie tekeningen te vervaardigen.

Vermoedelijk behoorden tot die opdracht de vier schetsen van de legende van St. Julien, die zij in 1916 van Thorn Prikker kocht en die sterk afwijken van de andere werken die ze tijdens de oorlog van hem kocht. De zeven andere schilderijen en tekeningen, dateerden namelijk allemaal uit zijn vroegere Nederlandse jaren. Het oudste werk was *Avondlandschap* uit 1890, dat duidelijk geïnspireerd was op de Haagse School, de stijl van Thorn Prikkers leermeesters. Via de vader van de kunstenaar kwam Helene in 1918 in het bezit van twee topstukken: *De bruid* (1892-1893, kleurafb. 32) en *Madonna in tulpenland* (1892), waarin de schilder voor het eerst blijk gaf van een eigen stijl, die een 'hogere waarheid' moest uitdrukken.[106] Thorn Prikker maakte daarvoor gebruik van de christelijke iconografie, die hij vormgaf met sierlijke lijnen, een ingetogen kleurenpalet en vooral een symbolistisch karakter.

De oorlog veranderde Helenes grootschalige wijze van kopen niet. Als zij al een verzamelaar was, dan was ze niet het soort dat aasde op een enkel begeerd voorwerp en niet rustte tot ze het geliefde object aan haar

Willem van Konijnenburg, *Damherten* (1898).

collectie kon toevoegen. Zelden was het haar om een enkel kunstwerk te doen, maar bijna altijd om het grote geheel. Voor haar gold het einddoel: een monument van cultuur nalaten waarin de ontwikkeling van moderne kunst inzichtelijk werd gemaakt. Dat betekende geen precisieaankopen, maar veel grootschalige overnames.

Zo spendeerde ze in 1914 en 1915 bij kunsthandel Goldschmidt in Frankfurt duizenden guldens aan schilderijen van Degouve de Nunques, Monet en Thoma.[107] In september 1917 sloeg ze een grote slag door voor ruim twaalfduizend gulden dertig werken uit de verzameling van haar voormalige buurman Carel Henny over te nemen. Even voortvarend ging ze te werk bij veilinghuis Mak in Dordrecht, waar ze *Damherten* (1898) van Willem van Konijnenburg kocht en daar dertig weinig indrukwekkende tekeningen bij op de koop toenam. Het schilderij kreeg een vaste plek in de eetkamer van Sint Hubertus, waar het vastgeklonken werd aan de muur om er tot op de dag van vandaag te blijven hangen.[108] Tenslotte was het niet de bedoeling dat daar iets aan de inrichting veranderde.

Opzienbarend waren Helenes aankopen uit december 1917. Bij de kunsthandel van Paul Cassirer kwam de collectie van de econoom en mecenas Richard von Kaufmann onder de hamer, met werken van Italiaanse, Nederlandse, Franse en Duitse meesters uit de Middeleeuwen en de Renaissance.[109] Tijdens deze veiling wist Helene behalve op een vroegrenaissancistisch schilderij van Paolo di Giovanni, de hand te leggen op een *Pietà* van de befaamde vijftiende-eeuwse Zuid-Nederlandse kunstenaar Gerard David (kleurafb. 33). Ook verwierf ze bij deze gelegenheid een beeld van Sint Sebastiaan uit de tweede helft van de vijftiende eeuw, het *Portret van een moeder met dochter* (circa 1560) van de zestiende-eeuwse Duitse meester Barthel Bruyn de Jonge, en een dubbelzijdig schilderij van diens vader, Barthel Bruyn de Oude (kleurafb. 34 en 35).

Helenes waardering voor de Renaissance – waar volgens haar de ont-

Eetkamer in Sint Hubertus, met tegen de achterwand *Damherten*.

wikkeling van de moderne kunst begonnen was – bleek wel uit de bedragen die ze tijdens deze veiling bood. Voor ieder van de eerste vier kunstwerken betaalde ze een bedrag tussen de 20.000 en 28.000 gulden, wat zij zelfs nog nooit voor een Van Gogh betaald had.[110] Met het schilderij van Barthel Bruyn de Oude ging ze nog verder. Het was een bijzonder tweezijdig beschilderd paneel uit 1524. Aan de voorzijde was in tempera het portret van een vrouw te zien, aan de achterzijde een vanitasstilleven met een schedel en een kandelaar. Helene kocht het werk voor 162.000 Reichsmark, omgerekend een kleine 67.000 gulden. Zelfs voor haar begrippen was dat een astronomisch bedrag.

Met haar dure aankopen was zij deze dag geen uitzondering. In de krant werd er schande gesproken van de bedragen die geboden werden tijdens de Kaufmann-veiling. De kopers leken volgens een journalist last te hebben van acute 'Kaufparoxysmus'.[111] Deze voor oorlogstijd wonderlijk hoge bedragen waren nog opvallender omdat de prijzen niet door Franse of Engelse galeristen werden opgedreven. Bij afwezigheid van verzamelaars uit vijandelijke landen, bestond het publiek dus voornamelijk uit vermogende Duitsers en enkele bezoekers uit bondgenootstaten en neutrale landen, waaronder Helene.

Ook na de oorlog zette zij haar spectaculaire manier van collectieopbouw voort. Zo kocht ze in september 1919 ruim dertig werken uit de nalatenschap van de Haagse kunstverzamelaar Ernst Valentin Ahn, waardoor zij haar collectie kon verrijken met nog eens drie schilderijen, vijf tekeningen en twee aquarellen van Jan Toorop en een aantal tekeningen van onder anderen Willem Maris en Andreas Schelfhout.

De prijzen die ze betaalde, werden na de oorlog aanvankelijk niet lager. Per werk bleef ze tussen de paar honderd en twee- à drieduizend gulden uitgeven, met drie opvallende uitschieters. In oktober 1918, vlak voor het einde van de oorlog, kocht ze bij Frederik Muller *Paysanne enfournant son pain* (1854) van Jean-François Millet voor maar liefst 48.000 gulden (kleurafb. 36). Op 3 december van dat jaar nam zij Van Goghs *Roze perzikboom (Souvenir de Mauve)* (1888) over van Mauves dochter Elisabeth van den Broek-Mauve voor 25.000 gulden. Daarmee werd het schilderij het duurste werk van Van Gogh dat zij tot dan toe kocht. Enkele maanden later, in februari 1919, volgde *De clown* van Renoir waarvoor ze nog eens 40.000 gulden betaalde.

Was de verzameling voor de oorlog al indrukwekkend en professioneel van opzet, met iedere aankoop vanaf 1914 werd deze museale status meer bevestigd. Al in 1913 was Helene samen met haar toenmalige assistente Titi Kisjes begonnen de verzameling te inventariseren. Dat deed zij deels omdat de verzekering daarom vroeg, maar ook omdat ze voor zichzelf overzicht wilde scheppen: 'Ik heb een behoefte dat het in orde komt & ik maar mijn boek behoef open te slaan om ieder detail te weten.'[112] Twee jaar later legde Bremmer alle aankopen sinds 1907 vast, waarbij hij nauw-

De eerste catalogus van de schilderijencollectie (1917).

keurig ieder schilderij, beeld of voorwerp omschreef en aangaf waar en voor welk bedrag het was verworven.[113] Vanaf dat moment werd ieder nieuw werk zo snel mogelijk na verwerving bijgeschreven in een aankoopboek.[114]

Het museale karakter van de verzameling kreeg zijn definitieve beslag in 1917 toen de eerste officiële catalogus verscheen. Hierin gaf Bremmer een alfabetisch overzicht van de collectie zoals deze op 1 april van dat jaar bestond. Van iedere kunstenaar nam hij een eenregelige biografische aantekening op, waarna hij de werken kort omschreef. In het voorwoord vermeldde hij dat de collectie op maandag en vrijdag van tien tot vier bezocht kon worden na schriftelijk verzoek, in te dienen bij mevrouw Kröller. Geïnteresseerden waarschuwde hij dat zij niet alle kunstwerken uit de catalogus op het Lange Voorhout zouden aantreffen, omdat een deel van de collectie zich in het woonhuis van de familie bevond. En 'daar van tijd tot tijd omwisseling der stukken plaatsvindt, was het niet doenlijk, deze in den catalogus nader aan te duiden'.[115]

Getuige de vele dank- en bedelbriefjes die Helene ontving, waren kunstenaars buitengewoon gelukkig met deze rijke suikertante. De omgang met haar was over het algemeen echter strikt zakelijk. Met uitzondering van Floris Verster en later Dirk Nijland, ontwikkelden zich tussen Helene en de vele kunstenaars die zij met aankopen, opdrachten en contracten ondersteunde, geen intensieve vriendschappen.[116] Dat kwam niet alleen doordat zij een *Einzelgänger* was, maar nog veel meer door haar patriarchale opvatting over de verhouding mecenas-kunstenaar: wie betaalt bepaalt.

Na de schermutselingen met Van der Leck over zijn artistieke ontwikkeling, die resulteerden in de beëindiging van het contract, liep de broze verhouding in 1921 opnieuw een deuk op. Toen de kunstenaar in juni van dat jaar een aantal exemplaren onder ogen kreeg van zijn affiche voor de Batavierlijn dat hij 1915/1916 had gemaakt, kwam hij er tot zijn ontsteltenis achter dat deze zonder zijn medeweten aangepast was.[117] Om de leesbaarheid te verbeteren had Helene drie tekstvlakken van een donkere ondergrond laten voorzien en de typografie aangedikt, maar zonder Van der Leck hiervan op de hoogte te stellen. Hoewel de kunstenaar over het algemeen openstond voor aanpassingen in zijn werk, was deze gang van zaken hem toch te gortig. Boos schreef hij een brief aan Bremmer, waarin hij hem vroeg zijn beklag te doen bij de Kröllers om zo te voorkomen dat deze 'vervalschte en naar het oorspronkelijke verbanaliseerde exemplaren' nog gedrukt zouden worden.[118]

Joseph Mendes da Costa, *De filosoof* (1920-1924) in de tuin van Sint Hubertus.

De samenwerking met Mendes da Costa liep uiteindelijk eveneens spaak. Helenes belofte om hem de vrijheid te geven 'er van [te] maken, wat hij zelf wil', kon zij in de praktijk maar moeilijk nakomen.[119] Nog terwijl Mendes doende was met het standbeeld van De Wet, vroeg Helene hem in 1920 een ontwerp te maken voor een monument voor president Steyn. Na drie jaar hard werken presenteerde hij een bank, waar halverwege de rugleuning een beeld van de oud-president uit oprees. Hij had de bank te midden van de Veluwse natuur bedacht, als uitnodiging aan wandelaars om plaats te nemen en de voormalige volksleider om raad te vragen.[120] Waar Helene voorheen geen enkel probleem had gezien in de geringe analogie tussen De Wet en zijn standbeeld, vond ze deze keer de gelijkenis te zeer tekortschieten – bij gebrek aan een afbeelding had Mendes de president maar voorzien van zijn eigen gezicht – en kon ze zich niet verenigen met de extatische glimlach die de beeldhouwer aan Steyn had gegeven.[121] Ze trok de opdracht in.

Bremmer viel de dubieuze eer te beurt deze boodschap over te brengen aan Mendes, die begrijpelijkerwijs onaangenaam verrast was. Per brief liet hij aan Helene weten dat zij 'in één slag alles stuksloeg wat ik na driejarige concentratie op dat ene ding verkreeg'.[122] Dankzij intensieve bemiddeling van Bremmer kwamen beide partijen uiteindelijk tot het compromis dat Mendes de bank toch in hardsteen zou uitvoeren, maar dat deze elders en onder een andere naam een plek kreeg. Zodoende werd het monument jaren later onder de titel *De filosoof* in de tuin van Sint Hubertus geplaatst. Van de hartelijke correspondentie uit de beginjaren van hun samenwerking bleef echter niets over.

De samenwerking in deze zelfde periode met Artur Hennig was evenmin harmonieus. Eind 1915 had Helene Bart van der Leck opdracht gegeven het ontwerp te maken voor ramen in de hal van Sint Hubertus.[123] Van der Leck was echter vaak onzeker over zijn werk, waardoor de totstandkoming van schilderijen en opdrachten moeizaam en traag verliep.[124] Tot een ontwerp kwam het dan ook niet en na de ontbinding van zijn contract in 1918 moest Helene op zoek naar een nieuwe kunstenaar die ervaring had met glaskunst. Ze kwam uit bij Artur Hennig, die in 1920 een serie ramen ontwierp met de legende van Sint Hubertus als onderwerp, evenals ramen voor onder meer de gaanderij en het trappenhuis. De ramen werden vervaardigd bij Puhl & Wagner in Berlijn, het glazeniersbedrijf van Gottfried Heinersdorff. Toen deze in 1922 werden geïnstalleerd, was Helene tevreden over de kwaliteit, maar keurde zij ze toch af.[125] Volgens haar waren de ramen zo donker, dat men bij binnenkomst van de hal wel de voorstelling van het glas-in-lood zag, maar de architectuur van de hal in schemer gehuld bleef. Hennig kreeg de opdracht een lichtere serie te maken, die in 1923 in de kozijnen werden gezet.

De opvallend lange periode die verstreek tussen het moment waarop het ontwerp klaar was en die waarop de ramen werden geplaatst, was niet te wijten aan Hennig, noch aan Heinersdorff. De twee heren wisselden menige brief uit, waarin zij hun onvrede over Helene ventileerden. Zo klaagde Hennig in januari 1921 dat hij zijn opdrachtgeefster eind december geschreven had dat zijn ontwerpen klaar waren en of zij ermee akkoord ging dat hij deze naar Puhl & Wagner stuurde, zodat zij met de uitvoering konden beginnen.[126] Na acht dagen kreeg hij bericht dat Bremmer hierover moest oordelen en dat hij vanzelf bericht zou krijgen over de verdere gang van zaken. Eind januari had hij nog steeds niets gehoord. Pas vier maanden later kreeg Puhl & Wagner opdracht om Hennigs ontwerpen in productie te nemen. Ook Heinersdorff had moeite met Helene, die een paar keer protesteerde omdat de facturen steeds hoger uitvielen.[127] Dit was te wijten aan de devaluatie van de mark na de oorlog, maar even goed aan de veranderende eisen die de opdrachtgeefster zelf stelde en de hoge kwaliteit waar het atelier om bekendstond. Uiteindelijk leidde de wederzijdse onmin ertoe dat Helene van Hennig geen enkel werk meer kocht en evenmin nog opdrachten verstrekte aan Puhl & Wagner.

Ook met Bremmer had Helene af en toe flinke aanvaringen. Haar adviseur reageerde in maart 1915 als door een wesp gestoken toen ze hem liet weten dat zijn rekening niet klopte.[128] Bij de post 'bouwkundige adviezen' had hij duizend gulden opgevoerd terwijl zij de maanden dat zij in Luik en Duitsland was, geen beroep op hem had gedaan. Volgens Bremmer had hij de post slechts op haar uitdrukkelijke verzoek opgevoerd. Hij was zo geïrriteerd dat hij zelfs dreigde met zijn lessen bij haar thuis te stoppen. Zo ver kwam het niet, want met een lovende brief over zijn verdiensten wist Helene de gemoederen te sussen.[129] Toch bleef er iets sluimeren. Nog geen vier maanden later schreef Bremmer haar 'te voelen dat U en Mijnheer Kröller wel eens de idee hebt dat wat U door mij verworven hebt van kunst U tegen billijker prijs gehad zoudt hebben zonder mij'.[130] Met oprechte verbazing ontkrachtte Helene dit vermoeden. 'Heeft U werkelijk gedacht Mijnheer Bremmer, dat een dergelijk inzicht zich van mij meester had kunnen maken & ik had U dan nog in mijn huis ontvangen, of voor een les of voor wat anders? Dan kent U mij slecht.'[131]

Het lijkt erop dat Bremmers eigen geweten hem hier parten speelde, want wel degelijk hield hij er bij de Kröllers een ander prijsbeleid op na dan bij andere verzamelaars.[132] Zo wilde hij in het geval van de kunstenaars die onder zijn hoede werkten, er nog wel eens een Robin Hood-achtige strategie op na houden. Zijn rijkste leerlinge spiegelde hij dan voor dat een bepaald schilderij bijzonder gewild was, wat hem een alibi verschafte om de maximale prijs te vragen. Dit terwijl de kwaliteit lang niet altijd navenant was. De behaalde winst behield hij niet zelf, maar kwam ten goede aan de betreffende kunstenaar. Wat minder nobel waren de betrekkingen met de Parijse kunsthandelaar Rosenberg. Bij hem kon Bremmer zeer voordelig inkopen, maar hij rekende dit voordeel niet door aan Helene.[133] Voor Csáky's *Tête de Femme* (1923) kreeg zij bijvoorbeeld een rekening die vijfmaal hoger was dan de prijs die Rosenberg ervoor had betaald, terwijl haar adviseur voor eenzelfde sculptuur slechts anderhalf maal de inkoopprijs betaalde. Ook hier weer verdween de winst niet in Bremmers eigen zak, maar een groot blijk van loyaliteit was deze handelswijze evenmin.

Bremmers bron van aankopen was ook niet altijd even helder.[134] Hij wilde niet de indruk wekken dat hij de Kröllers slechts werk uit zijn eigen voorraad verkocht, waardoor het zou lijken dat hij zich niet door kwaliteit, maar door eigenbelang liet leiden. Daarom kocht hij namens hen vaak bij kunsthandels of direct bij de kunstenaar. Via bevriende kunsthandelaren kwam een deel van zijn eigen voorraad echter alsnog in de collectie van Helene terecht. De twee schilderijen uit 1919 van Henri van Daalhoff, die Bremmer kocht bij de Utrechtse kunsthandel Huinck bijvoorbeeld, waren gemaakt toen de kunstenaar nog bij hem onder contract stond. Vermoedelijk verkocht Bremmer ze aan Huinck, of hij gaf ze bij hem in consignatie, om ze vervolgens voor de Kröller-collectie te kopen. Financieel ging hij hier niet of nauwelijks op vooruit, maar hij versluierde wel in welke mate hij uit zijn eigen voorraad putte. Op die manier voorzag hij bevriende handelaren bovendien van leuke extra inkomsten.

Dit alles viel buiten het voorstellingsvermogen van Helene. Zij had een blind vertrouwen in haar adviseur en beschikte bovendien over zo'n groot kapitaal dat de hogere prijsstelling die Bremmer hanteerde, haar volledig ontging. Haar vrees was vooral dat hij te veel op eigen houtje kocht. Soms stuurde ze hem, voordat hij weer eens naar Parijs ging, een briefje waarin zij nadrukkelijk vroeg niets zonder overleg voor haar te kopen, want, zo schreef ze aan Sam: 'de man is onverbeterlijk. Hij glipt je altijd weer door de vingers.'[135]

Ondanks de strubbelingen wist Helene tijdens de oorlog haar collectie op opzienbarende wijze uit te breiden. In totaal kocht zij tussen 1907 en 1919 voor ruim 1,2 miljoen gulden kunst. Na de oorlog werd haar verzameling, mede dankzij de waardestijging van de Van Goghs, voorzichtig getaxeerd op vijf miljoen gulden.

Hoe groot Helenes teleurstelling in haar kinderen ook was en hoe verheven haar ambities voor de toekomst, zonder de wel zeer wereldse praktijken van Müller & Co had zij haar plannen niet kunnen verwezenlijken. De winst die de firma tijdens de eerste oorlogsjaren maakte was ongekend, met een balanstotaal dat rond de zestig miljoen gulden schommelde.[136] Dankzij de schreeuwende vraag naar zowel ijzer en graan als de verscheping van beide – precies die takken waarin Müller & Co was gespecialiseerd – floreerde het bedrijf als nooit tevoren.[137] De zaken breidden zich uit over de hele wereld, zich vertakkend over goudmijnen in Siberië, grootschalige graanzaken in Amerika, vleesindustrie in Argentinië, zeewierexploitatie in Australië en talloze scheepvaartlijnen, die de hele wereld bevoeren.[138] Had Anton aan het begin van de eeuw per jaar ruim anderhalve ton aan dividend ontvangen, in 1910 was dat al opgelopen tot meer dan 650.000 gulden.[139] De oorlog zou hier nog een schepje bovenop doen. Aan het einde van de jaren tien, op het hoogtepunt van zijn succes, werd zijn persoonlijke vermogen op twintig miljoen gulden geschat, wat hem tot een van de rijkste Nederlanders van zijn tijd maakte.[140]

Die positie vertaalde zich in de honderden schilderijen en beeldhouwwerken die Helene kocht, in de bouw van Sint Hubertus en de aanschaf van steeds meer stukken grond op de Veluwe. Het is daarom weinig verbazingwekkend dat de financiële voorspoed van deze regeringsadviseur in oorlogstijd in 'min of meer publieke beschuldigingen' ter discussie werd gesteld.[141] Zo staken rond 1916 geruchten de kop op dat Müller & Co zich schuldig maakte aan het incasseren van miljoenen guldens aan oorlogswinsten door de verscheping van graan. In 1917 werd door het ministerie van Landbouw een commissie van onderzoek in het leven geroepen, die moest nagaan in hoeverre Müller & Co zich aan dergelijke onoorbare praktijken schuldig maakte. De conclusie, na volledige inzage in de bedrijfs- en privéboekhouding, luidde dat het bedrijf de vrachtcontracten niet voor eigen voordeel had aangewend en dat alle kortingen die de firma van overheidswege had gekregen weer waren teruggevloeid in de staatskas.

Hoe mooi dat ook klinkt, hierbij moet wel vermeld worden dat de minister die opdracht gaf tot dit onderzoek Folkert Posthuma was, een pro-Duits politicus en een goede bekende van Anton met wie hij gedurende de oorlog intensief samenwerkte. Volgens sommige critici liet Posthuma zijn oren zelfs geheel naar Kröller hangen en hadden allerlei tijdelijke, door het overbelaste ministerie ingestelde hulpinstellingen 'naar de orders van Kröller te luisteren'.[142] Zelfs als deze belangenverstrengeling van geen enkele invloed is geweest op het resultaat van het graanonderzoek, is het maar de vraag in hoeverre de regering genegen was om aanleiding te geven tot een financieel schandaal rond een van haar belangrijkste diplomaten.

Wat het onderzoek ongetwijfeld bemoeilijkt zal hebben, is het gegeven dat Müller & Co tot 1917 niet verplicht was om een toelichting op de boekhouding te geven. Tenslotte was het bedrijf onafhankelijk van externe financiers en geheel in handen van Anton en Helene, met Willem Kröller als stille vennoot. Hier kwam in 1917 verandering in. Door de snelle groei tijdens de eerste oorlogsjaren en grootschalige investeringen in het buitenland, was Anton genoodzaakt kapitaal van derden aan te trekken en gaf daarom voor tien miljoen gulden cumulatief preferente aandelen uit.[143] Zodoende wist hij het bedrijfskapitaal te vervijfvoudigen en de stijgende uitgaven te bekostigen. De consequentie van deze uitgifte was wel dat de firma nu beursgenoteerd was, een Raad van Advies moest aanstellen en dat van buitenaf financiers het firmatoneel betraden, die recht hadden op een rente-uitkering van zes procent en een deling in de winst. Van een familiebedrijf was vanaf dat moment geen sprake meer.

Opvallend is dat bij de beursgang niet Toon, Wim of Bob, maar Sam van Deventer 25.000 gulden aan commanditaire aandelen kreeg.[144] Hij werd aangewezen als opvolger van Anton en Helene, mochten zij komen te overlijden. Was Müller & Co door de uitgifte van aandelen al geen familiebedrijf meer, met de benoeming van Sam als plaatsvervangend beherend vennoot en directielid van het imperium was dat zeker niet meer het geval.

Toch bleef Anton vermogen onttrekken aan de firma voor privédoeleinden. Voorheen had hij onder meer al de aankoop van de Veluwse gronden, Groot Haesebroek en de bouw van Sint Hubertus door de Algemene Exploitatie Maatschappij nv laten bekostigen, het dochterbedrijf waarin bijvoorbeeld ook de kantoorpanden onder waren gebracht.[145] Deze Exploitatie Maatschappij werd gefinancierd door Müller & Co, zodat met de privé-uitgaven verscheidene miljoenen aan het vermogen van het moederbedrijf werden onttrokken.[146] In een uitvoerig memorandum dat Anton jaren later schreef om zijn financiële beheer te verantwoorden, maakte hij onomwonden duidelijk dat hij hierin geen enkel kwaad zag. Tot 1917 waren alle aandelen van het dochterbedrijf tenslotte in handen van, zoals hij het zelf omschreef, 'de familie-vennootschap Wm. H. Müller & Co'.[147] Verder hadden hij en Helene naar eigen zeggen een groot deel van hun winst nooit opgenomen maar in de firma gelaten, waardoor Müller & Co geen last ondervond van hun kooplust. Ook werden alleen de grondaankopen en gebouwen gefinancierd door het bedrijf; de kunstcollectie werd betaald van Antons persoonlijke kapitaalrekening.[148]

Toch zou hij nooit toelichting geven over de hoogte van het bedrag dat hij en Helene onaangeroerd in Müller & Co zouden hebben gelaten en in welke verhouding dat stond tot de kosten die zij op naam van de Exploitatie Maatschappij maakten. Bovendien veranderde er ondanks de beursgang na 1917 weinig in de manier waarop de Kröllers een beroep deden op de dochteronderneming. De bouw van Sint Hubertus was in 1917 in volle gang en werd nog steeds betaald door de Exploitatie Maatschappij. De astronomische bedragen die de Afdeling Gebouwen begin jaren twintig zou spenderen aan Helenes museumplannen en de kostbare verbouwing van Groot Haesbroek tien jaar later – ook niet bepaald behorend tot de *core business* van Müller & Co – kwamen eveneens op rekening van de werkmaatschappij. Door op deze manier te investeren in niet-rendabele (privé)bezittingen holden Anton en Helene het bedrijf in feite uit en stelden zij hun eigen belang voor dat van hun aandeelhouders.

Tot aan de jaren twintig werd daartegen geen bezwaar gemaakt, want de bedragen die Müller & Co uitkeerde, waren fors en conform afspraak, waardoor niemand wat vermoedde.[149] Daarnaast ontbrak het bij Müller & Co aan kritisch toezicht. De Raad van Advies die in 1917 werd ingesteld, bestond onder anderen uit Willem Westerman en Piet Tienhoven, respectievelijk president en directeur van Robaver, die als huisbank van Müller & Co niet bepaald belangeloos was. De belangenverstrengeling tussen de twee ondernemingen bleek ook wel uit het gegeven dat Anton op zijn beurt bij Robaver een commissariaat bekleedde. Van een onafhankelijk controlerend orgaan was dan ook geen sprake. Hierdoor kon de overmoed van Anton, die sinds zijn aantreden als directeur in 1889 succes op succes had geboekt, tot gevaarlijke hoogten stijgen zonder dat hij werd teruggefloten.

Aanvankelijk was dat ook niet nodig. Müller & Co ging als een kapitaalkrachtig en gezond transportbedrijf de oorlog in. Maar overmoedige investeringen en de grote toename van het aantal bedrijfsonderdelen sloegen de eerste bres in de financiële fundering. Omvangrijke leningen om die gaten te dichten, deden de rest. Zo besloten Anton en Sam, gedreven door de goede resultaten uit mijnen in Noord-Afrika, Spanje en Rusland, ook mijnen in onder meer Chili te gaan exploiteren. Waar zij echter te weinig rekening mee hielden, was dat het dat land bijna geheel ontbrak aan een infrastructuur om de gedolven producten te kunnen vervoeren. De firma moest daarom voor tientallen miljoenen investeren in de bouw van wegen, spoorlijnen en havens.[150] Dit was een van de redenen om obligatieleningen en aandelen tegen een hoge rente uit te geven, een gevaarlijke constructie, aangezien het nog vele jaren zou duren voordat de infrastructuur in gebruik genomen kon worden en de mijnen winst zouden maken.[151] In de tussentijd werd de rente van de obligatiehouders en commanditaire vennoten betaald met leningen van Robaver.

De financieringsmoeilijkheden die hiervan het gevolg waren, werden verdoezeld door de grote winsten uit de oorlogsjaren. Niemand kon vermoeden dat het omvangrijke, vertrouwenwekkende Müller & Co van binnenuit ondermijnd werd. Toen de rook optrok en de oorlogseconomie ophield te bestaan, bleek hoe fragiel Müller & Co uit de strijd tevoorschijn was gekomen. Voor het zover was, zou de Afdeling Gebouwen de uitgaven eerst nog flink opschroeven.

11
Idealisme en realisme

HET MEGALOMANE MUSEUM VAN EEN BIJNA FAILLIET ECHTPAAR

Zo gedetailleerd als Helene had geschreven over het begin van de oorlog in 1914, zo geruisloos voltrok zich het einde ervan in haar correspondentie.[1] Gedurende de vier oorlogsjaren was ze de verwikkelingen via de kranten blijven volgen en hoewel ze in eerste instantie veel kritiek had op de Nederlandse berichtgeving, moest zij na enkele bezoeken aan Duitsland toegeven dat het prettig was om het nieuws van twee kanten te horen.[2] Het moet moeilijk voor haar zijn geweest om te lezen over de grote verliezen van Duitsland en de wapenstilstand van 11 november 1918. Ondanks een vijftal Duitse offensieven bij onder meer de Somme en ten zuiden van Ieper in de lente en zomer van dat jaar, had zij in de maanden die daarop volgden de kracht van het Duitse leger zien afnemen.[3] De opmars van de centralen in het westen liep vast en wat nog van het uitgeputte en uitgedunde Duitse leger over was, liep in september bij Verdun tegen een omvangrijk en fris gerekruteerd Amerikaans Eerste Leger aan.

Op bondgenoten hoefde Duitsland niet meer te rekenen. Eind september 1918 opende Bulgarije onderhandelingen met Groot-Brittannië en Frankrijk over een bestand. Het Ottomaanse Rijk gaf zich in oktober over, dezelfde maand waarin het intern verscheurde Oostenrijk-Hongarije definitief uiteenviel. De grootschalige verliezen en het chronische gebrek aan materieel en voedsel dat sinds het voorjaar steeds schrijnender was geworden, leidden ertoe dat het Duitse leger zijn vertrouwen opzegde in keizer Wilhelm II. De revolutie die daardoor begin november uitbrak, was de genadeslag. Op 10 november vluchtte Wilhelm II naar Nederland, waar hij asiel aanvroeg en – met enige tegenzin – kreeg. Een dag later werd de wapenstilstand getekend.

Toch was ook na november 1918 de oorlog voor Helene allerminst ten einde. De anti-Duitse stemming in Nederland verminderde niet en haar hart bleef uitgaan naar haar voormalige landgenoten, die gebukt gingen onder een aanhoudende schaarste van voedsel en kolen. Kon het gehavende België bijvoorbeeld op internationale steun rekenen, Duitsland en zijn voormalige bondgenoten werden door middel van het Verdrag van Versailles gedwongen tot immense herstelbetalingen, waardoor de economie geen kans kreeg te verbeteren, maar juist nog verder stagneerde.[4] In een poging tenminste iets te doen, stuurde Helene tot ver na de oorlog voedselpakketten en kleding naar kennissen en zamelde zij in 1919, waarschijnlijk op verzoek van de Oostenrijkse graaf en diplomaat Ottokar von Czernin, bijna zestigduizend gulden in voor Weense kinderen.[5] Ze was blij dat ze zo'n groot bedrag bij elkaar had gekregen, 'al weet ik ook dat zij toch maar is een droppel in de oceaan!'[6]

Hoezeer zij zich vooral het lot van de Duitse bevolking aantrok, bleek uit haar initiatief om de gastenvilla Duinhoeve vlak bij Groot Haesebroek open te stellen voor Duitse kinderen, voornamelijk meisjes, die moesten aansterken. Al in 1917 had ze kleine groepjes kinderen in de villa laten logeren, waar zij verzorgd werden door haar huispersoneel.[7] Twee jaar later had Helene van Duinhoeve een professioneel kindervakantiehuis gemaakt waar per keer minstens tien kinderen logeerden. Behalve uit haar Duitse kennissenkring, ving ze kinderen op die via Fräulein Rogge naar Wassenaar kwamen. Haar vroegere lerares uit Düsseldorf zette zich actief in voor het kinderwelzijn in Duitsland en onderhield onder meer contact met een steuncomité waar ouders hun kinderen konden aanmelden voor een verblijf in Nederland.[8]

Helene was niet de enige die 'vakantiekinderen' onderdak bood.[9] De situatie in Duitsland, Oostenrijk en Hongarije was tijdens, maar vooral na de oorlog zo nijpend dat dit zowel gevoelens van liefdadigheid in Nederland opriep, als de bereidheid van tienduizenden ouders in Midden-Europa om de zorg voor hun kinderen aan volkomen vreemden toe te vertrouwen. Waarin Helenes hulp verschilde van die van anderen, was de omvang van het aantal kinderen dat zij hielp. Konden de meeste Nederlandse gezinnen begrijpelijkerwijs één, hooguit twee kinderen tegelijk tijdelijk adopteren, in de Wassenaarse achtertuin van de Kröllers was ruimte voor veel meer ondervoede bleekneusjes.

Duinhoeve stond onder leiding van een 'Hausdame' die het huishouden organiseerde, twee dienstmeisjes en een diacones, om de kinderen te helpen bij hun dagelijkse verzorging en te verplegen wanneer zij ziek waren.[10] Naast onderdak en verzorging regelde Helene ook het vervoer van de kinderen van en naar Wassenaar en – wanneer deze niet door het steuncomité geregeld konden worden – de felbegeerde reisdocumenten. Net als haar werk in Luik, schonk ook deze liefdadigheid haar 'grosse

Kindertehuis Duinhoeve in Wassenaar.

Freude' en al snel zag ze een nog verhevener doel van het kindertehuis voor zich.[11] In oktober 1919 vatte ze het plan op om van Duinhoeve een huishoudschool voor ongeveer twaalf Duitse meisjes te maken. Gedurende twee jaar wilde ze hen voorbereiden op het werk in de huishouding, beginnend met de ondersteuning van een gezin met een bescheiden inkomen en eindigend met de kwaliteiten die de meisjes nodig zouden hebben om te kunnen functioneren in een 'ganz feinen Haushalt'.[12] Om inspiratie op te doen reisde ze met twee dames van de Vereeniging Licht, Liefde, Leven die in Den Haag een huishoudschool wilden oprichten, naar Utrecht, Amersfoort, Amsterdam en Rotterdam om vergelijkbare instellingen te bezoeken.[13] Ze vond het een verademing alle kinderen zo netjes in het gareel aan het werk te zien: 'in deze muren toch nog iets van traditie, geen revolutie.'

Dit behoudende toekomstbeeld werd ingegeven door de politieke onrust in met name Duitsland en Rusland. Sinds de Oktoberrevolutie van 1917 waren in Rusland de bolsjewieken aan de macht, die arbeiders uit alle landen opriepen om zich tegen de heersende klasse te verzetten in de hoop zo de oorlog te kunnen beëindigen.[14] Hoewel dit het einde betekende van de Russische deelname aan de oorlog, slaagden de Sovjets er niet in de gemoederen binnen de eigen grenzen te kalmeren, waardoor het land zich tot de vorming van de Sovjet-Unie in 1922 in een constante staat van burgeroorlog bevond. Voor Müller & Co betekende de omwenteling een strop van acht miljoen gulden. Ook buitenlandse bedrijven ontkwamen niet aan de onteigeningen en de firma moest dan ook lijdzaam toezien hoe ze haar Russische mijnen en vorderingen verloor.[15]

De geest van revolutie sloeg, gevoed door aanhoudende schaarste en militaire verliezen, in het najaar van 1918 ook naar Duitsland over, waar Karl Liebknecht en Rosa Luxemburg de *Freie Sozialistische Republik* uitriepen, die zich niettemin niet materialiseerde.[16] Vanaf dat moment werd Duitsland getekend door polarisatie tussen communistische bewegingen en rechts-nationalistische partijen, waardoor het land tot ver na de wapenstilstand van 1918 eveneens op de rand van burgeroorlog balanceerde. Helenes zesenzeventigjarige moeder Emilie Faulenbach ondervond dat aan den lijve toen een grote groep militairen, 'natürlich Kommunisten', haar huis kwam doorzoeken op verborgen wapens.[17]

De anarchie bedreigde ook Nederland. Uitgerekend in legerplaats Harskamp brak eind oktober 1918 een opstand uit, die in de tweede week van november werd gevolgd door de oproep van de sociaaldemocratische voorman Pieter Jelles Troelstra tot revolutie, waar echter weinig van terechtkwam.[18] De algehele onrust zorgde ervoor dat Helene, net als veel anderen, stevig vasthield aan een rooskleurig beeld van de goede oude tijd.[19] De conventies die zij ooit verafschuwd had, koesterde zij nu als de laatste overblijfselen van een beschaving die ten onder was gegaan.

Maar niet alleen de veranderende tijdgeest liet haar terugverlangen naar de samenleving van haar jeugd. Ook de nog altijd aanwezige Nederlandse antipathie jegens Duitsers zorgde ervoor dat zij zich meer met haar vaderland en zijn zeden identificeerde dan met Nederland. Rond de feestdagen van 1919 stelde zij Duinhoeve – tussen twee kinderverblijven door – beschikbaar voor Duitse vluchtelingen, die buiten de Heimat een nieuw leven wilden opbouwen. Ze vond het onbegrijpelijk hoe moeilijk het voor hen bleek te zijn om in het buitenland hulp te vinden. En dat terwijl zij mensen waren 'die nichts weiter auf dem Gewissen haben, als dass sie Deutsche sind'.[20] Veel meer dan onderdak bieden, kon ze niet. Met hulp van Anton hoopte ze de vluchtelingen met een Batavier naar Engeland te helpen, maar het toezicht op passagiers en de controle van kapiteins was zo streng, dat zij ook onderhands niets voor elkaar kregen. Gelaten concludeerde ze dat er niets anders op zat dan geduld te oefenen.

De plannen om van Duinhoeve een huishoudschool te maken, wist Helene nooit te verwezenlijken, maar het kindertehuis bleef tot het midden van de jaren twintig bestaan.[21] In 1922 verhuisde zij de onderneming naar Huize de Kemperberg op de Veluwe, waar ruimte was voor meer kinderen en waar ze vermoedde dat de lucht nog gezonder was. Behalve onbekende kinderen en kinderen van kennissen, verbleven ook Helenes kleinkinderen regelmatig in Duinhoeve en op de Kemperberg.[22] Sinds

Helene jr. in 1917 een emotionele inzinking had gekregen na de dood van haar driejarige dochtertje Ruth en Helene haar enige tijd intensief verzorgde, was hun omgang weer wat verbeterd.[23] Om haar dochter te ontlasten liet ze haar andere drie kleinkinderen, Hildegard, Gertrud en Ernst, regelmatig enige dagen of zelfs weken in een van de twee villa's of in Het Klaverblad logeren, wat ze 'reusachtig fijn' vonden.[24] Vaak werden ze dan getrakteerd op uitstapjes waar de andere kinderen niet aan deelnamen. Zo werden ze door 'grootmama' geregeld mee uit winkelen genomen om geheel in nieuwe kleren te worden gestoken en mochten ze samen met opa Kröller wel eens mee gaan jagen op de Veluwe.[25] De negenjarige Hildegard schreef vol bewondering over diezelfde grootvader die tot twee keer toe 's nachts zijn bed uit was gegaan om op korhoenders jacht te maken.[26]

Het einde van de oorlog lijkt Helene ook milder gestemd te hebben tegenover haar twee oudste zoons. Toon, inmiddels bijna dertig, had in 1918 Truusje Jesse ontmoet en was in juli 1919 met haar getrouwd. In tegenstelling tot zijn eerdere vriendinnen, kon Helene deze nieuwe schoondochter wel waarderen. Ze was oplettend, deed nauwkeurig de administratie van De Schipborg en hield er een georganiseerd huishouden op na. Veel emotionele diepgang kon Helene in haar niet ontdekken, maar ze zag er 'allerliefst uit, frisch & blond & keurig gekleed'.[27] Ook had Truusje een goede invloed op Toon, die volgens zijn moeder sinds zijn huwelijk meer aandacht aan zijn uiterlijke verschijning besteedde. Haar leven lang zou Helene sympathie voor haar blonde schoondochter houden, die aan

Marlene Kröller (dochter van Toon), Sam van Deventer, Anton Kröller en Toon Kröller met een zojuist geschoten edelhert.

Toon haar handen vol had, daarnaast twee dochters opvoedde en de boerderij draaiende hield, eerst De Schipborg en vanaf 1927 De Harscamp.[28]

Enige maanden na het huwelijk van Toon, in oktober 1919, kondigde Wim zijn verloving aan. Ditmaal meer in overleg met zijn ouders dan de eerste keer, maar nog steeds niet tot tevredenheid van Anton. Schuchter kwam Wim Helene vertellen dat hij verliefd was geworden op Else Schäfer, zijn typiste, en of ze dat niet vreemd vond.[29] Wat ze wel dacht maar niet zei, was dat ze gehoopt had op een schoondochter uit een ander milieu, maar ze voelde zich 'te modern om [de verloving] niet grif weg te accepteren'. Bovendien had ze Else zelf aangenomen en haar leren kennen als een aardig meisje met de ambitie om wat te presteren in het leven. Ook was Wim zelfstandiger dan vier jaar geleden en had hij bewezen zijn verantwoordelijkheid voor de firma te willen nemen. Van Helene voorlopig dus geen commentaar. Maar Anton was minder te spreken over Wims verloving met de tandartsdochter. Hij liet zich ontvallen al bang te zijn geweest voor dit soort perikelen sinds Helene Else had aangenomen. Hoewel Helene in haar wiek was geschoten, wist ze zichzelf er nog net van te weerhouden haar man te herinneren aan het feit dat zij destijds ook in volle overtuiging met een eenvoudige timmermanszoon was getrouwd. Ondanks Antons bedenkingen trouwden Wim en Else een halfjaar later, op 4 mei 1920 in Bloemendaal.

Net als voor Helene was ook voor Müller & Co de oorlog in november 1918 nog niet afgelopen. Nadat de firma in jaren tussen 1914 en 1918 flinke winsten had weten te boeken met het leveren van kolen, graan en vlees aan Duitsland, bracht de vredesverklaring een economische hausse met zich mee, waardoor de zaken oppervlakkig beschouwd voorspoedig bleven verlopen.[30] Tegen het einde van de oorlog waren er echter al financieringsmoeilijkheden geweest, die ontstaan waren door de omvangrijke leningen die de firma bij de Rotterdamsche Bankvereeniging had afgesloten en waar niet voldoende onderpand tegenover stond. Die kredieten waren zo substantieel dat zelfs in diplomatieke kring verhalen de ronde deden over het gevaar die deze opleverden voor de liquiditeit van Robaver.[31] Anton had de grootste dreiging het hoofd geboden door een aantal bedrijfsonderdelen te verkopen, die met de kernactiviteiten van Müller & Co weinig te maken hadden. Eind juni 1920 wist hij bovendien nieuw kapitaal te genereren door opnieuw voor tien miljoen gulden cumulatief preferente aandelen uit te geven.[32] Dat kon echter niet voorkomen dat de firma in een gevaarlijke windstilte terechtkwam. De Duitse vraag naar kolen verminderde sterk na de oorlog en de mark bleef kelderen, waardoor de handel met het belangrijkste afzetgebied zo goed als stil kwam te liggen.

Ondanks de aanhoudende dreiging van een financieringstekort bleef Anton optimistisch. Hij wist dat het veel inspanning zou vergen om de firma in de komende jaren van economisch herstel te laten floreren, maar achtte het niet onmogelijk dat na die periode het museum wel eens gebouwd kon zijn en 'WHM&Co hechter gevoegd is dan ooit te voren'.[33] Het onverwoestbare vertrouwen dat Anton in zichzelf en in zijn zaak had, verblindde niet alleen de buitenwereld. Door een mengeling van geloof en onwetendheid maakte ook Helene zich aanvankelijk weinig zorgen over de perikelen die zich binnen de muren van de boekhoudkundige afdeling van Müller & Co afspeelden. Met vlagen had ze wel haar twijfels over de expansiedrift van Anton, maar dat deze wel eens het einde van de gouden jaren kon inluiden, besefte ze in de vroege jaren twintig nog niet.[34] De grootschalige bouwplannen die Anton voor een nieuw kantoor in Rotterdam koesterde, duiden erop dat dit inzicht hemzelf ook geheel ontbrak.[35] De forse bedragen waarmee hij zijn jachtvriend, prins Hendrik, in de vroege jaren twintig uit diverse netelige financiële en amoureuze situaties redde, getuigen eveneens van het volste vertrouwen in zijn eigen economische veerkracht.[36] Anton bleef Helenes vele aankopen dan ook stimuleren, waardoor deze in de jaren rond 1920 een indrukwekkend hoogtepunt bereikten.

Begin december 1918, nog geen maand nadat de oorlog tot een einde was gekomen, voegde Helene een aantal uitzonderlijke schilderijen van Van Gogh aan haar collectie toe. Behalve het al eerder genoemde *Roze perzikbomen ('Souvenir de Mauve')* kocht zij diezelfde maand tijdens de veiling van de collectie Michelsen bij Frederik Muller ook *De zaaier* uit 1888 (kleurafb. 37). Al sinds 1909 bezat zij een schilderij van Van Gogh met datzelfde thema, namelijk *De zaaier (naar Millet)* (1890).[37] Dit was een van de eerste werken van de kunstenaar die zij kocht en het behoorde tot haar favorieten. Dat bleek wel uit haar voornemen in 1911 om het schilderij aan Sam na te laten, mocht zij komen te overlijden.

De zaaier die Helene in 1918 kocht, was heel anders van compositie en kleurgebruik dan degene die zij Sam had willen schenken. Met dit schilderij had Van Gogh gepoogd om het donkere werk van Millet te moderniseren door een buitengewoon kleurrijk palet te gebruiken.[38] Bovendien wilde Van Gogh met behulp van heldere, bijna onwerkelijke kleuren een spirituele troost bieden, waartoe volgens hem preken en Bijbelteksten niet in staat waren. De omgeploegde aarde maakte hij daarom 'uitgesproken violet', de hemel en de zon, die hij als een stralend en alziend oog boven het korenveld uit liet komen, waren beide fel- en okergeel.[39] Zo steeg hij niet alleen uit boven de klassieke verbeelding van de zaaier als representant van Christus die het Woord als een kiem in het hart van gelovigen plant, maar als een ware Messias verkondigde Van Gogh op die manier ook het belang van kunst.[40] De zaaier was voor hem niet zozeer een directe verwijzing naar Christus, maar vooral naar het kunstenaarschap. Voor hem symboliseerde het zaaien de artistieke groei van een kunstenaar en de vruchtbare grond de samenleving waarin deze kon ontkiemen.[41] Via die analogie kwam Van Gogh tot de conclusie dat niet het Woord Gods, maar de kunst de mensheid zou troosten. Het was precies die betekenis en diezelfde teleurstelling in het kerkelijk geloof, die ten grondslag lag aan Helenes passie voor kunst.

Dat die passie vergezeld ging met een onstuitbare behoefte om een exceptionele collectie na te laten, bleek wel uit haar andere aankopen van na de oorlog. Waren de grootscheepse verwervingen uit de verzamelingen van bijvoorbeeld Cornelis Hoogendijk in 1912 en Adolf von Beckerath in 1916 al opvallend, in 1920 wist Helene zelfs deze aankopen te overtreffen. Op 18 mei van dat jaar werd bij Frederik Muller in Amsterdam een deel van de collectie van de Haagse rentenier Lodewijk Cornelis Enthoven geveild.[42] Volgens de plaatselijke overlevering was Enthoven bevriend geweest met Van Gogh en voorzag hij hem tijdens diens Haagse jaren van financiële steun en bij gelegenheid van onderdak.[43] In ruil ontving hij tientallen tekeningen en schilderijen van de kunstenaar, die deze verstuurde uit Nuenen en Antwerpen. Enthoven verbrak het contact nadat Van Gogh in 1886 naar Frankrijk verhuisde, naar verluidt omdat hij niet wist om te gaan met de vele klaagbrieven die hij van de kunstenaar ontving. Vanaf de eeuwwisseling, tien jaar na de dood van Van Gogh, herleefde zijn interesse weer en schafte Enthoven een aanzienlijk aantal schilderijen aan uit zowel Van Goghs Nederlandse als uit diens Franse periode, die hij toevoegde aan zijn verzameling oude en moderne kunst.

Bij zijn overlijden in februari 1920 bezat Enthoven een rijkgeschakeerde collectie, die afgezien van het werk van Van Gogh, hoofdzakelijk bestond uit dat van kunstenaars die direct of indirect verbonden waren aan de Belgische avant-gardegroep Les Vingt.[44] Hij bezat schilderijen en prenten van Fernand Khnopff, Jan Toorop, Georges Minne en Félicien Rops, die allemaal lid waren geweest van dat collectief. Daarnaast bestond de collectie van Enthoven voor een belangrijk deel uit werk van kunstenaars die geen lid waren geweest, maar wel door Les Vingt werden uitgenodigd om hun werk te exposeren, onder wie Floris Verster, Odilon Redon, Paul Gauguin, Matthijs Maris en Johan Thorn Prikker. Ook bezat Enthoven diverse Japanse prenten en enkele werken op papier van een vroegere generatie kunstenaars onder wie Eugène Delacroix. Bremmer putte namens Helene royaal uit deze aanlokkelijke bron en vulde de collectie van zijn opdrachtgeefster aan met onder meer drie schilderijen van Verster, een tekening en een aquarel van Toorop, een tekening van de Amsterdamse Leliegracht door Isaac Israels en het schilderij *Karen* naar een sprookje van Hans Christian Andersen door Jan Veth, waarin de sluimerende somberheid van de Deense schrijver mooi werd weergegeven.[45]

Dit alles viel echter in het niet bij de sensationele aankoop van zesentwintig schilderijen en zes tekeningen van Van Gogh, waarvoor Bremmer meer dan 110.000 gulden betaalde.[46] De meeste van Enthovens Van Goghs stamden zoals gezegd uit de tijd dat de kunstenaar in Nuenen werkte, waardoor de verhouding tussen het Nederlandse en het Franse werk van Van Gogh in de collectie Kröller-Müller meer in evenwicht kwam. Onder de aankopen waren bijvoorbeeld zes studies van boerenkoppen uit de jaren 1884 en 1885, twee schilderijen met een wever aan het weefgetouw als onderwerp en het grote, langwerpige *Aardappelpoters* (1884, kleurafb. 37).[47] Hoewel Bremmer voor een aantal werken uit deze periode drie- tot vijfduizend gulden betaalde, waren opnieuw de schilderijen uit Arles en Saint-Rémy het meest kostbaar. Was Van Goghs roem in Nederland rond 1900 hoofdzakelijk gebaseerd geweest op zijn vroege werk, nu waren vooral de Franse schilderijen gewild, wat zich direct vertaalde in de prijzen. Zo werden *Korenschelven in de Provence* (1888), *Wandelpad in het park* (1888) en *De tuin van de inrichting in Saint-Rémy* (1889) voor respectievelijk 13.000, 17.000 en 18.000 gulden eigendom van de Kröllers.[48]

De vroege jaren twintig brachten nog meer bijzondere aanwinsten. In maart 1920 kocht Helene het imposante *Vrouwelijk halfnaakt* (ca. 1892) van George Breitner, dat bijna anderhalf bij een meter groot was (kleurafb. 38). Ze betaalde maar liefst tienduizend gulden voor dit vroege werk van Nederlands bekendste impressionist. De afgelopen jaren had ze tientallen van zijn tekeningen en aquarellen, maar slechts een enkel schilderij van hem verworven, waardoor dit wervelende werk met zijn vluchtige verftoets een waardevolle aanvulling vormde op de bestaande verzameling. Wat ze zelf precies van het schilderij vond blijft onduidelijk, want ze maakte er in haar brieven op geen enkele manier melding van.

Weinig meer mededeelzaam was ze over de verwerving van een van de absolute topstukken uit haar collectie. Na in een brief aan Sam zeven bladzijden lang uitgeweid te hebben over haar rozentuin, de familieperikelen en de huisvlijt van een buurvrouw, schreef ze opeens: 'Bijna had ik het

Juan Gris, *Collage met fruitschaal en karaf* (1914).

vergeten: De Kranach hebben wij gekregen! Nu ben ik vreeselijk nieuwsgierig hoe in werkelijkheid hij eruit zal zien!'[49] *Venus met Amor als honingdief* (na 1537, kleurafb. 39) van Lucas Cranach de Oude paste uitstekend bij haar kleine, maar uitzonderlijk mooie verzameling Duitse renaissancekunst, in het bijzonder bij Baldung Griens *Venus en Amor*. Beide kunstenaars hadden zich laten inspireren door Albrecht Dürer, wat terug te zien is in de stijl van de twee schilderijen, die door de duidelijke contouren bijna getekend aandoet.[50] Cranachs Venus is echter verfijnder en meer ongenaakbaar in haar schoonheid dan het menselijker vrouwenfiguur van Baldung Grien.

Van een heel andere orde was de aankoop van dertig kubistische werken in februari 1921, waaronder *Figure* (1907-1908) van Picasso, een stilleven van de Mexicaanse kunstenaar Diego Rivera, twee Braques en zeven werken van Gris. Bremmer kocht deze schilderijen bij kunsthandel Mak in Amsterdam voor een totaalbedrag van iets meer dan 6500 gulden, een bescheiden bedrag gezien de aankopen uit het voorgaande jaar.[51] De kubistische werken maakten deel uit van de collectie van Léonce Rosenberg, eigenaar van de Parijse Galerie de l'Effort Moderne. Tijdens de oorlog was Rosenberg de enige kunsthandelaar geweest die bleef investeren in het kubisme, wat hem door de beperkte afzetmarkt in financiële problemen had gebracht.⁵² Om meer potentiële kopers te bereiken, verkocht hij – zoals het geval was bij Mak – in de jaren twintig delen van zijn voorraad in het buitenland. Korte tijd na de veiling ontstond er een zakelijke, maar hechte band tussen hem en Bremmer, wat die laatste een schier onuitputtelijke bron van kubistisch werk opleverde, zij het niet altijd van de allerhoogste kwaliteit. Behalve Braque, Gris, Léger en Picasso grossierde Rosenberg namelijk ook in het werk van de 'mindere goden van het kubisme', zoals Auguste Herbin, Jean Metzinger en Gino Severini – die door zijn adviezen evenwel ruimschoots vertegenwoordigd raakten in de collectie Kröller-Müller.⁵³

Hoewel Bremmer in 1913 een kubistisch stilleven van Gris en in 1915 een dubbelzijdige tekening van Picasso voor Helenes collectie had gekocht, betekende de aanschaf van talrijke kubisten in 1921 de introductie van een nieuwe stroming in de verzameling. En niet alleen in de verzameling van Helene. Want al had de kunstenaar Conrad Kickert in 1911 het werk van onder anderen Picasso en Severini in Nederland geïntroduceerd, op grote schaal werden de kubisten hier nog niet verzameld.⁵⁴ Dankzij de samenwerking met Rosenberg kon Bremmer daarin verandering brengen. Gedurende de jaren twintig was hij de drijvende kracht achter de opname van het kubisme in diverse particuliere verzamelingen, waarvan de Kröller-Müller-collectie zoals gebruikelijk al snel de grootste was.⁵⁵ Na de grote verwerving van kubistische werken in februari, kocht Helene korte tijd later nog twee schilderijen van Picasso. In maart of april verwierf ze bij Rosenberg het schilderij *Guitare* (1919) en in mei wist ze bij de veiling van de collectie van kunstverzamelaar Wilhelm Uhde de hand te leggen op *Violon* uit 1912, bij welke gelegenheid Rosenberg als haar adviseur optrad (kleurafb. 40 en 41).⁵⁶ Niettemin werd Helenes koppositie in de jaren dertig overgenomen door met name de Amsterdamse advocaat Edward von Saher. Die streefde haar voorbij door de meest gespecialiseerde en omvangrijke kubistische verzameling van het land samen te stellen, vrijwel uitsluitend bestaande uit werk van Picasso, Braque en Gris.⁵⁷

Voor Helene representeerde het kubisme, dat volgens haar was voortgekomen uit het streven een object tot zijn essentie te reduceren, het voorlopige eindpunt van de ontwikkeling van moderne kunst.⁵⁸ Binnen het kubisme zelf onderscheidde zij twee fasen. In het vroegste stadium probeerden kunstenaars vorm te geven aan de spirituele essentie van een onderwerp. Als zij bijvoorbeeld Herbins *Roses* uit 1911 vergeleek met andere rozenstillevens uit haar collectie, zoals die van Raffaëlli, Verster of Voerman, dan waren de rozen van Herbin misschien niet zo spontaan geschilderd of verfijnd van kleurgebruik als in de andere schilderijen het geval was, maar waren ze wel meer geabstraheerd en stonden ze volgens haar daarom 'geestelijk op een hooger niveau'.

De sacrale connotatie die Helene aan kunst toekende en die aan deze visie ten grondslag lag, bleek wel uit haar beschouwing van Herbins *Paysage à Hardricourt* (1911). Dit schilderij van een door sterk geabstraheerde bomen en huizen omgeven kerktoren, bracht haar tot de conclusie dat iedere abstractie een bewuste belijdenis was. Zelfs al sprak een abstract kunstwerk de beschouwer niet aan, ze vond dat deze daar toch waardering voor moest hebben 'als voor een religieuze uiting'.

In de latere fase van het kubisme probeerden kunstenaars de emotie die het onderwerp bij hen opriep, 'min of meer voorstellingsloos uit te beelden'. Picasso zag ze als belangrijkste exponent van dit late kubisme, dat volgens haar in ultima forma tot uitdrukking kwam in het schilderij *Violon*. In dit schilderij was Picasso erin geslaagd de waarneembare werkelijkheid te overstijgen en uitdrukking te geven aan de roerselen van zijn ziel. In het boek dat zij in 1925 over haar verzameling publiceerde, plaatste Helene onder een afbeelding van *Violon* in kapitale letters: 'Het geestelijk "Ik", Picasso, met geen andere bedoeling dan voorstellingsloos dat "Ik" te vertolken.'[59] Zo bleek eens te meer dat haar waardering bepaald werd door zoiets ongrijpbaars als de werkelijkheidsbeleving van een kunstenaar, die zij uit een kunstwerk meende op te maken. Voor de formele aspecten van het werk en voor de vormtechnische vernieuwingen had zij daarentegen nauwelijks oog.

De vernieuwingen die zij wel opmerkte, plaatste ze onmiddellijk binnen het kader van haar eigen opvattingen over idealistische en realistische kunst. In *Guitare* bijvoorbeeld, had Picasso volgens haar nieuwe abstracte vormen ontwikkeld, die wel verwezen naar de realiteit maar daar geen kopie van waren.[60] Zodoende kwam hij in zijn werk tot een synthese van de ideële en reële werkelijkheid, de balans van het geestelijke en stoffelijke waar zij altijd naar zocht en die zij ook zo bewonderde in het werk van Fantin-Latour. *Guitare* beschouwde ze daarom als een omslagpunt in het oeuvre van Picasso en in de ontwikkeling van de moderne kunst als geheel. Voor het eerst stond de subjectieve ervaring, de ziel, centraal in de kunst. Omdat hij deze balans had bereikt, streefde Picasso volgens Helene niet naar een nog hogere mate van abstractie, zoals bijvoorbeeld Mondriaan dat wel deed. Juist dat evenwicht van figuratie en abstractie betekende voor haar dat de kunst voorlopig haar uiterste ontwikkeling had bereikt. Dat vermeende evenwicht bood Helene een excuus om geen volledig abstracte werken aan haar collectie toe te voegen en legitimeerde tegelijkertijd haar aankopen uit deze periode van meer classicistische en naturalistische aard, waaronder het werk van Giorgio de Chirico.[61]

Net als de kunstaankopen, lagen ook de plannen voor het nieuwe museum na de oorlog allerminst stil. Na Berlages vertrek per september 1919 stelde Bremmer Alexander Kropholler voor aan Helene.[62] Kropholler was een autodidact die zich sterk had laten beïnvloeden door Berlage, waardoor zij niet hoefde te vrezen voor een grote stijlbreuk. Tot een langdurig dienstverband kwam het echter niet. Het begin van de samenwerking werd al bemoeilijkt door het verzoek van de nieuwe architect om samen te werken met Berlage, omdat hij vermoedde dat zijn werk anders flets zou afsteken bij dat van zijn inspirator.[63] Uiteraard nam Helene dit voorstel geen moment in overweging. Ondanks die weigering ontwierp Kropholler een aantal toegangspoorten, die het Veluwse grondgebied van de buitenwereld moesten afsluiten en vijf arbeidershuisjes voor onder anderen de koetsier en de boekhouder.[64] Tot aanzienlijke andere opdrachten, laat staan de bouw van het museum, leidden zijn werkzaamheden echter niet.[65] Vermoedelijk had de door Bremmer naar voren geschoven architect bij voorbaat weinig kans om het nieuwe museum te mogen bouwen. Al in augustus had Helene namelijk haar zinnen gezet op een concurrent van internationale allure.[66]

Peinzend over wie de taak van Berlage over kon nemen, had Helene ineens aan het museum van Karl Ernst Osthaus moeten denken.[67] Anno 1919 was zij nog steeds bezig met dezelfde zoektocht als destijds, al had het oorspronkelijke plan voor een woning met een tentoonstellingsruimte zich inmiddels ontwikkeld tot een professioneel museum met een openbare functie, zoals het Museum Folkwang. Door die associatie viel haar 'als een verlichting, die van boven kwam' de naam in van Henry van de Velde, die het Hagense museum destijds van een uiterst modern interieur had voorzien.[68] Voor dat interieur had ze acht jaar eerder weinig waardering kunnen opbrengen, maar ze lijkt door de lovende besprekingen van Van de Veldes werk in onder meer *Kunst und Künstler* haar mening te hebben bijgesteld.

Henry van de Velde was een veelzijdige kunstenaar, die zichzelf tot doel had gesteld om de moderne wereld te bevrijden van haar lelijkheid.[69] Hij was begonnen als schilder, bekwaamde zich in mode- en interieurontwerp, en ontpopte zich tevens als edelsmid, meubelmaker en architect. Zijn leidende principe was de sociale rol van kunst, zoals William Morris die geformuleerd had. Toen hij rond 1900 naar Duitsland verhuisde, introduceerde hij daar de art nouveau, de stijl die door zijn landgenoot Victor Horta was ontwikkeld. In Duitsland verwerkte hij deze 'nieuwe kunst', met haar gebogen lijnen en florale patronen, in de ontwerpen die hij maakte voor woonhuizen, musea, winkels en zelfs voor het interieur van een kapsalon. Vanaf 1901 werkte hij in Weimar aan de bouw van een nieuwe academie voor kunstnijverheid waarvan hij na de opening in 1908 directeur werd. Vanwege de oorlog zag hij zich tot zijn spijt genoodzaakt Duitsland te verlaten en de leiding van de school over te dragen aan Walter Gropius, die deze zou omvormen tot het welbekende Bauhaus.[70]

Het getuigt van Helenes volwassenwording in de omgang met haar architecten dat ze deze keer haar keuze zelfstandig maakte. Had ze zich in 1911 nog achter Anton verscholen in de gesprekken met Behrens, Mies van der Rohe door Bremmer laten wegsturen en de eerste contacten met Berlage eveneens via haar adviseur laten lopen, deze keer nam ze zelf het voortouw. Begin augustus 1919, Berlage was formeel nog in dienst, stuurde ze bericht naar Düsseldorf, waar Van de Velde op dat moment korte tijd verbleef.[71] Het bericht werd door de zesenvijftigjarige architect enthousiast ontvangen. Opgetogen schreef hij aan zijn vrouw Maria dat hij het verzoek had gekregen een museum te bouwen voor een 'famille riche à millions!' De uitnodiging was voor hem een geschenk uit de hemel. Sinds hij in 1917 ten gevolge van de oorlog van Weimar naar Zwitserland was verhuisd – in zijn vaderland België was hij vanwege zijn werkzaamheden in Duitsland niet meer welkom – had het hem ontbroken aan in-

Henry van de Velde in zijn huis De Bloemenwerf in Ukkel (ca. 1895-1900).

teressante opdrachten en was hij naarstig op zoek naar een opdracht die zijn carrière een nieuwe draai kon geven.[72] Bovendien had hij grote behoefte om zijn werk en ideeën met een groter publiek te delen dan de beperkte kring van kunstenaars en connaisseurs waarin hij zich tot dan toe bevond. Naar eigen zeggen speelde in zijn blijdschap ook de drukkende financiële situatie mee, waarin hij zich bevond.[73] In opdracht van een rijk echtpaar een prestigieus museum ontwerpen voor een groot publiek, leek dan ook te mooi om waar te zijn. Beducht dat een andere architect er met deze veelbelovende kluif vandoor zou gaan, drukte hij zijn vrouw op het hart om de uitnodiging voorlopig nog geheim te houden, want 'concurrentie en intriges liggen op de loer'.[74]

Eind oktober begaf Van de Velde zich naar Nederland, waar hij door Helene werd rondgeleid door de kantoren en tentoonstellingsruimtes aan het Lange Voorhout om vervolgens af te reizen naar de Veluwe. Daar liepen ze samen door Sint Hubertus, dat nog op zijn voltooiing wachtte. Het verbaasde Helene hoe zij en de Prof, zoals ze Van de Velde ging noemen, dezelfde zwakten en dezelfde geslaagde elementen in het jachthuis ontdekten.[75] Zij beschreef hem als klein, lelijk en nerveus, maar een man met een vlugge geest die in een enkele oogopslag een gebouw of kunstwerk in zich opnam om daar vervolgens onomwonden zijn mening over te geven, zonder zijn goedhartigheid te verliezen. De verschillen met Berlage waren volgens haar eindeloos. Maakte haar voormalige architect zijn ontwerpen spits en hoekig, de zuidelijke inborst van Van de Velde zorgde ervoor dat hij zachtere vormen gebruikte. Bij de vriendelijke Belg voelde Helene zich kortom meer op haar gemak dan bij de strenge Berlage, wat nog eens versterkt werd door de liefdevolle manier waarop Van de Velde sprak over Duitsland en de kansen die hij daar had gekregen.

De kennismaking beviel beiden. Van de Velde raakte zodanig onder de indruk van het Hoenderlose 'Paradies' dat hij erover dacht weer te gaan schilderen in plaats van te bouwen.[76] Het wederzijdse enthousiasme werd binnen vijf dagen beklonken met een overeenkomst die met Bremmer als getuige werd opgesteld.[77] Daarmee verbond Van de Velde zich per 1 februari 1920 voor twee jaar als huisarchitect aan de Kröllers tegen het royale salaris van twintigduizend gulden per jaar. 'Mevrouwtje is weer op hol, op hol met de beurs,' dacht Helene niet zonder zelfspot, maar ze was ervan overtuigd dat de Prof de man was die haar 'luchtkasteelen' zou verwezenlijken.[78]

De voortekenen waren gunstig. In tegenstelling tot Berlage, had de Europeaan Van de Velde weinig moeite om zijn gezin naar zijn nieuwe werkomgeving te verhuizen. Eerst woonde hij in een bescheiden huisje in de buurt van Groot Haesebroek, maar omdat dit te klein bleek voor een gezin met vier dochters en een zoon, verhuisde Van de Velde op kosten van de Kröllers naar de nabijgelegen Jagerslaan. Ervan uitgaande dat hij slechts twee jaar zou blijven, liet hij hier op voorstel van Anton een geprefabriceerd houten huis bouwen naar eigen ontwerp, dat hij De Tent noemde en waarin hij in augustus 1921 zijn intrek nam.[79] Ook gunstig was de snelheid waarmee Van de Velde aan het werk toog. Eind 1920 kon hij de Kröllers zijn plannen laten zien voor de verbouwing van Groot Haesebroek.[80] De uitvoering zou niettemin nog enkele jaren op zich laten wachten, maar dat lag niet zozeer aan de architect als wel aan zijn opdrachtgevers.

De belangrijkste taak die Van de Velde diende te vervullen was de bouw van het museum. Ook deze opdracht werd met gezwinde spoed uitgevoerd. Helene had, sinds zij de ambitieuze schetsen van Berlage had gezien, alle reserve ten aanzien van de omvang laten varen en een bouwwerk in gedachten dat geen precedent kende. De tekeningen die de Prof in het najaar van 1920 presenteerde, grensden dan ook aan het megalomane. Kennelijk paste dat bij Helenes plannen, want ze was verrukt over de ontwerpen die hij liet zien.[81] Net als Berlage tekende Van de Velde een kolossaal museum te midden van de Veluwse zandverstuivingen. Daarbij had hij voor ogen dat bezoekers al wandelend door de bossen en duinen bij de Franse Berg verrast werden, als zij na een bocht in de weg opeens het museum zagen liggen (kleurafb. 42 en 43).[82] Na een door hoge muren omsloten erehof, leidde de weg naar het hoofdgebouw, dat geflankeerd werd door twee vleugels. Via brede gangen werden de bezoekers naar de zalen en kabinetten geleid waar de vele kunstwerken tentoongesteld werden, met als kloppend hart van de verzameling de Van Gogh-collectie in het midden van het gebouw. In een aparte vleugel bevonden zich de woonvertrekken van de Kröllers en de kamers voor prominente gasten, zoals deelnemers aan congressen, die in dit cultuurpaleis eveneens georganiseerd konden worden.

Helene zag het ontwerp van Van de Velde als niets minder dan 'een groot cultuurproduct, een ongelofelijk geniaal stuk nieuwe architectuur'.[83] Dat is opvallend, want er was nog maar weinig waarin de hand te herkennen was van de architect die bewezen had een uitgebalanceerd gevoel voor schoonheid te bezitten.[84] De buitensporigheid van het exterieur stond in geen verhouding tot de functie van het interieur, waar ruimte was om een hoeveelheid kunstwerken te herbergen die de bestaande verzameling meer dan ruimschoots oversteeg.[85]

Het lijkt erop dat Van de Velde zich heeft laten meeslepen door het enthousiasme van zijn opdrachtgeefster en de schijnbaar onuitputtelijke financiële mogelijkheden die hem in het vooruitzicht werden gesteld. Alles leek mogelijk. Helene wilde tenslotte dat haar museum 'het leidende architectuurprincipe [werd] van onzen, maar ook van den toekomenden tijd'.[86] Met zulke torenhoge ambities is het niet verwonderlijk dat de kosten van de uitvoering werden geschat op zes tot zeven miljoen gulden.[87] Daarmee was het museum verreweg het duurste bouwproject van Müller & Co. De bouw van het Holland House een paar jaar eerder in het dure zakencentrum van Londen bijvoorbeeld, had inclusief grondaankoop 'maar' 2,5 miljoen gulden gekost. Helene lichtte Anton voorlopig niet in over het astronomische bedrag, maar besprak dit alleen met Sam. Dat was minder vreemd dan het lijkt, aangezien Anton vanwege zijn vele reizen naar het buitenland – en ongetwijfeld ook om echtelijke spanningen te voorkomen – hem had opgedragen de financiën rond het museum in de gaten te houden.[88]

In juli 1921 werden de eerste fundamenten gelegd voor het gigantische museum en de bijbehorende terrassen.[89] Vierduizend kubieke meter Maulbronner zandsteen lag klaar om verwerkt te worden in de gevel van het museum, ieder blok al in Duitsland op maat gemaakt en genummerd zodat het de juiste plek in het gebouw zou krijgen.[90] Tot Helenes

De bouw van het grote museum naar ontwerp van Henry van de Velde 1921-1922. Op de voorgrond het speciaal voor dit doel aangelegde spoorlijntje.

ergernis verliep deze eerste fase allesbehalve voorspoedig.[91] Opzichter Roorda zou de werklui en de autoriteiten tegen haar opzetten. Het enige echter waar hij zich schuldig aan maakte, was dat hij – geheel in overeenstemming met de wet – zijn medewerkers vertelde dat zij niet langer dan acht uur per dag hoefden te werken.[92] Nog afgezien van de regelgeving was dat geen vreemd standpunt, want het werk op de uitgestrekte vlakte onder de brandende julizon was buitengewoon zwaar en beschutting was er nergens. Daarnaast had Roorda geweigerd om met materieel zoals stoommachines en locomotieven te werken, zolang daar bij de gemeente geen vergunning voor was aangevraagd. Het typeert de discrepantie tussen Helenes filantropische ideeën en de sociale werkelijkheid dat zij de opzichter zonder pardon ontsloeg. Voor haar waren de sociale verworvenheden van de nieuwe eeuw blijkbaar mooi zolang ze op papier stonden; in de praktijk bleken ze knap lastig.

De invloed van Henry van de Velde op Helenes toekomstplannen reikte verder dan de bouw van het museum. Zijn aanwezigheid had ook gevolgen voor Helenes collectie, hoewel hij zo min mogelijk op de lange tenen van Bremmer probeerde te staan. Dat deed hij onbedoeld toch door zijn opdrachtgeefster in 1921 te adviseren Seurats *Port-en-Bessin, un dimanche* (1888) te kopen van Osthaus. Het Museum Folkwang had de oorlog ternauwernood doorstaan en vanwege torenhoge schulden werd een deel van de collectie verkocht.[93] Tijdens een vakantie in Italië ontmoette Van de Velde zijn oude vriend Osthaus en heeft waarschijnlijk toen gehoord over de mogelijke verkoop van *Port-en-Bessin*, dat hij in 1906 zelf aan Osthaus' collectie had toegevoegd.[94] De filantroop zelf zou de verkoop niet meer meemaken. Gedesillusioneerd door de oorlog en ontdaan van het geloof dat kunst de wereld kon verbeteren, stierf hij in maart 1921 op zesenveertigjarige leeftijd aan de gevolgen tuberculose.[95]

Natuurlijk was Bremmer niet gelukkig met de aankoop van de Seurat. In zijn jonge jaren mocht hij dan een groot bewonderaar zijn geweest van Van de Velde, dat betekende niet dat deze zomaar zijn rol als esthetisch raadgever kon overnemen.[96] Wat er ook op het spel stond, Bremmer verwachtte gekend te worden in ieder besluit over de verzameling. De volgende aankoop van een Seurat verliep dan ook keurig via hem, maar ook deze keer niet zonder subtiele inmenging van Van de Velde. Hij was degene die Helene liet weten dat het indrukwekkende *Le Chahut* (1889-1890, kleurafb. 44) op 24 februari 1922 in Parijs geveild zou worden en bood aan om samen met haar adviseur naar de veiling te gaan. Dit werk was volgens hem 'het meest complete en definitieve, dat Seurat gemaakt heeft' en daarom, zo schreef hij haar, '[laat de] gedachte, dat dit schilderij elders terecht zou kunnen komen dan in Uw museum [...] mij geen rust'.[97] Die aansporing gaf voor Helene de doorslag om de koop in gang te zetten en samen met Van de Velde naar Parijs te reizen, waar ook Anton en Bremmer zich bij hen voegden.

Het is zo goed als ondenkbaar dat zonder Van de Velde dit grote doek waarop frivole cancan-danseressen het beeld bepalen, in de collectie terecht zou zijn gekomen.[98] Dat dacht Bob ook toen hij het schilderij zag en uitriep: 'Maar Moeder, hoe is het mogelijk, dat U juist een dans koopt? Nu begrijp ik voor het eerst niets meer van U.'[99] Helene verdedigde haar aankoop met het argument dat Seurat weliswaar een banaal onderwerp had gekozen, maar alleen maar omdat hij hiervan de leegte had ervaren en die ervaring had verwerkt in zijn schilderij. Zodoende was hij het onderwerp ontstegen, evenals de eventuele schoonheid of lelijkheid van het thema. Helenes interpretatie was echter te beperkt en weerspiegelde vooral haar eigen pudeur, waardoor zij te weinig oog had voor het complexe lineaire systeem dat aan het schilderij ten grondslag ligt en de hieruit voortvloeiende sterke compositie.[100] Inderdaad ging het de kunstenaar niet om de dans zelf. Hij gebruikte dit onderwerp omdat het hem in staat stelde te experimenteren met het vastleggen van beweging op doek.

Helenes gekunstelde argumentatie doet vermoeden dat zij zelf maar al te goed besefte dat *Le Chahut* een aankoop was die moeilijk te rijmen viel met haar gereserveerde karakter en grotendeels werd ingegeven door de omstandigheden. Tijdens haar bezoek aan Parijs met Van de Velde liet zij haar naar verbittering neigende afstandelijkheid even varen en schreef ze met bijna jeugdig enthousiasme over haar ervaringen in de Franse hoofdstad: 'Parijs draait om mij heen, neemt mij op & trekt mij mee.'[101] Van de Velde liet haar de talloze ateliers en boetiekjes van zijn vrienden zien in Montparnasse en Montmartre, waar zij gezeten op een omgekeerde kist, luisterde naar de geanimeerde gesprekken die hij met de kunstenaars voerde, van wie zij bij gelegenheid een schilderij kocht.

Twee jaar later, in februari 1924, deed zich de mogelijkheid voor om nog een sleutelstuk uit het oeuvre van Seurat te bemachtigen. De Parijse kunstenares Lucie Cousturier bezat sinds de jaren 1890 het immense pointillistische schilderij *Un dimanche après-midi à l'Île de la Grande Jatte*, kortweg *La Grande Jatte* genoemd, uit 1886.[102] Als pensioenvoorziening wilde zij het werk van ruim twee bij drie meter verkopen. Terecht vermoedde Helene dat zij hiervoor de hoofdprijs zou vragen.[103] Bremmer taxeerde het schilderij op een wel heel bescheiden tienduizend gulden en raadde zijn opdrachtgeefster af dit nu aan haar verzameling toe te voegen, omdat hij verwachtte dat het werk in de toekomst voor minder op de markt zou komen.[104] Dat was om meerdere redenen een eigenaardig advies.[105] Voor *Le Chahut*, dat een stuk kleiner van formaat was, had Helene een kleine zevenduizend gulden betaald. Drieduizend gulden meer voor *La Grande Jatte* was nog steeds een koopje.[106] Mogelijk waren de bezuinigingen die Helene zichzelf midden jaren twintig moest opleggen, de reden dat dit bedrag nu een drempel was, maar misschien speelden ook de grandioze afmetingen een rol. Ze ging in ieder geval niet tot aankoop over en redeneerde dat ze inmiddels vier uiteenlopende werken van de kunstenaar bezat, die samen zijn oeuvre goed vertegenwoordigden.

Minstens even opmerkelijk als Bremmers advies om op de onwaarschijnlijke prijsdaling van dit meesterwerk te wachten, was de hoogte van zijn taxatie. Tienduizend gulden bleek niet te hoog, maar zoals Helene al veronderstelde, veel te laag. Korte tijd later werd het schilderij gekocht door het Amerikaanse echtpaar Frederic Clay en Helen Bartlett, dat maar liefst twintigduizend dollar (ruim vijftigduizend gulden) voor het werk betaalde. Zodoende ging *La Grande Jatte* aan Helenes neus voorbij en verdween het naar Amerika, waar het in 1927 door de Bartletts werd geschonken aan het Art Institute of Chicago.[107]

De zorgeloosheid waarmee Helene in februari 1922 nog een kapitaal werk als *Le Chahut* kocht, raakte zij binnen enkele weken abrupt kwijt. Vanwege de snelstijgende prijzen en lonen, en de zorgwekkende financiële situatie waarin Müller & Co zich bevond, zag ze zich half maart gedwongen om de werkzaamheden aan het museum voorlopig stil te leggen.[108] Zodoende moest ze binnen een jaar nadat de bouw was begonnen onder ogen zien dat het niet de werknemers, noch de opzichters waren die een gevaar vormden voor de verwezenlijking van haar monument van cultuur, maar Müller & Co, en daarmee indirect zijzelf. Al enige tijd wist ze dat Anton gebukt ging onder zorgen over de firma en dat vooral zijn afhankelijkheid van Robaver zwaar op hem drukte.[109] Ze bekritiseerde Wim en zijn vrouw Else die als vorsten in New York leefden, waar Wim de leiding over een filiaal had, terwijl zuinigheid nu het devies was. Zelf liet ze Bremmer in augustus weten dat alle aankopen gestaakt moesten worden.[110] Dit tot grote verbazing van haar adviseur, voor wie die mededeling kwam als een donderslag bij heldere hemel.

Deze bezuinigingen waren maar een druppel op de gloeiende plaat.

Tot haar verdriet moest zij in september Henry van de Velde inlichten dat de bouw van het museum definitief moest worden stopgezet om verder oplopende schulden te voorkomen.[111] Het was een grote klap. Twee weken eerder was ze nog eens ruw herinnerd aan haar persoonlijke motivatie om een museum te bouwen. Toen ze hoorde dat bij haar schoonzus, Gustavs weduwe Anne Müller, kanker geconstateerd was, verzuchtte ze gelaten dat dit weer een memento mori was. Die verwijzing naar haar eigen sterfelijkheid, maakte het bericht tegelijkertijd tot een 'memento museum', zoals ze het zelf noemde.[112] De mogelijkheid dat ze haar zelfgestelde taak niet zou verwezenlijken, wilde en kon ze nauwelijks tot zich door laten dringen.

Ondanks een warme brief van Anton, waarin hij haar schreef dat hij graag zijn eigen leven zou geven om haar toch haar levensdoel te laten verwezenlijken, was Helene gepikeerd door zijn houding.[113] Pragmatisch als hij was, had Anton terecht de vraag gesteld of een museum, zelfs een monumentaal museum, zes miljoen gulden moest kosten en of dat bedrag wel in verhouding stond tot de financiële waarde van de collectie. Helene had daarentegen alleen het einddoel voor ogen en dat was het monument van cultuur dat zij ook namens hem wilde nalaten. Dat zou hun grootste daad worden, 'en wel zoo een voorname als maar weinig Nederlanders hebben gepresteerd'.[114] Nu ze hier jaren over had nagedacht en eindelijk de fundamenten waren gelegd, kon ze dat toekomstbeeld niet opgeven.

Ze wilde niet zwichten voor het gevoel dat haar bekroop wanneer zij voorbij de bouwput bij de Franse Berg kwam, alsof ze bij een open graf stond 'dat op zijn dode wacht'.[115] Niet verder bouwen zou betekenen dat de mensheid het magnum opus van Henry van de Velde moest missen nog voordat het ontstaan was. Daarom hield ze vast aan haar plannen en liet ze de architect, die zij in februari nog hoopvol een contractverlenging had gegeven, de huidige plannen aanpassen, nieuwe berekeningen maken en vooral veel tekeningen uitwerken.

Haar verwachtingen van het museum moest ze niettemin flink bijstellen. Ze nam zichzelf kwalijk dat zij en Anton als 'naievelingen v.d. Velde [hadden laten] begaan' en zinde op een mogelijkheid om haar plan toch te kunnen uitvoeren.[116] Misschien wilde de staat haar museum wel bouwen, tenslotte was ze van plan om het land een unieke collectie te schenken. Bij voorbaat legde zij zich neer bij de gedachte dat het museum dan niet op Veluwe zou verrijzen. 'De gedachte in *die* woestijn [te bouwen] voelt niemand mij na.' Met een onderkomen in een stad kon ze eventueel wel genoegen nemen, als het museum er uiteindelijk maar kwam.

De krachten die Helene dreven om tegen de stroom in vast te houden aan haar zelfgestelde missie, blijken duidelijk uit de vurige brief die zij in december 1922, drie maanden na het stilleggen van de bouw, schreef aan de Belgische staatsman Emile Vandervelde. Kort daarvoor had de politicus een lovende, om niet te zeggen propagandistische, beschouwing gepubliceerd in het socialistische dagblad *Le Peuple* over zijn landgenoot en bijna-naamgenoot Henry van de Velde.[117] Het artikel was onderdeel van een campagne om hem in eigen land te rehabiliteren. Door veel Belgen, onder wie Victor Horta, werd Van de Velde nog altijd gezien als een verrader omdat hij tijdens de oorlog in Duitsland was blijven werken.[118]

Om de kwade reuk rond de architect te verdrijven, beschreef Vandervelde in ronkende volzinnen de tekeningen die hij had mogen zien. Hij verzekerde zijn lezers dat het nieuwe museum geen sombere begraafplaats voor schilderijen zou worden, noch een schelverlichte ruimte die aan een laboratorium of wachtkamer deed denken zoals de meeste musea. Dit museum zou anders worden. Het zou een galerie worden in de oorspronkelijke betekenis van het woord, een schrijn voor de werken die niets minder dan verering verdienden. Volgens de politicus was Van de Velde de aangewezen kunstenaar om deze opdracht uit te voeren. Hij concludeerde dat Nederland blijkbaar wel diens talent inzag, in tegenstelling tot België. De kunstenaar was tenslotte al jaren geleden geadopteerd door Duitsland en vervolgens onthaald in Nederland, terwijl hij in zijn geboorteland vergeten leek te zijn. Vandervelde greep het einde van zijn artikel daarom aan om de Belgen de mogelijkheid te geven dit recht te zetten en Van de Velde namens zijn vaderland af te vaardigen naar de Parijse *Exposition des Arts Décoratifs et Industriels Modernes* in 1925.

Het waren die laatste paar regels die Helene naar de pen deden grijpen. Zich blijkbaar geheel niet bewust van de politieke agenda achter het artikel, corrigeerde zij in niet mis te verstane bewoordingen Vanderveldes vermeende ongelijk. 'Niet Holland heeft v.d. Velde hierheen geroepen, noch hier ontvangen. [...] Het was weer Duitschland, dat hem in zijn waarde erkende & dat dorst te documenteeren door hem opdrachten te geven.'[119] De minister van Staat moet tenminste even zijn wenkbrauwen opgetrokken hebben, toen hij het briefje las, want ondanks alle lof aan haar adres zag Mevrouw Kröller uit Den Haag zich blijkbaar genoodzaakt hem erop te wijzen dat de kunstenaar naar Nederland was gehaald, door 'een vrouw in Duitschland geboren en opgevoed, met een Duitsch hart, al heeft de wet haar ook bij haar huwelijk de Nederlandsche nationaliteit gegeven'.[120]

Kennelijk wilde Helene Nederland niet laten delen in die eer. Het was volgens haar Duitsland en Duitsland alleen dat Van de Velde op waarde wist te schatten en hem sinds 1890 de mogelijkheid had gegeven zijn talenten te ontwikkelen. Dat zij toevallig in Nederland woonde, deed daar niets aan af. Ze schreef Vandervelde dat ze hoopte dat hij haar protest niet zou zien als een nationaliteitskwestie, want dat was het volgens haar niet. Daarom had ze er ook voor gekozen hem persoonlijk een brief te schrijven en haar standpunt niet openbaar te maken door een ingezonden brief te publiceren in *Le Peuple* of elders. Het enige wat zij naar eigen zeggen wilde bereiken was 'de eer, Uw landgenoot te hebben gewaardeerd' weer terug te geven aan het land dat 'toevallig ook het mijne is'.

Het was een tegenstrijdige boodschap die Helene naar Brussel stuurde. Als zij werkelijk Duitsland de eer wilde doen toekomen die het land volgens haar verdiende, dan was een openbare brief een effectiever middel geweest. Ze moet beseft hebben dat Vandervelde in wezen de waarheid geen geweld aandeed en dat haar reactie te fel was voor deze situatie. Door haar huwelijk was zij formeel een Nederlandse geworden en Müller & Co was al decennialang een Nederlands bedrijf. Dankzij de winst van dat bedrijf had ze haar collectie kunnen samenstellen die ze aan het Nederlandse volk wilde nalaten en waar Nederlandse kunstenaars ruim in vertegenwoordigd waren. Diezelfde winst had haar in staat gesteld om Henry van de Velde te contracteren om haar museum te bouwen. Haar scherpe reactie stond kortom niet in verhouding tot het respectvolle verhaal van Vandervelde.

Waarschijnlijk zag Helene af van een openbare publicatie uit vrees voor de reacties die een dergelijke provocatief antwoord ongetwijfeld zou hebben uitgelokt in zowel het na-oorlogse Nederland als in België. Tegelijkertijd was het juist de anti-Duitse stemming in beide landen waardoor Helene zich weer bewust was geworden van haar Duitse achtergrond. Die sfeer had haar gedreven om als verpleegster in Luik te gaan werken en Duitse kinderen in Duinhoeve en de Kemperberg op te nemen. Bovendien had de oorlog haar bevestigd in haar voornemen om juist als Duitse haar collectie aan Nederland na te laten. Met dat alles wilde Helene iets 'recht zetten', zoals ze het zelf formuleerde.[121] Ze wilde de wereld tonen dat het Duitse volk niet zo barbaars was als het werd voorgesteld. Sterker, ze zag de Duitsers als de dragers van 'een nieuwe ideale kultuur' en ze wilde er alles aan doen om anderen hiervan te doordringen.[122]

Blijkbaar hadden de jaren tussen 1914 en 1918 haar zo diep geraakt, dat deze van invloed waren op de manier waarop Helene zich tot de wereld verhield. Het grimmige klimaat dat de oorlog in Nederland en België had gevestigd, zorgde ervoor dat haar oorspronkelijke Duitse trots weer opleefde. Een beschrijving als die van Vandervelde, hoe correct ook, krenkte deze trots, omdat hij haar prestaties als een Nederlandse verdienste beschouwde. Haar brief aan de Belgische politicus was dan ook een publieke bekentenis van haar Duits-zijn. De emotie waarmee zij in 1915 had geschreven dat zij zich door de oorlog weer een Duitse was gaan voelen, was blijkbaar in 1922 nog zo hevig dat zij ook nu zonder omhaal toonde dat zij haar Nederlandse huid had afgeworpen.

Ongetwijfeld hebben deze sentimenten een rol gespeeld bij Helenes keuze om zich aan te sluiten bij de (apolitieke) Nederlandsch-Duitsche Vereeniging, terwijl zij zelden lid werd van organisaties, laat staan van gezelligheidsverenigingen. Maar bij de in 1921 opgerichte NDV vond zij geestverwanten, die net als zij het Duitse culturele aanzien in Nederland wilden doen herleven.[123] Onder de veelal vermogende en invloedrijke leden bevonden zich onder anderen Rudolf Steinmetz, wiens sociologische lessen zij in 1908 had gevolgd, de Amsterdamse reder en bankier Ernst Heldring, de eerste hoogleraar kunstgeschiedenis Willem Vogelsang en Pieter Jelles Troelstra.[124] Of Helene ook de voordrachten van de vereniging bijwoonde, is onbekend. Wel is zeker dat ze in de winter van 1923 haar tentoonstellingszalen aan het Lange Voorhout beschikbaar stelde om lezingen te houden en dat ze in ieder geval tot 1936 lid zou blijven.

Het is maar goed dat niet alle bewonderaars van de Kröller-Müller-verzameling een artikel publiceerden. Helene zou haar handen vol hebben gehad om iedereen te corrigeren. De lovende bewoordingen van Vandervelde stonden namelijk niet op zichzelf. Begin jaren twintig kon de collectie op grote belangstelling rekenen. Dat bleek ook uit de animo voor de lezingenreeks over haar verzameling die Helene vanaf 1923 verzorgde voor de Haagsche Volksuniversiteit. Sinds 1916 was ze betrokken bij deze onderwijsinstelling voor volwassenen, die in navolging van onder meer Amsterdam, Groningen en Tilburg ook in Den Haag een universiteit had geopend.[125] De volksuniversiteiten voorzagen in een scala aan cursussen, variërend van geschiedenis, scheikunde en bedrijfskunde tot lessen in het verzekeringswezen, vegetarisme en gezondheidsleer (waar overigens alleen mannen van achttien jaar en ouder tot werden toegelaten).[126] In vijf tot tien lessen konden mensen hun kennis op het gewenste gebied opfrissen of verrijken.

Toen Helene gevraagd werd aan de oprichting van de Haagsche Volksuniversiteit mee te werken, wilde zij aanvankelijk weigeren. Ze verliet niet graag de afgeschermde wereld van haar huis en het Lange Voorhout, en gaf de voorkeur aan haar 'eenmaal gekozen teruggetrokkenheid'.[127] Toch wilde ze ook niet alle schepen achter zich verbranden en de mogelijkheid openhouden om contacten aan te knopen met mensen die haar liefde voor intellectuele ontwikkeling deelden. Daarom zegde ze ondanks haar eerste aarzeling toe en kon ze de opening van de Haagsche Volksuniversiteit op 7 oktober 1916 bijwonen als penningmeester van de Raad van Bestuur, een functie die zij tot 1931 zou blijven vervullen.[128] Vooral de eerste jaren kampte de nieuwe onderwijsinstelling met huisvestingsproblemen. Net als voor de NDV, stelde Helene daarom ook voor de Volksuniversiteit haar tentoonstellingszalen beschikbaar als lesruimte.[129]

In het najaar van 1923 en het vroege voorjaar van 1924 vervulde ze zelf de rol van docent door een lezingenreeks te verzorgen over de ontwikkeling in de moderne kunst, die zij inzichtelijk maakte aan de hand van haar collectie.[130] Naar eigen zeggen nam zij die taak slechts op zich 'bij gebrek aan een andere geschikte kracht – zoo beperkt is de keuze in die richting'.[131] Ondanks haar schroom te spreken in het openbaar en dan ook nog in haar tweede taal over een onderwerp waarin nuances van groot belang waren, zette zij zich toch aan de voorbereiding van zes lezingen. Als leslokaal koos zij de Van Gogh-zaal in het hoofdkantoor van Müller & Co aan het Lange Voorhout. Omringd door haar meest markante schilderijen, legde ze bij de eerste samenkomst aan haar toehoorders uit dat de mens op de wereld is om de ander te helpen. Hoewel niet alomvattend, besefte ze dat haar kennis van moderne kunst groter was dan gemiddeld, waardoor ze zich verplicht voelde die kennis met anderen te delen. Die motivering sloot aan bij haar andere filantropische ondernemingen, in het bijzonder bij haar doel om een museum na te laten 'tot nut en genot der gemeenschap'.[132]

Tot haar schrik en verbazing overtrof de interesse voor haar cursus haar verwachtingen. De zaal waarin ze haar lezingen wilde geven was te klein voor het aantal belangstellenden, waardoor een aantal van hen moest worden afgewezen. Nog imponerender vond ze de aanwezigheid van Bremmer-leerlingen onder haar cursisten. Tegenover hen benadrukte Helene dat ze niet de ambitie had haar toehoorders kunst te leren zien, zoals Bremmer deed, maar dat ze vooral de grondgedachte wilde aantonen die aan haar verzameling ten grondslag lag. Aan de hand daarvan wilde ze de ontwikkeling schetsen die moderne kunst doorlopen had van figuratie naar abstractie.

Na afloop van de cursus besloot Helene haar lezingen te bundelen in een boek. Daarmee wilde ze tegemoetkomen aan de wens van haar cursisten om alles nog eens na te lezen, maar meer nog om aan de buitenwereld duidelijk te maken wat haar gedreven had om haar verzameling zo samen te stellen als ze had gedaan.[133] Dit boek, dat de wat fantasieloze titel *Beschouwingen over problemen in de ontwikkeling der moderne schilderkunst* meekreeg, legde ze 'in het hart van [haar] eenige dochter en in alle bescheidenheid aan de voeten der aloude universiteit' van Heidelberg.[134]

Dit laatste was een logische dankbetuiging aan de Duitse universiteit, die haar in 1923 had benoemd tot erestudent, vanwege haar steun aan de bijbehorende vrouwenkliniek van dokter Menge.[135] De warme opdracht aan Helene jr. was opvallender en laat zien dat de relatie tussen moeder en dochter tenminste enigszins was verbeterd. Vermoedelijk zijn de twee vrouwen door het verlies van kleindochter Ruth nader tot elkaar gekomen. Met de opdracht in haar boek, gaf Helene haar dochter in ieder geval de eer die haar toekwam, tenslotte had ze dankzij Helene jr. de weg naar de moderne kunst gevonden. Volledig harmonieus was hun verhouding echter nog steeds niet. Ondanks toenaderingspogingen van Helene jr. weigerde Helene namelijk nog altijd met een schone lei te beginnen, zolang haar dochter Sam niet accepteerde.[136]

De vormgeving en typografie van Helenes *Beschouwingen* waren in handen van Van de Velde, die twee verschillende omslagen maakte. Een eenvoudige beige omslag met rode opdruk en een luxe uitgave met gouden

Het omslag van Helenes *Beschouwingen*, naar ontwerp van Henry van de Velde.

Auguste Renoir, *De clown* (1868).

Henri van Daalhoff, *Kerkhofpoort* (ca. 1910).

Joseph Mendes da Costa, *Spinoza* (1909).

Jan Altorf, *Aap* (1920).

Lambertus Zijl, *Bok* (z.j.).

Joseph Mendes da Costa, *Monument Christiaan de Wet* (1915-1921).

K-30

John Rädecker, *Gewei* (1923-1928).

Johan Thorn Prikker, *De bruid* (1892-1893).

Gerard David, *Pietà* (15de/16de eeuw).

Barthel Bruyn de Oude, *Vanitas* (1524).

Barthel Bruyn de Oude, *Portret van een vrouw* (1524).

K-35

Jean-François Millet, *Paysanne enfournant son pain* (1854).

Vincent van Gogh, *Aardappelpoters* (1884).
De zaaier (1888).

George Breitner, *Vrouwelijk halfnaakt* (ca. 1892).

Lucas Cranach de Oude, *Venus met Amor als honingdief* (na 1537).

K-39

Pablo Picasso, *Guitare* (1919).

Pablo Picasso, *Violon* (1911-1912).

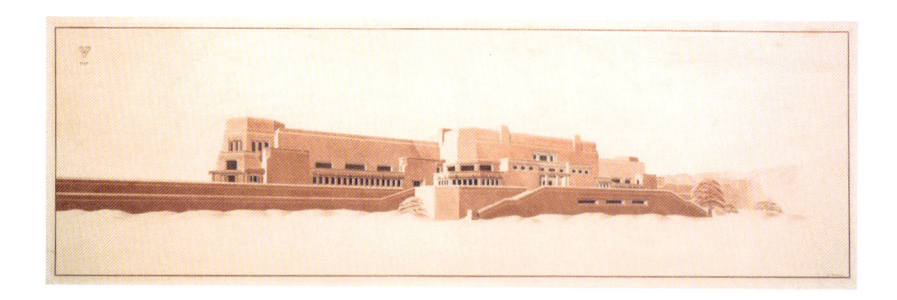

Henry van de Velde, *Ontwerp voor het museum op de Franse Berg, perspectief* (z.j.).
De Van Goghzaal op de eerste verdieping van het museum op de Franse Berg (z.j.).

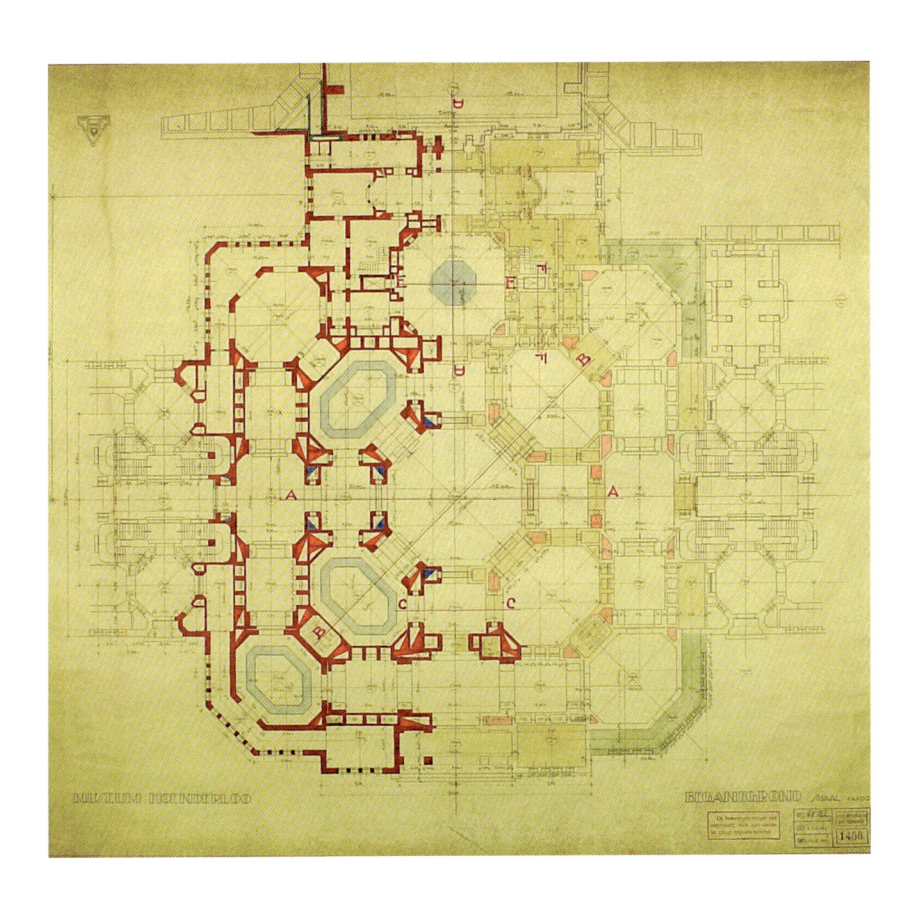

Henry van de Velde, *Museum Hoenderloo. Begane grond* (1924).

Georges Seurat, *Le Chahut* (1889-1890).

Fernand Léger, *Naaktfiguren in een bos* (1909-1911).

Heyman Dullaert, *Wandstilleven* (1653-1684).

Charley Toorop, *Portretgroep van H.P. Bremmer en zijn vrouw met kunstenaars uit hun tijd* (1936-1938).

Paul Cézanne, *De weg langs het meer* (ca. 1885).

belettering. De Duitse vertaling, die in 1927 verscheen, gaf hij niet vorm, maar werd wel voorzien van een vignet dat hij in 1926 voor Helene ontwierp en waarin haar lijfspreuk *spiritus et materia unum* was verbeeld.[137]

De inhoud van het boek volgde nauwgezet de opzet van de lezingen die Helene had gegeven. In zes hoofdstukken zette ze omstandig uiteen wat zij onder kunst en schoonheid verstond en hoe er in verschillende landen werd verzameld, om vervolgens in te gaan op de ontwikkeling van de kunst sinds de negentiende eeuw. Ze begon haar verhaal met een herziening van Bremmers definitie van kunst. Legde haar leermeester de nadruk op de ervaring die een kunstwerk bij de beschouwer opriep, Helene ging uit van de ervaring die de kunstenaar beleefde en hoe hij deze in zijn werk legde. Afgezien van deze perspectiefverschuiving, waren haar lezingen wel degelijk een trouwe reflectie van wat ze de afgelopen jaren van Bremmer had geleerd.

Helene bouwde haar boek op rond het idee dat in de kunst altijd twee stromingen hadden bestaan, een realistische waarin de waarneembare werkelijkheid centraal stond en een idealistische, die voortkwam uit de beleving van de kunstenaar.[138] Ook in de moderne kunst waren deze twee richtingen te onderscheiden, die zij in haar inleiding illustreerde met *Stilleven met pollepels* (1900) van August Allebé en *Violon* (1911-1912) van Pablo Picasso. In de twee lezingen die het realisme tot onderwerp hadden, besprak Helene het positief realisme, waarvan in Nederland Floris Verster en in Frankrijk Henri Fantin-Latour de belangrijkste representant was, en het impressionisme. Volgens Helene onderscheidde het impressionisme zich alleen van de voorgaande stroming door zijn verschijningsvorm, want ondanks de grotere mate van abstractie en de nadruk op kleur en licht stond uiteindelijk ook hier nog de waarneming centraal.

De opkomst van het pointillisme betekende een 'zwenking van het realisme naar het idealisme' en markeerde zodoende een overgangsperiode waarin kunstenaars probeerden hun ervaring van de nieuwe tijd weer te geven met nieuwe technieken.[139] Het pointillisme, met als belangrijkste exponent Georges Seurat, vormde de basis van waaruit het idealisme zich kon ontwikkelen. Dit idealisme definieerde zij als het resultaat van een gevoelsbeleving.[140] Niet langer werd de kunstenaar geïnspireerd door zijn indruk van de buitenwereld, zoals volgens haar bij het impressionisme het geval was geweest, maar door zijn eigen zielenroerselen.

De laatste twee lezingen annex hoofdstukken wijdde Helene geheel aan het kubisme. Die verhouding was niet vreemd, aangezien zij deze

Auguste Herbin,
De waterval (1922).

stroming omschreef als 'zòò zuiver en vooral zòò bewust, als er misschien nog nooit te voren een heeft bestaan'.[141] De kubisten lieten hun innerlijke waarneming van objecten prevaleren boven de concreet waargenomen werkelijkheid. Om tot een weergave van die werkelijkheidsbeleving te komen, gebruikten zij een steeds verdergaande abstractie. Dit illustreerde zij aan de hand van Mondriaan en Van der Leck, die ze beiden veel aandacht gaf. Hoe groot haar waardering ook was voor het kubisme, ze rekende deze stroming niet tot de 'heel groote kunstperioden' zoals de Renaissance. Daarvoor miste ze te veel het spirituele element en ten minste één kunstenaar had dan in staat moeten zijn om zijn persoonlijke beleving te verbinden met 'het Absolute', om vervolgens die samensmelting te verbeelden in zijn werk.[142]

Helene eindigde haar betoog met *De waterval* (1922) van Auguste Herbin, waarin zij een scharniermoment ontwaarde. De slingerbeweging die had geleid tot het idealisme, keerde nu terug naar het realisme. Dit was uiteraard niet het realisme van de late negentiende eeuw, maar een realisme waarin de verworvenheden van het kubisme waren opgenomen, of zoals Helene het definieerde: 'het realisme van synthese'.[143] Wat de volgende stap in de ontwikkeling van de moderne kunst zou zijn was ongewis, maar ze was ervan overtuigd dat deze tot een modern realisme zou leiden, dat vervolgens weer zou overgaan in een nieuw idealisme.

Voordat ze haar lezingen liet publiceren, liet ze Bremmer het manuscript lezen.[144] Tot haar ergernis had hij commentaar op kleinigheden die volgens haar geen verbetering behoefden, waaruit zij concludeerde dat hij zich liet leiden door onwil. Vermoedelijk echter heeft Bremmer zich ingehouden en geprobeerd een aantal diplomatieke vingerwijzingen te geven. Op het boek is namelijk wel het een en ander aan te merken. Behalve de wollige en belerende schrijfstijl die Helene hanteerde, valt het gebrek aan aandacht voor Vincent van Gogh op, die met slechts twee reproducties terug te vinden is in het boek. Het is vreemd dat Helene hem nauwelijks besprak, aangezien zijn werk de kern van haar collectie vormde en zij hem bovendien beschouwde als een sleutelfiguur in de kunstontwikkeling. De belangrijkste reden voor deze omissie was haar voornemen om in de toekomst een nieuwe reeks lezingen te verzorgen waarin zij 'de groote geesten onzer moderne kunst' wilde behandelen, waaronder Van Gogh.[145] Van die lezingenreeks, laat staan een publicatie, is het nooit gekomen waardoor de *Beschouwingen* op zichzelf onevenwichtig zijn en sterk aan relevantie inboeten.

De grootste zwaktes van het boek zijn Helenes subjectieve argumentatie en haar zwalkende definities. Zo hanteerde ze de term idealisme om aan te geven dat deze stroming gebaseerd was op de ideeën van kunstenaars. Paradoxaal genoeg blijkt uit haar beschrijvingen dat niet zozeer het idee centraal staat in wat zij het idealisme noemde, als wel het gevoel van de kunstenaar. Hij zou werken vanuit een innerlijke drang, niet vanuit een externe inspiratie. Op andere plekken in haar lezingen beargumenteerde ze dat kunstenaars het idee van een object internaliseren en het resultaat weergeven op het doek. Dan blijft over dat de eerste aanleiding nog steeds uit de omgeving afkomstig is en niet uit de kunstenaar zelf, wat niet strookt met haar opvatting dat idealistische kunst ontroeringskunst is en primair voortkomt uit een innerlijke drang van de kunstenaar. Ook gebruikte ze de term idealisme wanneer ze expressionisme bedoelde, wat de helderheid van haar betoog evenmin ten goede kwam. Het lijkt bijna of ze de termen door elkaar gebruikte om te verdoezelen dat het expressionisme een duidelijke lacune in haar collectie vormde. Zo gebruikte ze slechts Van Goghs *Mand met appels* (1887) om het expressionisme te illustreren, waarmee ze haar toehoorders en lezers een wel heel particulier beeld gaf van deze stroming.

In de pers werden haar *Beschouwingen* dan ook niet lovend ontvangen. Kunstenaar Richard Roland Holst sneerde in *De gids* dat hij vermoeid was geraakt door de 'stelpende massa cursiva' en 'overtalrijke gallicismen'.[146] Wat hem betrof had het boek beter als handschrift bewaard kunnen blijven, zodat het als wonderlijk familiebezit meer tot zijn recht zou zijn gekomen. De sociaalbewogen kunstenaar had al eerder fel uitgehaald naar Helene, toen zij in 1916 had aangeboden een jubileumboek voor Berlage te financieren, onder voorwaarde dat in deze uitgave ook een bijdrage van Bremmer werd opgenomen. Toen dit Roland Holst ter ore kwam, schreef hij aan Albert Verwey dat zij als redactie moesten waken 'de commercieel marionetten van de firma Br[emmer]' te worden en dat naar zijn mening ''t nepotisme van mevr. Kr. aan corruptie' grensde.[147] Genuanceerder, maar niet minder kritisch was A.M. Hammacher in *Het Utrechtsch Dagblad*. De *Beschouwingen* waren naar zijn mening een slap aftreksel van Bremmers visie en bovendien getuigden zij van weinig consistentie in hun argumentatie.[148]

Helene vond de kritieken stemmingmakerij en verdacht de recensenten ervan haar boek als excuus aan te grijpen om tegelijkertijd Bremmer en Van de Velde te hekelen.[149] Zelf was ze tevreden over haar publicatie, maar hield er haar eigen wonderlijke bescheidenheid op na. Complimenten van cursisten wuifde ze weg met het argument dat zij alleen maar hoefde te schrijven over een collectie waar zij jaren intensief aan gewerkt had. Dat vond zij op zichzelf dan ook 'zoo'n kunst niet', want iedereen kon wel zes lessen vullen over zijn eigen bezigheden.[150] Alleen deden de meeste mensen niet zo veel moeite als zij. 'Deden dat de menschen, dan zou men op deze aarde heel wat verder zijn.' Maar mensen werkten in de eerste plaats voor geld, zonder dat waren ze volgens haar nergens voor te porren. Hoewel Helene hiermee vooral op haar eigen sociale omgeving doelde, doen die uitspraken uit de mond van een van de rijkste vrouwen van Nederland toch wereldvreemd aan.

Ondanks het succes van de lezingen en haar plannen om een nieuwe reeks op te zetten, hield Helene het uiteindelijk bij één cursusjaar. Zowel fysiek als mentaal ervoer zij de cursus als een aanslag op haar gezondheid. Toen de lessen half maart 1924 ten einde waren, had ze het gevoel dat er een zware last van haar schouders viel.[151] De stof die ze behandelde was haar meer dan vertrouwd, want het ging tenslotte om haar eigen levenswerk, maar toch raakte ze iedere week weer gespannen wanneer een onverwachte gebeurtenis haar voorbereiding verstoorde. De wetenschap dat de lezing voor donderdagavond af moest zijn, werkte haar – die zo gewend was alles zonder tijdslimiet tot in de perfectie bij te kunnen schaven – op de zenuwen. De werkzaamheden aan het dak van Groot Haesebroek deden haar ook weinig goed. Iedere dag werd er getimmerd en gesloopt om de statige villa van een groot rieten dak te voorzien.[152] Helene probeerde uit alle macht dan maar muziek in het kabaal te horen, maar slaagde daar natuurlijk niet in. Eind maart 1924 schreef ze aan Sam: 'Nu moet ik eerst weer een paar maanden rust hebben.'[153]

Dat vermoeden werd bevestigd door haar arts. Volgens hem leed ze aan een neurose, een term die Helene weinig zei.[154] Wel vermoedde ze zelf sinds enige tijd dat haar zenuwen overbelast waren. Al jaren sliep ze slecht, maar nu lukte het haar nauwelijks nog om zonder poeder in slaap te vallen. Het gebrek aan rust verergerde het 'zóó lam voelen' en had gevolgen voor haar lichamelijke gezondheid. Dat bleek onder meer uit de aanhoudende last die zij van haar voeten had, wat het haar nog moeilijker maakte 's avonds de slaap te vatten en haar ervan weerhield om haar ochtendwandeling te maken of haar dagelijkse turnoefeningen te doen. Deze psychische en lichamelijke kwaaltjes waren het directe gevolg van de kwakkelende gezondheid waar zij al langere tijd mee kampte. Na haar gynaecologische operatie in 1911, de ingrijpende kaakbehandeling door dokter Bruhn in Düsseldorf en de liesbreuk- en blaasoperatie die zij in 1915 in Heidelberg had ondergaan, werd zij eind 1918 opnieuw in het ziekenhuis opgenomen om vervolgens in november 1920 nogmaals door Bruhn aan haar kaken geholpen te worden. Daarom achtte ze in 1924 een korte rustkuur niet meer voldoende om de misère tegen te gaan en besloot ze drie weken naar een sanatorium in Baden-Baden te gaan. Het werden uiteindelijk twee maanden.

Haar keuze viel op het exclusieve kuuroord van dokter Franz Dengler, dat hoog in de bergen, ingesloten door eindeloze bossen, een prachtig uitzicht bood op het dal en het verderop gelegen stadje. Hier kwamen dankzij de zuivere lucht en de vele natuurbaden lichaam en geest tot rust. Het verblijf was dan ook niet voor iedereen weggelegd. Helene diende per week een rekening te voldoen van circa negenhonderd gulden, wat zeker gezien de snelle achteruitgang van Müller & Co een flinke uitgave was, maar 'iedereen zegt, er bestaat [...] maar één Dengler'.[155] Ze greep de gelegenheid aan om na tien jaar de gepubliceerde brieven van Van Gogh te herlezen.[156] Nog meer dan de eerste keer ontroerden deze haar. In de schaduw van haar balkon las ze de brieven op haar gemak, om iedere beschrijving en indruk van de kunstenaar te kunnen overdenken.

Helemaal alleen was ze niet in Baden-Baden. Helene kende veel gasten persoonlijk, onder wie Carl Theodor Deichmann, een bankier uit Keulen met wie ze soms lange wandelingen door de bergen maakte en de familie van zijn vrouw, de Von Schnitzlers, die ook in het Keulse bankwezen zaten. Andere bekenden waren Deichmanns zwager, de Engelse baron Bruno Schröder en zijn gezin. Door een jarenlange reeks van strategische huwelijken behoorde Schröder tot dezelfde, van oorsprong Duitse bankiersfamilie als waartoe de Deichmannen en Von Schnitzlers behoorden.[157] Hij had Duitsland echter verlaten om zijn kinderloze oom op te volgen als directeur van een Londense investeringsbank.[158] Naast deze vertrouwde gezichten, zag Helene tot haar genoegen ook barones Von Stumm weer, 'een lieve, beschaafde dame', de schoonmoeder van de voormalige Duitse staatssecretaris van Buitenlandse zaken Richard von Kühlmann.[159] En dan was daar nog de Brusselse tak van de adellijke familie Mallinckrodt, die na het uitbreken van de Eerste Wereldoorlog België waren ontvlucht en toen korte tijd in Huize ten Vijver hadden verbleven.

Onder de gasten bevonden zich zo veel kennissen dat het nog 'een hele tour [was] hen te ontloopen'.[160] Als ze er niet aan ontkwam, dineerde ze met hen of maakte ze een gezamenlijk uitstapje in de bosrijke omgeving. Maar het liefst was Helene alleen en maakte ze lange wandelingen door de bergen, of genoot ze van een rustige middag op haar balkon, waar ze haar correspondentie bijwerkte.

Soms kreeg ze bezoek van het thuisfront. Als de zaken het toelieten, kwamen Bob en Sam enkele dagen naar Baden-Baden en ook Henry van de Velde reisde af naar het kuuroord. Dat had overigens slechts zakelijke redenen, want hij kwam om te overleggen over de vormgeving van haar boek. Ondanks Antons belofte naar Baden-Baden te komen, stuurde hij op het laatste moment een telegram met de boodschap dat hij niet weg kon. Een grote crisis had zich voorgedaan bij Robaver, die – in belangrijke mate veroorzaakt door Müller & Co – in liquiditeitsproblemen was gekomen en de Nederlandse Bank om hulp had gevraagd.[161] Heimelijk hoopte Helene dat deze crisis zou leiden tot een flinke schoonmaak bij zowel de bank als de firma. Naar eigen zeggen was ze blij geweest dat er een Raad van Advies was ingesteld bij Müller & Co, zodat de directie vanaf dat moment verplicht was een jaarrekening te presenteren. Ze had gehoopt dat 'Mijnheer zich zelf aan banden zou leggen, die hem zouden dwingen te reorganiseren & geen al te gekke sprongen zou maken'. Kennelijk was ze vergeten dat ze in 1913 een Raad van Advies had toegejuicht, omdat deze juist de vrijheden van de directie niet belemmerde, zoals commissarissen dat deden. Hoe dan ook waren de raadsleden, onder wie Robaver-topmannen Westerman en Tienhoven volgens haar stromannen gebleken, die geen streng toezicht hielden, maar zich kritiekloos lieten meevoeren door de grootscheepse plannen van Anton. De grote oorlogswinsten waren daarbij olie op het vuur en gaven 'nog meer voedsel [...] aan nog grootere losbandigheid'.

De spanning waaronder Helene gebukt ging en waarvoor zij in Baden-Baden verlichting zocht, werd dan ook hooguit deels veroorzaakt door haar lessen aan de Volksuniversiteit, die zij zelf als de voornaamste reden aanvoerde. Veel meer hield deze verband met de verwikkelingen rond Müller & Co, waarvan Antons telegram naar Baden-Baden niet de eerste aankondiging was. Sinds de inzettende recessie van 1920 was de firma in zwaar weer terechtgekomen. De winst van bijvoorbeeld Müller & Co's Mijnbouw Maatschappij was steeds verder afgenomen en in 1924 veranderd in een aanzienlijk verlies van vier miljoen gulden.[162] Met grote leningen had Anton het grootste gevaar weten af te wenden en verborgen kunnen houden voor de buitenwereld. In februari 1924 begonnen echter in het Rotterdamse zakenleven geruchten te gonzen over het wanbeheer bij Müller & Co.[163] Door de miljoenenleningen die Anton bij Robaver afsloot om zijn wereldconcern draaiende te houden, in combinatie met de laagconjunctuur en de leegloop van belangrijke Duitse saldi die bij de bank waren ondergebracht, was de huisbank in grote problemen gekomen.[164] In 1924 stond Robaver tegenover een verlies van ruim veertig miljoen gulden, waarvan vijfentwintig miljoen op conto van Müller & Co.[165] Op aandringen van de bank werd de Rotterdamse bankier ir. Catharinus van Dusseldorp aangesteld in de directie van Müller & Co om het financiële beheer onder controle te krijgen.[166]

Robaver was van mening dat Anton te weinig aanwezig was om een firma van deze omvang goed te kunnen besturen. Uiteraard had de bank de penibele situatie evengoed aan zichzelf te danken, aangezien zij zonder toereikende reserves gigantische kredieten had verstrekt, maar de zorgen om Antons leiderschap waren niet ongegrond. De eerste man van Müller & Co was zich steeds meer gaan toeleggen op de internationale diplomatie. Ook na de oorlog bleef de regering een beroep op hem doen, waar Anton steevast gehoor aan gaf. Zo trad hij toe tot de Raad van Bijstand van het ministerie van Buitenlandse Zaken en werd hij afgevaardigde van Nederland bij de Centrale Rijnvaartcommissie.[167] Daarnaast was hij veel tijd kwijt aan zijn werk voor de Volkenbond, die in 1919 was opgericht met het doel om een volgende oorlog te voorkomen. Binnen dit supranationale verbond speelde hij een belangrijke rol in de totstandkoming van de Verkeers- en Transito-organisatie. Al dat werk en de reizen die dat met zich meebracht, lieten weinig ruimte over om zijn almaar groeiende bedrijf goed te leiden.

Antons vele nevenwerkzaamheden lijken dan ook zijn scherpe zakelijke blik vertroebeld te hebben. Bovendien werden in deze jaren talloze bedrijfsonderdelen aan de firma toegevoegd, waardoor hij het overzicht wel moest verliezen.[168] Müller & Co rekende nu ook vleeskoeling, toerisme en journalistiek tot zijn activiteiten, wat weinig te maken had met het oorspronkelijke mijn- en transportwezen. Zelfs zonder zijn achtentwintig commissariaten en verplichtingen aan de regering was de firma Anton waarschijnlijk boven het hoofd gegroeid.

Uiteraard stelde hij directeuren voor de verschillende filialen aan, maar bij die benoemingen kwam tevens zijn zwakte aan het licht. Uit alles bleek dat hij maar moeilijk de leiding uit handen kon geven. Of zoals hij het zelf formuleerde: 'Ik deug niet om in [een] span te trekken. Sta ik voor iets, dan volg ik het liefst alleen mijn plan de campagne.'[169] Om ervan verzekerd te zijn dat zijn koers gevaren werd, zette hij vertrouwelingen op strategische plekken. De meest merkwaardige benoeming was die van Sam van Deventer in 1919 tot directeur van de aanzienlijke dochteronderneming Müller & Co's Algemene Mijnbouw Maatschappij.[170] In de praktijk betekende dat dat hij de op een na hoogste functie in het Müller-concern bekleedde. Wanneer Anton op een van zijn vele, lange reizen was, nam Sam de honneurs waar.

Hoewel bijvoorbeeld financieel directeur Adriaan van der Lecq een grenzeloos vertrouwen had in de integriteit en het zakentalent van Sam van Deventer, klonken uit andere hoeken minder juichende geluiden.[171] Robaver achtte hem onbekwaam als secondant van Müller & Co, wat de belangrijkste reden was om Van Dusseldorp naar voren te schuiven. Dat was geen onverstandige zet. Met name de uitzichtloze investeringen in Zuid-Amerika waren volgens ingewijden aan Van Deventer te danken.[172] Maar zelfs al was Sam beter in staat geweest dergelijke omvangrijke projecten te begeleiden, dan nog was zijn bewondering voor de Kröllers te groot om als onafhankelijk leidinggevende beslissingen te nemen die indruisten tegen Antons visie.

De benoeming van Van Dusseldorp veranderde echter niets aan de precaire financiële positie van Robaver. Om een debacle voor de Nederlandse economie te voorkomen – Robaver was tenslotte een van de grootste banken van het land en zou talloze bedrijven en financiële instellingen in haar val meeslepen – besloot de Nederlandse Bank in 1924 tot een buitengewone kredietverlening van maximaal vijftig miljoen gulden, waarbij de regering garant stond.[173] Nog een jaar later was deze uitzonderlijke reddingsoperatie het gesprek van de dag in de financiële wereld, deels omdat zowel Müller & Co als Robaver voorheen als solide bekendstonden, maar voor een belangrijk deel ook, omdat voor het eerst in de Nederlandse geschiedenis de overheid bijsprong om een bank veilig te stellen.

Nu Robaver langs de rand van de afgrond had gelopen, was de bank een stuk terughoudender met het verlenen van kredieten. Daarnaast vond een wisseling van de wacht plaats aan de top van de bank, waarbij

Antons kompanen Westerman en Tienhoven plaatsmaakten voor Arie van Hengel, directeur van de Amsterdamsche Bank.[174] Deze nieuwe commissaris benaderde Müller & Co heel wat minder amicaal dan zijn voorgangers. Toen hij in 1925 nadrukkelijk bij Müller & Co aandrong op de betaling van het openstaande krediet à vijfentwintig miljoen gulden, kwam de firma in grote problemen.

De schuldopeising op zichzelf bracht Müller & Co al in een lastig parket, maar verzwakte de firma nog verder doordat er nu geen middelen meer waren waarmee de aandeelhouders uitbetaald konden worden. In volle hevigheid werd duidelijk wat de schaduwzijde was van het op grote schaal bedrijfskapitaal verwerven door uitgifte van cumulatief preferente aandelen, zoals Müller & Co sinds 1917 een aantal maal had gedaan. Het voordeel van deze financieringswijze was dat de aandeelhouders een vast dividend kregen uitbetaald en alle winst die dat bedrag oversteeg – en dat was jarenlang een aanzienlijke som – geheel toekwam aan de beherende vennoten, in dit geval dus Anton en Helene.[175] Het nadeel (maar voor de cumulatief preferente aandeelhouders het voordeel) van deze aandelen was dat de betalingsverplichting van dit vaste dividend ook bleef gelden als er geen winst werd gemaakt.[176] Toen Müller & Co medio 1925 werd geconfronteerd met de onmiddellijk opeising van minimaal de helft van de Robaver-kredieten, waren de reserves niet langer toereikend om aan die vaste dividenduitkering te voldoen.[177]

De financiële situatie werd zo nijpend dat in 1925 en 1926 geen dividend werd uitgekeerd.[178] Uiteraard tot ongenoegen van de preferente aandeelhouders. Ook bleven de jaarverslagen achterwege, waardoor behalve Anton en zijn accountant H. Burgmans, niemand inzicht had in de precieze omvang van de financiële problemen. Nu begon ook de Raad van Advies zich te roeren: als Burgmans niet in staat was tot heldere en complete verslaglegging, was het wellicht beter wanneer hij zijn ontslag nam.[179] Tegelijkertijd wist Robaver te bewerkstelligen dat er een nieuwe Naamloze Vennootschap werd opgericht, waarin de scheepvaart en het ertsvervoer – de enige nog winstgevende onderdelen van de Müller & Co – werden ondergebracht en waarvan de bank de aandelen in onderpand kreeg.[180] Op die manier hoopte Robaver de schade voor zichzelf nog enigszins te beperken. Degene die de bank verantwoordelijk hield voor de grootste verliezen, Sam van Deventer, kreeg in tegenstelling tot de twee andere voormalige directieleden van de Mijnbouw Maatschappij geen plek toebedeeld in de nieuwe nv.[181] Hij bleef aan bij het tandeloos gemaakte moederbedrijf.

Uiteindelijk wist Anton de macht over Müller & Co grotendeels te behouden door – achter de rug van Van Hengel om – zijn Algerijnse mijnen ter waarde van twintig miljoen gulden te verkopen aan het Zweedse Grängesberg-concern.[182] Met ruim vijftien miljoen gulden aan contanten en een pakket aandelen ter waarde van twee miljoen gulden kwam hij terug uit Stockholm en betaalde daarmee het grootste deel van de bankschuld. Vol trots schreef Helene aan Sam over de geheime missie van Anton die de greep van 'den Hengelaar' op de firma had gebroken.[183] Müller & Co leek inderdaad gered en kon de toekomst weer met meer vertrouwen tegemoet zien. Voorlopig tenminste.

De reputatie van Müller & Co kwam opnieuw onder vuur te liggen door brochures die begin jaren dertig gepubliceerd werden door getergde oud-werknemers. De zeven in oplopende agitatie geschreven pamfletten van voormalig accountant Reinier Heyne waren het meest onrustbarend.[184] Heyne was voormalig hoofd van de Rijksaccountantsdienst in Almelo en eigenaar van een eigen accountantskantoor, maar gaf dit alles in 1921 op om voor het succesvolle Müller & Co te gaan werken. Volgens hem hadden de grote verliezen van Müller & Co in de jaren twintig weinig te maken met de mondiale crisis, maar waren deze voor '80 procent [...] ontstaan door onbekwaamheid, grove oneerlijkheid en bedrog'.[185] In 1925 besloot Heyne zijn ontslag in te dienen, omdat hij niet langer deel wilde uitmaken van het 'misdadige "ancien régime"', dat de firma volgens hem was.[186] Deze scherpe uitspraken baseerde hij op zijn ontdekking dat de balansen van Müller & Co keurig ondertekend waren door toeziend accountant Burgmans, maar bol stonden van opzettelijke fouten. Zo nam de firma volgens Heyne in de jaren 1920-1924 met gemak een bankschuld van circa zeventig miljoen gulden niet op in de boeken, wat op zichzelf al een aanzienlijk bedrag was, maar zeker gezien het feit dat de gehele balans in totaal slechts zestig miljoen gulden bedroeg.[187]

Dat de gewezen accountant in ieder geval ten dele de waarheid sprak, blijkt wel uit het onverbiddelijke vonnis van de tuchtraad van het Nederlands Instituut van Accountants (NIVA). De raad achtte Burgmans – nota bene een van de oprichters en tussen 1918 en 1921 voorzitter van het NIVA – schuldig aan 'kwade trouw en het grof verzuim in de vervulling van zijn plicht als accountant'.[188] Jarenlang had hij de winst- en verliesrekeningen goedgekeurd, zonder deze kritisch te bekijken. Hoe hoog het NIVA de zaak opnam werd duidelijk toen het instituut besloot om de uitspraak bij uitzondering met naam en toenaam te publiceren. Voor Müller & Co had deze rechtsgang geen gevolgen, wat zou kunnen betekenen dat de firma niets aan te rekenen viel, maar evengoed verband kan houden met het feit dat Raad van Advies-lid Willem Molengraaff tevens aan het NIVA verbonden was als plaatsvervangend voorzitter van de Raad van Tucht.[189]

Hoe dan ook, de ongezonde financiering die Burgmans had proberen te versluieren, had wel degelijk gevolgen. Kon Anton voorheen nog met een flinke knipoog verkondigen dat hij van de credit- naar de debetzijde ging, wanneer hij naar Helenes vleugel van het Lange Voorhout liep, toen de Afdeling Gebouwen vanwege de grootscheepse bezuinigingen in 1926 geliquideerd werd, bleek deze grap de bittere waarheid. Beiden beseften dat zij hoofdelijk aansprakelijk waren voor het financiële beheer en daarmee voor de uitbetaling van de dividenden. Als het firmakapitaal daarvoor niet toereikend was, dan waren zij genoodzaakt hun privévermogen aan te spreken. De kans dat aandeelhouders of andere schuldeisers de verkoop van hun persoonlijke eigendommen zouden eisen, werd daardoor met de dag groter. Dat betekende niet alleen dat de verdere bouw van het museum steeds onwaarschijnlijker werd, ook het voortbestaan van de collectie was vanaf dat moment in gevaar.

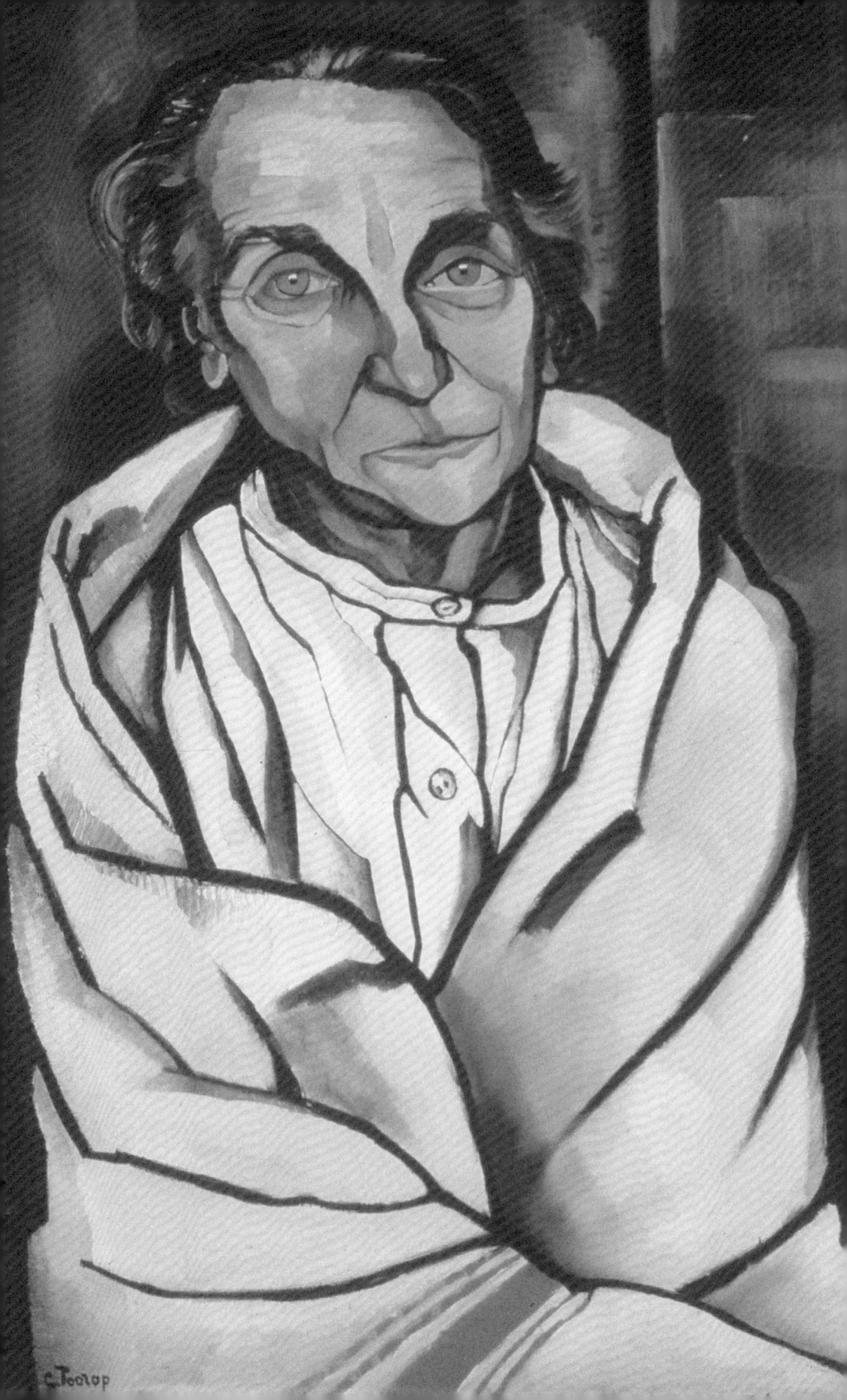
C. Toorop

12
Verval en behoud

EEN VOLHARDEND BAUMENSCH

De dreigende wolken die zich boven Müller & Co samenpakten en de verschillende bezuinigingsmaatregelen die daar het gevolg van waren, hadden in de jaren twintig grote invloed op Helenes museumplannen. Kon zij in 1921 nog zo'n honderdvijftig kunstwerken aan haar verzameling toevoegen, in 1922 was dat aantal gezakt tot circa dertig om in 1925 te dalen tot een karig achttal.[1] In datzelfde jaar was ze ook genoodzaakt om Bremmers aanstelling met een dag per week te verminderen.[2]

Sinds het stilleggen van de bouw in 1922 besteedde Van de Velde op haar verzoek zijn dagen voornamelijk aan het wijzigen van het ontwerp in de hoop dat het werk weer hervat kon worden. Toen daar in 1924 nog steeds geen sprake van was, begon Helene naar andere oplossingen te zoeken. Sam stelde haar voor om de architect een nieuw ontwerp te laten maken voor een museum van bescheidener proporties.[3] Maar Helene voelde weinig voor een klein museum binnen het grote Veluwe-plan. Zelf dacht ze erover om voorlopig alleen het middenstuk, het Van Gogh-gedeelte, van het reusachtige museum te bouwen. Als de kern er eenmaal stond, dan zou iemand anders hopelijk bereid zijn de zijvleugels te bekostigen. Mocht Müller & Co daartoe dan niet in staat zijn, dan misschien 'de provincie die het geheel eenmaal krijgt'.[4] In dat geval wilde ze de verdere bouw van het museum als voorwaarde laten opnemen bij haar schenking.

Anton steunde haar tot het uiterste in haar streven het museum hoe dan ook te verwezenlijken. Meerdere keren verzekerde hij haar: 'Al moest ik de kast in, het museum komt er.'[5] Na de dood van zijn broer Nico in januari 1924 schreef Anton haar dat hij nu samen met zijn zus Marie de enige erfgenaam was van Willem. Dat betekende dat hij bij het overlijden van zijn oudste broer de helft van diens vermogen zou erven, een bedrag

Charley Toorop, *Patiënte uit krankzinnigengesticht* (1924).

dat probleemloos aangewend kon worden voor het museum, zonder dat de firma daaronder te lijden had.[6] Zijn enige zorg hierbij was dat hijzelf eerder kwam te overlijden, waardoor Willems kapitaal later onder Helene jr., Toon, Wim en Bob verdeeld zou worden. Wilden hij en Helene dus hun museumplannen laten slagen, dan moesten zij ervoor zorgen lang en gezond te leven. Hij drong er daarom bij haar op aan dat zij voor een rustkuur naar Baden-Baden ging en beloofde zelf ook een aantal weken vrij te nemen. Maar dat was niet genoeg. 'Ik geloof lieve ma, dat wij hier dus egoïstischer moeten denken dan we het anders van natuur doen. We hebben gelukkig in het leven nog nooit op iemands dood behoeven te wachten.' Dat hoefden ze ook nu niet lang te doen; Willem stierf een halfjaar later.

Natuurlijk benadrukte Helene tegenover Sam dat zij geen erfenis wilde najagen, maar tegelijkertijd was ze zo eerlijk om toe te geven dat ze vond dat Willems geld haar en Anton meer toekwam dan wie dan ook.[7] Tenslotte was het Anton geweest die Müller & Co gered had toen zijn broer niet meer in staat was geweest de firma te leiden en Helenes vader al overleden was. Zijn gierigheid, die Helene als de meest dominante karaktereigenschap van haar zwager beschouwde, had op deze manier tenminste nog een doel. Onbedoeld had Willem jarenlang voor het museum gespaard. Die spaarpot bleek uiteindelijk meer dan drie miljoen gulden te bevatten, wat echter nog steeds ontoereikend was om de grootscheepse bouwplannen in hun oorspronkelijke vorm uit te voeren.[8] Daar kwam nog bij dat Marie aanspraak maakte op de helft van de erfenis. Tegenover de buitenwereld liet Helene niets merken, maar de teleurstelling was groot, 'omdat alles & ieder ding hier mij eraan herinnert, hoe onaf de groote opzet moet blijven liggen'.[9]

Zij noch Anton konden deze stagnatie accepteren en gaven Van de Velde de opdracht om een bouwplan te maken voor het middengedeelte van het museum, zodat in ieder geval de meeste schilderijen opgehangen konden worden. De kostenraming hiervoor moest onder de drie miljoen gulden blijven.[10] Afgezien van de vraag of dit haalbaar was – de overgeleverde schattingen van Van de Velde beliepen nog steeds vijf miljoen gulden – is het ook de vraag hoe Anton dit dacht te financieren.[11] Vermoedelijk wilde hij Van de Velde vooral aan het werk houden, zodat in ieder geval het idee bleef bestaan dat het museum verwezenlijkt zou worden. De bekostiging van de daadwerkelijke bouw was van latere zorg.

De financiële situatie ten spijt reisde Helene in maart 1925 samen met Sam naar Florence, om daar nieuwe moed op te doen en haar hart op te halen aan de eeuwenoude architectuur. Ze wilde hem de inspiratiebron voor haar plannen laten zien, de bouwwerken die haar collega-kooplui uit het verleden hadden nagelaten. Door ernstige pijn aan haar voeten en algehele fysieke malaise moest zij de reis voortijdig afbreken om opnieuw voor een rustkuur naar Baden-Baden te gaan.[12] Toch vond ze het uitstapje meer dan geslaagd. Voorheen had ze getwijfeld of Sam in staat zou zijn haar bouwplannen te voltooien als ze zelf niet lang genoeg leefde om de realisatie mee te maken. Ze vermoedde dat zijn interesse voor architectuur daarvoor niet toereikend was. Maar terwijl ze samen door de Italiaanse straten liepen, zag ze in hem een passie ontstaan die ze herkende en waarvan ze vermoedde dat die alleen maar intenser zou worden. In een van de weinige persoonlijke brieven van Sam die bewaard zijn gebleven, beaamde hij dat hij in Florence gevoeld had dat de bouw van het museum ook zijn missie was.[13] Bemoedigend sprak hij haar toe: 'De ketting aan Uw been Mevrouwtje, zullen wij veranderen in een rozenkrans op Uw hoofd,' waarmee hij onbedoeld liet zien dat zijn bewondering voor haar neigde naar heiligenverering.

Ondanks het gevecht dat Sam en Anton leverden voor Müller & Co, waardoor zij eind 1925 korte tijd een status-quo met Robaver bereikten, was er van een glorieuze rozenkrans geen sprake. Voorlopig moest Helene genoegen nemen met het vooruitzicht op een 'esthetische barak', zoals ze de tussenoplossing voor het museum noemde.[14] En zelfs dat beeld moest ze bijstellen toen ze in juli 1926 afscheid nam van Van de Velde.

Afscheidskaartje uit 1926 van Henry van de Velde aan een van zijn medewerkers van de Afdeling Gebouwen. Op de achtergrond de tekeningen voor het grote museum.

Een halfjaar eerder had hij haar laten weten een professoraat aan de universiteit van Gent te willen accepteren.[15] Tegelijkertijd zou hij directeur worden van het gloednieuwe Institut Supérieur des Arts Décoratifs de la Cambre in Brussel. Gezien de onzekere toekomst bij de Kröllers was zijn keuze voor deze twee prestigieuze aanstellingen in zijn vaderland heel begrijpelijk. Voor Anton tenminste.[16] Helene daarentegen had meer moeite met zijn vertrek en probeerde de architect ervan te overtuigen dat zijn taak en morele verplichting in Hoenderloo lagen.[17] Tenslotte had zij hem uit een uitzichtloze situatie geholpen door hem een ambitieuze opdracht in Nederland aan te bieden in een tijd waarin hij in België verketterd werd. Daarbij zag ze over het hoofd dat het juist de verwoede pogingen waren van een aantal trouwe vrienden om Van de Velde tot op Koninklijk niveau te rehabiliteren, die hem dankbaar lieten terugkeren naar België.[18]

Haar ongenoegen over zijn vertrek uitte zich in een stroom klachten, die ze overigens scherper tegenover Sam formuleerde dan tegenover Van de Velde. Voor het derde opeenvolgende jaar verbleef ze die zomer in Baden-Baden, zodat ze geen persoonlijk afscheid van hem kon nemen. Ze verdacht de architect ervan dat hij haar afwezigheid aangreep om zijn laatste taken te ontlopen.[19] Daarom vroeg ze Sam hem te herinneren aan zijn verplichtingen. Behalve aan het museum, werkte Van de Velde onder meer ook aan het ontwerp voor een graf voor haar en Anton. Die opdracht leek haar een kleine moeite. 'Het "laatste" kamertje', zoals Helene het laconiek noemde, moest vooral niet overdadig worden.[20] Daarmee wilde ze de nederigheid benadrukken, die naast grote ambitie ten grondslag had gelegen aan de totstandkoming van hun Veluwse onderneming. Aan een definitief ontwerp voor het graf kwam Van de Velde echter niet meer toe.

Zoals Helene had verwacht, waren ook de tekeningen voor het voorlopige museum in juni nog niet voltooid en moesten anderen het werk van Van de Velde afmaken, wat volgens haar alleen maar tot problemen kon leiden. 'Met veel mooie woorden zal de Prof er vandoor gaan & later zal men inzien, zóó is het museum niet te bouwen.'[21] Ontgoocheld concludeerde ze dat haar plannen opnieuw gedwarsboomd werden, terwijl de vooruitzichten na de oorlog zo gunstig hadden geleken.[22] Ze was wel professioneel genoeg om een heel andere toon aan te slaan toen ze, twee maanden na dato, Van de Velde een afscheidsbrief schreef. Hierin liet ze hem weten dat ze zijn aanbod om van zijn advies gebruik te blijven maken graag aannam, omdat ze de wens noch de hoop had opgegeven dat ze haar museum zou bouwen.[23]

Dirk Nijland, *Stilleven met boeken* (1927).

Iedere keer wanneer Anton met noodgrepen zoals de uitgifte van extra aandelen, een nieuwe lening of de verkoop van mijnbelangen het gevaar van dat moment had afgewenteld, leek hij ervan overtuigd dat de problemen nu voorgoed waren opgelost. Opgelucht haalden hij en Helene dan adem en pakten ze het leven van voorheen weer op, hoewel telkens wat bedachtzamer. Het aantal nieuwe kunstwerken dat Helene per jaar aan haar verzameling toevoegde, nam dan wel sterk af, maar de aankopen stopten niet. Ondanks de financiële onzekerheid behield Bremmer tussen 1922 en 1928 de opdracht om de collectie verder uit te breiden.[24] De beperkte middelen zorgden ervoor dat hij niet langer breed inkocht, maar nog slechts enkele kunstenaars probeerde te steunen door van hen meerdere werken te kopen. Zo konden van zijn beschermelingen in deze jaren alleen nog Henri van Daalhoff, Bart van der Leck, Dirk Nijland en Charley Toorop op regelmatige aanschaf voor de collectie-Kröller rekenen. Die laatste twee zijn interessant, aangezien Helene hun werk voor 1920 slechts bij uitzondering kocht.

Het werk van Dirk Nijland was sinds enkele jaren een nieuwe loot aan Helenes collectie. Bremmer had zich in 1916 opgeworpen als mentor van de schilder en hem geadviseerd zich te bekwamen in houtsneden.[25] Helene voegde in 1919 voor het eerst zijn werk toe aan haar verzameling, toen zij twintig van deze houtsneden verwierf. Toch interesseerde zijn schilderkunst, die hij in de jaren twintig weer oppakte, haar kennelijk meer, want vanaf 1922 schafte ze regelmatig schilderijen van hem aan. Meestal gebeurde dat rechtstreeks en kwam er geen kunsthandel aan te pas. Nijland stuurde Helene regelmatig geestig bedoelde briefjes om haar te bedanken voor haar aankopen, waardoor hij van opwinding soms zelfs slecht sliep.[26] 'Wilt u aan de Fee zeggen, dat ik bij mijn thuiskomst, de tijding kreeg dat de Fee weêr getoverd had, en een schilderijtje in Rotterdam, met haar Karos had weggehaald; Ik dank de Fee.'[27] Antwoorden op deze dankbetuigingen zijn helaas niet bewaard gebleven, of werden nooit geschreven. Nijlands briefjes vielen hoe dan ook in goede aarde, want hij en zijn vrouw Marie, die beiden ook in Wassenaar woonden, waren regelmatige gasten op Groot Haesebroek.

Helenes omgang met Charley Toorop was veel zakelijker. Ook van haar ontving Helene regelmatig briefjes, maar die waren veel pragmatischer van aard dan de kattebelletjes van Nijland en betroffen meestal betalingen of bruiklenen van haar werk. In 1916 en 1917 had Helene een enkel schilderij van haar aangeschaft, maar vanaf 1921 kon Toorop jr. op een regelmatige afname rekenen. Dat had de kunstenares deels zelf gearrangeerd. Als alleenstaande moeder van twee kinderen zag ze zich genoodzaakt zich zoveel mogelijk van een vast inkomen te verzekeren. Zo schreef ze Bremmer bij herhaling met het verzoek een contract voor haar te bewerkstelligen bij een kunsthandel of haar te introduceren bij verzamelaars.[28] Helene Kröller-Müller was in dat opzicht een interessante vangst en deze liet zich niet onbetuigd. In de jaren twintig kocht ze regelmatig twee of meer schilderijen van de kunstenares. Soms, zoals in 1924 toen ze het indringende *Patiënte uit krankzinnigengesticht* (1924, afb. p. 364) aan haar verzameling toevoegde, was Charley Toorop zelfs de enige uit Bremmers invloedssfeer, die op een aankoop van haar kon rekenen. Zodoende biedt de Kröller-Müller-collectie nog altijd het belangrijkste overzicht van Toorops oeuvre.

Naast deze relatief jonge kunstenaars bleef Bremmer in de jaren twintig aankopen doen van gerenommeerde namen, onder wie Jan Sluijters, Jan Toorop en Leo Gestel, maar ook deze werden niet meer zo grootschalig ingekocht als voorheen. Helenes kooplust leek weer even op te gloeien toen in 1926 de collectie van voormalig kunsthandelaar Douwe Komter werd geveild bij Mak in Amsterdam.[29] De financiële situatie stond haar niet toe om zoals eerder een royale greep te doen uit andermans collectie, maar bij deze gelegenheid kocht ze evengoed vier werken van Van Daalhoff en vier zeventiende-eeuwse schilderijen, waaronder een mooie *Vanitas* (circa 1630) van Pieter Claesz.

Het werk van internationale kunstenaars, in het bijzonder de kubisten, had in verhouding het minst te lijden onder de bezuinigingen. Helene kocht in deze jaren onder meer vijf schilderijen van Théo van Rijsselberghe, het monumentale *Naaktfiguren in een bos* (1909-1911, kleurafb. 45) van Fernand Léger, drie werken van Juan Gris en vijf van Jean Metzinger.[30] De lijst werd aangevoerd door Auguste Herbin, van wie zij in deze jaren tien schilderijen verwierf, alle bij de galerie van Léonce Rosenberg in Parijs.

Voor Helene behoorde een bezoek aan Rosenbergs l'Effort Moderne tot het vaste programma wanneer ze de Franse hoofdstad aandeed. Zo verbleef ze in het najaar van 1924 enige weken in Parijs om Anton gezelschap te houden, die daar langere tijd voor zaken moest zijn.[31] Behalve het Louvre, het Petit Palais en verschillende kunsthandels, bezocht ze ook meerdere malen de galerie van Rosenberg.[32] Tot haar genoegen zag ze daar veel nieuwe werken, zodat ze zich verheugde op de komst van Bremmer, die had beloofd hen een dag te vergezellen. 'Ik heb verschillende dingen, die mij aantrekken & ben benieuwd wat hij ervan zegt: goed vindt of afkamt', waaruit bleek hoeveel waarde ze nog steeds aan zijn oordeel hechtte.

Niettemin bewees Bremmers komst juist deze keer dat de onderlinge verhoudingen danig veranderd waren. Bij Rosenberg vond haar adviseur niets de moeite waard en kon hij volgens Helene slechts de gebreken aanwijzen, in plaats van de aandacht vestigen op de kracht van een werk, zoals hij in het verleden altijd deed. Ze wist precies waar de pijn zat. Sinds enige dagen waren Toon en zijn vrouw Truusje in Parijs en ze had hen bij Rosenberg de kubisten uitgelegd, evenals de Egyptische kunst in het Louvre, terwijl Bremmer ervan uit was gegaan dat hij naar Parijs werd gehaald om de familie te laten delen in *zijn* kennis. Bovendien had ze zonder overleg bij Maison Drouot twee schilderijen verworven van Paul Signac en Maximillien Luce, afkomstig uit de collectie van Maurice Leclanché. Kortom, Bremmer voelde zich gepasseerd: 'Hij houdt er eenmaal niet van dat hij zelf de wegen niet wijst & is een beetje boos, dat ik al gekocht heb op de veiling.'[33] Zijn gekrenkte trots weerhield haar er overigens niet van om tijdens de Salon d'Automne op eigen gelegenheid nog eens vijf schilderijen aan haar bezit toe te voegen. Ze kocht onder meer een stilleven en een interieur van de Belgische kunstenaar Joseph Albert, alsmede het op het kubisme geïnspireerde *La toletta* (1924) van de Italiaan Massimo Campigli.

Grote uitschieters in Helenes aankopen werden echter zeldzaam. Steeds vaker wees ze juist een aanbod om interessant werk te kopen af. Dit tot verbazing van de kunstwereld. Zo liet kunsthandel C.M. van Gogh haar in november 1927 weten dat haar weigering het door hen aangedragen werk van Breitner te kopen een 'bittere teleurstelling' was.[34] Enkele weken later werd haar het portret *Mr and Mrs Edwin Edwards* (1875) van haar geliefde Fantin-Latour aangeboden voor een buitengewoon schappelijke prijs.³⁵ Hoewel ze het realisme voldoende vertegenwoordigd vond in haar collectie, was ze toch nieuwsgierig en vroeg een foto van het werk te mogen zien. Uiteindelijk besloot ze het schilderij, ondanks de lage prijs, toch niet te kopen.

Financieel mocht het de Kröllers halverwege de jaren twintig dan niet meer zo voor wind gaan als voorheen, de faam van hun collectie kwam in die jaren in een stroomversnelling. Dat bleek onder meer uit de vele internationale gasten die Helene op het Lange Voorhout ontving, waaronder een aantal indrukwekkende namen. In 1919 kondigde bijvoorbeeld Katherine Dreier, de Amerikaanse kunstenares en invloedrijke promotor van moderne kunst, haar komst naar Den Haag aan. Het was bij die gelegenheid dat Dreier kennismaakte met het werk van Mondriaan, die op dat moment in de Verenigde Staten nog onbekend was.³⁶ Mede vanwege die ontdekking koesterde ze een diepe waardering voor Helenes prestaties op het gebied van moderne kunst. In juni 1926 bracht ze voor de tweede maal een bezoek aan het Lange Voorhout, deze keer vergezeld door de Duitse dadaïstische kunstenaar Kurt Schwitters.³⁷ Helaas is het nooit tot een gesprek tussen de twee vrouwen gekomen, omdat Helene bij beide gelegenheden in het buitenland verbleef. Vermoedelijk had zij de heldere geest en doortastendheid van Dreier kunnen waarderen, als het extraverte karakter van de Amerikaanse haar tenminste niet zou hebben afgeschrokken.

De interesse van Katherine Dreier voor Helenes collectie hing in 1926 samen met haar werk voor het kunstenaarsgenootschap Société Anonyme, dat zij samen met Marcel Duchamp en Man Ray in New York had opgericht. Dit avant-gardistische genootschap bereidde op dat moment een grootschalige, en naar later zou blijken, zeer succesvolle tentoonstelling voor van internationale moderne kunst in het Brooklyn Museum.³⁸ Het werd de eerste gelegenheid in Amerika waarbij twee schilderijen van Mondriaan te zien waren.³⁹ Het is dan ook niet verwonderlijk dat Dreier nogmaals de plek bezocht waar ze dit werk had ontdekt. Waarschijnlijk wilde ze de verzameling nog eens bekijken op zoek naar mogelijke bruiklenen. Blijkbaar was ze uit op recenter werk dan in de Kröller-Müller-collectie vertegenwoordigd was, want tot een aanvraag kwam het niet. In plaats daarvan probeerde ze na haar bezoek aan het Lange Voorhout via Bremmer aan vijf schilderijen te komen van Bart van der Leck 'in his latest period'.⁴⁰ Om onduidelijke reden bleek noch Bremmer noch Van der Leck bereid om vijf werken uit de gewenste periode naar New York op te sturen.⁴¹

Enige tijd later, in november 1927, diende zich de jonge Amerikaanse kunsthistoricus Alfred Barr Jr. aan, die twee jaar later directeur zou worden van het toen net geopende Museum of Modern Art in New York.[42] Hij stond versteld van Helenes collectie vanwege de verscheidenheid en het lef waarmee deze verzameld was. Opvallend genoeg boeide een zeventiende-eeuws schilderij van Heyman Dullaert hem in het bijzonder. Dit *Wandstilleven* (1653-1684, kleurafb. 46) anticipeerde volgens hem op het werk van de abstracte kunstenaars Georges Braque en Albert Gleizes. Hij wilde graag een foto van het schilderij ontvangen, zodat hij het werk kon gebruiken voor zijn proefschrift over abstractie en kubisme.[43]

Behalve door het bezoek van deze leidende figuren uit de wereld van moderne kunst, werd het internationale bereik van de verzameling ook bewezen door de tientallen verzoeken om bruiklenen die Helene uit de hele wereld ontving. Op het overgrote deel van deze aanvragen ging ze niet in, vanwege 'unangenehme Erfahrungen' uit het verleden.[44] Ze maakte bij die afwijzingen geen onderscheid naar de statuur van de aanvrager. Een kleine Berlijnse galerie wees zij even verontschuldigend als rigoureus af als regeringsfunctionarissen die niet schroomden het landsbelang in de strijd te werpen om haar te overreden een aantal schilderijen uit te lenen.[45]

Overigens had Helene onbedoeld de aanvragers zelf op de mogelijkheid van bruikleen attent gemaakt. Meer dan driekwart van de verzoeken betrof namelijk het werk van Vincent van Gogh en dateerde van na juni 1927, toen haar Van Goghs voor het eerst ergens anders dan in Den Haag te zien waren, namelijk in de Kunsthalle Basel. Al in 1924 had dit museum, door tussenkomst van de Zwitserse gezant in Den Haag Arthur de Pury, gevraagd werken uit haar collectie te mogen lenen voor een overzichtstentoonstelling, maar bij die gelegenheid had Helene haar medewerking nog geweigerd.[46] Toen zij in 1927 ook vanuit Berlijn en Brussel het verzoek om een omvangrijke bruikleen kreeg, besefte ze naar eigen zeggen dat het van cultureel belang was dat 'een breede laag van menschen in staat gesteld zou worden de van Gogh collectie te bezichtigen, die waarschijnlijk nooit in staat zouden zijn met dat doel naar Holland te komen'.[47] Door de belangrijkste werken uit haar collectie in een aantal Europese steden te laten zien, kon zij deze voor een groot internationaal publiek toegankelijk te maken, voordat ze permanent in haar eigen museum kwamen te hangen.[48]

Via De Pury liet ze Wilhelm Barth, directeur van de Kunsthalle, dan ook weten dat ze alsnog bereid was haar Van Gogh-collectie aan hem uit te lenen.[49] Het resultaat was dat ze in augustus samen met Anton naar

Basel reisde om haar eigen verzameling te bekijken. Ze vond het 'grandioos' om haar schilderijen in de ruime zalen van het museum te zien hangen, waar ze zoveel beter tot hun recht kwamen dan aan het Lange Voorhout.[50] Bij sommige werken had ze zelfs de indruk dat zij ze voor de eerste maal zag, zo veel effect had deze nieuwe omgeving.

Maar een onverdeeld genoegen vond Helene de tentoonstelling in Basel niet. De opstelling ontbeerde volgens haar iedere logica. Op de eerste twee zalen had zij geen commentaar. Daar hingen eerst de Nederlandse en Franse tekeningen en vervolgens de schilderijen uit Van Goghs periode in Nederland. De derde zaal was echter een allegaartje van werken uit zijn tijd in Parijs, Arles en Saint-Rémy-de-Provence, waar geen duidelijke lijn in te ontdekken viel. Ze moest zich beheersen niet te reageren op Barths toelichting dat hij in die zaal had opgehangen waarvoor hij elders geen plek meer had. 'Het maakte mij boos, mismoedig, waar ik toch zelf zoo er over pieker, als het er om gaat een schilderij een plaats te geven.' De tentoonstelling werd vervolgd in een ruimte waar weer uitsluitend Nederlands werk hing en eindigde in twee zalen waar de overige Franse schilderijen hingen. Helene vreesde dat bezoekers nu wel eens konden denken dat de kunstenaar willekeurig een donker palet afwisselde met intense kleuren. Het werd mensen op deze manier volgens haar te moeilijk gemaakt om Van Goghs ontwikkeling te herkennen, laat staan de omslag te ontwaren die in Arles had plaatsgevonden.

Voor de samensteller van de tentoonstelling had ze dan ook weinig vriendelijke woorden over. Ze vond Barth 'een kleine "nobody"', die Van Gogh alleen oppervlakkig beschouwde en daardoor de plank telkens missloeg. Zoals gebruikelijk liet ze tegenover de anderen niets van haar misnoegen blijken, maar ze nam zich voor in het vervolg meer controle uit te oefenen op de inrichting.

Na Basel reisden de schilderijen in september door naar de Kunsthalle in Bern, om vervolgens in november tentoongesteld te worden in het Koninklijk Museum voor Schoone Kunsten in Brussel.[51] De kleine Europese tour was een succes. In Basel werd de expositie geprolongeerd en in alle drie de steden bezochten duizenden mensen de expositie.[52] In Brussel was het enthousiasme over de tentoonstelling met circa dertigduizend bezoekers zo groot dat Helene in november 1927 werd benoemd tot Ridder in de kroonorde van België.[53] Opgeruimd schreef ze hierover aan Antons zus Marie: 'Je hebt er zeker van opgekeken en had nooit gedacht dat je Duitsche schoonzuster – en nog wel nà den oorlog – door de Koning der Belgen gedecoreerd zou worden.'[54]

Het succes was niet verwonderlijk, want een Van Gogh-tentoonstelling

De Van Gogh-schilderijen onderweg van Zwitserland naar België, voorzien van politiebegeleiding.

bestaande uit meer dan honderdveertig tekeningen en schilderijen was een zeldzaamheid en sloot naadloos aan bij de wereldwijde belangstelling die Van Goghs werk na de Eerste Wereldoorlog te beurt viel.[55] Andere musea vroegen vervolgens massaal om de verzameling ook te mogen presenteren. Vooral in Duitsland was de belangstelling groot. Van Dresden tot Berlijn en van München tot Keulen deden museumdirecteuren en galeriehouders hun uiterste best om Helene te bewegen tot bruikleen van haar gewilde collectie. Slechts vier verzoeken honoreerde ze, maar ze gaf toe aan de belangstelling door de afzonderlijke tentoonstellingen niet zoals eerder één, maar twee maanden te laten duren. Zodoende waren haar Van Goghs in augustus en september 1928 te zien in de Kunsthalle te Düsseldorf – waar tegelijkertijd ook circa vierhonderd werken van andere kunstenaars uit haar collectie tentoongesteld werden –, om vervolgens een week na de sluiting al in Karlsruhe geëxposeerd te worden en daarna door te reizen naar Berlijn en Hamburg, waar de tournee in april 1929 tot een einde kwam.[56]

Afgaande op de vele artikelen die in diverse kranten verschenen, trok vooral de tentoonstelling in Berlijn veel aandacht.[57] Dat was niet alleen te danken aan het unieke karakter van de collectie en de alom geprezen onbaatzuchtigheid waarmee Helene deze openbaar maakte. In de Duitse hoofdstad kreeg de verzameling een plek in het Kronprinzenpalais, een dependance van de Nationalgalerie, die in 1919 door directeur Ludwig Justi werd heringericht tot een van de eerste musea voor hedendaagse kunst ter wereld.[58] Dankzij Helenes bruikleen, in het bijzonder haar nieuw verworven *Zeegezicht te Saintes-Maries-de-la-Mer*, werd het museum in december 1928 betrokken in een strijd die kort daarvoor was losgebarsten: die om 'de echte Vincent van Gogh'.[59]

Op 28 november kopten de Duitse kranten namelijk over een reuzenzwendel in de kunstwereld. Tientallen Van Goghs, die voor tienduizenden Reichsmark per stuk verkocht waren door de Berlijnse kunsthandelaar Otto Wacker, zouden vervalsingen zijn.[60] De consternatie was des te groter, omdat circa dertig schilderijen als authentieke werken waren opgenomen in de oeuvrecatalogus die Jacob-Baart de la Faille in januari van dat jaar had gepubliceerd en die gold als handboek voor Van Gogh-kopers en -handelaren. De meeste van de Wacker-schilderijen had De la Faille zelf van een expertise voorzien en authentiek verklaard. In dezelfde maand dat zijn catalogus van de pers rolde, zag hij zich echter genoodzaakt zijn oordeel rigoureus te herzien. Aan de vooravond van een grote Van Gogh-tentoonstelling in de galerie van Paul Cassirer waren de organisatoren op vier schilderijen gestuit, waarvan zij vermoedden dat het vervalsingen waren. De la Faille begon een uitgebreid vergelijkend onderzoek en kwam tot de conclusie dat alle schilderijen uit het bezit van Wacker falsificaties waren. Andere experts, onder wie Julius Meier-Graefe, die in 1926 eveneens authenticiteitsverklaringen voor deze werken had geschreven, sloten zich in de loop van 1928 voorzichtig bij zijn oordeel aan.

De la Faille bracht kunsthandelaren discreet op de hoogte van zijn bevindingen om hen – volgens de regels van het spel – de mogelijkheid te geven de valse werken van hun klanten terug te kopen. Niet iedere kunsthandelaar bleek daartoe genegen en degenen die wel zo hoffelijk waren, slaagden er niet allemaal in de kosten daarvan op Wacker te verhalen. Bovendien gingen er stemmen op die het wispelturige oordeel van De la

Anoniem (vervalsing Vincent van Gogh), *Zeegezicht te Saintes-Maries-de-la-Mer* (ca. 1927-1928).

Faille betwistten. De poging om de zaak onopvallend te schikken, mislukte dan ook hopeloos en de affaire werd in de winter van 1928-1929 breed uitgemeten in de Duitse en Nederlandse pers.

Bremmer, en met hem Helene, geloofde weinig van de aantijgingen jegens Wacker.[61] Sterker, de kunstpaus toonde zich ronduit sceptisch over de methode die De la Faille hanteerde om de valsheid van de betreffende schilderijen vast te stellen. Een echte kunstkenner had volgens hem geen speurwerk naar afkomst of stijlbreuken nodig om de authenticiteit ervan in te zien. Dat Van Gogh in een zelfportret uit de Wacker-collectie zijn palet in zijn linkerhand houdt, terwijl hij op een onomstreden zelfportret daarvoor zijn rechterhand gebruikt, wuifde Bremmer als onzin weg. In de *Deutsche Allgemeine Zeitung* schreef hij daarover: 'Naar mijn mening leggen zulke argumenten heelemaal geen gewicht in de schaal. De echtheid van een werk moet men voelen, moet men "beleven".'[62] Nog altijd was connaisseurschap volgens Bremmer een aangeboren gave, geen kunde.

Zijn verdediging van de Berlijnse handelaar werd gevoed door de sluimerende concurrentie tussen hem en De la Faille, die vooral door de eerste als zodanig ervaren werd.[63] Bremmer was tenslotte altijd de Van Gogh-expert in Nederland geweest en een relatief onervaren nieuwkomer bracht deze positie nu in gevaar. Kennelijk was Wacker zich bewust van deze spanning. Handig maakte hij gebruik van de situatie door eind november naar Nederland af te reizen en Bremmer te vragen een contra-expertise uit te voeren. Daarmee hoopte hij niet alleen zijn onschuld te bewijzen, maar tevens de Nederlandse opinie op zijn hand te krijgen. Hij slaagde ten dele. Bremmer verklaarde 'een groot aantal onmiddellijk voor slechten namaak en andere even dadelijk voor echt'.[64] Om zijn punt kracht bij te zetten, kocht hij zelf een schilderij van Wacker en zorgde ervoor dat vier andere in het bezit kwamen van zijn cursisten.[65]

Helene vertrouwde zonder meer op Bremmers oordeel. 'Er ist und bleibt doch der einzige, dem ich ein unbedingt sicheres Urteil über van Gogh zuerkenne.'[66] Om die overtuiging te onderstrepen stemde zij in met de koop van *Zeegezicht te Saintes-Maries-de-la-Mer* à 18.000 gulden uit het bezit van Wacker, waarmee zij een 'kleine kunstsensatie' ontketende.[67] Vervolgens stuurde ze het schilderij onmiddellijk naar het Kronprinzenpalais met het verzoek het in de tentoonstelling op te nemen. Volgens de *Vossische Zeitung* gaf Helene met dit uitdagende optreden uiting aan de enige mogelijke conclusie van de 'verstandige lieden in het vak', namelijk dat De la Failles afwijzing van alle Wacker-schilderijen onhoudbaar was.[68]

Bremmer (en profil)
als expert in de
Wacker-affaire.
Koninklijke
Bibliotheek.

Justi, en met hem de meeste Duitse kenners, deelde die opvatting niet.[69] Als directeur van het Kronprinzenpalais accepteerde hij het zeegezicht, maar niet omdat hij dacht dat het een authentiek werk was. Samen met nog acht vervalsingen wilde hij het schilderij een plek geven tussen de 143 echte Van Goghs van Helene om zo het verschil inzichtelijk te maken.[70] Dit werd hem echter verboden door de politie, omdat de schilderijen bewijsmateriaal vormden en hij, door als directeur van een prestigieus museum bepaalde werken als vals te bestempelen, een onpartijdige rechtsgang in gevaar bracht. Daarom hing hij de dubieuze schilderijen, inclusief *Zeegezicht te Saintes-Maries-de-la-Mer*, in zijn kantoor. Uiteraard tot ongenoegen van Helene. 'Das ist wieder echt Justi!', schamperde ze tegenover een kennis.[71]

Dringend verzocht ze Justi het werk een plek te geven bij de rest van haar verzameling, omdat ook zij bezoekers de kans wilde geven zelf een oordeel te vellen.[72] Volgens haar hoefde de eventuele valsheid van het werk voor hem geen probleem te zijn, aangezien zij degene was die de verantwoordelijkheid voor het tentoongestelde droeg. Verder moest hij zich vrij voelen het werk een vervalsing te noemen; zij zou dat niet als belediging opvatten. Justi kon hier weinig tegen inbrengen en ging overstag, tot verbazing van zijn omgeving.[73]

De Wacker-affaire hield aan tot 1932. In dat jaar vond het proces plaats dat kunsthandelaren tegen hun collega aanspanden, waarbij Bremmer werd gehoord als getuige à décharge.[74] Zijn gloedvolle betogen wogen niet op tegen het harde bewijs van de aanklagers; röntgenonderzoek wees uit dat de onderschilderingen van elf verdachte schilderijen duidelijk verschilden van die van authentieke Van Goghs. Scheikundigen toonden daarnaast aan dat de gebruikte verf van een aantal schilderijen met hars was vervuild om deze ouder te laten lijken. Op basis van deze bevindingen, versterkt door argumenten van een keur aan specialisten en de vondst van nieuwe Van Goghs in het atelier van Wackers broer, werd de kunsthandelaar schuldig bevonden aan bedrog en valsheid in geschrifte. Hij kreeg een jaar gevangenisstraf opgelegd. Tegenwoordig zijn kunsthistorici er unaniem van overtuigd dat alle schilderijen uit Wackers bezit vervalsingen waren.[75]

Met de omvangrijke kern van de verzameling op tournee, was de grootste trekpleister van het Lange Voorhout verdwenen. Maar lege plekken op de muren lieten de schilderijen niet achter. Om haar bezoekers niet teleur te stellen, besloot Helene om tijdens de afwezigheid van de Van Goghs hedendaagse kunstenaars in de spotlichten te zetten. Daarom organiseerde zij, ditmaal zonder hulp van Bremmer, van juli tot half september 1927 een solotentoonstelling van Bart van der Leck in de zalen die normaal bestemd waren voor Van Gogh.[76]

Haar expositieruimtes waren inmiddels in brede kring bekend als het Museum Kröller – in een enkel geval werd er profetisch gesproken van het Museum Mevrouw Kröller-Müller – een benaming die zij waardig waren vanwege de buitengewoon professionele aanpak, compleet met tentoonstellingscatalogus, twee persvoorlichtingsdagen en zaalwachten.[77] Ook hoefden bezoekers hun komst niet langer schriftelijk aan te kondigen, maar volstond een kwartje entree, net zoals in officiële musea.[78] Dat was een schappelijke prijs die bijna iedereen zich kon veroorloven.

Bij de inrichting toonde Helene zich eveneens vakkundig. Ze hanteerde zoveel mogelijk een chronologische benadering, zodat Van der Lecks ontwikkeling van figuratief schilder tot abstract kunstenaar en vervolgens weer terug naar een zekere vorm van figuratie, duidelijk naar voren kwam. Deze opzet werd geroemd door de kranten, die bovendien lovend waren over het tentoongestelde werk van Van der Leck. Met ruim dertienhonderd betalende bezoekers in meer dan twee maanden, liep het niet zo storm als bij de Van Gogh-tentoonstellingen, maar het was een bevredigend aantal voor een relatief onbekend museum en dito kunstenaar.[79]

Dit tentoonstellingsconcept herhaalde Helene enkele maanden later, in februari en maart 1928, ditmaal met werk van Dirk Nijland, dat zij lardeerde met sculpturen van Joseph Mendes da Costa.[80] Opnieuw kon ze op veel lof rekenen. *Het Vaderland* sprak van een 'verbluffend mooie en volledige verzameling van het werk van dezen artist', daarmee doelend op Nijland.[81] Ook andere kranten benadrukten de unieke mogelijkheid om nu eens niet alleen de overbekende houtsneden, maar ook de tekeningen en schilderijen van de kunstenaar te bezichtigen. Blijkbaar namen bezoekers dat advies ter harte, want de expositie was zo succesvol dat deze met een maand werd verlengd.[82]

In mei volgde een 'herinneringstentoonstelling' van het werk van Jan Toorop, die twee maanden eerder was overleden.[83] Ook deze kon op veel welwillendheid in de pers en belangstelling van het publiek rekenen. Opvallender was de tentoonstelling van Odilon Redon in het voorjaar van 1929, die bij het grote publiek veel minder bekend was dan de Nederlanders Nijland of Toorop en met zijn 'nachtmerrie-achtige fantasieën' ook minder toegankelijk.[84] De critici waren unaniem enthousiast over de uitmuntende reeks litho's, krijttekeningen en enkele schilderijen die aan het Lange Voorhout te zien waren. Volgens criticus Hammacher bood de tentoonstelling gelegenheid tot de zeldzame ervaring 'zich rustig aan de gansche wereld van Redon in de vele schakeeringen te kunnen overgeven'.[85] Niettemin was er ook commentaar. Zowel de *Nieuwe Rotterdamsche Courant* als *De Residentiebode* had weinig goede woorden over voor Helenes inleiding bij de catalogus, die beide kranten op een aantal punten geen recht vonden doen aan de kunstenaar.[86] Zo werd haar bijvoorbeeld kwalijk genomen dat ze Redons werk aanduidde als 'het spelen met [...] sentimenten'. Inderdaad schemerde door de tekst nog enigszins Helenes ongemak ten aanzien van Redon, die zij omschreef als 'een van de eigenaardigste Fransche kunstenaars, zoo niet de eigenaardigste'.[87]

Aangezien Helene in 1928 al verzuchtte 'ausstellungsmüde' te zijn, wekt het geen verbazing dat zij, inmiddels zestig jaar oud, in 1929 besloot de tentoonstellingen tot een einde te laten komen.[88] Dat deed ze niet zonder de serie af te sluiten met een climax. Vanaf juli waren aan het Lange Voorhout al haar 98 schilderijen, 24 aquarellen en 135 tekeningen van Van Gogh te zien, die na twee jaar weer hun vaste plek in Den Haag hadden ingenomen.[89] Helene toonde zich haar tijd vooruit door alle middelen in te zetten die een groot publiek konden bereiken, van aankondigingen op de radio tot een postercampagne op stations van de Nederlandse Spoorwegen.[90] En met succes. Afgaande op het gastenboek, bezochten ruim 3500 mensen de tentoonstelling, onder wie de Duitse verzamelaar baron Eduard von der Heydt en talloze bezoekers uit alle windrichtingen, van Berlijn, Londen en Parijs tot San Francisco, New York en Tokyo.[91]

Deze intensieve publiekswerving was het hoogtepunt van de nieuwe aanpak die Helene sinds enige tijd hanteerde. Hoewel haar collectie al sinds 1913 openbaar was voor iedereen die daarvoor een verzoek indiende, was van een dergelijke marketingstrategie nooit eerder sprake geweest. Maar met haar tijdelijke, monografische tentoonstellingen zette ze duidelijk in op een groot bezoekersaantal. Gebruikmakend van de actualiteit plande ze bijvoorbeeld de Nijland- en Tooroptentoonstellingen aan de vooravond van de Olympische Spelen, die in de zomer van 1928 in Amsterdam plaatsvonden. Met die aanpak leek Helene meer op een museumdirecteur aan het einde dan aan het begin van de twintigste eeuw. Toch was het haar niet zozeer om hoge bezoekcijfers te doen, maar om het gevolg daarvan. Door op dit tijdstip een tentoonstelling te organiseren hoopte zij hedendaagse Nederlandse kunstenaars onder de aandacht te brengen van een breed publiek, waaronder de vele buitenlanders die vanwege de Spelen naar Nederland kwamen. Zodoende kon zij 'der holländischen Kunst in meinen vier Wänden zu ihrem Recht [...] verhelfen'.[92]

Niettemin speelde ook een minder filantropische drijfveer een rol, een die ook ten grondslag lag aan de reizende Van Gogh-tentoonstelling. Door internationale aandacht voor haar collectie te genereren, schiep Helene in Nederland sympathie voor haar museum, dat zoals een krant het formuleerde, dan wel 'een van de belangrijkste [...] musea van ons land' was, maar tegelijkertijd een 'van de minst bekende'.[93] Vlak voordat zij haar Van Goghs op tournee door Europa zou laten gaan, schreef zij dan ook aan Henry van de Velde dat haar belangrijkste motief daarbij was om de Nederlanders te laten zien welke kunstschatten zij binnen hun grenzen bezaten.[94] Daarvan waren zij zich volgens haar veel te weinig bewust. Ze hoopte dat lovende berichten uit het buitenland daarin verandering zouden brengen, want 'das dürfte eine günstigere Aufnahme unsrer Museumpläne mit sich bringen'.[95] Als geen ander besefte ze dat de waardering voor haar collectie in de tijd die komen ging, wel eens een belangrijk hulpmiddel kon worden in de verwezenlijking van haar dromen.

In januari 1928 leken de kansen van Müller & Co ten gunste te keren. Op basis van een rapport van accountantskantoor Price, Waterhouse & Co werd de financiële structuur van de firma grondig herzien en gestabiliseerd, een situatie die nog verder verbeterd werd door de aantrekkende wereldeconomie.[96] Daarnaast wist de firma een obligatielening af te sluiten van vijftien miljoen gulden, waarvan een blok van twaalf miljoen werd ondergebracht bij het Engelse Helbert, Wagg & Co Ltd. Met deze lening konden in een keer alle bankschulden worden afgelost en werd het zo gewenste nieuwe werkkapitaal verkegen. Daarnaast keurde de Raad van Advies een statutenwijziging goed, die onder meer bepaalde dat er amortisatiebewijzen werden uitgegeven voor de cumulatief preferente aandelen, waarmee de achterstallige dividendbetalingen van 1925 en 1926 als voldaan werden beschouwd. Zoals gehoopt, zorgden deze maatregelen ervoor dat de aandelenkoersen weer gingen stijgen. Met de scheepvaarttak ging het zelfs zo goed dat de firma met de gemeente Rotterdam onderhandelde over de ontwikkeling van nieuwe havens. In de krant werden Anton en de Raad van Advies gelauwerd, omdat zij erin waren geslaagd 'een schip, dat hopeloos verloren werd geacht, in veilige haven binnen te loodsen'.[97]

Niettemin was Anton voorzichtig geworden. Hij was zich er terdege van bewust dat hij en Helene als beherend vennoten hoofdelijk aansprakelijk waren voor de schulden en verplichtingen van de firma. Zodra er te lang verlies werd gemaakt, zoals in 1925 en 1926 het geval was geweest en dividendbetalingen structureel uit dreigden te blijven, stond hun bezit op het spel. Inclusief het landgoed op de Veluwe en de collectie. Anton wilde het risico niet lopen om bij een volgende financiële crisis alsnog alles te verliezen. Daarom zocht hij naar een vorm waarin de verzameling niet langer hun persoonlijk bezit was, maar zij nog wel de zeggenschap erover behielden. Op die manier zouden zij, wat er ook gebeurde, in staat zijn om hun bezittingen te zijner tijd aan de staat te schenken, zoals sinds 1911 hun doel was geweest.

Hoewel het geen waterdichte oplossing was, lag het voor de hand om een stichting op te richten, waarin de kunstwerken werden ondergebracht en waarvan zij zelf het bestuur vormden.[98] Aan notaris Gerard Lambert vroeg Anton om een concept van een stichtingsakte, die hij naar eigen inzicht en in overleg met Helene en Sam aanpaste.[99] Met grote nauwkeurigheid stelden zij een tekst op die met alle mogelijke toekomstscenario's rekening hield. Na maanden schaven en preciseren meldden zij zich gedrieën op 14 maart 1928 bij het chique notariskantoor van de meesters Lambert en Nauta in Rotterdam.[100] Daar werd onder voorlezing van de oprichtingsakte de Kröller-Müller Stichting in het leven geroepen, die tot doel had 'het scheppen en in stand houden van een monument, hetwelk een beeld geeft van de geestesrichting van den huidigen tijd, zulks tot nut en genot der gemeenschap'.[101]

Van doorslaggevend belang was artikel 13, waarin het voortbestaan van de verzameling werd verzekerd. Bij dreiging van verkoop of wanneer er executoriaal beslag werd gelegd op de bezittingen van de stichting, was ieder bestuurslid bevoegd en verplicht om die bezittingen over te dragen aan de Nederlandse Staat of, wanneer deze het aanbod niet binnen drie maanden aanvaardde, aan de provincie Gelderland.[102] Ook als alles mis zou gaan en de stichting ophield te bestaan, zouden alle eigendommen aan de Nederlandse Staat toevallen.[103]

Bij de oprichting werd Helene benoemd tot voorzitter en Anton tot vicevoorzitter, functies die zij desgewenst voor het leven mochten uitoefenen. Met deze benoemingen was het bestuur nog niet compleet. Volgens de oprichtingsakte moest dit uit minstens drie leden bestaan, van wie er een werd aangewezen door de minister van Buitenlandse Zaken.[104] Voor Helene was het vanzelfsprekend dat het publiek via een regeringsfunctionaris nu al zeggenschap kreeg over de toekomstige schenking, aangezien het bezit van de stichting uiteindelijk toch zou overgaan aan de gemeenschap.[105] Via minister Frans Beelaerts van Blokland vonden zij jonkheer Aarnout Snouck Hurgronje bereid om deze plek in te nemen.[106] De andere leden die zitting namen in het stichtingsbestuur waren de jurist Daniël Andreae, een vertrouweling van Anton die werkzaam was op het kantoor van Müller & Co in Rotterdam, hun jongste zoon Bob en Sam van Deventer, die aangesteld werd als secretaris-penningmeester.[107] Bij de benoeming van de laatste twee maakten Anton en Helene gebruik van hun recht om andere leden niet voor de gebruikelijke zeven jaar, maar eveneens voor het leven te benoemen.

De stichting was nog geen dag oud of zij wist al een flink vermogen aan te trekken. Naast het bescheiden startkapitaal van drieduizend gulden dat door de stichters werd geschonken, doneerde Bob op de dag van de oprichting vijfhonderd cumulatief preferente aandelen Müller & Co.[108] Van de kleine dertigduizend gulden die de vaste dividenduitkering op deze aandelen per jaar moest opleveren, kon de stichting voortaan de huur van de tentoonstellingsruimtes aan het Lange Voorhout financieren, evenals de verzekeringspolis, personeelskosten voor een secretaresse en Bremmers vergoedingen.[109] Kortom, alle uitgaven die voorheen door Müller & Co werden betaald.

Vooralsnog was de stichting een lege huls, want het belangrijkste bezat zij nog niet. Een van de manieren waarop de Kröller-Müller Stichting haar doelstelling wilde verwezenlijken was dan ook door te 'streven naar de verkrijging' van een kunstcollectie en van landgoederen op de Veluwe met bijbehorende gebouwen en kunstwerken.[110] Logischerwijs moest een stichting eerst bestaan voordat deze eigendommen kon bezitten of een schenking kon aannemen. Minder logisch was dat noch Helene noch Anton degene was die de kunstcollectie doneerde.

Zowel bij de oprichting als bij de schenking van de collectie was namelijk nog een curieuze derde betrokken, Antons zus Marie. Zij had altijd een teruggetrokken leven geleid in Hilversum, waar zij de verzorging van hun broer Willem Kröller tot zijn dood op zich had genomen. Nooit had zij grote interesse getoond in kunst, laat staan in het verzamelen ervan. Toch was zij degene die op 4 april 1928 de Kröller-Müller Stichting voorzag van een waardevolle collectie bestaande uit 899 schilderijen, 234 tekeningen, 1104 litho's, houtsneden en gravures, 239 beeldhouwwerken, 342 stuks Delfts aardewerk en tegels, en bijna 600 kleinere kunst- en gebruiksvoorwerpen uit Japan, China, Egypte, Griekenland en Italië. Het meest in het oog sprongen de 131 schilderijen van Vincent van Gogh uit zowel zijn Franse als Nederlandse periode, die deel uitmaakten van haar gift.[111]

De formele lezing van Maries drijfveer om deze aanzienlijke collectie te schenken was om zo 'een monument op te richten ter duurzame nagedachtenis aan haar drie broers, haar allen zeer dierbaar en op wie zij zeer trotsch was'.[112] Dat zal ongetwijfeld een van de redenen voor haar zijn geweest om de stichting te steunen, maar in werkelijkheid had zij de vele kunstwerken nog geen vierentwintig uur in haar bezit en is er weinig reden om aan te nemen dat zij er welke mening dan ook op nahield wat de toekomst ervan betrof. Ze was slechts een pion, in Helenes woorden 'een reddende engel', die nodig was om een tactische zet uit te voeren.[113]

Hoe Marie in het bezit kwam van deze collectie, blijkt namelijk uit een akte die een dag eerder, op 3 april, eveneens ten kantore van notaris Nauta werd opgesteld en waarin een aantal opmerkelijke financiële zaken werd vastgelegd.[114] Uit dit document blijkt dat Marie de vierendertig aandelen Müller & Co ter waarde van ruim 1,2 miljoen gulden, die zij van Willem had geërfd, overdroeg aan Anton. Daarnaast liet ze hem ook de rest van haar erfdeel toekomen, wat neerkwam op nog eens 1,1 miljoen gulden, plus al het andere uit de twee erfenissen van haar broers waarop zij eventueel aanspraak kon maken. In ruil voor dit genereuze gebaar ontving zij op negentig werken na Helenes complete collectie, aangevuld met een jaarlijkse lijfrente van dertigduizend gulden te betalen door Anton.[115]

Naast deze overeenkomst tussen broer en zus, werd ook tussen Anton en Helene een regeling getroffen. Daarbij droeg Anton zevenennegentig gewone aandelen Müller & Co over aan zijn vrouw, 'bij wijze van belegging van haar toekomende gelden'.[116] Ook werd geformaliseerd dat beiden vanaf dat moment niets meer aan elkaar schuldig waren, wat onder meer betekende dat Anton geen aanspraak kon maken op terugbetaling door Helene van de kunstwerken die hij altijd gefinancierd had en zij van hem geen uitkering kon vragen van eventuele achterstallige winstdeling of andere inkomsten uit de firma. Zodoende schiepen ze voor zichzelf een schone financiële lei.

Aan deze financiële overeenkomst en de omslachtige wijze waarop de collectie werd ondergebracht in de Kröller-Müller Stichting lag uiteraard een goeddoordacht plan ten grondslag. De notariële akten zwijgen er wijselijk over, maar in een brief aan een tante lichtte Helene een tipje van de sluier op. Hierin sprak ze met betrekking tot de stichting over een 'sehr wichtige Angelegenheit', die vanwege het erfrecht met veel moeite tot stand was gekomen.[117] Ze schreef dat het de bedoeling was uiteindelijk ook Hoenderloo in de stichting onder te brengen. Daarvan verwachtte ze minder problemen, aangezien dit landgoed formeel aan de firma toebehoorde, die meer vrijheid had om van bezit afstand te doen dan de ouders van vier kinderen.

Helenes angst voor versplintering van de collectie door overerving en Antons vrees voor toekomstige schuldeisers waren dan ook de belangrijkste redenen om afstand te doen van hun verzameling en deze onder te brengen in een stichting. De oprichting van een stichting alleen was daarvoor niet voldoende. Als dat zo was geweest, hadden ze de collectie evengoed zelf kunnen schenken. In dat geval konden hun kinderen en crediteuren echter te zijner tijd hun deel van dit bezit opeisen.[118] Tenslotte werd het vermogen van de Kröllers, en daarmee de potentiële erfenis, aanzienlijk verkleind door deze gift. Door de kunstwerken eerst voor een redelijke prijs te verkopen, werd dit vermogen niet aangetast en kon niemand nog aanspraak maken op de collectie. Marie was een prachtige kandidaat als koper/schenker, aangezien zij zelf kinderen noch crediteuren had en met haar schenking aan de Stichting dus niemand benadeelde. Voor latere claims hoefde daardoor niet gevreesd te worden.

De redelijkheid van de verkoopprijs leek op het eerste gezicht niet ter discussie te staan. Volgens een taxatie van Bremmer uit februari 1928 was de verzameling 2,4 miljoen gulden waard, terwijl Maries aanspraak op de erfenis van Willem, inclusief aandelen, zo'n 2,3 miljoen gulden bedroeg.[119] Op papier ging het hier dan ook om een eerlijke koop, zonder vermogensvernietiging. Uit een brief van Helenes assistent Tilly Laubheimer aan verzekeringsmaatschappij Hudig & Co blijkt echter dat de verzameling per 30 juni 1928 op ruim vier miljoen gulden werd getaxeerd, een verschil dat niet strookt met de vijfentwintigduizend gulden aan nieuwe werken die tussen februari en juli aan de collectie werden toegevoegd.[120] Waarschijnlijk hebben Anton en Helene hun adviseur gevraagd een lage taxatie op te geven, die nog wel realistisch was, maar zo dicht mogelijk het bedrag benaderde dat Marie met hulp van Willems erfenis kon betalen.

Met betrekking tot die erfenis blijkt de prijsopgave evenmin te kloppen. De keurig verleden akte van 3 april 1928 geeft aan dat Marie onder meer 1,2 miljoen gulden aan aandelen verkocht in ruil voor de collectie. Die waarde werd berekend volgens een systeem vastgelegd in de statuten van Müller & Co en ging uit van een nominale waarde van 25.000 gulden per aandeel.[121] Dit terwijl de aandelen in 1924 nog maar de helft daarvan waard waren en in 1928 volgens de vermogensbelasting zelfs nagenoeg waardeloos. De sterke daling van de aandelen was in december 1927 voor de Raad van Advies aanleiding geweest om voor te stellen de nominale waarde te reduceren van 25.000 naar 5000 gulden per stuk. Met deze bijstelling werd al rekening gehouden in de prospectus voor obligatieleningen van de firma, die in januari 1928 verscheen. Voor deze reductie doorgevoerd kon worden, was echter een statutenwijziging nodig, waar zowel de preferente als de gewone aandeelhouders hun toestemming voor moesten geven. Op 15 februari vond een vergadering van de eerste groep plaats, die zonder meer akkoord ging met de aanpassing. Maar een vergadering van de gewone aandeelhouders – lees: Anton en Helene – werd verschoven naar 4 mei 1928. Dus na de oprichting van de stichting en na de schenking door Marie. Zodoende kon de waarde van de aandelen uit Willems erfenis nog berekend worden met de oude nominale waarde en leek de verkoop van de collectie gepaard te gaan zonder vermogensverlies. Iets wat in de praktijk niet het geval was. Omdat deze hoge waarde wel in de rechtsgeldige akte van 3 april was opgenomen, maakten Anton en Helene zich echter voorlopig geen zorgen.

Behalve de toekomstige zekerheid van de collectie, bracht de hele constructie nog een aardigheid met zich mee. Voor het echtpaar tenminste. In de schenkingsakte was een voorwaarde opgenomen, die Anton en Helene het recht gaf om kunstwerken aan te wijzen die zij maximaal veertig jaar in bruikleen mochten nemen, bijvoorbeeld om in Groot Haesebroek te hangen. Veelzeggend is dat hierbij werd bepaald dat na hun overlijden dit recht wel overgedragen kon worden op door hen te benoemen personen, maar niet vanzelf overging op hun erven. De kinderen Kröller verloren door de stichting dus niet alleen het toekomstig bezit van de collectie, maar ook het vruchtgebruik ervan.

Voor Helene waren de totstandkoming van de Kröller-Müller Stichting en de schenking van Marie de eerste formele stappen op weg naar het monument van cultuur dat zij wilde nalaten. Opgetogen schreef ze aan

Kleindochter Hildegard Brückmann ontwierp onder meer dit affiche voor De Hoge Veluwe (1937). Gelders Archief.

haar familie en kennissen over haar collectie die nu 'für immer unteilbar' was en, vanwege de voorgenomen schenking aan de staat, toegankelijk bleef voor toekomstige generaties.[122]

Die toegankelijkheid gold ook voor het landgoed De Hooge Veluwe, dat tenslotte eveneens onderdeel zou moeten worden van het monument dat de Kröller-Müller Stichting tot doel had te verwezenlijken. Daarom werd het grondgebied opengesteld voor bezoekers. De eerste jaren maakten daar echter maar weinig mensen gebruik van, waarschijnlijk, zoals Helene vermoedde, omdat 'het lastig [is] de zaak bekend te maken en vooral die mensen met kaarten te bereiken, die werkelijk belangstelling hebben, Hoenderloo te zien'.[123] Toch had ze er alle vertrouwen in dat het bezoekersaantal in de komende jaren zou toenemen.

De totstandkoming van de Kröller-Müller Stichting betekende niet dat de verzameling voltooid was. Ook in de krappe jaren dertig bleef Helene werken aan de verzameling toevoegen, al ging dat op bescheidener schaal dan voorheen. Daarnaast kon de stichting op verschillende schenkingen rekenen. Zo greep Sam van Deventer regelmatig verjaardagen en andere feestdagen aan om de collectie uit te breiden.[124] Zijn eerste gift was een bijzondere zestiendelige uitgave van *Le livre des mille et une nuits*, verluchtigd met bijna drieduizend illustraties van Marius Bauer, die hij doneerde ter gelegenheid van de totstandkoming van de stichting.[125] Twee jaar later bood hij de Stichting 2600 tekeningen aan uit zijn eigen collectie, wat hij deed op 1 mei 1930, Antons achtenzestigste verjaardag.[126]

Zelf bleef Helene ook aan de collectie bouwen. De stichting en de hoopvolle verwikkelingen omtrent Müller & Co lijken daarbij een krachtige katalysator te zijn geweest. Al in april 1928, de maand van de oprichting, kocht zij twee grote schilderijen van Jean Metzinger bij Rosenberg in Parijs en een naakt van Isaac Israels bij de Amsterdamse kunsthandel Mak.[127] In de maanden die volgden, kocht ze opvallend veel tekeningen, etsen en litho's, maar toch veroorloofde zij zich ook nu weer een aantal schilderijen, waaronder *Femme nue couchée* (1874) van Fantin-Latour, evenals doeken van onder anderen Jan Toorop, Sluijters, De Chirico en Monticelli. Tijdens de veiling van de nalatenschap van Jan Toorop in mei wist ze de hand te leggen op zes tekeningen en litho's uit diens oeuvre, om vervolgens in augustus een serie tekeningen van Johan Thorn Prikker te verwerven evenals acht schilderijen van Henri van Daalhoff en Dirk Nijland.

De meest spectaculaire aanwinst diende zich vier maanden na de oprichting van de Kröller-Müller Stichting aan. Toen Helene in de zomer samen met Bob en Sam weer eens voor een rustkuur in Baden-Baden verbleef, kwam haar ter ore dat ruim honderd tekeningen van Van Gogh uit de collectie van Hidde Nijland op de markt waren gekomen.[128] De tekeningen werden tentoongesteld bij de Haagse kunstzaal Kleykamp, om vervolgens geveild te worden. Bij navraag bleek dat Nijland met zo min mogelijk omhaal van zijn collectie af wilde en bereid was de tekeningen ondershands en bloc voor honderdduizend gulden te verkopen. Dat was echter aan de hoge kant voor Helene en ze vroeg Bremmer te onderzoeken of ze misschien ook een deel van de collectie kon kopen. Dat bleek mogelijk. Kleykamp mocht de collectie in vieren delen en ieder deel voor vijfentwintigduizend gulden aanbieden.

In het kuuroord bevond zich ook een bestuurslid van een groot Amerikaans museum, vermoedelijk Paul J. Sachs van het Fogg Art Museum in Cambridge, Massachusetts.[129] Helene en Sam kwamen met hem overeen dat ieder een deel van de collectie Nijland zou kopen. Sachs ging akkoord, met het voorbehoud dat hij de aankoop met zijn directeur moest overleggen. Toen Helene Anton over deze afspraak vertelde, telegrafeerde hij onmiddellijk naar Bremmer met de mededeling de gehele collectie voor de gevraagde honderdduizend gulden te kopen. Zijn voortvarendheid bleek niet voor niets: ook Sachs had de opdracht gekregen om niet een deel, maar de gehele collectie op te kopen.

Vincent van Gogh, L'*Angélus* (naar Millet) (1880-1881). Een van de ruim honderd tekeningen die Helene en Anton aankochten uit de collectie van Hidde Nijland.

Toen Helene begin augustus naar Nederland terugkeerde, was haar man dankzij zijn doortastende optreden 116 tekeningen van Van Gogh rijker. Korte tijd later schonk Anton op persoonlijke titel 109 van deze werken aan de Kröller-Müller Stichting, die deze gift dankbaar aanvaardde.[130] Het was de laatste sensationele verwerving van Van Goghs die het echtpaar zich kon veroorloven. Deze aankoop, uit een lange rij niet minder opzienbarende aankopen, gaf de kern van Helenes verzameling na twintig jaar haar definitieve vorm. Met uitzondering van zijn Franse tekeningen (waarvan zij er slechts drie bezat) was Van Goghs gehele oeuvre, van zijn vroegste tekeningen tot zijn laatste schilderijen, nu ruim in de collectie vertegenwoordigd.

Ondanks de wereldwijde crisis die eind jaren twintig tot een voorlopig hoogtepunt kwam, bleef Helene ook in 1929 en 1930 haar collectie nog uitbreiden. In april 1929 kocht ze bij Frederik Muller in Amsterdam vijf schilderijen, waaronder het *Portret van Madame Jolicler* (circa 1845) van Courbet, waarvoor ze tweeduizend gulden betaalde.[131] Ook bij een aantal andere aankopen liet ze zich niet beperken door haar budget. Kennelijk was ze nog steeds in staat om drieduizend gulden te betalen voor *Vrouwenportret (de Madrileense)* (circa 1901) van Picasso, vierduizend gulden voor Redons schilderij op karton *Pégase et l'hydre* (circa 1905-1907) en vermoedelijk zelfs zesduizend gulden voor *Het gevecht* (circa 1925) van Ensor.

Met Müller & Co bleef het sinds de reorganisatie dan ook voorspoedig gaan. Vanaf 1927 werd er weer winst gemaakt en het dividend keurig uitbetaald. Anton, aandeelhouders en Raad van Advies waren er allen van overtuigd dat de problemen nu voorgoed tot het verleden behoorden. De magere jaren leken voorbij en met opgeheven hoofd keken Anton en Helene, hij vijfenzestig en zij achtenvijftig, naar de jaren die nog voor hen lagen. Toch was er duidelijk een andere tijd aangebroken. Op de uitnodiging lid te worden van de Vereeniging Rembrandt gingen ze bijvoorbeeld niet in, omdat 'men uit onze toetreding in financieel opzicht conclusies zoude trekken, welke teleurstelling zouden geven'.[132] De middelen die hen ter beschikking stonden wilden ze uitsluitend nog aanwenden voor hun eigen stichting.

Dat die middelen toch nog bijzonder ruim waren, bleek wel uit de offerte die zij in mei 1928 van de Nederlandsche Aannemingsmaatschappij ontvingen.[133] Hieruit blijkt dat de Kröllers, ondanks de malaise van de afgelopen jaren, in de zomer van 1927 met dit bedrijf spraken over de bouw van het museum. De wankele positie van Müller & Co ten spijt, bleven ze vasthouden aan hun plannen, een voornemen waarin ze door de oprichting van de stichting nog eens bevestigd werden. Daarom vroegen ze de aannemer op basis van Van de Veldes tekeningen een begroting te maken, waarbij wel 'zooveel mogelijk bezuiniging betracht werd'. Inderdaad wist men door te kiezen voor goedkopere steensoorten en het weglaten van luxe details de bouwsom terug te brengen tot een kleine drie miljoen gulden. De bouw zou ongeveer twee à drie jaar duren en kon, wat de Nederlandsche Aannemingsmaatschappij betrof, in de eerste maanden van 1929 beginnen. Voor het zover was, werd er eerst nog in Wassenaar een nieuw huis gebouwd.

Nadat in 1924 het dak van Groot Haesebroek was vervangen, bleek nu ook de rest van de oude villa in erbarmelijke staat te verkeren en stond deze volgens Helene op instorten.[134] Daarom besloten Anton en zij het huis volledig af te breken en opnieuw te laten bouwen. Ze beseften maar al te goed dat dit een opmerkelijke onderneming was gezien hun leeftijd, en dat de moeite van de herbouw niet in verhouding stond tot het aantal jaren dat zij er nog zouden wonen.[135] Dit nieuwe huis was dan ook niet alleen voor hen bedoeld, maar eveneens als woning voor de toekomstige directeuren van Müller & Co. En bovendien, zo redeneerde Helene, ze was nou eenmaal 'ein Baumensch'.

De nietsontziende bevlogenheid waarmee zij eerder aan de ontwerpen voor Ellenwoude, Sint Hubertus en het museum had gewerkt, vlamde onmiddellijk weer op. Zodanig zelfs dat ze oud zeer vergat en Henry van de Velde in de herfst van 1928 vroeg om een ontwerp voor het nieuwe Groot Haesebroek te maken.[136] Deze stemde ondanks zijn drukke agenda in. Half december bezocht hij de Kröllers en presenteerde hij zijn eerste plannen, om in januari een voorlopige maquette te tonen.[137] Maar behalve de oude bevlogenheid, herleefden ook al snel weer de oude moeilijkheden.

Van de Velde kwam niet in dienst van de Kröllers en werkte vanuit Brussel, waar hij zijn handen vol had aan zijn werk bij La Cambre. Vermoedelijk heeft hij de opdracht als een vriendendienst aangenomen, in de veronderstelling dat hij deze klus in korte tijd kon klaren en heeft hij daarbij de verwachtingen van zijn opdrachtgeefster flink onderschat.[138] Na een halfjaar waren de onderlinge verhoudingen al weer ernstig bekoeld. Zo kon Helene zich niet vinden in de manier waarop Van de Velde de façade uitwerkte en liet ze hem dat onomwonden weten.[139] 'U weet evengoed als ik, dat ik letzten Endes geen opdrachtgeefster ben ter wille van mijzelf, maar ter wille van de kunst en dit gebouw acht ik Uw kunst, geachte Professor, niet waardig.' Ze wist dat het aanmatigend was dat ze de architect zo bekritiseerde, maar zij voelde zich daartoe gedwongen door het weinig doorwrochte plan dat hij haar toestuurde. En dat terwijl zij en Anton op hun oude dag speciaal aan hem een opdracht gaven om een huis te bouwen met blijvende betekenis.

Toen Van de Velde vervolgens in de zomer van 1929 ook een aantal afspraken annuleerde en zij daardoor voor niets vervroegd terugkwamen van een vakantie in Hoenderloo, was de maat vol. Helene en Anton schreven hem ieder afzonderlijk een ontstemde brief, waarin zij de architect fijntjes aan de gemaakte afspraken herinnerden.[140] Het duurde nog tot maart 1930, anderhalf jaar na de eerste afspraak met de architect, voordat met de afbraak en wederopbouw begonnen werd. Overigens zonder dat Van de Velde daarbij actief betrokken was. Dat zorgde voor extra problemen, want zijn tekeningen waren volgens Helene te weinig gedetailleerd en moesten daarom door de aannemer verder uitgewerkt worden.[141]

Het was een stroef begin van een toch al gecompliceerde exercitie. Voor de eerste muur gesloopt werd, moest eerst alle huisraad, inclusief de tientallen schilderijen die op Groot Haesebroek hingen, ondergebracht worden op het Lange Voorhout.[142] Ook de Kröllers zelf vonden daar voorlopig een onderkomen met hun voltallige personeel. In september verhuisde 'de heele kluit' vervolgens onder leiding van de oude Frau Schulze, die sinds jaar en dag aan het hoofd van de huishouding stond, naar Sint Hubertus.[143]

Ondertussen hield Helene de bouw in Wassenaar nauwlettend in de gaten. Eenenzestig jaar oud, deinsde ze er niet voor terug om via de

Het volledig herbouwde Groot Haesebroek, naar ontwerp van Henry van de Velde.

metselaarsladder het dak op te klimmen om het geheel te inspecteren en – '[d]at was een grooter kunststuk' – vervolgens weer op dezelfde manier af te dalen. Tevreden constateerde ze dat alles aardig opschoot en vol verwachting keek ze uit naar de levering van de vensters, die nu ieder moment uit Berlijn konden arriveren. Haar tevredenheid was terecht. Groot Haesebroek was een opvallend moderne villa in Wassenaar en droeg mede door de afgeronde hoeken van de buitenmuren duidelijk Van de Veldes signatuur.[144] Binnen liepen die verschillende vertrekken vloeiend in elkaar over, wat benadrukt werd door de situering van de kamers, die merendeels op een lange horizontale as lagen. Dit sloot aan bij Helenes oude wens om de voorgevel van haar huis, toen nog bedacht op Ellenwoude, een open uitstraling te geven waarachter niets verborgen lag. Minder tevreden was Helene over de ligging van het huis, dat volgens haar te schuin ten opzichte van de tuin was gepositioneerd. Ze vond het onbegrijpelijk hoe die fout had kunnen ontstaan, maar er was weinig meer aan te doen. Toen het huis in februari 1931 bewoonbaar was, nam ze de inrichting op zich.[145] Een vermoeiende taak, die zijn tol eiste met een zware griep. Niettemin was ze gelukkig met het eindresultaat. Ze genoot vooral van de grote ramen, waardoor ze op ieder moment van de dag en van het jaar ook binnen van haar tuin kon genieten.

Kleindochter Hildegard gaf misschien nog wel de meest treffende beschrijving van het leven op Groot Haesebroek: 'Alles is als een sprookje. 's Ochtends als je wakker wordt steek je even je hand uit, trekt aan een zijden koord, en het licht is aan. Dan rol je vanuit je bed in een al ingelopen vol bad. [...] Als je klaar bent hoef je maar op een stoel te gaan zitten (er staat iemand achter om hem aan te schuiven) en je begint te eten [...]. Ben je met eten klaar [...] dan staat daar al iemand met je jas, twee passen verder iemand met je tas. Je fiets staat voor het huis, de deur wordt voor je opengemaakt en dan rol je naar school. Het is net Luilekkerland. Op

Zijaanzicht van het nieuwe Groot Haesebroek, met links de garage en rechts op de voorgrond een eigen benzinepomp.

den duur [word] je, dunkt me, ontzettend lui.'[146] Uit dezelfde brief blijkt dat de minachting voor Sam van Deventer, die in huize Brückmann steevast 'De Vent er' werd genoemd, van moeder op dochter was overgegaan. '[Hij] is natuurlijk altijd van de partij. Hij heeft pumps aan en zwarte kousen met gele spikkels. Monsterlijk.'

Ondanks de hectiek die de verbouwing van Groot Haesebroek met zich meebracht, wist Helene ook tijd vrij te maken om zich intensief te bemoeien met een tentoonstelling van haar Van Goghs, die van 6 september tot 2 november 1930 bij uitzondering weer te zien waren buiten het Lange Voorhout. Eind mei was ze benaderd door wethouder Eduard Polak met het verzoek of zij haar schilderijen in bruikleen wilde geven ten behoeve van een tentoonstelling in het Amsterdamse Stedelijk Museum, ter nagedachtenis van de veertigste sterfdag van de kunstenaar.[147] Blijkbaar achtte Polak het nodig om met een zware delegatie naar mevrouw Kröller af te reizen. Samen met Jet van Dam van Isselt, hoofd Kunstzaken van de gemeente Amsterdam, Piet Visser, hoofd Kunsten en Wetenschappen van het ministerie en jonkheer David Röell, conservator van het Rijksmuseum bracht hij in juni een bezoek aan het Lange Voorhout. Polak slaagde in zijn opzet, want in een brief aan de organisatoren schreef Röell: 'Het resultaat is verheugend. De getemde feeks stemt erin toe haar collectie Van Goghs tentoon te stellen in afzonderlijke zalen, maar niet afgescheiden van de verdere inzendingen.'[148]

De benaming die de jonkheer gebruikte, legde in twee woorden de spanningen bloot die aan het bezoek waren voorafgegaan. De ontvanger van zijn brief was niemand minder dan De la Faille, de initiator van de expositie.[149] Sinds de Wacker-affaire kon de toch al broze verhouding tussen hem en het kamp Bremmer-Kröller op zijn best nog getypeerd worden als beschaafd-vijandig. Vanaf het moment dat hij zijn tentoonstellingsplan bij het Stedelijk Museum indiende, had hij dan ook zowel de collectie Kröller-Müller als die van Bremmer buiten beschouwing gelaten. Zijn opzet was om vijfenzeventig schilderijen uit de Franse periode van de kunstenaar te tonen, aangevuld met honderdvijfentwintig werken van zijn Franse tijdgenoten. Maar Polak, die de tentoonstelling namens de gemeente mede financierde, zag meer heil in een grote overzichtstentoonstelling, waar zo'n honderdvijftig werken van Van Gogh geflankeerd werden door een vijftigtal schilderijen van zijn tijdgenoten. Drie maanden voor de opening had De la Faille echter nog maar vijftig toezeggingen voor de Van Goghs, wat hem twee keuzen liet: of de belangrijkste bruikleengever, de familie Van Gogh om nog meer schilderijen vragen of bij Helene Kröller-Müller aankloppen. De voorkeur van Polak ging uit naar de tweede optie, want een ambitieus Van Gogh-overzicht presenteren zonder de befaamde Kröller-collectie, zou ongetwijfeld tot verontwaardigde reacties in de kranten leiden en dus tot een smet op deze voor Amsterdam belangrijke tentoonstelling.

Daarom vroeg de wethouder zelf een bezoek aan bij Helene en legde haar zijn verzoek voor, namelijk om de organisatoren een selectie van circa zeventig werken uit haar collectie te laten maken ten gunste van de tentoonstelling. Daar stemde Helene niet mee in. Als men haar collectie wilde lenen, dan in haar geheel. Dat hield niet alleen in dat een grote hoeveelheid Nederlandse werken getoond zou worden op een tentoonstelling die gericht was op het Franse oeuvre, het betekende ook het zonder reserve opnemen van het gewraakte *Zeegezicht bij Saintes-Maries-de-la-Mer*. Zo werd het doek twee jaar na dato opnieuw het boegbeeld van bremmeriaanse koppigheid.

Pas toen Polak, ditmaal vergezeld van Van Dam van Isselt, Visser en Röell, voor de tweede maal op audiëntie ging in Den Haag en toezegde om de gehele collectie op te nemen, was Helene bereid mee te werken. De feeks was dus in zo verre getemd dat zij haar verzameling in bruikleen gaf, maar wel op haar voorwaarden. Aangezien de wethouder en zijn aanhang deze voorwaarden accepteerden, had De la Faille geen andere keus dan in te stemmen met de buitenproportionele inbreng uit de Kröller-Müller-collectie.

Helenes macht bleek ook uit haar voorwaarde om de zalen waar haar verzameling hing zelf in te richten, voor welke eis de organisatie eveneens zwichtte.[150] Bovendien nam ze geen genoegen met de twee catalogi die door het museum werden uitgegeven en liet ze voor eigen rekening een catalogus van haar bruiklenen drukken in drie oplagen van ieder duizend stuks.[151] Als klap op de vuurpijl maakte ze daarin – in tegenstelling tot de andere twee publicaties – geen gebruik van de inmiddels ingeburgerde F-nummers op basis van De la Failles catalogue raisonné. Zodoende werd haar Van Gogh-verzameling een tentoonstelling binnen een tentoonstelling, inclusief eigen zalen en een eigen catalogus.

De opening op 6 september was een aanzienlijke gebeurtenis, met bezoekers uit de hoogste politieke, sociale en artistieke contreien, die in de Nederlandse en internationale pers volop aandacht kreeg.[152] Niettemin vond Helene het geheel 'sehr mager'.[153] Ze was benieuwd of het Nederlandse publiek in even groten getale zou komen kijken als in Duitsland het geval was geweest. Daar hoefde zij zich geen zorgen over te maken. De immense tentoonstelling met 374 schilderijen en werken op papier van Van Gogh en circa 180 werken van collega-kunstenaars trok gedurende twee maanden maar liefst meer dan 54.000 bezoekers.[154] Het was een blockbuster-tentoonstelling avant la lettre met uitsluitend lovende pers. Zelf was ze achteraf ook tevreden over het verloop. Met genoegen constateerde ze bij een bezoek – om te 'kijken of alles in orde was en [er] netjes uitzag' – dat er veel mensen waren, die allen de werken aandachtig bekeken en waarvan een groot aantal haar catalogus in de hand had.[155]

Schijnbaar was er niets meer aan de hand. Helene kocht nieuwe schilderijen voor haar collectie, liet zonder aarzeling op eigen kosten drieduizend catalogi drukken en kwam van dat alles bij in haar Wassenaarse villa, die door een gerenommeerd kunstenaar een geheel nieuwe en hypermoderne gestalte had gekregen. De middelen waarmee dit alles gefinancierd werd, bleken echter de laatste druppels van de miljoenenregen, die Müller & Co jarenlang gegenereerd had.[156] Voor de firma gold, wat voor de wereldhuishouding in het algemeen opging; de hoogconjunctuur gaf een schijn van herstel, aandelen stegen onverantwoord hard en een collectieve euforie verblindde de financiële sector voor de gevaarlijk zwakke plekken, die zowel de Europese als Amerikaanse economie sinds het einde van de oorlog nog wel degelijk bezat. Toen in oktober 1929 de aandelen op de New Yorkse beurs pijlsnel begonnen te dalen, was een wereldwijde recessie het gevolg, waartegen ook het zojuist opgekrabbelde Müller & Co niet lang weerstand kon bieden.

Niet lang, maar wel even. Tot eind 1930 ging het nog relatief goed met de firma. In de eerste helft van dat jaar werd er bijna anderhalf miljoen ton erts verscheept, wat minder was dan voorgaande jaren, maar gezien de crisis een acceptabele hoeveelheid, waarvan de verwachting was dat deze ook in de tweede helft van het jaar behaald zou worden.[157] Dat optimisme verklaart dat Helene nog met een gerust hart nieuwe kunstwerken voor de stichting kon kopen. Toen in de tweede helft van het jaar de afzet van de firma sterk afnam, besefte ze dat die aankopen een laatste opleving waren geweest. Vanaf december 1930 beschouwde ze haar collectie dan ook als een afgesloten geheel.[158] Het komende jaar wilde ze gebruiken om alle kunstwerken stuk voor stuk te inventariseren en er een nieuwe ordening in aan te brengen. Daarnaast beschouwde ze het als haar belangrijkste taak om ook Hoenderloo voor de toekomst veilig te stellen. En, ondanks alles, een museum te bouwen.

13

Democratie en dictatuur

HET BELANG VAN POLITIEK AAN HET EINDE
VAN EEN LEVEN

Begin jaren dertig sloeg de wereldwijde crisis in Nederland in volle hevigheid toe.¹ Müller & Co moest alle zeilen bijzetten om ervoor te zorgen niet alsnog te kapseizen. Dat zou een rampscenario betekenen voor Anton en Helene. Behalve hun persoonlijke bezittingen waren opnieuw hun toekomstplannen in gevaar. Had Helene in 1928 nog gedacht dat het de Kröller-Müller Stichting weinig moeite zou kosten om de landgoederen op de Veluwe te verwerven, nu bleek de algehele malaise zo groot dat die hoop vervloog. Zou de stichting al in staat zijn het grondgebied te kopen, dan rustte er ook nog een schuld op van 300.000 gulden.² Aangezien de stichting, noch Müller & Co, noch Anton of Helene in staat was tot grote uitgaven, dreigde de doelstelling van de Kröller-Müller Stichting om de Hooge Veluwe in te richten als openbaar natuur- en cultuurpark onhaalbaar te worden.

De steeds zorgwekkender wordende financiële situatie van Müller & Co en het gevaar daarvan voor de plannen op de Veluwe, was niet het enige wat Helenes aandacht opeiste. Minstens even nauwlettend hield zij het politieke rumoer in Duitsland in de gaten. Via de kranten, maar ook steeds meer via de radio, die inmiddels zijn intrede had gedaan in huize Kröller, volgde zij de berichten over haar vaderland, waar de polarisering tussen communisten en nationaalsocialisten tot een grimmige en politiek instabiele situatie had geleid.

De verkiezingen van september 1930 lieten die verscheurdheid duidelijk zien. De diametraal tegenover elkaar staande *Kommunistische Partei Deutschlands* (KPD) en Hitlers *Nationalsozialistische Deutsche Arbeiterpartei* (NSDAP) verwierven beide een historische hoeveelheid zetels.³ Vooral de NSDAP veroorzaakte een politieke aardverschuiving. Haalde de partij bij de verkiezingen van 1928 twaalf zetels, nu veroverde zij er maar liefst 107 en werd zodoende ineens de op een na grootste partij in de Rijksdag. De *Sozialdemokratische Partei Deutschlands* (SPD) mocht dan nog steeds de grootste zijn, zij had wel een aanzienlijk deel van haar kiezers aan de nationaalsocialisten verloren. Hierin was de NSDAP mede geslaagd door te benadrukken dat zij niet de belangen van een specifieke groep behartigde, zoals andere partijen deden, maar streefde naar een betere toekomst voor heel Duitsland, voor arm en rijk, man en vrouw, arbeider en industrieel. Een stem op deze groepsoverstijgende partij zagen velen dan ook in de eerste plaats als een verstandige stem. Vooral in de gelederen van middenstand en burgerij wist de NSDAP aanhang te winnen door deze groepen ervan te overtuigen dat zij het land zouden redden van het communisme, maar ook arbeiders waren goed vertegenwoordigd onder de nazistemmers.[4] Niettemin zocht het merendeel van de arbeiders en werklozen hun heil bij de KPD en SPD. Door de gespannen betrekkingen tussen de verschillende partijen bekroop Helene het gevoel op een vulkaan te leven, die ieder moment tot uitbarsting kon komen.[5]

De verkiezingen in Duitsland waren een terugkerend onderwerp in de correspondentie die zij nog altijd met een aantal Duitse kennissen onderhield. Vooral in brieven aan familie en oude kennissen, sprak zij de hoop uit dat de nieuwe politiek een verbetering zou blijken voor haar oude vaderland.[6] Met Nederlanders lijkt ze nauwelijks te hebben gesproken over de politieke ontwikkelingen. Niet alleen hield ze er weinig Nederlandse vrienden op na, ze was zich sinds de Eerste Wereldoorlog maar al te bewust hoe er in haar omgeving over Duitsland werd gedacht. Bovendien wist ze dat iedere verdenking van *Deutschfreundlichkeit* een gevaar betekende voor zowel Müller & Co als voor haar eigen plannen voor de Veluwe. Overigens kwam de politiek ook niet in al haar Duitse correspondentie ter sprake. In de brieven aan mensen die zij gewoonlijk slechts schreef over persoonlijke of kunstzinnige aangelegenheden, zoals de artsen Bruhn en Strohmayer of de kunstcriticus Paul Fechter, was dit minder vaak een onderwerp. Bij de anderen gaf ze meestal pas haar mening, wanneer de afzender het onderwerp ter sprake bracht.

Een van de kennissen met wie Helene wel uitgebreid over politiek sprak, was Henrika Rogge, die inmiddels de zeventig ruim gepasseerd was. In een bijna wanhopige brief sprak Helenes voormalige lerares de onzekerheid uit, die haar en de rest van het land in haar greep hield. Ze had nog maar weinig vertrouwen in de onafhankelijkheid van de bejaarde rijkspresident Paul von Hindenburg.[7] Meer fiducie had zij in de daadkrachtige NSDAP-leider Hitler, maar ze vreesde dat hij, ondanks zijn enthousiasme en idealen nog niet rijp was om het leiderschap over te nemen. Voor Helene was de ommezwaai naar Hitler een raadsel. Zowel Anton als zij begreep niet waarom zo veel verstandige mensen 'diesem Demagogen so blindlings [...] folgen'.⁸ Volgens haar had Duitsland rust, vertrouwen en een flinke lening nodig, die de economie weer draaiende kreeg. Ze kon zich niet voorstellen hoe de nationaalsocialisten met hun agressieve optreden, daaraan konden bijdragen en van hun leider verwachtte ze al helemaal niet veel.⁹

Desondanks was ze wel geïntrigeerd. Toen Anton in januari 1932 een uitnodiging kreeg om een toespraak bij te wonen die Hitler zou houden voor de Industrie Club in Düsseldorf, spoorde ze hem aan te gaan.¹⁰ Tenslotte was dit een unieke kans om zelf een oordeel te vormen over de man en niet uitsluitend aangewezen te zijn op wat kranten over hem schreven. Zelf wilde ze ook niet bij voorbaat het nationaalsocialisme veroordelen. In de krant las ze over een lezing in Den Haag, die de staatsminister voor onderwijs in Braunschweig, Dietrich Klagges, hield over het schoolsysteem dat de nationaalsocialisten voor ogen hadden.¹¹ Speerpunten uit zijn betoog waren het streven naar een eenheidsschool om zo het Duitse volk weer te herenigen, het gezin, dat weer de eerst verantwoordelijke diende te worden voor de opvoeding, en godsdienstonderwijs, dat niet langer door scholen, maar door kerken gegeven moest worden.¹² Helene moest toegeven dat ze wat ze las in het artikel 'lang niet ongeschikt' vond en wel begreep waarom deze ideeën veel medestanders vonden.¹³

Na Hitlers machtovername in januari 1933 nam haar interesse verder toe. Net als veel Duitsers hoopte ze dat deze voortvarende man een einde kon maken aan de voortdurende economische achteruitgang, die Duitsland sinds de beurskrach van 1929 weer in haar greep hield. Alle hoop dat het land de bloei van de jaren twintig kon voortzetten, was met de crisis abrupt verdwenen.¹⁴ Het aantal werklozen groeide tussen 1931 en 1934 van een schrikbarende vijf miljoen tot een rampzalige zeven en een half miljoen, wat het land in een staat van grote hopeloosheid dompelde. Die stemming verhevigde door de gewraakte herstelbetalingen die Duitsland volgens het Verdrag van Versailles nog altijd diende te betalen en door de instabiliteit van de snel opeenvolgende regeringen, die maar geen verbetering tot stand wisten te brengen. Duitsland veranderde in een intolerante samenleving, bang voor alles wat de kracht van het land verder kon ondermijnen, naarstig op zoek naar een zondebok om alle misère op af te schuiven en hunkerend naar een doortastende leider, die in staat was de zo begeerde Duitse wedergeboorte te verwezenlijken.¹⁵

Dat de nazi's de zwevende kiezer wijs hadden weten te maken dat zij het minste van twee kwaden waren, bleek ook wel uit een verzuchting van de Hamburgse zakenman Walter Gleich. Ondanks alle zwakheden van de NSDAP, zo schreef hij Helene, was deze partij volgens hem 'doch unsere einzige Abwehr gegen den Bolschewismus'.[16] Door dit gevoel aan te wakkeren, wist Hitler zichzelf verzekerd van een alsmaar uitdijende schare volgelingen.

Toch zette niet het volk hem in eerste instantie op de politieke troon. Bij de verkiezingen in november 1932 had de NSDAP nog een aanzienlijk verlies geleden en was de partijloze Kurt von Schleicher aangetreden als kanselier.[17] Zijn regering bleek echter al snel krachteloos, wat een kliek van Hitlers hooggeplaatste gelegenheidsvrienden de mogelijkheid gaf om bij president Hindenburg aan te dringen op de benoeming van Hitler tot nieuwe rijkskanselier. En zo geschiedde, slechts twee dagen nadat het kabinet Von Schleicher op 28 januari 1933 was afgetreden. Vervolgens liet Hitler de Rijksdag ontbinden en schreef hij verkiezingen uit. Dit onder het mom het volk de mogelijkheid te geven om zijn benoeming als nieuwe rijkskanselier te bevestigen of te verwerpen.[18] In werkelijkheid hoopte hij op die manier de invloed van de NSDAP te vergroten, waarin hij met glans slaagde. Op 5 maart behaalde zijn partij 43,9 procent van de stemmen, een meerderheid, maar niet de gewenste absolute meerderheid. Met de conservatieven en katholieken aan zijn zijde, en bij ontstentenis van de KPD-afgevaardigden, die hij voor de gelegenheid had laten arresteren, wist de kersverse kanselier eind maart een grondwetswijziging door te voeren die het parlement monddood maakte. Deze machtigingswet verschafte de nationaalsocialisten alleenheerschappij en maakte zodoende van Duitsland een totalitaire staat.

In Nederland drong het gewicht van Hitlers machtsovername aanvankelijk maar ten dele door. Hoewel de kranten paginagrote artikelen plaatsten over de politieke aardverschuiving in Duitsland, was het land de eerste twee weken van februari geheel in de ban van de muiterij op De Zeven Provinciën.[19] Deze oude pantserkruiser werd gebruikt als opleidingsschip en lag ten noordwesten van Sumatra toen er opstand uitbrak. De eerste week werd het nieuws in Nederland gedomineerd door de muiterij zelf, vervolgens door de keiharde manier waarop de marine er een einde aan maakte, namelijk door het schip te bombarderen, waarbij bijna veertig doden en gewonden vielen. In de weken die volgden, ontspon zich een verhitte discussie in de pers en politiek, waaruit vooral naar voren kwam dat Nederland behoefte had aan gezagsversterking.[20] Volgens velen kon alleen daarmee het dreigende, subversieve socialistische gevaar afgewend worden. Kortom, in de aanloop naar de verkiezingen in april 1933 had Nederland zijn handen vol aan de binnenlandse politiek en weinig oog voor wat er buiten de landsgrenzen gebeurde.

Toen het tumult rond de muiterij enigszins was geluwd en oorlogsveteraan Hendrik Colijn het roer in Nederland had overgenomen, nam de aandacht voor de ontwikkelingen bij de oosterburen toe. De berichten in de Nederlandse pers over tal van dictatoriale en antisemitische maatregelen die de nieuwe rijkskanselier direct na zijn benoeming doorvoerde, ontketenden echter geen grote verontwaardiging of demonstraties tegen het naziregime, zoals die in Parijs, Londen en New York wel plaatsvonden.[21] Veel Nederlanders veronderstelden lange tijd dat de nazi's zouden inbinden als de situatie in Duitsland zich eenmaal had gestabiliseerd. Of zoals de katholieke krant *De Tijd* het na de boekverbrandingen in mei formuleerde: 'Hoe eerder [het nationaalsocialisme] van zijn overdrijvingen geneest, hoe duidelijker de goede kern ervan zichtbaar zal worden.'[22] Tweeslachtigheid overheerste ook bij andere dagbladen, waaronder de protestantse krant *De Standaard*. Deze beschouwde de problemen in Duitsland als het resultaat van de geestelijke crisis waarin de gehele westerse wereld zich bevond.[23] Naast bezorgdheid over de politieke en economische gevolgen van Hitlers machtsovername uitte de krant lof over zijn voornemen 'het kwaad met wortel en tak uit te roeien'.[24] Daarmee doelde het dagblad op de vrijheden die in de Weimarrepubliek welig hadden getierd, zoals goddeloosheid 'naar Russisch voorbeeld' en 'het toelaten van vereenigingen voor naakte gymnastiek en naakt turnen van beide geslachten, ook gemeenschappelijk'.[25]

De milde houding tegenover de uitwassen van het nationaalsocialisme werd grotendeels ingegeven door de angst voor het rode gevaar uit Rusland.[26] Hitlers donderpreken waarin hij beloofde zijn land ten koste van alles te verdedigen tegen het oprukkende communisme, wekten in Nederland aanvankelijk dan ook meer begrip dan ongerustheid. Ondanks de zorgen over het buitensporige geweld en de ondergang van de democratie in Duitsland was *De Tijd* het dan ook eens met de rijkskanselier 'wanneer hij verklaart dat de ingezette strijd tegen het marxisme een strijd is op leven en dood'.[27]

Hier tegenover stond het protest in sociaaldemocratische en intellectuele kringen. Van de dagbladen was *Het Volk* de eerste die waarschuwde tegen de manipulatie van de berichtgeving uit Duitsland en die bovendien een duidelijk antinazistische stelling innam.[28] Ook in *De Groene Amsterdammer* en in de maandbladen *De gids*, *Forum* en *De stem* verschenen direct in het voorjaar van 1933 kritische artikelen, die zich in het bijzonder richtten tegen de vervolging van joden in Duitsland.[29] Zo trok Menno ter Braak in *Forum* flink van leer tegen eenieder – intellectuelen in de eerste plaats – die 'zich niet [onttrok] aan de magie van het succes' dat Hitler had geboekt en die plotseling ontvankelijk was geworden voor zijn denkbeelden.[30]

Nu lijkt voor Helene niet zozeer Hitlers succes als wel het verdriet over de teloorgang van haar vaderland bepalend te zijn geweest voor haar groeiende fascinatie voor het nationaalsocialisme, maar niettemin paste ze in het beeld dat Ter Braak schetste. Aanvankelijk volgde zij de gebeurtenissen in Duitsland 'met angst en beven'.[31] Maar in de maanden na Hitlers benoeming tot rijkskanselier liet zij haar twijfel ten aanzien van de NSDAP steeds meer varen. Op 21 maart 1933 zat ze van halfnegen 's ochtends tot het donker werd aan de radio gekluisterd om maar niets te missen van de opening van de nieuwe Rijksdag tijdens de Tag von Potsdam.[32] Dit door Joseph Goebbels zorgvuldig uitgedachte propagandaspektakel was bedoeld om de aandacht af te leiden van het geweld waarmee sinds het aantreden van Hitler de linkse oppositie het zwijgen was opgelegd.[33] Met veel ceremonieel vertoon lieten de nationaalsocialisten zich deze dag van hun beste kant zien om het volk te overtuigen dat het nieuwe Duitsland de oude Pruisische glorie in ere zou herstellen.

Helene vond het onvoorstelbaar dat de radio haar de sensatie gaf werkelijk bij de parades en toespraken aanwezig te zijn, een beleving die verhevigd werd door de wetenschap dat het in Berlijn net zulk zonnig weer was als in Wassenaar.[34] Dankzij het uitgebreide commentaar kon zij zich zonder moeite de grandioze aankleding voorstellen, waarmee deze festiviteiten gepaard gingen. Aan het einde van de dag moest ze concluderen dat Hitler erin geslaagd was het Duitse volk weer tot een geheel te smeden. Dat gaf haar het vertrouwen dat de scherpe randjes van de gevoerde politiek nog wel zouden verdwijnen en de NSDAP in de toekomst het gebruik van onnodig geweld zou afzweren.[35]

Of zij op 1 april van dat jaar ook naar de radio luisterde is onbekend. Toch moet zij gehoord of gelezen hebben over de antisemitische wetgeving die de nationaalsocialisten vanaf die dag doorvoerden. In *Het Vaderland* van zondag 2 april werd uitgebreid bericht over de boycot, die werd aangeduid als 'eendaagsch'.[36] Hieruit bleek dat Duitse burgers werd opgeroepen joodse winkels te boycotten, dat joodse studenten de toegang tot universiteiten was ontzegd en dat advocaten van joodse komaf nog maar zeer beperkt hun beroep konden uitoefenen. De liberale krant schreef met aan begrip grenzende nuchterheid over de maatregelen en doorzag blijkbaar niet de ernst van deze opvlammende onverdraagzaamheid.[37]

In de NRC, die de Kröllers behalve *Het Vaderland* ook lazen, was de toon een stuk kritischer.[38] In het bijzonder de joodse buitenlandcorrespondent Marcus van Blankenstein was zo fel gekant tegen de nazi's, dat zijn spraakmakende artikelen in 1935 leidden tot een Duitse advertentieboycot van het liberale dagblad.[39] Hoewel Helene dus op zijn minst notie moet hebben genomen van het virulente antisemitisme dat in Duitsland in rap tempo om zich heen greep, sprak zij zich hierover in de overgeleverde brieven niet uit.

Anton lijkt evenmin een groot gevaar voorzien te hebben en vooral oog te hebben gehad voor de voordelen van de nieuwe politieke verhoudingen in zijn belangrijkste exportland. Tijdens een scheepvaartconferentie in Duisburg, waaraan hij in mei 1933 deelnam, kreeg hij de indruk dat Hitler de schutspatroon van de schippers op de Rijn was geworden, wat hem hoopvol stemde.[40] Kennelijk zag, of wenste Anton niet in te zien, dat de rijkskanselier de Rijnvaart stimuleerde, zoals hij ook de rest van de economie wilde stimuleren, namelijk door arbeiders nagenoeg rechteloos te maken door middel van een algeheel verbod op vakbonden.[41] Die opportunistische houding was typerend voor veel ondernemers, in het bijzonder voor degenen die sterk afhankelijk waren van het Duitse handelsverkeer. Hoewel de publieke opinie zich steeds meer tegen Duitsland richtte, weigerden bijvoorbeeld ook de kolenhandelaren Frits Fentener van Vlissingen en George van Beuningen mee te doen aan een boycot tegen Duitsland.[42]

De *Deutschfreundlichkeit* van Anton en Helene betekende niet dat zij de veranderingen in Duitsland zonder meer omarmden. Ze deden een poging tot kritisch onderzoek. Net zoals zij in 1914 de verwoesting van Luik met eigen ogen hadden willen zien, reden zij in mei 1933 naar Duisburg en Münster om het nationaalsocialisme van dichtbij mee te maken en zodoende een mening te vormen.[43] De reis bevestigde hun eerste positieve indruk van de beweging.

Tot Helenes spijt lazen ze pas bij terugkomst in de krant dat vlak over de grens in Goch een fascistenbijeenkomst had plaatsgevonden, die ze graag had willen bezoeken 'um auch da wieder die Bewegung zu sehen'.[44] Bij deze gelegenheid sprak Anton Mussert, de ingenieur die in 1931 in Nederland de Nationaal-Socialistische Beweging (NSB) had opgericht, de Nederlandse inwoners van het Duitse stadje toe.[45] Het is de vraag of Helene werkelijk gelukkig zou zijn geweest met een bezoek aan deze lezing. De bijeenkomst werd verstoord door leden van de Nationaal-Socialistische Nederlandsche Arbeiders Partij (NSNAP), een fascistische splintergroepering die er radicalere denkbeelden op na hield dan de NSB.[46] Zij beschuldigden Mussert, die op dat moment nog geen antisemitische uitspraken in zijn programma had opgenomen, ervan joodsvriendelijk te zijn. De sfeer werd zo vijandig dat Mussert de zaal voortijdig moest verlaten. Deze agressie zou Helene ongetwijfeld met afgrijzen hebben vervuld, aangezien juist de 'fanatische Eifer' van het nationaalsocialisme haar tegenstond.[47] Mogelijk zou de bijeenkomst haar dan ook hebben genezen van haar latente sympathie.

Nu bleef ze echter nieuwsgierig. Zo las ze in het voorjaar van 1933 Hitlers plotseling populair geworden pennenvrucht *Mein Kampf*, die hij in 1924 schreef toen hij een gevangenisstraf uitzat voor een mislukte staatsgreep in München.[48] Het boek verscheen in 1925 en werd vanaf Hitlers aantreden in 1933 een echte bestseller, die vooral in Europa, maar ook daarbuiten, gretig vertaald, gelezen en cadeau gedaan werd.[49] In Nederland werd het boek begin jaren dertig wisselend ontvangen. Zo bekritiseerden onder meer *Het Volk*, de NRC en *De Standaard* het sterk antisemitische karakter van het boek en vreesde *De Maasbode* voor de toekomst toen bleek dat *Mein Kampf* de blauwdruk was van de gevoerde politiek van de NSDAP.[50] Toch werd het antisemitisme niet door iedereen bezwaarlijk geacht. Zo gaf een topambtenaar van Buitenlandse Zaken in het maandblad *Antirevolutionaire Staatkunde* toe dat hij 'in rein-menselijke beoordeling van de joden [...] eventueel heel ver met Hitler accoord [kon] gaan'.[51]

Het is moeilijk te achterhalen wat Helenes gedachten waren over het antisemitisme in *Mein Kampf*. Uitspraken daarover deed ze niet in haar brieven. Wel liet ze zich in de jaren twintig een paar maal ongunstig uit over joden. Zo klaagde ze na een reis naar Berlijn eens tegen Sam dat de stad weer opbloeide, maar dat de elegantie nog ontbrak en vervangen was door 'een onsympathiek jodendom'.[52] Hoe kwetsend en weinig chic ook, dergelijk 'sociaal antisemitisme' behoorde in Nederland in brede kring tot het reguliere taalgebruik.[53] Van oudsher mocht er in Nederland dan geen politiek antisemitisme bestaan en werden onverholen antisemitische uitlatingen als onfatsoenlijk beschouwd, in de beslotenheid van hun eigen huis lieten Nederlanders zich wel degelijk onwelgevallig over joden uit.[54] Helenes uitspraken sloten de omgang met hen dan ook niet uit. Zo hielden de Kröllers er een aantal joodse vrienden en kennissen op na, onder wie het voormalig Kamerlid Joseph Limburg, de chemicus *Geheimrat* Franz Oppenheim, met wie Helene in Baden-Baden bevriend raakte en natuurlijk de van oorsprong joods-Portugese kunstenaar Joseph Mendes da Costa.[55]

Ook is niet duidelijk of zij *Mein Kampf* in zijn geheel las. De eerste vijftig bladzijden overtuigden haar in ieder geval genoeg om anderen het boek aan te raden.[56] Het gaf volgens haar een goed beeld van zowel het wordingsproces dat Hitler zelf had doorgemaakt, als van het nationaalsocialisme in het algemeen. Tot een absoluut geloof in het nationaalsocialistische regime bekeerde *Mein Kampf* haar echter niet. Alle vooruitgang ten spijt zag ze tijdens bezoeken aan Duitsland nog steeds veel dat haar niet aanstond en waarvan ze hoopte dat het van hogerhand verbeterd zou worden.[57] Helenes interesse in Hitlers politiek werd dan ook vooral gevoed door een hoop op een betere toekomst. Vurig wenste ze dat nu eindelijk haar getergde vaderland zijn kracht weer zou hervinden. Voor haar gold, wat ook voor haar voormalige landgenoten opging: Hitlers daadkracht, die hij in zijn boek nadrukkelijk tentoonspreidde, was een lichtpuntje in donkere tijden.

Vlak voor de dood van rijkspresident Paul von Hindenburg op 2 augustus 1934 wist Hitler een wet aangenomen te krijgen die het ambt van rijkspresident en rijkskanselier samensmolt, waardoor hij de absolute macht in handen kreeg.[58] Via een schijnbaar vrije stembusgang liet hij het Duitse volk de uitbreiding van zijn gezag bevestigen. Daaraan voorafgaand hield hij op 17 augustus een van zijn befaamde toespraken, waarin hij zijn gehoor met klem verzekerde dat hij zijn leven in dienst zou stellen om van Duitsland weer een vrije, gezonde en gelukkige natie te maken.[59] Weggedoken in een comfortabele stoel, luisterde Helene in Wassenaar naar deze 'groote Hitlerrede'.[60] De radio-ontvangst was zo helder, dat ze het gevoel kreeg zich in Hamburg te bevinden, te midden van die enorme menigte 'die juichte & hem dankte & moed toezwaaide & hem het gevraagde "ja" al voorweg verzekerde'.[61] Na afloop was ze uitgeput van het intens meebeleven, maar had ze geen enkele vrees meer dat de kanselier de stemming zou verliezen.

Wat haar wel speet was dat Sam deze toespraak niet had kunnen beluisteren. Mensen die door het lot verbonden waren zoals zij beiden, zouden dit soort 'in hun ziel ingrijpende gebeurtenissen' volgens haar samen moeten meemaken. Maar Sam was onderweg naar Luxemburg en zou pas over enkele dagen een Duitse krant kunnen lezen. Die kon hem echter niet de stem en de kracht van Hitler overbrengen, noch het enthousiasme van de toehoorders die de wereld leken te willen tonen hoe zeer zij hun leider steunden. Daarmee doelde Helene op Hitlers verwijt aan het buitenland iedere handeling van Duitsland 'zum Bösen auszulegen', een visie die zij blijkbaar deelde.[62]

Ondanks het vertrouwen dat ze door de toespraak had gekregen, was Helene toch opgelucht toen ze enkele dagen later uit de kranten vernam dat Hitler inderdaad benoemd kon worden tot staatshoofd, partijleider en legeraanvoerder: 'Moge nu eindelijk rust komen over dit veel geplaagde land & volk!'⁶³ Dat deze verkiezing slechts de opmaat was voor nog veel meer ellende en zou resulteren in een wereldwijde catastrofe kon ze niet vermoeden, maar met haar intelligentie en de kranten die haar ter beschikking stonden, had ze kunnen doorzien dat haar vaderland zich met deze gang van zaken vrijwillig uitleverde aan het dictatorschap.⁶⁴ Het verdriet om de aftakeling van Duitsland was echter te groot en haar vertrouwen dat Hitler de pijn zou verzachten was niet minder – een combinatie die voor miljoenen Duitsers opging.

Helenes vertrouwen in de NSDAP werd verder gesterkt door het streven naar eendracht, dat zij in de boodschap van de partij herkende. Daarin hoorde zij een echo van de gemeenschapsgedachte, die ook leidraad in haar eigen leven was geweest sinds ze zich in 1911 had voorgenomen een monument van cultuur na te laten.⁶⁵ Een soortgelijk individu-overstijgende ideaal, zag ze terug in de principes van het nationaalsocialisme, dat tot doel had om van Duitsland weer een sterke, aanzienlijke natie te maken en het land opnieuw een plek te geven in het concert der volkeren, zoals ze het zelf noemde. Wanneer het ging om die gedachte, noemde Helene zichzelf 'unbedingt national-sozialistisch eingestellt'.⁶⁶

Met instemming luisterde zij naar de beloften van een regering die zichzelf tot voornaamste taak stelde 'die geistige und willensmäßige Einheit' in het land te doen herleven, die niet uit eigenbelang streed, maar uit landsbelang, en die voornemens was 'turbulente Instinkte' te vervangen door 'nationale Diszipline'.⁶⁷ Dat laatste heeft een duidelijke verwantschap met het thema dat Helene zo waardeerde in de legende van Sint Hubertus: de passie die overwonnen werd door de rede. Ironisch, aangezien de tactiek van Hitler en consorten er vooral uit bestond onberedeneerde sentimenten aan te wakkeren en het eigenmachtig denken van het volk zoveel mogelijk in te perken.⁶⁸

Hoewel Helene in haar brieven waardering uitte voor het nationaalsocialistische gedachtegoed, benadrukte ze dat ze niet kritiekloos stond tegenover de uitvoering van die ideeën.⁶⁹ Zowel via de radio, Nederlandse dagbladen als via de sterk op economie georiënteerde krant *Deutsche Allgemeine Zeitung* (DAZ) en het weekblad *Deutsche Zukunft*, waarop Anton geabonneerd was, probeerde zij zich een zo waarheidsgetrouw mogelijk beeld te vormen.⁷⁰ Terecht besefte ze dat niet alle kranten objectief waren en dat de berichtgeving uit Duitsland sterk beïnvloed werd door de regering. Maar ze had ook kritiek op de Nederlandse kranten, die zij, net zoals in 1914, betichtte van tendentieuze berichtgeving, waardoor ze moeilijk kon onderscheiden 'was Wahrheit und was Sensation' was.⁷¹

In werkelijkheid had ze het meest te vrezen van de Duitse kranten die ze las. Zo was de DAZ, die vooral in zijn cultuurbijlage overwegend linksliberaal was, genoodzaakt zich vanaf 1932 een meer rechtse toon aan te meten.[72] De vanwege de gelijkschakeling ontslagen hoofdredacteur Fritz Klein, zette in 1933 vervolgens *Deutsche Zukunft* op. Zijn vernederende ontslag weerhield hem er niet van – vanwege de censuur had hij ook weinig keus – om in zijn nieuwe krant hoog op te geven van de 'kühne Staatsführung Adolf Hitlers'.[73] Van objectieve nieuwsgaring op basis van Duitse kranten was zeker na 1933 dan ook geen sprake meer.

Misschien dat Helene daarom graag eens aanwezig wilde zijn bij een van de grootschalige nationaalsocialistische bijeenkomsten, zoals deze bijvoorbeeld ieder jaar in Neurenberg georganiseerd werden, om haar oordeel proefondervindelijk te staven. Op die manier kon ze met eigen ogen, en volgens haar nog belangrijker, 'mit eigenem Herze [...] fühlen wie es dort steht'.[74] Aan haar nicht Helene Schäfer, die kennelijk wel eens een *Reichsparteitag* had beleefd, schreef ze dat ze kon zich voorstellen dat het enthousiasme van zo'n dag het leven kon verlichten en verfraaien, iets wat in deze moeilijke tijden meer dan welkom was.[75]

Dichter bij huis leek het einde van de donkere tijden evenmin in zicht. De problemen van Müller & Co waren dusdanig dat Helene zelfs haar adviseur na vijfentwintig jaar trouwe dienst moest ontslaan. Tot haar grote verdriet liet ze Bremmer in oktober 1932 weten dat zij met ingang van het nieuwe jaar niet langer van zijn diensten gebruik kon maken. Ze had lang getwijfeld over haar besluit, maar, zo liet zij hem weten, 'de tijden zijn ernstig en in deze verwacht men ook ernstige dingen van mij'.[76] Aan de bouw van het museum durfde ze al helemaal niet meer te denken.

Toen diende zich hulp aan uit onverwachte hoek. In het najaar van 1932 kregen zij en Anton bezoek van de Commissie tot Stichting van een Nationaal Park.[77] Deze commissie, bestaande uit vooraanstaande heren uit de bos- en tuinbouw, was op zoek naar een oplossing voor de onhoudbare situatie in de boomkwekerij. Door exportbelemmeringen en de gekrompen binnenlandse vraag was de afzet in deze bedrijfstak geminimaliseerd.[78] Dit was een probleem waar veel branches mee kampten, maar die juist voor de kwekerij extra lastig was, omdat de bomen en planten niet voor bepaalde tijd opgeslagen konden worden en constante verzorging nodig hadden. Er leken maar twee oplossingen te zijn: vernietiging van miljoenen gewassen of de productie beperken. Het eerste was ongewenst, het tweede gevaarlijk, omdat bij een aantrekkende economie de productie vanwege de lange kweektijd niet snel genoeg weer opgevoerd kon worden.

Zodoende ontstond het idee om een Nationaal Park op te richten, waar de overproductie uitgezet kon worden in afwachting van betere tijden. Bovendien had een dergelijk park met een rijke schakering aan 'rhododendrons en azalea's, blauwsparren, meidoorns en andere in voorjaar, zomer en najaar "schoone kleurschakeeringen-veroorzakende"' beplanting als voordeel dat het kon fungeren als toeristische trekpleister voor natuurliefhebbers uit binnen- en buitenland.[79] De eerste voorwaarde voor de uitvoering van dit plan was een gebied te vinden van enkele honderden hectaren, het liefst in het midden van het land zodat het park goed bereikbaar was. Vervolgens moest de politiek ervan overtuigd worden dat de onderneming van landsbelang was en dat er van overheidswege middelen beschikbaar gesteld moesten worden om de reddingsoperatie te laten slagen.

Na een bezoek aan diverse landgoederen meldde de commissie zich op de Hooge Veluwe. Daar kwam men al snel tot de conclusie dat dit ruim zesduizend hectare tellende grondgebied door zijn uitgestrektheid en diversiteit, de andere buitenplaatsen ver achter zich liet.[80] In november lieten de heren de Kröllers weten dat zij de Veluwe dan ook graag in hun voorstel aan de regering opnamen als het toneel waarop zij hun plannen tot uitvoer wilden brengen. Voor Anton en Helene impliceerde dit verzoek de mogelijkheid om hun 'innigste Wünsche' te vervullen.[81] Zij vermoedden namelijk dat wanneer zij niet de gevraagde paar honderd hectare, maar hun volledige landgoed ter beschikking van de staat stelden, deze wel eens bereid kon zijn tot een tegenprestatie.

Iedereen zette zich aan het schrijven. De commissie stelde een rapport op voor de ministers van Economische Zaken en Binnenlandse Zaken, waarin zij uiteenzette waarom juist de Hooge Veluwe zo geschikt was en benadrukte daarbij de vele voordelen die het plan voor de staat bood.[82] Niet alleen werden de kwekers geholpen en daarmee een belangrijke tak van de Nederlandse economie, de omvangrijke gronden op de Veluwe maakten het ook mogelijk een arboretum te stichten. Zo'n wetenschappelijke bomentuin kon dienen voor onderzoek, als 'levend museum' voor niet meer gekweekte gewassen en, net als het park, als stimulans voor het toerisme.[83] Bovendien zouden omliggende gemeenten profiteren van de aanleg van park en arboretum, omdat beide uitgelezen mogelijkheden boden voor werkverschaffing.[84] Werklozen konden in het kader van dit crisisfenomeen jarenlang ingezet worden om 'nuttig opbouwend werk' te verrichten.[85]

Ook Helene en Anton schreven een exposé voor minister van Binnenlandse Zaken Ruijs de Beerenbrouck, waarin zij hun voorstel ontvouwden.⁸⁶ Hierin zetten zij uiteen hoe ze het landgoed beetje bij beetje verworven hadden en hoe ze zowel de wildstand als de bossen en heidevelden door de jaren heen met hulp van professionele opzichters nieuw leven hadden ingeblazen. Zodoende was er een woeste, ongerepte wildbaan ontstaan en een meer gecultiveerd gebied met aangelegde bossen, wandelpaden en verschillende kunstwerken, evenals een aantal woningen en gebouwen ontworpen door hooggeschreven architecten. Deze nauwe verknoping van natuur en cultuur was voortgekomen uit de overtuiging dat dit elkaar complementerende elementen waren. Vanuit die gedachte was dan ook het idee ontstaan om in de toekomst de verzameling niet in Den Haag of Wassenaar, maar op de Veluwe onder te brengen.

In de conceptversie van dit exposé voegden Anton en Helene hieraan toe dat zij de legende van Sint Hubertus niet alleen tot uitdrukking hadden willen brengen in het jachthuis, maar in de opzet van het hele gebied. Zodoende symboliseerden de wildbaan en ruige gronden de aardse materie en het park, de kunstwerken en de architectuur de geestelijke verheffing – niet als tegenstelling van elkaar, maar als een onverbrekelijke eenheid. Dat alles werd gesymboliseerd in het embleem dat Henry van de Velde in 1926 voor de Hooge Veluwe had ontworpen: een kruis ingebed in een gewei, vergezeld van de tekst 'spiritus et materia unum', het geestelijke en het materiële zijn een.⁸⁷

Deze en andere filosofische bespiegelingen – vermoedelijk van de hand van Helene – zijn niet meer terug te vinden in het stuk dat de Kröllers uiteindelijk aan de minister stuurden. Hiervoor in de plaats kwam een puntiger betoog, waarin de nadruk lag op het unieke karakter van het landgoed, de mogelijkheden die dit bood voor werkverschaffing en de

Henry van de Velde, embleem voor de Hoge Veluwe, waarin Helenes levensmotto verbeeld was: het geestelijke en materiële zijn een.

boomkwekerij, evenals op de internationale betekenis en financiële waarde van de collectie. Daarna volgde een duidelijk, zakelijk aanbod. Er zou een stichting opgericht worden onder de naam Nationaal Park de Hooge Veluwe, die de volle zesduizend hectare en alles wat daartoe behoorde, verwierf. De één miljoen gulden die hiervoor betaald moest worden, kon voldaan worden in obligaties.[88] Deze stichting stelde vervolgens de nodige gronden beschikbaar aan de kwekers en verleende tevens haar medewerking aan de oprichting van het arboretum. Naast dat alles, en daarin school de ware reden van al deze welwillendheid, diende de Stichting Nationaal Park de Hooge Veluwe de doelstellingen van de Kröller-Müller Stichting te eerbiedigen en dus te blijven streven naar de bouw van een museum. Daarbij werd niet nagelaten te vermelden dat de bezoekers van dit museum, die 'van heinde en ver – en niet uit het minst uit het buitenland – zouden [...] toestroomen', tevens ervoor zorgden dat het park niet om publiek verlegen zou zitten.

Om dit alles te bereiken, stelde de Kröller-Müller Stichting kosteloos haar verzameling ter waarde van inmiddels vijf miljoen gulden ter beschikking in de vorm van een honderdjarige bruikleen. Ook daar stond natuurlijk wat tegenover: binnen vijf jaar moest de uitvoering hervat worden van het complex dat Henry van de Velde al tot in detail had ontworpen en waarvoor de grote blokken Maulbronner zandsteen nog altijd gereed lagen. De kosten daarvoor werden bescheiden geschat op twee miljoen gulden, waarvan driekwart bestond uit arbeidsloon. Door het opvoeren van die laatste post werd nogmaals impliciet de aandacht gevestigd op de mogelijkheden tot werkverschaffing.

Dit voorstel ging vergezeld van onder meer twee nota's, waarin Helene nader inging op zowel de totstandkoming en het doel van haar kunstverzameling, als op het te bouwen museum.[89] In het eerste stuk beschreef ze hoe zij aanvankelijk puur uit persoonlijke interesse kunstwerken had gekocht, maar toen ze eenmaal besloten had om haar verzameling voor een hoger doel te bestemmen, 'onpersoonlijk en doelbewust' was gaan verzamelen.[90] Zodoende was een verzameling ontstaan waarin figuratie en abstractie niet als tegenovergestelde stromingen werden gepresenteerd, maar – opnieuw – als elkaar complementerende bewegingen. Ze herhaalde de doelstelling van haar verzameling, die zij al eerder formuleerde in haar *Beschouwingen*: 'Tot nut en genot der gemeenschap samengebracht, dient deze verzameling, om een aanschouwelijk beeld te geven der ontwikkeling zoowel van den individueelen modernen kunstenaar, als van de kunst onzer dagen in het algemeen.' Daarna beschreef ze uitvoerig de deelcollecties waaruit de verzameling bestond, de tentoonstellingen waar haar kunstwerken te zien waren geweest en hoe zij en Anton deze hadden ondergebracht in een stichting, waarmee een eerste stap was genomen het waardevolle geheel aan het Nederlandse volk na te laten.

Vervolgens schreef ze over het te stichten museum, waarin ze het plan uit de doeken deed dat ze al jarenlang koesterde en dat de ontbrekende schakel was in haar streven een monument van cultuur na te laten.[91] Ze gaf een levendige schets van het pand aan het Lange Voorhout, dat weliswaar prachtig was met zijn grote en hoge vertrekken, maar dat inmiddels te klein was geworden voor haar verzameling. Schilderijen hingen daar 'pakhuisachtig' tot aan het plafond boven elkaar, waardoor deze niet tot hun recht kwamen en bezoekers er niet ten volle van konden genieten. Andere werken, soms zelfs ook de Van Goghs, stonden tegen elkaar geleund tegen de muren van een opslagruimte elders in het gebouw. Terecht merkte Helene op dat een verzameling van deze statuur een gepaster onderkomen verdiende. Daarom hadden zij en Anton in betere jaren het plan opgevat een museum te bouwen dat zij, na veel beraadslagingen, op de Veluwe een plek wilden geven. In tegenstelling tot welke stad dan ook, bood de ongerepte natuur bezoekers de mogelijkheid om in alle rust de vaak gecompliceerde kunstwerken in zich op te nemen. Bovendien zou een monumentaal museum van Henry van de Velde in de stille uitgestrektheid beter tot zijn recht komen dan in het rumoer van een drukke straat of een plein.

Een ander motief speelde ook mee in de keuze voor dit afgelegen grondgebied, een waarmee Helene toonde dat ze als museumvrouw haar tijd vooruit was. In de grote steden bestonden volgens haar genoeg kunstinstellingen, in sommige gevallen zelfs te veel. Dit terwijl in andere delen van het land, zoals in de oostelijke provincies dit aanbod summier was. Als het museum op de Hooge Veluwe gebouwd werd, vergrootte dit het culturele spectrum van zowel de oostelijke, als de noordelijke en zuidelijke provincies. Met enkele woorden schilderde Helene het visioen dat ze voor zich zag: 'Er zou zich daar op de Veluwe een nieuw en internationaal cultuurcentrum, een middelpunt van intellectueel leven kunnen vormen.' Gezien de vele mogelijkheden die het museum te bieden had – naast de collectie ook studieruimtes en een auditorium voor congressen – zouden veel bezoekers aan een dag niet voldoende hebben en in de omgeving naar restaurants en hotels op zoek gaan, wat de lokale economie eveneens ten goede zou komen. Cultuurspreiding en *city marketing* mochten dan nog niet bestaan in het Nederlandse vocabulaire van 1932, het belang ervan zag Helene al wel degelijk in.[92]

Opgetogen schreef Helene in haar eindejaarsbrieven aan familie en bekenden dat de Veluwe met rasse schreden op weg was om een nationaal park te worden.[93] Telkens weer herhaalde ze hoe Anton en zij de laatste tijd veel nagedacht hadden over de vraag hoe zij Hoenderloo de bestemming konden geven die hen al zo lang voor ogen stond en hoe het voorstel van de boomkwekers, hen de oplossing in de schoot had geworpen. Daarbij liet ze niet onvermeld dat ook de regering zeer gecharmeerd was van het idee, soms sprak ze in haar enthousiasme zelfs van 'beinahe abgeschlossenen Verhandlungen'.[94] Dat was echter voorbarig.

Inderdaad leek het voorstel van haar en Anton aanvankelijk voorspoedig behandeld te worden in Den Haag. Minister-president Ruijs de Beerenbrouck stelde in januari 1933 een ambtelijke commissie in onder leiding van thesaurier-generaal Anton van Doorninck.[95] Deze commissie, waaronder ook enkele leden uit de Commissie tot Stichting van een Nationaal Park, diende het voorstel van de kwekers en het aanbod van de Kröllers te toetsen op haalbaarheid.

Ook het museumplan werd nader bekeken. In januari sprak Helene met Piet Visser, hoofd Kunsten en Wetenschappen van het ministerie van OK&W, die haar kritisch ondervroeg over het stuk dat zij had geschreven.[96] Hij vreesde dat het museum, wanneer het uitsluitend onderdak bood aan de collectie Kröller-Müller, een 'doodsch karakter' zou krijgen. Daarbij dacht hij aan het Museum Mesdag in Den Haag, dat vanwege de strenge voorwaarden van de schenkers, in zijn ogen tot nog maar weinig vernieuwing in staat was.[97] Volgens Helene echter, werd vernieuwing niet zozeer bereikt door het toevoegen van nieuwe werken, maar door de moeite van de museumleiding om de collectie telkens weer op een andere manier onder de aandacht van het publiek te brengen. Dat was volgens haar ook het zwaktebod van het Museum Mesdag: men had gekozen voor bezuinigingen, in plaats van een directeur aan te stellen die het als zijn taak zag zo veel mogelijk mensen te vertellen over de schoonheid van de collectie.

Zelf zag ze meer in de aanpak van Amerikaanse musea, die rondleidingen gaven, cursussen aanboden en lezingen organiseerden. Als zij haar eigen museumbeleid zou mogen uitvoeren, zou ze daar een voorbeeld aan nemen en ervoor kiezen om samen te werken met een breed scala aan instellingen, zoals de Volksuniversiteit, studentenverenigingen of zelfs de Vereeniging tot Verbetering van het Kampeerwezen, om maar zo veel mogelijk mensen de mogelijkheid te bieden kennis te maken met kunst en architectuur.

Waarschijnlijk besefte Helene wel degelijk dat musea hun collectie bij tijd en wijle moeten verfrissen. Ze lijkt dit niet te hebben willen toegeven, omdat ze bang was dat haar levenswerk ten prooi zou vallen aan de willekeur van toekomstige generaties. Haar collectie bestond niet uit op zichzelf staande kunstwerken, zoals ze Visser duidelijk probeerde te maken, maar was 'een zorgvuldig uitgezochte aaneenschakeling der heedendaagsche kunst'. Hierin had ze geprobeerd om van zo veel mogelijk kunstenaars zowel hun vroege en latere werk, als een aantal topstukken op te nemen.[98] Zodoende wilde ze niet alleen de ontwikkeling van een persoon laten zien, maar ook die van zijn of haar tijd.

Met angst en beven zag zij dan ook opvolgers tegemoet die parels uit dit scrupuleus samengestelde snoer zouden weghalen, of – horreur – schenkingen zouden aannemen. Wat anderen als lacune konden opvatten, was volgens haar een noodzakelijkheid om de collectie niet te 'bederven'.[99] Zo had ze met opzet nooit de latere – en alom gewaardeerde – schilderijen van Auguste Renoir gekocht, omdat ze deze niet tot het betere deel van diens oeuvre vond behoren. Hetzelfde gold voor de schilderijen van Jan Toorop, die hij geschilderd had onder invloed van zijn bekering tot het katholicisme, het latere werk van Willem van Konijnenburg en diverse schilderijen van Jan Sluijters. Wat haar betrof was dat geen enkel probleem, want iedere kunstenaar bracht wel eens minder overtuigend werk voort.

Tegen dat laatste is weinig in te brengen, maar haar andere overwegingen laten zien dat Helene haar ogen sloot voor de zwakke plekken in haar collectie. Bovendien liet ze eens te meer blijken dat haar verzameling geen algemene, objectief waarneembare ontwikkeling vertegenwoordigde zoals ze pretendeerde, maar in werkelijkheid vooral haar eigen – bremmeriaanse – gedachtegoed uitdroeg. Ze had eenvoudigweg niet het vertrouwen dat iemand anders dan Bremmer, die tenslotte toch 'voor Nederland een cultuurdaad' personificeerde, in staat was tot aanvullende verwervingen.

Eventueel wilde ze wel toestaan dat de collectie met oude kunst werd uitgebreid, omdat daarvan al eeuwen vast stond welke stukken van blijvende betekenis waren. Ook zou 'men' een lijst van kunstwerken kunnen opstellen die een verrijking zouden betekenen van de verzameling. En tenslotte zag ze nog uitbreidingsmogelijkheden door een legaat van Sam van Deventer, die de Kröller-Müller Stichting zijn verzameling in het vooruitzicht had gesteld. Maar verder dan dat wilde ze niet gaan.

Gedwongen door omstandigheden, versoepelde Helene echter al snel de voorwaarden waaronder zij de collectie aan de Staat wilde overdragen. Na weer een gesprek met Visser liet ze hem in februari 1933 weten dat de

Kröller-Müller Stichting bereid was haar verzameling niet in bruikleen te geven, maar te schenken en wel zonder beperkingen voor de Staat.[100] Zich bewust dat deze omslag wel zeer abrupt was, verklaarde zij deze door te schrijven: 'Ik wilde n.l. mijn geweten niet belasten met de gedachte, zelf de aanleiding er toe te kunnen worden, dat de uivoering van het museum-ontwerp van de Velde in gevaar zou worden gebracht door mijn tegen nu eenmaal bestaande opvattingen van het Rijksbestuur indruischende wenschen.' Ook was ze door Visser gerustgesteld dat zij als schenker haar ideeën kon laten vastleggen en dat deze door toekomstige beheerders van de verzameling ongetwijfeld gerespecteerd zouden worden. Met die koerswijziging leken alle problemen opgelost.

Eind februari bracht de onderzoekscommissie een positief advies uit over de Hooge Veluwe, inclusief het museumplan.[101] Slechts enkele dagen later, op 3 april, diende minister van Economische Zaken en Arbeid Thimotheus Verschuur bij de Tweede Kamer een wijziging in voor de begroting van 1933.[102] Het advies van de commissie-Van Doorninck werd bijna ongewijzigd door de regering overgenomen wat betreft de aankoop van de Hooge Veluwe. Aan het museum werd echter op geen enkele manier gerefereerd. Dat was een eerste teleurstelling. Maar de echte problemen staken de kop op toen in de pers berichten verschenen dat het nobele initiatief vooral zo in elkaar zat dat 'de firma Wm. H. Müller en Co. van een "strop" wordt afgeholpen'.[103] Zelfs al was de 'zandwoestijn' op de Veluwe geschikt voor boomkwekerij, een aantal kranten begreep niet waarom de belastingbetaler ook nog eens voor vijfduizend onnodige hectare zou moeten betalen. Anderen vermoedden dat het aanbod van de Kröllers niets anders was dan lucratieve grondspeculatie.[104] Bovendien was er in de Tweede Kamer onvrede ontstaan, omdat deze sinds februari demissionair was, maar niettemin nog verschillende wetsvoorstellen van het kabinet ontving.[105]

Het gevolg van dat alles was dat Kamerleden tegen het wel heel vlot doorgeloodste regeringsvoorstel protesteerden. Binnen drie dagen trok Verschuur zijn begrotingswijziging dan ook in, waarmee de herleefde hoop van Helene en Anton van de ene op de andere dag weer verdampte.[106] De teleurstelling was zo groot dat zij zelfs afzagen van hun geplande bezoek aan Brussel twee dagen later, om de zeventigste verjaardag van Henry van de Velde te vieren.[107]

Ondanks de vele steunbetuigingen van onder meer de ANWB, de Boschraad, de Algemeene Nederlandsche Vereeniging voor Vreemdelingenverkeer en een daglange persconferentie georganiseerd door de Commissie tot Stichting van een Nationaal Park op het omstreden Gelderse landgoed, weigerde de regering om de aankoop van de Hooge Veluwe alsnog in overweging te nemen.[108] Hoewel het aanbod gunstig was, is het tegelijkertijd niet verwonderlijk dat het in 1933 aangetreden crisiskabinet onder leiding van Colijn, er weinig voor voelde om in tijden van grote bezuinigingen een kredietaanvraag van een miljoen gulden aan de Kamer voor te leggen. Het voorstel behield in de volgende maanden niettemin 'de volle aandacht van de regeering', maar voorlopig zonder resultaat.[109]

Ongeluk komt zelden alleen. Daarom kregen Anton en Helene ook de rest van 1933 de nodige tegenslagen te verwerken. Müller & Co draaide dat jaar een verlies van maar liefst 31 miljoen gulden.[110] Het tonnage verscheepte grondstoffen liep terug, het Engelse pond was aan inflatie onderhevig, de mijnen noch de ertshandel brachten nog winst op en de vraag uit het buitenland bleef dalen waardoor de voorraden groeiden.[111] Mocht het vertrouwen nog bestaan hebben dat de tijden zouden veranderen en de firma alsnog de aankoop van Hoenderloo door een stichting financieel kon bevorderen, dan was deze nu ook tenietgedaan. Om kosten te besparen besloot Anton het hoofdkantoor na dertig jaar weer terug te verhuizen naar Rotterdam, de stad waar de firma haar eerste grote groei had doorgemaakt.[112] Aan het einde van het jaar liet hij het kantoor op Lange Voorhout nummer 3 ontruimen.

Tegelijkertijd sloot Helene de deuren van haar tentoonstellingsruimtes op nummer 1 en verhuisde zij de collectie naar Groot Haesebroek. De belangrijkste bron van inkomsten van de Kröller-Müller Stichting, waarmee onder meer de huur werd betaald, waren aandelen Müller & Co. Nu deze nagenoeg waardeloos waren geworden, was het museum aan het Lange Voorhout niet langer in staat zichzelf te bedruipen. In een kort persbericht liet de Kröller-Müller Stichting weten dat het museum 'gedwongen door de tijdsomstandigheden' gesloten werd, maar dat gezocht werd naar een oplossing om belangstellenden op een andere manier de mogelijkheid te bieden de kunstwerken te bezichtigen.[113]

Afgezien van de zorgen die met de financiële neergang gepaard gingen, betekenden de twee verhuizingen ook een grote verandering in Helenes dagelijks leven, waar zij niettemin opvallend nuchter tegenover stond. Ze genoot ervan om thuis omringd te worden door haar verzameling, die 'auf fantastische Weise' geëtaleerd werd in de Wassenaarse villa.[114] Daarvoor was zij grotendeels zelf verantwoordelijke geweest, net zoals voor de voltooiing van de beschrijvingen van alle kunstwerken.[115] Behalve Bremmer was Helene gedwongen geweest ook Tilly Laubheimer te ontslaan, waardoor zij het nu zonder administratieve hulp moest zien te

Interieur Groot Haesebroek, met onder meer *Le Chahut* aan de linkermuur.

stellen. Daardoor leek alles haar veel omslachtiger te gaan, maar daar berustte zij in. Haar opgeruimde stemming in deze barre tijden hing waarschijnlijk samen met de politieke boodschap, die zij wilde overbrengen met de sluiting van het museum aan het Lange Voorhout. Jarenlang had Den Haag dit 'moderne Kunstzentrum' volgens haar als een vanzelfsprekendheid beschouwd. Door haar tentoonstellingszalen te sluiten, hoopte ze duidelijk te maken welke rijkdom de stad nu verlaten had.

Meer dan het einde van het museum aan het Lange Voorhout, betreurde zij het feit dat Anton zijn hoofdkantoor had moeten verlaten. Zijn relaties met de regering waren de afgelopen jaren steeds intensiever geworden, wat mede mogelijk was geweest door de nabijheid van het politieke leven. Niettemin paste ook Anton zich eenvoudig aan de nieuwe situatie aan. Hoewel hij de zeventig al gepasseerd was, reisde hij bovendien nog zo veel, dat hij van de verhuizing voorlopig weinig merkte. Met plezier bekeek Helene haar echtgenoot, die iedere dag weer vol energie de strijd aanging en door de jaren heen steeds meer het voorkomen had gekregen van een nestor.

Ondanks Antons frisheid en inzet, was zijn macht tanende. Omdat de liquiditeit van de firma in hoog tempo bleef afnemen, stelde de Raad van Commissarissen in 1933 een noodplan op. Allereerst trokken zij Guus

Lodeizen aan als nieuwe beherend vennoot en als toegevoegd directeur.[116] Ook werden de statuten van de firma aangepast, zodat voortaan de beherend vennoten nog slechts gezamenlijk over de bedrijfsvoering konden besluiten.[117] Vanaf de zomer van 1934 voerde Lodeizen een aantal ingrijpende maatregelen door om de firma grondig te reorganiseren. Bedrijfsonderdelen die op korte termijn geen winst opleverden of investeringen vereisten, stootte hij af en in overleg met de obligatiehouders liet hij de te uitbetalen percentages en nominale waarde van aandelen naar beneden bijstellen.[118]

Anton en Helene waren als beherend vennoten nog altijd hoofdelijk aansprakelijk voor de schulden van de firma. Anno 1934 betekende dat, dat zij aan hun eigen vermogen zes miljoen gulden moesten ontrekken om aan die schulden tegemoet te komen.[119] Dat was moeilijk, aangezien hun kapitaal voor het grootste gedeelte bestond uit aandelen Müller & Co, die nog maar weinig waard waren. Het gevolg van de reconstructie was dan ook dat Antons bezittingen geblokkeerd werden en dat een beperking plaatsvond van de uitkeringen die hij en Helene van de firma ontvingen.[120] Daardoor kromp de jaarlijkse vergoeding die de Kröllers ontvingen met maar liefst veertig procent. Tevens droeg Anton alle onroerende goederen, contanten en effecten, die hij bezat over aan de firma. Dat was een financiële aderlating, maar van armoede was met een jaarlijkse uitkering van zestigduizend gulden nog altijd geen sprake. Naast deze sanering werd ook met andere familieleden een schikking getroffen. Zo werd de lijfrente die Marie Kröller ontving sinds haar schenking aan de Kröller-Müller Stichting verminderd en stelde Lodeizen een afbetalingsregeling op voor Bob Kröller, die de firma een bedrag van 180.000 gulden schuldig was.[121]

Het afkalvende vermogen van Anton en Helene leidde ook tot zorgen bij hun kinderen. Vooral Wim vreesde dat zijn toekomstige erfenis in rook opging en liet daarom via zijn notaris weten dat hij de mogelijkheid onderzocht om aanspraak te maken op een deel van de kunstwerken die zijn ouders via de Stichting van plan waren te schenken aan de Nederlandse Staat.[122] Het kapitaal van zijn vader en moeder mocht dan verdampt zijn, de kunstcollectie had haar waarde behouden. Als hij wist hard te maken dat zijn ouders in 1928 zijn erfenis hadden verkleind door tegen ongunstige voorwaarden hun schilderijencollectie aan Marie te verkopen, kon hij aanspraak maken op een compenserend bedrag.

Anton en Helene namen het zekere voor het onzekere en lieten twee notarissen hun financiën en de gang van zaken rond de Stichting doorlichten. Tot hun opluchting kwamen beiden tot de conclusie dat de kinderen Kröller weinig kans maakten wanneer zij de schenking zouden aanvechten of hun legitieme portie opeisten. Door de jaren heen hadden Toon, Helene jr., Wim en Bob samen 420.000 gulden aan giften van hun ouders ontvangen.[123] Bovendien had Helene jr. een jaarlijks traktement gekregen en had zij zonder betaling van huur jarenlang in een door de firma gekocht huis kunnen wonen, wat in totaal meer waard was dan het deel van de erfenis dat zij door de schenking zou zijn misgelopen. Voor de drie zoons gold dat zij eventueel bij Marie hun erfdeel konden opvragen, wat onmogelijk zou blijken, aangezien zij niet over genoeg kapitaal beschikte. Van de stichting konden zij hooguit, en onder specifieke omstandigheden, tachtigduizend gulden vorderen, maar de raadslieden achtten die kans eveneens klein. Kortom, voor de Kröller-Müller Stichting en daarmee voor het voortbestaan van de collectie dreigde ook in de toekomst geen juridisch gevaar. Voor de onderlinge verhoudingen was het initiatief van Wim daarentegen weinig gunstig. Hij stapte in 1932 uit de zaak, zodat van de kinderen nu alleen Bob nog deel uitmaakte van Müller & Co.[124]

Overigens bracht de teloorgang van de firma de Kröllers niet alleen onaangename berichten. Eduard baron Von der Heydt, met wie Helene en Sam bij gelegenheid contact onderhielden, bood in oktober 1934 zijn hulp aan.[125] In de krant had hij gelezen over de problemen van de firma en de onheuse woorden waarmee de Kröllers door sommigen bejegend werden. Deze mensen waren het volgens hem niet waard dat zij jarenlang haar collectie voor hen had opengesteld. In de veronderstelling dat niet alleen Müller & Co, maar ook de collectie van de ondergang gered moest worden, stelde hij Helene zonder omhaal voor om deze geheel over te kopen. Namens haar liet Sam de baron weten dat hij zich geen zorgen hoefde te maken en dat de verzameling al enige tijd veilig in een stichting was ondergebracht.[126]

Door de rigoureuze bezuinigingen bij Müller & Co werd ook het onderhoud van de landgoederen op de Veluwe ter discussie gesteld. Anton vreesde dat de kosten hiervan de firma zouden doen besluiten de gronden alsnog te verkopen. Hoe wanhopig hij was, bleek wel in de zomer van 1934. Een 'combinatie van heren uit Arnhem' stelde hem voor een deel van het landgoed te exploiteren als autoracecircuit.[127] Dit stond haaks op de verheven idealen van de Kröller-Müller Stichting, maar even leek dit plan toch uitgevoerd te worden. In september werden de eerste tekeningen gepresenteerd voor een racebaan van zestien kilometer, die in totaal circa driehonderd hectare van de Hooge Veluwe in beslag zou nemen. Voor Helene moet dit idee een nachtmerrie zijn geweest, maar veel invloed op de plannen had ze niet. Uiteindelijk achtte Anton de kans te klein dat het circuit er zou komen en wendde hij zich tot een andere mogelijke redder.

Eind 1934 nam hij contact op met Pieter van Tienhoven, de voorzitter van Natuurmonumenten Nederland.[128] Deze zag wel wat in de aankoop van de Hooge Veluwe, maar dan ook alleen de Veluwe; de kunstcollectie wilde hij buiten de overeenkomst houden. Toen ook nog bleek dat hij voornemens was na de overname Sint Hubertus te exploiteren als hotel, nam de interesse van Anton en Helene in een samenwerking abrupt af. De luxe om zich opnieuw af te wenden van een mogelijke redder van hun plannen, konden zij zich veroorloven omdat inmiddels een andere heiland ten tonele was verschenen.

Nadat Natuurmonumenten als mogelijke koper was afgevallen, bleef bij de nieuwe directie van Müller & Co de wens bestaan om de landgoederen te gelde te maken. Hoofdopziener Memelink werd in Rotterdam uitgenodigd om een plan van verkoop op te stellen. Aan wie maakte niet uit en evenmin of het terrein geheel of verkaveld op de markt werd gebracht. 'Ik zweet bloed,' riep Helene uit, toen ze van het voornemen hoorde.[129] Ze weigerde het landgoed waar zij vijfentwintig jaar aan had gewerkt en dat bestemd was voor het nageslacht, uiteen te laten vallen. Daarom nam ze het heft in eigen hand en belde ze minister van OK&W Henri Marchant met het verzoek op audiëntie te mogen komen.

Marchant ging akkoord en luisterde naar het gloedvolle betoog dat Helene hield. Hij had 'er diepe eerbied voor dat deze vrouw, onder alle tegenspoed die zij heeft moeten doorleven, altijd even vurig en onversaagd alleen was blijven leven voor haar ideaal'.[130] Na afloop van het gesprek was hij nieuwsgierig naar het landgoed geworden en accepteerde de uitnodiging om naar de Veluwe te komen en alles met eigen ogen te bekijken. Korte tijd later meldde hij zich samen met de eigenzinnige secretaris-generaal van het ministerie Gerrit van Poelje in Ede, waar zij door Memelink met de auto werden opgehaald. Bijna twee dagen lang lieten zij zich door Helene en de opziener meevoeren over de Veluwe, langs het monument voor De Wet, het jachthuis Sint Hubertus en de Franse Berg, waar de fundamenten van het grote museum getuigden van het grenzeloze optimisme waarmee tot 1922 was gebouwd.

Beide heren waren onder de indruk van het landgoed en van Helenes plannen om een monument van cultuur te midden van de natuur na te laten. De voorwaarde dat de Staat gronden en collectie tegen een geringe prijs kon overnemen op voorwaarde dat binnen afzienbare tijd het museum werd afgebouwd, zou volgens Marchant echter zonder twijfel een struikelblok blijven. Maar afgezien van de museumvoorwaarde, was ook de financiering nog altijd een bezwaar voor de regering. Want hoewel Müller & Co zich bereid verklaarde akkoord te gaan met de buitengewoon schappelijke verkoopprijs van acht ton voor alle 6500 hectare grond, dat geld was er in de huidige crisis domweg niet.[131]

Na enige beraadslagingen, kwam thesaurier-generaal Van Doorninck, die eerder een positief advies had uitgebracht over het Veluweplan, met een creatieve oplossing.[132] Een relict uit de Eerste Wereldoorlog, de Nederlandsche Uitvoermaatschappij (NUM), was al enige jaren in liquidatie en het geld dat daardoor vrij kwam, had geen andere bestemming dan de Rijksschatkist.[133] Een lening uit deze gelden zou dus, zo redeneerde hij, niemand benadelen, maar wel een cultuurschat voor het land behouden. Ondanks het dieptepunt waarin de Nederlandse economie zich op dat moment bevond, wisten Van Doorninck en Marchant de ministerraad ervan te overtuigen ruim acht ton in de vorm van een hypotheek beschikbaar te stellen voor de aankoop van de Hooge Veluwe. Het bleek de langgewenste doorbraak te zijn.

Nu de verwezenlijking van Helenes toekomstdromen zo dichtbij was, zetten zij, Anton en Sam alles in het werk om deze ook daadwerkelijk te bewerkstelligen. Het gevolg was dat op één dag, vrijdag 26 april 1935, vier cruciale akten werden opgesteld bij het notariskantoor van Gerhard Nauta in Rotterdam. Allereerst werd de Stichting het Nationale Park de Hoge Veluwe opgericht, die tot doel had 'het verwerven, beheren en in standhouden van Nederlands nationaal park en cultureel centrum op de Veluwe, in de eerste plaats door het verwerven [...] van het landgoed "de Hooge Veluwe"'.[134] De stichtingsnaam werd volgens de nieuwe spelling van Marchant geschreven met een enkele 'o', als eerbetoon aan de minister, die de redding op het laatste moment mogelijk had gemaakt.[135] Aan deze stichting verstrekte het ministerie van Financiën een hypotheek van 810.000 gulden, waarmee zij de gronden van Müller & Co kon kopen en in staat was om een kleine kasvoorraad aan te leggen.[136]

Een belangrijke eis van het Rijk was dat het Nationale Park zoveel mogelijk zelfvoorzienend zou zijn. Dat was een begrijpelijke, maar lastige voorwaarde, omdat het beheer van het landgoed jaarlijks zo'n twintigduizend gulden verlies opleverde.[137] De enige inkomsten bestonden uit de opbrengsten van houtkap, entree van bezoekers en de steun van begunstigers.[138] Uit angst dat toevlucht genomen moest worden tot commerciële vormen van exploitatie, liet Helene Van Doorninck weten dat de Kröller-Müller Stichting bereid was om financieel garant te staan.[139]

Tien jaar lang zou de stichting Sint Hubertus huren voor vijfduizend gulden per jaar, plus de jachtterreinen pachten en een eventueel exploitatietekort tot twaalfduizend gulden te dekken. Ook dit werd notarieel vastgelegd.[140] Om deze ruggensteun te garanderen stortte de Kröller-Müller Stichting 150.000 gulden in een waarborgfonds.[141] Armlastig als de stichting was dankzij de gekelderde aandelen Müller & Co, kon zij dat doen met hulp van een gulle gift. De in Amsterdam woonachtige Duitse bankier Fritz Mannheimer, die zelf ook een aanzienlijke kunstcollectie bezat, schonk de stichting – anoniem – namelijk twee ton, wat zelfs nog ruimte liet voor andere uitgaven.[142]

De nieuwe stichting wist het eerste deel van haar doelstelling diezelfde dag nog te verwezenlijken door het opstellen van een derde akte. Daarin werd vastgelegd dat de Stichting het Nationale Park de Hoge Veluwe de gronden had gekocht van Müller & Co, inclusief het jachthuis met inboedel, de tekeningen voor het te bouwen museum en de aanwezige Maulbronner stenen.[143] In een aanhangsel werden nauwkeurig de tientallen percelen genoemd die nu het bezit waren van Stichting de Hoge Veluwe, evenals de talloze meubels en gebruiksvoorwerpen die zich in Sint Hubertus bevonden.

Ten slotte werd ten overstaan van Nauta een akte verleden die vastlegde dat de Kröller-Müller Stichting haar complete kunstcollectie aan de Staat schonk, zij het onder twee voorwaarden.[144] Allereerst diende het Rijk de verzameling onder te brengen in het geplande museum op de Veluwe. Mocht het ontwerp van Henry van de Velde niet haalbaar blijken, dan voldeed een ander bestek ook, zolang dat maar tot stand kwam in overleg tussen de Kröller-Müller Stichting en de Staat, en het museum op de Hoge Veluwe een plek kreeg.

De tweede voorwaarde waaraan het Rijk diende te voldoen, was zorg te dragen voor een geschikt onderkomen voor de verzameling in de tussenliggende tijd. Uiterlijk in 1938 moest de Staat ofwel geld vrij maken om huur te betalen voor Groot Haesebroek, waar de collectie voorlopig was ondergebracht, ofwel erop toezien dat hiervoor een ander passend gebouw werd gevonden. De keuze hierin was te zijner tijd aan de Kröllers, die bovendien het recht kregen om in een deel van de Wassenaarse villa te blijven wonen en de inboedel in bruikleen te nemen.[145]

Ondanks het ideële gebaar, was er uit linkse hoek veel kritiek op de gang van zaken. Tenslotte werd hier het grootkapitaal door het Rijk de helpende hand toegestoken, terwijl honderdduizenden veel zwaarder onder de recessie te lijden hadden. De sociaaldemocratische krant *Het Volk* hekelde het besluit van het ministerie om ondanks een verwacht begrotingstekort van vijfenzeventig miljoen gulden en drastische bezuinigingen 'zonder dat de noodzaak van dezen stap is aangetoond, – een klein millioen tevoorschijn [te toveren]'.[146] En in de Haagse editie *Vooruit* vroeg de krant zich af waarom de aankoop van de Hoge Veluwe niet voorgelegd was aan het parlement, een vraag die ook in de Tweede Kamer werd gesteld.[147] Minister van Financiën Pieter Oud antwoordde hierop dat het Rijk geen enkele financiële verplichting was aangegaan en behandeling door de Kamer daarom niet nodig was. Tenslotte behoorden de NUM-gelden, zolang zij nog niet teruggestort waren in de Schatkist, aan zijn ministerie toe en niet aan het Rijk.[148]

Het commentaar zette Marchant, inmiddels afgetreden als minister vanwege een persoonlijke religieuze kwestie, ertoe aan om in *De Groene Amsterdammer* te benadrukken dat 'noch de heer Kröller, noch mevrouw Kröller, een cent profijt' hadden bij de overeenkomst.[149] Het was juist het Nederlandse volk dat er dankzij de Kröllers op vooruit was gegaan. Ook verzette hij zich fel tegen de suggestie dat de bestuursleden van de nieuwe stichting, waarvan hij de voorzitter was, financieel baat hadden van hun functie. De Stichting het Nationale Park de Hoge Veluwe was een staatsinstelling, zo liet hij weten, en geen van de achtentwintig bestuursleden ontving dan ook een vergoeding voor het uitvoeren van hun taken.[150]

Achteraf bezien doet de kritiek op de voorwaarden waaronder het Nationale Park de Hoge Veluwe tot stand kwam wat kortzichtig aan. De ruil van een hypothecaire lening van acht ton voor een schilderijencollectie van vijf miljoen gulden is op zijn zachtst gezegd gunstig, om maar te zwijgen van het cultureel erfgoed dat dankzij de transcactie behouden bleef. De verzameling was namelijk 'van zoodanigen omvang en tevens van zoo hoge waarde, als tot dusver, hetzij door schenking, hetzij door aankoop, nog nooit aan het Rijksbezit werd toegevoegd'.[151] Niettemin is het begrijpelijk dat in de toenmalige tijd van crisis en bezuinigingen grote uitgaven met argusogen bekeken werden. Het pleit des te meer voor Marchant dat hij zijn collega's ervan wist te overtuigen in te stemmen met zijn plannen. Overigens wist hij niet alleen ministers te overtuigen. Op zijn voorspraak kreeg Helene op 1 mei 1935 uit naam van Koningin Wilhelmina een gouden erepenning uitgereikt 'als bewijs van waardering voor haar bijzondere belangstelling in het openbaar kunstbezit in Nederland'.[152]

Met die penning had Helene een tastbare erkenning in handen voor de manier waarop zij jarenlang haar verzameling toegankelijk had gemaakt voor een groot publiek en *en passant* ook het Nederlandse culturele aanzien in het buitenland had vergroot. Haar grootste vreugde zal echter uitgegaan zijn naar de eenvoudige papiertjes waarmee het Nationale Park werd opgericht en die haar collectie aan de Nederlandse Staat lieten overgaan. Zo leek de rampspoed halverwege de jaren dertig toch nog overwonnen te zijn. Zesenzestig jaar oud, was ze erin geslaagd haar monument van cultuur althans op papier te verwezenlijken. Nu restte haar de taak dit monument ook werkelijk te bouwen.

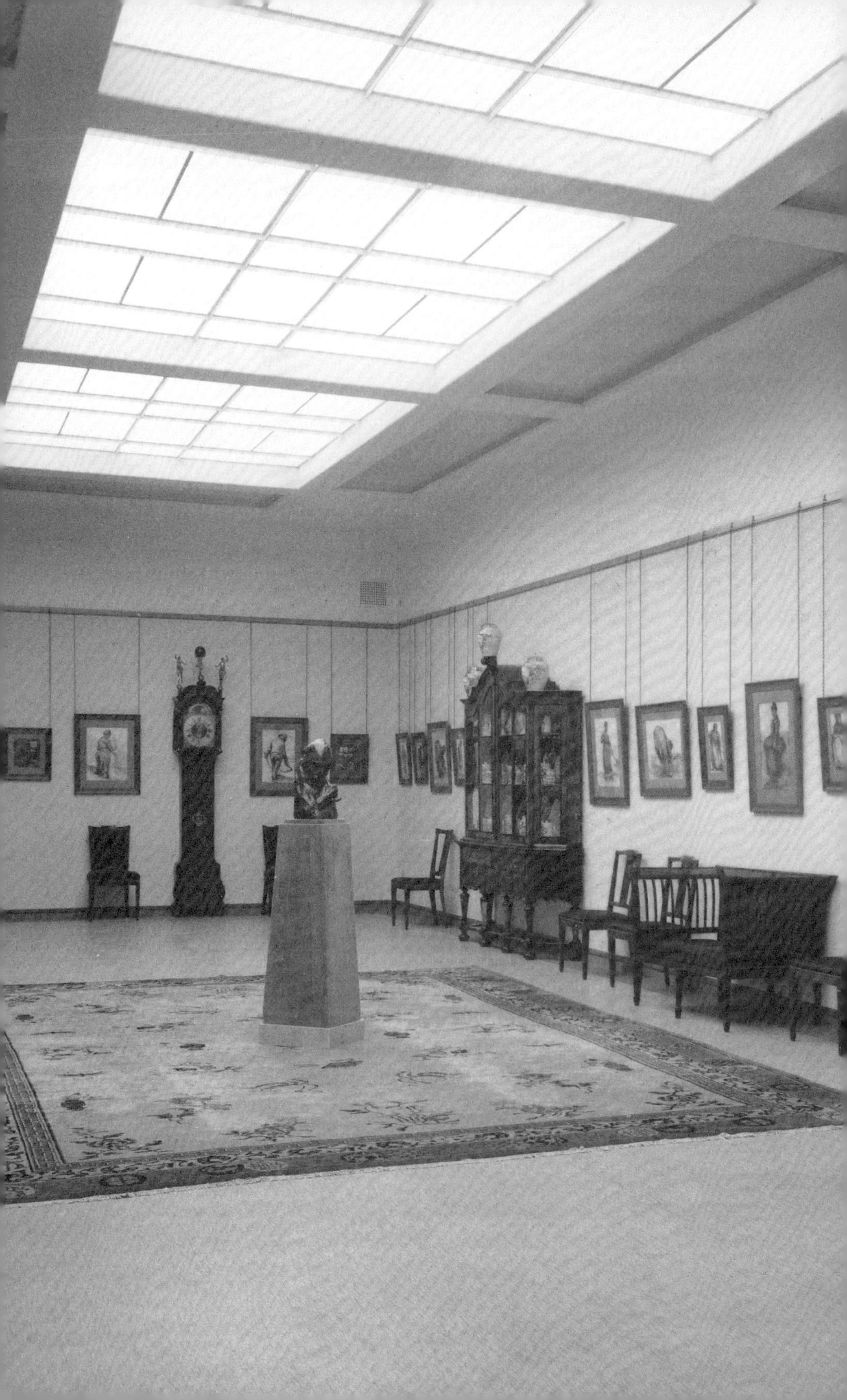

14

Alfa en omega

EEN TIJDELIJK MUSEUM VOOR DE EEUWIGHEID

Nog geen twee maanden nadat Helene haar collectie op papier had geschonken aan de Nederlandse Staat, kreeg ze de kans te bewijzen dat haar idealen ten aanzien van volksverheffing en haar waardering voor Amerikaanse musea niet slechts mooie woorden waren in een schenkingsakte, maar een leidraad die zij in de praktijk bracht. Ook wanneer dat betekende dat haar geliefde Van Goghs zouden worden verscheept naar de andere kant van de wereld. In juni kreeg ze een brief van Alfred Barr Jr., die op dat moment in Nederland verbleef en van plan was in zijn Museum of Modern Art een grote Van Gogh-tentoonstelling te organiseren.[1] Volgens hem had er in de Verenigde Staten nooit eerder een behoorlijke tentoonstelling van de kunstenaar plaatsgevonden, laat staan een alomvattende.[2] Vijfenveertig jaar na de dood van de kunstenaar, werd dat zijns inziens hoog tijd.

Barr herinnerde zich nog de 'grand tour' die haar schilderijen door Zwitserland, Duitsland en België hadden gemaakt ten tijde van zijn bezoek aan Europa een paar jaar eerder, wat hem de moed gaf haar nu eveneens te vragen om een omvangrijke bruikleen. Net als destijds, was het ook zijn opzet om de tentoonstelling na het MoMA door te laten reizen, eerst naar Philadelphia en vervolgens naar Boston en San Francisco, 'so that other American cities may share New York's good fortune'.[3] Het verschil met de Europese tour was dat Barr een grotere opzet in gedachten had en ook uit andere verzamelingen bruiklenen vroeg, waarvan de belangrijkste die van de zoon van Theo en Jo van Gogh was, Vincent Willem, die inmiddels beter bekend was als 'de Ingenieur'.

Ondanks het risico dat aan een dergelijk overzees project kleefde, wees Helene het verzoek niet af. Integendeel. Ze nodigde Barr en zijn vrouw uit op Groot Haesebroek waar zij hen uitgebreid haar collectie toonde

Een van de Van Goghzalen in het Kröller-Müller Museum, ingericht door Helene.

en vertelde over de plannen voor het museum in Hoenderloo.[4] Ter voorbereiding van de tentoonstelling gaf ze Barr een map met reproducties van haar Van Gogh-verzameling en een exemplaar van *Die Entwicklung der modernen Malerei*, de vertaling van haar *Beschouwingen*. Opgetogen verliet de jonge directeur het landgoed, wetende dat zijn tentoonstelling een unieke gebeurtenis zou worden.

De organisatorische kant van het bruikleen nam Sam op zich. Hij zorgde voor de verzekering en het transport van de vijfendertig tekeningen en drieëndertig schilderijen (waaronder drie uit zijn eigen verzameling), en stelde een bruikleenovereenkomst op. Hierin kwam hij met Barr overeen dat de Kröller-Müller Stichting behalve onkosten, 7500 dollar (ruim 11.000 gulden) ontving ter compensatie van de maandenlange afwezigheid van de Van Goghs.[5] In een brief benadrukte hij dat dit geld uitsluitend werd aangewend voor de collectie en op geen enkele manier persoonlijk voordeel opleverde.[6] Barr ging akkoord, maar drukte hem op het hart deze financiële compensatie geheim te houden.[7] Zo niet, dan werd een precedent geschapen waardoor andere musea in de toekomst moeilijker bruiklenen konden krijgen zonder grote sommen geld daarvoor te moeten betalen.

Financieel mocht het bruikleen dan goed verzorgd zijn door Sam, met het transporteren van een kostbare verzameling had hij blijkbaar minder ervaring. Toen de schilderijen en tekeningen eind oktober in New York met de grootst mogelijke zorg uit hun verpakkingen werden gehaald, verbaasde Barr zich over de wijze waarop ze verzonden waren. Grote hoeveelheden werken zaten bij elkaar in een kist, waren niet afgedekt met vochtwerend materiaal en hadden soms zelfs geen andere bescherming dan het hout van de krat waarin ze vervoerd werden. Sam kon geen ander excuus aandragen dan dat hij 'owing to circumstances' niet veel tijd had gehad om alles goed in te pakken.[8] Hij had geluk, want op een krasje na – op een schilderij uit zijn eigen verzameling – was de hele collectie goed overgekomen en kon deze zonder vertragende spoedrestauraties verdeeld worden over de zalen van het MoMA. Het is maar goed dat Helene van dit alles niets wist, want juist het vervoer was haar grootste bezwaar tegen de tentoonstelling in Amerika. Uit principe was zij namelijk tegen iedere verzending van 'Kunstschätzen mit Boot und Bahn'.[9]

Ondanks een herhaalde uitnodiging van de museumdirectie, besloot Helene niet naar New York te gaan voor de opening.[10] Ze voelde zich niet in staat tot een dergelijke grote reis en stelde zich tevreden met de beloofde krantenknipsels die haar toegestuurd zouden worden. Zodoende las ze in een telegram van de voorzitter van het museum, Anson Conger Goodyear, dat de opening op 6 november alle verwachtingen had overtroffen.[11] De eerste dag bezochten 3200 mensen de tentoonstelling, het grootste aantal bezoekers op een dag in het bestaan van het MoMA. De kranten spraken van een noviteit: 'Police protection against crowds trying to pay money to get into an art gallery', was zelfs voor New Yorkse begrippen ongekend.[12] Als dat enthousiasme aanhield, vreesde Goodyear dat het museum maatregelen moest treffen om het massaal toegestroomde publiek gecontroleerd de tentoonstelling te laten bezoeken.[13] Inderdaad moest het MoMA tijdens de laatste twee dagen haar deuren een aantal keren sluiten, om de respectievelijk vijf- en zesduizend belangstellenden gedoseerd naar binnen te laten gaan.[14]

Net als in Europa acht jaar eerder, bleek ook in Amerika de Van Gogh-koorts besmettelijk te zijn en dienden zich nog meer musea aan, die de tentoonstelling in hun stad wilden presenteren. Namens deze instellingen polste Barr Sam van Deventer of de Kröller-Müller Stichting bereid zou zijn het bruikleen met een halfjaar te verlengen.[15] De stichting ging akkoord, in ruil voor een extra vergoeding van vijfduizend dollar en met het uitdrukkelijke verzoek van Helene dat Barr de supervisie behield.[16] Het gevolg was dat Amerika gedurende het hele jaar 1936 in het teken stond van Van Gogh. Behalve naar Philadelphia, Boston, Cleveland en San Francisco, reisde de tentoonstelling naar Kansas City, Chicago, Minneapolis, Detroit en ging zelfs enige tijd de grens over om neer te strijken in The Art Gallery of Toronto. De gretigheid waarmee de expositie bezocht werd, taande niet. Zo bezochten op de eerste zondag in Philadelphia tienduizend mensen het Pennsylvania Museum of Art, een aantal dat ook in de andere steden in een mum van tijd werd bereikt.[17]

Niet alleen Van Gogh was populair in Amerika. Barr deed nogmaals een beroep op Helenes collectie in verband met een andere succesvolle tentoonstelling. De toonaangevende serie exposities van moderne meesters, die hij sinds de opening van het MoMA in 1929 had georganiseerd, kwam in 1936 tot een hoogtepunt met twee overzichten, getiteld 'Cubism and Abstract Art' en 'Fantastic Art, Dada, Surrealism'.[18] Sinds zijn bezoek aan het Lange Voorhout in 1927 wist hij dat Helenes collectie tenminste voor de eerste overzichtstentoonstelling interessante bruiklenen kon opleveren. In december 1935, enkele weken na de opening van de Van Gogh-tentoonstelling, schreef hij Sam met het verzoek nog een aantal kunstwerken te mogen lenen van de Kröller-Müller Stichting.[19] Hij dacht aan *Violon* en *Guitare* van Picasso, vijf schilderijen van Mondriaan, waaronder *Compositie 10 in zwart wit* en drie composities van Bart van der Leck uit de jaren 1916 tot en met 1918.

Lang hoefde de Kröller-Müller Stichting, in dit geval alleen Helene, niet na te denken. Twee weken na het verzoek liet zij Barr weten dat de Mondriaans en Picasso's half januari verscheept zouden worden naar New York. De drie schilderijen van Bart van der Leck weigerde Helene echter uit te lenen. Door alleen werk uit zijn meest abstracte periode in het MoMA tentoon te stellen, vond ze dat de kunstenaar geen recht werd gedaan en er bovendien een verkeerd beeld ontstond van haar collectie.[20] '[It] will do more harm than good to send only three demonstrations of his art to your country,' liet zij Sam aan Barr schrijven, gevolgd door het wonderlijke argument dat Van der Leck toch niet gemist zou worden in Amerika aangezien hij daar nauwelijks bekend was. Kennelijk doorzag ze niet welke draai zij alsnog aan Van der Lecks loopbaan had kunnen geven door hem zichtbaar te maken voor het Amerikaanse publiek, al was het maar met drie schilderijen.

Zowel de tentoonstelling 'Cubism and Abstract Art', die in het voorjaar van 1936 werd georganiseerd, als de bijbehorende catalogus van Barrs hand bleek bovendien een kunsthistorische ijkpunt. Voor het eerst werd abstracte kunst onderzocht door deze in een historische context te plaatsen, de verschillende stromingen met elkaar te vergelijken en deze op formele gronden te analyseren.[21] Zodoende stond Barrs kunstbeschouwing lijnrecht tegenover die van Helene. Zij had in haar *Beschouwingen* juist geprobeerd het kubisme inzichtelijk te maken door de spirituele betekenis ervan te benadrukken en toeschouwers het werk te laten ervaren, terwijl Barr de stroming rationeel benaderde en de kunstwerken besprak aan de hand van hun compositie, materiaal- en kleurgebruik.

Van der Leck doorstond die formele analyse niet zo glansrijk als Mondriaan en Picasso, wat in gesprekken tussen Barr en Helene naar voren moet zijn gekomen. Een ander argument van haar om de schilderijen niet uit te lenen was namelijk dat Barr Van der Leck niet zo waardeerde als zij en dat ze om die reden diens werk maar liever helemaal niet aan hem uitleende.[22] Het is spijtig voor de kunstenaar dat zijn beschermvrouwe hem op deze subjectieve gronden probeerde te helpen. Want hoewel Van der Leck waarschijnlijk geen grote internationale doorbraak had gewacht, is het moeilijk om te bedenken hoe hij schade had kunnen ondervinden als hij was opgenomen in het hoofdstuk 'Abstract art in Holland: de *Stijl* and Neo-Plasticism'. Die schade zat veeleer in Helenes weigering de poorten naar zijn werk open te zetten.

Bruiklenen waren overigens niet alleen weggelegd voor het buitenland. Steeds vaker honoreerde Helene namens de Kröller-Müller Stichting ook verzoeken van Nederlandse musea. In de periode dat de Van Goghs, Mondriaans en Picasso's in Amerika waren, bevonden bijvoorbeeld circa vijfenzestig schilderijen van de stichting zich in het Museum Boijmans in Rotterdam.[23] Directeur Dirk Hannema organiseerde jaarlijks een grote kersttentoonstelling, die in de winter van 1935 en 1936 in het teken stond van negentiende-eeuwse Franse kunst. Zonder aarzeling leende Helene tientallen topstukken uit, waaronder haar geliefde *Portret van Eva Callimachi-Catargi* door Fantin-Latour en alle vier de Monticelli's die de stichting bezat. Het jaar daarop werden opnieuw ruim vijftig schilderijen uitgeleend ten behoeve van de kersttentoonstelling, die ditmaal gewijd was aan 'De divisionistische school. Van Seurat tot Toorop'.[24]

Naar aanleiding van de tentoonstelling in Rotterdam, stuurde ook August van Erven Dorens, directeur van het Gemeentemuseum in Arnhem, Helene een verzoek om een aanzienlijke bruikleen.[25] Volgens hem waren de meeste kunstliefhebbers in Gelderland vanwege de hoge reiskosten nooit in staat geweest de verzameling aan het Lange Voorhout te bezoeken. Door in navolging van het Boijmans een ruime selectie uit haar collectie tentoon te stellen, wilde hij de Gelderlanders de mogelijkheid bieden kennis te maken met 'deze zoo hooge kunstschatten bevattende verzameling'.[26] Ook nu weer stemde de Kröller-Müller Stichting in, waardoor in het voorjaar van 1936 ruim zestig schilderijen, opnieuw hoofdzakelijk de Franse negentiende-eeuwers, naar Arnhem verhuisden.

Ondertussen was Helene in afwachting van het bericht van de rijksoverheid dat deze het nodige geld had gevonden om de huur van Groot Haesebroek te betalen of in een ander voorlopig onderkomen voor de collectie te voorzien. Tot die tijd was de schenking namelijk niet definitief. Dat betekende echter niet dat de museumplannen stillagen. In september 1935 was Henry van de Velde in Nederland en hij greep die gelegenheid aan om ook Anton en Helene weer eens te bezoeken.[27] Inmiddels was het bijna tien jaar geleden dat hij was terugverhuisd naar België om professor in Gent en directeur van het instituut voor decoratieve kunsten in Brussel te worden.[28] Ondanks Helenes teleurstelling over zijn vertrek en de irritaties rond de verbouwing van Groot Haesebroek was het contact tussen beide families nooit helemaal verwaterd. Van de Veldes dochters Thylla en Puppi (Helen), die destijds hadden geholpen met de opvang van Duitse kinderen in Duinhoeve en met de kippenboerderij op De Harscamp, schreven Helene nog altijd geregeld, en een enkele keer bezocht Thylla met haar vader de Kröllers in Wassenaar. Nu kreeg het contact opnieuw een zakelijk tintje.

Tijdens de ontmoeting in september 1935 werden blijkbaar de plannen hernomen om een kleiner museum op de Veluwe te bouwen, want tien weken later stuurde Van de Velde tekeningen naar de Kröllers voor een zogenaamd 'hulpmuseum'.[29] Hierin kon de verzameling op een veilige en waardige manier gehuisvest worden totdat het economische tij ten gunste keerde. Over een dergelijk nieuw te bouwen tijdelijk museum werd echter in de schenkingsakte met geen woord gerept. Die stelde alleen als voorwaarde dat de verzameling ondergebracht werd in een door de Kröller-Müller Stichting te realiseren, permanent onderkomen op de Veluwe, en dat de kosten van tijdelijke behuizing door de regering gedragen werden. Niettemin ging Van de Velde aan het werk en lag er begin december eveneens een eerste begroting.[30]

Ook Helene zelf was volop in de weer. Ondanks haar slechte ogen en de reuma in haar handen, reisde ze veel naar Hoenderloo waar het beheer over de gronden overgedragen werd aan ambtenaren van de regering. Het vergde al haar zelfbeheersing om met de nieuwe situatie om te gaan, die in haar ogen 'lächerlich' bureaucratisch was.[31] Niet langer kon zij haar eigen beslissingen nemen ten aanzien van het landgoed, maar ze moest de mening van mensen aanhoren die volgens haar weinig verstand van zaken hadden. Ze moest dan ook diplomatiek te werk gaan, 'was mir wenig liegt'.[32]

Naast deze reizen en besprekingen zette zij zich nogmaals aan de inventarisatie van haar collectie. Om zeker te zijn dat het Rijk ook daadwerkelijk kreeg wat het beloofd was, moest ieder stuk uit de collectie beschreven worden. In februari 1936 kreeg ze hulp bij deze omvangrijke taak van een conservator van het Rijksmuseum in Amsterdam, Jan Lauweriks.[33] Samen liepen ze de circa drieduizend kunstwerken en voorwerpen langs, die zich met uitzondering van de bruiklenen aan musea in Amerika en Arnhem grotendeels in Groot Haesebroek bevonden. Een bizar ongeval zorgde er echter voor dat Lauweriks alleen een eerste overzicht van de schilderijen voltooide. In augustus viel hij uit het raam op de derde verdieping van zijn Amsterdamse woning.[34] Hij overleed dezelfde dag in het ziekenhuis. Het is onbekend welke indruk deze gebeurtenis op Helene maakte, maar de dood van de zesendertigjarige jongeman met wie zij nauw samenwerkte, zal haar ongetwijfeld aangegrepen hebben.

Slechts enkele dagen later ontving ze een brief van de juist afgestudeerde kunsthistorica Victorine Hefting met de vraag of zij de werkzaamheden van Lauweriks misschien kon overnemen.[35] Na het akkoord van het ministerie zette deze voortvarende vrouw in oktober de inventarisatie voort.[36] Toen alle in Wassenaar aanwezige kunstwerken omschreven en genummerd waren, verhuisde Hefting naar Sint Hubertus waar zij ook voor de daar aanwezige meubelen en gebruiksvoorwerpen een inventaris aanlegde, voor zover deze nu eigendom van de Staat waren.[37]

Op 30 maart 1936 – het werk aan de inventarislijsten was net begonnen – ontving de Kröller-Müller Stichting van Marchants opvolger bij OK&W, Jan Slotemaker de Bruïne uitsluitsel. Namens het ministerie liet hij weten dat in de rijksbegroting van dat jaar een post van tienduizend gulden was opgenomen voor 'Kosten van de Rijksverzameling Kröller-Müller'.[38] Dit bedrag kwam ongeveer overeen met de 9300 gulden die berekend was voor de huur van Groot Haesebroek, wat volgens de minister betekende dat de overdracht van de verzameling kon plaatsvinden. Het was nu aan de Stichting om te laten weten of dat geld, zolang het grote Van de Velde-museum niet bestond, inderdaad aangewend moest worden voor de huisvesting in Wassenaar of voor passend onderdak elders.

De Kröller-Müller Stichting liet de minister zes weken wachten. Toen berichtte zij hem geen van beide vastgelegde opties te benutten, maar een derde mogelijkheid te willen aandragen, 'waardoor de uiteindelijke bestemming der geschonken verzameling meer wordt benaderd'.[39] Dankzij de extra inkomsten uit het bruikleen aan het MoMA en het restant van de Mannheimer-schenking, was het vermogen van de stichting toegenomen, wat de perspectieven verruimde. Daarom stelde de stichting voor om een paar hectare grond te pachten van het Nationale Park de Hoge Veluwe en daar op eigen kosten een tijdelijk museum te bouwen. Als de minister bereid was de vrijgemaakte tienduizend gulden aan de exploitatie van dit museum te besteden, kon dat wat betreft de Kröller-Müller Stichting ook gelden als vervulling van de schenkingsvoorwaarden. Voor de stichting had dit plan het voordeel dat verzameling en park volgens de doelstelling nu al tot één geheel werden gesmeed en meer continuïteit bood. De Staat op haar beurt was niet langer verplicht om een passend tijdelijk onderkomen te zoeken.

De begroting voor het tijdelijke museum was aanzienlijk lager dan die voor het grote museum. Een eerste berekening stelde de totale bouwkosten op circa vijftigduizend gulden, wat precies overeenkwam met het bedrag dat nog resteerde van de twee ton die Mannheimer had geschonken.[40] Deze buitengewoon lage raming was mogelijk, omdat er geen personeelskosten in waren opgenomen. De Kröller-Müller Stichting hoopte de benodigde bouwvakkers via de werkverschaffing aan te stellen, waardoor zij deze kosten op de overheid kon afwentelen. Niettemin bleef het een krappe begroting, maar heel veel meer kon de stichting zich ook niet veroorloven. Totdat zij in oktober opnieuw een zeer welkome gift ontving, ditmaal honderdduizend gulden groot.

Uit een memo van Anton aan Sam blijkt dat de begunstiger 'onbekend wenscht[e] te blijven' en dus niet met naam en toenaam in het kasboek mocht worden gezet.[41] Mogelijk was deze mysterieuze weldoener nogmaals Fritz Mannheimer. Niet alleen zijn er gelijkenissen tussen de voorwaarden van deze schenking en die van een jaar eerder, Mannheimer had ook een duidelijk motief.[42] Zijn schenking uit 1935 lijkt namelijk verband te hebben gehouden met zijn wens om tot Nederlander genaturaliseerd te worden, wat eveneens een motief kan zijn geweest voor zijn tweede gift.[43]

De joods-Duitse Mannheimer probeerde al enige tijd het Nederlanderschap te verwerven, wat echter door rechtse lastercampagnes bemoeilijkt werd.[44] Via hooggeplaatste vrienden, onder wie minister-president Colijn en president van de Nederlandse Bank Leonardus Trip wist hij in juli 1936 uiteindelijk het Nederlanderschap te verkrijgen. Uit zijn correspondentie met Anton blijkt dat ook deze hierin een rol heeft gespeeld. Welke rol dat precies is geweest blijft vaag, maar het lijkt erop dat een nieuwe nationaliteit en een flinke som geld tegen elkaar werden uitgewisseld.

Vast staat dat Mannheimer degene was die in het voorjaar van 1935 twee ton aan de Kröller-Müller Stichting schonk. Uit de (summiere) correspondentie hieromtrent blijkt de verknoping van deze schenking en Mannheimers streven naar het Nederlanderschap. Zo stuurde hij een paar dagen nadat hij op 20 maart 1935 de eerste 125.000 gulden had overgemaakt, een krantenknipsel uit *Volk en Vaderland* naar de Kröller-Müller Stichting, waarin tegen zijn naturalisatie betoogd werd.[45] Twee weken later, toen ook de overige 75.000 gulden was gestort, stuurde hij Anton opnieuw een knipsel, deze keer uit *De Standaard*, waarin hij beschuldigd werd van spionage voor de NSB.[46] Vervolgens borg de stichting behalve de correspondentie over de schenking ook de krantenartikelen op in een map getiteld 'transactie Hoge Veluwe', wat erop lijkt te duiden dat er een verband bestond tussen de twee ton en de naturalisatie.[47]

Een direct bewijs dat Anton betrokken was bij het bespoedigen van de rechtsgang is een declaratie van 360 gulden die hij in juli 1936 – de maand waarin Mannheimer zijn nieuwe nationaliteit kreeg – van de bevriende notaris Toon Nysingh ontving voor 'adviezen en besprekingen inzake naturalisatie' van de voorheen Duitse bankier.[48] In dit licht is het op zijn minst opvallend dat Anton op de dag waarop de Kröller-Müller Stichting voor de tweede maal een anonieme schenking ontving, 15 oktober 1936, bericht stuurde over Mannheimer aan Marchant, die eveneens bij de naturalisatie betrokken was.[49] Het is dan ook niet ondenkbaar dat Mannheimer in 1935 de Kröller-Müller Stichting, in de persoon van Anton, twee ton toezegde voor bemiddeling en nog eens honderdduizend gulden wanneer de naturalisatie doorgang vond.

Hoe dan ook, nu er geld was om een overgangsmuseum te bouwen, was de eerste reactie van de minister op het voorstel terughoudend.[50] Niet omdat Slotemaker de Bruïne geen heil zag in een tijdelijk museum, maar omdat hij vermoedde dat de door het ministerie toegezegde tienduizend gulden niet toereikend zou zijn om in de exploitatie daarvan te voorzien. Als penningmeester van de stichting was Sam van Deventer de aangewezen persoon om de twijfels van Slotemaker de Bruïne weg te nemen en een jaarbegroting voor het overgangsmuseum op te stellen. Dankzij de jarenlange ervaring die Helene had opgedaan met het tentoonstellen van haar verzameling aan het Lange Voorhout, was een eerste opzet snel gemaakt. Vervolgens legde Van Deventer deze kostenraming voor aan Dirk Hannema, directeur van het Boijmans Museum in Rotterdam, met wie de stichting op dat moment samenwerkte aan een tentoonstelling.[51]

Zodoende ontstond een raming die met alle museale kosten rekening hield.[52] Deze oversteeg weliswaar de toegezegde tienduizend gulden, maar dat tekort werd ruim gecompenseerd door de entreegelden die het museum voor eigen gebruik mocht aanwenden.[53] Van Deventer ging uit van circa tienduizend bezoekers per jaar, die ieder een kwartje entree betaalden. Zelf vermoedde hij dat dit bezoekersaantal niet onmiddellijk gehaald zou worden, maar aangezien het jachthuis, dat sinds het begin van het jaar was opengesteld, circa achtduizend geïnteresseerden had getrokken, leek het hem toch ook geen onrealistische schatting. Begin januari 1937 stuurde hij deze begroting namens de Kröller-Müller Stichting naar het ministerie in hoopvolle afwachting van goedkeuring.

Helene vond de hele gang van zaken onnodig lang duren.[54] De tekeningen waren al maanden klaar en het geld was beschikbaar, de politiek hoefde alleen maar in te stemmen. Dat gebeurde uiteindelijk half januari. Het ministerie ging akkoord met de bouw van een tijdelijk museum door de Kröller-Müller Stichting.[55] Opgelucht schreef Helene aan haar nichtje Lotte Scheibler dat het eindeloze heen en weer gaan van voorstellen tot een einde was gekomen, waardoor zij nu haar hoofd weer vrij had om plannen te maken en nog belangrijker: ze ook uit te voeren.[56] De tijd drong en ze wilde niets liever dan zelf de inrichting van het museum verzorgen. Vooral de eerste keer was het van belang dat haar verzameling zo werd tentoongesteld dat de ontwikkeling die zij erin had proberen te leggen, ook in de zalen tot uitdrukking kwam. Teleurgesteld dat het oorspronkelijke Van de Velde-museum nu op de lange baan werd geschoven, was ze niet.[57] Haar doel, en die van de Kröller-Müller Stichting, was om de verzameling in het Nationale Park de Hoge Veluwe onder te brengen. Nu ze dat bereikt had, was het aan de volgende generatie om het immense cultuurpaleis te bouwen.

Op 15 april 1937 kon Helene haar handtekening zetten onder de akte, die bepaalde dat het Rijk door bij te dragen in de exploitatiekosten van een te bouwen tijdelijk museum, voldeed aan de gestelde schenkingsvoorwaarden en de verzameling door de Kröller-Müller Stichting overgedragen diende te worden. Het moet haar voldoening hebben gegeven haar eigen naam in de overeenkomst te zien als eerste 'directrice van het Rijksmuseum Kröller-Müller', een functie die zij onbetaald zou verrichten.[58] Verder werd vastgelegd dat de stichting zo snel mogelijk zou beginnen met de bouw van het museum en dit gebouw na voltooiing voor tien jaar ter beschikking zou stellen aan de Staat. Dat betekende dat niets haar nu nog tegenhield om, desnoods eigenhandig, opnieuw de fundamenten voor een museum te leggen.

Uiteraard moest de stichting eerst een bouwvergunning aanvragen en van het ministerie van Sociale Zaken toestemming krijgen om de bouwvakkers in het kader van de werkverschaffing aan te stellen.[59] Maar vijf weken na de ondertekening van de overdrachtsakte kon Helene dan toch echt de eerste spa in de grond steken.[60] De nog altijd gereedliggende Maulbronner zandsteen werd niet gebruikt en vanwege Helenes rotsvaste geloof in het toekomstige grote museum, verrees het in eenvoudige baksteen opgetrokken gebouw evenmin op de Franse Berg, maar op een plek vlak bij de Pampelt, die door de omsluiting van bossen een heel eigen charme bezat.

Ook al werd er slechts een relatief klein museum gebouwd, het hele project was te gecompliceerd om vanuit Wassenaar aan te sturen. Dit was dan ook de reden die Helene aan haar kennissen gaf wanneer haar verhuizing naar Sint Hubertus ter sprake kwam.[61] In mei 1936 betrokken zij en Anton het jachthuis, waar ze de laatste twee jaar steeds vaker en langer hadden verbleven. Groot Haesebroek hielden ze voorlopig nog aan, maar het doel was om uiteindelijk permanent op de Veluwe te gaan wonen. Anton zou al geruime tijd het voornemen hebben gekoesterd om naar Hoenderloo te verhuizen, maar Helene had daar tegenop gezien. Dat laatste klopte, maar de werkelijke aanleiding voor hun verhuizing was de onafwendbare verkoop van hun Wassenaarse landgoed in het kader van de sanering van Müller & Co. In 1936 en 1937 verkocht de firma de laatste bezittingen die van geen belang waren voor de bedrijfsvoering en waarvan de opbrengsten de openstaande schulden konden dekken.[62] Zo werd in 1937 ook de villa met bijbehorende gronden van de hand gedaan.

Mogelijk droeg de verkoop van Groot Haesebroek bij aan Antons besluit om zich in 1936, op vierenzeventigjarige leeftijd, terug te trekken uit Müller & Co. Sinds de reorganisatie was zijn macht als beherend vennoot flink ingeperkt. Hij had hoofdzakelijk nog als commissaris gefunctioneerd en had moeten toezien hoe het bedrijf dat hij bijna een halve eeuw had geleid, langzaam aan hem ontviel. Zijn vertrek had ook invloed op Sams positie. Diens samenwerking met de nieuwe bewindsman Lodeizen verliep allesbehalve soepel, wat in 1937 tot een ernstig conflict leidde.[63] Toen Anton er niet meer was om Sam in het zadel te houden, was diens lot snel bepaald. Aan het einde van het jaar werd hij ontslagen en was zijn rol binnen de firma definitief uitgespeeld. Hoewel Helene hierover niets schreef, was ze waarschijnlijk weinig rouwig over Sams ontslag. Nu had hij alle tijd om haar te helpen met de bouw van het museum en haar te steunen bij het vertrek uit Groot Haesebroek.

Het kostte Helene moeite om het huis, dat ze met veel toewijding had opgebouwd en dat enkele jaren eerder nog geheel verbouwd was door Henry van de Velde, voorgoed achter zich te laten. Om de villa een eervol afscheid te geven, stelde ze Slotemaker de Bruïne voor om in afwachting van de voltooiing van het overgangsmuseum, in Wassenaar een tentoonstelling te organiseren om het publiek nog eenmaal de gelegenheid te geven de rijksverzameling 'in de huiselijke omgeving van Groot Haesebroek te kunnen aanschouwen'.[64] Ze nodigde hem uit bij die gelegenheid de eerste gast te zijn. Zodoende was haar huis tussen 15 juni en 3 oktober 1937 voor het laatst gewijd aan de verzameling.[65] Twee houten borden bij de ingang van het landgoed gaven trots aan dat zich hier het 'Rijksmuseum Kröller-Müller Stichting' bevond.[66] Maar liefst vierduizend mensen maakten die drie maanden gebruik van de gelegenheid om tegen betaling van vijfentwintig cent de schilderijen van Van Gogh, Jan en Charley Toorop, Picasso, Mondriaan en Van der Leck in de villa van Van de Velde te bezichtigen.[67]

Daarna begon de grote verhuizing, of beter gezegd: de twee grote verhuizingen. Enkele dagen na de sluiting van de tentoonstelling werden door een regulier verhuisbedrijf de vele honderden beeldjes, Aziatica en porseleinen voorwerpen ingepakt, evenals de persoonlijke bezittingen uit Groot Haesebroek van Anton en Helene, waaronder meubels en boeken.[68] Omdat de verhuizing naar Sint Hubertus een aanzienlijke ruimtebeperking betekende, vroeg Helene haar dochter om grotere meubelstukken (waaronder zelfs een hoogtezon), die voor haar kinderen noch voor het museum waarde hadden, naar een venduhuis te laten brengen.[69]

Voor de schilderijen gold een andere procedure, waarvoor een speciale verzekering werd afgesloten.[70] Deze bepaalde dat er per vracht tot 750.000 gulden aan kunstwerken vervoerd mocht worden.[71] Om het risico te spreiden vertrok er slechts één auto per dag van Wassenaar naar Hoenderloo, die bovendien werd voorzien van politiebegeleiding. Zo reed in de laatste weken van oktober 1937 om de paar dagen een vrachtwagen vol kunst, omringd door rijkspolitie naar de Veluwe, waar de schilderijen voorlopig werden opgeslagen in Sint Hubertus en het dienstgebouw.[72]

De inspanning die de voorbereidingen voor het overgangsmuseum, de tentoonstelling in Groot Haesebroek en de verhuizing naar Sint Hubertus met zich meebrachten, ondermijnde Helenes toch al fragiele gezondheid ernstig. Sinds oktober ging bewegen steeds moeilijker en had ze zoveel last van haar rechterarm, dat ze haar brieven moest dicteren.[73] Na de verhuizing werden haar klachten gaandeweg erger. Lichamelijk en geestelijk voelde zij zich uitgeput, lopen lukte niet meer zonder hulp en ieder beroep op haar aandacht was haar te veel.[74] Februari 1938 bracht zij dan ook voornamelijk door in de kleine bedstee van haar slaapkamer in Sint Hubertus. Ze besefte dat ze oud was geworden en dat haar krachten ten einde liepen.

Hoewel ze ver was gekomen, was ze nog niet klaar. De collectie was veiliggesteld in de Kröller-Müller Stichting, daarover hoefde zij zich geen zorgen te maken. Kinderen noch schuldeisers zouden in staat zijn om de zorgvuldig samengestelde verzameling uiteen te laten vallen. Ook voor de Hoge Veluwe dreigde geen verkoopgevaar meer. De bossen, heiden en het jachthuis waren in veilige handen van Stichting het Nationale Park de Hoge Veluwe. Maar het absolute einddoel, de verwezenlijking van haar levenswerk, was nog niet bereikt. Tevreden constateerde ze dat er hard werd gewerkt aan het museum, ook al was het maar een hulpmuseum. Maar zolang niet ieder schilderij op zijn plek hing, was haar taak nog niet voltooid.

Bovendien moest er nog veel gebeuren. Ze wilde een siertuin rond het museum laten aanleggen, maar de Kröller-Müller Stichting had daarvoor

De bouw van het 'overgangsmuseum'.

geen geld.[75] Er waren nauwelijks genoeg middelen om de duurder uitgevallen lichtinstallatie en het verwarmingssysteem te financieren. Kortom, er was nog genoeg waar Helene haar hoofd over brak, maar waar ze niet langer de fysieke kracht voor had om het te veranderen. 'Maar de natuur is niet zoo wreed als wij dikwijls meenen', zoals Anton aan Sam schreef, want volgens hem schikte zijn vrouw zich in haar lot.[76] Voor het eerst leek ze te begrijpen dat ze zaken aan anderen kon, en moest, overlaten. Niettemin weigerde Helene alles uit handen te geven zolang het museum er nog niet in volle glorie stond.

Haar zwakke gezondheid weerhield haar er evenmin van het nieuws uit Duitsland op de voet te blijven volgen. Anton en Bob brachten de radio naar haar slaapkamer, waar zij op 20 februari gedrieën naar Hitlers Rijksdagtoespraak luisterden, die integraal werd uitgezonden.[77] Zijn omstandige betoog over de miraculeuze groei van de Duitse economie sinds zijn aantreden, vond bij Anton en Helene grote instemming. Voor hen was het een geruststelling dat hun belangrijkste handelspartner, dan wel vaderland, door krachtige hand overeind geholpen was. Ook deed de *Führer* in deze toespraak zijn voorgenomen buitenlandpolitiek uit de doeken. Het Duitse *Gesamtvolk*, dat door het 'Wahnsinnakt' van Versailles uiteen gevallen was, moest hersteld worden. Hij maakte er dan ook geen geheim van dat zijn doel was om zowel Sudetenland in het westen van Tsjechoslowakije als Oostenrijk weer onderdeel te maken van het Duitse Rijk.

De tweeënhalf uur durende rede vergde een flinke krachtinspanning van Helene, maar al had ze 'op de dom van Köln moeten klimmen', ze moest de uitzending horen. Na afloop was ze uitgeput, maar trots. Ze wist nu dat ze zich niet alleen een Duitse voelde, maar er een *was* 'en dat is nog wat anders'.[78]

Eind februari besloot ze zich niet langer thuis te laten verplegen, maar voor een rustkuur naar het Diaconessenziekenhuis in Arnhem te gaan.[79] Met alle goedbedoelde telefoontjes van kennissen en vragen van het personeel, vond ze in Sint Hubertus niet de rust die ze nodig had. In haar comfortabele ziekenhuiskamer op het zuiden, met uitzicht op de tuin en verzorgd door een gedienstige verpleegster, voelde zij zich meer op haar gemak. Behalve met weer op krachten komen, hield ze zich daar uitsluitend met twee dingen bezig: het museum en het nieuws. Op haar verzoek hield Anton de bouw nauwkeurig in de gaten. Dat deed hij samen met Willy Auping, een jongeman die sinds enkele maanden Helene en Sam terzijde stond als directieassistent.[80] Trouw bracht Anton iedere dag verslag uit van de vorderingen en gaf hij zijn mening over de prestaties van de werknemers en opzichters.

Minstens even trouw hield hij haar op de hoogte van het wereldgebeuren. Iedere ochtend om tien uur kwam hij haar opzoeken en las haar dan de kranten voor, 'die haar juist nu, met allerhand berichten uit D'land, Oostenrijk etc. bijzonder interesseeren'.[81] Tegen lunchtijd vertrok hij om een lange wandeling te maken over de Veluwe en kwam dan 's avonds tegen zeven uur weer terug, nadat hij op het station de avondkranten had opgehaald. Dante, Goethe of de brieven van Van Gogh, die Helene tijdens eerdere ziekenhuisbezoeken las, waren blijkbaar door de actualiteit verdrongen.

Ook Helene jr. kwam haar regelmatig bezoeken. De verstandhouding tussen moeder en dochter was de afgelopen jaren gestabiliseerd. Helene vond het fijn als haar dochter aan haar bed zat, vertelde over haar kroost en samen met haar plannen maakte voor wanneer zij weer beter zou zijn. Toch was de oude teleurstelling dat het gesprek op dit niveau bleef steken, nog altijd aanwezig. Ze miste dan Sam, met wie ze 'over heel andere dingen [zou] praten', maar die in maart overwegend in Berlijn was.[82] Gelukkig schreef hij haar trouw. In stille uren herlas ze zijn brieven en leefde met hem mee op de uitstapjes die hij in de omliggende natuur maakte en zijn bezigheden in de stad waar nu zoveel gaande was.[83]

Liever had ze hem natuurlijk in Nederland. Niet alleen kon hij haar dan gezelschap houden, hij was een van de weinige mensen die ze de organisatie van de bouw toevertrouwde, een taak die hij met grote overgave

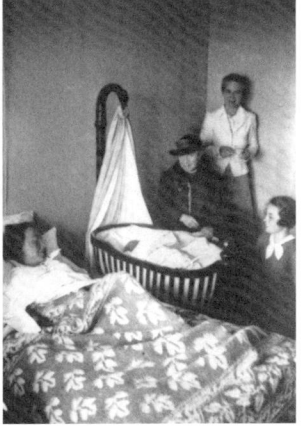

Het gouden huwelijkspaar omringd door familie. V.l.n.r.: Sam van Deventer, Helene, Bob Kröller, Nicolien Kröller, Hetty Brückmann, Truusje Jesse-Kröller en Anton. Vier generaties: kleindochter Hilde van Andel-Brückmann (in bed), haar pasgeboren zoontje Noor, Helene zittend bij wieg, achter haar Helene Brückmann-Kröller. Zittend op de grond Helenes kleindochter Esther Brückmann. Particuliere collectie.

op zich nam.[84] In het bouwproces lijkt Sam het belangrijkste aanspreekpunt te zijn geweest. Hij overlegde onder anderen met de aannemer en met de uitvoerend architect, leverde informatie aan waar daar om gevraagd werd, hij zorgde dat het nodige personeel werd aangetrokken en vroeg subsidie aan bij het ministerie van Sociale Zaken voor arbeidskosten, waarover hij vervolgens ook verantwoording aflegde. Al met al zorgde hij ervoor dat zijn 'Mevrouwtje' met een gerust hart naar het ziekenhuis kon gaan.

De weken in het Diaconessenziekenhuis deden Helene goed. Van de slaapproblemen die haar haar hele leven achtervolgd hadden, was weinig meer te merken. Volgens Anton sliep ze 'merkwaardig veel', alsof ze een achterstand moest inhalen.[85] Langzaamaan hervond Helene haar krachten en lukte het haar om met weinig hulp de paar meters van haar bed naar de badkamer af te leggen en zelfs om zonder hulp de gang op en neer te lopen. Ondanks haar vooruitgang, wist ze dat ze niet meer alle tijd had. 'Ik ben zoo suf, maar ik moet toch mijn museum klaar krijgen.'[86]

In april was Helene zover hersteld dat ze weer haar intrek nam in Sint Hubertus. Zodoende kon ze daar op 15 mei 1938 samen met Anton hun vijftigjarig huwelijksjubileum vieren. Veel ruchtbaarheid gaven ze daar niet aan – tenslotte wachtte hen de feestelijke opening van het museum korte tijd later – maar samen met Sam, Bob, haar schoondochter Truusje en twee kleindochters werd de dag niettemin gevierd. Twee weken daarna vond nog een heuglijke gebeurtenis plaats. Op 31 mei beviel kleindochter Hildegard van haar eerste kind en werd Helene overgrootmoeder. Hoewel Helene op een foto met de drie jongere generaties trots de camera inkijkt, was ze mogelijk nog gelukkiger met het bereiken van een andere mijlpaal.

Tijdens haar verblijf in het ziekenhuis was namelijk de bouw van het museum afgerond. Aangezien Henry van de Velde vanwege zijn hoge leeftijd en zijn andere werkzaamheden niet in staat was de dagelijkse begeleiding van de bouw op zich te nemen, was de uitvoering in handen geweest van de Rotterdamse architect Gerrit Baas. De samenwerking had geleid tot een eenvoudig, maar elegant museum, dat een uitwerking was van de studie voor een kleiner museum die Van de Velde in 1925 had gemaakt.[87] Het hart van het gebouw werd gevormd door een kruisvormige binnentuin met een vijvertje, die omsloten werd door de Van Goghzalen. Bezoekers kwamen het museum binnen via de zuidelijke vleugel, doorliepen een aantal vloeiend in elkaar overlopende kleinere zalen en kwamen dan uit bij het atrium. Daarna volgde een tweede vleugel, die net als zijn tegenhanger uit een zestal kleinere ruimtes bestond. Weinig aan het gebouw verried dat het een tijdelijk museum was. De lichtinval door de glazen kappen in de plafonds was bijzonder mooi, een effect dat versterkt werd door de lichte wanden en vloeren. En hoewel het museum van buitenaf door het beperkte aantal ramen in de zijgevels gesloten aandeed, maakte de naar binnen gewelfde glazen entree een uitnodigende indruk.[88]

Iedere dag werd Helene met een auto van het jachthuis naar het museum gebracht, waar zij voortgeduwd in een rolstoel aan Auping aanwijzingen gaf over de plaats waar werken gehangen of opgesteld moesten worden.[89] Ook haar kleindochter Hetty Brückmann, die deze dagen op Sint Hubertus logeerde, hielp mee met inrichten. 'Dan zei [grootmama]: "Dat moet zus en dat moet zo, en dat kleurt niet en dat licht is niet goed", dus werd er weer een ander schilderij opgehangen.'[90]

Onder Helenes leiding kregen de zalen een 'deftige huiselijkheid', die weinig onderdeed voor de sfeer die zij had opgeroepen tijdens de expositie in Groot Haesebroek.[91] Op de vloeren liet zij tapijten leggen, tafels, stoelen en een grote staande klok kregen een plek te midden van de schilderijen, boven de doorgangen tussen twee zalen hing zij Delftsblauwe borden, en de vitrinekasten met oudheden en Aziatica richtte zij zo in, zoals ze in haar villa ook te zien waren geweest.

Bij de inrichting werd zij nauwelijks gehinderd door twijfel. Sinds Van de Velde haar in de winter van 1935 zijn tekeningen had toegestuurd, had

Een zaal in het Kröller-Müller Museum, door Helene ingericht met meubels, tapijten en rijkelijk gevulde vitrinekasten. (Zie ook afb. p. 424.)

ze de rangschikking van de kunstwerken in de verschillende ruimtes tot in detail uitgewerkt. Zodoende kwam ze tot een opstelling die 'de ontwikkeling, zowel van den individuelen moderne kunstenaar als van de kunst onzer dagen in het algemeen' liet zien.[92] Zij liet het overzicht beginnen met het werk van onder meer Fantin-Latour en de Haagse School, gevolgd door het impressionisme, pointillisme en het kubisme van Herbin en Picasso om te eindigen bij de meest abstracte werken van Van der Leck en Mondriaan. Het kloppende hart werd gevormd door de ruim tweehonderdvijftig schilderijen en tekeningen van Vincent van Gogh, die zij – ondanks de krappe behuizing – op dertig na allemaal ophing.

Bij deze opstelling kwam opnieuw de inmiddels ouderwets geworden hiërarchie naar voren die Helene binnen haar collectie onderscheidde. Het primaat lag bij de schilderkunst, die de volle aandacht kreeg, daarna pas volgde de beeldhouwkunst. De talloze beelden en beeldjes van onder anderen Mendes da Costa, Zijl, Minne en Maillol plaatste zij veelal op tafels onder de schilderijen of in het geval van grotere exemplaren in een hoek of ruimte die nog aankleding behoefde. Een afzonderlijke sculpturenzaal had het museum niet misstaan en had bovendien recht gedaan aan deze deelcollectie, maar kennelijk vond Helene de beperkte zaalruimte te kostbaar om voor dat doel te gebruiken.

De vreugde over de inrichting van het museum werd al snel ruw verstoord. Op 25 juni kreeg Helene bericht dat Toon in het nabij gelegen Barneveld was overleden. Blijkbaar had hij een hartaanval gekregen, terwijl hij de NSB-krant *Volk en Vaderland* aan voorbijgangers probeerde te verkopen.[93] De relatie tussen Helene en haar oudste zoon was altijd problematisch gebleven. Toon had de neiging zijn vrouw en kinderen zonder bericht te verlaten om pas na weken weer naar huis te komen, gedrag dat Helene bestempelde als een 'abnormaliteit in ziekelijke beteekenis'.[94] Zijn onvoorspelbare manier van doen wist hij volgens haar voor de buitenwereld verborgen te houden, maar zijn naaste omgeving had er des te meer onder te lijden.[95] In 1935 was hij alleen in Hoevelaken gaan wonen, Truusje voorgoed achterlatend met de zorg voor boerderij De Harscamp en hun twee dochters. Sindsdien had hij nog minder contact met zijn ouders, die de teleurstelling in hun zoon nogmaals bevestigd zagen. Niettemin was de schok van Toons onverwachte overlijden groot.

De warme, vaak uitgebreide condoleancebrieven die Helene uit haar kennissenkring ontving, waren ongetwijfeld een steun.[96] Daartegenover stonden de gespannen familieverhoudingen, die weer even op de voorgrond traden toen zij samen met Anton en haar kinderen een beslissing moest nemen over het graf van Toon. Zowel hij als Wim was sinds de vroege jaren dertig actief lid van de NSB en de laatste wilde zijn broer eren door op zijn grafsteen naar de Beweging te verwijzen.[97] Helene was niet gecharmeerd van dat idee, ondanks de keurige wijze waarop de NSB-leden bij de begrafenis hun medeleven hadden betoond.[98] Terecht vreesde ze dat het pittoreske, verscholen kerkhofje aan de rand van Hoenderloo een politiek bedevaartsoord zou worden.

Daarop stelde Wim voor geen tekst, maar een wolfsangel – het embleem van de weerbaarheidsafdeling (WA) van de NSB – in de steen te laten graveren en gaf zijn moeder een boek waarin die symboliek werd uitgelegd.[99] In deze oplossing, die zonder woorden toch uitdrukking gaf aan 'zijn leven zoals het de laatste jaren was en tot zijn dood', kon Helene zich meer vinden. Wat Anton van dit alles vond is onbekend. Zijn naam wordt in de correspondentie over dit onderwerp niet genoemd. Onoverkomelijke bezwaren had hij niet, want het graf werd inderdaad voorzien van het embleem.[100] Ondanks haar instemming met het NSB-symbool op het graf van haar zoon, was Helene geen groot voorstander van deze organisatie, wat wel blijkt uit haar verbazing over het onberispelijke gedrag van NSB-leden bij de begrafenis. Vermoedelijk kon zij zich niet vinden in de wat volkse, ordinaire uitstraling van de partij.

Ondanks de trieste gebeurtenis vond de opening van het Rijksmuseum Kröller-Müller zoals voorgenomen, plaats op woensdag 13 juli om kwart over drie 's middags.[101] Helene verscheen vanwege de rouw geheel in het zwart en zag af van een toespraak of een ander openbaar optreden.[102] Toch liep zij, omringd door ministers en hoge ambtenaren, trots door het museum.

De kranten besteedden uitgebreid aandacht aan de opening.[103] Speciaal voor hen was twee dagen voor de opening een persbijeenkomst georganiseerd, om hen de mogelijkheid te geven het gebouw alvast rustig te bekijken en extra toelichting te krijgen. Bijna veertig journalisten van lokale, landelijke en internationale dagbladen maakten daarvan gebruik.[104] Stuk voor stuk waren ze enthousiast over het museum, het park en het verhaal achter beide. Zelfs *Vooruit*, dat zich in 1935 meerdere malen kritisch had uitgelaten over de overheidssteun aan de Kröllers, sprak van een 'fantastische droom, die werkelijkheid is geworden'.[105] Ook het Polygoonjournaal was aanwezig en zond de avond voor de opening een kort verslag uit.[106]

De feestelijkheden werden geopend met een toespraak van de voorzitter van het Nationale Park de Hoge Veluwe, Henri Marchant. Hij prees Anton en Helene die ondanks alle tegenslagen hadden vastgehouden aan hun ideaal en er voor hadden gezorgd dat het uitgestrekte natuurgebied vrij was gebleven van 'landhuisjes' en 'lintbebouwing', en in plaats daar-

Sam van Deventer, minister Ch. J. L. M. Welter, zijn vrouw, Helene en minister Slotemaker de Bruïne tijdens de opening van het Museum Kröller-Müller, 13 juli 1938.

van een uniek en gewaagd museumplan ten uitvoer hadden gebracht.[107] Gewiekst als hij was, liet hij niet na te melden dat het Park de Hoge Veluwe inmiddels over 817 donateurs beschikte, die jaarlijks allemaal een bedrag tussen de tweeënhalve gulden en vijfhonderd gulden schonken. Ook de Kröller-Müller Stichting had de museumbouw dankzij anonieme giften weten te realiseren. Beide instellingen waren dan ook gebaat bij donaties en Marchant maakte gebruik van de gelegenheid om te benadrukken dat iedereen dit voorbeeld kon volgen.

Vervolgens was het woord aan minister Slotemaker de Bruïne, die in formelere bewoordingen zijn bewondering uitsprak voor zowel Helene als voor Marchant, die als zijn voorganger de regering had overtuigd van het belang van de aankoop van de Hoge Veluwe.[108] Voor hij tot zijn toespraak overging, reikte hij twee Koninklijke onderscheidingen uit. Uit naam van Koningin Wilhelmina benoemde hij Marchant tot Commandeur in de Orde van Oranje Nassau. Helene mocht zich voortaan Ridder in de Orde van de Nederlandse Leeuw noemen.[109]

Tot slot nam Anton kort het woord namens Helene. Na de Koningin voor de onderscheiding te hebben bedankt, Slotemaker de Bruïne voor de steun van OK&W, diverse ministers en ambtenaren voor hun raad en daad, stond hij nadrukkelijk stil bij de rol van Marchant. Deze had 'na moeilijke, donkere dagen [...] voor mijn vrouw de eerste lichtstraal [...] doen schijnen – een straal van schitterend licht, die de geboorte van de verwezenlijking harer plannen in naaste toekomst aankondigde'.[110] Ook Henry van de Velde, in wiens museum zij nu zaten, kreeg uitgebreid lof toegezwaaid.

De enige die er wat karig van af kwam, was Bremmer, die Anton van plan was slechts in een tussenzin te noemen. Helene vond blijkbaar ook dat haar adviseur zodoende te weinig eer te beurt viel, want ze schreef vlak voor de opening een toevoeging op Antons speech om Bremmer te danken voor zijn waardevolle bijdrage in de totstandkoming van de collectie. Dat was een verstandige keuze, want het publiek had tijdens de toespraak van Marchant vergeefs 'zitten popelen om de naam Bremmer te hooren'.[111] Toen Anton hem dankte, steeg dan ook een klaterend applaus op uit de zaal. Zelf was de kunstpaus niet bij de feestelijkheden aanwezig. Enige dagen tevoren meldde hij zich af vanwege zijn gezondheid. Hij vreesde dat hij op zo'n beladen dag, die zo veel herinneringen opriepen aan voorbije jaren, zichzelf 'psychisch niet in de macht' had.[112]

De afwezigheid van Bremmer, die eigenlijk niet had mogen ontbreken, werd enigszins gecompenseerd door de vele hoge gasten die wel hun opwachting maakten. Een blik op de gastenlijst geeft een helder beeld van het netwerk dat Helene, ondanks haar teruggetrokken leven (maar dankzij Anton) in de loop van de jaren om zich heen had gesponnen. Behalve de aanwezige ministers van OK&W, Sociale Zaken, Financiën en Economische Zaken met bijbehorende hoofdambtenaren, hadden ook tal van burgemeesters, wethouders, baronnen, industriëlen en natuurlijk galeristen, museumdirecteuren en kunstenaars de uitnodiging geaccepteerd.[113] Zo reisde kunsthandelaar Willem Huinck samen met John Rädecker en Charley Toorop naar de Veluwe, waar zij 'een overgetelijken dag' hadden.[114] Bart van der Leck en zijn vrouw waren eveneens onder de indruk van het museum, waar het werk van de kunstenaar zo goed tot zijn recht kwam. Beiden hadden veel lof voor Helenes prestatie, maar, zo schreven ze aan Aleida Bremmer, 'eigenlijk is het toch Bremmers museum'.[115] Ook '10 werkeloze [sic] vakarbeiders, welke hebben medegewerkt aan den bouw' namen de uitnodiging graag aan om de feestelijkheden mee te maken.[116] Van anderen, zoals Fritz Mannheimer, de Duitse gezant Julius graaf Von Zech, Alfred Barr Jr. en mevrouw Abby Aldrich Rockefeller is niet bekend of ze ook daadwerkelijk bij de opening aanwezig waren.

Uit de gastenlijst is ook op te maken dat het aantal begunstigers die ieder jaar vijfhonderd gulden aan het park of museum doneerden, inmiddels tot vierendertig was gegroeid. Onder deze 'Gulden boekers' bevonden zich Binnert baron van Harinxma thoe Slooten, de notarissen Nauta en Lambert, Unileverdirecteur Arthur Hartog, baron Eduard von der Heydt, het Museum of Modern Art in New York en dichter bij huis: Daniël Wolf, directeur van Spoorhout NV, die in november 1937 Groot Haesebroek had gekocht.[117]

Na de bezichtiging van het museum en de collectie, werden de gasten uitgenodigd om een wandeling te maken door het Nationale Park. Een stoet keurig geklede mensen trok die middag langs de Franse Berg, waar men zich volgens *De Telegraaf* waande 'bij de ruïnes van Pompeï' door de grote blokken steen die her en der verspreid lagen.[118] Helene zal aan deze tocht door het rulle zand niet hebben deelgenomen. De dag was ook zonder dat uitstapje vermoeiend genoeg voor haar. Niettemin kon zij die avond naar bed gaan in de wetenschap dat haar monument van cultuur werkelijkheid was geworden.

Voor zover haar krachten dat toelieten, pakte Helene onmiddellijk na de opening het dagelijkse leven op. Ondanks haar zwakke gezondheid, zat ze bijna iedere maand de vergadering van de Kröller-Müller Stichting voor. Ook hield ze Slotemaker de Bruïne gewetensvol op de hoogte van

Ruïne-sfeer op de „Hooge Veluwe"

Feestelijk geklede gasten struinen na de opening van het museum over de Hoge Veluwe. *De Telegraaf*, 13 juli 1938.

de bezoekersaantallen, die boven verwachting hoog waren. De eerste twee weken vonden ruim vierduizend mensen hun weg naar het museum en in de maand augustus steeg dat aantal naar een indrukwekkende tienduizend.[119] Eigenlijk vond ze die aantallen te hoog, want ze vermoedde dat het museum nog niet volkomen toegerust was om die toestroom in goede banen te leiden.[120] Over de samenstelling van het bezoek had ze eveneens haar twijfels: 'Het meeste publiek is niet altijd "befähigt" kunst te zien, vooral niet op de drukke dagen.'[121] Gelukkig, zo kon ze Marchant melden, kwamen er ook veel mensen die zeer geïnteresseerd waren en zeker nog eens terug zouden komen.

Als directrice hield Helene ook nauw de tentoongestelde kunstwerken in de gaten. Van aankopen mocht er de afgelopen jaren nauwelijks sprake zijn geweest, toch kon zij na de opening nog een belangrijk werk aan de museumcollectie toevoegen. In november 1935 had Charley Toorop zich bij haar laten uitnodigen om te spreken over een grootsopgezet schilderij. De kunstenares wilde een monumentaal groepsportret maken, dat een beeld gaf van Bremmers invloedssfeer en schiep daarmee voor zichzelf een opdracht die drieduizend gulden moest opbrengen. Aangezien zij even ondernemend als armlastig was, vroeg ze de Kröller-Müller Stichting deze kosten op zich te nemen in ruil voor het schilderij.[122] Daartoe bleek de stichting deels bereid, maar het leek deze 'een veel aardiger idee, wanneer ook anderen tot het te creëren schilderij bijdragen'.[123] Zodoende doneerde de Kröller-Müller Stichting duizend gulden, gaven Sam en Helene op persoonlijke titel ieder tweehonderdvijftig gulden en werd de overige vijftienhonderd gulden door een groep kleinere sponsors bijeengebracht.

Toorop werkte ruim twee jaar aan het portret, waarvoor twaalf personen moesten poseren. Het resultaat was een doorwrocht werk, dat hulde bracht aan de kunstpaus (kleurafb. 47).[124] Op de voorgrond zijn Bremmer en zijn vrouw Aleida te zien, tussen hen in staat Bart van der Leck, de man die in navolging van Bremmer door velen in zijn omgeving als een van de belangrijkste levende kunstenaars werd beschouwd. Eveneens prominent op de middenas figureert Mendes da Costa, die volgens Toorop "n prachtige kop' had.[125] Om hen heen zijn *en profil* de gezichten te zien van de contemporaine kunstenaars die tot Bremmers favorieten gerekend kunnen worden, onder wie Charley Toorop zelf en – in de vorm van een buste – haar vader. Tussen en achter deze mensen zijn fragmenten te bespeuren van schilderijen van Vincent van Gogh, Floris Verster en Carel Willink, waardoor oude inspiratiebronnen en nieuwe ontdekkingen samenkwamen.

Toen de *Portretgroep van H. P. Bremmer en zijn vrouw met kunstenaars uit hun tijd* in december 1938 voltooid was, kreeg Helene het werk niet direct te zien, maar ging het eerst op tournee langs een aantal Nederlandse kunsthandels. In het voorjaar vond ze het welletjes. De drukke zomermaanden stonden voor de deur en ze wilde waarschijnlijk zelf nu ook wel eens zien waar ze voor betaald had. Op het verzoek van Toorop om het schilderij in mei in Utrecht en Rotterdam te tonen, liet ze de kunstenares weten dat ze het schilderij tot 20 april elders mocht tentoonstellen, 'maar geen dag langer'.[126] Vanaf september werd de Bremmergroep volgens afspraak weer uitgeleend.

Eén groep bezoekers van het Museum Kröller-Müller verdient nadere aandacht, omdat deze ervoor zorgde dat Helenes groeiende politieke belangstelling opnieuw werd aangewakkerd en haar introduceerde bij een wel heel invloedrijk persoon. Op uitnodiging van Sam bezochten in juni 1939 zo'n twintig vrouwen van het Münchener Rode Kruis het museum.[127] Vermoedelijk kende hij deze dames van de 'Tag der Deutschen Kunst', een nationaalsocialistische kunstmanifestatie in de Beierse hoofdstad, die hij een jaar eerder had bezocht.[128] Deze drie maanden durende tentoonstelling werd sinds 1937 georganiseerd in het door Paul Ludwig Troost ontworpen Haus der Deutschen Kunst, de eerste proeve van monumentale architectuur die onder het naziregime tot stand kwam.[129]

Vergezeld van het gebruikelijke militaire vertoon en toegezwaaid door in Beierse klederdracht gestoken kinderen, deed Hitler hier drie jaar achtereen zijn intrede in de stad om in het Haus der Deutschen Kunst een lofrede te houden op de Duitse cultuur en vervolgens de expositie te openen.[130]

Van Deventer nodigde de Münchener vrouwen uit om ook eens het cultuurgoed in Nederland te bezichtigen. Eind juni werden zij dan ook door hem en Helene ontvangen in het museum, waar zij een uitgebreide rondleiding kregen langs de collectie.[131] 's Middags volgde een lunch in Sint Hubertus, waar Helene haar bezoek welkom heette met 'tiefgreifende Worten, aus deutschem Herzen kommend'. De volgende dagen reisden de vrouwen per bus langs verschillende musea in Rotterdam, Amsterdam en Den Haag, waarna zij weer terugkeerden naar de Veluwe om hun reis af te sluiten met een feestmaal in Sint Hubertus. Bij deze gelegenheid gaf Helene hen een gravure van Albrecht Dürer mee voor de *Gauleiter* van München, Adolf Wagner.[132] Deze staatsminister en SA-topman was blij verrast met die onverwachte attentie en nodigde haar prompt uit om aanwezig te zijn bij de opening van de 'Tag der Deutschen Kunst' op 15 juli.

Ondanks haar zwakke gesteldheid, nam Helene de uitnodiging aan en legde ze de dag voor de festiviteiten de bijna duizend kilometer lange reis af naar München.[133] Daar ontmoette zij Sam, die ook deze keer de kans niet voorbij wilde laten gaan de manifestatie bij te wonen. Bij aankomst werden zij hartelijk verwelkomd door Elsbeth Sperling en een aantal andere 'Kameradinnen', die Nederland bezocht hadden en die haar en Sam nu hun gastvrijheid wilden tonen.[134] Zij regelden goede plaatsen voor beiden en introduceerden hen onder anderen bij Joseph Mayr, de burgemeester van Augsburg en nationaalsocialist van het eerste uur.[135]

Tijdens haar bezoek aan het Haus der Deutschen Kunst moet het Helene opgevallen zijn dat er binnen het nationaalsocialisme maar ruimte was voor één soort kunst. Iets anders dan realistische schilderijen van 'Arische' kunstenaars, die een klassiek schoonheidsideaal of het vaderland verheerlijkten, was er niet te zien. Voor abstractie was geen plaats, laat staan voor schilderijen, waarin de 'Wiesen blau, Himmel Grün, Wolken schwefelgelb' waren.[136] De afgelopen jaren waren impressionisten, kubisten, fauvisten, expressionisten en surrealisten grotendeels uit de Duitse en Oostenrijkse musea verdwenen om verkocht, verborgen of vernietigd te worden.[137] Het is maar de vraag of Helene besefte dat de dagen waarin Duitse kunsthistorici geprobeerd hadden Van Gogh in te lijven als Germaanse kunstenaar voorbij waren en dat inmiddels het leeuwendeel van haar collectie door de nazi's beschouwd werd als *Entartete Kunst*.

Veel tijd om daar over na te denken had zij deze dagen niet. Haar tijd en aandacht gingen op aan het overvolle programma dat voor haar was samengesteld. Bovendien stond haar op zaterdag 15 juli, de openingsavond van het kunstspektakel een imposante ontmoeting te wachten. Die avond namen de dames Helene en Sam mee naar een opvoering van Richard Wagners opera *Tannhäuser* in het Nationaltheater. In dit neoclassicistische operahuis werden zij in de *Führerloge* voorgesteld aan niemand minder dan Adolf Hitler.[138] Een gebeurtenis die Van Deventer de volgende dag 'so reizend [wuszte] zu schildern', aldus het reisjournaal van een van de gastvrouwen. Hoe Helene de kennismaking ervoer, is helaas niet overgeleverd. Zij zal ongetwijfeld vereerd zijn geweest de man te ontmoeten, die Duitsland weer nieuw leven had ingeblazen. Tegelijkertijd zal ze beseft hebben dat dit een ontmoeting was, waaraan zij anno 1939 en als Ridder in de Orde van de Nederlandse Leeuw maar beter niet te veel ruchtbaarheid kon geven in Nederland.

Het vele reizen en het volle programma moeten de zeventigjarige Helene zwaar gevallen zijn, maar dat viel blijkbaar in het niet bij het plezier dat zij die dagen beleefde. Nauwelijks was ze thuis of ze kreeg van Sperling de vraag of zij in september naar de jaarlijkse *Reichsparteitag* in Neurenberg wilde komen.[139] Sinds 1927 had deze stad zich ontwikkeld tot symbolische hoofdstad van de nazi's, waar ieder jaar de partijdag plaatsvond. Na de machtsovername werden de massabijeenkomsten, die plaatsvonden in een imponerende moderne arena, steeds spectaculairder met grootschalige parades en vooral veel praal van vuur en vlaggen.[140] Helene schreef al in 1935 aan een nicht dat zij benieuwd was naar deze partijdagen. Nu werd haar nieuwsgierigheid opnieuw gewekt door Sperlings belofte dat het bijwonen van zo'n dag veel kracht, vreugde, trots en geloof gaf.[141]

Ze stemde daarom snel in met het bezoek, maar benadrukte dat zij en Anton, die haar deze keer zou vergezellen, nu alleen kwamen om te kijken en niet om 'selbst irgendwie Notiz von uns nehmen zu lassen'.[142] Misschien heeft Anton haar na de ontmoeting met Hitler gewaarschuwd dat zowel zij beiden als De Hoge Veluwe wel eens uit de Nederlandse politieke gratie konden vallen door een al te openlijke flirt met het nationaalsocialisme. Tegelijkertijd zag zij ook daadwerkelijk op tegen te veel sociale verplichtingen. Dat blijkt wel uit Sam van Deventers uitdrukkelijke verzoek aan Fraülein Sperling om niet te veel van Helene te vragen; liever één bijeenkomst waar zij ten volle van kon genieten, dan meerdere die haar zouden vermoeien.[143] Tot zijn grote spijt had hij het zelf te druk om naar Neurenberg te komen, maar daar stond tegenover dat hij niet meer overtuigd hoefde te worden.[144] Dat benadrukte hij met een ferm 'Heil Hitler!' aan het einde van zijn brief.

Ook deze keer spaarde Sperling kosten noch moeite om de familie Kröller – Bob zou eveneens meegaan – in een comfortabel hotel onder te brengen en Helene te voorzien van een zitplaats en een auto die haar naar de verschillende locaties zou brengen.[145] Ondanks de vergevorderde voorbereidingen, kreeg Helene eind augustus bericht dat de partijdag was afgelast.[146] De spanningen tussen Duitsland, Polen en diens bondgenoot Groot-Brittannië waren zo hoog opgelopen, dat Hitler zich geen feestdag kon permitteren.[147] Het thema voor de bijeenkomst, die dat jaar van 2 tot 11 september zou plaatsvinden, hielp ook niet mee. Deze kreeg in 1939 namelijk de onsterfelijke titel 'Reichsparteitag des Friedens'. Lastig, aangezien Duitsland een dag voor het geplande gebeuren Polen binnenviel en zodoende in staat van oorlog verkeerde.

De Duitse inval verontrustte zowel Helene als Anton. Beiden waren ontzet toen op 17 september het Russische leger eveneens Polen binnentrok, temeer omdat die manoeuvre een gevolg was van een pact tussen Duitsland en het gevreesde Rusland.[148] Vooral Helene maakte zich grote zorgen over de gevolgen hiervan voor Duitsland en de toenemende dreiging voor Nederland, wat een direct gevaar betekende voor haar museum en het park.[149] Hoe Duitsgezind beiden ook waren, een oorlog juichten zij niet toe. Hen stond nog helder voor ogen hoe zwaar de vorige oorlogsjaren en hun nasleep waren geweest, zelfs voor het neutrale Nederland. Zo maakte Anton zijn goede vriend graaf Von Zech, de Duitse gezant in Den Haag, onomwonden duidelijk dat deze altijd welkom was in Hoenderloo, 'zo lang hij uit het Westen kwam'.[150] Vanuit zijn Haagse functie dus en niet namens Duitsland.

Anton wilde er alles aan doen om te voorkomen dat Engeland en Frankrijk zich in het conflict mengden en de geschiedenis zich zou herhalen.[151] Toen hij in het najaar van 1939 door het ministerie van Buitenlandse Zaken werd gevraagd om de oorlogsdreiging te bespreken met de Zweedse industrieel Birger Dahlerus, stemde hij onmiddellijk in. Net als Anton was Dahlerus behalve zakenman ook dilettant-diplomaat. Hij was goed bevriend met een van de meest invloedrijke politici van het nationaalsocialisme, Hermann Göring, en had vanuit die positie maandenlang geprobeerd de Duitse oorlogsverklaring aan Polen te voorkomen, omdat die onvermijdelijk de toorn van Engeland zou wekken.[152] Toen Dahlerus daar niet in slaagde, zocht hij contact met Nederland en kwam al snel uit bij Anton. Beide heren waren politiek ongebonden en konden daardoor op persoonlijke titel overleggen met de betrokken politici.

Vanaf oktober zonden zij elkaar talloze telegrammen en brieven, waaronder een complete nota die als uitgangspunt moest dienen bij de besprekingen tussen Engeland, Frankrijk en Duitsland. Optimistisch als hij was, stelde Anton niet alleen alvast Nederland voor als het land waar de topconferentie kon plaatsvinden, maar bood hij ook Sint Hubertus aan als locatie waar de regeringsleiders elkaar zouden treffen. De aanslag begin november op Hitlers leven, die de internationale betrekkingen nog verder onder druk zette, ontmoedigde de mannen niet. Hun samenwerking bleef intensief en nam soms zelfs wendingen, die in een oorlogsroman niet zouden misstaan. Zo kon het gebeuren dat Anton, zevenenzeventig jaar oud, op een druilerige novemberavond door de grenspolitie werd opgepakt. Bij de grensovergang in de buurt van Emmerich stond hij op Dahlerus te wachten, met wie hij een bespreking zou hebben. Enige consequentie had zijn arrestatie niet. De naam Anton Kröller was voldoende om snel weer op vrije voeten te zijn, waarna hij zijn werk met Dahlerus kon hervatten. Het behoeft geen toelichting dat zij ondanks hun verwoede pogingen er niet in zouden slagen de vrede te bewaren.

Helene kreeg weinig mee van het avontuur van haar man. Zij verbleef half november 1939 opnieuw twee weken in het Diaconessenziekenhuis in Arnhem.[153] Haar gezondheid was niet buitengewoon slecht, maar ze was zwak en Anton wilde liever dat zij tijdens zijn afwezigheid in capabele handen was.[154] Blijkbaar had hij niet genoeg vertrouwen in de verpleegster die Helene in Sint Hubertus dag en nacht ter beschikking stond. Dat zegt meer over zijn zorgen dan over de conditie van zijn vrouw. Tijdens Helenes verblijf in Arnhem was zij namelijk nog in staat zich iedere dag per auto naar Otterlo te laten brengen om daar met Auping over het beheer van het museum te overleggen. Ze stapte bij aankomst niet uit, maar bleef in de auto zitten, waar haar assistent bij haar plaatsnam en haar over de gang van zaken vertelde.

Begrijpelijkerwijs maakte Helene zich de meeste zorgen over de oorlog. Met het ministerie van OK&W was zij al enkele maanden in overleg over een te bouwen schuilkelder waar alle dertienhonderd schilderijen in ondergebracht konden worden, mocht de situatie in Nederland daarom vragen.[155] Ook wilde zij beschermingstekens op het dak van Sint Hubertus laten aanbrengen, zodat vanuit de lucht zichtbaar zou zijn dat dit cultureel erfgoed was.[156] Ondanks het dreigende gevaar was Helene volgens Auping altijd goed geluimd en werd er in de auto niet alleen veel besproken, maar ook veel gelachen.

Na haar thuiskomst uit het ziekenhuis leek ze weer volledig aangesterkt te zijn. Ze maakte lange wandelingen en zelfs veroorloofde zij zichzelf om tegen haar gewoonte in, af en toe laat naar bed te gaan. Dat was blijkbaar toch meer dan ze aankon, want begin december werd ze verkouden en kreeg ze al snel griep. Volgens de arts was dat niets om zich zorgen over te maken. Met een paar dagen bedrust zou ze zich vanzelf beter voelen. Inderdaad leek het toen beter te gaan. Op een zondagmiddag probeerde Helene even op te staan.[157] De verpleegster kleedde haar netjes aan, omdat Sam op bezoek kwam en ze er zoals altijd verzorgd uit wilde zien. Ze was zo verzwakt dat het ritueel eindeloos duurde. Ten slotte schuifelde ze ondersteund door de verpleegster en haar kamenier de zitkamer binnen. Toen ze eenmaal bij de bank was gekomen en zich daar langzaam op had laten neerzakken, kon ze haar tranen niet meer bedwingen. Met gebroken stem vroeg ze de verpleegster haar weer terug naar haar bed te brengen. De volgende dag, op maandag 11 december verloor ze plotseling het bewustzijn.

Pas twee dagen later ontwaakte Helene uit haar bewusteloosheid. Onmiddellijk werd Sam uit het museum geroepen om zich bij Anton en Bob te voegen, die aan het ziekbed zaten.[158] Helene herkende hen en maakte – op fluistertoon weliswaar – met alle drie een praatje. Tot opluchting van de mannen slaagde ze er zelfs in om weer wat te eten. Toch was ze er zelf niet gerust op. Aan Sam vroeg zij: 'Waar ga ik heen?', waarop hij haar antwoordde: 'U gaat nergens heen Mevrouwtje, u blijft bij ons op Sint Hubertus.'[159] Die nacht, in de vroege uren van donderdag 14 december, overleed zij, zeventig jaar oud.

Ondanks zijn verdriet had Anton er vrede mee dat zijn vrouw eerder was gestorven dan hij. De laatste maanden had hij intensief voor haar gezorgd, wat hen nader tot elkaar had gebracht en waarin beiden troost vonden. Al die tijd had hij zich afgevraagd wat er zou gebeuren als hij niet langer in staat zou zijn haar te verzorgen. Nu zij was overleden, was hij gerustgesteld door het idee dat haar het lot bespaard was gebleven kwetsbaar en alleen achter te blijven 'in een wereld, die hopeloos verward uit den oorlog zoude komen, met problemen, aan wier oplossing zij niet zoude kunnen medewerken'.[160]

De eerste avond na haar overlijden kreeg Helenes kist een plek in de hal van het jachthuis, overdekt met een zwart kleed en omgeven door den-

Helenes kist opgesteld voor *Vier uitgebloeide zonnenbloemen* van Van Gogh, 'met den blik' op *Venus en Amor* van Hans Baldung Grien (niet afgebeeld).

nentakken, seringen en cyclamen.[161] De volgende dag bracht een rouwauto haar naar het museum. Anton, Sam, Bob en de verpleegster volgden te voet, Wim en Helene jr. sloten zich later bij hen aan. Aangekomen plaatsten zij de baar tussen Van Goghs *Vier uitgebloeide zonnebloemen* en *Venus en Amor* van Hans Baldung Grien, waardoor Helene zich nog enkele uren bevond te midden van wat zij ervaren had als de aankondiging en de culminatie van moderne kunst.[162] Het park werd gesloten voor bezoekers, alleen familieleden kregen toegang om afscheid te nemen.

Een etmaal later verliet de kist het museum weer. Op een zwartgeschilderde Veluwse boerenwagen, getrokken door twee paarden, werd zij door de bossen en de heide van de Hoge Veluwe naar de voet van de Franse Berg gebracht. Daar bevond zich een kleine open plek, aan drie zijden omringd door bomen en met uitzicht op de prachtige uitgestrekte vlakte waar Helene ooit haar majestueuze museum had willen bouwen.[163] De ceremonie vond op haar uitdrukkelijke verzoek in alle stilte plaats, zonder officiële plichtplegingen. Behalve Anton, hun kinderen en kleinkinderen waren alleen Sam van Deventer en een aantal personeelsleden van Sint Hubertus en De Harscamp aanwezig.

Op de grafsteen was de tekst te lezen die zij zelf had gekozen. De woorden beschreven het ideaal waar zij haar leven lang naar had gestreefd, maar waarnaar zij zich zich nooit helemaal had kunnen voegen:

'Ik geloof aan het volmaakte van al het gebeuren.'[164]

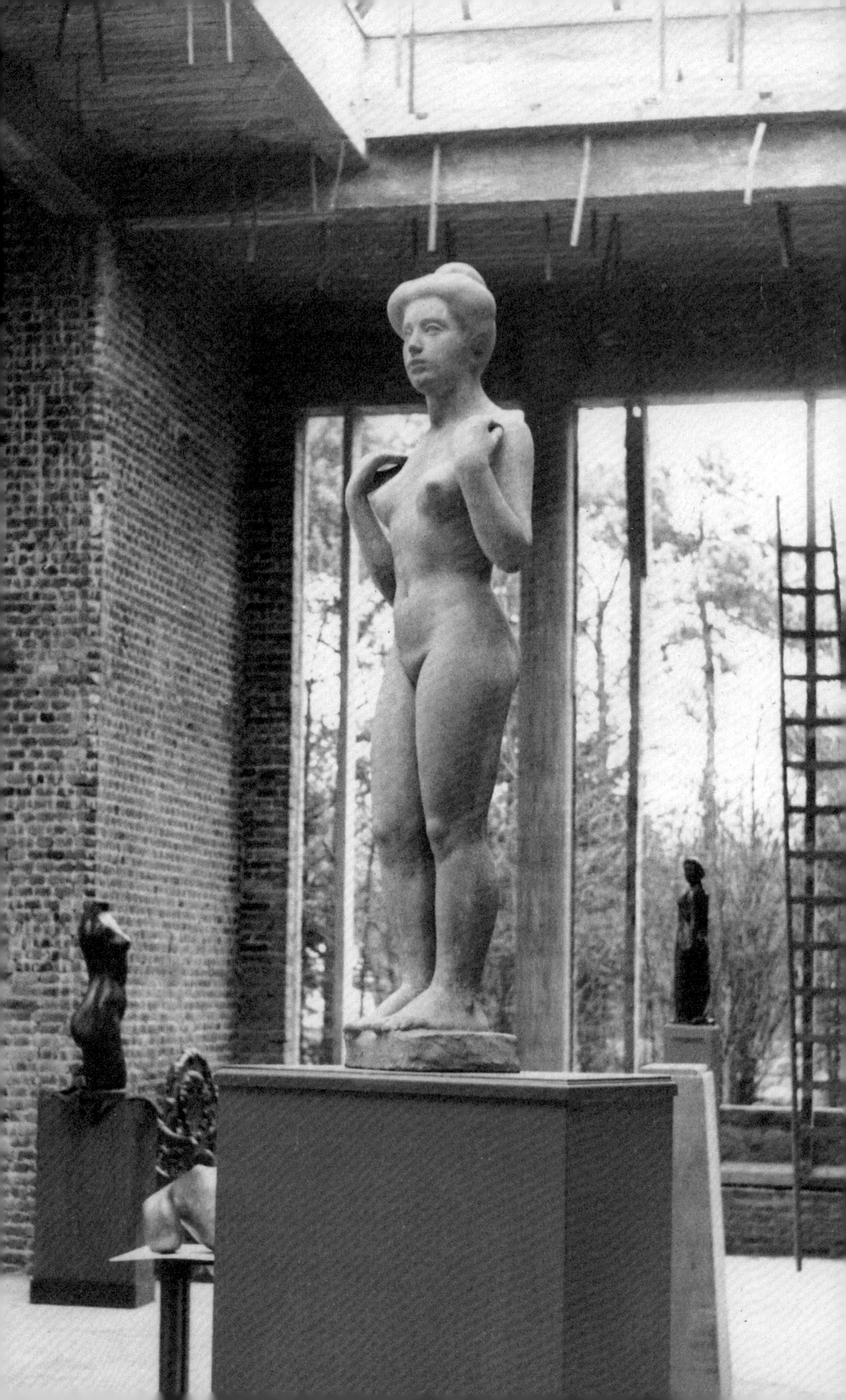

Epiloog

Met het overlijden van Helene Kröller-Müller kwam de voorgeschiedenis van het museum tot een eind. Vanaf dat moment begon het eerste en meteen het meest omstreden hoofdstuk. Sam van Deventer volgde Helene op als voorzitter van de Kröller-Müller Stichting en nam – aanvankelijk officieus – haar taken over als directeur van het museum.[1] Toen enkele maanden later Duitse troepen Nederland binnentrokken, lag de bijna bovenmenselijke taak voor hem om het park, museum en jachthuis ongedeerd door de oorlog te loodsen. Zijn invloedrijke Duitse netwerk, dat hij als mededirecteur van Müller & Co had opgebouwd, kwam hem nu bijzonder goed van pas.

Zelf heeft Van Deventer altijd volgehouden dat zijn samenwerking met de Duitse bezetter ingegeven werd door zijn heilige voornemen het erfgoed van de Kröllers te beschermen.[2] Gezegd moet worden dat hij in zijn missie grotendeels is geslaagd. Zwaarder dan de staat van oorlog, drukte op hem de belofte Helenes gedachtegoed te laten voortleven. Hij was tenslotte de enige mens op aarde die zij daartoe in staat had geacht. Bijna gelukzalig schreef zij ooit over zijn ontvankelijkheid voor haar ideeën: 'ik ben [...] dankbaar dat alles in zulk goede aarde viel! Zoo leeft men voort. Dat is altijd mijn levensideaal geweest: geestelijk niet dood te zijn.'[3]

De eerste met wie Van Deventer na de Duitse inval contact opnam, was graaf Von Zech-Burkersroda, sinds 1928 de Duitse gezant in Den Haag. Von Zech kon echter weinig doen. Hij stond erom bekend Nederland een warm hart toe te dragen en geen uitgesproken sympathie te koesteren voor het nationaalsocialistische regime.[4] Binnen een maand na de inval werd hij dan ook met vervroegd pensioen gestuurd.

Wel wist Von Zech ervoor te zorgen dat Van Deventer geïntroduceerd

Inrichting van Van de Veldes beeldenzaal. Op de voorgrond Maillols *Baigneuse aux bras relevés* (1900).

werd bij Alexander von Falkenhausen, in de eerste dagen van de bezetting de hoogste bevelhebber in Nederland.[5] Kennelijk verliep de introductie succesvol. Binnen afzienbare tijd werd de Hoge Veluwe voorzien van het predicaat *Naturschutzpark*, wat inhield dat er geen colonnes doorheen mochten rijden, het niet bezet mocht worden, en het verboden was het park als oefenterrein te gebruiken. Ook met de opvolger van Von Falkenhausen, de gehate rijkscommissaris Arthur Seyss-Inquart en de militaire opperbevelhebber Friedrich Christiansen zocht hij contact.[6] Beiden lieten hem weten dat het park op hun bescherming kon rekenen. Volgens Van Deventer kon hij in februari 1944 met een enkel briefje aan *Hauptmann* Heinisch, de secondant van Seyss-Inquart, voorkomen dat NSB-leider Anton Mussert zijn intrek zou nemen in Sint Hubertus.[7] Door hem te weren, boekte hij dubbele winst. Niet alleen verkleinde hij de kans dat het jachthuis door de geallieerden gebombardeerd zou worden, hij zette daarmee tevens de door hem verafschuwde NSB een hak.[8]

Al sinds het begin van de oorlog hadden hij en Anton naar eigen zeggen geen enkel vertrouwen in de NSB, waarvan de leden steeds meer sleutelfuncties bekleedden.[9] Niettemin was een goede verstandhouding tussen de Stichting het Nationale Park de Hoge Veluwe en het ministerie van Financiën van groot belang, ook toen de fervente NSB'er Meinoud Rost van Tonningen in 1941 aantrad als nieuwe secretaris-generaal van dit departement. Van Deventer permitteerde zich dan ook geen morele bezwaren en concludeerde nuchter: 'wij hadden een taak en moesten [...] trachten tot zekere regelingen te komen'.[10] Minstens zo pragmatisch was zijn houding ten aanzien van het regionale bestuur. Openhartig schreef hij later over de goede verstandhouding die hij onderhield met de *Kommandantur* van de provincie Gelderland, waardoor de Hoge Veluwe ook op lokaal niveau beschermd was tegen beslaglegging.

Om het park te beschermen en Sint Hubertus uit handen van Mussert te houden, was er echter meer nodig geweest dan het briefje aan Heinisch of de amicale contacten met de plaatselijke *Kommandantur*. Seyss-Inquart speelde het verzoek om bescherming van de Veluwe door aan W. F. Wickel, hoofd van de afdeling *Sonderfragen* van het departement voor Bijzondere Aangelegenheden in Den Haag. Deze verstrekte de gewenste bescherming, maar stelde daar als eis tegenover dat Van Deventer als stroman fungeerde voor de Duitse uitgeverij Mundus, die in Nederland een dochterbedrijf wenste op te richten.[11] Zodoende werd Van Deventer in 1941 medeoprichter van uitgeverij Oceanus, op papier een Nederlandse onderneming die tijdens de oorlog fungeerde als propagandamachine voor het Duitse nationaalsocialisme en die in werkelijkheid gefinancierd werd door Mundus. Zelf zou Van Deventer altijd volhouden dat hij gedwongen was tot dit commissariaat om zo de Hoge Veluwe te beschermen en dat er geen ideologische drijfveer aan ten grondslag lag.

Om continu aanwezig te kunnen zijn op de Veluwe, verhuisde Van Deventer van zijn appartement aan de Rotterdamse Westerkade naar een van de Krophollerhuisjes in het Nationale Park, en later naar het jachthuis Sint Hubertus. Daarnaast huurde hij een kantoor in Den Haag, zodat hij 'in persoonlijk contact met de in aanmerking komende autoriteiten' kon blijven.[12] Op 20 juli 1940 sloot Van Deventer het museum voor het publiek, liet de kunstwerken van de muur halen om ze vervolgens in te pakken en op te bergen. Met hulp van een ingenieur van het Duitse leger kon hij versneld een schuilkelder in het park bouwen, waar de collectie van het museum en zijn eigen verzameling in werden ondergebracht.

Op het dak van Sint Hubertus – met de vijfendertig meter hoge toren een uitnodigende schietschijf – liet hij een witte cirkel tegen een blauwe achtergrond schilderen, om daarmee aan te geven dat dit cultureel erfgoed was.[13] Later zou blijken dat het teken geen enkele officiële status had, maar het jachthuis zou hoe dan ook nauwelijks beschadigd worden door het oorlogsgeweld. Wel werd het noordelijke deel van het park twee keer getroffen door een verkeerd afgeworpen bom en een andere keer door een neerstortende Engelse bommenwerper. Al met al waren dat wonderbaarlijk weinig incidenten, zeker omdat de Duitsers direct na de bezetting de aangrenzende vliegbasis Deelen tot op het grondgebied van de Hoge Veluwe uitbreidden en de nabijgelegen legerplaats Harskamp in gebruik namen. Daardoor werd het park in feite een buitengewoon strategisch doelwit.

Van Deventer wist zich in zijn beheer van de Hoge Veluwe en het museum volledig gesteund door Anton. Bij het uitbreken van de oorlog was deze bijna tachtig jaar oud, maar hij nam nog actief deel aan de bestuursvergaderingen en reisde geregeld heen en weer tussen Hoenderloo en Den Haag om contact te onderhouden met ambtenaren en politici die invloed hadden op het park. Niettemin was Anton zich ervan bewust dat zijn krachten eindig waren. Hij vertrouwde op Van Deventer als degene die het geestelijk erfgoed van zijn vrouw tegen iedere prijs zou beschermen: 'Al mijn hoop voor het verder bestaan van het Nationale Park – het juweel, dat ons als een levenstaak is nagelaten door onze dierbare overledene – is gevestigd op Sams medewerking en leiding,' zoals hij in 1941 aan Sams vriendin Mary Lehnkering schreef.[14]

Onmiddellijk na de capitulatie van Nederland, probeerden Anton en Sam de nieuwe politieke realiteit zo naar hun hand te zetten dat het museum en park de oorlog niet alleen zouden doorstaan, maar bij voorkeur zelfs versterkt en verbeterd uit de strijd zouden komen. Begin augustus 1940 stelden zij een Duitse tekst op, waarin zij namens de Kröller-Müller Stichting beargumenteerden dat het Nationale Park rijkseigendom was en het daarom vreemd was dat de stichting nog altijd de hypotheek betaalde van een landgoed dat niet haar bezit was, maar dat van het Rijk.[15] Zeker nu uit de bezoekersaantallen bleek dat het park bestaansrecht had, was de tijd aangebroken daarvan de consequenties onder ogen te gezien. Kort gezegd kwam dat er volgens Anton en Sam op neer dat de Staat de hypothecaire lening diende kwijt te schelden en de exploitatiekosten van het museum geheel voor zijn rekening moest nemen.

Het directe beheer wilden zij echter in eigen handen houden. De Kröller-Müller Stichting leek het namelijk wenselijker dat een stichting (zijzelf dus) die taak op zich nam, om te garanderen dat het gedachtegoed van de grondleggers in ere werd gehouden. Of dat nog niet genoeg was, drongen Anton en Sam erop aan dat voorbereidingen werden getroffen voor de uitbreiding van het museum. Nu de geschiedenis het idee van het grote museum had ingehaald, drongen zij erop aan dan tenminste zo spoedig mogelijk het overgangsmuseum geschikt te maken als permanent onderkomen van de collectie, 'ook met oog op de leeftijd van Prof. van de Velde'.[16]

Hoewel dit wensenlijstje onrealistisch aandoet, zeker gezien de instabiliteit van de jonge oorlogseconomie, zouden Anton en Sam het Duitse bewind niet alleen een heel eind mee krijgen, maar ging uiteindelijk zelfs de bouw van het grote museum weer tot de mogelijkheden behoren. Beiden waren zakenman genoeg om te weten hoe hun kansen ervoor stonden en deden niets anders dan het ijzer smeden toen het heet was. Zo lieten zij niet na te benadrukken dat na de Duitse inval achthonderd hectare van Nationale Park was gevorderd voor de vergroting van vliegveld Deelen en dat daar wel wat tegenover mocht staan. Maar daarnaast hadden zij een nog veel belangrijker troef in handen: de collectie.

De tekst die zij schreven, was namelijk niet de eerste zet in het spel dat met de Hoge Veluwe gespeeld zou worden. Al in juni of juli van 1940 werd Van Deventer benaderd door Kajetan Mühlmann, de kunsthistoricus en SS-topman die namens Hitler en Göring Europese musea en verzamelaars al dan niet tegen betaling dwong tot het afstaan van kunstwerken.[17] Göring had zijn zinnen gezet op drie oude meesters uit de collectie: *Venus en Amor als honingdief* van Lucas Cranach de Oude, *Venus en*

Amor van Hans Baldung Grien en het dubbelzijdige schilderij van Barthel Bruyn de Oude. Vooral het schilderij van Baldung Grien moest 'unter alle Umstände erworben' worden.[18] Aanvankelijk was Görings plan om alle drie de schilderijen zelf te houden, maar toen Hitler hiervan hoorde, verordonneerde hij dat de Cranach en Bruyn werden aangekocht voor het geplande *Führermuseum* in Linz.[19]

Ondanks het persoonlijk contact met Arthur Seyss-Inquart, *Generalkommissar* Fritz Schmidt en de Duitse toezichthouder op de Nederlandse Bank Helmut Wohltat, samen toch het hoogste gezag in het bezette Nederland, stonden Anton en Sam machteloos tegenover Görings stroman Mühlmann. Verzet was volgens hen zinloos en zou slechts de positie van het museum en het park in gevaar brengen. Het werk van Van Gogh werd in Duitsland per slot van rekening als *entartet* beschouwd.[20] Er was maar weinig onwelwillendheid nodig om al zijn schilderijen uit het museum te laten verwijderen. Zowel Schmidt als Wohltat gaf hen daarom dezelfde raad: 'to make the best of a bad job'.[21]

Volgens Van Deventer was het Anton die het idee opperde om door middel van een ruil dan maar zoveel mogelijk uit de situatie te halen. De tekst die zij in augustus opstelden, was dan ook een eerste beschrijving van de genoegdoening die zij verwachtten. Uiteindelijk vroegen zij Mühlmann behalve compensatie van de drie schilderijen, om absolute bescherming van de Hoge Veluwe, bekostiging van de bouw van het grote museum en de garantie dat er verder geen kunst meer in beslag zou worden genomen.[22] Achter de schermen hielp de bevriende Duitse drieeenheid Seyss, Schmidt en Wohltat mee om Mühlmann tot deze toezeggingen te brengen.

Vervolgens werden de drie schilderijen getaxeerd door Mühlmanns rechterhand, de stokdove kunstkenner Eduard Plietzsch en door Dirk Hannema, directeur van het Museum Boijmans en lid van de commissie van bijstand van het Rijksmuseum Kröller-Müller.[23] Beide heren werden het eens over het bedrag van zeshonderdduizend gulden, waarbij de voorwaarde werd gesteld dat dit bedrag door Duitsland en niet door de Nederlandse schatkist werd betaald (wat overigens toch gebeurde).[24] Op 23 oktober 1940 werden de Venussen en Vanitas uit de schuilkelder gehaald en onder militaire begeleiding naar het gebouw van het voormalige Duitse gezantschap in Den Haag gebracht.[25] Naar eigen zeggen deed Van Deventer met grote moeite afstand van drie werken die voor Helene zo'n bijzondere plek hadden ingenomen binnen haar collectie. Schijnbaar onbewogen noteerde hij in *De Taak*: 'De drie schilderijen werden weggehaald, de 6 ton gedeponeerd, wij konden met kopen beginnen.'[26]

Het geld werd inderdaad gestort in een fonds, maar helemaal vrij om te kopen was de Kröller-Müller Stichting niet, want iedere koop moest goedgekeurd worden door Seyss-Inquart. Niettemin werd de gehavende collectie verrijkt met een aantal interessante werken, die goed aansloten bij de bestaande verzameling.[27] Dat was vooral te danken aan Bremmer, die eveneens zitting had in de commissie van bijstand en wiens oordeel volgens Helenes wensen nog steeds leidend was.

Het eerste schilderij dat gefinancierd werd uit het zogenaamde 'zes ton fonds' was *Portret van een man* (1860) van Edouard Manet, dat in februari 1941 werd gekocht.[28] Daarna volgde tot 1944 een interessante reeks bestaande uit onder meer een Corot, een bloemstilleven van Fantin-Latour, een Degas, twee Gauguins, diverse Van Goghs en zelfs een Cézanne, waarmee dit hiaat in de verzameling enigszins werd opgevuld (kleurafb. 48). Bremmer hield vast aan de zwaartepunten die zijn verzamelbeleid van oudsher kenmerkten, waardoor naast deze internationale kunstenaars, ook schilderijen van Jan Toorop en van typische Bremmer-kunstenaars aan de collectie werden toegevoegd. Op zijn advies kwam zo voor het eerst in jaren weer nieuw werk van onder anderen Henri van Daalhoff en Suze Robertson in de collectie, evenals een zelfportret van Charley Toorop en drie beelden van John Rädecker. Daarnaast bleek het fonds een uitstekende bron waarmee de circa driehonderd meubels, sommige van de hand van Berlage en Van de Velde, die in het museum stonden en die nog eigendom waren van de Kröller-Müller Stichting, voor het museum konden worden aangekocht. Op die manier maakte de stichting inderdaad van de nood een deugd, hoewel ook zij besefte dat dit alles niet opwoog tegen de unieke plek die de oude werken in de verzameling hadden ingenomen.

Na de oorlog, in november 1945, keerden de schilderijen weer terug naar Nederland.[29] Aanvankelijk werden ze door het Bureau Herstelbetalings- en Recuperatiegoederen aan het museum bruikleen gegeven, in 1952 kwamen ze in bezit van het ministerie van OK&W en kregen ze hun vaste plek terug in de collectie.

Hoewel minder geruchtmakend dan de schilderijenaffaire, bracht de oorlog nog meer veranderingen met zich mee voor het park en het museum. Zo vond er een flinke afslanking van het parkbestuur plaats, werd er begonnen met de uitbreiding van het overgangsmuseum en kwam het museum geheel in handen van de overheid. Anton zou dat echter niet meer meemaken. Hij stierf op 5 december 1941 aan een hartaanval, zittend voor de open haard van zijn kamer in Sint Hubertus. Waarschijnlijk was het dezelfde open haard waarin hij korte tijd daarvoor zijn archief had verbrand.[30]

De dag voor zijn overlijden benoemde hij Bob, de enige van zijn kinderen met wie hij nog goed contact had, tot executeur testamentair.[31] Ondanks, of misschien juist dankzij, Bobs overmatige drankgebruik had deze genoeg zelfkennis om te beseffen dat Sam van Deventer de ware beschermer was van het erfgoed van zijn ouders. Buiten medeweten van Wim en Helene jr. pleegde Bob dan ook intensief overleg met de 'aangenomen zoon' zoals hij hem betitelde.[32] Van Deventer op zijn beurt wist maar al te goed dat zijn bemoeienis met de erfenis alleen maar tot moeilijkheden kon leiden en vroeg daarom directieassistent Willy Auping om de jongste zoon van de Kröllers terzijde te staan.[33] Samen inventariseerden zij de materiële nalatenschap en verdeelde deze over de overgebleven kinderen, kleinkinderen en de Kröller-Müller Stichting. Bij twijfel over het rechtmatig eigendom van de vele meubels, boeken en kunstwerken die zijn ouders achterlieten, liet Bob ze toekomen aan de Kröller-Müller Stichting en niet aan zichzelf of aan zijn broer en zus.

Van Deventers broederlijke zorg voor Bob was niet overbodig. Formeel was de jongste zoon van de Kröllers nog in dienst van Müller & Co, maar bijzonder succesvol was hij niet. Al sinds de jaren dertig werd hij door het bedrijf gedoogd op een nietszeggende positie. Na Antons overlijden bleef hij nog enkele jaren aan, maar zijn prestaties waren zo abominabel, dat men hem in 1948 op eenenvijftigjarige leeftijd ontsloeg. Ondanks zijn algehele gebrek aan zakelijke capaciteiten kon hij rekenen op een forse uitkering van vijfhonderd gulden per maand, die echter 'uitsluitend [berustten] op de sentimentsoverwegingen tegenover wijlen Dr. A.G. Kröller'.[34] Bob overleed in 1954, zevenenvijftig jaar oud, ruim een jaar later gevolgd door Thylla van de Velde – de dochter van de architect – met wie hij in 1941 was getrouwd.

Van enige politieke voorkeur, laat staan activiteit, had Bob nooit blijk gegeven.[35] Hij werd na de oorlog wel opgepakt en verhoord, maar al snel weer op vrije voeten gesteld. Zo afzijdig als hij zich hield van de oorlog, zo betrokken waren Wim en Helene jr., zij het op diametraal tegengestelde manieren. Wim was al sinds 1933 lid van de NSB.[36] Begin 1940 had hij het geschopt tot kringleider in Rotterdam. Op last van Henri Winkelman, de Nederlandse opperbevelhebber van de Land- en Zeemacht, werd hij samen met een aantal andere NSB'ers op 3 mei opgepakt en geïnterneerd, omdat 'hun gedragingen ten opzichten van den Nederlandschen Staat als gevaarlijk [werden] beschouwd'.[37] Samen met Rost van Tonningen, toen nog Tweede Kamerlid voor de NSB en een groep van twintig anderen werd hij via het Zuid-Hollandse Ooltgensplaat naar een kampement in Noord-Frankrijk gebracht. Door de oorlog veranderde hun status al snel van staatsgevaarlijk in staatsvriendelijk en konden zij eind mei met hulp van Duitse soldaten terugkeren naar Nederland.

Dankzij dit avontuur klom Wim nog verder op binnen de NSB. In augustus 1940 volgde zijn benoeming tot districtleider van Rotterdam, de hoogste lokale positie binnen de partij.[38] Een jaar later verruilde hij deze functie voor het leiderschap van het Zeevaartfront, een organisatie binnen de NSB die tot doel had de Nederlandse zeevaart te reorganiseren op basis van nationaalsocialistische beginselen.[39] Verder was hij nauw betrokken bij de in 1942 opgerichte nv Nederlandsche Oost Compagnie, een geesteskind van Rost van Tonningen, die grote exploitatiemogelijkheden zag in de op Rusland gewonnen Baltische staten.[40] Zodoende bracht Wim enige tijd door in Oekraïne, waar hij de export van landbouwproducten naar Nederland coördineerde. Als beloning voor zijn trouwe dienst werd hij op 1 februari 1944 door Mussert onderscheiden met de rang van 'Drost'.[41]

Dit alles tot genoegen van zijn vrouw Else Kröller-Schäfer, die zelf ook actief was binnen de NSB. Zij richtte de Frontzorg op, een organisatie die Nederlandse vrijwilligers ronselde voor het Duitse leger.[42] Na de oorlog werden beiden gearresteerd, veroordeeld en onder curatele gesteld.[43] Else hoorde drie jaar tegen zich eisen, Wim kreeg een geldboete en een gevangenisstraf van zes jaar opgelegd.[44] Na zijn vervroegde vrijlating in mei 1949 verwierf hij weer een directeursfunctie in de Rotterdamse haven. Hij was achtentachtig toen hij in 1980 in Scheveningen overleed.

De activiteiten van Wim en zijn echtgenote wekten de afschuw van zijn zus Helene jr. en haar kinderen. In een brief aan haar moeder schreef Hildegard: 'Oom Wim zit dus in Oekraïne de koeien te melken [...]. Ik hoop dat de Wateren van de Wolga hem zullen verzwelgen.'[45] Ook was ze blij dat 'Grootmama' dit niet meer hoefde te maken, want 'met dit nieuwe Rijk had zij zich toch ook niet kunnen vereenigen!'[46] Voor Helene jr. zelf waren de oorlogsjaren bijzonder zwaar. Enkele dagen na de bezetting kreeg haar man Paul Brückmann een beroerte tijdens een etentje bij een kennis in Den Haag.[47] Hij overleed een week later in het Bronovo Ziekenhuis, tot groot verdriet van zijn zes kinderen en radeloosheid van Helene jr. die met hem haar grote liefde verloor.

Vlak voor het uitbreken van de oorlog was het gezin Brückmann van de Haagse Van Oldenbarneveldtlaan naar Het Klaverblad in Harskamp verhuisd, dat nog altijd familiebezit was. Het boerderijtje met het rieten dak brandde in 1941 echter deels af, waarbij behalve veel huisraad ook twee schilderijen van Mondriaan in vlammen opgingen.[48] Terwijl de boerderij herbouwd werd, woonde Helene jr. zolang met haar nog thuiswonende kinderen in Otterlo. Maar zodra Het Klaverblad weer bewoonbaar was, werd het door de Duitsers gevorderd en was zij gedwongen om met haar gezin naar Ede te verhuizen, om pas na de oorlog weer naar Harskamp terug te keren.

Ondanks haar huwelijk met een Duitser en de afkomst van haar moeder was Helene Brückmann allesbehalve Duitsgezind. Haar afkeer vertaalde zich onder meer in haar hulp aan diverse joodse onderduikers, die zij met gevaar voor eigen leven en dat van haar kinderen in huis opnam.[49] Zij kon maar kort van de bevrijding genieten. In oktober 1947 overleed zij in het Arnhemse gemeenteziekenhuis aan de gevolgen van een maagkwaal.

Na de dood van Anton en Helene veranderden de familieverhoudingen weinig. Wim en Helene jr. waren en bleven gebrouilleerd. Zij lieten hun jongste broer de erfenis afhandelen, wat uiteraard niet zonder onderlinge aanvaringen verliep. Met kunst- en vliegwerk volbracht Bob zijn opdracht als executeur testamentair. Het moet een opluchting voor hem zijn geweest dat Sam van Deventer de taak naar zich toetrok om het levenswerk van zijn ouders voort te zetten. Tijdens hun leven was het in feite nooit anders geweest.

Wat Van Deventer zelf als een van zijn belangrijkste wapenfeiten in deze jaren beschouwde, was de toezegging van de ministeries van Cultuurbescherming en van Financiën van maar liefst een miljoen gulden ter compensatie van geleden schade en gevorderde grond.[50] Over vier ton kreeg de Kröller-Müller Stichting direct beschikking in de vorm van een renteloze lening, die bij de bestaande hypotheek werd opgeteld. De overige zes ton was een uitkoopsom. Tot dat moment was de stichting namelijk grotendeels eigenaresse geweest van het overgangsmuseum. Door dit deel te verkopen, kwam het gebouw geheel in het bezit van de staat.

Tegenover dit miljoen – waarvan uiteindelijk maar een ton werd uitgekeerd – stond de voorwaarde dat het parkbestuur uitgedund moest worden.[51] Dat was overigens een onderwerp dat Sam en Anton in hun tekst van 1940 zelf aangedragen hadden. Geen wonder dat met gezwinde spoed hieraan gevolg werd gegeven. Een maand nadat deze voorwaarde was geformuleerd, liet Van Deventer de statuten wijzigen en werd bijna het voltallige achtentwintig leden tellende college ontbonden.[52] In het nieuwe bestuur namen hijzelf en rentmeester Hendrik Jeekel zitting als afgevaardigden van de Kröller-Müller Stichting en jonkheer Snouck Hurgronje als afgevaardigde van het ministerie van Opvoeding, Wetenschap en Cultuurbescherming (die al sinds 1928 lid was van de Kröller-Müller Stichting). Als vierde lid trad de plaatsvervangend secretaris-generaal van Financiën Frederic Rambonnet op. Deze zou welwillender dan zijn voorganger Jacob Bakker staan tegenover het idee het park 'te beheeren als een natuurreservaat en recreatieoord [...] en niet als object van geldbelegging, dat in de eerste plaats bestemd is zijn rente op te brengen'.[53]

Hoe ideëel dat ook klinkt, deze vervanging lijkt vooral een manier te zijn geweest om de linkse Bakker van zijn plek te krijgen. Hij was sinds 1935 afgevaardigde van het ministerie van Financiën in de stichting, waar hij zich vooral had ontpopt tot een groot voorstander van een meer rendabele manier om het park te exploiteren.[54] Zijn pragmatische ideeën om in het midden van de Hoge Veluwe een koffiehuis te bouwen en om de wildstand te verkleinen, druisten echter in tegen de visie van de Kröllers en daarmee ook tegen die van Sam van Deventer. Bovendien weigerde Bakker als beheerder van de NUM-gelden de rente te schrappen van zestienduizend gulden per jaar, die zwaar op de begroting drukte. De verkleining van het bestuur was dan ook een uitgelezen kans om zowel deze luis in de pels als de rentebetalingen kwijt te raken. Dit tot ontsteltenis van Bakker, die na de oorlog met 'oudtestamentische haat' zijn gram bij Van Deventer zou halen.[55]

Zich onbewust van dit naderend onheil, ging Sam van Deventer door met de voltooiing van zijn taak. 'Diep bewogen' zette hij op 19 april 1944 zijn handtekening op de akten die het museum volledig aan de staat deed overgaan, zodat het voortaan als een volwaardig Rijksmuseum gefinancierd zou worden.[56] Ook bleef het zijn missie om het overgangsmuseum uit te breiden. Tijdens de oorlog was ieder gebruik van bouwmaterieel en mankracht dat de strijd niet diende ongeoorloofd en Van Deventer vermoedde terecht dat de prioriteiten in de eerste jaren daarna vooral bij woningbouw en het herstel van de infrastructuur zouden liggen.[57] Om de naoorlogse regering voor een voldongen feit te stellen, wilde hij tenminste al het begin van de nieuwbouw hebben staan.

Na de dood van Anton nam hij daarom contact op met Henry van de Velde. In 1942 maakte deze een eerste ontwerp voor een ruime beeldenzaal in het overgangsmuseum, waarvan twee wanden geheel uit ramen zouden bestaan en zodoende een prachtig uitzicht boden op de omgeving. Verder voorzag hij de aanbouw van vijf extra tentoonstellingsruimtes, twee prentenkabinetten en een aula voorzien van circa 350 zitplaatsen. Smakelijk doet Van Deventer in *De Taak* verslag van de clandestiene bouw, waarmee buiten medeweten van de Duitsers werd begonnen.[58]

Tot september 1944 werden wekelijks per paardenkar stenen uit Utrecht aangeleverd en werkten werklui uit de omgeving heimelijk aan de uitbouw. Met de evacuatie van Arnhem kwam hieraan voorlopig een einde.[59] Op verzoek van het Rode Kruis werd het leegstaande museum ingericht als noodhospitaal. Om extra ruimte te scheppen, bood Van Deventer het jachthuis aan als behuizing voor de verpleegsters en het dienstgebouw werd veranderd in opslagruimte annex kraamafdeling. De eerste kinderen die daar werden geboren, kregen de toepasselijke namen Hubertus en Hubertine. Onder de patiënten bevond zich ook de getalenteerde violist Herman Krebbers, die als jongeman van eenentwintig jaar als patiënt onderdook in het museum om tewerkstelling te ontlopen.[60] Net als Van Deventer herinnerden ook de patiënten en de artsen zich jaren later nog de concerten die hij in die maanden voor hen speelde en die tenminste even verlichting boden tijdens de laatste hongermaanden van de oorlog.

De alom bekende amicale omgang van de Kröller-Müller Stichting met de Duitse bezetter was voor het Nederlandse Militair Gezag reden om het museum en zijn leiding in het voorjaar van 1945 aan een kritisch on-

Het museum na de aanbouw van de beeldenzaal en auditorium (rechts).

derzoek te onderwerpen. Voor Van Deventer brak dan ook een allesbehalve vredige tijd aan, waarin hij niet hoefde te rekenen op dankbaarheid voor het verdedigen van het Nationale Park en de collectie.[61] Direct na de oorlog werd hij door het Militair Gezag ontslagen als directeur van het museum en ontheven uit zijn functie als voorzitter van de twee stichtingen.[62] Onder leiding van Auping, die zijn taken als directeur overnam, werd het museum opnieuw ingericht en op 6 oktober weer opengesteld voor het publiek.[63]

De rol van Sam van Deventer op de Veluwe was daarmee uitgespeeld. Hij werd in mei 1945 onder curatele gesteld en met zijn aanstaande vrouw Mary Lehnkering, haar dochter en hun vijfjarige zoontje Rudi in afzonderlijke kampen nabij Ede geïnterneerd.[64] Zijn gezin werd in december van dat jaar weer vrijgelaten, hijzelf in juli 1946. Een paar maanden later werd hij voorwaardelijk buiten vervolging gesteld toen bleek dat het overbelaste rechercheapparaat ontoereikend was om een diepgravend onderzoek uit te voeren en men hem geen strafbare feiten ten laste kon leggen.[65] Bovendien had zich een tiental getuigen à décharge gemeld, die onder meer verklaarden dat Van Deventer zijn Duitse connecties had gebruikt om mensen voor tewerkstelling of militaire dienst te behoeden en dat hij een aantal onderduikers op de Veluwe als personeel had verborgen.[66] Ook was hij, geheel in de geest van Helene, een kinderhulpactie begonnen, waarmee hij op eigen kosten ondervoede kinderen uit het westen van het land naar de Veluwe had gehaald om aan te sterken.

Van Deventer nam zijn herwonnen vrijheid te baat om een wens te verwezenlijken die hij al sinds 1938 koesterde: vijf dagen nadat bekend werd dat hij niet verder werd vervolgd, trouwde hij met Mary.[67] Een happy end was voor hen echter niet weggelegd, want al in december 1946 werd zijn dossier door het gewezen bestuurslid Jacob Bakker opnieuw onder de aandacht gebracht van het Bijzonder Gerechtshof. Direct na de oorlog had Bakker ervoor gezorgd dat hij als topambtenaar van het ministerie van Financiën het beheer kreeg over het vermogen van Van Deventer en zijn vrouw. Met strenge hand en een paar pesterijtjes – hij verkocht een aantal persoonlijke bezittingen en stelde Van Deventers Veluwse huis met inboedel en al ter beschikking aan een ander gezin – liet hij hem voelen wie er nu de baas was. Kennelijk zat zijn ontslag en de Duitsgezindheid van zijn cliënt hem zo hoog, dat hij niet rustte voordat Van Deventer veroordeeld werd.

Bakker stelde een bezwarend dossier op, waarin hij onder meer (ten onrechte) benadrukte dat Van Deventer lid zou zijn geweest van de NSDAP.[68]

Vervolgens overhandigde hij dit aan zijn minister, die de zaak via het ministerie van Justitie aanhangig maakte bij het Directoraat voor Bijzondere Rechtspleging. Bakker slaagde in zijn opzet, want in 1947 kreeg Van Deventer in een proces van de Zuiveringsraad voor de Uitgeverij een tweejarig verbod opgelegd om een leidende functie uit te oefenen 'in welke tak van bedrijf ook'.[69] Dit vanwege zijn betrokkenheid bij uitgeverij Oceanus.

Een gevangenisstraf bleef uit, maar de Oceanus-affaire was voldoende om de gerechtelijke molen weer in gang te zetten. Een nieuw onderzoek volgde, waarin onder meer de verkoop van de drie oude meesters uit de museumcollectie tegen het licht werd gehouden evenals Van Deventers betrekkingen met het Duitse gezag. Het gevolg was dat in januari 1948 zijn buitenvervolgingstelling alsnog werd ingetrokken en opnieuw een gerechtelijk vooronderzoek werd ingesteld. In juli van dat jaar werd zijn schorsing omgezet in het ontslag uit zijn functie als museumdirecteur. Tot een veroordeling kwam het echter niet. Vanwege een procedurefout moest de rechtbank in Arnhem in september 1950 alsnog van verdere vervolging afzien.[70]

Toch werd Van Deventer zwaar gestraft voor zijn *Deutschfreundlichkeit*. Althans, zo ervoer hij zijn nieuwe status als paria.[71] Op de Hoge Veluwe zag men hem liever gaan dan komen en ook daarbuiten werd hij met de nek aangekeken. Nadat hij in 1956 *Kröller-Müller. Een cultureel levenswerk* publiceerde, gingen er stemmen op hem te rehabiliteren.[72] Daarvan is het echter nooit gekomen. In een poging zijn houding tijdens de oorlog te verklaren, schreef Van Deventer in 1968 *De Taak*. Opvallend is dat hij hierin geen enkel rancuneus woord laat vallen, zelfs niet ten aanzien van Bakker. Maar ook deze publicatie leidde niet tot de gehoopte erkenning.

Niettemin zou Sam van Deventer na zijn dood op 3 maart 1972 vlak bij het echtpaar Kröller-Müller worden bijgezet. Met de verzegelde brief in de hand, waarin Helene in 1911 aan Sam toestemming had gegeven om bij haar en Anton te worden begraven, diende Mary van Deventer een verzoek in bij de Stichting het Nationale Park de Hoge Veluwe om de laatste wens van haar man te vervullen.[73] In eerste instantie voelde het stichtingsbestuur hier weinig voor uit angst 'dat de bijzetting zou kunnen worden gezien als een eerherstel'.[74] Notaris Hemmo Nauta, wiens vader zo veel belangrijke aktes voor de Kröllers had verleden en die zijn plaats in het bestuur had overgenomen, wist de andere leden er echter van te overtuigen dat de stichting zou handelen in de geest van het echtpaar, wanneer Sams urn in hun nabijheid werd begraven. Zodoende bevindt zich op de Franse Berg, in de directe nabijheid van Anton en Helene, een derde graf. Op een kleine steen staan de woorden: 'Getrouw tot in den dood'.

Na het vertrek van Van Deventer verdween de verbindende factor tussen park en museum. Het eerste bleef onder beheer van een stichtingsbestuur, het laatste kwam onder leiding van een autonome directeur, terzijde gestaan door de Kröller-Müller Stichting. Voortaan zouden beide zich steeds meer ontwikkelen tot op zichzelf staande organisaties. Zodoende schoof een van de grondgedachten van de Kröllers, namelijk de dienstbaarheid van de Stichting het Nationale Park de Hoge Veluwe aan de doelstellingen van de Kröller-Müller Stichting, naar de achtergrond.

Latere directeuren van het museum hebben de wensen van Helene Kröller-Müller uit de schenkingsakte van 1935 zoveel mogelijk in ere gehouden, zij het met gepaste eigenzinnigheid. Die eigenzinnigheid heeft voorkomen dat het museum het lot onderging waartoe veel particuliere musea uit de vroege twintigste eeuw gedoemd waren, namelijk te verstarren tot mausolea van hun grondleggers. Hoewel het gedachtegoed van de Kröllers door hun opvolgers gerespecteerd werd, duldden zij Helene niet als een schaduwdirecteur naast zich, zoals bijvoorbeeld in het Isabella Stewart Gardner Museum in Boston of de Wallace Collection in Londen wel het geval is.[75] De vloerkleden, staartklokken, stoelen en servieskasten verdwenen na de oorlog al snel uit de zalen en daarmee vervloog ook het laatste restje negentiende eeuw dat er nog aan kleefde.[76] Het museumhuis werd eindelijk museum.

Na het onverwachte overlijden van Willy Auping in 1947 werd de criticus Bram Hammacher aangesteld, aanvankelijk als conservator en na het definitieve ontslag van Van Deventer in 1948 als directeur.[77] Uit zijn terugblik op de eerste jaren na de oorlog blijkt hoe letterlijk hij en het Rijk Helenes opmerkingen over het toekomstig beleid interpreteerden.[78] In ruil voor de collectie had de overheid in 1935 beloofd om de latere beheerders van het museum te 'gelasten de aan [de schenkingsakte] gehechte nota van Mevrouw Kröller-Müller tot richtsnoer te nemen'.[79] Een richtsnoer dus, geen eis. Destijds was het na het gesprek met Piet Visser van OK&W al tot Helene doorgedrongen dat haar nota slechts de vertolking van haar wensen was en geen harde voorwaarde tot schenking kon zijn.[80]

De Kröller-Müller Stichting liet Hammacher niettemin een verklaring ondertekenen, waarin hij beloofde Helenes nota als uitgangspunt voor zijn beleid te nemen.[81] Bovendien hield Bremmer als invloedrijk lid van de commissie van bijstand nieuwe verwervingen met een haviksoog in de gaten. Daardoor werd de richtsnoer alsnog een voorschrift, om niet te zeggen een gedragscode die 'elke latere conservator [opsloot] in een frustrerend beleid, dat zich bepaalde tot geëtiketteerde aanvullingen die hij niet meer kon betalen'.[82] Hammacher getrooste zich dan ook grote moeite om de speelruimte te vinden, waarbinnen hij toch nieuwe aankopen kon doen. Uiteindelijk kwam hij tot de oplossing zich niet zozeer te richten op schilderijen, maar op beeldhouwkunst, want daarover werd niet gesproken in de nota.[83]

In het verlengde daarvan waagde hij het Rijk en Stichting het Nationale Park de Hoge Veluwe voor te stellen het museum uit te breiden met een beeldentuin, een plan dat door geen van beide met groot enthousiasme werd ontvangen.[84] Het Rijk vreesde dat een dergelijke uitbreiding in strijd was met de schenkingsakte en het parkbestuur voelde er weinig voor om het grondgebied dat het museum pachtte uit te breiden ten koste van zijn eigen terrein. Het zou zeven jaar duren voordat de twee partijen akkoord gingen met Hammachers plannen.

Het bleek een gouden greep. In juni 1961 werd naast het museum een beeldentuin geopend, een ruim drie hectare tellend grondgebied waar plaats was voor ongeveer honderdzeventig beelden. Op deze manier slaagde Hammacher er niet alleen in om de collectie te vergroten en moderniseren, maar door het landschap en de beeldhouwwerken met elkaar te verweven, zorgde hij ook voor een nieuwe verbinding tussen natuur en kunst, precies zoals Helene voor ogen had gehad.

Misschien is het wel goed geweest dat zijn twee opvolgers de nota uit 1935 ook als voorschrift beschouwden. Mede daardoor zouden zij de verzameling als kunsthistorisch ijkpunt intact laten en tegelijkertijd op zoek gaan naar creatieve manieren om het museum bestaansrecht te geven in de almaar veranderende kunstwereld. Beiden waren verantwoordelijk voor een flinke uitbreiding van de beeldentuin, die inmiddels vijfentwintig hectare beslaat. Door de jaren heen zijn er naast de klassieke beelden van Rodin en Maillol minimalistische sculpturen geplaatst van iconen als Richard Serra en Sol LeWitt, zijn er paviljoens verrezen van Gerrit Rietveld en Aldo van Eyck en vond ook een enorme, wit met zwartbelijnde 'emaille tuin' van Jean Dubuffet een plaats in het beeldenpark.

Op initiatief van directeur Rudi Oxenaar werd het museum midden jaren zeventig flink uitgebreid.[85] Hij nam daarvoor Wim Quist in de arm, die met zijn staat van dienst uitstekend paste in de rij gerenommeerde architecten die de Kröllers contracteerden. Aan de beeldenzaal van Van de Velde bouwde Quist een grotendeels glazen vleugel, bestaande uit kantoren, een auditorium en een aantal nieuwe tentoonstellingszalen. De oorspronkelijke ingang in het oude gedeelte verplaatste hij naar deze nieuwe vleugel. Het voormalige overgangsmuseum bleef bestemd voor de collectie van de Kröllers, de nieuwe zalen voor kunst van na 1945 – die, overeenkomstig Hammachers oplossing, grotendeels bestond uit beeldhouwwerken en installaties.

Evert van Straaten zette deze ontwikkeling vanaf de jaren negentig voort. De veelal conceptuele installaties in de zalen van Quist vormen een mooie tegenhanger van de vroegmoderne schilderijen in de oudbouw. Bedoeld of onbedoeld kreeg de oorspronkelijke doelstelling van de verzameling hiermee een extra dimensie. Niet alleen werd op een heel andere wijze dan Helene ooit had kunnen bevroeden, de ontwikkeling zichtbaar die moderne kunst door de jaren heen bleef ondergaan, tegelijkertijd stelde juist het conceptuele werk het bestaan van die ontwikkeling fundamenteel ter discussie.

Het visioen van een majestueus museum, een kathedraal voor kunst, is op de Veluwe nooit verwezenlijkt. Desondanks bleek het bescheiden overgangsmuseum zeer wel bestand tegen de stormen van de tijd. Ook toen na de oorlog, dankzij de geboorte van een royaal subsidiesysteem, musea beschikking kregen over een budget waarmee zij moderne kunst aan hun vaste collectie konden toevoegen, waren maar weinige van hen in staat de internationale allure van de Kröller-Müller-verzameling te evenaren.

Tot op de dag van vandaag is het museum dan ook een herinnering aan het belang van particuliere verzamelaars. Helene Kröller-Müller was exemplarisch voor de vele tientallen individuen die voor de Eerste Wereldoorlog de basis legden voor menig hedendaags museum. Sommigen, zoals Henry van Abbe, de familie Van Gogh en het echtpaar Singer uit Laren, openden al dan niet met steun van de overheid hun eigen museum. Talloze anderen, onder wie George van Beuningen en Sal Slijper, doneerden hun collecties aan bestaande instellingen. Door hun aankopen, maar vooral ook door hun schenkingen zijn zij van onschatbare betekenis geweest voor de kunstgeschiedenis en voor de smaakontwikkeling van een breed publiek.

Helene was een buitengewoon vermogende exponent van deze groep. Toch onderscheidde zij zich niet alleen door haar koopkracht. Door haar verzameling vanaf 1913 bijna onafgebroken tentoon te stellen, deze regelmatig aan binnen- en buitenlandse musea uit te lenen en de openbaarheid te garanderen met de oprichting van het museum in 1938, bereikte zij een ongekend groot en divers publiek. Haar monument van cultuur mocht dan een nauwelijks verholen eerbetoon aan zichzelf zijn, Helene Kröller-Müller gaf met dat monument de moderne kunst voorgoed een plaats in de Nederlandse museumwereld.

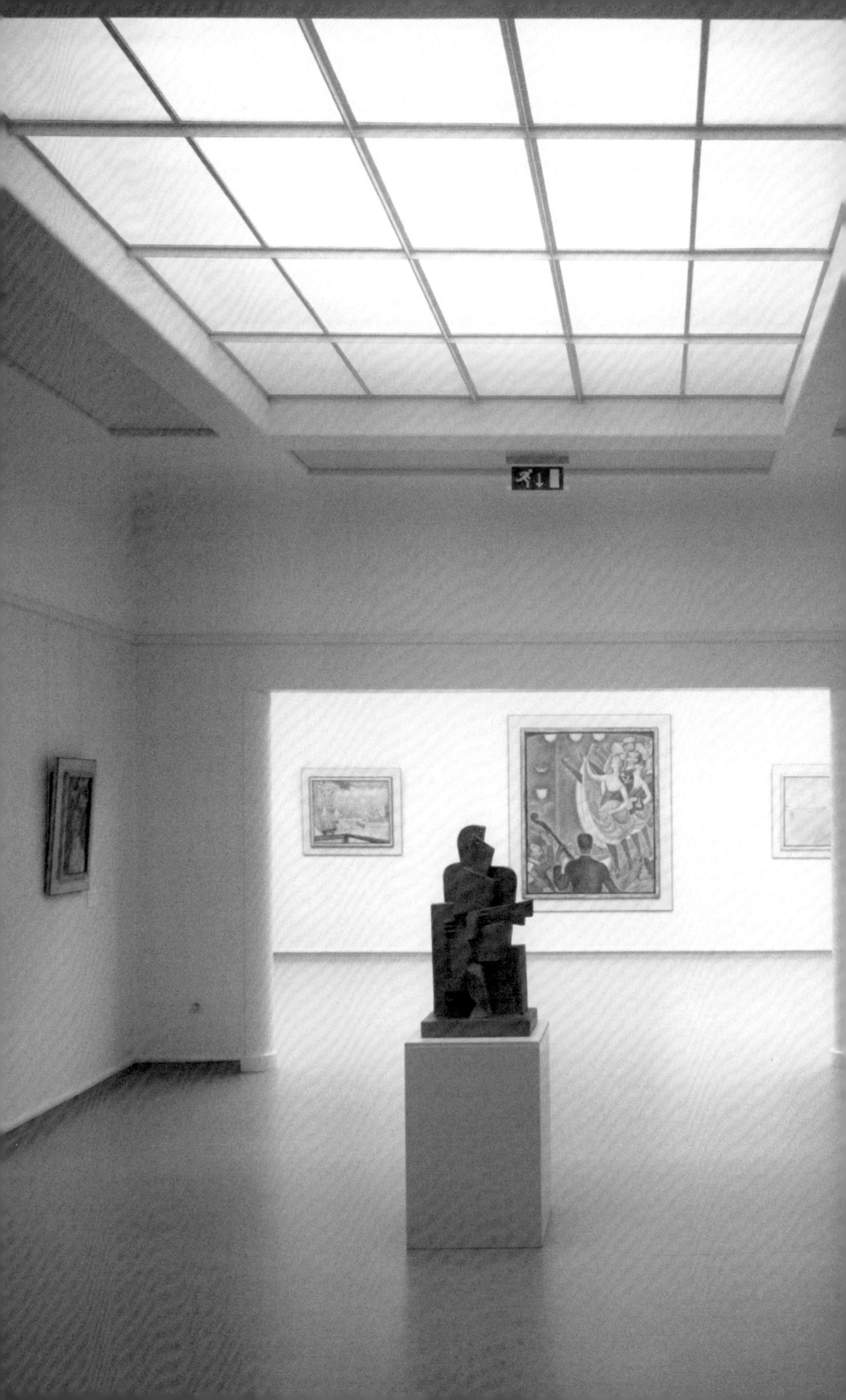

Tot besluit en ter verantwoording

TERUGBLIK OP EEN LEVEN

De Britse schrijver William Somerset Maugham schreef ooit met zijn kenmerkende gevoel voor satire: 'There are three rules for writing biography, but fortunately no one knows what they are.'[1] Volgens mij zag hij daarbij over het hoofd dat biografen gewoon historici zijn en dat die regels dus wel degelijk bekend zijn. Ze verschillen namelijk niet van die van ander onderzoek: met een eenduidige methode je onderwerp benaderen, met een kritische houding je bronnen tegen het licht houden en op een navolgbare manier je bevindingen presenteren zodat anderen deze kunnen verifiëren.

Het mag duidelijk zijn dat ik dankbaar gebruik heb gemaakt van de biografische methode.[2] Zoals ik in de proloog al aangaf, richtte mijn nieuwsgierigheid zich vanaf het begin op de drijfveren van Helene, wetende dat ik daarmee talloze andere benaderingswijzen uitsloot. Zo had ik er ook voor kunnen kiezen mij te laten leiden door de collectie en een kunsthistorische invalshoek te hanteren. In dat geval was dit boek meer een catalogus of monografie geworden dan een levensbeschrijving. Ik zou daarmee Helene Kröller-Müller niet alleen eenzijdig belicht hebben, maar bovendien te weinig aandacht hebben besteed aan de tijd waarin zij leefde en de invloed die deze had op haar en haar collectie. Door een biografie te schrijven kon ik vanuit een breder perspectief werken en mij richten op meerdere facetten van haar leven evenals op de context waarbinnen dit zich heeft afgespeeld.

Die methode is heel profijtelijk gebleken. Puur kunsthistorisch beschouwd, is de bewering legitiem dat de vorm en de kwaliteit van de Kröller-Müller-verzameling in hoge mate bepaald is door Bremmer. Hij had deze rol echter niet kunnen vervullen als Helene niet zo ontvankelijk was geweest voor de spirituele benadering, waarmee hij haar kennis liet

Het Kröller-Müller Museum heden ten dage (Van de Velde-vleugel).

maken. Uit haar jeugddagboek komt een ambitieus, leergierig meisje naar voren dat worstelt met de plaats van het geloof in haar leven. De wetenschap en de talloze brieven uit haar latere leven, waarin zij haar spirituele beleving van kunst verwoordde, plaatsen de totstandkoming van de verzameling in een heel ander licht. Daarmee is de voorgaande bewering niet minder waar, maar de biografische benadering completeert deze.

Ook maakte dat brede perspectief het mogelijk om bijvoorbeeld meer inzicht te geven in de totstandkoming van Helenes politieke opvattingen. Haar Duitse achtergrond, haar ervaringen tijdens de Eerste Wereldoorlog en de frustratie over de gevolgen van het Verdrag van Versailles verklaren hoe zij steeds meer geïnteresseerd kon raken in de ideeën van een man die zij aanvankelijk een demagoog noemde. Zodoende wordt zij menselijker en daardoor begrijpelijker. Tegelijkertijd geeft dat menselijke standpunt inzicht in complexe historische bewegingen, zoals de snelle groei van het nationaalsocialisme in de jaren dertig. Door die ontwikkeling met de ogen van een enkeling te bezien, wordt duidelijk wat voor miljoenen andere Duitsers ook gold. Op die manier toont de biografie zich als een prisma van de geschiedenis, waardoor een algemeen verschijnsel inzichtelijk wordt door de ervaring van een individu.[3]

Die prismawerking zorgt er in het geval van Helene Kröller-Müller bijvoorbeeld ook voor dat haar levensbeschrijving meer licht werpt op het fenomeen verzamelen. Dankzij de grootschaligheid, de buitengewone kwaliteit en het moderne karakter van Helenes collectie nam deze in het Europa van de vroege twintigste eeuw een uitzonderlijke positie in. Toch was zij zeker niet de enige die een bijzondere verzameling aanlegde, deze openbaar maakte en daarmee de smaak van het publiek hielp vormen. Zij was een voorbeeld van de vele verzamelaars en mecenassen die door de eeuwen heen aan de ontwikkeling en het voortbestaan van kunst hebben bijgedragen. Door hun aankopen en hun bereidheid om hun verzameling open te stellen werden particuliere verzamelaars een onmisbare schakel in de receptie van moderne kunst.[4]

Helene was in het bijzonder een exponent van de collectieve verzamelwoede, die in de negentiende eeuw was ontstaan en die haar hoogtepunt bereikte in het eerste kwart van de twintigste eeuw.[5] Dankzij de industrialisatie was in Europa en Amerika een groep nieuwe rijken ontstaan, die op grote schaal ging verzamelen en haar collecties steeds vaker schonk aan de staat of aan musea. Een verzameling was voor hen een aantrekkelijke investering, die bij leven een effectief middel was om op beschaafde wijze de verworven rijkdom te tonen, en die na de dood de naam van de schenker levend hield. Zowel het oude als het nieuwe geld beschouwde verzamelingen dan ook als 'aandelen in onsterfelijkheid'.[6] Zo liet de Amerikaanse multimiljonair en verzamelgigant Henry Clay Frick zich ooit ontvallen: 'I want this collection to be my monument.'[7] Die uitspraak doet onmiddellijk denken aan Helenes streven naar een gedenkteken dat latere generaties aan de innerlijke beschaving van het koopmansgezin Kröller moest herinneren. Over het algemeen echter, en dat gold ook voor Frick en Helene, werd het verlangen naar onsterfelijkheid verpakt in filantropische motieven als cultuurbehoud en volksverheffing. Of als een monument van cultuur.

De eerzucht waarmee Helene verzamelde, was dan ook geen uitzondering en haar positie als vrouwelijke verzamelaar was dat evenmin. De talloze andere vrouwen die in de late negentiende en vroege twintigste eeuw een verzameling begonnen, waren niet minder ambitieus.[8] Natuurlijk was het aantal mannen dat verzamelde altijd groter. Van oudsher hebben zij meer financiële en sociale mogelijkheden gehad om aan deze – en iedere andere – passie gehoor te geven. Dat is waarschijnlijk de reden waarom lange tijd de eigenschappen van verzamelaars, hun ambitie, jachtinstinct, perfectionisme, kennis van zaken, ernst en agressie (zij het in de beschaafde vorm van competitiedrang en snobisme) bestempeld werden als typisch mannelijk.[9] Vrouwen daarentegen zouden eerder geneigd zijn tot consumeren. Snuisterijen en meubels kochten zij ter decoratie van het huis, jurken en parfum ter decoratie van zichzelf.[10] In tegenstelling tot mannen zouden zij kopen om het plezier van het kopen, zonder visie en zonder achterliggende gedachte.

Isabella Stewart Gardner, Peggy Guggenheim, Marie Tak van Poortvliet, Helene Kröller-Müller en met hen vele anderen laten de gedateerdheid zien van deze typeringen. Zij bezaten al deze 'mannelijke' karaktereigenschappen en waren daarmee geen uitzondering, niet als verzamelaar en ook niet als vrouw. Bovendien moet een verzamelaar evengoed over zogenaamd vrouwelijke eigenschappen bezitten, zoals zorgzaamheid, creativiteit, verantwoordelijkheid en de behoefte om te beheren en behouden.[11] Zelfs aan de hand van dergelijke stereotype definities kan verzamelen dus niet als typisch mannelijk of typisch vrouwelijk worden bestempeld.

Dit wordt nog eens bevestigd door de functie van verzamelen, die sekseoverstijgend is. Want man of vrouw, een verzameling is altijd een verlengstuk of een bevestiging van iemands identiteit.[12] Nu geldt dit voor bezittingen in het algemeen, maar op weinig zaken is zo veel controle uit te oefenen als op een verzameling.[13] De persoonlijke keuzes die een verzamelaar maakt en de uniciteit van ieder voorwerp bieden de mogelijkheid om de verschijningsvorm van een collectie tot in de details te bepalen. Een collectie is dan ook een uitstekende manier om een eigen, onderscheidende identiteit gestalte te geven.

Uiteraard is het cultureel bepaald welke vorm die identiteit aanneemt. Rond de vorige eeuwwisseling gold voor veel vermogende vrouwen, wat ook voor Helene opging: het aanleggen van een verzameling was voor hen een manier om hun rol als moeder en echtgenote te overstijgen, om zo hun horizon te verbreden en een zelfstandige plek binnen het maatschappelijk leven in te nemen.[14] Nu de verhouding tussen de seksen in de westerse wereld gelijkwaardiger is geworden, heeft een verzameling voor vrouwen meer de betekenis gekregen, die deze van oudsher al voor mannen had, namelijk de bevestiging van een identiteit.[15] Collecties zijn veelal een manier om status uit te dragen en laten een unieke smaak zien, zelfs als deze aansluit bij andermans verzamelingen.

Zo kocht Frick aanvankelijk veel conventionele negentiende-eeuwse Franse kunstenaars, die populair waren in kringen van welvarende ondernemers, om op die manier zijn status als succesvolle zakenman te benadrukken.[16] Later verfijnde zijn smaak en onderscheidde hij zich juist van veel anderen door zijn exceptioneel mooie en omvangrijke verzameling oude meesters, waaronder een van de meest indrukwekkende zelfportretten van Rembrandt, drie Vermeers, werk van Titiaan, Veronese, Romney, Corot en Millet. Hetzelfde ging op voor verzamelaars in Europa. Wilde men bijvoorbeeld rond 1900 in Nederland serieus genomen worden door de hogere burgerij dan deed men er verstandig aan om Haagse School te verzamelen. Maar wanneer het uitdragen van een eigenzinnige, misschien zelfs superieure smaak de bedoeling was, dan kon men zich beter richten op modernere helden, zoals Helene en veel bremmerianen deden. Kortom, een collectie laat aan de buitenwereld een nauwkeurig geconstrueerd beeld van haar eigenaar zien.

Verzamelingen worden dus door zowel mannen als vrouwen gebruikt om hun identiteit vorm te geven. In het geval van Helene hing haar zoektocht naar een eigen identiteit en haar behoefte om een museum na te laten nauw samen met de problematische verhouding met haar kinderen. Aan Anton schreef ze in het najaar van 1915: 'Ook ik had niet gebouwd, hadden de kinderen eerst niet zoo afgebroken.'[17] Hoezeer ze ook teleurgesteld was geraakt in haar dochter en zoons, ze zag dat al het verdriet ook veel had opgeleverd. 'Zonder hun oppositie was ook ik zeker niets anders geworden dan, zoo als je eens schreef, de familiemoeder uit de Fünf Frankforter. Ook wel erg prijzenswaardig, maar mijn vier Frankforters hadden dan toch van een ander gehalte moeten zijn.'[18] Haar streven een bijzondere collectie en een museum na te laten, gaf haar de voldoening die ze niet had gevonden in het gezinsleven.

Wat dankzij de biografische methode ook duidelijk is geworden, is dat juist de tegenslagen in het leven van Helene Kröller-Müller telkens opnieuw olie op het vuur gooiden. De teleurstelling in haar kinderen, de teloorgang van Duitsland en de val van Müller & Co sterkten haar in haar voornemen een unieke collectie samen te brengen, een monument van cultuur op te richten en zodoende een voorbeeld te stellen voor nu en de eeuwigheid. Was zij een gelukkiger mens geweest, dan had Nederland nu waarschijnlijk een museum minder geteld.

De hoeveelheid bronnen die mij ter beschikking stonden bij het schrijven van deze biografie, was overweldigend. Allereerst had ik het geluk nog met een aantal mensen te kunnen spreken die Helene, Anton of Sam hebben gekend, onder wie drie kleindochters, een aangetrouwde kleinzoon en de dochter van Sams echtgenote Mary Lehnkering. Voor hen schijnbaar onbelangrijke gegevens over kleding, tongval en het soort gesprekken dat onder het eten werd gevoerd, boden mij unieke informatie, die niet uit boeken te halen is en waarmee ik vooral Helene als persoon hopelijk meer diepte heb kunnen geven.

En dan waren daar de archiefstukken. Behalve de 3400 brieven en honderden documenten uit de nalatenschap van Van Deventer, bezat het Kröller-Müller Museum ook een eigen historisch archief, eveneens bestaande uit duizenden brieven, notulen, foto's en notariële akten. Daarnaast heb ik onder meer gebruikgemaakt van het omvangrijke bedrijfsarchief van Müller & Co in Rotterdam, de correspondentie tussen Bremmer en verschillende kunstenaars en van de archieven van de Bijzondere Rechtspleging, het Nederlandse Beheersinstituut en de Stichting Nederlands Kunstbezit.

Vooral in die laatste drie archieven ligt zo'n schat aan informatie over de oorlogsgeschiedenis van het Kröller-Müller Museum dat het mij van groot belang lijkt wanneer hier afzonderlijk onderzoek naar wordt gedaan. Hoewel de neiging groot was dit zelf te doen, heb ik mij ingehouden. Een biografie moet ergens eindigen en het meest logische moment is de dood van de gebiografeerde. Niettemin heb ik ervoor gekozen in de epiloog kort in te gaan op de verdere geschiedenis van het museum, omdat Helenes dood niet het einde van haar levenswerk betekende, maar eerder het begin.

Niet alleen de hoeveelheid materiaal vereiste een kritische benadering, ook de stukken zelf, in het bijzonder de brieven. Zo wilde Helene in haar correspondentie nog wel eens op de zaken vooruitlopen, door bijvoorbeeld de aanvang van de bouw van Sint Hubertus of de schenking van haar collectie als voldongen feit te presenteren, terwijl deze nog (lang) niet hadden plaatsgevonden. Daarom heb ik haar brieven vooral gebruikt om haar beleving van gebeurtenissen te beschrijven. Voor het overige heb ik ze getoetst aan andere archiefstukken en aan de immer onmisbare secundaire literatuur.

Ondanks deze kanttekeningen kunnen brieven beschouwd worden als een van de belangrijkste bronnen voor biografisch onderzoek.[19] In tegenstelling tot de vertekende herinneringen in autobiografieën, worden ervaringen in brieven vaak heet van de naald opgeschreven.[20] Bovendien dienen zij minder vaak een retorisch doel dan dagboeken en autobiografieën.[21] Wat dat betreft deel ik Helenes spijt niet dat zij nooit zelf de geschiedenis van haar museum schreef. Niet alleen zou haar herinnering haar waarschijnlijk geregeld in de steek hebben gelaten, ook zou zij zich hierin ongetwijfeld veel diplomatieker hebben uitgelaten dan in haar brieven. Die diplomatie blijkt al uit de korte schets van de totstandkoming van het museum die ze in 1922 voor haar zoon Bob schreef. Daarin sprak ze nog steeds scherp, maar genuanceerder over Berlage dan in de brieven uit de tijd van hun samenwerking.[22] Ook de rol die zij Bremmer toebedeelde is nobel, maar strookt niet met een aantal eigenwijze aankopen, die zij in haar eerdere brieven beschreef.

Voor de presentatie van mijn bevindingen heb ik gekozen voor een chronologische ordening. Juist omdat dit de eerste wetenschappelijk verantwoorde biografie is van Helene Kröller-Müller en omdat ik mij in de luxepositie bevond als eerste en enige gebruik te mogen maken van 'de kist van Van Deventer' leek mij deze opzet meer helderheid bieden dan een thematisch gestructureerde biografie.[23] Ik heb het leven van de wieg tot het graf willen schrijven, waarbij ik mij gericht heb op de gebeurtenissen die mij het meest relevant leken om licht te kunnen werpen op Helenes drijfveren.

Dat impliceert enige mate van subjectiviteit. Zodra historici (en met hen alle wetenschappers) zich aan het opschrijven van hun onderzoeksresultaten zetten, bepalen zij waar het verhaal begint, waar de accenten liggen, wat niet aan de orde komt en waar het einde wordt ingeluid. Dat geldt ook voor mij. Ik heb zoveel mogelijk een waarheidsgetrouw beeld gegeven, maar zonder de illusie te koesteren daarmee de absolute waarheid te verkondigen of volledig te zijn.

Als verteller sta je tussen de feiten en het uiteindelijke verhaal in, je bent een poortwachter die bepaalt welke informatie naar buiten wordt gebracht. Dat betekent dat ik keuzen heb gemaakt en een aantal thema's niet, of slechts globaal aan de orde heb gesteld. Veel onderwerpen, zoals de totstandkoming van jachthuis Sint Hubertus, Helenes financiële steun aan kunstenaars, haar invloed op hun carrières, haar literaire voorkeuren, haar positie als vrouw, maar ook de bouw van het overgangsmuseum en de geschiedenis van het museum tijdens de oorlog bieden talloze aanknopingspunten om nadere, op zichzelf staande studies aan te wijden.

Evenmin heb ik de gehele collectie kunnen bespreken. Ik heb de nadruk gelegd op de moderne kunst, omdat de verzameling als geheel daaraan zijn betekenis ontleent. Maar zelfs dat onderwerp moest ik verder beperken. Daarom heb ik naast een aantal typerende aankopen, van ieder zwaartepunt binnen de collectie (internationale kunst, Nederlandse kunst en werk van Bremmer-kunstenaars) een of twee kunstwerken meer in detail besproken om zo tenminste het karakter van de verzameling te duiden. Minder nadrukkelijk heb ik de grote hoeveelheid Aziatica en oudheden besproken. Uit een aantal van Helenes opmerkingen is op te maken dat zij wel degelijk veel waarde hechtte aan deze aanzienlijke deelcollectie, maar zij gebruikte deze voorwerpen toch vooral om haar schilderijencollectie mee te verfraaien.

Een heel andere keuze betrof de aanspreekvorm. Hoewel het gebruikelijk is de gebiografeerde en andere hoofdrolspelers met hun achternaam aan te duiden, heb ik er vanwege de leesbaarheid voor gekozen om de in groten getale figurerende leden van de families Kröller en Müller bij hun voornaam te noemen. Daarmee kon ik ook bevreemdende formuleringen voorkomen, zoals 'Kröller en Müller reisden samen naar Parijs', waar het eerder om zakenpartners lijkt te gaan dan om een echtpaar.

Ik hoop van harte met deze biografie een aanzet te hebben geven tot vervolgonderzoek. Nog meer hoop ik dat dat onderzoek zich dan niet beperkt tot Helene Kröller-Müller. Haar levensverhaal laat zien hoe belangrijk verzamelaars zijn voor de kunstgeschiedenis en voor de contemporaine kunstwereld. Zij zijn smaakbepalers die met hun aankopen invloed uitoefenen op critici, op de economische waarde van kunstwerken en daarmee – in het geval van levende kunstenaars – op artistieke carrières.[24] Zonder Sal Slijper had Piet Mondriaans ontwikkeling vanwege geldgebrek wel eens vroegtijdig tot stilstand kunnen komen, zonder Piet Boendermaker had de Bergense School niet gefloreerd, zonder Peggy

Guggenheim was Jackson Pollock niet of pas veel later doorgebroken en zonder Charles Saatchi had niemand ooit van de Young British Artists gehoord.

In museologische studies, kunstenaarsmonografieën en andere kunsthistorische publicaties is het belang van verzamelaars echter zelden een onderwerp.[25] Dit terwijl al uit kunstsociologische studies uit de jaren tachtig van onder anderen Malcolm Gee en Bram Kempers bleek dat de kunstverzamelaar zich door de eeuwen heen altijd op het snijvlak van cultuurhistorie en marktwerking heeft bevonden, een grensgebied dat essentieel is voor een gezond cultureel klimaat, omdat het kunstenaars de mogelijkheid biedt een zelfstandige beroepspraktijk op te bouwen.[26] Niet alleen hebben verzamelaars de nationale musea rijkelijk gevuld, ook hebben ze met hun aankopen en financiële steun aan levende kunstenaars hedendaagse kunst letterlijk in leven gehouden.

Het belang van de verzamelaar kan alleen inzichtelijk worden gemaakt, wanneer hij in een brede context wordt geplaatst. Behalve zijn smaak en de kunsthistorische waarde van zijn collectie, zijn ook historische, sociaaleconomische, religieuze en maatschappelijke aspecten van een leven bepalend voor de rol hij die heeft kunnen spelen. Ik zie hier dan ook een mooie rol weggelegd voor de biografie.

Woord van dank

Het schrijven van een boek schijnt eenzaam werk te zijn. Ik heb daar weinig van gemerkt. De afgelopen vier jaar heb ik kennis mogen maken met een eindeloze reeks inspirerende en behulpzame mensen, die allemaal op hun eigen manier hebben bijgedragen aan dit onderzoek. Het liefst zou ik ze hier allemaal met een treffende anekdote over onze samenwerking willen bedanken, maar dat zou een afzonderlijk boek opleveren. Een vermakelijk boek, dat wel. Ik zal me op deze plaats echter beperken tot een paar namen en zinsneden, wetende dat ik daarmee eigenlijk iedereen tekortdoe.

Allereerst gaat mijn dank uit naar mijn promotoren Hans Renders en Wessel Krul. Iedere tekst die ik hen voorlegde, werd met interesse gelezen en voorzien van inhoudelijk commentaar en kritische kanttekeningen, waarmee ze mij voor een aantal geheide valkuilen hebben behoed. Meer nog dan dat waardeer ik dat ze me vanaf het begin gestimuleerd hebben om te experimenteren met vorm en inhoud, om zo tot een eigen stijl en een eigen visie te komen.

Van even groot belang was de ondersteuning van Bas Mühren, archivaris van het Kröller-Müller Museum. Mijn duizend-en-een verzoeken om documenten en mijn vragen kreeg ik altijd per omgaande beantwoord, meestal vergezeld van informatie die 'misschien ook nog wel interessant' was en steevast voorzien van een dosis humor. Evert van Straaten, directeur van het museum, verdient ook meer dank dan in een paar woorden te beschrijven is. Voor alles wilde hij dat dit een onafhankelijk onderzoek werd. Hij heeft zich dan ook altijd op gepaste afstand gehouden van de inhoud van deze biografie en mij aangemoedigd vooral een compleet beeld te geven van Helene Kröller-Müller, ook als dat betekende dat daardoor minder gunstige aspecten van haar leven aan het licht kwamen.

Daarnaast ben ik veel dank verschuldigd aan Stichting het Nationale

Park de Hoge Veluwe, in het bijzonder aan Seger baron Van Voorst tot Voorst, directeur van het Park, en aan Jan Sevink, lid van de Raad van Toezicht. Het stichtingsbestuur gaf mij toestemming voor inzage in de archieven en heeft zoveel mogelijk geholpen om mij in contact te brengen met mensen die voor mijn onderzoek van belang waren.

Indrukwekkend waren de ontmoetingen met de (aangetrouwde) kleinkinderen van de Kröllers. Mevrouw Everwijn-Brückmann, mevrouw Wit-Kröller, wijlen mevrouw De Bondt-Kröller en de heer Van Andel hebben mij allemaal hartelijk in hun huis ontvangen en spraken openhartig over hun grootouders. Goede herinneringen koester ik ook aan mijn bezoek aan mevrouw Erichson, wier moeder met Sam van Deventer was getrouwd. De openheid waarmee zij over Van Deventer vertelde, heeft veel indruk op mij gemaakt. De familie Mackay schonk de correspondentie tussen Helene jr. en Paul Brückmann aan het museum, waar ik gebruik van heb mogen maken. Ook wil ik hier graag Truus Pinkster bedanken voor haar onbaatzuchtige hulp en de gesprekken die wij gevoerd hebben over met name de verhouding tussen Helene Kröller-Müller en haar dochter.

Verder heb ik veel geleerd van de specialisten die bereid waren om feedback te geven op een of meerdere hoofdstukken: Elsbeth Etty, Sjoerd van Faassen, Teio Meedendorp, Peter de Ruiter en Bart Slijper. Met Shirley Haasnoot heb ik twee jaar lang bijzonder prettig samengewerkt. Ik heb veel gehad aan haar ideeën over Anton Kröller en aan onze gesprekken over het wonderlijke echtpaar. Van onschatbare waarde waren ook de collega-onderzoekers, die zich al eerder hadden verdiept in de Kröllers en de Hoge Veluwe en op wier werk ik kon voortbouwen. Zo stelde Wim Nijhof heel loyaal een deel van zijn archief ter beschikking. De vele uren die wij wegpraatten over de Kröllers (en andere onderwerpen van levensbelang) hebben bovendien tot een nieuwe vriendschap geleid. Ook voorzagen Elio Pelzers, Roelof Siegers, Johannes van der Wolk en Bram Haak (in volgorde van opkomst) mij van waardevolle informatie. Ik hoop dat de bevlogen gesprekken dan wel de hartelijke briefjes niet zullen ophouden nu het boek er is.

Het onderzoek en de daaraan gekoppelde verhuizing naar Groningen heeft mij een aantal dierbare vriendschappen gebracht. Twee mensen in het bijzonder waren steun en toeverlaat in niet-saaie tijden. De koffiepauzes bij 'Simon' met collega-promovendus Kim Joostens waren onmisbaar. In haar heb ik een onbeschrijflijk lieve vriendin gevonden. Ook Bart Slijper wist altijd raad bij academische hobbels, maar het waren vooral de vele gezellige avonden in Mulder die ik nooit zal vergeten.

Heel veel dank voor hulp, wijsheid en/of vriendschap gaat ook uit naar, onder talloze anderen: Emelie Arendsen de Wolff, Hildelies Balk, Mechteld de Bondt, Peter Breukink, Sjia Cornelissen, Ariëtte Dekker, Sandra van Dongen, Johan de Haan, Ilja Hengeveld, Rein Heijne, Christiane Heiser, Reinbert Krol, Joël Mommers, Margaret Nab, Ben van Oers, Sanne Parlevliet, Max van Rooy, Victor Rovers, Vincent Rovers, Max Rovers voor zijn gedachten over contradicties en paradoxen, Sonja Schipper, Koen van Someren Greve, Vincent van der Velde, Marieke Verberne, Katherine de Vreeze, Erik de Wildt, Robert Wittendorp en Marijke Wubbolts.

De onvoorwaardelijke steun van mijn ouders ben ik door het schrijven van deze biografie zo mogelijk nog meer gaan waarderen. Daarom heb ik dit boek aan hen opgedragen.

Noten

Kortheidshalve zijn in de aangehaalde correspondentie de namen van Helene Kröller-Müller, Anton Kröller en Sam van Deventer afgekort tot resp. HKM, AGK en SvD. Daarnaast worden de Kröller-Müller Stichting en het Nationale Park de Hoge Veluwe in de noten vermeld als KMS en NPHV. Archiefnamen zijn eveneens verkort: zie voor de volledige vermelding de lijst met geraadpleegde archieven. Om onnodige herhaling te voorkomen wordt bij het grote aantal brieven afkomstig uit het archief van het Kröller-Müller Museum niet het archief genoemd, maar slechts het documentnummer beginnende met HA, bijvoorbeeld HA410060 (gevolgd door de specificaties van de brief). Om dezelfde reden wordt bij opeenvolgende citaten uit dezelfde brief alleen de eerste keer een noot vermeld.

1

1 KMM, HA379637, Anna Müller, *Wm. H. Müller. Nach Briefen und nach eigenen Erinnerungen von seiner Schwester Anna*, deel 1 van een ongepubliceerd manuscript, Hannover 1924, p. 1-2.
2 Jürgen Kocka, *Bürger und Bürgerlichkeit im 19. Jahrhundert*, Vandenhoeck & Ruprecht, Göttingen 1987, p. 33-35, 38.
3 NLO, *Adreßbuch für die Stadt Osnabrück, die Stadtfeldmark und den Bezirk des Königl. Amts Osnabrück 1837*, p. 43.
4 Müller (1924), deel 1, p. 15.
5 Jongemannen met het doel om in Amerika in de handel te gaan, vormden de grootste groep emigranten. Karen Schniedewind, *Begrenzter Aufenthalt im Land der unbegrenzten Möglichkeiten. Bremer Rückwanderer aus Amerika: 1850-1914*, Steiner, Stuttgart 1994, p. 38 en 41.
6 Dit conflict uit 1857-1858 is bekend geworden als de Utah-oorlog, hoewel er geen gevechten hebben plaatsgevonden tussen het leger en mormoonse militie. De 'oorlog' bleef beperkt tot een wederzijdse paraatheid van mankracht en werd uiteindelijk door onderhandelingen opgelost.
7 Volgens Anna Müller was het 21 juni, maar het trouwboek van Horst vermeldt 20 juni 1864, zie: GEKK, 'Kirchbuch der Gemeinde Königssteele. Trauungen 1864-1877'.
8 Op Helenes geboorteakte en haar inschrijvingen bij de gemeenten Rotterdam en Den Haag wordt haar naam in deze volgorde vermeld. In de brieven waarin zij over haar naam schreef of wanneer ze deze – incidenteel – ondertekende met haar initialen, hield Helene zelf een andere volgorde aan: Helene Emma Laura Julie, en veranderde ze de laatste naam in Juliane. Zie bijvoorbeeld HA501090, HKM aan SvD, 13 maart 1912. Zij voerde deze verandering consequent door, want ook in notariële akten gebruikte zij deze volgorde, evenals de naam Juliane. Ook op haar graf werd haar naam op deze manier geschreven. Waarom zij dat deed is onduidelijk, misschien ging het per ongeluk of misschien vond ze Juliane beter bij de andere namen passen. GEKK, HR382, 'Kirchbuch der Gemeinde Königssteele, Rhld. Taüfen 1864-1874'; GAR, deel 582 bevolkingsregister, p. 192; HGA, bevolkingsregister 1895-1913.
9 De achtergrond van de namen is ontleend aan: HA501090, HKM aan SvD, 13 maart 1912.
10 GEKK, HR382, 'Kirchbuch der Gemeinde Königssteele, Rhld. Taüfen 1864-1874'.
11 Manfred Fuhrmann, *Bildung. Europas kulturelle Identität*, Reclam, Stuttgart 2002, p. 42-43.
12 Müller (1924), deel 2, p. 48.
13 Dit blijkt uit een aantal brieven van Johann Heinrich, die Anna Müller in haar manuscript opnam.
14 Thomas Nipperdey, *Wie das Bürgertum die Moderne fand*, Siedler, Berlin 1988, p. 21.
15 Kocka (1987), p. 38-39.
16 Müller (1924), deel 2, p. 36-37.
17 HA410060, HKM aan Anna Müller, 14 juli 1924.
18 Müller (1924), deel 3, p. 71-75.
19 Richard J. Evans, 'Family and class in the Hamburg grand bourgeoisie 1815-1914', in:

David Blackbourn en Richard Evans (red.), *The German bourgeoisie. Essays on the social history of the German middle class from the late eighteenth century to the early twentieth century*, Routledge, Londen en New York 1991, p. 128.
20 Tenzij anders vermeld, zijn gegevens over de jeugd van Helene Müller ontleend aan het dagboek dat zij bijhield in de jaren 1882-1885, KMM, inv.nr. HA502326, Helene Müller, 'Tagebuch', 1882-1885.
21 *Adresbuch der Oberbürgemeisterei Düsseldorf für 1877. Nach amtliche Quellen*, Düsseldorf 1877, p. 129.
22 Juliane Jacobi, '"Entzauberung der Welt" oder "Rettung der Welt". Mädchen- und Frauenbildung im 19. Jahrhundert in Deutschland', *Zeitschrift für Erziehungswissenschaft* 9(2006)1, p. 178. James C. Albisetti, *Schooling German girls and women. Secondary and higher education in the nineteenth century*, Princeton University Press, Princeton, N. J. 1988, p. 16.
23 Sabine Baring-Gould, *Germany, Past and Present*, Londen 1879, geciteerd in: Albisetti (1988), p. 23.
24 Christa Berg (red.), *Handbuch der deutschen Bildungsgeschichte. Band IV: 1870-1918. Von der Reichsgründung bis zum Ende des Ersten Weltkriegs*, Beck, München 1987, p. 103 en 284.
25 Scholieren van *Höhere Mädchen-* of *Töchterschule* doorliepen tot 1894 een programma van tien jaar verdeeld over zeven, acht of negen klassen (scholen waren vrij om klassen naar eigen inzicht over jaren te verdelen, deze liepen dus niet altijd parallel aan elkaar). De klassen liepen van hoog naar laag: in de negende klas zaten de jongste kinderen, in de eerste klas de oudste. Idem, p. 288, 298.
26 KMM, inv.nr. HA502326, Helene Müller, 'Tagebuch', 7 december 1882.
27 Zie bijvoorbeeld: Idem, 7 december 1882 en 25 januari 1883.
28 Idem, 27 januari 1884.
29 Idem, 24 juli 1884.
30 Robert Koenig, *Deutsche Literaturgeschichte*, Velhagen & Klasing, Bielefeld/Leipzig 1879.
31 KMM, inv.nr. HA502326, Helene Müller, 'Tagebuch', 4 mei 1884.
32 Berg (1987), p. 103.
33 Gotthold Ephraim Lessing, *Nathan der Weise*, Deutscher Taschenbuch Verlag, München 1997. Voor de ringparabel, zie: p. 135-140.
34 Michael Buchberger [e.a.], *Lexikon für Theologie und Kirche*, Herder, Freiburg 1995, deel 3, p. 1378.
35 KMM, inv.nr. HA502326, Helene Müller, 'Tagebuch', 27 januari 1884.
36 Idem, 20 maart 1884.
37 Idem, 17 februari 1885.
38 HA502018, HKM aan SvD, 3 mei 1924.
39 Fritz Stern, *Droom en waan. Het drama van de Duitse geschiedenis, 1850-1993*, De Arbeiderspers, Amsterdam 1994, 18-20. Peter Gay, *De eeuw van Schnitzler. De opkomst van de burgerij in Europa*, De Bezige Bij, Amsterdam 2002, p. 212-214.
40 Erich Franz, *Goethe als religiöser Denker*, Mohr, Tübingen 1932, p. 142-142; Walter Naumann, 'Goethe's religion', *Journal of the history of ideas. A quarterly devoted to cultural and intellectual history*, 13(1952)1, p. 188, 198. Zie ook: Sylvester Primer, 'Lessing's religious development with special reference to his *Nathan the Wise*', PMLA 8(1893)3, p. 335-379.
41 KMM, inv.nr. HA502326, Helene Müller, 'Tagebuch', 31 december 1884.
42 Johann Wolfgang von Goethe, *Faust. Eine Tragödie*, Deutscher Taschenbuch Verlag, München 1997, p. 182-183.
43 KMM, inv.nr. HA502326, Helene Müller, 'Tagebuch', 31 december 1884.
44 Idem, 5 januari 1885.
45 Helene schreef een aantal van deze brieven over in haar dagboek. De originelen zijn niet bewaard gebleven.
46 KMM, inv.nr. HA502326, Helene Müller, 'Tagebuch', 17 februari 1885.
47 Idem, 21 maart 1885.
48 Idem, 18 februari 1885.
49 Idem, 25 maart 1885.
50 Idem, 3 april 1885.
51 Berg (1987), p. 127.
52 Zie bijvoorbeeld de bijdragen van Chandak Sengoopta en Jessica Slijkhuis in Marijke Gijswijt-Hofstra (red.), *Cultures of neurastenia. From Beard to the First World War*, Rodopi, Amsterdam/New York 2001, p. 99-100 en 265-266. Beide ziektes werden in de negentiende eeuw beschouwd als het gevolg van de snel veranderende moderne

samenleving. Overgevoeligheid en nervositeit bij (jonge) mannen had vaak een wat positievere connotatie dan bij vrouwen, die al snel als hysterica werden bestempeld. Bij mannen daarentegen was de ziekte het bewijs dat mentale arbeid even uitputtend, zo niet uitputtender was dan de traditioneel mannelijke fysieke arbeid. Neurastenie werd bovendien gezien als een typische ziekte van de hogere klasse. Zie de bijdrage van Christopher Fort in voornoemde uitgave, p. 332-333.

53 Sigmund Freud, *De 'culturele' seksuele moraal en de moderne nervositeit. Actuele beschouwingen over oorlog en dood. Vergankelijkheid. Het onbehagen in de cultuur. Waarom oorlog?*, Boom, Meppel/Amsterdam 1984, p. 19-20.

54 Misschien zweeg Helene ook over dergelijke intimiteiten, omdat ze vreesde dat haar dagboek nogmaals in handen van haar vader zou vallen, die het boekje tenslotte al een keer eerder had afgenomen.

55 KMM, inv.nr. HA502326, Helene Müller, 'Tagebuch', 8 december 1882.

56 KMM, inv.nr. HA417434, Toespraak Helene Kröller-Müller ter ere van 25 jarig jubileum Anton Kröller bij Müller & Co, 15 juni 1914

57 KMM, inv.nr. HA502326, Helene Müller, 'Tagebuch', 17 maart 1885.

58 Idem, 25 mei 1885.

59 Documenten over het pensionaat in Brussel ontbreken. De school bevond zich buiten de gemeente Brussel, waardoor het niet viel binnen het werkgebied van het stadsarchief. Het archief van de gemeente Sint-Gillis, waartoe de Avenue Brugmann behoort, beheert enkel archieven van scholen die van overheidswege gefinancierd werden; documenten van het particuliere pensionaat van Schollmeyer ontbreken daar dan ook en zijn mogelijk evenmin ooit in een ander archief ondergebracht.

60 Isabella Beeton, *Mrs Beeton's book of household management*, S.O. Beeton Publishing, Londen 1861.

61 Gay (2002), p. 91. Jan Romein en Annie Romein-Verschoor, *Op het breukvlak van twee eeuwen. Deel I*, Brill/Querido's Uitgeverij NV, Leiden/Amsterdam 1967, p. 289.

62 Gegevens over de verloving van Helene Müller en Anton Kröller en de zakelijke afspraken daaromtrent zijn, tenzij anders vermeld, ontleend aan: KMM, inv.nr. HA417434, Toespraak Helene Kröller-Müller ter ere van 25-jarig jubileum Anton Kröller bij Müller & Co, 15 juni 1914; HA410060, HKM aan Anna Müller, 14 juli 1924 en KMM, HA414739, W.H. van Mastrigt (notaris), 'Nota betreffende de Kröller-Müller Stichting', 1934.

63 Müller (1924), deel 4, p. 90. Zie ook: KMM, inv.nr. HA417434, Toespraak Helene Kröller-Müller ter ere van 25-jarig jubileum Anton Kröller bij Müller & Co, 15 juni 1914, p. 2.

64 Müller (1924), deel 4, p. 88-89.

65 HA410060, HKM aan Anna Müller, 14 juli 1924.

66 GEKK, 'Verzeichnis der Aufgebotenen und Getrauten in der Evangelischen Gemeinde zu Düsseldorf 1883-1893'.

67 SAD, Heirats-Eintrag, nr. 442, 1888.

68 Dit blijkt uit een brief die zij ruim twintig jaar later schreef, toen haar dochter in het huwelijk was getreden met een man die eveneens in het buitenland werkte. HA502193, HKM aan AGK, 23 augustus 1911.

69 HA410060, HKM aan Anna Müller, 14 juli 1924.

2

1 Paul van de Laar, *Stad van formaat. Geschiedenis van Rotterdam in de negentiende en twintigste eeuw*, Waanders, Zwolle 2000 geeft een mooi overzicht van de ontwikkeling van de stad Rotterdam, in het bijzonder hoofdstuk 2, 'Op weg naar een moderne infrastructuur, 1815-1880', hoofdstuk 3, 'De havens van Rotterdam Transitopolis, 1880-1914', en hoofdstuk 4, 'Waar werkten Rotterdammers van 1850 tot 1914'.

2 Friedrich-Wilhelm Henning, *Düsseldorf und seine Wirtschaft. Zur Geschichte einer Region. Bd. 2. Von 1860 bis zur Gegenwart*, Droste, Düsseldorf 1981, p. 381-383.

3 Kleinkinderen van de Kröllers herinneren zich de tongval van hun grootvader, die zij soms zeer vermakelijk vonden.

4 GAR, bevolkingsregister, deel 133, p. 697, kaart 3; p. 828, kaart 22.

5 De Bierhaven is tegenwoordig gedempt en omgedoopt tot Jufferstraat.

6 Van de Laar (2000), p. 185.

7 Dat blijkt onder meer uit het gegeven

dat Kröller sr. twee tot drie inwonende dienstboden en een knecht in dienst had. Het precieze aantal dienstboden dat gelijktijdig in dienst was, is niet na te gaan, omdat de burgerlijke stand niet bij iedere persoon vermeldt in welke periode zij aan de Bierhaven woonde. GAR, bevolkingsregister, deel III, p. 664.
8 Het schoolgeld bedroeg circa zestig gulden per jaar per kind, wat alleen bemiddelde ouders zich konden veroorloven. De Hoogere Burgerscholen waren in 1863 door Thorbecke in het leven geroepen om de kinderen van de hogere burgerij 'een algemene voorbereiding tot een grote verscheidenheid van maatschappelijke betrekkingen' te bieden. Petrus Boekholt en Engelina de Booy, *Geschiedenis van de school in Nederland vanaf de middeleeuwen tot aan de huidige tijd*, Van Gorcum, Assen, Maastricht 1987, p. 183-188.
9 GAR, toeg.nr. 60, inv.nr. 48, 'Stamboek. Openbare school voor middelbaar onderwijs voor meisjes te Rotterdam', 1872-1932.
10 GAR, toeg.nr. 58, inv.nr. 114, 'Hoogere Burgerschool met vijfjarigen cursus te Rotterdam. Inschrijvingsregister der leerlingen, 1865'.
11 J. E. van der Pot, 'De kleine Rotterdammer', *Rotterdams Jaarboekje*, Brusse, Rotterdam 1951, p. 150-153; Joop Visser [e.a.] (red.), *Rotterdamse ondernemers, 1850-1950*, De Hef/Centrum voor Bedrijfsgeschiedenis Erasmus Universiteit Rotterdam, Rotterdam 2002, p. 127-129, 142-146, 153, 171-172, 185-187.
12 In 1879 zou deze naam ook berucht worden, toen Lodewijk Pincoffs de Rotterdamsche Handelsvereeniging voor miljoenen bleek te hebben opgelicht. Om strafvervolging te voorkomen, vluchtte hij met zijn gezin naar de Verenigde Staten. Van de Laar (2000), p. 87-88.
13 Van de Laar (2000), p. 65-70, 99.
14 Idem, p. 81-83, 88, 91.
15 Boekholt en De Booy (1987), p. 184 en 188.
16 GAR, handschriftenverzameling, toeg.nr. 33.01, inv.nr. 216, Dr. A. van Vollenhoven (vermoedelijk), 'Genealogische aantekeningen betreffende familie Kröller 1836-1926', [1928]. KMM, inv.nr. HA417430, anoniem, 'A. G. Kröller', *Het Vaderland* 15 juni 1914 (typoscript).
17 Müller (1924), deel 3, p. 76.
18 Idem, deel 3, p. 42. Willem won het geld dus niet in een Antwerpse of Spaanse loterij, zoals in diverse publicaties wordt gesuggereerd (o.a. Sam van Deventer, *Kröller-Müller. De geschiedenis van een cultureel levenswerk*, J. S. R. van Deventer, Arnhem 2004 [eerste druk 1956], p. 26). Premieleningen zijn obligaties die weinig rente geven, maar die elke maand of elk jaar via loting kans maken op een rente-uitbetaling. De opbrengst is afhankelijk van de prijs die erop valt. Simon Cohen, *Beleggen, het complete handboek*, Contact, Amsterdam/Antwerpen 1999, p. 88.
19 Müller (1924), deel 3, p. 75-76.
20 Idem, deel 4, p. 82; HA410060, HKM aan Anna Müller, 14 juli 1924.
21 HA410060, HKM aan Anna Müller, 14 juli 1924.
22 GAR, locatie 865-1-6, tekeningnr. 1068 en 1069, bouwtekeningen Kortenaerstraat 1865.
23 Interview met mevrouw De Bondt-Kröller en mevrouw Wit-Kröller, 18 maart 2008.
24 Van Deventer (2004), p. 28-29.
25 HA410060, HKM aan Anna Müller, 14 juli 1924; Müller (1924), deel 4, p. 100-102.
26 HA501074, HKM aan SvD, 19 februari 1913; HA410060, HKM aan Anna Müller, 14 juli 1924.
27 Bibliotheek GAR, S. A. Appeldoorn [vermoedelijk], 'De geschiedenis van Wm. H. Müller en Internatio Müller 1863-1959', ongepubliceerd manuscript, 1990, p. 10; Müller (1924), deel 4, p. 101.
28 Müller (1924), deel 4, p. 110-113.
29 GAR/WMC, correspondentiedossiers, toeg.nr. 615, inv. nr. 1642, 'Deponering van een vennootschap onder de firma Wm. H. Müller & Co', 27 juli 1889.
30 HA410060, HKM aan Anna Müller, 14 juli 1924; Müller (1924), deel 4, geen pagina, 'Nachtrag'.
31 Deze benoeming vond op verzoek van Gustav echter al een jaar eerder plaats.
32 Ter vergelijking: het jaarinkomen van een gemiddelde ambtenaar bedroeg circa tweeduizend gulden.

33 Karen Hausen, 'Family and role-division: the polarisation of sexual stereotypes in the nineteenth century', in: Richard J. Evans [e.a.] (red.), *The German family. Essays on the social history of the family in nineteenth- and twentieth-century Germany*, Croom Helm, London 1981, in het bijzonder p. 59, 63-65.
34 Elisabeth Pfeil, 'Die Frau in Beruf, Familie und Haushalt', in: Ferdinand Oeter (red.), *Familie und Gesellschaft*, Mohr, Tübingen 1966, p. 141-142.
35 GAR, bevolkingsregister, deel 582, p. 192.
36 Misschien heeft Wilhelm Müller hier ook een stem in gehad en stelde hij als voorwaarde voor het huwelijk dat zijn dochter buiten gemeenschap van goederen trouwde. Hierover is echter niets vastgelegd. Feit is dat Anton ook in hun latere leven Helene alle financiële vrijheid gaf, ook wanneer dit niets te maken had met hun huwelijkse voorwaarden.
37 Gegevens over de financiële huishouding van Anton en Helene Kröller zijn gebaseerd op: KMM, HA414739, W. H. van Mastrigt (notaris), 'Nota betreffende de Kröller-Müller Stichting', 1934. Alleen voor het eventueel overdragen van het eigendomsrecht van haar onroerende goederen moest Helene toestemming vragen aan haar man.
38 Ton Zwaan (red.), *Familie, huwelijk en gezin in West-Europa. Van Middeleeuwen tot moderne tijd*, Boom/Open Universiteit, Amsterdam/Heerlen 1993, p. 191.
39 Marianne Braun, *De prijs van de liefde. De eerste feministische golf, het huwelijksrecht en de vaderlandse geschiedenis*, Het Spinhuis, Amsterdam 1992, p. 29.
40 HA500681, HKM aan SvD, 25 september 1911.
41 HA500895, HKM aan SvD, 7 juni 1912.
42 KMM, inv.nr. HA417459, Toespraak Helene Kröller-Müller ter gelegenheid van eredoctoraat Anton Kröller, 1922.
43 Zie bijvoorbeeld HA502181, HKM aan AGK, 22 mei 1911 en HA502170, AGK aan HKM, [27 mei] 1911.
44 CMC, Loge Frédéric Royal, 'ledenkaartje A. G. Kröller', 1889. Anton kwam vermoedelijk met de vrijmetselarij in aanraking via zijn broer Nico, die sinds 1888 lid was van deze loge (CMC, Loge Frédéric Royal, 'ledenkaartje N. E. Kröller', 1888).
45 W. C. Mees, 'Het koopmanshuis Haringvliet 98', *Rotterdamsch Jaarboekje*, Brusse, Rotterdam 1941, p. 152.
46 Thimo de Nijs, *In veilige haven. Het familieleven van de Rotterdamse gegoede burgerij, 1815-1890*, SUN, Nijmegen 2001, p. 224; Ileen Montijn, *Leven op stand. 1890-1940*, Thomas Rap, Amsterdam 2000, p. 50-51.
47 GAR, bouwtekening Haringvliet 94, 17 september 1940. De beschrijving is tevens deels ontleend aan de beschrijving van het naburige huis, Haringvliet 98. Gezien de gelijksoortige indeling op de bouwtekeningen is dit een redelijk betrouwbare beschrijving van het huis dat de Kröllers bewoonden. Mees (1941), p. 165. Tegenwoordig doet het pand dienst als thuishaven van het Rotterdamse Studentengezelschap.
48 HA500401, HKM aan SvD, 27 november 1910.
49 Van Deventer (2004), p. 30.
50 Anoniem, 'Karakterschets. A. G. Kröller', *De Hollandsche revue* 1(1896)1, p. 355.
51 Van Deventer (2004), p. 33 en W. F. Lichtenauer, 'Antoine Plate (1845-1927)', *Biografisch Woordenboek van Nederland*, www.inghist.nl/Onderzoek/Projecten/BWN/lemmata/bwn1/plate (versie 13 maart 2008).
52 Anoniem, 'Karakterschets. A. G. Kröller', *De Hollandsche revue* 1(1896)1, p. 363.
53 Tenzij anders aangegeven zijn de gegevens over de Batavierlijn en de groei van Müller & Co ontleend aan: L. von Münching, *De geschiedenis van de Batavierlijn. Nederlands oudste stoomvaartlijn, 1830-1958*, Van Wijnen, Franeker 1994, p. 18, 21-33.
54 Harry van Wijnen, *Grootvorst aan de Maas. D. G. van Beuningen (1877-1955)*, Balans, Amsterdam 2004, p. 106.
55 Van de Laar (2000), p. 119.
56 Appeldoorn (1990), p. 11-12, 15-16. Vincent van der Burg en Christoph ten Houte de Lange, *De Hoogstaangeslagenen in 's Rijks directe belastingen, 1848-1917. De Verkiesbaren voor de Eerste Kamer der Staten-Generaal*, Barjesteh van Waalwijk van Doorn, Zeist 2004, p. 201. Helaas wordt in deze publicatie niet aangegeven hoe groot Antons vermogen precies was.

57 Van Deventer (2004), p. 33.
58 Thera Wijsenbeek-Olthuis, *Het Lange Voorhout. Monumenten, mensen en macht*, Waanders, Zwolle 1998, p. 201.
59 Van Deventer (2004), p. 33.
60 Thimo de Nijs en John Sillevis, *Den Haag. Geschiedenis van de stad. Deel 3. Negentiende en twintigste eeuw*, Waanders, Zwolle 2005, p. 110.
61 Citaat van raadslid Stam 1865, geciteerd naar: P. R. D. Stokvis, *De wording van modern Den Haag. De stad en haar bevolking van de Franse tijd tot de Eerste Wereldoorlog*, Waanders, Zwolle 1987, p. 45.
62 Jan Hein Furnée, *Vrijetijdscultuur en sociale verhoudingen in Den Haag, 1850-1890*, proefschrift Rijksuniversiteit Groningen, Groningen 2007, p. 60.
63 Tenzij anders vermeld, is ook voor de onderstaande beschrijving van het Lange Voorhout gebruikgemaakt van: Wijsenbeek-Olthuis (1998), p. 201-206.
64 Idem, p. 202.
65 M. Eyssel, *'s Gravenhage van voorheen en thans. In brieven I en II*, M. M. Couvée, 's Gravenhage 1879, geciteerd naar: Wijsenbeek-Olthuis (1998), p. 201.
66 Wijsenbeek-Olthuis (1998), 246-248, 279.
67 HGA, bevolkingsregister, 'Kröller', 1895-1913.
68 Anneke Landheer-Roelants, *Romantisch buitenwonen in de stad. 125 jaar Van Stolkpark*, Stichting Matrijs, Utrecht 1999, p. 19; Jannes de Haan, *Villaparken in Nederland. Een onderzoek aan de hand van het villapark Duin en Daal te Bloemendaal 1897-1940*, Schuyt & Co, Haarlem 1986, p. 13-15.
69 G. L. Hondius, 'Het Van Stolkpark, geschiedenis van een "Rotterdams" buurtje tussen Scheveningen en Den Haag', *Geschiedkundige Vereniging Die Haghe. Jaarboek 1970*, J. N. Voorhoeve, Den Haag [z.j.], p. 29-32.
70 Landheer-Roelants (1999), p. 196-197, 247.
71 Idem.
72 HGA/BW, beheersnr. 666, inv.nr. 1693, centr.nr. 4507, Falkenburg & Co, 'Stalgebouw, Dwarsweg 2', [1901].
73 Huize ten Vijver werd in 1943 afgebroken om plaats te maken voor de Duitse verdedigingswerken.
74 De beschrijving van Huize ten Vijver is gebaseerd op: HGA/BW, beheersnr. 666, inv.nr. 1693, Falkenburg & Co, 'Villa "Ma Retraite" voor den Heer A.G. Kröller, Dwarsweg 1', [1901]; Van Deventer (2004), p. 34-35.
75 Montijn (2000), p. 221.
76 Van Deventer (2004), p. 29. Uit een brief van haar voormalige strijkster blijkt dat Helene sommige personeelsleden ook nadat zij uit dienst waren gegaan nog stof voor kleding en andere spullen stuurde: 'mijne Mevrouw, waar ik slechts maar acht jaar de huis strijkster ben geweest en nu al 13 a 14 jaar niets dan weldaad van [...] ontvang': HA410257, mevrouw Oosterhof aan HKM, 26 december 1915.
77 HGA, bevolkingsregister 1895-1913, de huisknecht, kinderjuffrouw en gouvernante kwamen in 1901 in dienst. De koetsier en kamenier in 1905.
78 Montijn (2000), p. 57, 191.
79 HA500144, HKM aan SvD, 1 juni 1910.
80 HA500379, HKM aan SvD, 2 november 1910.
81 HA502007, HKM aan SvD, [1911].
82 Van Deventer (2004), p. 29.
83 HA502018, HKM aan SvD, 3 mei 1924.
84 HGA/TS, toeg.nr. 0653-01, inv.nrs. 92 t/m 95, 'HBS klassen 1 en 2, 1901/1902 t/m 1946/1947', 'HBS klassen 3a en 3 b, 1900/1901 t/m 1946/1947', 'HBS klasse 4a, 1899/1900 t/m 1946/1947' en 'HBS klasse 5a, 1901/1902 t/m 1946/194'.
85 HGA/TS, toeg.nr. 0653-01, inv.nr. 94, 'HBS klasse 4a, 1899/1900 t/m 1946/1947'.
86 HA502037, HKM aan SvD, 23 november 1913.
87 HA502032, HKM aan SvD, 18 maart 1911.
88 HGA/HGC, toeg.nr. 1400, inv.nr. 12, 'Reglement van de Haagsche Mixed Hockey Club O.D.I.S.' 1905, inclusief archiefbeschrijving van dit toegangsnummer.
89 HA500199, HKM aan SvD en Wim Kröller, 19 januari 1910; HA500200, HKM aan SvD, [1910] en HA500452, HKM aan SvD, 28 januari 1911.
90 HGA/HGC, toeg.nr. 1400, inv.nr. 10, 'Jaarverslag 1907-1908 der Haagsche Mixed Hockey Club O.D.I.S.' 1908.
91 Van Deventer (2004), p. 27.
92 HA410936, HKM aan mevrouw Hoogewerff, 9 februari 1921.

93 Frits Goosmann, *Anthony George Kröller. Vrijmetselaar*, ongepubliceerd manuscript, te vinden in de bibliotheek van het Cultureel Maçonniek Centrum Prins Frederik in Den Haag z.j., p. 1-2.
94 Len de Klerk, *Particuliere plannen. Denkbeelden en initiatieven van de stedelijke elite inzake de volkswoningbouw en de stedebouw in Rotterdam, 1860-1950*, NAi Uitgevers, Rotterdam 1998, p. 36-38; Henk van Dijk, Joop Visser [e.a.], 'Regional differences in social mobility. Patterns in the Netherlands between 1830 and 1940', *Journal of social history* 17(1984)3, p. 438.
95 P. R. D. Stokvis, *Het intieme burgerleven. Huishouden, huwelijk en gezin in de lange negentiende eeuw*, Bert Bakker, Amsterdam 2005, p. 22.
96 HA500448, HKM aan SvD, 26 januari 1911.
97 Hildelies Balk, *De kunstpaus. H. P. Bremmer 1871-1956*, Thoth, Bussum 2006, p. 146-148.
98 Yme Kuiper, 'Aristocraten contra burgers. Couperus' *Boeken der kleine zielen* en het beschavingsdefensief rond 1900', in: Remieg Aerts [e.a.] (red.), *De stijl van de burger. Over Nederlandse burgerlijke cultuur vanaf de middeleeuwen*, Kok Agora, Kampen 1998, p. 195; Stokvis (1987), p. 216.
99 Will Elliot Griffis, *The American in Holland. Sentimental rambles in the eleven provinces of the Netherlands*, [s.n.], Londen 1899, p. 345.
100 Anoniem, 'Inkomen en vermogen te 's-Gravenhage bezien aan de hand van de belastingstatistiek', *'s-Gravenhage. Maandblad der Gemeente 's-Gravenhage* 10(1955)10, p. 12.
101 Kuiper (1998), p. 209-210, 213-217.
102 Thorstein Veblen noemt dit fenomeen 'conspicuous consumption', zie: Thorstein Veblen, *The theory of the leisure class*, Modern Library, New York 2001 [eerste druk 1899]. Het opvallend consumeren werd en wordt statusbevestigend of statusverhogend ingezet, maar kan makkelijk – wanneer niet uitgevoerd volgens de cultureel bepaalde regels van de betreffende sociale groep – een averechts effect hebben. In de Haagse upper class van het *fin de siècle* werd al te opvallend vertoon van weelde al snel gezien als een teken van onbeschaafdheid.
103 Martin Bossenbroek, *Holland op zijn breedst. Indië en Zuid-Afrika in de Nederlandse cultuur omstreeks 1900*, Bert Bakker, Amsterdam 1996, p. 247-248.
104 Idem, p. 350. Bart de Graaff, 'Honderd jaar Nederlandse betrokkenheid', in: Bill Nasson, *De Boerenoorlog 1899-1902*, Verloren, Hilversum 1999, p. 9-10, 13-16.
105 Martin Meredith, *Diamonds, gold and war. The British, the Boers, and the making of South Africa*, Simon & Schuster, London 2007, p. 366, 398.
106 Idem, p. 294.
107 In maart 1897 vernieuwden Kruger en president Steyn van Oranje Vrijstaat een defensieverdrag, waarin zij elkaar steun toezegden wanneer een van de twee staten bedreigd werd, zie: idem, p. 370.
108 Bossenbroek (1996), p. 237; De Graaff (1999), p. 13-15.
109 E. H. Kossmann, *De Lage Landen, 1780-1980. Twee eeuwen Nederland en België. Deel I: 1780-1914*, Agon, Amsterdam 1986, p. 352.
110 KMM, foto F000193R. Wasklewicz-van Schilfgaarde noemt Helene Kröller niet bij naam als een van de 'bloemenmeisjes', maar de foto uit het KMM-archief waarop de zes meisjes met naam in het onderschrift aangeduid worden, laat zien dat zij hier wel deel van uitmaakte. Het fotobijschrift van Piet de Jonge in HKM vermeldt ten onrechte dat Kruger en zijn Zuid-Afrikaanse delegatie ontvangen werden door de Kröllers in de wintertuin van Huize ten Vijver, terwijl de Kröllers in december 1900 nog niet in Ten Vijver woonden. De foto waar dit bijschrift bij geplaatst is, is genomen in Hotel des Indes (dit is af te leiden uit HGA, fotonr. 1.00573 en 0.43491 en hun bijschriften). Piet de Jonge, *HKM: Helene Kröller-Müller. Een biografische schets in woord en beeld*, Kröller-Müller Museum, Otterlo 2004, p. 56.
111 Meredith (2007), p. 450-451, 455, 467.
112 Zie voor dit onderwerp: hoofdstuk 7 'Miss Hobhouse saw' en hoofdstuk 8 'Not without Honour' in: John Fischer, *That Miss Hobhouse. The Life of a Great Feminist*, Secker & Warburg 1971.
113 De Graaff (1999), p. 18-19.
114 Het hoofdbestuur der Nederlandsche Zuid-Afrikaansche Vereeniging, 'De uitvaart van President Kruger', *De Zuid-Afrikaansche Post* 6 oktober 1904.

115 Von Münching (1994), p. 46-47; Anoniem, 'President Kruger's uitvaart', *De Zuid-Afrikaansche Post* 13 oktober 1904.
116 Anoniem, 'Kruger's uitvaart', *De Zuid-Afrikaansche Post* 3 november 1904.
117 Johannes Meintjes, *President Steyn. A biography*, Nasionale Boekhandel, Kaapstad 1969, p. 189.
118 Tijdens hun verblijf in Scheveningen gaven de Steyns het adres van de Kröllers op als contactadres. Zie de 'Adreslijst van personen uit Z.-A., in Europa vertoevende', *De Zuid-Afrikaansche Post* 21 juli, 11 augustus en 1 september 1904. De overgeleverde correspondentie tussen Helene en Tibbie Steyn beslaat de jaren tussen 1919 en 1935, waarin zij elkaar ongeveer twee tot drie keer per jaar schreven, hoofdzakelijk over familieaangelegenheden.
119 Anoniem, 'Het Zuid-Afrikaansche Museum', *De Zuid-Afrikaansche Post* 25 augustus 1904.
120 Met veel dank aan Teio Meedendorp voor het beschikbaar stellen van zijn archief.
121 Nijlands museum bestond uit de inzendingen van Transvaal en Oranje Vrijstaat voor de wereldtentoonstelling van 1900 in Parijs. Uit angst dat de kunstwerken en gebruiksvoorwerpen bij terugzending in Britse handen zouden vallen, kocht Nijland ze voor een symbolisch bedrag op. Met Kruger kwam hij overeen dat hij alle voorwerpen weer zou teruggeven aan Zuid-Afrika, zodra de situatie daar gestabiliseerd was. Na de ondertekening van de vrede in 1902 en het overlijden van Kruger in 1904 weigerde Nijland zijn belofte na te komen, omdat hij de Engelse invloed in de regio te groot vond. Vermoedelijk liet Nijland zich daarom tijdens het bezoek van Steyn niet zien. P.J. Horsman, 'Het Zuid-Afrikaans Museum te Dordrecht', *Gemeentelijke archiefdienst Dordrecht. Kwartaal en teken van Dordrecht* 3(1977)3-4, p. 6-9.
122 HA500895, HKM aan SvD, 7 juni 1912.

3

1 De benaming 'De Kunstpaus' in de titel is ontleend aan: Balk (2006). Citaat: HGA/FB, toeg.nr. 0836-01, inv.nr. 6-8, Aleida Bremmer-Beekhuis, *H.P. Bremmer. Dienaar der Kunst*, ongepubliceerd manuscript 1937-1941/43, p. 326. Het is niet met absolute zekerheid te zeggen of Helene in 1905 of 1906 voor het eerst lessen bij Bremmer nam, omdat diens leerlingenadministratie slechts bewaard is gebleven sinds in 1912 (zie het boekje met cursusadministratie in: RKD/HB, archiefnr. 0391). Volgens Aleida Bremmer begon Helene jr. in 1905 met de lessen en volgde haar moeder korte tijd later. Van Deventer plaatst de introductie een jaar later in 1906/1907. Omdat Van Deventer ook in andere publicaties weinig betrouwbaar blijkt wanneer het om jaartallen gaat, wordt uitgegaan van de datering van Aleida Bremmer. Bovendien was hij zelf ook niet helemaal zeker van zijn datering, afgaande op zijn formulering: 'Het zal rond 1906/1907 zijn geweest, dat Mevrouw Kröller H.P. Bremmer voor het eerst ontmoette.' Van Deventer (2004), p. 40.
2 Dit bleek uit een interview met mevrouw Everwijn-Brückmann, 10 mei 2010. In het manuscript van Aleida Bremmer-Beekhuis (zie noot 1) wordt vermeld dat Helene jr. lessen bij Bremmer nam ter voorbereiding op een reis naar Italië samen met haar moeder. Deze reis vond pas plaats in 1910. Uit de correspondentie van zowel moeder als dochter is op te maken dat dit hun eerste gezamenlijke reis naar Italië was.
3 Volgens Van Deventer werd Helene geattendeerd op Bremmers cursus door een vriend van Anton, de toenmalige NRC-journalist A.A. Humme (Van Deventer noemt hem hoofdredacteur van *Het Vaderland*; die functie kreeg hij echter pas in 1917), zie: Sam van Deventer, *Dr. H.P. Bremmer. Kunstberater des Ehepaares Kröller-Müller*, Poeschel & Schulz-Schomburgk, Eschwege 1957, p. 10. Volgens Aleida Bremmer introduceerde Helene jr. haar moeder bij Bremmer, wat bevestigd wordt door de kleinkinderen Kröller. Sam van Deventer en Helene jr. raakten in de jaren 1910 gebrouilleerd, waardoor hij haar mogelijk deze eer niet heeft willen gunnen.
4 Tenzij anders aangegeven, zijn gegevens over Bremmers achtergrond en loopbaan ontleend aan het eerste hoofdstuk van Balk (2006), p. 14-60.

5 Balk (2006), p. 144.
6 In het archief van Kröller-Müller Museum bevinden zich onder meer vijf lezingen door W.G.C. Bijvanck bij de Vereeniging voor Wijsbegeerte in Den Haag (HA417936 en HA417937) en dictaten met aantekeningen bij een lezingenreeks van Rudolf Steinmetz (HA417926). Verder zijn veel lezingen aanwezig over bijvoorbeeld staatkunde, geschiedenis en het spinozisme. Deze laatste dateren echter vermoedelijk uit de tijd dat Helene penningmeester was van de Haagsche Volksuniversiteit, waardoor het minder zeker is of zij deze cursussen ook zelf volgde. Over Steinmetz, zie: A.J.F. Köbben, 'Sebald Rudolf Steinmetz (1862-1940). Een hartstochtelijk geleerde', in: J.C.H. Blom, P.H.D. Leupen [e.a.], *Een brandpunt van geleerdheid in de hoofdstad. De Universiteit van Amsterdam rond 1900 in vijftien portretten*, Verloren/Amsterdam University Press, Hilversum/Amsterdam 1992, p. 313-340.
7 Balk (2006), p. 142-143.
8 Gay (2002), p. 213 en 225. Michael Wintle, *Pillars of Piety. Religion in the Netherlands in the Nineteenth Century*, Hull University Press, Hull 1987, p. 43. Frits Boterman en Piet de Rooy, *Op de grens van twee culturen. Nederland en Duitsland in het Fin de Siècle*, Balans, Amsterdam 1999, p. 113-114, 120-121 en 128-130.
9 Geciteerd naar: Balk (2006), p. 45.
10 Voor een uiteenzetting van de totstandkoming van Bremmers praktische esthetica, zie onder meer: Elly Stegeman, 'Bremmer, Van Gogh en de praktische esthetica', *Jong Holland* 9(1993)2, p. 37-48. Hierin wordt echter gesuggereerd dat Bremmer zich sterk door Theodor Fechners *Vorschule der Aesthetik* (1876) liet beïnvloeden, wat overtuigend wordt weerlegd door Balk in haar proefschrift (Hildelies Balk, *De kunstpaus. H.P. Bremmer 1871-1956*, proefschrift Vrije Universiteit Amsterdam 2004, p. 87-88). Het is niet met zekerheid te zeggen hoe Bremmer tot de term 'practische aesthetica' kwam. Stegeman gaat ervan uit dat Bremmer de term ontleende aan Ludwig Volkmann, *Naturprodukt und Kunstwerk: vergleichende Bilder zum Verständnis des künstlerischen Schaffens*, Kühtmann, Dresden 1903 [1902].

11 Balk (2006), p. 102-109.
12 H.P. Bremmer, *Practische Aesthetische Studies*, W. Versluys, Amsterdam 1909, p. 1-2.
13 Peter Hecht, Annemieke Hoogenboom [e.a.] (red.), *Kunstgeschiedenis in Nederland. Negen opstellen*, Prometheus, Amsterdam 1998, p. 93. Jan Veth zou overigens in 1918 buitengewoon hoogleraar kunstgeschiedenis en esthetica worden aan de Rijksacademie voor Beeldende Kunsten in Amsterdam. Johan Huizinga, *Leven en werk van Jan Veth*, H.D. Tjeenk Willink & Zoon, Haarlem 1927, p. 191.
14 H.P. Bremmer, *Een inleiding tot het zien van beeldende kunst*, Versluys, Amsterdam 1914 [eerste druk 1906], p. 3 en hoofdstuk IV: 'Hoe moet men beeldende kunst zien?'
15 Balk (2006), p. 58-59.
16 De term *Entzauberung der Welt* werd gemunt door Max Weber. Zie bijvoorbeeld: Max Weber, *Gesamtausgabe. Wissenschaft als Beruf, 1917/1919. Politik als Beruf, 1919*, Mohr, Tübingen 1992, p. 87.
17 Sybrand Thissen, *De spinozisten. Wijsgerige beweging in Nederland (1850-1907)*, SDU Uitgevers, Den Haag 2000, p. 251.
18 Thissen (2000), p. 245-252.
19 H.J. Vink, 'Bremmer, Spinoza en de abstracte kunst', *Jong Holland* 3(1987)2, p. 46.
20 Zie bijvoorbeeld hoofdstuk 4 'De beweging van Tachtig' in: Roger Henrard, *Wijsheidsgestalten in dichterwoord. Onderzoek naar de invloed van Spinoza op de Nederlandse literatuur*, Van Gorcum, Assen/Amsterdam 1977, p. 97-276.
21 Balk (2006), p. 113. Verwey besprak Gorters vertaling van Spinoza's *Ethica* enige tijd later in: Albert Verwey, 'Spinoza's Ethica', *Tweemaandelijksch tijdschrift voor letteren, kunst, wetenschap en politiek*, 2(1896)2, p. 437-447.
22 Balk (2006), p. 113-115.
23 Gerard Heymans, *Gerardus Heymans. Over metafysica en esthetica*, Ambo, Baarn 1987, p. 68.
24 Jan Bank en Maarten van Buuren, *1900. Hoogtij van burgerlijke cultuur*, SDU Uitgevers, Den Haag 1999, p. 315. De beschrijving van de theorieën van Fechner en Heymans zijn aan dezelfde publicatie ontleend, p. 315-316.

25 Het is overigens frappant dat juist Spinoza kunst en literatuur zag als het resultaat van de menselijke verbeelding, een illusie, die niets met de werkelijkheid te maken heeft. De vele kunstenaars en hun pleitbezorgers, die zich onder de spinozisten bevonden, gaven dit aspect van Spinoza's gedachtegoed uiteraard weinig aandacht. Vink (1987), p. 47.
26 Boterman en De Rooy (1999), p. 120-121.
27 Volgens Aurier was het noodzakelijk dat beschouwers met 'liefdevolle overgave' een werk tegemoet traden, zodat zij de transcendentale emotie die de kunstenaar erin had gelegd, zouden kunnen ontwaren. Die uitwerking op de beschouwer noemde Aurier de esthetische emotie. Vink (1987), p. 45. Dankzij Borel kende Bremmer het werk van Aurier goed, met name de artikelen die hij in *Mercure de France* publiceerde.
28 Bremmer (1914), p. 67.
29 Idem, p. 16.
30 Idem, p. 59.
31 Idem, p. 59.
32 Idem, p. 61.
33 Idem, p. 67.
34 Idem, p. 68.
35 Anna Tumarkin, *Spinoza. Acht Vorlesungen gehalten an der Universität Bern*, Quelle und Meyer, Leipzig 1908. Dit boekje bevond zich in de bibliotheek van Helene Kröller-Müller, die is ondergebracht in het Kröller-Müller Museum, zie: KMM, BIB HKM 195.
36 HA502299, HKM aan SvD, 16 januari 1910.
37 HA500914, HKM aan SvD, 6 juli 1912.
38 Inleiding bij: Benedictus de Spinoza, *Ethica*, Prometheus/Bert Bakker, Amsterdam 2002, p. 23.
39 HA500914, HKM aan SvD, 6 juli 1912.
40 Zie bijvoorbeeld: Jan van Adrichem, *De ontvangst van de moderne kunst in Nederland 1910-2000. Picasso als pars pro toto*, Prometheus, Amsterdam 2001, p. 140-141. Van Adrichem baseert deze opvatting op het gegeven dat Helene Kröller-Müller in haar collectie de ontwikkeling van realisme naar abstractie in de moderne kunst wilde laten zien, wat hij 'een bovenhistorische dialectiek, en een toepassing van Hegels gedachtegoed' noemt. Dit idee ontwikkelde Helene pas in de late jaren tien en twintig; de basis voor haar kunstbeschouwing werd al veel eerder gelegd en kreeg vorm aan de hand van Spinoza. Helene noemde Hegel overigens, in tegenstelling tot Spinoza en in mindere mate Nietzsche, geen enkele keer in haar brieven.
41 Marty Bax, *Het web der schepping. Theosofie en kunst in Nederland van Lauweriks tot Mondriaan*, SUN, Amsterdam 2006, p. 62-63 en Vink (1987), p. 46.
42 De Spinoza (2002), p. 79.
43 HA501174, HKM aan SvD, 22 juni 1913.
44 HA501874, HKM aan SvD, 8 januari 1927. Deze spreuk zelf ontstond toen zij Henry van de Velde een embleem liet ontwerpen, dat de verheffing van het geestelijke over het materiële moest symboliseren, zie ook hoofdstuk 11, noot 137.
45 Bax (2006), p. 63-64 en 66. De theosofie zoals deze bekend is geworden, werd in het laatste kwart van de negentiende eeuw door Helena Blavatsky ontwikkeld. Zij bracht deze onder de aandacht van een groot aantal westerlingen door haar werk en publicaties voor de Theosophical Society, die zij in 1875 mede oprichtte in New York. Blavatsky's theosofie was dus geen 'eeuwenoude' filosofie, zoals zij mensen graag wilde doen geloven. Zie bijvoorbeeld: Peter Washington, *Madame Blavatsky's baboon. Theosophy and the emergence of the western guru*, Secker & Warburg, Londen 1993.
46 Dit betekende overigens niet dat ze zich zou laten weerhouden het werk van Mondriaan te kopen. Ze interpreteerde zijn abstracte werk eenvoudigweg met haar eigen spirituele opvattingen. Zie ook hoofdstuk 10 'Winst en verlies'.
47 Wassily Kandinsky, *Über das Geistige in der Kunst insbesondere in der Malerei*, Piper, München 1912.
48 Balk (2006), p. 135.
49 De beschrijving van Bremmers cursuskamer is ontleend aan Van Deventer (2004), p. 40.
50 Een van deze bundels, waar vooral veel poëzie van de Tachtigers in staat, is te raadplegen in het Haags Gemeentearchief, zie: HGA/FB, toeg.nr. 0836-01, inv.nr. 15, H.P. Bremmer: diverse overgeschreven gedichten.

51 Balk (2006), p. 184-92.
52 Tussen 1903 en 1910 publiceerde Bremmer het tijdschrift *Moderne kunstwerken. Schilderijen, teekeningen en beeldhouwwerken*, waarvan hij de redactie voerde en dat hij grotendeels zelf volschreef. Nadat het tijdschrift ter ziele was gegaan, richtte hij in 1913 het tijdschrift *Beeldende kunst* op dat tot 1938 werd uitgegeven. Beide uitgaven werden gekenmerkt door de grote hoeveelheid reproducties. Balk (2006), p. 86-91.
53 De (onvolledige) aankoopadministratie die Bremmer later zou bijhouden, begint in 1907. Niettemin is een aantal tekeningen in de collectie aanwezig die in 1905 en 1906 gekocht zouden zijn. Uit de herkomstgegevens is echter niet op te maken of die werken al in deze jaren (via Bremmer) door Helene werden gekocht of dat deze data verwijzen naar de laatst bekende veiling waar ze werden gekocht. In dat geval kunnen de tekeningen ook later in de verzameling opgenomen zijn.
54 Balk (2006), p. 92-94.
55 Hondius (1970), p. 31.
56 HA502031, HKM aan SvD, 14 november 1911.
57 Zie bijvoorbeeld: HA500383, HKM aan SvD, 6 november 1910.
58 HA500829, HKM aan SvD, 28 maart 1912.
59 Citaat ontleend aan: HA510046, Helene Brückmann-Kröller aan Paul Brückmann, 24 november 1909. Anton kocht *Rozen en pioenen* in 1909, zie: Franck Gribling, Paul Hefting [e.a.], *Schilderijen van het Rijksmuseum Kröller-Müller*, Rijksmuseum Kröller-Müller, Otterlo 1970, p. 126. In 1941 verkocht Anton het schilderij aan de Kröller-Müller Stichting, waardoor het tegenwoordig onderdeel uitmaakt van de collectie van het Kröller-Müller Museum, zie: Jos ten Berge, Teio Meedendorp [e.a.], *De schilderijen van Vincent van Gogh in de collectie van het Kröller-Müller Museum*, Kröller-Müller Museum, Otterlo 2003, p. 146, noot 2.
60 HA500180, HKM aan SvD, 28 juni 1910.
61 HA502172, AGK aan HKM, [na 17 juli 1914].
62 HGA/FB, toeg.nr. 0836-01, inv.nr. 6-8, Bremmer-Beekhuis, p. 326.
63 Idem, p. 326-327.
64 Idem, p. 327.
65 Idem, p. 328.
66 Balk (2006), p. 210.
67 Van Deventer (2004), p. 69. HKM aan SvD, 17 juni 1913 (HA501170).
68 HA502147, HKM aan Bob Kröller, 18 juli 1921.
69 Idem.
70 Helene maakt in haar brieven geen melding van dit bezoek aan de kunsthandel van Cassirer. Niettemin mag worden aangenomen dat Helene en Anton de tentoonstelling bezochten aangezien deze ten tijde van hun verblijf plaatsvond en omdat het vaststaat dat zij bij Cassirer *Maaier met zeis* kochten. Ten Berge en Meedendorp (2003), p. 390.
71 Walter Feilchenfeldt, *Vincent van Gogh & Paul Cassirer, Berlin. The reception of Van Gogh in Germany from 1901 to 1914*, Waanders, Zwolle 1988.
72 Al in 1880 had Van Gogh zijn hand geoefend door gravuren uit deze serie na te tekenen, zie bijvoorbeeld brief 156, Vincent van Gogh aan Theo van Gogh, 20 augustus 1880, in: Leo Jansen en Hans Luijten [e.a.] (red.), *De brieven. De volledige, geïllustreerde en geannoteerde uitgave*, Van Gogh Museum/Huygens Instituut, Amsterdam/Den Haag 2009, deel 1, p. 250-251.
73 Ten Berge en Meedendorp (2003), p. 390.
74 Balk (2006), p. 405-407.
75 Chris Stolwijk, Han Veenenbos [e.a.], *The account book of Theo van Gogh and Jo van Gogh-Bonger*, Van Gogh Museum/Primavera Pers, Amsterdam/Leiden 2002, p. 185.
76 VGM, inv.nr. b4075 V/1989, Paul Cassirer aan Jo Cohen Gosschalk-Bonger (Jo van Gogh-Bonger), 18 december 1910.
77 HA502181, HKM aan AGK, 22 mei 1911.
78 HA502170, AGK aan HKM, [27 mei] 1911.
79 Feilchenfeldt (1988), p. 113.
80 Balk (2006), p. 408.
81 HA502153, AGK aan HKM, [oktober] 1914.
82 HA502035, HKM aan H.P. Bremmer, 18 november 1910.
83 HA501091, HKM aan SvD, 14 maart 1913.
84 HA500387, HKM aan SvD, 12 november 1910.
85 Helene Kröller-Müller, *Beschouwingen over problemen in de ontwikkeling der moderne*

schilderkunst, U.M. Holland, Amsterdam 1925, p. 22.
86 Balk (2006), p. 235; KMM, inv.nr. HA378031, H.P. Bremmer, 'Lezing gehouden door den heer H.P. Bremmer ter gelegenheid van het 25-jarig jubileum van den Heer A.G. Kröller', 15 juni 1914, p. 7.
87 Balk (2006), p. 248-249.
88 KMM, inv.nr. HA378021, H.P. Bremmer, 'Overzicht van de verzameling van Mevrouw A.G. Kröller', 1922, p. 1-2.
89 Voorbeeld ontleend aan: Balk (2006), p. 211-212, 294-296.
90 HA500211, HKM aan SvD, 8 juli 1910.
91 HA500140, HKM aan SvD, 29 juni 1910.
92 Helene schreef in een aantal brieven over het portret door Van Hettinga Tromp, zie onder meer: HA501411, HKM aan SvD, 12 juli 1914 en HA501418, HKM aan SvD, 21 juli 1914.
93 Zie ook: Eva Rovers, '"He is the key and the antithesis of so much": Helene Kröller-Müller's fascination with Vincent van Gogh', *Simiolus. Netherlands quarterly for the history of art*, 33(2009)4, p. 258-272.
94 Een voorbeeld waaruit deze faam blijkt, is de keuze van de Bredase winkelier Mouwen in 1903 om Bremmer in te schakelen om de authenticiteit van zijn collectie Van Goghs vast te stellen. Balk (2006), p. 239.
95 Bogomila Welsh-Ovcharov, 'I shall grow in the tempest', in: Joseph D. Masheck (red.), *Van Gogh 100*, Greenwood Press, Westport, Connecticut 1996, p. 6.
96 Jan Toorop was een actieve pleitbezorger van Van Gogh, die voor 1895 onder meer tweemaal een tentoonstelling organiseerde van tekeningen van Van Gogh. Andere vroege pleitbezorgers waren de schrijver en criticus Frederik van Eeden (zie bijvoorbeeld Frederik van Eeden, 'Vincent van Gogh', *De Nieuwe Gids* 6(1891)1, p. 263-270), en de kunstenaars Jan Veth en Richard Roland Holst, die in de winter van 1892/1893 in het Amsterdamse Panoramagebouw een grote tentoonstelling organiseerden en beiden over het werk van Van Gogh schreven.
97 David van der Kellen, 'Tentoonstelling van werken nagelaten door wijlen Vincent van Gogh en van C. Spoor, Jr.' *Nieuws van den Dag* 25 december 1892 en Carol M.

Zemel, *The formation of a legend. Van Gogh criticism, 1890-1920*, UMI Research Press, Ann Arbor, Michigan 1980, p. 21.
98 Balk (2006), p. 238.
99 Martha Op de Coul, 'In search of Van Gogh's Nuenen studio: the Oldenzeel exhibitions of 1903', *The Van Gogh Museum Journal*, 8(2002)1, p. 104-119; Balk (2006), p. 239; Ron Dirven en Kees Wouters (red.), *Verloren vondsten. Vincent van Gogh, het mysterie van de Bredase kisten*, Breda's Museum, Breda 2003, p. 28-40.
100 Albert Plasschaert, 'Schilderkunst. Vincent van Gogh (Oldenzeel)', *De Kroniek* 7 november 1903, p. 355.
101 Lang werd op basis van Van Deventers *De geschiedenis van een cultureel levenswerk* aangenomen dat *Vier uitgebloeide zonnebloemen* (1887) het eerste schilderij van Van Gogh was dat Helene kocht (Van Deventer (2004), p. 42). Die datering van de eerste Van Gogh-aankoop is een voorbeeld van de feitelijke onjuistheden die het boek bevat. In een brief van 26 september 1928 aan dr. Lilli Fischel van de Badische Kunsthalle in Karlsruhe over de totstandkoming van de collectie noemt een medewerker van Helene namelijk *Bosrand* als eerste aankoop (HA412398). Ten Berge en Meedendorp (2003), p. 23, noot 4, p. 41 en 443. Overigens kocht Helene niet zelf, maar Bremmer namens haar het werk bij Biesing. De precieze aankoopdatum is onbekend.
102 Uit het aankoopboek dat Bremmer bijhield, is op te maken dat Helene vooral in de eerste jaren over het algemeen bedragen besteedde onder de duizend gulden. Dit varieerde tussen veertig gulden voor een bloemstilleven van Theo Hekker tot negenhonderd gulden voor een stilleven van Willem de Zwart. Voor gerenommeerde namen zoals Floris Verster en Paul Gabriël was zij een enkele maal wel bereid om twaalfhonderd of zelfs driehonderd gulden uit te geven. KMM, inv.nrs. HA379628-HA379630, H.P. Bremmer, 'Aankopen 1907-1915'.
103 HA502036, HKM aan SvD, 26 maart 1909.
104 Balk (2006), p. 109-110.
105 Helene verwijst naar Spinoza's kennistheorie in relatie tot Van Gogh in verschillende brieven, waaronder:

HA500387, HKM aan SvD, 12 november 1910 en HA502324, HKM aan SvD, 29 januari 1910.
106 HA502036, HKM aan SvD, 26 maart 1909. Ook Helene jr. maakte in haar brieven melding van de aankomst van de *Citroenen* in Huize ten Vijver, die toonden hoe het er in 'het Paradijs' uitzag, zie: HA510001, Helene Brückmann-Kröller aan Paul Brückmann, 29 augustus 1909.
107 HA500387, HKM aan SvD, 12 november 1910.
108 HA500914, HKM aan SvD, 6 juli 1912.
109 Idem.
110 HA501397, HKM aan SvD, 21 juni 1914.
111 Zie de inleiding van Johanna van Gogh-Bonger in: Vincent van Gogh, *Verzamelde brieven van Vincent van Gogh*. Deel 1, Wereldbibliotheek, Amsterdam en Antwerpen 1955, p. XXV-XXVI.
112 Brief 155, Vincent van Gogh aan Theo van Gogh, tussen 22 en 24 juni 1880, in: Jansen en Luijten (2009), deel 1, p. 246-249.
113 Brief 158, Vincent van Gogh aan Theo van Gogh, 24 september 1880, in: Jansen en Luijten (2009), deel 1, p. 255-257.
114 In uitzonderlijke gevallen nam Van Gogh Bijbelse thema's tot onderwerp, zoals *De barmhartige Samaritaan (naar Delacroix)* (1890) of *De opwekking van Lazarus (naar Rembrandt)* (1890). Hij probeerde daarmee echter vooral in de geest te werken van de voorgangers die hij bewonderde en aan hun werk een persoonlijke, eigentijdse vorm te geven. Peter Hecht, *Van Gogh en Rembrandt*, Van Gogh Museum/Mercatorfonds/Waanders, Amsterdam/Brussel/Zwolle 2006, p. 7. Verschillende auteurs gaan in op Van Goghs houding ten aanzien van het geloof, zie bijvoorbeeld Debora Silverman, *Van Gogh and Gauguin. The search for sacred art*, Farrar Straus and Giroux, New York 2000; Clifford Edwards, 'Van Gogh's Spiritual Quest: Toward a Theology of Vulnerability', in: Masheck (1996); en Judy Sund, 'Van Gogh's *Berceuse* and the sanctity of the secular', in: Masheck (1996). Zie ook: Haruo Arikawa, '"La Berceuse". An Interpretation of Vincent van Gogh's Portraits', *Annual Bulletin of the National Museum of Western Art, Tokyo*, 15(1981)1, p. 31-75.
115 HA502018, HKM aan SvD, 3 mei 1924.
116 HA500387, HKM aan SvD, 12 november 1910.
117 Necrologie geschreven bij de dood van Meier-Graefe in 1935 door de schilder Leo von König. Geciteerd naar: Robert Jensen, *Marketing modernism in fin-de-siècle Europe*, Princeton University Press, Princeton, N.J 1994, p. 243. 'It was as if the spring wind had flung the window open and fresh air had penetrated the musty studios.'
118 Idem, p. 244-245.
119 Julius Meier-Graefe, *Entwicklungsgeschichte der modernen Kunst. Vergleichende Betrachtung der bildenden Künste, als Beitrag zu einer neuen Aesthetik*, J. Hoffmann, Stuttgart 1904, p. 129.
120 Kröller-Müller (1925), p. 17.
121 HA501312, HKM aan SvD, 10 februari 1914. Volgens Helene maakte de psycholoog Max Verworn als een van de weinigen dit onderscheid net zo duidelijk als Bremmer. Verworn schreef onder meer dat kunst de 'Entwicklungsgang des geistigen Lebens der Menschheit wiederspiegelt'. Max Verworn, *Zur Psychologie der primitiven Kunst. Ein Vortrag*, Fischer, Jena 1908, p. 40.
122 Zo zou de moderne kunst zich volgens haar verder ontwikkelen op basis van Van Gogh (zie bijvoorbeeld: HA500387, HKM aan SvD, 12 november 1910) en noemde zij tevens Van Gogh als eindpunt van deze ontwikkeling door in haar boek zijn werk als voorbeeld van het idealisme op te voeren (Kröller-Müller 1925, p. 45).
123 HA501296, HKM aan SvD, 20 januari 1914.
124 Herbert Henkels, 'Cézanne en Van Gogh in het Rijksmuseum voor Moderne Kunst in Amsterdam. De collectie van Cornelis Hoogendijk (1866-1911)', *Bulletin van het Rijksmuseum*, 41(1993)3-4, p. 256-259. Overigens brak al snel een juridische strijd uit tussen Komter en de erfgenamen van Hoogendijk; de schilderijen zouden uiteindelijk pas in 1920 verkocht worden.
125 HA501299, HKM aan SvD, 23 januari 1914. Het artikel waaraan zij refereerde was: Maurice Denis, 'Cézanne', *Kunst und Künstler* 12(1914)1, p. 208-217 en 277-284.
126 Balk (2006), p. 247.
127 HA502018, HKM aan SvD, 3 mei 1924.
128 Zowel voor Cézanne als Van Gogh gold dat zij in de eerste vijftien jaar van de

twintigste eeuw vooral op waardering konden rekenen van kunstenaars en verzamelaars, bij het grote publiek waren zij nog relatief onbekend. Voor de mate waarin onder meer kubisten en fauvisten in deze jaren Cézanne tot voorbeeld namen, zie bijvoorbeeld: Felix Baumann, Walter Feilchenfeldt [e.a.] (red.), *Cézanne. Aufbruch in die Moderne*, Hatje Cantz, Ostfildern-Ruit 2004.

129 Balk (2006), p. 244-245. Dit vermoeden wordt versterkt door Bremmers keuze om wel Gauguins vroege werk in zijn tijdschriften af te beelden, maar geen enkele keer zijn latere werk uit Tahiti.

130 Meier-Graefe (1904), p. 70; Kröller-Müller (1925), p. 36-37; KMM, inv.nr. HA415388, Helene Kröller-Müller, 'De kunstverzameling.' 1932, p. 2.

131 KMM, inv.nr. HA415388, Helene Kröller-Müller, 'De kunstverzameling', 1932, p.2.

132 Zo kocht de Amsterdamse verzamelaar Willem Beffie in 1913 en 1914 verschillende schilderijen van Franz Marc en andere expressionisten in Berlijn. Maar de Duitse kunstmarkt kwam ook naar Nederland. De Berlijnse kunsthandelaar Herwarth Walden organiseerde hier tussen 1912 en 1916 regelmatig tentoonstellingen van Duitse expressionisten, in het bijzonder van de leden van *Der Blaue Reiter*. Hun werk kwam zodoende terecht in de verzameling van onder anderen Marie Tak van Poortvliet. Caroline Roodenburg-Schadd, *'Goed modern werk'. De collectie Regnault in Het Stedelijk*, Waanders, Zwolle 1995, p. 33-35.

133 Kröller-Müller (1925), p. 135-137. Zodoende interpreteerde Helene zijn werk op dezelfde manier als de expressionisten (zowel de Franse Fauves als de Duitse en Oostenrijkse expressionisten). Voor hen was Van Goghs werk een voorbeeld om vooral vanuit hun eigen emoties te werken, terwijl hij zichzelf als realist beschouwde, die zich liet inspireren door de wereld om hem heen. Jill Lloyd, *Vincent van Gogh en het expressionisme*, Van Gogh Museum/Waanders, Amsterdam/Zwolle 2006, p. 11-13.

134 Voor de discussie over de 'Germaanse Van Gogh' zie Ron Manheim, 'The "Germanic" van Gogh: a case study of cultural annexation', *Simiolus. Netherlands quarterly for the history of art*, 19(1989)4, p. 277-288.

135 Een overzicht van tentoonstellingen in het Duitstalige gebied is te vinden in: Feilchenfeldt (1988), p. 145. Ron Manheim geeft hierop aanvullingen in zijn bespreking van dit boek, zie: Ron Manheim, 'Vincent van Gogh en Paul Cassirer', *Jong Holland* 5(1989)2.

136 Manheim (1989 a), p. 278-279. De navolgende beschrijving van de annexatie van Van Gogh door het Duitstalige gebied is aan dit artikel ontleend. Maar zie voor dit thema ook Lloyd (2006), p. 124-137.

137 Georg Fuchs, *Deutsche Form. Betrachtungen über die Berliner Jahrhundertausstellung und die Münchner Retrospektive*, Georg Müller, München 1907, p. 418.

138 Christian Lenz, 'De visie van Julius Meier-Graefe op Vincent van Gogh', in: Roland Dorn (red.), *Vincent van Gogh en de moderne kunst*, Waanders, Zwolle 1990, p. 30-31.

139 Julius Meier-Graefe, 'Der Maler Vincent van Gogh', *Ganymed* 3(1921), p. 174. 'Dies ist der neuzeitliche germanische Beitrag zur Entwicklung der europäischen Malerei [...]'.

140 Carl Gebhardt, 'Die Neuerwerbungen französischer Malerei in Städelschen Kunstinstitut zu Frankfurt a. M.' *Der Cicerone*, 4(1912), p. 761-769.

141 Idem, p. 762.

142 Idem, p. 763. '[...] wie er die französische Kunst vollenden musste, so wie Michelangelo die Renaissance vollendet – indem er sie vernichtet.'

143 Gezien deze pessimistische opvattingen zou het voor de hand hebben gelegen als Helene geïnteresseerd was geweest in het werk van Oswald Spengler, de grondlegger van het cultuurpessimisme. Zij kende hem persoonlijk en bezat zijn sleutelwerk, *Der Untergang des Abendlandes*, maar was 'wenig begeistert von ihm, weder als Mensch, noch von seinen ganzen Theorien'. HA410291, HKM aan Adele Gallenkamp-Quincke, [z.p.] 21 februari 1924.

144 HA501453, HKM aan SvD, 21 september 1914.

145 Meier-Graefe (1904), p. 129.

146 Nipperdey (1988).
147 HA500387, HKM aan SvD, 12 november 1910.
148 Verworn (1908), p. 42.
149 HA501312, HKM aan SvD, 10 februari 1914.

4

1 Braun (1992), p. 92.
2 Mineke Bosch, *Een onwrikbaar geloof in rechtvaardigheid. Aletta Jacobs 1854-1929*, Balans, Amsterdam 2005, p. 246-251
3 HA502017, HKM aan SvD, [z.d.] april 1924.
4 HA501216, HKM aan SvD, 11 augustus 1913.
5 HA500383, HKM aan SvD, 6 november 1910.
6 De overgeleverde correspondentie tussen Helene en Emily Hobhouse loopt van juni 1922 tot en met mei 1926. In de eerste brief refereert Hobhouse aan een verblijf bij de Kröllers 'last autumn', maar mogelijk werd het eerste contact nog eerder gelegd. HA410913, Emily Hobhouse aan HKM, 22 juni 1922.
7 Gertrude Bussey en Margaret Tims, *Pioneers for peace. Women's international league for peace and freedom 1915-1965*, WILPF, London 1980, p. 43-44.
8 HA410914, Emily Hobhouse aan HKM, 10 november 1922.
9 HA410916, HKM aan Emily Hobhouse, 15 november 1922.
10 HA501671, HKM aan SvD, [1 december] 1922.
11 HA500383, HKM aan SvD, 6 november 1910.
12 HA501634, HKM aan SvD, 30 april 1922, p. 13-14.
13 Ellen Key, *Über Liebe und Ehe. Essays*, Fischer, Berlijn 1906, p. 222.
14 HA501216, HKM aan SvD, 11 augustus 1913.
15 HA502037, HKM aan SvD, 23 november 1913.
16 HA500225, HKM aan SvD, 26 juli 1910.
17 HA502037, HKM aan SvD, 23 november 1913.
18 HA500464, HKM aan SvD, 6 februari 1911.
19 HA502037, HKM aan SvD, 23 november 1913.

20 KMM, inv.nr. HA415434, Toespraak Helene Kröller-Müller bij het huwelijk van Helene Kröller en Paul Brückmann, [2 augustus 1910].
21 Hierover is weinig meer bekend dan twee foto's uit 1907, waarop Helene jr. met een aantal pensionaatgenootjes poseert, zie: KMM, foto's F002367 en F002368.
22 HA510010, Helene Brückmann-Kröller aan Paul Brückmann, 8 september 1909.
23 HA500090, HKM aan SvD, 10 maart [1910].
24 HA500011, HKM aan SvD, 18 augustus 1909 en HA500025, HKM aan SvD, 19 september 1909.
25 HA500130, HKM aan SvD, 10 mei 1910.
26 HA500146, HKM aan SvD, 2 juni 1910.
27 HA510127, Helene Brückmann-Kröller aan Paul Brückmann, 3 juni 1910.
28 HA500146, HKM aan SvD, 2 juni 1910.
29 HA510126, Helene Brückmann-Kröller aan Paul Brückmann, 2 juni 1910. 'Ach arme mama; sie wird doch oft alleine sein.'
30 HA510124, Helene Brückmann-Kröller aan Paul Brückmann, 30 mei 1910. 'Sie kann gar nicht glauben dasz jemand auszer ihr, mir etwas ist.'
31 HA510241, Helene Brückmann-Kröller aan Paul Brückmann, 25 januari 1912. 'Alles in allem genommen bin ich für sie doch noch immer die Tochter von der sie mehr erwartet als von jeder andern willkürlichen. [...] Ach sie will aus mir eigentlich ein doppel wesen – und meine Kräfte reichen gar nicht. Es ist ihr alle noch nicht gut genug.'
32 HA502037, HKM aan SvD, 23 november 1913.
33 HA500813, HKM aan SvD, 8 maart 1912.
34 HA502037, HKM aan SvD, 23 november 1913.
35 Idem.
36 Waarover ze bijvoorbeeld een halfjaar eerder nog schreef in: HA501174, HKM aan SvD, 22 juni 1913.
37 HA510024, Helene Brückmann-Kröller aan Paul Brückmann, 10 oktober 1909.
38 HA500142, HKM aan SvD, 30 mei 1910.
39 HA500146, HKM aan SvD, 2 juni 1910.
40 HA510124, Helene Brückmann-Kröller aan Paul Brückmann, 30 mei 1910.
41 HA500156, HKM aan SvD, 10 juni 1910.
42 HA500164, HKM aan SvD, 12 juni 1910.

43 HA500166, HKM aan SvD, 14 juni 1910.
44 Idem.
45 Idem.
46 HA500156, HKM aan SvD, 10 juni 1910.
47 Idem.
48 HA510134, Helene Brückmann-Kröller aan Paul Brückmann, 10 juni 1910.
49 Balk (2006), p. 115.
50 HA500166, HKM aan SvD, 14 juni 1910.
51 HA500164, HKM aan SvD, 12 juni 1910. In een brief uit 1913 refereerde Helene aan deze reis en noemde daarin het Grand Hotel als de plek waar zij overnacht had, zie: HA501093, HKM aan SvD, 17 maart 1913.
52 Karl Baedeker, *Handbuch für Reisende. Oberitalien mit Ravenna, Florenz und Livorno*, Karl Baedeker, Leipzig 1911, p. 635.
53 L. D. Couprie, 'Rafaëls "Sposalizio". Een mathematische analyse van de compositie', *Simiolus. Netherlands quarterly for the history of art*, 2(1967-1968)3, p. 134 en 140.
54 HA500164, HKM aan SvD, 12 juni 1910.
55 HA501174, HKM aan SvD, 22 juni 1913.
56 HA377553, HKM aan H. P. Bremmer, 28 januari 1910.
57 HA501174, HKM aan SvD, 22 juni 1913.
58 HA502307, HKM aan SvD, 28 januari 1910.
59 HA502035, HKM aan H. P. Bremmer, 18 november 1910.
60 Helene noemde de Haringkade als locatie, maar De Zeemeeuw bevindt zich op de Wagenaarstraat, om de hoek van de Haringkade. Het huis werd gebouwd in opdracht van de arts en verzamelaar Willem Leuring. Thorn Prikker ontwierp voor De Zeemeeuw een aantal meubels en verrijkte onder andere het trappenhuis met een muurschildering, wat wellicht tot Helenes verwarring heeft geleid, zie: Christiane Heiser-Schmid, *Kunst, Religion, Gesellschaft. Das Werk Johan Thorn Prikkers zwischen 1890 und 1912. Vom niederländischen Symbolismus zum Deutschen Werkbund*, proefschrift Rijksuniversiteit Groningen 2008, p. 105-108.
61 Van Deventer (2004), p. 49.
62 Voor (een deel van) de geschiedenis van De Paauw, zie de tentoonstellingscatalogus: L. G. Oosterling, *Huize 'de Paauw' en zijn vorstelijke bewoners*, [s.n.], Wassenaar 1972.

63 HA500444, HKM aan SvD, 24 januari 1911.
64 HA502033, HKM aan H. P. Bremmer, 28 juni 1910.
65 HA502035, HKM aan H. P. Bremmer, 18 november 1910.
66 HA500105, HKM aan SvD, 6 april 1910.
67 HA502035, HKM aan H. P. Bremmer, 18 november 1910.
68 Idem.
69 HA500225, HKM aan SvD, 26 juli 1910.
70 Helene noemde alleen 'een van Gogh tentoonstelling' in Rotterdam (HA500179). Afgaande op de tentoonstellingslijst van De la Faille moet dit de expositie zijn geweest die de Rotterdamsche Kunstkring tussen 11 juni en 10 juli 1910 organiseerde. J.-B. de la Faille, *The works of Vincent van Gogh. His paintings and drawings*, Meulenhoff International, Amsterdam 1970, p. 692.
71 HA500179, HKM aan SvD, 26 juni 1910.
72 HA502035, HKM aan H. P. Bremmer, 18 november 1910.
73 HA500376, HKM aan SvD, 1 november 1910. Wanneer Helene Falkenburg precies vroeg om een ontwerp te maken is niet duidelijk, maar aangezien hij de eerste schetsen op 1 november aanleverde, was dat waarschijnlijk in september of oktober.
74 HA500202, HKM aan SvD, [10] november 1910; Werner Hegemann, *Der Städtebau nach den Ergebnissen der Allgemeinen Städtebau-Ausstellung. Erster Teil*, Wasmuth, Berlin 1911.
75 HA502035, HKM aan H. P. Bremmer, 18 november 1910.
76 Idem.
77 HA500401, HKM aan SvD, 27 november 1910.
78 HA502035, HKM aan H. P. Bremmer, 18 november 1910.
79 HA500401, HKM aan SvD, 27 november 1910.
80 Idem.
81 HA500476, HKM aan SvD, 20 februari 1911.
82 HA502035, HKM aan H. P. Bremmer, 18 november 1910.
83 HA500451, HKM aan SvD, 30 januari 1911; HA500444, HKM aan SvD, 24 januari 1911.
84 HA500444, HKM aan SvD, 24 januari 1911.

85 HA500460, HKM aan SvD, [5 en 10 februari] 1911.
86 HA500401, HKM aan SvD, 27 november 1910.
87 Idem.
88 De achtergrond van Van Deventer is, tenzij anders vermeld, gebaseerd op 'Een nadere inleiding' in: Van Deventer (2004), p. 13-25.
89 HGA/TS, toeg.nr. 0653-01, inv.nr. 92, 'HBS klassen 1 en 2, 1901/1902 t/m 1946/1947' en inv.nr. 94, 'HBS klasse 4a, 1899/1900 t/m 1946/1947'.
90 Van Deventer (2004), p. 15.
91 HA500000, HKM aan SvD, 21 september 1908.
92 Idem. In *Een cultureel levenswerk* schrijft Van Deventer dat Helene hem zo spoedig mogelijk verwachtte als hij met het logeren zou instemmen en dat hij medio september naar Ten Vijver vertrok. Tegen de verwachting in zou Anton veel langer wegblijven waardoor Van Deventer maar liefst enkele weken op Huize ten Vijver zou logeren. Ook zou Anton volgens Sam in Vichy geweest zijn voor de betreffende kuur, zie: Van Deventer (2004), p. 16-17. Een en ander blijkt niet te kloppen: Helene schreef hem pas op 21 september en moet dan nog naar Aix-les-Bains (en dus niet Vichy) vertrekken, waar Anton en Helene jr. verblijven. Van Deventer zal dus niet voor het einde van de maand genodigd zijn. Ook maakte Helene geen enkele opmerking die erop wijst dat hij 'zo spoedig mogelijk' op bezoek moest komen. Het is dan ook maar de vraag of Sam werkelijk 'weken' bij Helene verbleef. Het is waarschijnlijker dat dit een geromantiseerde herinnering is en dat hij enkele dagen tot een week op Ten Vijver verbleef.
93 HA500001, HKM aan SvD, 7 december 1908.
94 Dit wordt bevestigd door mevrouw Erichson, stiefdochter van Sam van Deventer. Interview 13 november 2007.
95 HA500008, HKM aan SvD, 10 augustus 1909.
96 HCO, bevolkingsregister 1860-1940. p. D.61.
97 De briefwisseling tussen Sam van Deventer en zijn vader is niet bewaard gebleven, maar uit de brieven van Helene aan Sam is de correspondentie deels te reconstrueren.
98 HA500009, HKM aan SvD, 10 augustus 1909.
99 HA500008, HKM aan SvD, 10 augustus 1909.
100 Idem.
101 Idem.
102 De bedoeling van dit cadeau kwam pas jaren later ter sprake in de correspondentie, zie: HA501803, HKM aan SvD, 9 oktober 1925. Voor de totstandkoming en symboliek van deze gravure, zie: Erwin Panofsky, *The life and art of Albrecht Dürer*, Princeton University Press, Princeton, N.J. 1971 [eerste druk 1943], p. 151-154.
103 Zie de verzameling zakagenda's uit 1911 tot en met 1917, KMM, inv.nr. HA503394-HA503402.
104 HA502037, HKM aan SvD, 23 november 1913.
105 Idem.
106 HA500073, HKM aan SvD, 14 januari 1909.
107 In de jaaroverzichten van het Tymstra Instituut komt Wim Kröller na zijn vierde klas in 1909 niet meer voor. Zijn cijfers waren ook dat jaar niet overtuigend en de cijfers van het laatste semester ontbreken. Waarschijnlijk heeft Anton hem al voor het einde van het jaar van school gehaald om hem binnen de zaak verder op te leiden.
108 HA500016, HKM aan SvD, 4 september 1909
109 HA500019, HKM aan SvD, 14 september 1909.
110 Idem.
111 De brief zelf is verloren gegaan, maar de strekking ervan is op te maken uit het antwoord van Helene, waarin zij een aantal korte passages overschreef: HA500030, HKM aan SvD, 21, 23 en 25 september 1909.
112 HA500024, HKM aan SvD, 18 september 1909; HA500030, HKM aan SvD, 21, 23 en 25 september 1909.
113 HA500030, HKM aan SvD, 21, 23 en 25 september 1909.
114 Idem.
115 Idem.
116 HA500156, HKM aan SvD, 10 juni 1910.
117 HA500024, HKM aan SvD, 18 september 1909.

118 Idem.
119 Idem.
120 HA500030, HKM aan SvD, 21, 23 en 25 september 1909.
121 HA500776, HKM aan SvD, 22 januari 1912.
122 HA500030, HKM aan SvD, 21, 23 en 25 september 1909.
123 HA500780, HKM aan SvD, 25 januari 1912.
124 HA500779, HKM aan SvD, 24 januari 1912.
125 HA416126, Mary Lehnkering aan HKM, 4 juni 1939.
126 HA410801, HKM aan Hilde Heisinger, 18 maart 1939.
127 Interview met mevrouw Erichson, 13 november 2007.
128 GA/ATH, toeg.nr. 0924, inv.nr. 114/h15, Nederlandsche Heidemaatschappij, 'Rapport betreffende het landgoed "Harscamp" [...]', december 1911. Zie ook: Bram Haak en Piet Hofman, *Anton Kröller en De Hoge Veluwe 1909-1935. De geschiedenis van een bijzondere ondernemer*, Stichting Het Nationale Park De Hoge Veluwe en Vereniging Vrienden van De Hoge Veluwe, Hoenderloo 2002, p. 86-87.
129 Het huis was genoemd naar het dorpje Harskamp, beide met een 'k'; het landgoed De Harscamp werd echter gespeld met een 'c'.
130 HA500003, HKM aan SvD, 23 april 1909.
131 HA502036, HKM aan SvD, 26 maart 1909.
132 HA510023, Helene Brückmann-Kröller aan Paul Brückmann, 9 oktober 1909. Hierin citeerde Helene jr. een brief van haar moeder.
133 G. J. M. Derks, *Cultuurhistorische Analyse. Het Nationale Park De Hoge Veluwe*, Waanders, Zwolle 2007, p. 33-37.
134 Anoniem, 'Plaatselijk nieuws', *Apeldoornsche Courant* 1 december 1909.
135 A. den Doolaard, 'Veluwse herinneringen', in: Wim Alings, *Ons nationale park de Hoge Veluwe*, Stichting het Nationale Park de Hoge Veluwe, Hoenderloo 1975, p. 16.
136 KMM, inv.nr. HA414610, Anton Kröller, 'Memorandum', 6 maart 1932.
137 De oprichting van een nv was noodzakelijk, omdat moederbedrijf Müller & Co een cv was en dus geen rechtspersoonlijkheid bezat.
138 Bovendien was Anton als beherend vennoot van Müller & Co hoofdelijk aansprakelijk voor eventuele schulden van de firma. Mochten zich ooit schuldeisers melden, dan kon Hoenderloo niet aangemerkt worden als persoonlijk bezit dat verkocht kon worden.
139 Derks (2007), p. 79.
140 Idem, p. 77.
141 Haak en Hofman (2002), p. 92-96. Marijke Gunnink, *St. Hubertus. Het jachthuis van H. P. Berlage voor de familie Kröller-Müller gelegen in het Nationale Park De Hoge Veluwe*, Kröller-Müller Stichting, Otterlo 1985, p. 16. Henk Beukhof, Frieda van Essen [e.a.] (red.), *De Hoge Veluwe. Natuur en kunst*, Waanders/Stichting Het Nationale Park De Hoge Veluwe, Zwolle 2005, p. 94-95.
142 In de brieven van Helene komt de prins voor vanaf 1 januari 1910: HA502319, HKM aan SvD, 1 januari 1910.
143 HA500534, HKM aan SvD, 19 april 1911.
144 Het is onbekend waar het portret zich momenteel bevindt. Het is in ieder geval niet in het bezit van het Kröller-Müller Museum.
145 HA500003, HKM aan SvD, 23 april 1909.
146 Idem.
147 HA500010, HKM aan SvD, 16 augustus 1909.
148 HA500960, HKM aan SvD, 24 augustus 1912.

5
1 *Deutsche Bank. Geschäftsbericht für 1941*, Berlijn 1941, p. 7.
2 Hans-Joachim Kadatz, *Peter Behrens. Architekt, Maler, Grafiker und Formgestalter, 1868-1940*, Seemann Verlag, Leipzig 1977, p. 41.
3 HA500460, HKM aan SvD, [5 en 10 februari] 1911.
4 HA500476, HKM aan SvD, 20 februari 1911.
5 HA500054, HKM aan SvD, 2 november 1909.
6 Karl Ernst Osthaus, 'Peter Behrens', *Kunst und Künstler*, 6(1908)3, p. 116-124; K.S., 'Kunstausstellungen. Berlin', *Kunst und Künstler*, 8(1910)8, p. 419.

7 Tilmann Buddensieg en Henning Rogge, *Industriekultur. Peter Behrens und die AEG 1907-1914*, Mann Berlijn 1979, p. 11.
8 Osthaus (1908), p. 123.
9 Kadatz (1977), p. 42-43.
10 HA500476, HKM aan SvD, 20 februari 1911.
11 Buddensieg en Rogge (1979), p. 22. Straatnamen van de genoemde gebouwen zijn ontleend aan The International Architecture Database, www.archinform.net.
12 HA500476, HKM aan SvD, 20 februari 1911.
13 KEO, toeg.nr. Kü/422, inv.nr. 19, Peter Behrens aan Karl Ernst Osthaus, 23 februari 1911.
14 Peter Behrens, 'Kunst und Technik', *Elektrotechnische Zeitschrift* 31(1910)22, integraal afgedrukt in: Buddensieg en Rogge (1979), p. 279-285.
15 Behrens (1910), p. 285.
16 HA500476, HKM aan SvD, 20 februari 1911.
17 Kadatz (1977), p. 39-42; Herta Hesse-Frielinghaus, August Hoff [e.a.], *Karl Ernst Osthaus. Leben und Werk*, Aurel Bongers, Recklinghausen 1971, p. 50-51.
18 KEO, toeg.nr. Kü/422, inv.nr. 19, Peter Behrens aan Karl Ernst Osthaus, 23 februari 1911.
19 Idem. 'Die Leute, namentlich die Frau, sind der Kunst sehr zugängig.'
20 HA500478, HKM aan SvD, 26 februari 1911.
21 HA500484, HKM aan SvD, 3 maart 1911.
22 Hesse-Frielinghaus (1971), p. 35 en 350.
23 Gay (2002), 257-258.
24 Boterman en De Rooy (1999), p. 94-100, in het bijzonder p. 98.
25 Hesse-Frielinghaus (1971), p. 345-346.
26 Gabriel Weisberg, Edwin Becker [e.a.], *De oorsprong van L'Art Nouveau. Het Bing imperium*, Van Gogh Museum, Amsterdam 2004, p. 99-112.
27 Hesse-Frielinghaus (1971), p. 352.
28 Hesse-Frielinghaus (1971), p. 37.
29 Peter Stansky, *Redesigning the world. William Morris, the 1880s, and the Arts and Crafts*, Princeton University Press, Princeton 1985, p. 37-48; Ruth Kinna, *William Morris. The art of socialism*, University of Wales Press, Cardiff 2000, p. 49.
30 Hesse-Frielinghaus (1971), p. 37.

31 Idem, p. 130. Paula Vermeyden en Arend Quak, *Van Ægir tot Ymir. Personages en thema's uit de Germaanse en Noordse mythologie*, SUN, Nijmegen 2000, p. 63.
32 Hesse-Frielinghaus (1971), p. 367.
33 Idem, p. 389.
34 Idem, p. 399.
35 Heiser-Schmid (2008), p. 244, 259-267.
36 Tenzij anders aangegeven, is voor de beschrijving van Helenes bezoek aan Karl Ernst Osthaus gebruikgemaakt van: HA500484, HKM aan SvD, 3 maart 1911.
37 Karl Scheffler, *Henry van de Velde. Vier Essays*, Insel, Leipzig 1913, p. 67-73. Dit essay werd voor het eerst gepubliceerd in november 1911, Helene kende het dus niet tijdens haar bezoek aan Osthaus.
38 HA500484, HKM aan SvD, 3 maart 1911.
39 Osthaus (1908), p. 118.
40 HA500484, HKM aan SvD, 3 maart 1911.
41 HA502007, HKM aan SvD, [1911].
42 HA500484, HKM aan SvD, 3 maart 1911. Ook schreef Osthaus aan Behrens over het bezoek aan het museum, waar zich voor een schilderij van Anselm Feuerbach een discussie ontspon tussen Thorn Prikker en Helene, zie: KEO, toeg.nr. Kü/422, inv.nr. 24, Karl Ernst Osthaus aan Peter Behrens, 2 maart 1911. Overigens zal de ontmoeting geen toeval zijn geweest, want Behrens had in een brief al aangegeven dat de Kröllers geïnteresseerd waren in het werk van Thorn Prikker. KEO, toeg.nr. Kü/422, inv.nr. 22, assistent Peter Behrens aan Karl Ernst Osthaus, 25 februari 1911.
43 Voor deze glas-in-loodramen, zie: Heiser-Schmid (2008), p. 250-259.
44 HA500484, HKM aan SvD, 3 maart 1911.
45 Heiser-Schmid (2008), p. 241.
46 De hiernavolgende beschrijving van het interieur en de collectie is ontleend aan: Hesse-Frielinghaus (1971), p. 133-134.
47 Idem, p. 137.
48 Walter Feilchenfeldt, 'Vincent van Gogh – verhandeld en verzameld', in: Dorn (1990), p. 17-20.
49 Henry van de Velde, *Geschichte meines Lebens*, R. Piper & Co, München 1962, p. 89-91.
50 Hesse-Frielinghaus (1971), p. 140.
51 HA500484, HKM aan SvD, 3 maart 1911.
52 HA500483, HKM aan SvD, 3 maart 1911.
53 KEO, toeg.nr. Kü/422, inv.nr. 24, Karl

Ernst Osthaus aan Peter Behrens, 2 maart 1911.
54 HA500486, HKM aan SvD, 6 maart 1911.
55 HA500492, HKM aan SvD, 10 maart 1911.
56 HA377520, HKM aan Peter Behrens, [20 maart] 1911.
57 HA502032, HKM aan SvD, 18 maart 1911; Van Deventer (2004), p. 54.
58 HA500492, HKM aan SvD, 10 maart 1911.
59 HA377520, HKM aan Peter Behrens, [20 maart] 1911.
60 De volgende uiteenzetting van Helenes gedachtegoed ten aanzien van haar huis is gebaseerd op: idem.
61 Idem.
62 Psalm 62:2.
63 HA500548, HKM aan SvD, 3 mei 1911.
64 Idem.
65 HA500520, HKM aan SvD, 2 april 1911.
66 HA500551, HKM aan SvD, 4 mei 1911.
67 HA500548, HKM aan SvD, 3 mei 1911.
68 HA502170, AGK aan HKM, [27 mei] 1911.
69 Ludwig Mies zou pas in 1921 zijn naam verrijken met de meisjesnaam van zijn moeder en de tussenvoeging 'van der' tot Ludwig Mies van der Rohe. De reden daartoe was waarschijnlijk de betekenis van 'Mies' in het Duits, dat 'belabberd' betekent. Om verwarring te voorkomen zal hij met zijn dubbele naam worden aangeduid, hoewel hij tijdens zijn samenwerking met de Kröllers nog eenvoudigweg Ludwig Mies heette.
70 HA500574, HKM aan SvD, [21 mei] 1911.
71 HA502181, HKM aan AGK, 22 mei 1911.
72 HA502179, HKM aan AGK, 16 mei 1911.
73 HA502183, HKM aan AGK, 24 mei 1911.
74 HA502170, AGK aan HKM, [27 mei] 1911.
75 HA502179, HKM aan AGK, 16 mei 1911.
76 Paul Fechter, *Menschen und Zeiten. Begegnungen aus fünf Jahrzehnten*, Bertelsmann, Gütersloh 1948, p. 277-278.
77 Beschrijving De Harscamp en Het Klaverblad: Van Deventer (2004), p. 46-47.
78 HA502190, HKM aan AGK, 2 juli 1911.
79 Idem en HA502187, HKM aan AGK, 10 juni 1911.
80 HA502190, HKM aan AGK, 2 juli 1911.
81 HA500609, HKM aan SvD, 24 juli 1911.
82 HA500616, HKM aan SvD, 29 juli 1911.
83 HA500613, HKM aan SvD, 29 juli 1911; HA500607, HKM aan SvD, 23 juli 1911.
84 HA500616, HKM aan SvD, 29 juli 1911.
85 HA500629, HKM aan SvD, 8 augustus 1911.
86 Idem.
87 HA500623, HKM aan SvD, 5 augustus 1911.
88 HA500595, HKM aan SvD, 3 juni 1911; HA500601, HKM aan SvD, 6 juni 1911.
89 HA500601, HKM aan SvD, 6 juni 1911.
90 HA502192, HKM aan AGK, 8 juni 1911.
91 HA500612, HKM aan SvD, 28 juli 1911; HA500626, HKM aan SvD, 7 augustus 1911 en HA500631, HKM aan Helene Brückmann-Kröller (één pagina, overgeschreven voor SvD), [8 augustus] 1911.
92 HA510010, Helene Brückmann-Kröller aan Paul Brückmann, 8 september 1909.
93 Helene jr. schreef deze brief over in: HA510091, Helene Brückmann-Kröller aan Paul Brückmann, 28 februari 1910.
94 Idem.
95 HA500626, HKM aan SvD, 7 augustus 1911.
96 HA502178, HKM aan AGK, 13 mei 1911.
97 HA500623, HKM aan SvD, 5 augustus 1911.
98 HA500629, HKM aan SvD, 8 augustus 1911.
99 HA500628, HKM aan SvD, 8 augustus 1911.
100 HA500631, HKM aan Helene Brückmann-Kröller (één pagina, overgeschreven voor SvD), [8 augustus] 1911.
101 HA510160, Helene Brückmann-Kröller aan Paul Brückmann, 11 augustus 1911.
102 HA500640, HKM aan SvD, 24 augustus 1911 en HA500638, HKM aan SvD, 24 augustus 1911.
103 HA502192, HKM aan AGK, 8 juni 1911.
104 Idem en HA500634, HKM aan SvD, 23 augustus 1911.
105 HA502193, HKM aan AGK, 23 augustus 1911; HA502194, HKM aan AGK, 23 augustus 1911 en SA, *Algemeen adresboek der stad Amsterdam voor de jaren 1910-1911*, microfilmnr. 7835 1910, p. 105-106.
106 HA500634, HKM aan SvD, 23 augustus 1911.
107 HA500633, HKM aan SvD, 22 augustus 1911; HA502193, HKM aan AGK, 23 augustus 1911.
108 HA502193, HKM aan AGK, 23 augustus 1911.

109 HA500640, HKM aan SvD, 24 augustus 1911.
110 Idem.
111 HA500642, HKM aan SvD, 25 augustus 1911; HA500678, HKM aan SvD, 24 september 1911.
112 In haar brieven noemde Helene haar ziekte niet bij naam en heeft ze het slechts over een gynaecologische kwaal. Sam spreekt in zijn boek van 'kwaadaardige gezwellen', wat op kanker zou kunnen duiden, maar dat lijkt onwaarschijnlijk. Van Deventer (2004), p. 55. Zowel emeritus hoogleraar verloskunde & gynaecologie van het AMC-UvA Otto Bleker als hoogleraar geschiedenis der geneeskunde aan de VU Eddy Houwaart acht kwaadaardigheid weinig aannemelijk. Op basis van de klachten vermoeden zij dat Helene aan 'uterus myomatus' heeft geleden, een veronderstelling die ook gesteund wordt door emiritus hoogleraar gynaecologie Frits Lammes van het AMC. Het verwijderen van myomen was in 1911 een gevaarlijke operatie, waarbij vermoedelijk een deel van de baarmoeder en mogelijk ook de eierstokken zijn verwijderd.
113 HA500678, HKM aan SvD, 24 september 1911.
114 Idem.
115 HA500644, HKM aan SvD, 26 augustus 1911.
116 Idem.
117 HA500678, HKM aan SvD, 24 september 1911.
118 HA500672, HKM aan SvD, 11 september 1911.
119 HA500678, HKM aan SvD, 24 september 1911.
120 Idem.
121 Johann Wolfgang von Goethe, 'Egmont', *Goethe Werke. Zweiter Band. Dramen, Novellen*, Insel-Verlag, Frankfurt am Main 1965, p. 211.
122 HA500678, HKM aan SvD, 24 september 1911.
123 Idem.
124 HA500644, HKM aan SvD, 26 augustus 1911.
125 Dr. Baudet, 'De watergeneesinrichting te Baarn', *Eigen Haard. Geïllustreerd volkstijdschrift* 13(1887)18, p. 212-214.
126 HA500650, HKM aan SvD, 29 augustus 1911.
127 HA502034, HKM aan SvD, 7 september 1911.
128 Idem.

6

1 HA500671, HKM aan SvD, 9 september 1911.
2 HA500672, HKM aan SvD, 11 september 1911.
3 HA500681, HKM aan SvD, 25 september 1911; HA500682, HKM aan SvD, 27 september 1911.
4 KMM, archiefcode 201, Johannes Memelink, 'Levensbeschrijving van J. H. Memelink', 1956 (ongepubliceerd manuscript), p. 57. Dit alles vond plaats in 1913.
5 Idem, p. 57.
6 Idem, p. 57.
7 HA500652, HKM aan SvD, 30 augustus 1911. De arbeidershuizen werden uiteindelijk niet door Berlage, maar in 1919 door Alexander Kropholler ontworpen en gebouwd.
8 Voor een bespreking van Villa Henny, zie: Sergio Polano, *Hendrik Petrus Berlage. Het complete werk*, Atrium, Alphen aan den Rijn 1988, p. 154-155 en Pieter Singelenberg, *H. P. Berlage. Idea and style*, Haentjens Dekker en Gumbert, Utrecht 1971, p. 138-141.
9 In een brief uit november 1910 schreef Helene aan Bremmer over twee huizen, die haar tijdens haar ochtendwandeling lieten denken over een mogelijk ontwerp van haar nieuwe huis (zie ook hoofdstuk 4, 'Ouders en kinderen'). Daarbij noemde zij de woning van de familie Henny minder modern dan het huis aan de Haringkade, waarvan zij (abusievelijk) in de veronderstelling verkeerde dat Thorn Prikker het ontworpen had. Omdat zij Thorn Prikker wel met zijn naam aanduidde als architect, maar in het geval van Villa Henny de architect niet noemde, lijkt het erop dat zij niet wist dat Berlage dit huis ontworpen had. HA502035, HKM aan H. P. Bremmer, 18 november 1910.
10 H. P. Berlage, *Over stijl in bouw- en meubelkunst*, W. L. & J. Brusse, Rotterdam 1908, p. 7.
11 HA500810, HKM aan SvD, 5 maart 1912 en HA500463, HKM aan SvD, [z.d.].

12 Berlage werd tot deze opvatting geïnspireerd door de Franse negentiende-eeuwse architect Viollet-le-Duc, die de geschiedenisboeken in ging met de zin: 'Toute forme qui n'est pas indiqué par la structure doit être repoussée', iedere vorm die niet voortkomt uit de constructie, moet worden afgewezen (Eugène Viollet-le-Duc, *Dictionnaire raisonné de l'architecture française du XIe au XVIe siècle*, A. Morel, Paris 1854). Hoewel deze zin betrekking had op de Franse gotiek, werd hij rond de vorige eeuwwisseling geadopteerd door modernistische architecten, die het tot het leidende principe van hun bouwkunst maakten. Auke van der Woud laat op kritische wijze zien hoe deze paradoxale adoptie zich heeft voltrokken, zie: Auke van der Woud, *Sterrenstof. Honderd jaar mythologie in de Nederlandse architectuur*, Uitgeverij 010, Rotterdam 2008, p. 16-18.
13 De eerlijkheid en ambachtelijkheid die Berlage voorstond was volgens Van der Woud weinig vernieuwend. Een concept als Berlages baksteenconstructie werd in voorgaande eeuwen, inclusief de door hem verfoeide negentiende eeuw, al toegepast en met het gebruik van ijzeren spanten werd sinds decennia geëxperimenteerd. Van der Woud toont aan dat het rationalisme een conservatieve architectuuropvatting was, die dankzij een succesvolle mediacampagne niettemin als een vernieuwende stijl werd onthaald. Van der Woud (2008), p. 18-21.
14 HA500885, HKM aan SvD, 26 mei 1912.
15 HA500704, HKM aan SvD, 16 oktober 1911.
16 Visser (2002), p. 229-235; W. F. Lichtenauer, 'Stolk, Cornelis Adriaan Pieter van (1857-1934)', in *Biografisch Woordenboek van Nederland*. www.inghist.nl/Onderzoek/Projecten/BWN/lemmata/bwn2/stolk (versie 13 maart 2008).
17 Balk (2006), p. 153-154.
18 HA500372, HKM aan SvD, 28 oktober 1910.
19 HA502032, HKM aan SvD, 18 maart 1911.
20 HA500546, HKM aan SvD, 28 april 1911.
21 HA500698, HKM aan SvD, [5 oktober] 1911.
22 Idem.
23 Titus Eliëns, *H. P. Berlage (1856-1934). Ontwerpen voor het interieur*, Waanders, Zwolle 1998, p. 40-41.
24 HA500698, HKM aan SvD, [5 oktober] 1911.
25 Berlage gaf een wat vertekend beeld van de situatie in Duitsland. Er was inderdaad een aantal industriëlen, zoals Osthaus, die – vaak vanuit ideële motieven – de voorkeur gaven aan moderne ontwerpers. Het gros van de economische elite in Duitsland hield er echter, net als in Nederland, een behoudende smaak op na.
26 HA500690, HKM aan SvD, 6 oktober 1911.
27 HA500698, HKM aan SvD, [5 oktober] 1911.
28 HA500696, HKM aan SvD, 12 oktober 1911; HA500697, Mies van Stolk aan Toon Kröller, oktober 1911 (brief gekopieerd door HKM).
29 HA500697, Mies van Stolk aan Toon Kröller, oktober 1911 (brief gekopieerd door HKM).
30 HA500698, HKM aan SvD, [5 oktober] 1911.
31 HA500690, HKM aan SvD, 6 oktober 1911.
32 HA500693, HKM aan SvD, 7 oktober 1911.
33 HA500690, HKM aan SvD, 6 oktober 1911.
34 HA500699, HKM aan SvD, 13 oktober 1911. De kant van Helene jr.'s verhaal is moeilijk te reconstrueren. Hoewel er talloze, lange brieven van haar aan haar man uit deze tijd bewaard zijn gebleven, noemde zij het voorval slechts in een bijzin. Zoals eerder vermeld, worden haar brieven gekenmerkt door een positieve toon, mogelijk om Paul bezorgdheid te besparen.
35 Idem.
36 HA500693, HKM aan SvD, 7 oktober 1911.
37 HA502585, H. P. Bremmer aan HKM, 29 oktober 1911; KMM, inv.nr. HA415388, Helene Kröller-Müller, 'De kunstverzameling', 1932, p. 2.
38 HA500704, HKM aan SvD, 16 oktober 1911.
39 HA500686, HKM aan SvD, 1 oktober 1911; HA500705, HKM aan Clifford Pownall, 16 oktober 1911 (brief overgeschreven voor SvD).
40 HA502098, HKM aan SvD, 22 oktober 1911.
41 CPB, HKM aan SvD, 21 oktober 1911.
42 Onderstaande gegevens over Helenes nalatenschap zijn allemaal ontleend aan: HA502097, HKM aan AGK, 22 oktober 1911.

43 Uit Helenes brieven is op te maken dat Thorn Prikker inderdaad aan haar portret werkte, maar of hij dit ook voltooide is onbekend. Mocht dat het geval zijn, dan is het onbekend waar dit schilderij zich nu bevindt.
44 HA500715, HKM aan SvD, [24 oktober] 1911.
45 HA500776, HKM aan SvD, 22 januari 1912. In deze brief blikte Helene terug op de periode rondom haar operatie.
46 Idem.
47 Idem.
48 HA500717, HKM aan SvD en Wim Kröller, [26 oktober] 1911.
49 HA500721, HKM aan SvD, 4 november 1911.
50 HA500786, HKM aan SvD, 30 januari 1912.
51 HA502147, HKM aan Bob Kröller, 18 juli 1921.
52 HA502037, HKM aan SvD, 23 november 1913.
53 HA500742, HKM aan SvD, 17 november 1911.
54 KMM, inv.nr. HA415388, Helene Kröller-Müller, 'De kunstverzameling', 1932, p. 2.
55 HA502585, H.P. Bremmer aan HKM, 29 oktober 1911.
56 Zie bijvoorbeeld de paragrafen over de Moderne Kunstkring in: Van Adrichem (2001), p. 28-51.
57 Idem, p. 163.
58 HA500806, HKM aan SvD, 25 februari 1912.
59 Slechts een klein deel van het archief van Frederik Muller is bewaard gebleven. Dit is te raadplegen in het Rijksinstituut voor Kunsthistorische Documentatie in Den Haag. Helaas bevindt zich in de documenten geen verwijzing naar de najaarsveiling waaraan Helene refereert.
60 HA500806, HKM aan SvD, 25 februari 1912.
61 H.E.M. Braakhuis en J. van der Vliet, 'Symboliek en symbolisme bij Matthijs Maris (1839-1917)', *Tirade*, 21(1977)225, p. 335-345. In dit artikel worden Jan Toorop en Lodewijk van Deyssel genoemd als kunstenaars en schrijvers, die Maris deze symbolistische kwaliteiten toedichtten. Bremmer was zowel een bewonderaar van Toorop als van de Tachtigers, waartoe Van Deyssel behoorde. Het is daarom aannemelijk dat hij de symbolistische interpretatie van Maris' werk van hen overnam en deze ook weer op zijn leerlingen overbracht.
62 HA502198, HKM aan AGK, 28 februari 1912.
63 Nog altijd liggen er vele pakken met transcripties van de Bremmerlessen in het archief van het Kröller-Müller Museum.
64 Balk (2006), p. 129.
65 H.P. Bremmer, *Vincent van Gogh. Inleidende beschouwingen*, Versluys, Amsterdam 1911.
66 HA500775, HKM aan SvD, 21 januari 1912.
67 HA500807, HKM aan SvD, 27 februari 1912. Helene noemde in dit geval geen titels, maar afgaande op de beschrijving verwees zij naar resp. de litho '*At Eternity's Gate*' (1882) en het schilderij *Treurende oude man ('At Eternity's Gate')* uit 1890. Bovendien refereerde ze in deze brief aan een artikel van Albert Verwey in *De beweging*, die in zijn bespreking van de *Inleidende beschouwingen* deze twee werken als voorbeeld nam. Albert Verwey, 'H.P. Bremmer: Vincent van Gogh', *De beweging. Algemeen maandschrift voor letteren, kunst, wetenschap en staatkunde* 8(1912)2, p. 96. Hoewel positief over de opening van het artikel, was Helene teleurgesteld door het verdere verloop, waar volgens haar uit bleek dat Verwey Van Goghs Franse kunst toch niet begreep; hij zou het leed verheerlijken en 'liever eigenlijk [zien] dat Van Gogh leed schildert, dan leed dat overwonnen is'.
68 HA500807, HKM aan SvD, 27 februari 1912.
69 HA500775, HKM aan SvD, 21 januari 1912.
70 Idem.
71 Carla Schmincke, *Sammler in Hamburg. Der Kaufmann und Kunstfreund Konsul Eduard Friedrich Weber (1830-1907)*, proefschrift Universität Hamburg, Hamburg 2003, p. 236.
72 Idem, p. 249-251, 259.
73 HA500796, HKM aan SvD en Wim Kröller, 20 februari 1912.
74 Schmincke (2003), p. 255 en 257.
75 HA500796, HKM aan SvD en Wim Kröller, 20 februari 1912.

76 Altman liet het werk na zijn dood in 1913 na aan het Metropolitan Museum in New York, waar het tot op heden te bezichtigen is.
77 Johannes van der Wolk, 'Honderd jaar Kröller-Müller', in: R.W.D. Oxenaar, A.M. Hammacher [e.a.], *Kröller-Müller. Honderd jaar bouwen en verzamelen*, Enschedé, Haarlem 1988, p. 24; Cees Hilhorst, *Vriendschap op afstand. De correspondentie tussen Bart van der Leck en H.P. Bremmer*, Thoth, Bussum 1999, p. 201.
78 Hilhorst (1999), p. 28-30 en Balk (2006), 289-294.
79 Geciteerd naar Balk (2006), p. 310.
80 Cees Hilhorst, 'Bart van der Leck', in: Carel Blotkamp (red.), *De beginjaren van De Stijl. 1917-1922*, Reflex, Utrecht 1982, p. 159-164 en Hilhorst (1999), p. 23.
81 Balk (2006), p. 310-311.
82 HA501470, HKM aan SvD, 1 december 1914.
83 HA501470, HKM aan SvD, 1 december 1914.
84 Van alle werken die Helene van Bart van der Leck kocht, zou uiteindelijk maar een gedeelte in de museumcollectie terechtkomen. De meeste abstracte werken uit 1916-1918 werden in 1928 namelijk niet opgenomen in de Kröller-Müller Stichting. Deze schilderijen en tekeningen gingen over op familieleden en werden grotendeels door de (klein)kinderen verkocht. Cees Hilhorst, 'Kwartet! Twee teruggevonden Van der Lecks', *Jong Holland* 3(1987)4, p. 7-8.
85 HA502030, HKM aan SvD, 24 maart 1912.
86 Alfred Lichtwark, 'Der Sammler', *Kunst und Künstler* 10(1912)5, p. 229-241.
87 HA502030, HKM aan SvD, 24 maart 1912.
88 HA502030, HKM aan SvD, 24 maart 1912.
89 Kröller-Müller (1925), p. 38.
90 HA502030, HKM aan SvD, 24 maart 1912.
91 KMM, inv.nrs. HA379628, HA379629 en HA379630, H.P. Bremmer, 'Aankopen 1907-1915'.
92 De aankopen uit de collectie Hoogendijk worden later in dit hoofdstuk besproken; die uit de collectie Enthoven in hoofdstuk 11. Aankoopgegevens zijn ontleend aan: KMM, inv.nr. HA379561, H.P. Bremmer, 'Aankopen Mevr. Kröller 1915-1922', en: Ten Berge en Meedendorp (2003).

93 Balk geeft in *De kunstpaus* een paragraaf over Helene Kröller-Müller de veelzeggende titel 'annexatiedrift' (Balk (2006), p. 159). Hoewel Helene inderdaad zowel binnen haar gezin als op verzamelgebied doortastend te werk ging en weinig oog leek te hebben voor de belangen van anderen, berust deze typering toch grotendeels op een clichébeeld, dat genuanceerd moet worden. Wim Nijhof op zijn beurt schaart de aankopen van Anton en Helene onder het hoofdstuk 'Koopdrift', wat al meer de lading dekt, maar nog steeds neigt naar het karikaturale. Nijhof (2006) p. 172.
94 HA502037, HKM aan SvD, 23 november 1913.
95 Zie bijvoorbeeld Nijhof (2006), p. 172.
96 Belk omschrijft verzamelen als 'the process of actively, selectively, and passionately acquiring and possessing things removed from ordinary use and perceived as part of a set of non-identical objects or experiences'. Russell Belk, 'Collectors and collecting', in: Christopher Tilley [e.a.] (red.), *Handbook of Material Culture*, SAGE Publications, Londen 2006, p. 535. Over de oorsprong van verzamelen schrijft James Clifford: 'An excessive, sometimes even rapacious need to *have* is transformed into rule-governed, meaningful desire. Thus the self that must possess but cannot have it all learns to select, order, classify in hierarchies – to make "good" collections' (zie hoofdstuk 10, 'On collecting art and Culture' in: James Clifford, *The predicament of culture. Twentieth-century ethnography, literature, and art*, Harvard University Press, Cambridge/Massachusetts/Londen 1988, p. 218). Renée Steenbergen onderzocht de motieven van een groot aantal Nederlandse verzamelaars van moderne kunst en kwam tot de conclusie dat verzamelen vaak onschuldig begint, maar gaandeweg kan 'aanzwellen tot een passie'. Zij definieert verzamelen dan ook niet als een hobby, maar als een 'coup de foudre', een plotselinge, onweerstaanbare verliefdheid. Renée Steenbergen, *Iets wat zoveel kost, is alles waard. Verzamelaars van moderne kunst in Nederland*, Vassallucci, Amsterdam 2002, p. 245.
97 Susan Sontag, *De vulkaanminnaar. Een romance*, Anthos, Baarn 1993, p. 32-33.

98 HA502029, HKM aan SvD, 13 april 1912.
99 Voor *the thrill of the hunt* zie: Belk (2006), p. 540; Russell Belk, 'Collecting as luxury consumption: effects on individuals and households', *Journal of economic psychology*, 16(1995)3, p. 486 en Grant McCracken, *Culture and consumption. New approaches to the symbolic character of consumer goods and activities*, Indiana University Press, Bloomington 1990, p. 113.
100 HA510289, Helene Brückmann-Kröller aan Paul Brückmann, 11 april 1912. 'Papa will noch ein paar Mal zehntausend Gulden dafür verwenden.'
101 Idem. '[...] musz Bremmer auf einmal all die besten Van Gogh's aufspüren.'
102 HA500834, HKM aan SvD, 9 april 1912.
103 HA502029, HKM aan SvD, 13 april 1912.
104 HA502307, HKM aan SvD, 28 januari 1910.
105 Brief 743, Vincent van Gogh aan Theo van Gogh, Arles, 28 januari 1889, in: Jansen en Luijten (2009), deel 4, p. 399-403.
106 Émile Bernard, 'Vincent van Gogh', *Les hommes d'aujourd'hui* 8(1891)390, ontleend aan: Bogomila Welsh-Ovcharov, *Van Gogh in perspective*, Prentice-Hall, Englewood Cliffs, N.J. 1974, p. 38-40. In 1911 werd dit artikel ook opgenomen in: Ambroise Vollard (red.), *Lettres de Vincent van Gogh à Émile Bernard*, [s.n.], Paris 1911, wat het ook onder de aandacht van Helene heeft kunnen brengen.
107 Zie bijvoorbeeld: Arikawa (1981), p. 43. Overigens wordt tegenwoordig betwijfeld of Bernard een authentiek citaat aanhaalde in zijn artikel. Onder anderen Bogomila Welsh-Ovcharov neemt aan dat Bernard in zijn artikel een willekeurige interpretatie gaf van twee verschillende brieven die Van Gogh over *La Berceuse* schreef, zie: Welsh-Ovcharov (1974), p. 39-40, noot 11 en 12.
108 Aankoopgegevens zijn behalve aan de brieven, ontleend aan de beschrijvingen van deze werken in Ten Berge en Meedendorp (2003) en Teio Meedendorp, *Tekeningen en grafiek van Vincent van Gogh in de collectie van het Kröller-Müller Museum*, Kröller-Müller Museum, Otterlo 2007.
109 HA502029, HKM aan SvD, 13 april 1912.
110 Het Kröller-Müller Museum bezit twee houten Christuskoppen; van één (KM 112.918) is bekend dat deze in 1928 bij Frederik Muller & Cie werd gekocht, van de andere (KM 124.858) is de herkomst onbekend. Deze uit perenhout gemaakte kop is afkomstig uit Frankrijk en werd in de dertiende eeuw gemaakt. Waarschijnlijk is dit de kop die Helene in 1912 tijdens haar bezoek aan Parijs kocht.
111 HA502029, HKM aan SvD, 13 april 1912.
112 HA502028, HKM aan SvD, 14 april 1912.
113 Idem.
114 Helene noemde geen titels, maar schreef over schilderijen met hetzelfde onderwerp en van ongeveer dezelfde afmetingen. Van *Gezicht op Collioure* is bekend dat ze het direct van Signac kocht, het werk van Seurat moet dan bijna wel *Bout de la Jetée à Honfleur* zijn geweest, dat ook een havengezicht voorstelt en dat niet veel groter is. Dit schilderij kocht ze echter niet van Signac, maar bij Bernheim Jeune. Gribling en Hefting (1970), p. 234.
115 Dit bezoek is in de brieven uit 1912 niet gedocumenteerd, maar aangezien de Kröllers volgens Ten Berge en Meedendorp in april 1912 acht schilderijen van Van Gogh bij Schuffenecker kochten, mag aangenomen worden dat dit tijdens hetzelfde verblijf gebeurde. Ten Berge en Meedendorp (2003), p. 443.
116 HA379268, HKM aan Paul Fechter, [z.p.], 14 februari 1929. In 1928 zou Schuffenecker verdacht worden van het handelen in valse Van Goghs, die geschilderd waren door zijn broer Émile. Van de vele Van Goghs die Bremmer en Anton zagen, was dan ook waarschijnlijk een groot aantal vervalst. Zie ook de paragraaf over de Wacker-affaire in hoofdstuk 12, 'Verval en behoud'.
117 Ten Berge en Meedendorp (2003), p. 443.
118 HA502029, HKM aan SvD, 13 april 1912.
119 *Catalogue des tableaux modernes, aquarelles, dessins et pastels, dépendant des collections formées par M.-C. Hoogendijk de La Haye*, Frederik Muller, Amsterdam 1912; Henkels (1993), p. 254-255; en 'Statgehabte Auktionen. Amsterdam II', *Der Cicerone* 4(1912)11, p. 451.
120 Henkels (1993), p. 255.
121 HA500884, HKM aan SvD, 23 mei 1912. Anton kreeg in 1911 meer dan zes ton

uitgekeerd op zijn aandelen in Müller & Co en had dus financiële ruimte genoeg, zie: KMM, inv.nr. HA414610, Anton Kröller, 'Memorandum', 6 maart 1932; KMM, inv.nr. HA502520, Anton Kröller, 'Hoenderloo', [1932/1933], p. 5.
122 HA500884, HKM aan SvD, 23 mei 1912.
123 Peter Hecht, *125 jaar openbaar kunstbezit met steun van de Vereniging Rembrandt*, Waanders, Zwolle 2008, p. 48.
124 Ambroise Vollard, *Souvenirs d'un marchand de tableaux*, Albin Michel, Parijs 1937, p. 150-152. Hoogendijks keuze was op weinig artistieke gronden gebaseerd: hij wilde werken van 'le plus grand peintre', waarop Vollard antwoordde dat er niet één grootste schilder is aan te wijzen. De kunsthandelaar noemde een aantal namen, onder wie Cézanne, Renoir, Monet en Degas, maar Hoogendijk kon niet kiezen. De heren besloten de namen op kaartjes te schrijven en in een hoed te doen, zodat Hoogendijk blind een naam kon trekken. Tot beider verbazing stond de naam van Van Gogh op het getrokken kaartje. Kennelijk had Hoogendijk per ongeluk een etiket dat al op tafel lag, met de andere namen in de hoed gegooid. De hem onbekende naam weerhield hem er niet van enkele schilderijen van Van Gogh te kopen. Wel herhaalde hij de loterij nog eens om vervolgens nog een dertigtal Cézannes aan te schaffen. Het is overigens onbekend hoeveel schilderijen van Van Gogh Hoogendijk precies verwierf en tevens wanneer de koop plaatsvond. Het Kröller-Müller Museum gaat uit van de periode tussen augustus 1897 en begin december 1899. Ten Berge en Meedendorp (2003), p. 420-423.
125 Friedrich Markus Huebner, *Holland*, Klinkhardt & Biermann/Van Munster, Leipzig/Amsterdam 1921, p. 48-55. Dit was het eerste deel van de reeks: *Moderne Kunst in den Privatsammlungen Europas* onder redactie van Georg Biermann. Met de titel 'Kleinere Van Gogh-Sammlungen' onderscheidde Huebner de verzamelingen van Bremmers cursisten van de grote verzamelingen van ir. Van Gogh, Hidde Nijland en Kröller-Müller. In 1928 was een derde van alle in Nederland aanwezige tekeningen en schilderijen (circa 500 werken) van Van Gogh in handen van Bremmer of een van de verzamelaars uit zijn omgeving. Circa 600 werken waren in bezit van de familie Van Gogh en slechts een kleine 80 werken behoorden tot andere verzamelaars. Balk (2006), p. 240-241.
126 Voor een bespreking van de joodse verzamelaars van Van Gogh in Duitsland, zie: Veronica Grodzinski, 'The art dealer and collector as visionary. Discovering Vincent van Gogh in Wilhelmine Germany 1900-1914', *Journal of the history of collections*, 21(2009)2, p. 221-228. Grodzinski beargumenteert dat juist joodse verzamelaars geïnteresseerd waren in zijn werk, omdat zij in hem een buitenstaander herkenden. In 1911 werd het xenofobische Vinnenmanifest gepubliceerd, waarin tientallen kunstenaars en museumdirecteuren protesteerden tegen de vermeende overvloed aan buitenlandse kunst in Duitse musea. De directe aanleiding was de aankoop van Van Goghs *Klaprozenveld* (1890) door de Kunsthalle in Bremen.
127 Ten Berge en Meedendorp (2003), p. 414.
128 Feilchenfeldt in: Dorn (1990), p. 23.
129 De interesse voor het werk van Van Gogh bleef in Groot-Brittannië sterk achter bij de aandacht die zijn werk in Nederland, Frankrijk en Duitsland te beurt viel. Pas in 1910 werd voor het eerst in Engeland werk van Van Gogh tentoongesteld tijdens 'Manet and the Post-Impressionists'. De volgende gelegenheid was een groepstentoonstelling in 1913, waarna Van Gogh pas weer in 1923 te zien was. Zemel (1980), p. 133.
130 Voor de aankopen van onder anderen Cassirer en Vollard, zie: Henkels (1993), p. 252-254. Ook de overige aankopen die Bremmer die dag voor de Kröllers deed, onderscheiden zich door de grote hoeveelheden waarin hij aankocht. Zo kocht Bremmer bijvoorbeeld vier van de zes aangeboden werken van Odilon Redon.
131 Idem, p. 255.
132 Alan Bowness beargumenteert dat de receptie van succesvolle kunstenaars vier fases doorloopt: erkenning door medekunstenaars, vervolgens door (vaak jonge) critici, daarna door handelaars en verzamelaars en ten slotte door musea en het

grote publiek. Zie: Alan Bowness, *The Conditions of success. How the modern artist rises to fame*, Thames and Hudson, New York 1989.
133 Stolwijk en Veenenbos (2002), p. 124-131.
134 Richard Reiche (voorwoord), *Internationale Kunstausstellung des Sonderbundes westdeutscher Kunstfreunde und Künstler zu Cöln*, Dumont Schauberg, Keulen 1912. De tentoonstelling vond plaats van 25 mei tot en met 30 september 1912.
135 Helmut Leppien en Gert von der Osten, *Europäische Kunst 1912. Zum 50. Jahrestag der Ausstellung des 'Sonderbundes westdeutscher Kunstfreunde und Künstler' in Köln, 12 September bis 9 Dezember 1962*, Wallraf-Richartz-Museum, Köln 1962, p. 21-34.
136 Feilchenfeldt (1988), p. 38.
137 HA500893, HKM aan SvD, [z.d.] 1912.
138 HA502195, HKM aan AGK, 11 januari [1913]; HA500893, HKM aan SvD, [z.d.] 1912.
139 Jos ten Berge, Kees Keijer [e.a.], *Hommes de valeur. Henri Fantin-Latour, Odilon Redon en tijdgenoten*, Waanders/Stichting Kröller-Müller Museum, Zwolle/Otterlo 2002, p. 22-24; William Gaunt, *Fantin-Latour. Flower Paintings*, Marlborough Fine Art Limited, Londen 1962, p. 5-8.
140 Brief 575, Vincent van Gogh aan Emil Bernard, Parijs, rond december 1887, in: Jansen en Luijten (2009), deel 3, p. 371.
141 HA502195, HKM aan AGK, 11 januari [1913].
142 Ten Berge en Meedendorp (2003), p. 354.
143 HA502225, HKM aan AGK, 17 mei 1913.
144 HA501135, HKM aan SvD, 16 mei 1913.
145 Het *Portret van Eva Callimachi-Catargi* kocht hij in dezelfde periode bij kunsthandel Wisselingh in Amsterdam.
146 HA500884, HKM aan SvD, 23 mei 1912.
147 HA500925, HKM aan SvD, 21 juli 1912.
148 Idem.
149 Idem.
150 Zie bijvoorbeeld: HA510257, Helene Brückmann-Kröller aan Paul Brückmann, 14 februari 1912.
151 HA500814, HKM aan SvD, 10 maart 1912.
152 HA500823, HKM aan SvD, 17 maart 1912.
153 HA500814, HKM aan SvD, 10 maart 1912.
154 HA500818, HKM aan SvD, 13 maart 1912.
155 HA500823, HKM aan SvD, 17 maart 1912.

156 HA502201, HKM aan AGK, 3 juli 1912.
157 Idem.
158 HA500957, HKM aan SvD, 20 augustus 1912. De brief van Paul aan Helene is niet bewaard gebleven, maar de strekking ervan is te reconstrueren op basis van Helenes brief aan Sam van 20 augustus, plus een brief die Paul twee jaar later aan de Kröllers schreef, op 4 augustus 1914. Hieruit komt duidelijk naar voren hoe hij al jaren over de relatie tussen Helene en Sam van Deventer dacht. Deze brief bevindt zich in de collectie Van Andel-Brückmann.
159 HA500958, HKM aan SvD, 22 augustus 1912.
160 HA500989, HKM aan SvD, 16 oktober 1912.
161 HA500650, HKM aan SvD, 29 augustus 1911.
162 HA500958, HKM aan SvD, 22 augustus 1912.
163 Idem.
164 HA500964, HKM aan SvD, 4 september 1912; HA500958, HKM aan SvD, 22 augustus 1912.
165 HA500958, HKM aan SvD, 22 augustus 1912.
166 Idem.
167 HA500961, HKM aan SvD, 25 augustus 1912.
168 HA500960, HKM aan SvD, 24 augustus 1912.
169 HA502206, HKM aan AGK, 10 september 1912.
170 HA500960, HKM aan SvD, 24 augustus 1912.
171 HA502198, HKM aan AGK, 28 februari 1912.
172 HA500890, HKM aan SvD, 30 mei 1912.
173 HA501067, HKM aan SvD, 4 februari 1913.
174 HA500890, HKM aan SvD, 30 mei 1912.
175 HA500960, HKM aan SvD, 24 augustus 1912.
176 HA500890, HKM aan SvD, 30 mei 1912.
177 HA500960, HKM aan SvD, 24 augustus 1912.

7

1 HA500796, HKM aan SvD en Wim Kröller, 20 februari 1912.
2 HA500711, HKM aan SvD, 24 oktober 1911 (waarschijnlijk wordt 24 september bedoeld).

3 HA500796, HKM aan SvD en Wim Kröller, 20 februari 1912.
4 Het meningsverschil tussen Behrens en Mies van der Rohe is ontleend aan: Franz Schulze, *Mies van der Rohe. A critical biography*, University of Chicago Press, London 1985, p. 60-61 en Hesse-Frielinghaus (1971), p. 495, noot 17. Beide publicaties baseren zich op een gesprek uit 1964 van Mies van der Rohe met Horst Eifler en Ulrich Conrads, dat in 1966 op lp verscheen.
5 Schulze (1985), p. 57-58, 60.
6 HA500796, HKM aan SvD en Wim Kröller, 20 februari 1912.
7 HA500820, HKM aan SvD, 16 maart 1912.
8 HA500827, HKM aan SvD, 26 maart 1912.
9 Idem.
10 HA500829, HKM aan SvD, 28 maart 1912.
11 Deze brief is niet bewaard gebleven, maar de strekking ervan is te reconstrueren aan de hand van: HA500818, HKM aan SvD, 13 maart 1912.
12 Idem.
13 HA500820, HKM aan SvD, 16 maart 1912.
14 HA500834, HKM aan SvD, 9 april 1912.
15 HA500851, HKM aan SvD, 24 april 1912; HA500859, HKM aan SvD, 28 april 1912.
16 HA500859, HKM aan SvD, 28 april 1912.
17 Op enkele 'weit verstreute Bruchstücke' na is er geen correspondentie van de architect bewaard gebleven volgens professor Hartmut Frank, projectleider van het onderzoek naar Peter Behrens aan de HafenCity Universität Hamburg. De belangrijkste vindplaats van deze brokstukken is het archief van het Karl Ernst Osthaus in Hagen.
18 Zie bijvoorbeeld: KEO, toeg.nr. Kü/424, inv.nr. 9, Karl Ernst Osthaus aan Peter Behrens, 1 mei 1911 en KEO, toeg.nr. Kü/427, inv.nr. 10, Karl Ernst Osthaus aan Peter Behrens, 4 april 1912.
19 HA500865, HKM aan SvD, 30 april 1912. Helene noemde een jaarsalaris van achtduizend mark, destijds circa vierduizend gulden. Het is onbekend welk jaarloon de Kröllers met Behrens overeenkwamen. Hij was een architect van naam met een indrukwekkende staat van dienst. Het is dan ook waarschijnlijk dat zijn salaris ongeveer twaalfduizend gulden per jaar bedroeg, gelijk aan het loon dat de Kröllers later Berlage zouden aanbieden (wat na enige onderhandelingen overigens werd bijgesteld naar veertienduizend gulden).
20 HA500855, HKM aan SvD, [z.d.]. Het betreffende artikel is: H. P. Berlage, 'Waar zijn wij aangeland', *De beweging. Algemeen maandschrift voor letteren, kunst, wetenschap en staatkunde*, 8(1912)4, p. 1-13.
21 Polano (1988), Den Haag p. 165-168, 186, 187 en 196. Overigens werd het ontwerp voor Den Haag dan niet uitgevoerd, maar Berlages voorstellen dienden niettemin tot in de jaren dertig als uitgangspunt voor de uitbreidingsplannen van de stad. Zie Polano (1988), p. 186.
22 HA500859, HKM aan SvD, 28 april 1912.
23 HA500869, HKM aan SvD, 3 mei 1912.
24 HA500885, HKM aan SvD, 26 mei 1912.
25 Idem.
26 'Eigendomsbewijzen panden Lange Voorhout 1 en Hooge Nieuwstraat 4, 4a en 4b'. In kopie aanwezig in KMM, archiefcode 57, doos 104.
27 HA500886, HKM aan SvD, 28 mei 1912.
28 Idem.
29 HA500889, HKM aan SvD, 30 mei 1912.
30 HA500895, HKM aan SvD, 7 juni 1912.
31 HA500965, HKM aan SvD, 5 september 1912.
32 HA500889, HKM aan SvD, 30 mei 1912.
33 Schulze (1985), p. 63.
34 De geschiedenis omtrent het nieuwe stadhuis van Rotterdam wordt uiteengezet in: Marlite Halbertsma, *En maar altoos duurt het vitten op het nieuwe raadhuis voort... : het Rotterdamse stadhuis als representatie van Rotterdam 1912-1929*, Waanders, Zwolle 1999.
35 HA500896, HKM aan SvD, 8 juni 1912.
36 Idem.
37 HA500970, HKM aan SvD, 19 september 1912. Zie voor een bespreking van dit ontwerp: Johannes van der Wolk, *De Kröllers en hun architecten. H. E. L. J. Kröller-Müller, A. G. Kröller, L. J. Falkenburg, P. Behrens, L. Mies van der Rohe, H. P. Berlage, A. J. Kropholler, H. van de Velde*, Rijksmuseum Kröller-Müller, Otterlo 1992, p. 47-48.
38 HA500970, HKM aan SvD, 19 september 1912.
39 Het oorspronkelijke ontwerp van Mies van der Rohe is niet bewaard gebleven. Hij heeft het ontwerp later wel nagetekend en het tijdens zijn lessen aan het Bauhaus

besproken. De beschrijving van het ontwerp is ontleend aan Schulze (1985), p. 61-62. Zie ook: Van der Wolk (1992), p. 45.
40 HA500985, HKM aan SvD, 12 oktober 1912.
41 HA500970, HKM aan SvD, 19 september 1912.
42 Van Deventer (2004), p. 65.
43 HA500994, HKM aan SvD, 10 november 1912.
44 Schulze (1985), p. 62-63. De oorspronkelijke brief, waar het hiernavolgende op is gebaseerd, bevindt zich in het Miesarchief van het Museum of Modern Art in New York.
45 HA501010, HKM aan SvD, 3 december 1912.
46 Van Deventer (2004), p. 65.
47 HA501014, HKM aan SvD, 7 december 1912.
48 HA501041, HKM aan SvD, 12 januari 1913; HA501043, HKM aan SvD, 13 januari 1913.
49 HA501043, HKM aan SvD, 13 januari 1913.
50 Idem.
51 HA502027, HKM aan SvD, 23 januari 1913.
52 Idem.
53 HA501066, HKM aan SvD, 3 februari 1913.
54 Idem.
55 HA501067, HKM aan SvD, 4 februari 1913.
56 HA502210, HKM aan AGK, 29 november 1913; HA501080, HKM aan SvD, 27 februari 1913.
57 Anoniem, 'Gustav. H. Müller', *Wereldkroniek* 1 maart 1913.
58 HA501080, HKM aan SvD, 27 februari 1913.
59 Idem.
60 HA501100, HKM aan SvD, 21 maart 1913.
61 HA501102, HKM aan SvD, [26 maart] 1913.
62 HA502219, HKM aan AGK, 24 maart 1913.
63 HA501105, HKM aan SvD, [25 maart] 1913.
64 HA502219, HKM aan AGK, 24 maart 1913.
65 Idem.
66 HA502197, HKM aan AGK, 26 maart 1913; HA501105, HKM aan SvD, [25 maart] 1913.
67 HA501105, HKM aan SvD, [25 maart] 1913.
68 Henk van Veen, *Cosimo I de' Medici vorst en republikein. Een studie naar het heersersimago van de eerste groothertog van Toscane (1537-1574)*, Meulenhoff/Kritak, Amsterdam/Leuven 1998, p. 43 en 56-57.

69 HA502026, HKM aan SvD, 5 april 1913.
70 HA501109, HKM aan SvD, [4 april] 1913.
71 De brief van Anton is niet bewaard gebleven, Helene citeerde hem in: HA502026, HKM aan SvD, 5 april 1913.
72 Ter vergelijking: Bremmer verdiende circa 2500 gulden per jaar voor wekelijks twee dagen werk; als hij voltijd voor de Kröllers zou hebben gewerkt, dan was dat bedrag nog altijd de helft van wat het echtpaar Berlage aanbood. Het Nederlands jaarinkomen per hoofd van de bevolking bedroeg in 1912 nog geen vijfhonderd gulden, zie: Jan-Pieter Smits, Edwin Horlings [e.a.], *Dutch GNP and its components, 1800-1913*, Groningen Growth and Development Centre, Groningen 2000, p. 236.
73 HA501110, HKM aan SvD, 7 april 1913.
74 HA502026, HKM aan SvD, 5 april 1913.
75 HA501110, HKM aan SvD, 7 april 1913.
76 Idem.
77 HA502220, HKM aan AGK, 8 april 1913.
78 Idem.
79 Idem.
80 HA501096, HKM aan SvD, 26 [april] 1913.
81 Idem.
82 HA501084, HKM aan SvD, 7 maart 1913. GAR/WMC, correspondentiedossiers, toeg.nr. 615, inv.nr. 246, 'Opname van Helene Laura Emma Juliana Müller in de firma Wm. H. Müller & Co', geregistreerd op 7 maart 1913. Uit de akte is op te maken dat Helene deze pas had kunnen ondertekenen nadat zij een dag eerder van Anton uitdrukkelijk toestemming had gekregen om 'als openbare koopvrouw op te treden en alzoo zonder zijn bijstand in en omtrent alles wat die koopmanschap betreft, verbintenissen aan te gaan', wat werd vastgelegd door dezelfde notaris Pieter van Wijngaarden.
83 HA501084, HKM aan SvD, 7 maart 1913.
84 HA501113, HKM aan SvD, 9 april 1913.
85 Uitzonderingen waren zakenvrouwen die het heft in eigen hand namen, onder wie modekoningin Coco Chanel en de Amerikaanse cosmetica-entrepeneurs Helena Rubenstein en Elizabeth Arden. Hun bedrijven ontwikkelden zich echter pas eind jaren tien en later tot internationale concerns.
86 Aldus Helene, in: HA410060, HKM aan Anna Müller, 14 juli 1924.

87 HA501089, HKM aan SvD, 12 maart 1913.
88 HA501076, HKM aan SvD, 21 februari 1913.
89 Idem.
90 Idem.
91 Idem.
92 HA501089, HKM aan SvD, 12 maart 1913.
93 Op 12 juni 1913 waren de stille vennoten: Helenes moeder Emilie Faulenbach-Neese, haar zussen Martha Ullner-Müller en Emmy Hensel-Müller, en haar schoonzus Anne Müller-Abeken. Zij bezaten respectievelijk 505.000, 105.000, 60.000 en 830.000 gulden van het commanditaire kapitaal. Op 14 juni 1913 werden zij alle vier uitgekocht. KMM, archiefcode 57, doos 104.
94 HA501093, HKM aan SvD, 17 maart 1913.
95 HA502026, HKM aan SvD, 5 april 1913.
96 Idem.
97 HA501127, HKM aan SvD, 24 april 1913; NAi/HPB 1913, inv.nr. 414 (map K), H.P. Berlage aan HKM, 19 april 1913.
98 HA501126, HKM aan SvD, 20 april 1913.
99 Idem.
100 HA377534, H.P. Bremmer aan HKM, 30 april 1913.
101 Marien van der Heijden, 'Berlage', *Biografisch woordenboek van het socialisme en de arbeidersbeweging in Nederland*, Stichting Beheer IISG, Amsterdam 1995, p. 27-29. Ook Singelenberg noemt Berlage geen politicus, maar een individuele idealist. Singelenberg (1971), p. 113.
102 Singelenberg beargumenteert in zijn proefschrift dat het socialisme voor Berlage in zijn persoonlijke leven van groot belang was, maar dat dit geen uitgangspunt vormde voor zijn werk. Daarin was het socialisme een hulpmiddel aan de hand waarvan hij zijn ideeën over gemeenschapskunst duidelijk kon maken. Singelenberg (1971), p. 112-113.
103 De Beurs zou dan een Palazzo Pubblico moeten worden, zoals het Palazzo Communale, het stadhuis in Siena, waar Berlage tijdens een reis door Italië door geïnspireerd werd. Walter Kramer, *De Beurs van Berlage. Historie en herstel*, Waanders, Zwolle 2003, p. 39.
104 Manfred Bock, Pol Bruys [e.a.], *De inrichting van de Beurs van Berlage. Geschiedenis en behoud*, Waanders, Zwolle 1996, p. 52; Madelon Broekhuis, 'Verwey's decoratieplannen', *Kunstlicht*, 2(1981)2-3, p. 14-17.
105 HA501155, HKM aan SvD, 3 juni 1913.
106 HA501164, HKM aan SvD, [4 juni] 1913; HA377504, H.P. Berlage aan Anton en Helene Kröller, 2 juni 1913.
107 Lezing Max van Rooy, 'H.P. Berlage en het Jachthuis Sint Hubertus', Hoenderloo 7 maart 2009. Zo moest de socialistische kunstenaar-criticus Richard Roland Holst niets hebben van 'het energieke maar cynische groot-kapitaal'. Richard Roland Holst, 'De bouwmeester Berlage in zijn verhouding tot de architecturale beeldhouw- en schilderkunst', in zijn bundel: *Over kunst en kunstenaars. Beschouwingen en herdenkingen*, Meulenhoff, Amsterdam 1923, p. 68. Dit artikel publiceerde Roland Holst oorspronkelijk in: *H.P. Berlage en zijn werk* uit 1916, dus toen Berlage volop aan het werk was voor de Kröllers.
108 Het citaat is niet van Roland Holst zelf, maar een conclusie van Lieske Tibbe in: Lieske Tibbe, *R.N. Roland Holst 1868-1939. Arbeid en schoonheid vereend. Opvattingen over gemeenschapskunst*, Architectura & Natura/ Stichting Nijmeegse Kunsthistorische Studies, Amsterdam/Nijmegen 1994, p. 338-339.
109 HA501167, HKM aan SvD, 18 juni 1913.
110 HA501164, HKM aan SvD, [4 juni] 1913.
111 HA501174, HKM aan SvD, 22 juni 1913.
112 Het contract is niet bewaard gebleven, maar deze voorwaarden blijken onder meer uit brief HA502022 (HKM aan SvD, 29 oktober 1919), waarin zijn salaris wordt genoemd en uit HA501302 (HKM aan SvD, 28 januari 1914) waaruit blijkt dat hij aan een andere opdracht mocht werken. Berlage werkte niet exclusief voor de Kröllers en hij had dus de vrijheid om – mits zijn werk voor de Kröllers hierdoor niet in het gedrang kwam – aan andere opdrachten te werken. Dit in tegenstelling tot wat vaak beweerd wordt. Zie bijvoorbeeld: Bram Haak en Roelof Siegers, *Het jachthuis Sint Hubertus. Van ontwerp tot monument*, Vereniging Vrienden van de Hoge Veluwe, [z.p.] 2003, p. 32.
113 HA501174, HKM aan SvD, 22 juni 1913.
114 HA501233, HKM aan SvD, 29 september 1913.
115 HA501236, HKM aan SvD, 3 oktober 1913.

116 HA501177, HKM aan SvD, 27 juni 1913.
117 Marjan Groot, *Vrouwen in de vormgeving in Nederland. 1880-1940*, Uitgeverij 010, Rotterdam 2007, p. 459-460.
118 NAi/HPB 1913, inv.nr. 414, Algemeene Maatschappij van Levensverzekering en Lijfrente aan H.P. Berlage, 2 augustus 1914.
119 HA501233, HKM aan SvD, 29 september 1913; Anoniem, 'L'architecture hollandais moderne', *Gazette de Hollande* 29 oktober 1913.
120 HA501164, HKM aan SvD, [4 juni] 1913.
121 Anoniem, 'L'architecture hollandais moderne', *La Gazette de Hollande* 29 oktober 1913.
122 Polano (1988), p. 217. Zie ook: Van der Wolk (1992), p. 51-54.
123 KMM, inv.nr. HA378031, H.P. Bremmer, 'Lezing gehouden door den heer H.P. Bremmer ter gelegenheid van het 25-jarig jubileum van den Heer A.G. Kröller', 15 juni 1914.
124 Het artikel is opgenomen in: Albert Verwey, Joh. Langejan [e.a.], *H.P. Berlage. Ter gedachtenis 21 febr. 1856-12 aug. 1934*, Mouton & Co, Den Haag 1934, p. 16. Het Holland House is nog altijd in gebruik als kantoorpand en is een 'Grade II listed building', wat betekent dat het gebouw officieel van historisch en/of cultureel belang wordt geacht.
125 HA502263, HKM aan AGK, 3 november 1915.
126 GA/ATH, toeg.nr. 0924, inv.nr. 114/h15, Nederlandsche Heidemaatschappij, 'Rapport omtrent de ontginning "Schipborg", toebehoorende aan den heer A.G. Kröller te 's Gravenhage', 1913.
127 NAi/HPB 1913, inv.nr. 414 (map K), HKM aan H.P. Berlage, 22 augustus 1913.
128 HA501219, HKM aan SvD, 14 augustus 1913.
129 H.P. Berlage, 'K.P.C. de Bazel', *Elsevier's geïllustreerd maandschrift*,16(1906)32, p. 73-87.
130 De overeenkomsten en verschillen tussen de twee boerderijen worden in detail uiteengezet in: Bronno Meijer, *De Schipborg. Architect H.P. Berlage*, doctoraalscriptie Rijksuniversiteit Groningen 1999, p. 43-46. Voor een bespreking van De Schipborg, zie ook: Van der Wolk (1992), p. 48-49.
131 Eliëns (1998), p. 94.
132 NAi/PK, inv.nr. 10, Bart van der Leck aan Piet Klaarhamer, 14 augustus 1915. Het tegelfries en de meubels zijn tegenwoordig in particulier bezit.
133 HA501255, HKM aan SvD, 31 oktober 1913.
134 HA502160, AGK aan HKM, [z.d. 1923].
135 Van der Wolk (1992), p. 49-50.
136 HA501235, HKM aan SvD, 2 oktober 1913.
137 KMM, archiefcode 201, Johannes Memelink, 'Levensbeschrijving van J.H. Memelink', 1956 (ongepubliceerd manuscript), p. 53-55.
138 HA501235, HKM aan SvD, 2 oktober 1913.
139 Idem.
140 Van der Wolk (1992), p. 50.
141 HA501302, HKM aan SvD, 28 januari 1914.
142 Berlage werkte tussen 1900 en 1905 aan dit plan, wat echter vanwege gemeentelijke twijfels niet werd uitgevoerd. Volgens Polano kreeg de architect in oktober 1914 formeel de opdracht om de uitbreidingsplannen te herzien. Uit Helenes brief blijkt dat hij (vermoedelijk informeel) al in januari nieuwe tekeningen maakte. Polano (1988), p. 165-168.
143 HA501302, HKM aan SvD, 28 januari 1914.
144 HA501296, HKM aan SvD, 20 januari 1914.
145 HA501317, HKM aan SvD, 19 februari 1914.
146 Zie voor dit onderwerp ook de paragraaf 'Bremmer en de bouwmeesters' in: Balk (2006), p. 222-226.
147 HA501315, HKM aan SvD, 15 februari 1914.

8

1 HA502195, HKM aan AGK, 11 januari [1913].
2 Idem.
3 HA501048, HKM aan SvD, 17 januari 1913; HA501051, HKM aan SvD, 21 januari 1913. De hiernavolgende beschrijving van de verschillende zalen is aan deze brieven ontleend. Helene gaf overigens niet aan welke schilderijen ze als hamerslagen ervoer, maar aangezien ze in haar brief van 21 januari 1913 schreef dat de Franse wer-

ken in de grote zaal hingen, mag daaruit afgeleid worden dat het hierom ging. Ook uit het feit dat ze twee (vermeende) Parijse doeken als rustiger beschouwde, is op te maken dat ze met het zware werk andere schilderijen bedoelde. (*Mand met citroenen en fles* werd in 1928 door De la Faille tot Van Goghs Parijse periode gerekend, maar tegenwoordig wordt aangenomen dat dit schilderij uit het voorjaar van 1888 dateert, enkele maanden nadat hij naar Arles was verhuisd, zie Ten Berge en Meedendorp (2003), p. 217-218.) Op het Nederlandse werk doelde ze in ieder geval niet, want uit haar brief blijkt dat dit in een andere zaal hing.
4 Het is onduidelijk wie Frère Angel was. Bremmer omschreef hem als 'Fransch schilder, geboren omstreeks 1880. Zijn wereldlijke naam is ons niet bekend. Hij is lid en wellicht de voornaamste oprichter van de confrérie de "la Rosace", welke naar het schijnt eene uitloopster is van de omstreeks 1890 door J. Péladan gestichte orde van de "Rose Croix".' H. P. Bremmer, *Catalogus van de schilderijenverzameling van mevrouw H. Kröller-Müller. 's-Gravenhage, Lange Voorhout 1*, [s.n.], Den Haag 1917, p. 3.
5 HA501048, HKM aan SvD, 17 januari 1913.
6 Geciteerd naar: Peter de Ruiter, *A. M. Hammacher. Kunst als levensessentie*, De Prom, Baarn 2000, p. 76.
7 Het stilleven van Cuyp werd niet door Bremmer opgenomen in de aankoopboeken die hij voor Helene bijhield, vermoedelijk omdat Anton dit werk voor zichzelf kocht. Het schilderij is later niet overgedragen aan de Kröller-Müller Stichting en bevindt zich tegenwoordig dan ook niet in de collectie van het museum.
8 Ch. A. Cocheret en W. F. Lichtenauer (red.), *Bekende Rotterdammers door hun stadgenoten beschreven. Zes en dertig bijdragen over burgers van Rotterdam, die in stadsbestuur, bedrijfsleven en op verscheidene gebieden van de cultuur hun stadgenoten tot voorbeeld zijn geweest of mede het leven en streven van hun stad bepaald hebben*, Brusse, Rotterdam 1951, p. 35.
9 HA501180, HKM aan SvD, 1 juli 1913.
10 Opvallend genoeg betrok Bremmer Jo van Gogh-Bonger niet bij de tentoonstelling, terwijl zij de meest interessante bruikleengeefster zou zijn geweest. Jo voelde zich dan ook gepasseerd en verweet Bremmer en Helene dat zij slechts uit ijdelheid hun verzamelingen tentoonstelden. Met het wat flauwe excuus dat hij in de veronderstelling verkeerde dat Jo geen schilderijen meer wilde exposeren, probeerde Bremmer de vrede te bewaren. Hij vroeg haar alsnog een aantal werken uit te lenen, waarmee zij instemde. Het voorval betekende niettemin het einde van het toch al moeizame contact tussen Bremmer en Van Gogh-Bonger, die beiden de rol van pleitbezorger van Van Gogh op zich hadden genomen. Balk (2006), p. 242. Voor de rol van Jo van Gogh-Bonger als pleitbezorger, zie bijvoorbeeld: Han van Crimpen, 'Johanna van Gogh: a legacy, a mission', in: Tsukasa Kōdera (red.), *The mythology of Vincent van Gogh*, TV Asahi/John Benjamins, Tokyo/Amsterdam 1993, p. 355-374.
11 Voor de geschiedenis van het Rembrandthuis, zie: Eva Ornstein-van Slooten, Marijke Holtrop [e.a.], *Het Rembrandthuis. De prenten, tekeningen en schilderijen*, Waanders/Het Rembrandthuis, Zwolle/Amsterdam 1991, p. 7-12.
12 HA501180, HKM aan SvD, 1 juli 1913.
13 Anoniem, 'Letteren en Kunst. Vincent van Gogh', *Nieuwe Rotterdamsche Courant* 4 juli 1913.
14 Van Deventer noemt 1 september 1913 als datum waarop de verzameling voortaan voor het publiek toegankelijk was (Van Deventer (2004), p. 68). Uit een brief van 5 oktober blijkt echter dat Helene dan nog doende is de zalen opnieuw in te richten, zie: HA501237, HKM aan SvD, 5 oktober 1913.
15 Zij het dat de aankopen nog altijd persoonlijk door Anton werden gefinancierd.
16 HA501237, HKM aan SvD, 5 oktober 1913.
17 Caroline Roodenburg-Schadd, *Expressie en ordening. Het verzamelbeleid van Willem Sandberg voor het Stedelijk Museum, 1945-1962*, Stedelijk Museum/NAi Uitgevers, Amsterdam/Rotterdam 2004, p. 219.
18 Dit blijkt uit de aanvragen om de collectie te bezoeken, die in de jaren twintig steeds talrijker werden. De toenemende aandacht voor de collectie hing in belangrijke mate samen met de groeiende popu-

lariteit van Van Gogh. Zie wat dit betreft ook hoofdstuk 12, 'Verval en behoud'.
19 Huebner (1921), p. 34-42.
20 Karl Baedeker, *Holland. Handbuch für Reisende*, Karl Baedeker, Leipzig 1927, p. 89-91.
21 Ernst Heldring, *Herinneringen en dagboek van Ernst Heldring, 1871-1954*, Wolters-Noordhoff, Groningen 1970, p. 215.
22 Karl Ernst Osthaus, *Henry van de Velde. Leben und Schaffen des Künstlers*, Fröhlich & Kaufmann 1984 [eerste druk 1920], p. 141.
23 Roland Kamzelak en Ulrich Ott (red.), *Harry Graf Kessler. Das Tagebuch. Siebter Band 1818-1923*, Cotta, Stuttgart 2007, p. 585.
24 Kessler omschreef het portret niet, maar vermoedelijk bedoelde hij *Portret van Joseph Antoine Monticelli* (z.j.). Daarvan wordt aangenomen dat het in 1919 werd gekocht, terwijl het andere portret van Monticelli pas in 1927 in de collectie kwam.
25 Roodenburg-Schadd (1995) en Caroline Roodenburg-Schadd, 'Art collecting and art promotion by P.A. Regnault (1868-1954)', paper gepresenteerd tijdens het congres: 'The Art Collector: between Philanthropy and Self Glorification', Groninger Museum en Rijksuniversiteit Groningen/Biografie Instituut, 5 en 6 juni 2008.
26 Cees Doelman, 'Gesprek met de verzamelaar P.A. Regnault', *De Groene Amsterdammer* 7 augustus 1948, p. 7.
27 Huebner beschreef behalve de hierna genoemde verzamelaars nog de collecties van Frits van Kooten Kok (voornamelijk werk van Willem van Konijnenburg, die dankzij een tentoonstelling van werken uit de verzameling van Van Kooten Kok in 1917 zou doorbreken), Willem Beffie (Henri le Fauconnier, Franz Marc, Wassily Kandinsky), alsook een aantal kleinere collecties.
28 Balk (2006), p. 242.
29 Omschrijvingen ontleend aan: idem, p. 193-197.
30 Geciteerd naar: Balk (2006), p. 195.
31 Voorbeeld en gegevens ontleend aan: idem, p. 214.
32 Anoniem, 'Das Landhaus Dr. Leurings', *Dekorative Kunst. Illustrierte Zeitschrift für angewandte Kunst* 8(1905)2, p. 178. Huebner (1921), p. 24-29.

33 HA377596, Willem Leuring aan HKM, 11 april 1932; HA377597, onbekende medewerker HKM aan Willem Leuring, 13 april 1932. Helene weigerde het werk in bruikleen te geven, omdat zij daartoe niet gemachtigd zou zijn. De collectie was in 1928 ondergebracht in de Kröller-Müller Stichting en deze zou volgens Helene niet gerechtigd zijn werken in bruikleen te geven. Niet alleen is hierover in de stichtingsakte van 1928 niets terug te vinden, ook werden grote delen van de verzameling sinds eind jaren twintig een aantal maal uitgeleend. De Kröller-Müller Stichting zal worden besproken in hoofdstuk 12, 'Verval en behoud'.
34 Huebner (1921), p. 17.
35 Zie de bijdrage van Rebecca Nelemans, 'Een zwervende portefeuille. De herkomst van de collectie Hidde Nijland' in: Dirven en Wouters (2003), p. 73-84.
36 Ter gelegenheid van de opening van het Dordrechts Museum in 1904 gaf Nijland tweehonderd werken in bruikleen, waaronder honderd tekeningen van Van Gogh. Nadat het museumbestuur in 1911 verzocht om de helft van de Van Goghs te vervangen door werk van andere kunstenaars, trok Nijland zijn bruikleen grotendeels terug. In de jaren twintig werd de verzameling tijdens drie veilingen verkocht. De laatste stukken werden in 1937 geveild, na de dood van Nijland en zijn vrouw. Huebner (1921), p. 17; Dirven en Wouters (2003), p. 75.
37 Officieel was Boendermaker makelaar, maar dankzij zijn familievermogen was hij niet genoodzaakt een beroep uit te oefenen. Zijn aankopen financierde hij met hulp van zijn vader, een welgestelde aannemer en makelaar uit Amsterdam. Voor de invloed van Boendermaker op de Bergense School, zie: Piet Spijk, *De Bergense School en Piet Boendermaker. Kunstverzamelaar in Amsterdam en Bergen*, Waanders, Zwolle 1997. Huebner was de eerste die de benaming Bergense School gebruikte (in het hoofdstuk over de verzameling van Boendermaker noemt hij deze schilders de 'Bergensche Malergruppe', in het hoofdstuk over verzameling van Marie Tak van Poortvliet spreekt hij van de 'Schule von Bergen'), zie: Hueber, p. 77 en 81.

38 Boendermaker was van groot belang voor deze twee kunstenaars, maar hij was niet de eerste verzamelaar die zijn interesse vertaalde in vele aankopen. De plastisch chirurg Johannes Esser (met wie Boendermaker sinds 1908 bevriend was) kocht al voor 1910 het luministische werk van Gestel en Sluijters, evenals dat van Mondriaan. Tussen 1905 en 1912 legde hij een verzameling aan van circa 450 werken, waarvan hij een groot deel in 1911 in bruikleen gaf aan het Stedelijk Museum in Amsterdam. Hij had echter moeite met volledige abstractie, futurisme en kubisme, wat waarschijnlijk de oorzaak ervan was dat hij rond 1913 ophield met verzamelen. Roodenburg-Schadd (1995), p. 32-33; Ton Neelissen, *Het tomeloze leven van Johannes Esser. Grondlegger van de plastische chirurgie*, Balans, Amsterdam 2002, p. 42-46, 49-50.

39 Aleida Betsy Loosjes-Terpstra, *Leo Gestel als modernist. Werk uit de periode 1907-1922*, Noordbrabants Museum/Frans Halsmuseum, 's-Hertogenbosch/Haarlem 1983, p. 12.

40 Idem, p. 15-16.

41 Vanaf 1928 ontwikkelde Boendermaker plannen voor een eigen kunstzaal, maar de financiële crisis maakte in 1932 de uitvoering daarvan onmogelijk. Circa zestig schilderijen uit zijn bezit werden aangekocht door Nederlandse musea en zijn daar tegenwoordig bij gelegenheid nog steeds te bezichtigen.

42 Het Haags Gemeentemuseum opende in 1918 een dependance voor moderne kunst, waar toen nog hoofdzakelijk Haagse School was te zien. Dankzij een bruikleen werd hier vanaf 1921 ook werk geëxposeerd van onder anderen Cézanne, Van Gogh, Gauguin en Picasso (Van Adrichem (2001), p. 175). Het Stedelijk Museum in Amsterdam en het Museum Boijmans in Rotterdam bezaten pas in de jaren twintig een serieuze collectie moderne kunst. Al deze collecties zouden pas tegen het begin van de jaren dertig voldoende volgroeid zijn om regelmatig wisselende tentoonstellingen mee te organiseren. Zie: Van Adrichem (2001), p. 166-167; Roodenburg-Schadd (2004), p. 45-52.

43 Van Adrichem (2001), p. 185-192.

44 Sinds 2007 wordt door The International Council of Museums (ICOM) de volgende definitie van een museum gehanteerd: 'A museum is a non-profit, permanent institution in the service of society and its development, open to the public, which acquires, conserves, researches, communicates and exhibits the tangible and intangible heritage of humanity and its environment for the purposes of education, study and enjoyment'. ICOM, *Statutes*, te raadplegen via: http://icom.museum/statutes.html [bezocht op 5-2-2010]. Hoewel de behuizing aan het Lange Voorhout een semipermanent karakter had (het was tenslotte de bedoeling dat de verzameling uiteindelijk in het museumhuis werd ondergebracht) en er nauwelijks tot geen onderzoek naar de kunstwerken werd gedaan, voldeed het Museum Kröller niet minder aan deze moderne omschrijving dan officiële musea in deze periode.

45 Van Wijnen (2004), p. 207-217, 285-294.

46 Zie de inleiding en het voorwoord van: Jeroen Giltaij en Yvette Rosenberg, *De verzameling van de Stichting Willem van der Vorm in het Museum Boymans-van Beuningen*, Museum Boymans-van Beuningen, Rotterdam 1994.

47 Van Wijnen (2004), p. 208.

48 Maria Antonia Reinhard-Felice (red.), *Sammlung Oskar Reinhart 'Am Römerholz' Winterthur*, Schwabe, Basel 2003, p. 56-64.

49 HA501899, HKM aan SvD, 27 augustus 1927.

50 Idem.

51 Gabriel von Térey, *Katalog der aus der Sammlung des Kgl. Rates Marczell von Nemes-Budapest ausgestellten Gemälde*, Düsseldorf 1912; Georg Biermann, 'Die Sammlung Marczell von Nemes', *Der Cicerone*, 5(1913), p. 359-384.

52 HA501017, HKM aan SvD, 16 december 1912.

53 HA501018, HKM aan SvD, 16 december 1912.

54 Idem.

55 Voor een beschrijving van de Von Nemes-collectie ten tijde van de veiling, zie: Georg Biermann, 'Die Sammlung Marczell von Nemes', *Der Cicerone* 5(1913), p. 350-384.

56 Helene noemde in haar brief Giovanni

Battista Moroni als schilder van het portret in plaats van Scipione Pulzone (ook bekend als il Gaetano). Dit misverstand werd veroorzaakt door Bremmer, die het schilderij toeschreef aan Moroni en het ook als zodanig in het aankoopboek opnam. Zie: KMM, inv.nr. HA379629, H.P. Bremmer, 'Aankopen 1907-1915' (map 2 Gogh t/m Noort).
57 HA501170, HKM aan SvD, 17 juni 1913.
58 HA501167, HKM aan SvD, 18 juni 1913. Deze aankopen worden vermeld in: KMM, inv.nr. HA379628 en HA379629, H.P. Bremmer, 'Aankopen 1907-1915' (map 1 en 2), waarin de Pulzone als Moroni is vermeld (zie noot 56). *Venus en Amor* van Baldung Grien is in deze mappen niet terug te vinden, maar wel in TMS, de elektronische catalogus van het Kröller-Müller Museum, waarbij het jaar 1913 en Manzi-Joyant Parijs worden vermeld als jaar en plaats van aankoop.
59 Dat was nog altijd aanzienlijk meer dan de tweeduizend gulden die Helene tussen 1907 en 1912 gemiddeld aan een kunstwerk spendeerde. De Van Goghs niet meegerekend, bedroeg dit gemiddelde aankoopbedrag zelfs maar 750 gulden per werk (zie: KMM, inv.nrs. HA379628, HA379629 en HA379630, H.P. Bremmer, 'Aankopen 1907-1915'). De prijs van de Baldung Grien is onbekend, omdat Bremmer dit werk niet opnam in zijn aankoopboeken. In latere inventarislijsten wordt geen aankoopprijs vermeld.
60 Kröller-Müller (1925), p. 17.
61 Het is onduidelijk wanneer Helene de Wallace Collection precies bezocht, maar waarschijnlijk was dat in april of mei 1912 toen Wim naar Londen verhuisde en zij hem daar opzocht.
62 Een heldere uiteenzetting over de transformatie van de Wallace Collection van een particuliere verzameling tot een nationaal museum is te vinden in: Barbara Lasic, '"Splendid Patriotism". Richard Wallace and the construction of the Wallace Collection', *Journal of the history of collections*, 21(2009)2, p. 173-182. De beschrijving van de collectie is aan dit artikel ontleend, evenals aan: Stephen Duffy en Jo Hedley, *The Wallace Collection's pictures. A complete catalogue*, Unicorn Press/Lindsay Fine Art, London 2004, p. XVII-XXXIX.

63 HA501174, HKM aan SvD, 22 juni 1913.
64 Idem.
65 HA502018, HKM aan SvD, 3 mei 1924.
66 HA501264, HKM aan SvD, 12 november 1913.
67 HA502018, HKM aan SvD, 3 mei 1924.
68 HA501264, HKM aan SvD, 12 november 1913.
69 HA502241, HKM aan AGK, 27 april 1914.
70 HA502240, HKM aan AGK, 22 april 1914. De correspondentie tussen Anton en Helene in april 1914 weerlegt de bewering van Henry van de Velde dat hij hen in de vroege jaren twintig op het idee bracht om het museum op de Veluwe te bouwen. Wel weken de Kröllers eind jaren tien van hun Veluweplan af en was het Van de Velde die later deze oplossing weer aandroeg. Het is mogelijk dat Van de Velde niet van hun oorspronkelijke idee op de hoogte was, waardoor zijn voorstel voor hemzelf mogelijk nieuw leek. Van de Velde (1962), p. 417-418.
71 HA502163, AGK aan HKM, [z.d.] (rond 22 april) 1914.
72 HA502241, HKM aan AGK, 27 april 1914.
73 KMM, inv.nr. HA378031, H.P. Bremmer, 'Lezing gehouden door den heer H.P. Bremmer ter gelegenheid van het 25-jarig jubileum van den Heer A.G. Kröller', 15 juni 1914.
74 Anoniem, 'A.G. Kröller', *Het Vaderland* 15 juni 1914, typoscript in archief KMM, inv.nr. HA417430 en: Anoniem, 'A.G. Kröller', *Nieuwe Rotterdamsche Courant* 15 juni 1914, typoscript in archief KMM, inv.nr. HA417431.
75 HA501389, HKM aan Wim Kröller, 11 juni 1914.
76 De genodigden zijn af te leiden uit: KMM, inv.nr. HA378032, Menu met daarop handtekeningen van de gasten, 15 juni 1914. Wat betreft Plate: Lichtenauer (2008 a).
77 D.A. Imhülsen, 'Willem Westerman (1864-1935)', *Biografisch Woordenboek van Nederland,* www.inghist.nl/Onderzoek/Projecten/BWN/lemmata/bwn3/westerman (versie 13 maart 2008).
78 Helene maakte in 1910 kennis met Limburg, die bij die gelegenheid aan Anton refereerde als 'een trouw partijgenoot', zie: HA500360, HKM aan SvD, 14 oktober 1910. Het bleek onmogelijk dit

lidmaatschap op een andere manier te verifiëren, omdat het archief van de VDB tijdens de Tweede Wereldoorlog verloren is gegaan. In de omvangrijke studie van Klijnsma wordt niet ingegaan op partijleden zonder politieke functie. Hierin komt de naam Anton Kröller dan ook niet voor. Meine Henk Klijnsma, *Om de democratie. De geschiedenis van de Vrijzinnig-Democratische Bond, 1901-1946*, Bert Bakker, Amsterdam 2008. Zie p. 130 in verband met Joseph Limburg.

79 Vincent van Gogh, *Brieven aan zijn broeder*, onder redactie van Johanna van Gogh-Bonger, Maatschappij voor goede en goedkoope lectuur, Amsterdam 1914.

80 KMM, inv.nr. HA378031, H.P. Bremmer, 'Lezing gehouden door den heer H.P. Bremmer ter gelegenheid van het 25-jarig jubileum van den Heer A.G. Kröller', 15 juni 1914, p. 18.

81 Balk noemt het werk van Degouve de Nuncques als een van de karakteristieke verzamelgebieden die de verzamelingen van Bremmers cursisten typeerden. Daarbuiten werd zijn werk weinig verzameld. Zie: Balk (2006), p. 233-235. Als lid van Les Vingt viel de kunstenaar in de jaren rond 1900 wel waardering te beurt, maar hij is altijd een bescheiden figuur gebleven binnen het symbolisme. Zijn werk komt bijvoorbeeld nauwelijks ter sprake in: Michel Draguet, *Het symbolisme in België*, Mercatorfonds, Antwerpen 2004.

82 Leuring (vanaf 1901 bewoner van Huis de Zeemeeuw nabij Huize ten Vijver, zie hoofdstuk 4, noot 60) kocht in 1896 al werken van Degouve de Nuncques en stelde deze tentoon in wat toen nog het Groningsch Museum voor Oudheden heette. Bremmer was hiervan op de hoogte, aangezien hij bij deze tentoonstelling een lezing verzorgde. Zie: L.H.M. Hanssen, W.E. Krul [e.a.] (red.), *J. Huizinga. Briefwisseling III. 1934-1945*, Veen/ Tjeenk Willink, Utrecht/Antwerpen 1991, p. 395.

83 KMM, inv.nr. HA379628, H.P. Bremmer, 'Aankopen 1907-1915' (map 1 A t/m Gogh).

84 HA500495, HKM aan SvD, 19 maart 1911.

85 KMM, inv.nr. HA378031, H.P. Bremmer, 'Lezing gehouden door den heer H.P. Bremmer ter gelegenheid van het 25-jarig jubileum van den Heer A.G. Kröller', 15 juni 1914, p. 11.

86 KMM, inv.nr. HA378031, H.P. Bremmer, 'Lezing gehouden door den heer H.P. Bremmer ter gelegenheid van het 25-jarig jubileum van den Heer A.G. Kröller', 15 juni 1914, p. 25.

9

1 HA501397, HKM aan SvD, 21 juni 1914. In de bibliotheek van Helene bevinden zich twee Duitse en een Nederlandse editie van de in 1914 gepubliceerde brieven van Van Gogh en een Duitstalige herdruk uit 1928. De Nederlandse uitgave voorzag zij van haar naam, maar deze heeft verder geen zichtbare leessporen. Aangezien in de Duitse versie tientallen potloodstreepjes in de kantlijn zijn aangebracht is het aannemelijk dat Helene de brieven in het Duits las. Dat vermoeden wordt verder gesterkt door het gegeven dat zij drie Duitse en maar één Nederlandse editie bezat en bovendien een aantal jaren later een Duitse editie liet inbinden met een omslag ontworpen door Henry van de Velde. Zie: Vincent van Gogh, *Briefe an seinen Bruder*, Paul Cassirer, Berlijn 1914 (twee banden: KMM, inv.nr. BIB HKM 674 en 675); Vincent van Gogh, *Brieven aan zijn broeder*, Maatschappij voor goede en goedkoope lectuur, Amsterdam 1914 (drie banden: KMM, inv.nr. BIB HKM 679-681); Vincent van Gogh, *Briefe an seinen Bruder*, Paul Cassirer, Berlijn 1914 (twee banden met omslag ontworpen door Henry van de Velde: KMM, inv.nr. BIB HKM 751 en 752).

2 HA501398, HKM aan SvD, 23 juni 1914.

3 HA502246, HKM aan AGK, 25 juni 1914. Onder 'mannen als' verstond zij in de eerste plaats Friedrich Nietzsche, die zij sterk verwant vond aan Van Gogh.

4 HA501402, HKM aan SvD, 25 juni 1914.

5 HA501399, HKM aan SvD, 24 juni 1914.

6 HA502247, HKM aan SvD, 28 juni 1914.

7 Kröller-Müller (1925), p. 248.

8 Hilhorst (1999), p. 29.

9 HA501318, HKM aan SvD, 22 februari 1914; Hilhorst (1999), p. 202, noot 7 en p. 203. In februari schreef Helene dat Müller & Co Van der Leck dertig gulden per week zou betalen voor zijn studiereis. Per 1 juni 1914 werd de wekelijkse betaling omgezet

in een jaarcontract. Voorwaarde was dat Helene – maar in feite dus Müller & Co – eigenaar werd van al het werk dat Van der Leck gedurende zijn contractperiode maakte. Het eerste contract is niet bewaard gebleven, wel een contract uit 1916 tussen Helene persoonlijk en de kunstenaar, waarin Van der Lecks traktement vijftig gulden per week bedroeg. RKD/BvdL, archiefnr. 0334, inv.nr. 91. Contract tussen Helene Kröller-Müller en Bart van der Leck, 12 februari 1916.
10 HA501315, HKM aan SvD, 15 februari 1914.
11 HA501317, HKM aan SvD, 19 februari 1914; HA501318, HKM aan SvD, 22 februari 1914. Deze eerste besprekingen vonden dus niet plaats op 19 maart, zoals Van der Wolk aangeeft, noch werd de overeenkomst pas in juni gearrangeerd, zoals Hilhorst beschrijft. Van der Wolk (1988), p. 25 en Hilhorst (1999), p. 29-30. Hierbij geeft Hilhorst overigens aan dat de exacte datum van indiensttreding moeilijk na te gaan is, omdat de betaling van Van der Leck nog enige tijd via Bremmer bleef verlopen.
12 HA501412, HKM aan SvD, 12 juli 1914.
13 Helenes beschrijving uit juli 1914, inclusief een tekeningetje van haar hand, komt overeen met het uiteindelijke raam, zie: HA501412, HKM aan SvD, 12 juli 1914. Het raam bevindt zich tegenwoordig in het depot van het Kröller-Müller Museum.
14 HA501421, HKM aan SvD, 28 juli 1914. In heel Europa heerste de opvatting dat de afzonderlijke landen hun economieën niet bloot zouden willen stellen aan een lange oorlog. Zo vertrokken de Duitse soldaten naar het front in de overtuiging weer thuis te zijn 'ehe noch die Blätter fallen', zoals Kaiser Wilhelm het uitdrukte. Peter Borscheid, *Das Tempo-Virus. Eine Kulturgeschichte der Beschleunigung*, Campus, Frankfurt am Main 2004, p. 241.
15 HA501423, HKM aan SvD, 30 juli 1914.
16 HA501424, HKM aan SvD, 31 juli 1914.
17 De brief zelf is niet bewaard gebleven, maar Helene citeerde haar schrijven in: HA501437, HKM aan SvD, 15 augustus 1914.
18 HA501424, HKM aan SvD, 31 juli 1914.
19 HA501421, HKM aan SvD, 28 juli 1914; HA501424, HKM aan SvD, 31 juli 1914.
20 HA501432, HKM aan SvD, 12 augustus 1914; Lichtenauer (2008 a).
21 HA501424, HKM aan SvD, 31 juli 1914.
22 RKD/BvdL, archiefnr. 0334, inv.nr. 38, H.P. Bremmer aan Bart van der Leck, 7 augustus 1914.
23 HA501427, HKM aan SvD, 5 augustus 1914.
24 E.H. Kossmann, *De Lage Landen 1780-1980. Twee eeuwen Nederland en België. Deel II: 1914-1980*, Elsevier, Amsterdam 1986, p. 9-10. Anoniem, 'Engeland verklaart aan Duitschland den oorlog', *Nieuwe Rotterdamsche Courant* 5 augustus 1914, ochtendeditie. Genoemd wordt hier een artikel uit de NRC, omdat de Kröllers hierop geabonneerd waren en Helene in de eerste oorlogsdagen diverse artikelen uit deze krant bij haar brieven voegde.
25 HA501427, HKM aan SvD, 5 augustus 1914.
26 HA501425, HKM aan SvD, 4 augustus 1914.
27 Anoniem, 'Dagelijkse kroniek, 2 mei', *Rotterdamsch Jaarboekje 1914*, Brusse, Rotterdam 1914, p. xvii.
28 HA501429, HKM aan SvD, 7 augustus 1914.
29 Het is onduidelijk wat er daarna met deze astronomische geldsom gebeurde. Ofwel deponeerde Anton deze bij Robaver, maar aangezien banken op dat moment grote liquiditeitsproblemen hadden, is het ook niet ondenkbaar dat hij het geld veiliger achtte op Huize ten Vijver en het daar in een kluis legde.
30 HA501428, HKM aan SvD, 6 augustus 1914.
31 Kossmann (1986), deel II, p. 29. Voor een uiteenzetting van het Nederlandse publieke debat over de Eerste Wereldoorlog, zie: Ismee Tames, *'Oorlog voor onze gedachten'. Oorlog, neutraliteit en identiteit in het Nederlandse publieke debat, 1914-1918*, Verloren, Hilversum 2006.
32 Kossmann (1986), deel II, p. 11.
33 Vanuit Duitsland werd een felle propagandastrijd gevoerd om de buitenlandse publieke opinie te beïnvloeden. Het harde optreden werd daarin onder meer verantwoord als reactie op 'ongeregelde oorlogsvoering' door de Belgen, zoals burgers die vanuit hun huizen op de Duitse soldaten schoten. In Nederland leidde dit tot veel verwarring, maar men

gaf België overwegend het voordeel van de twijfel. Tames (2006), p. 39-40.
34 HA501453, HKM aan SvD, 21 september 1914.
35 Voor de Belgische uittocht en de indruk die deze in Nederland maakte, zie: Paul Moeyes, *Buiten schot. Nederland tijdens de Eerste Wereldoorlog 1914-1918*, Arbeiderspers, Amsterdam 2001, p. 91-99.
36 HA501429, HKM aan SvD, 7 augustus 1914.
37 Lezing Max van Rooy, 'H.P. Berlage en het Jachthuis Sint Hubertus', Hoenderloo 7 maart 2009.
38 HA501429, HKM aan SvD, 7 augustus 1914.
39 HA501435, HKM aan SvD, 14 augustus 1914.
40 Elsbeth Etty, *Liefde is heel het leven niet. Henriette Roland Holst 1869-1952*, Balans, Amsterdam 1996, p. 299-300. Hieruit wordt ook duidelijk hoe groot de teleurstelling was bij veel socialisten. Henriette Roland Holst beschreef de sociaaldemocratische houding als 'een val, welk een afschuwelijke zelfvernedering'.
41 Pieter Jelles Troelstra, *Gedenkschriften. Derde deel: Branding*, Querido, Amsterdam 1929, p. 301.
42 HA501435, HKM aan SvD, 14 augustus 1914.
43 HA501429, HKM aan SvD, 7 augustus 1914.
44 HA501428, HKM aan SvD, 6 augustus 1914.
45 Idem.
46 HA501429, HKM aan SvD, 7 augustus 1914. Niettemin was de pro-Duitse houding van Anton al snel algemeen bekend. Volgens de invloedrijke ondernemer Ernst Heldring was Anton als drijvende kracht achter de Nederlandse Overzee Trustmaatschappij (NOT) geneigd om de uitvoermogelijkheden zoveel mogelijk ten gunste van Duitsland uit te leggen. Heldring (1970), p. 200. Ook in bredere kring werd Anton als pro-Duits bestempeld en als de rechterhand van de eveneens pro-Duitse minister van Landbouw, Nijverheid en Handel Folkert Posthuma. Moeyes (2001), p. 197, 276, 284-286.
47 HA501429, HKM aan SvD, 7 augustus 1914.

48 HA501451, HKM aan SvD, 16 september 1914.
49 HA501435, HKM aan SvD, 14 augustus 1914.
50 Kossmann (1986), deel II, p. 29-30, 36. Zie ook: Maartje Abbenhuis, *The art of staying neutral. The Netherlands in the First World War, 1914-1918*, Amsterdam University Press, Amsterdam 2006. De positie van de neutralen werd ook wel omschreven als 'between the devil and the deep blue sea'.
51 HA501451, HKM aan SvD, 16 september 1914.
52 HA501432, HKM aan SvD, 12 augustus 1914.
53 Deze opvatting werd waarschijnlijk ook gevoed door het gedachtegoed van Rudolf Steinmetz. In 1909 volgde Helene een serie lezingen van hem en las ze *Die Philosophie des Krieges*, waarin hij zijn gedachten uiteenzette over het nut, de noodzaak en de nadelen van oorlog, die hij als een 'kulturelle Triebkraft' beschouwde. Rudolf Steinmetz, *Die Philosophie des Krieges*, Barth, Leipzig 1907.
54 HA501453, HKM aan SvD, 21 september 1914.
55 HA501451, HKM aan SvD, 16 september 1914.
56 Idem. De militaire pas was nodig om de auto het land uit en vervolgens ook weer in te krijgen, zonder dat deze geconfisqueerd werd. Anton verkreeg deze pas vermoedelijk via zijn contacten bij het ministerie van Buitenlandse Zaken.
57 Idem.
58 Idem.
59 Voor de Nederlandse neutraliteitspolitiek, zie: Johan den Hertog, *Cort van der Linden (1846-1935). Minister-president in oorlogstijd. Een politieke biografie*, Boom, Amsterdam 2007 en Abbenhuis (2006).
60 Rudolph Gneist aan kanselier Theobald von Bethmann Hollweg, 25 juni 1917. Geciteerd naar: Den Hertog (2007), p. 606.
61 Gegevens over de contrabandeafspraken, de diplomatieke rol van Anton en de Nederlandsche Overzee Trustmaatschappij zijn, tenzij anders vermeld, ontleend aan: idem, p. 438-446.
62 Moeyes (2001), p. 188-190; Charlotte van Manen, *De Nederlandsche overzee trustmaatschappij. Middelpunt van het verkeer van on-*

zijdig Nederland met het buitenland tijdens den wereldoorlog 1914-1919. Deel 1: 1914, Nijhoff, Den Haag 1935, p. 71-72.
63 Den Hertog 2007, p. 446-456.
64 Geciteerd naar: Den Hertog (2007), p. 450.
65 Marc Dierikx, Blauw in de lucht. Koninklijke Luchtvaart Maatschappij 1919-1999, SDU Uitgevers, Den Haag 1999, p. 17-20; Johan de Vries, Hoogovens IJmuiden 1918-1968. Ontstaan en groei van een basisindustrie, Koninklijke Nederlandsche Hoogovens en Staalfabrieken nv, [IJmuiden] [1968], p. 15-16, 106-107; J. P. B. Jonker, 'Kröller, Anthony George (1862-1941)', Biografisch Woordenboek van Nederland, www.inghist.nl/Onderzoek/Projecten/BWN/lemmata/bwn6/kroeller (versie 3 december 2009).
66 HA501454, HKM aan SvD, 22 september 1914.
67 HA501453, HKM aan SvD, 21 september 1914.
68 Idem.
69 Idem.
70 Idem en: Cees Fasseur, Wilhelmina. Krijgshaftig in een vormeloze jas, Balans, Amsterdam 2001, p. 30.
71 HA501458, HKM aan SvD, 6 oktober 1914.
72 HA501457, HKM aan SvD, 1 oktober 1914.
73 HA501458, HKM aan SvD, 6 oktober 1914; HA501459, HKM aan SvD, 14 oktober 1914.
74 Margaret Mary Littlehales, Mary Ward. Pilgrim and Mystic, Burns and Oates, Londen 1998, p. 77.
75 HA501459, HKM aan SvD, 14 oktober 1914.
76 HA501460, HKM aan SvD, 21 oktober 1914.
77 De beschrijving van Helenes werkzaamheden in Luik is ontleend aan: HA501460, HKM aan SvD, 21 oktober 1914; HA502256, HKM aan AGK, 25 oktober 1914; HA501461, HKM aan SvD, 26 oktober 1914.
78 HA501460, HKM aan SvD, 21 oktober 1914; HA501461, HKM aan SvD, 26 oktober 1914.
79 Helene duidde de arts alleen aan met Oberstabsarzt of de naam Menzer. Uit de vergelijking van Frank-Peter Kirsch, Berliner Militärärzte im Labor von 1870-1895, proefschrift Charité – Universitätsmedizin Berlin, Berlijn 2009, p. 174 met de websites www.catalogus-professorum-halensis.de/ menzerartur.html en www.1914-18.info/erster-weltkrieg.php?u=640&start=30&goto=23681&e=64755&s=menzergoto (beide bezocht op 18 december 2009) blijkt dat het om de militaire arts professor Artur Menzer gaat, die tot het uitbreken van de oorlog leiding gaf aan het Augusta-Krankenhaus in Bochum.
80 HA501463, HKM aan SvD, 8 november 1914.
81 HA501464, HKM aan SvD, 12 november 1914.
82 HA501465, HKM aan SvD, 28 november 1914.
83 HA502257, HKM aan AGK, 10 december 1914.
84 HA501471, HKM aan SvD, 3 december 1914.
85 HA501503, HKM aan Aleida Bremmer-Beekhuis, 1 juni 1915.
86 Idem.
87 HA501504, HKM aan SvD, 3 juni 1915.
88 HA502236, HKM aan AGK, [maart 1914].
89 HA502250, HKM aan AGK, 1 juli 1914.
90 HA502172, AGK aan HKM, [z.d.], vermoedelijk na 17 juli 1914.
91 HA501507, HKM aan SvD, 3 juli 1915. Het is niet zeker of zij het complete huis lieten bouwen. Berlages ontwerp werd in ieder geval 'gedeeltelijk op Ellenwoude als model opgetrokken'.
92 Idem.
93 Uitzondering is Berlages magnum opus, het Gemeentemuseum in Den Haag, dat in 1935 geopend werd.
94 Van Deventer (2004), p. 69. Pas in 1922 kreeg de HTM toestemming van het ministerie van Waterstaat om hiervoor de Rijksweg tussen Den Haag en de provinciegrens te gebruiken. Deze interlokale tramlijn werd dan ook pas in 1923 aangelegd. Ron de Bock, Allemaal voorzien? De Haagse tram in woord en beeld, Wijt, Rotterdam 1979, p. 63 en 70.
95 HA501507, HKM aan SvD, 3 juli 1915.
96 HA502258, HKM aan AGK, 12 oktober 1915; www.uni-heidelberg.de/presse/news08/pm280423-2sal.html (bezocht op 21 december 2009).
97 Idem.
98 HA501331, HKM aan SvD, 16 maart 1914.
99 KMM, archiefcode 57, doos 104, overzicht van eigendomsbewijzen Müller & Co's Algemeene Exploitatie Maatschap-

pij, waaronder aankoopgegevens 'Park Wildrust en landgoed met landhuis, stalling, weiland etc. aan den Groot Haesbroekschenweg'. Dit zijn niet de officiële eigendomsbewijzen, maar getypte overzichten van de belangrijkste gegevens. De datum van koopakte van Groot Haesebroek staat op 27 september 1916, wat waarschijnlijk een typefout is en 1915 moet zijn. De Kröllers betrokken het huis namelijk al ruim voor september 1916. Bovendien staat bij de aanvaarding vermeld dat deze per direct is met uitzondering van onder meer het huis dat op dat moment nog bewoond werd door de weduwe Heldring, en dat pas op 1 januari 1916 aanvaard werd. In 1919 en 1920 kochten de Kröllers nog eens voor vijfhonderdduizend gulden percelen; in totaal bestond hun Wassenaarse grondgebied toen uit ruim tachtig hectare grond.
100 Helene vroeg aan Sam van Deventer een naam voor het jagershuis te bedenken. HA501527, HKM aan SvD, 6 maart 1916, maar dat is nooit gebeurd. Het jagershuis behield dan ook de naam Wildrust, naar het park waarin het huis lag (Robert van Lit, *Wassenaarse oudheden*, Boeckhuys Wassenaer, Wassenaar 1987, p. 193). Het andere huis, de villa Duinhoeve die in 1912/1913 gebouwd was in opdracht van de bankier Jerome Heldring, behield ook zijn oorspronkelijke naam.
101 RKD/BvdL, archiefnr. 0334, inv.nr. 180, Bart van der Leck aan HKM, [februari 1916].
102 HA501522, HKM aan SvD, 11 februari 1916.
103 Hoewel Helene het jachthuis later de datering 1914-1920 zou geven, zijn er geen aanwijzingen dat Berlage vóór 1915 deze opdracht kreeg. De vroegste tekeningen die bewaard zijn gebleven, zijn van 1915 en de eerste verwijzing van Helene in een brief naar het nieuwe buitenhuis dateert uit april van dat jaar. Bovendien was Helene van oktober 1914 tot en met begin maart 1915 bijna onafgebroken in België en Duitsland, wat het onwaarschijnlijk maakt dat zij haar architect in deze periode van een nieuwe opdracht voorzag, vooral omdat zij bij voorkeur niet op afstand met architecten communiceerde. Wellicht vatte Anton wel al in 1914 het idee op om een jachthuis te laten bouwen, maar hiervoor zijn geen concrete aanwijzingen.
104 In HA501504, HKM aan SvD, 3 juni 1915 schreef Helene naar aanleiding van tekenwerk dat zij door Van Vliet wilde laten doen, maar dat Berlage hem niet wilde geven: 'Nu kan v. Vliet in eens niets & toch wilde [Berlage] het Jachthuis door hem laten tekenen! Vreemde contradictie.'
105 HA501493, HKM aan SvD, 16 april 1915.
106 HA501504, HKM aan SvD, 3 juni 1915.
107 HA377529, HKM aan glazenier Gottfried Heinersdorff, 28 september 1915. Helene had al in 1911 de wens geuit dat haar collectie en een eventueel museumhuis na haar dood aan de staat geschonken zouden worden, maar uit deze opmerking blijkt dat zij ook andere bouwopdrachten, zoals De Schipborg en het jachthuis als een toekomstig geschenk aan het Nederlandse volk beschouwde. Dit werd dus niet ingegeven door latere financiële problemen zoals gesuggereerd wordt door onder meer: Wim Wennekes, 'Schone Zaken. KröllerMüller: de verdachte financiering van een kapitale collectie', NRC *Handelsblad* 24 september 1988 en Roodenburg-Schadd (1995), p. 66-67.
108 Polano 1988, p. 220. Zie ook: H. P. Berlage en Henriette Roland Holst-van der Schalk, *Het Pantheon der menschheid. Afbeeldingen van de ontwerpen*, Brusse, Rotterdam 1915.
109 HA501527, HKM aan SvD, 6 maart 1916.
110 Voor een uiteenzetting van eerder beoogde locaties, zie tevens: Haak en Siegers (2003), p. 38-39.
111 HA501520, HKM aan SvD, 8 februari 1916. Anton financierde de aanleg als tegenprestatie voor het in handen krijgen van een deel van de openbare weg die over zijn terrein liep, een overeenkomst die hij in 1913 met de gemeente Ede had gesloten. Derks (2007), p. 77, 81. Zie ook Gunnink (1985), p. 18-19.
112 HA501521, HKM aan SvD, 9 februari 1916.
113 HA501527, HKM aan SvD, 6 maart 1916.
114 Derks (2007), p. 82-83. Haak en Siegers (2003), p. 46.
115 Derks (2007), p. 83; Rijksgebouwendienst/Bureau Rijksbouwmeester, 'Bouwhistorische documentatie en

waardebepaling. Hoenderloo, Jachthuis Sint Hubertus', september 1994, p. 12. Aannemersbedrijf H. F. Boersma had eerder al gewerkt aan De Schipborg en het Holland House. Tevens waren zij verantwoordelijk voor de constructie van de maquettes op Ellenwoude. Zie: Haak 2003, p. 41. In 1917 ging dit bedrijf verder als de Nederlandsche Aannemingsmaatschappij (dat in 1969 met de Amsterdamse Ballast Maatschappij fuseerde tot Ballast Nedam).
116 HA502025, HKM aan SvD, 19 oktober 1916.
117 Polano (1988), p. 218.
118 Voor een gedetailleerde beschrijving van de totstandkoming van jachthuis Sint Hubertus en de diverse wijzigingen van de locatie en het ontwerp, zie: Gunnink (1985); Haak en Siegers (2003).
119 De beschrijving van het jachthuis is ontleend aan: Polano (1988), p. 218; Van der Wolk (1992), p. 56-63; Haak en Siegers (2003), p. 43-47.
120 De oudste bewaard gebleven tekening dateert uit de eerste helft van 1915. In dit ontwerp heeft het jachthuis nog geen zijvleugels. De precieze datering is onbekend, maar aangezien de tekening uit augustus 1915 wel zijvleugels heeft, mag aangenomen worden dat de andere tekening vroeger is ontstaan. Van der Wolk (1992), p. 57-58.
121 Haak en Siegers (2003), p. 49-50.
122 HA501557, HKM aan SvD, 14 september 1919; HA501558, HKM aan SvD, 22 september 1919.
123 HA501557, HKM aan SvD, 14 september 1919.
124 Derks (2007), p. 82.
125 Deze windmolen werd ontworpen door Henry van de Velde. Het zandstenen onderstel staat nog steeds bij de vijver, maar de metalen opbouw is bij gebrek aan gebruik afgebroken. Haak en Siegers (2003), p. 51.
126 Gunnink (1985), p. 38, 44, 50; Van der Wolk (1992), p. 56. Beide auteurs vermoeden dat Berlage zich voor het jachthuis liet inspireren door de Duitse architect Hermann Muthesius, in het bijzonder door zijn boeken *Das englische Haus* en *Landhaus und Garten*, die beide in Helenes bibliotheek te vinden zijn. In *Landhaus und Garten* is bijvoorbeeld een afbeelding opgenomen van het *Schlöszchen* van de Oostenrijkse architect Leopold Bauer, een landhuis dat ook twee gekromde vleugels heeft die de binnenplaats lijken te omarmen. Hermann Muthesius, *Landhaus und Garten. Beispiele neutzeilicher Landhäuser nebst Grundrissen, Innenräumen und Gärten*, F. Bruckmann, München 1907 (KMM, inv.nr. BIB HKM 827), p. 118; Hermann Muthesius, *Das englische Haus. Entwicklung, Bedingungen, Anlage, Aufbau, Einrichtung und Innenraum*, Ernst Wasmuth, Berlijn 1904, 1905, 1908 (drie banden: KMM, inv.nrs. BIB HKM 292-294).
127 H. P. Berlage, *Studies over bouwkunst, stijl en samenleving*, Brusse, Rotterdam 1910, p. 50-52.
128 Zie de eerder aangehaalde kritiek van Auke van der Woud op Berlages claim van 'eerlijke' bouwkunst in hoofdstuk 6, noot 13. Zie verder: Van der Woud (2008), p. 19-20; David Watkin, *Morality and architecture. The development of a theme in architectural history and theory from the Gothic revival to the modern movement*, Clarendon Press, Oxford 1977, p. 202.
129 Architectenburau Fritz, in opdracht van Rijksgebouwendienst, 'Restauratievisie. Fase: structuurontwerp', 11 februari 2010.
130 Polano (1988), p. 218. De kristalvorm werd in deze periode veel gebruikt en is in het bijzonder in het werk van Berlage een terugkerend element. Hij verwerkte deze logischerwijs in het gebouw van de Diamantwerkersbond, maar in de vorm van lampen ook in talloze andere gebouwen.
131 KMM, inv.nr. KM113.868, H. P. Berlage, 'Woonkamer in het jachthuis op het landgoed Hoenderloo (kleurstelling)', datering onbekend; KMM, inv.nr. KM117.872 en KM126.686, H. P. Berlage, 'Mozaik vloeren in huis-, rook- en theekamer', 8 oktober 1919. Berlage voltooide zijn ontwerp voor het vloermozaïek in oktober 1919, toen hij al uit dienst was van de Kröllers. Vermoedelijk is de laatste uitwerking dan ook gemaakt door een van zijn medewerkers. Het mozaïek werd samengesteld uit graniver, geperst en gekleurd glas dat vervaardigd werd door Glasfabriek Leer-

dam. Deze begon pas met de productie van graniver in 1922, zodat de betegeling van de woonkamervloer niet eerder dan dat jaar kan hebben plaatsgevonden. Zie: Thimo te Duits, *Glasfabriek Leerdam, 1915-1934. De kunstnijverheidscollectie van de Glasfabriek Leerdam 1915-1934, Museum Boijmans Van Beuningen*, Waanders/Drents Museum, Zwolle/Assen 1998, p. 26.

132 KMM, inv.nr. KM102.821, H. P. Berlage, 'Kachel (in de theekamer)', [z.d.] en KMM, inv.nr. KM124.109, H. P. Berlage, 'Kachelofen in de theekamer', april 1918.

133 Zie bijvoorbeeld: Montijn (2000), p. 234-237.

134 M.W.R. van Vollenhoven, *St. Hubertus, de patroon der jagers. Geschiedenis, legenden, gebruiken, folklore en gilden*, Kraal, Driebergen 1937, p. 5-6.

135 In Luik zijn dan ook bijzonder veel verwijzingen naar Hubertus te vinden. Mogelijk hebben de heiligenbeelden en bidprentjes indruk op Helene gemaakt tijdens haar verblijf in de stad en herinnerde zij zich deze weer toen ze aan het jachthuis werkte.

136 HA501652, HKM aan SvD, 22 oktober 1922.

137 Helene liet de ramen door de Duitse expressionistische kunstenaar Artur Hennig ontwerpen en vervaardigen door de glazeniersfirma Puhl & Wager uit Berlijn. Voor een gedetailleerde uiteenzetting over de glas-in-loodramen, zie: Kristin Duysters, '"Das genügend bekannte, unerquickliche Kapitel". Helene Kröller-Müller, Artur Hennig en de glas-in-lood-ramen in het jachthuis Sint-Hubertus', *Vormen uit vuur. Mededelingenblad Nederlandse Vereniging van Vrienden van Ceramiek en Glas*, 177(2002)1, p. 2-15.

138 In het ontwerp uit 1915 is alleen het langgerekte kozijn opgenomen, maar staat deze nog niet in verbinding met de balkons. Zie: KMM, inv.nr. KM100.417, H. P. Berlage, 'Ontwerp voor jachthuis', 1915.

139 KMM, inv.nr. KM108.325, H. P. Berlage, 'Ontwerp voor een jachthuis', mei 1916, tekening in kleur.

140 HA501540, HKM aan SvD, 2 september 1918.

141 Helenes uitspraak doet vermoeden dat deze drie elementen de legende in het jachthuis representeerden. Sam van Deventer beweert dat de kleurstelling in het huis, met name de donkere hal en kleuren van de woonkamer, ook refereren aan Hubertus, zie Van Deventer (2004), p. 80. Het is onduidelijk wat Helene bedoelde met het 'lijnenspel' in de ramen van de biljartkamer; de huidige ramen, noch de ontwerpen van het jachthuis in het archief van museum geven hierover uitsluitsel.

142 HA502024, HKM aan SvD, 10 september 1919. Uit deze brief is op te maken dat Berlage het plan van de reliëfs afkeurde, maar dat na zijn ontslag per 1 september 1919 Helene weinig tijd voorbij liet gaan om Mendes da Costa deze opdracht alsnog te geven.

143 RKD/BvdL, archiefnr. 0334, inv.nr. 91, HKM aan Bart van der Leck, 4 januari 1917.

144 Beschrijving ontleend aan Polano (1988), p. 222; Van der Wolk (1992), p. 64-66. KMM, inv.nr. KM102.714, H. P. Berlage, 'Aanblik oostzijde van het Museum op de Franse Berg', januari 1918 en KMM, inv.nr. KM107.252, H. P. Berlage, 'Hal van het Museum op de Franse Berg', januari 1918.

145 Volgens Polano wees Helene het ontwerp af, wat voor Berlage de reden zou zijn geweest om de samenwerking te beëindigen. Polano (1988), p. 222. Geen van de bronnen waarnaar hij verwijst, stelt dat zo duidelijk. Van Deventer spreekt van 'een eerste ontwerp' en: 'Het ontwerp van Berlage bevredigde haar niet', wat beide nog ruimte laat voor het maken van nieuwe tekeningen. Ook verbindt hij de 'afwijzing' van het eerste ontwerp niet aan Berlages ontslag een jaar later. Van Deventer (2004), p. 90 en 95. Ook Oxenaar noemt de ontwerpen voor het grote museum niet als breekpunt, zie: W.G. Quist en R.W.D. Oxenaar, *Rijksmuseum Kröller-Müller. Nieuwbouw 1970-1977*, Rijksmuseum Kröller-Müller, Otterlo 1978, p. 6.

146 HA502263, HKM aan AGK, 3 november 1915.

147 Helaas ontbreken gegevens over Berlages visie op de samenwerking. In de bewaard gebleven correspondentie liet hij zich hierover niet uit. Berlages ervaring van de samenwerking zijn daarom ont-

leend aan een gesprek met zijn kleinzoon en tevens biograaf, Max van Rooij (30 oktober 2009, Amsterdam). Volgens hem moet de samenwerking voor de architect een constante onderhuidse strijd zijn geweest, omdat Berlage bij voorkeur confrontaties ontweek. Bovendien stond hij zichzelf niet toe om een hekel aan iemand te hebben, waardoor de samenwerking met de Kröllers hem in gewetensnood moet hebben gebracht.

148 HA502148, AGK aan HKM, 28 februari 1920.

149 HA502101, HKM aan SvD, [juni/juli 1918].

150 Helenes oordeel over het jachthuis is ontleend aan: idem en HA501540, HKM aan SvD, 2 september 1918.

151 In april 1915 schreef Helene aan Karl Ernst Osthaus met de vraag of hij kon bemiddelen bij het vinden van een assistente voor Berlage. Zij zocht een jongedame die de kunstnijverheidsschool afgerond had. Ze wilde specifiek een vrouwelijke assistente omdat ze zodoende het 'weibliche Element' in het ontwerp van gebruiksvoorwerpen en de inrichting van de huizen hoopte te waarborgen. Osthaus nam daarop contact op met Henry van de Velde, die Gertrud Arper aanbeval. Vermoedelijk trad zij in de zomer van 1915 in dienst van Müller & Co. Zie onder meer: Marjan Groot, *Vrouwen in de vormgeving in Nederland. 1880-1940*, Uitgeverij 010, Rotterdam 2007, p. 400-401; KEO, inv.nr. F2/928, HKM aan Karl Ernst Osthaus, 8 april 1915 (in kopie aanwezig in KMM: HA377528); KEO, inv.nr. F2/928, HKM aan Karl Ernst Osthaus, 24 april 1915 (in kopie aanwezig in KMM: HA377526) en HA377525, Karl Ernst Osthaus aan HKM, 28 april 1915.

152 HA501540, HKM aan SvD, 2 september 1918.

153 In het eerste nummer van *De Stijl* schreef Van der Leck een kort, maar pittig artikel over de verhouding tussen architectuur en schilderkunst, waarin hij architecten adviseerde 'zelfbeperking' toe te passen en zich afzijdig te houden van datgene 'wat in wezen niet tot de bouwkunst behoort'. Bart van der Leck, 'De plaats van het moderne schilderen in de architectuur', *De Stijl. Maandblad voor de moderne beeldende vakken* 1(1917)1, p. 6-7.

154 RKD/BvdL, Bart van der Leck aan HKM, archiefnr. 0334, inv.nr. 180, 18 december 1916; Polano (1988), p. 216.

155 HA501499, HKM aan SvD, 3 mei 1915.

156 Zie de bijdrage van Giovanni Fanelli in: Polano (1988), p. 9-45, i.h.b. p. 23-24.

157 RKD/BvdL, archiefnr. 0334, inv.nr. 91, HKM aan Bart van der Leck, 4 januari 1917. In zijn antwoord schreef Van der Leck dat hij niet weigerde om met Berlage te overleggen, maar dat hij hun principiële meningsverschillen wilde overdenken, voordat hij met Berlage in gesprek ging. RKD/BvdL, archiefnr. 0334, inv.nr. 180, Bart van der Leck aan HKM, [januari 1917].

158 HA502263, HKM aan AGK, 3 november 1915.

159 Zie hiervoor ook: Haak en Siegers (2003), p. 100-101. Zij dateren de problemen met de erker in het najaar van 1918. Helene schreef echter al in een brief van juni/juli over haar onvrede met de erker. Zie HA502101, HKM aan SvD, [juni/juli 1918]. Deze brief is niet gedateerd, maar hierin wordt verwezen naar de verwachte val van het kabinet-Cort van der Linden, die op 2 juli van dat jaar plaatsvond. Ook is er op een tekening uit mei 1918 (KM122.032, zie noot 160) op de plattegrond van de begane grond een uitstulping te zien aan Helenes kamer.

160 KMM, inv.nr. KM122.032, H.P. Berlage, 'Overzicht sanitairen met aan- en afvoer begane grond (plattegrond)', 1 mei 1918.

161 HA502101, HKM aan SvD, [juni/juli 1918].

162 KMM, inv.nr. KM113.149, H.P. Berlage, 'Erkeruitbouw in de kamer van mevrouw', oktober 1918.

163 HA501546, HKM aan SvD, 13 maart 1919.

164 In een brief uit 1921 aan Bob (HA502147) noemde Helene een geldkwestie die Berlage 'zo onaangenaam naar voren bracht' als belangrijkste reden voor de breuk. Bovendien berichtte bijvoorbeeld *Het Volk* half augustus over Berlages vertrek bij de Kröllers, waarbij 'oneenigheid over de binnenarchitectuur van het Jachthuis te Hoenderloo' als reden werd genoemd. Ook hier werd Berlages nieuwe

opdracht niet vermeld. Dat was ook logisch, omdat de opdracht nog niet geformaliseerd was. Dat sterkt het vermoeden dat Berlage de Kröllers hiervan evenmin op de hoogte stelde. Anoniem, 'Kunst en Letteren. Berlage', *Het Volk* 16 augustus 1919.
165 Pieter Singelenberg, *Gemeentemuseum Den Haag. H. P. Berlage*, Waanders/Gemeentemuseum Den Haag, Zwolle/Den Haag 1999, p. 6.
166 Voor een gedetailleerde beschrijving van het Gemeentemseum, zie: Polano (1988), p. 224-227.
167 HA502147, HKM aan Bob Kröller, 18 juli 1921, 18 juli 1921.
168 Dit betrof volgens haar zowel gebouwen als meubels. Zo had zij bijvoorbeeld commentaar op Berlages meubelontwerpen, waarin hij wel nieuwe vormen ontwikkelde, maar die de meubelmaker voor allerlei problemen stelde om 'stoelen, tafels & kasten in elkander [te] houden'. HA501541, HKM aan SvD, 21 januari 1919.
169 HA502147, HKM aan Bob Kröller, 18 juli 1921.

10

1 CvAB, Paul Brückmann aan (waarschijnlijk) Anton Kröller, 4 augustus 1914.
2 Helene Brückmann verwees in een schrijven van 5 augustus 1914 naar een brief die Paul vanaf kantoor aan Anton en Helene schreef, maar waarvan zij de inhoud niet kende (Helene kopieerde dit bericht in: HA501437, HKM aan SvD, 15 augustus 1914). Paul heeft hen dus wel geschreven, maar het is moeilijk voorstelbaar dat hij daarbij deze bewoordingen gebruikte. Dat zou Anton en Helene ongetwijfeld een heftiger reactie ontlokt hebben. Helene noemde echter slechts de brief van haar dochter, waardoor zij al geschokt was, terwijl deze zakelijk, maar zeker niet kwalijk was. Mogelijk schreef Paul een versie voor zichzelf om zijn frustratie kwijt te raken en een mildere variant die hij verstuurde.
3 Citaat ontleend aan HA501509, HKM aan SvD, 17 juli 1915; Zie ook: HA510381, Helene Brückmann-Kröller aan Paul Brückmann, 28 juli 1915.
4 HA501073, HKM aan SvD, 18 februari 1913.
5 AGK aan Cornelis van Stolk, rond 18 februari 1913 (conceptbrief, ingesloten in brief HA501073).
6 Idem.
7 HA501465, HKM aan SvD, 28 november 1914; HA501513, HKM aan Wim Kröller, 21 september 1915.
8 HA501453, HKM aan SvD, 21 september 1914.
9 Zie bijvoorbeeld HA502251, HKM aan AGK, 2 juli 1914; HA501487, HKM aan SvD, 5 maart 1915.
10 HA501489, HKM aan SvD, 7 maart 1915. Helene schreef in deze periode in het Duits, omdat ofwel zij zelf of de geadresseerde in Duitsland verbleef en zodoende de kans groter was dat haar post niet onderschept werd.
11 HA501513, HKM aan Wim Kröller, 21 september 1915.
12 HGA/NL, toeg.nr. 0947-01, inv.nr. 289, Nederlands Lyceum, 'Register van leerlingen 1906-1913'.
13 HA502147, HKM aan Bob Kröller, 18 juli 1921.
14 Voor de beschrijving van de totstandkoming van de collectie in deze periode is gebruikgemaakt van KMM, inv.nrs. HA379628, HA379629 en HA379630, H. P. Bremmer, 'Aankopen 1907-1915'; KMM, inv.nr. HA379561, H. P. Bremmer, 'Aankopen Mevr. Kröller 1915-1922'; Ten Berge en Keijer (2002), p. 369-371.
15 Kröller-Müller (1925), p. 253.
16 De Haagse School kreeg vorm in de jaren 1870, de Amsterdamse impressionisten kwamen later op en kenden hun bloeitijd in de jaren 1880 en 1890. Waar de Haagse School zich vooral richtte op het landschap, namen de Amsterdamse impressionisten het grootstedelijk leven tot onderwerp. Zie: A. M. Hammacher, *Amsterdamsche impressionisten en hun kring*, Meulenhoff, Amsterdam 1946 [eerste druk 1941], p. VII en 5.
17 Balk (2006), p. 279.
18 Balk (2006), p. 235.
19 Uit een brief van Mondriaan blijkt dat hij niettemin met deze interpretatie kon instemmen: HGA/FB, toeg.nr. 0836-01, inv.nr. 2, Piet Mondriaan aan H. P. Bremmer, 5 januari 1916.
20 Voor hij tot *Compositie 10* kwam, tekende Mondriaan vijf verschillende varianten

527

die hij *Pier and Ocean* noemde (bijvoorbeeld *Pier and Ocean* 4, die in het Haags Gemeentemuseum hangt, en variant nr. 5, die eigendom is van het Museum of Modern Art in New York). Het schilderij waarvoor deze tekeningen een studie waren, gaf hij echter de abstracte titel *Compositie 10 in zwart wit*. Robert Welsh en Joop Joosten, *Piet Mondrian. Catalogue raisonné of the work of 1911-1944*, V+K Publishing/Cercle d'Art, Blaricum/Paris 1998, deel 2, p. 245-252. Eerdere overzichtspublicaties refereren wel aan het werk als *Pier and Ocean* (Michel Seuphor, *Piet Mondrian. Life and work*, Contact, Amsterdam 1956, p. 124) of *Compositie nr. 10 (Pier and Ocean)* (Cor Blok, *Piet Mondriaan. Een catalogus van zijn werk in Nederlands openbaar bezit*, Meulenhoff, Amsterdam 1974, p. 150). Ik hanteer de titels die Welsh en Joosten als officiële betiteling aanmerken.

21 Voor een bespreking van Mondriaans ontwikkeling in de periode gedurende de Eerste Wereldoorlog, zie het hoofdstuk 'Natuurlijke en abstracte realiteit: De jaren 1914-1919', in: Carel Blotkamp, *Mondriaan. Destructie als kunst*, Waanders, Zwolle 1994, p. 82-127. Een gedetailleerde beschrijving van zijn oeuvre is te vinden in de omvattende *Catalogue raisonné*: Welsh en Joosten (1998).

22 Kröller-Müller (1925), p. 230.

23 Welsh en Joosten (1998), deel II, p. 108.

24 Piet Mondriaan aan H.P. Bremmer, 4 oktober 1915, geciteerd naar: Joop Joosten, 'Documentatie over Mondriaan (2)', *Museumjournaal* 13(1968)5, p. 268.

25 Balk (2006), p. 312.

26 Samen met onder anderen Wassily Kandinsky en Kazimir Malevich wordt Mondriaan gerekend tot de pioniers van de abstracte kunst. Zie: John Golding, *Paths to the absolute. Mondrian, Malevich, Kandinsky, Pollock, Newman, Rothko and Still*, Thames & Hudson, London 2000, p. 8, en hoofdstukken 1 tot en met 3.

27 Kröller-Müller (1925), p. 231.

28 Dit waren *Compositie met raster 5: ruit, compositie met kleuren* en *Compositie met raster 6: ruit, compositie met kleuren*, beide uit 1919. Bremmer kocht deze werken van Mondriaan en verkocht ze vervolgens aan Helene.

29 HGA/FB, toeg.nr. 0836-01, inv.nr. 6-8, Bremmer-Beekhuis, p. 188; Balk (2006), p. 312-313.

30 Piet Mondriaan aan zijn mecenas Sal Slijper, 5 mei 1922, geciteerd naar: Welsh en Joosten (1998), deel II, p. 304.

31 Gertrud Arper kreeg *Compositie I* (1920) als geschenk, dat Bremmer in 1921 kocht bij Mak in Amsterdam. In datzelfde jaar kocht hij ook *Compositie met geel, blauw, zwart, rood en grijs* (1921) bij l'Effort Moderne voor Helene. Dit werk werd net als *Compositie met blauw, rood, geel en zwart* (1922) niet opgenomen in de Kröller-Müller Stichting in 1928, waardoor geen van beide in de museumcollectie terechtkwam. Ze werden geërfd door de kinderen Kröller, die ze uiteindelijk verkochten. Zie: Welsh en Joosten (1998), deel II, p. 281, 286 en 304.

32 Kröller-Müller (1925), p. 232.

33 NAi/PK, inv.nr. 10, Bart van der Leck aan Piet Klaarhamer, 10 december 1914.

34 HA376454, Tilly Laubheimer (assistent HKM) aan Bart van der Leck, 6 augustus 1915 en KMM, inv.nr. HA376455, Bart van der Leck, 'Aantekeningen betreffende kartonomslagen reproducties', 1915. Behalve voor verschillende landen, ontwierp Van der Leck omslagen voor de categorieën Bouwkunst, Nijverheid en Kubisten & Futuristen.

35 RKD/BvdL, archiefnr. 0334, inv.nr. 91, HKM aan Bart van der Leck, 21 augustus 1916. Vermoedelijk bedoelde Helene met het tweede schilderij *Muzikanten* (1915), aangezien zich geen werk met de titel *De zangers* in haar verzameling heeft bevonden.

36 Hilhorst (1999), p. 95-96.

37 RKD/BvdL, archiefnr. 0334, inv.nr. 91, HKM aan Bart van der Leck, 21 augustus 1916.

38 RKD/BvdL, archiefnr. 0334, inv.nr. 91, HKM aan Bart van der Leck, 18 oktober 1916.

39 Idem.

40 Zijn artistieke ontwikkeling in deze jaren en de gevolgen die deze had voor de overeenkomst tussen Bremmer, Van der Leck en Helene Kröller-Müller wordt uiteengezet in: Carel Blotkamp, Cees Hilhorst [e.a.], *De vervolgjaren van De Stijl*

1922-1932, Veen, Amsterdam 1996, p. 317-319; Hilhorst (1987), p. 4-15.
41 RKD/BvdL, archiefnr. 0334, inv.nr. 91, HKM aan Bart van der Leck, 11 december 1916.
42 Hilhorst (1999), p. 97, noot 4. Zie ook: Blotkamp en Hilhorst (1996), p. 317.
43 Al in juli liet Bremmer aan Van der Leck weten dat hij namens hem 'met een enkel woord' over de mogelijke ontbinding van het contract had gesproken. Hij benadrukte dat het raadzaam was dit zo vriendschappelijk mogelijk te laten verlopen, voor het geval Van der Leck in de toekomst toch weer toenadering zou willen zoeken. RKD/BvdL, archiefnr. 0334, inv.nr. 38, H.P. Bremmer aan Bart van der Leck, 30 juli 1917.
44 Hilhorst (1999), p. 101-102.
45 Geciteerd naar: R.W.D. Oxenaar, *Bart van der Leck tot 1920. Een primitief van de nieuwe tijd*, proefschrift Universiteit Utrecht 1976, p. 119-120.
46 Vilmos Huszár aan Chris Beekman, 1 januari 1917. Geciteerd naar: Sjarel Ex en Els Hoek, *Vilmos Huszár, schilder en ontwerper, 1884-1960. De grote onbekende van De Stijl*, Reflex, Utrecht 1985, p. 192.
47 Vilmos Huszár aan Chris Beekman, september 1917. Geciteerd naar: idem, p. 195
48 Toorop en Van Rijsselberghe kenden elkaar van hun gezamenlijk lidmaatschap van de avant-gardistische kunstenaarsgroep Les Vingt.
49 In het aankoopboek staat als jaar van verwerving 1912, maar uit een brief van Helene blijkt dat zij dit portret aankocht in (weliswaar) januari 1913, zie: HA501032, HKM aan SvD, 2 januari 1913. De aankopen tot 1915 hield Bremmer bij in een losbladig systeem en noteerde hij pas in dat jaar in het aankoopboek. Het systeem was niet waterdicht en hij baseerde zich dan ook vaak op zijn herinnering, waardoor bepaalde gegevens onjuist zijn.
50 Die overeenkomst van geest was niet verwonderlijk, aangezien Degouve de Nuncques zich door Toorop had laten beïnvloeden toen zij als kunststudenten in Brussel bevriend waren geraakt. Victorine Hefting, *Jan Toorop. Een kennismaking*, Bert Bakker, Amsterdam 1989, p. 18-19.

51 Overigens waren Helene en Bremmer niet de enigen die werk van Redon op grote schaal kochten. De meest fervente verzamelaar was Andries Bonger, de zwager van Theo van Gogh, die rond 1910 circa vijftig schilderijen en zijn complete grafische oeuvre bezat. Zie bijvoorbeeld: Fred Leeman en Fleur Roos Rosa de Carvalho, *Odilon Redon en Emile Bernard. Meesterwerken uit de collectie van Andries Bonger*, Van Gogh Museum/Waanders, Amsterdam/Zwolle 2009 en het nummer van *Jong Holland* 10(1994)3, dat geheel gewijd is aan de ontvangst van Odilon Redon in Nederland.
52 Voor een bespreking van het schilderij en het thema, zie: Ten Berge en Keijer (2002), p. 334.
53 HA501295, HKM aan SvD, 19 januari 1914.
54 Met dit kleurgebruik doelde Helene op het werk dat Redon vanaf omstreeks 1900 maakte en waarin hij na jaren weer kleur gebruikte. Tot dit moment – Redon was toen zestig – had hij zich voornamelijk toegelegd op litho's en tekeningen in zwart-wit; hij vond dat kleur de essentie uit zijn werk haalde. Zie William S. Lieberman, 'Redon: drawings and lithographs', *The Bulletin of the Museum of Modern Art* 19(1952)2, p. 4-5. Voor een uitgebreide bespreking van Redons werk in de collectie Kröller-Müller, zie: Ten Berge en Keijer (2002), p. 158-339.
55 HA501295, HKM aan SvD, 19 januari 1914.
56 Balk (2006), p. 244.
57 KMM, inv.nr. HA414898, Helene Kröller-Müller, 'Enkele opmerkingen naar aanleiding van de vraag, hoe later het museum met de collectie der Kröller-Müller Stichting zal worden beheerd', 26 april 1935.
58 Julius Meier-Graefe, *Auguste Renoir*, Piper & Co, München 1920, p. 16. Zie ook: Ellen Jellema-van Woelderen, 'De Clown van Renoir in het Museum Kröller-Müller', *Simiolus. Netherlands quarterly for the history of art*, 1(1966-1967)1, p. 46-50.
59 Kröller-Müller (1925), p. 111.
60 Paul Fechter, *Der Expressionismus*, Piper & Co Verlag, München 1914.
61 Idem, p. 8.
62 Idem, p. 13.
63 Idem, p. 30 en verder. Citaat heeft vooral betrekking op het futurisme, zie p. 54.

64 HA410807, HKM aan Martha Heisinger, 17 april 1915.
65 HA379258, Paul Fechter aan HKM, 4 december 1918.
66 Fechter (1948), p. 273.
67 Kröller-Müller (1925), p. 136-137. In haar boek besprak Helene het expressionisme slechts aan de hand van één schilderij van Van Gogh. Zie wat dit betreft ook hoofdstuk 3, 'De kunstpaus, Spinoza en Van Gogh'.
68 Vermoedelijk leerde Helene Hennig kennen via glazenier Gottfried Heinersdorff uit Berlijn, die tijdens en na de oorlog voor verschillende kunstenaars opdrachtgevers zocht. Duysters (2002), p. 5.
69 Duysters (2002), p. 4; Maria-Katharina Schulz, *Glasmalerei der klassischen Moderne in Deutschland*, Lang, Frankfurt am Main 1987, p. 82.
70 Zo typeert Balk het hoofdkenmerk van de Bremmer-verzamelingen, waarvan Helenes collectie een exponent was. Balk (2006), p. 274. Just Havelaar karakteriseerde deze verzamelingen in 1926 met de term 'psychisch realisme', zie: Just Havelaar, 'Moderne Stillevenkunst. Kunsthandel d'Audretsch', *Het Vaderland* 12 maart 1926.
71 In navolging van Balk worden hier onder typische Bremmer-kunstenaars degenen verstaan die buiten Bremmers invloedssfeer nauwelijks verzameld werden, zoals Henri van Daalhoff, Truus van Hettinga Tromp, Jan Zandleven en Jan Altorf, evenals kunstenaars die ook in bredere kring bekend waren, maar vooral via Bremmers bemiddeling hun werk verkochten, onder wie Bart van der Leck, John Rädecker, Charley Toorop en Vilmos Huszár. Zie Balk 2006, p. 233-234. Overigens zijn de cijfers niet absoluut, omdat Bremmer een groot deel van de aankopen pas veel later noteerde, waardoor bedragen en aankoopjaren niet altijd kloppen. Niettemin zijn de verschillen zo groot, dat op deze cijfers wel globale conclusies gebaseerd kunnen worden.
72 De verhouding tussen Bremmer en deze kunstenaars wordt helder uiteengezet in: Hildelies Balk, 'Bremmer en zijn beeldhouwers', *Kunstschrift*, 41(1997)1, p. 24-29.

73 In haar vroegste brieven uit 1909 en 1910 noemde zij beeldjes van Mendes da Costa en Altorf.
74 R.W.D. Oxenaar, A.M. Hammacher [e.a.], *Kröller-Müller. Honderd jaar bouwen en verzamelen*, Enschedé, Haarlem 1988, p. 11.
75 Dit blijkt uit de vele brieven waarin zij haar schrijftafel beschreef. Zie bijvoorbeeld: HA501060, HKM aan SvD, 30 januari 1913.
76 De Ruiter (2000), p. 270-271.
77 KMM, inv.nr. HA378021, H.P. Bremmer, 'Overzicht van de verzameling van Mevrouw A.G. Kröller', 1922, p. 2.
78 HA500750, HKM aan SvD, 16 december 1911.
79 Freek Heijbroek en Adrie Griensven, *Kunst, kennis en kwaliteit. De Vereeniging van Handelaren in Oude Kunst in Nederland, 1911-heden*, Waanders, Zwolle 2007, p. 300 en 301.
80 Deze reis is niet gedocumenteerd, maar Helene verwijst ernaar in: HA501316, HKM aan SvD, 16 februari 1914.
81 HA501037, HKM aan SvD, 7 januari 1913.
82 HA502263, HKM aan AGK, 3 november 1915.
83 HA415550, HKM aan Christiaan de Wet, 25 juli 1921.
84 Omdat Bremmer de aankopen van sculpturen onnauwkeurig bijhield, is het lastig te bepalen hoeveel werken van Mendes da Costa Helene precies kocht. Tegenwoordig bezit het museum 127 stuks, waarvan wordt aangenomen dat het merendeel door haar werd gekocht.
85 Ype Koopmans, '"Er is thans niets meer te krijgen"', *Kunstschrift* 41(1997)1, p. 47.
86 RKD/MdC, archiefnr. 0588, inv.nr. 1, Emmie Eveline Mesdag aan Hetty (?), 6 augustus 1915.
87 HA378041, Joseph Mendes da Costa aan HKM, [z.d.] juli 1915.
88 Frits Scholten, 'De inspiratie van Mendes da Costa', *Kunstschrift* 41(1997)1, p. 10-13.
89 HA415550, HKM aan Christiaan de Wet, 25 juli 1921.
90 HA502263, HKM aan AGK, 3 november 1915.
91 Anoniem, 'Standbeeld vir Genl. De Wet', *Die Burger* 13 september 1922. *Die Burger* nam dit bericht over uit *Hollandsch Zuid-Afrika*, het blad van de Zuid-Afrikaanse Vereniging in Nederland.

92 HA410160, HKM aan Paul Reusch, 23 september 1922. Paul Reusch was een van de meest invloedrijke industriëlen in Duitsland. Helene kende hem via Anton, van wie hij een zakenrelatie was. Zelf correspondeerde zij een aantal maal met Reusch, die via haar collectie kennismaakte met het werk van Van Gogh.
93 HA501649, HKM aan SvD, 12 oktober 1922.
94 Ype Koopmans, *John Rädecker. De droom van het levende beeld*, Waanders, Zwolle 2006, p. 105-107.
95 Idem, p. 143.
96 HA416316, HKM aan [Karl Koetschau], 25 februari 1928.
97 In tegenstelling tot De Graag en Van Hasselt raakten Nieweg en Van Daalhoff na de Tweede Wereldoorlog wel wat bekender buiten de kring van Bremmers cursisten.
98 Marja Bosma, *Vooral geen principes! Charley Toorop*, Museum Boijmans Van Beuningen, Rotterdam 2008, p. 23-24.
99 HA377555, H. P. Bremmer aan HKM, 24 december 1918.
100 HA377532, Gottfried Heinersdorff aan HKM, 16 september 1915.
101 Heiser-Schmid (2008), p. 244-246; Helmut Geisert, Elisabeth Moortgat (Red.): *Wände aus farbigem Glas. Das Archiv der Vereinigten Werkstätten für Mosaik und Glasmalerei Puhl & Wagner, Gottfried Heinersdorff*. Berlinische Galerie, Berlin 1989.
102 HA377529, HKM aan Gottfried Heinersdorff, 28 september 1915.
103 Zie hoofdstuk 3 'Thorn Prikkers Krefelder Wandgemälde 1902-1912. Auf dem Weg zu einer neuen Monumentalkunst' in: Heiser-Schmid (2008).
104 HA377531, Gottfried Heinersdorff aan HKM, 5 oktober 1915.
105 HA377530, HKM aan Gottfried Heinersdorff, 14 december 1915.
106 Geciteerd naar: Heiser-Schmid (2008), p. 42. Zie ook deze bron voor een gedetailleerde analyse van *De bruid*.
107 Aankoopgegevens zijn ontleend aan: KMM, inv.nrs. HA379628, HA379629 en HA379630, H. P. Bremmer, 'Aankopen 1907-1915'; KMM, inv.nr. HA379561,

H. P. Bremmer, 'Aankopen Mevr. Kröller 1915-1922'.
108 Dit realistische landschap uit zijn vroege jaren is weinig representatief voor het oeuvre dat Van Konijnenburg na de eeuwwisseling tot stand bracht en waarmee hij bekend werd. Dit oeuvre werd in het verleden bestempeld als symbolistisch, maar Mieke Rijnders beargumenteert op overtuigende wijze dat die benaming Van Konijnenburg te weinig eer doet, omdat hij dan slechts een volgeling zou zijn. Zij definieert zijn stijl daarom als modern classicistisch. Mieke Rijnders, *Willem van Konijnenburg. Leonardo van de Lage Landen*, Waanders, Zwolle 2008, p. 10-13.
109 Sven Kuhrau, *Der Kunstsammler im Kaiserreich. Kunst und Repräsentation in der Berliner Privatsammlerkultur*, Ludwig, Kiel 2005, p. 67, 109.
110 Zij betaalde respectievelijk 50.000, 70.000, 53.000 en 61.000 Reichsmark. De mark was in 1917 0,413 gulden waard (berekend via de dollarkoers op www.measuringworth.org/datasets/exchangeglobal).
111 H.S., 'Die Versteigerung der Sammlung Stumpf', 8-Uhr-Abendblatt der National-Zeitung, 1918. Geciteerd naar: Kuhrau (2005), p. 238.
112 HA501118, HKM aan SvD, 15 april 1913. Dit inventarisboek is niet bewaard gebleven. Waarschijnlijk diende het als basis voor de aankoopboeken die Bremmer vanaf 1915 opstelde.
113 KMM, inv.nrs. HA379628, HA379629 en HA379630, H. P. Bremmer, 'Aankopen 1907-1915'. Zoals eerder aangegeven, stelde Bremmer deze overzichten grotendeels vast op basis van zijn herinnering en mogelijk van de inventarislijsten die Helene – eveneens uit het hoofd – in 1913 had gemaakt. Zodoende moest Bremmer vaak volstaan met frases als 'aangekocht omstreeks 1913' of 'vermoedelijk gekocht bij Walrecht'.
114 KMM, inv.nr. HA379561, H. P. Bremmer, 'Aankopen Mevr. Kröller 1915-1922'.
115 H. P. Bremmer, *Catalogus van de schilderijenverzameling van Mevr. H. Kröller-Müller. 's-Gravenhage, Lange Voorhout 1*, 's-Gravenhage 1917.
116 Het is veelzeggend dat zowel Floris Verster als Nijlands vrouw Marie Nijland-

van de Meer de Walcheren van adel was. Blijkbaar voelde Helene zich bij hen meer op haar gemak dan bij kunstenaars die niet 'van stand' waren.
117 Hilhorst (1999), p. 117-118.
118 HGA/FB, toeg.nr. 0836-01, inv.nr.2, Bart van der Leck aan H.P. Bremmer, 7 juni 1921. Bremmer bezocht Van der Leck een week later om over de kwestie te spreken, maar het is onbekend of hij de Kröllers er inderdaad op aansprak.
119 Zoals Mendes' assistente in 1915 de samenwerking had omschreven, zie: RKD/MdC, archiefnr. 0588, inv.nr. 1, Emmie Eveline Mesdag aan Hetty (?), 6 augustus 1915.
120 Balk 2006, p. 303-304.
121 HA376669, SvD aan H.P. Bremmer, 7 augustus 1923.
122 HA376670, Joseph Mendes da Costa aan HKM, [1923].
123 Op te maken uit een brief van Helene aan Gottfried Heinersdorff, waarin ze schrijft over een 'hiesiger Maler' die de ramen ontwerpt en een brief uit oktober 1916 aan Van der Leck dat de ramen nog steeds voor hem gereserveerd zijn. HA377530, HKM aan Gottfried Heinersdorff, 14 december 1915; RKD/BvdL, archiefnr. 0334, inv.nr. 91, HKM aan Bart van der Leck, 18 oktober 1916.
124 Balk (2006), p. 310.
125 Gegevens over de samenwerking tussen Artur Hennig en Helene zijn ontleend aan: Duysters (2002). De eerste serie ramen is momenteel ondergebracht bij Instituut Collectie Nederland.
126 BG/PW, ordner 120, Artur Hennig aan Gottfried Heinersdorff, 19 januari 1921.
127 BG/PW, ordner 120, Gottfried Heinersdorff aan Artur Hennig, 2 juni 1923.
128 Helenes brief is niet bewaard gebleven, maar de strekking ervan is op te maken uit: HA377533, H.P. Bremmer aan HKM, 12 maart 1915.
129 HA377554, HKM aan H.P. Bremmer, 15 maart 1915; HA377536, H.P. Bremmer aan HKM, 15 maart 1915.
130 HA377539, H.P. Bremmer aan HKM, 1 juli 1915.
131 HA377540, HKM aan H.P. Bremmer, 2 juli 1915.
132 Balk (2006), p. 365.
133 Idem, p. 362-363.
134 Deze alinea is gebaseerd op: idem, p. 366-367.
135 HA501688, HKM aan SvD, [1923].
136 Tot op heden is er weinig gedegen onderzoek gedaan naar het financiële beheer van Müller & Co in het algemeen en de ontwikkelingen tijdens de Eerste Wereldoorlog in het bijzonder. Tot mijn grote spijt is de voorbereiding van de biografie van Anton Kröller, die parallel liep aan mijn eigen onderzoek, voorlopig stil komen te liggen. Daarom heb ik mij naast het archief van Müller & Co moeten baseren op niet altijd even diepgravende (ongepubliceerde) bronnen.
137 KMM, archiefcode 57, doos 104, H.J. Verhoeven, 'Geschiedenis van de commanditaire vennootschap Wm. H. Müller & Co van 1888 tot 1963', ongepubliceerd onderzoek, 1990, p. 18-19.
138 Corrie Moret, 'A.G. Kröller een groot koopman', in: Wim Alings (red.), *Het bewaarde landschap. Het Nationale Park De Hoge Veluwe 1935-1985*, Sijthoff, Amsterdam 1985, p. 16; Walrave Boissevain, *Mijn leven, 1876-1944*, Van Dishoeck, Bussum 1950, p. 343-344. Walrave Boissevain trad halverwege de jaren twintig toe tot de Raad van Commissarissen van Müller & Co.
139 KMM, inv.nr. HA414610, Anton Kröller, 'Memorandum', 6 maart 1932, p. 5.
140 Boissevain (1950), p. 344.
141 Anoniem, 'Beschuldigingen ten laste van de adviseurs der regeering mede in hun qualiteit van lasthebbers voor den aankoop van tarwe', *Nieuwe Rotterdamsche Courant* 23 juni 1917. De beschuldigingen hadden ook betrekking op graanhandelaar Cornelis van Stolk; ook hij werd gezuiverd van iedere aantijging.
142 Heldring (1970), p. 222. Heldring heeft geen goed woord over voor Posthuma en Kröller, die twee handen op één buik waren en volgens hem niet de Nederlandse, maar alleen de Duitse belangen dienden, zie p. 224.
143 Appeldoorn (1990), p. 19; Wm. H. Müller & Co, 'Uitgifte van ƒ10.000.000,- 6 pCt. Cum. Pref. Winstdeelende Commanditaire Aandeelen' (advertentie), *Nieuwe Rotterdamsche Courant* 28 oktober 1917. Cumula-

tief preferente aandelen zijn aandelen waarop een vast dividend wordt uitbetaald (in het geval van Müller & Co 6 procent) en waarbij de houders het dividend uitbetaald krijgen vóór de gewone aandeelhouders. Het cumulatieve element bepaalt dat de onderneming zich verplicht om het vaste dividend ook uit te keren wanneer er geen winst wordt gemaakt. Deze betaling gebeurt dan door het aanspreken van de reserves of wordt opgeschort tot er weer voldoende winst wordt behaald. Berend ten Bosch, *Het preferente aandeel en de achtergestelde obligatie als instrumenten voor de financiering van de onderneming*, NIBE/Kluwer, Amsterdam/Deventer 1980, p. 25-26.

144 De eigendomsverhoudingen binnen de firma worden uiteengezet in: KMM, inv.nr. HA502520, Anton Kröller, 'Hoenderloo', [1932/1933]. Dit memorandum is door Anton geschreven en daarom niet objectief. Voor herleidbare feiten is niettemin gebruikgemaakt van dit document.

145 De firma Müller & Co had drie dochtermaatschappijen: de NV Müller & Co's Algemeene Scheepvaartmaatschappij werd opgericht in 1899, de NV Algemeene Mijnbouwmaatschappij in 1902 en de NV Algemeene Exploitatiemaatschappij in 1909. De eerste twee werden mede gefinancierd met obligatieleningen, de Exploitatie Maatschappij grotendeels met kapitaal uit het moederbedrijf.

146 Bij oprichting voorzag moederbedrijf Müller & Co de Exploitatie Maatschappij van een miljoen gulden. GAR/IM, toeg.nr. 1256, inv.nr. 1090, 'Wm. H. Müller & Co's Algemeen Exploitatie Maatschappij', [z.d.]. Het precieze bedrag dat voor eigen gebruik werd aangewend is niet meer na te gaan, omdat Anton voor zijn dood een groot deel van zijn archief vernietigde (Van Deventer (2004), p. 157). Ook de boekhouding van Müller & Co ging deels verloren bij het uitbreken van de Tweede Wereldoorlog. Bekend is dat de aanschaf van Groot Haesebroek inclusief gronden circa 1,2 miljoen kostte en dat tussen 1908 en 1917 voor de talloze stukken grond op de Veluwe ongeveer acht miljoen gulden werd betaald. Na 1917 werd hier waarschijnlijk nog voor twee miljoen gulden land aan toegevoegd. KMM, archiefcode 57, doos 104, 'Eigendomspapieren betr. gronden c.s.' [z.d.]; Moret (1985), p. 13; GAR/WMC, toeg.nr. 615, inv.nr. 453, anoniem, 'C.V. Wm. H. Müller & Co., Rotterdam', 18 september 1940, p. 6. De precieze bouwkosten van Sint Hubertus zijn onbekend, maar het gebouw werd voor 2,3 miljoen gulden verzekerd (GA/HV toeg.nr. 909, inv.nr. 89, 'Staten [...] betreffende gebouwen van de Stichting'). Dit betreft slechts het pand; alleen al vanwege de vijveraanleg, zullen de bouwkosten een stuk hoger zijn geweest.

147 KMM, inv.nr. HA414610, Anton Kröller, 'Memorandum', 6 maart 1932, p. 8.

148 Archief KMM, inv.nr. HA502572, Balansen overgeschreven in oktober 1940 nadat in mei het kantoor te Rotterdam vernield was, 'Staten 1919-1926', 1940. Hoewel het aannemelijk is dat de kunst inderdaad met privégeld van Anton werd betaald, is dit niet met absolute zekerheid vast te stellen, omdat het aan originele bronnen ontbreekt en het gebleken is dat Anton bij gelegenheid creatief met zijn boekhouding omging.

149 Jonker (2009).

150 KMM, archiefcode 57, doos 104, H.J. Verhoeven, 'Geschiedenis van de commanditaire vennootschap Wm. H. Müller & Co van 1888 tot 1963', ongepubliceerde scriptie, 1990, p. 25.

151 In het geval van Chili kwam het zelfs nooit zover, want ondanks de kapitale investeringen en slepende procedures zou Müller & Co er nooit in slagen ertsen uit dat land te exporteren.

11

1 Helenes gedachten over het einde van de oorlog zijn moeilijk met zekerheid vast te stellen, omdat Sam van Deventer in Nederland verbleef en zij in deze periode daarom weinig brieven schreef.

2 HA502263, HKM aan AGK, 3 november 1915.

3 Tenzij anders vermeld, is het verloop van het laatste oorlogsjaar ontleend aan: John Keegan, *De Eerste Wereldoorlog 1914-1918*, Balans/Van Halewyck, Amsterdam/Leuven 2000, p. 434-461.

4 Moeyes (2001), p. 364-365, 369. Voor de

totstandkoming van het Verdrag van Versailles, zie bijvoorbeeld: Richard M. Watt, *The kings depart. The tragedy of Germany: Versailles and the German revolution*, Weidenfeld and Nicholson, Londen 1968.

5 Helene en Ottokar von Czernin wisselden in 1921 een aantal brieven uit, waarin vooral de toestand in Oostenrijk centraal stond. Gezien Von Czernins positie als minister van Buitenlandse Zaken in de laatste twee oorlogsjaren mag aangenomen worden dat zij elkaar – via Anton – ook in 1919 al kenden.

6 HA501565, HKM aan SvD, [1919].

7 Uit deze periode is weinig correspondentie van Helene bekend en wat er wel is, refereert niet aan deze Duitse gasten. Dochter Helene Brückmann maakte in haar correspondentie uit oktober 1917 wel een aantal maal een opmerking over de meisjes van Duinhoeve, met wie haar dochter Hildegard speelde, zie bijvoorbeeld: HA510823, Helene Brückmann-Kröller aan Paul Brückmann, 11 oktober 1917.

8 HA410169, HKM aan Henrika Rogge, 9 maart 1920.

9 De term 'vakantiekinderen' en hun wederwaardigheden in Nederland tijdens en na de Eerste Wereldoorlog zijn ontleend aan: Jaap Vogel, *Nabije vreemden. Een eeuw wonen en samenleven*, SDU Uitgevers, Den Haag 2005, p. 28-29.

10 HA410611, Thylla van de Velde aan HKM, [z.d.] 1922; HA410335, HKM aan Helene Schäfer, 9 oktober 1919.

11 HA410169, HKM aan Henrika Rogge, 9 maart 1920.

12 HA410335, HKM aan Helene Schäfer, 9 oktober 1919.

13 HA501561, HKM aan SvD, 12 oktober 1919.

14 Keegan (2000), p. 374-375.

15 KMM, inv.nr. HA414610, Anton Kröller, 'Memorandum', 6 maart 1932, p. 5.

16 Keegan (2000), p. 460.

17 HA379234, Emilie Faulenbach-Müller aan HKM, 5 april 1920.

18 Johan Wijne, *De 'vergissing' van Troelstra*, Verloren, Hilversum 1999. Kennelijk vreesde ook Anton voor een revolutie. Samen met een aantal politici en industriëlen probeerde hij de Britse oorlogsregering te bewegen in te grijpen om Troelstra van zijn revolutieplannen te weerhouden. De heren zetten hun verzoek kracht bij door erop te wijzen dat revolutie in Nederland zou betekenen dat de voedseldistributie naar Engeland onder druk zou komen te staan. Zie: H.J. Scheffer, *November 1918. Journaal van een revolutie die niet doorging*, De Arbeiderspers, Amsterdam 1968, p. 136.

19 Ondanks de beroering in Nederland, had Helene niet het idee dat er binnen de landsgrenzen een groot gevaar dreigde. Op 9 november drong ze er bij haar moeder op aan naar Nederland te komen, omdat het daar veiliger was. Haar vrees voor politieke onrust had dan ook vooral betrekking op het buitenland. HA379223, HKM aan Emilie Faulenbach-Müller, 9 november 1918.

20 HA379231, HKM aan Emilie Faulenbach-Müller, 24 december 1919.

21 De laatste verwijzing naar de opvang van kinderen op de Kemperberg dateert uit mei 1925, zie: HA501792, HKM aan SvD, 2 mei 1925. Vermoedelijk moest Helene deze liefdadigheid opgeven vanwege de financiële moeilijkheden waarin Müller & Co verzeild raakte, waardoor flink bezuinigd moest worden op posten die niet direct gerelateerd waren aan de firma. In 1926 is op de huishoudrekening nog een post opgenomen getiteld 'Kinderheim', zie: KMM, inv.nr. HA502572, 'Staten 1919-1926', oktober 1940.

22 Zie bijvoorbeeld: HA501635, HKM aan SvD, 22 mei 1922.

23 HA510837, Helene Brückmann-Kröller aan Paul Brückmann (origineel door hem overgetypt), 6 november 1917. Zelfs de verhouding tussen Anton en Helene met Paul Brückmann verbeterde door de misère. Hij schreef hen in november 1917 een vriendelijke brief, waarin hij hen aansprak met 'Liebe Helene, Lieber Anton' en hen een foto van hun overleden kleindochtertje stuurde. HA511370, Paul Brückmann aan Helene en Anton Kröller, 13 november 1917. Helene jr. zou in 1922 nogmaals een kind verliezen, Ingeborg, dat toen nog geen jaar oud was. Vooral in die periode logeerden de andere Brückmann-kinderen vaak op de Kemperberg.

24 CvAB, Hildegard Brückmann aan Helene Brückmann-Kröller, 29 juli 1921.
25 Zo schreef Hildegard aan haar moeder: 'Ik heb weer een zooi kleeren van Grootmama gekregen. Ernst heeft wel 10 Matrozenpakken gekregen', CvAB, Hildegard Brückmann aan Helene en Paul Brückmann, 9 juni 1922; over het jagen: CvAB, Hildegard Brückmann aan Helene en Paul Brückmann, 14 augustus 1921.
26 CvAB, Hildegard Brückmann aan Helene en Paul Brückmann, 9 juni 1922.
27 HA501560, HKM aan SvD, 7 oktober 1919.
28 HA410214, HKM aan Henrika Rogge, 15 december 1932. De Schipborg werd in 1925 verkocht. Henry van de Velde ontwierp vervolgens een nieuwe boerderij voor Toon en zijn familie op het landgoed De Harscamp, die in 1927 in gebruik werd genomen. Zie: Van der Wolk (1992), p. 92-93; HA502645, HKM aan Henry van de Velde, 1 maart 1927.
29 HA502022, HKM aan SvD, 29 oktober 1919.
30 Voor de naoorlogse conjunctuur, zie: Johan de Vries, *De Nederlandse economie tijdens de 20ste eeuw. Een verkenning van het meest kenmerkende*, De Nederlandsche Boekhandel, Antwerpen/Utrecht 1973, p. 80-87.
31 Jonker (2009).
32 Appeldoorn (1990), 24.
33 HA502176, AGK aan HKM, 24 november 1919.
34 Zij schreef over deze twijfels in retrospectief in: HA501723, HKM aan SvD, 2 juli 1924.
35 HA502022, HKM aan SvD, 29 oktober 1919.
36 Zo sprong Anton voor de prins in de bres toen deze in 1921/1922 voor 1,3 miljoen franc (ruim 270.000 gulden) aan ongedekte wissels in Parijs had uitgegeven voor de aanschaf van juwelen. Ook bemiddelde hij tussen het koningshuis en een van de maîtresses van de prins, toen deze – eveneens op basis van wisselbrieven – twee ton eiste en een royaal maandgeld voor haar en het kind dat de prins bij haar verwekt had. Fasseur (2001), p. 98-101.
37 Van Gogh was een groot bewonderaar van Millet en was geïntrigeerd door diens *Le Semeur* (1850). Hij gebruikte de zaaier circa vijftigmaal als thema voor schilderijen en schetsen, waarvan er dertig op Millet zijn geïnspireerd. Voor uitvoerige besprekingen van dit thema in het werk van Van Gogh, zie: Louis van Tilborgh, Sjraar van Heugten [e.a.], *Van Gogh & Millet*, Waanders/Rijksmuseum Vincent van Gogh, Zwolle/Amsterdam 1988, p. 156-192; Joan Greer, *The artist as Christ. The image of the artist in the Netherlands, 1885-1902, with a focus on the christological imagery of Vincent van Gogh and Johan Thorn Prikker*, proefschrift Vrije Universiteit, Amsterdam 2000, p. 44-46; Ten Berge en Meedendorp (2003), p. 233-237 en 337-339.
38 Ten Berge en Meedendorp (2003), p. 233-237.
39 Brief 628, Vincent van Gogh aan Emile Bernard, rond 19 juni 1888, in: Jansen en Luijten (2009), deel 4, p. 137-138.
40 Zie bijvoorbeeld Lukas 8: 4-15.
41 Greer (2000), p. 44-45; Welsh-Ovcharov (1996), p. 7-8.
42 Tenzij anders vermeld, zijn gegevens over Enthoven ontleend aan: Ten Berge en Meedendorp (2003), p. 424-427.
43 Wouter Visser, 'Vincent van Gogh en 's-Gravenhage', *Geschiedkundige Vereniging Die Haghe. Jaarboek 1973*, [s.n.] [z.j.], p. 5-19. Visser baseerde zich voor dit artikel hoofdzakelijk op mondelinge getuigenissen, maar wist deze niet met andere bronnen te bevestigen.
44 Voor de beschrijving van Enthovens verzameling is gebruikgemaakt van: Marleen Ettema, *Lodewijk Cornelis Enthoven (1854-1920). Verzamelaar te Voorburg*, Hapax, Den Haag 2004, p. 3, 22-24.
45 KMM, inv.nr. HA379561, H. P. Bremmer, 'Aankopen Mevr. Kröller 1915-1922'.
46 Een van deze werken, het schilderij *Rode en witte anjers*, wordt tegenwoordig niet meer toegeschreven aan Van Gogh, zie: Ten Berge en Meedendorp (2003), p. 159.
47 Idem, p. 83, 85-87, 93, 97, 111-113 en 59-64.
48 In deze periode schreef Helene slechts sporadisch brieven, omdat Sam van Deventer in Nederland was. Uitspraken van haar over deze bijzondere aankopen zijn daardoor helaas niet overgeleverd.

49 HA501604, HKM aan SvD, 24 juli 1921.
50 Voor de invloed van Dürer op deze twee kunstenaars, zie bijvoorbeeld: Christian Schoen, *Albrecht Dürer: Adam und Eva. Die Gemälde, ihre Geschichte und Rezeption bei Lucas Cranach d.Ä. und Hans Baldung Grien*, Reimer, Berlin 2001.
51 KMM, inv.nr. HA379561, H.P. Bremmer, 'Aankopen Mevr. Kröller 1915-1922'.
52 Van Adrichem (2001), p. 87-91 en 101-103.
53 Idem, p. 143
54 Idem, p. 25-28 en 114-115.
55 Balk (2006), p. 242-243.
56 Van Adrichem (2001), p. 144-145.
57 Idem, p. 119-120.
58 Kröller-Müller (1925), p. 184, 187, 190, 196.
59 Idem, p. 211.
60 Van Adrichem (2001), p. 145-148; Kröller-Müller (1925), p. 216.
61 Van Adrichem (2001), p. 145-147.
62 HA502024, HKM aan SvD, 10 september 1919; Axel Derks, Jan-Jaap Kuyt [e.a.], *A.J. Kropholler (1881-1973). Terugkeer tot de Hollandse architectuurtraditie*, Stichting BONAS, Rotterdam 2002, p. 8-13; zie ook Balk (2006), p. 226.
63 HA502024, HKM aan SvD, 10 september 1919.
64 HA501633, HKM aan SvD, [20 april 1922].
65 Wel ontwierp Kropholler nog een windmolen voor bij de vijver van Sint Hubertus, een koffiehuis (die beide niet uitgevoerd werden) en een garage voor Müller & Co in Rotterdam. Zie: Van der Wolk (1992), p. 67-68.
66 In een brief uit 1921 (HA502147, HKM aan Bob Kröller, 18 juli 1921) deed Helene voorkomen of zij eerst met Kropholler had gewerkt en toen dat niet tot tevredenheid had geleid, op het idee was gekomen om Van de Velde te vragen. Uit een brief van Henry van de Velde aan zijn vrouw blijkt echter dat Helene hem al begin augustus vroeg of hij geïnteresseerd zou zijn om voor haar een museum te bouwen, dus ruim voordat Kropholler in de arm werd genomen. Zie: HA502713, Henry van de Velde aan Maria van de Velde-Sèthe, 4 augustus 1919.
67 HA502147, HKM aan Bob Kröller, 18 juli 1921. Henry van de Velde geeft in zijn autobiografie een andere voorstelling van zaken. Volgens hem kwam Helene vlak na de oorlog weer eens langs de villa van dokter Leuring gewandeld, die hij in 1903 had gebouwd en zij zou zich toen afgevraagd hebben hoe het Van de Velde vergaan was. Omdat Van de Velde in zijn boek regelmatig gebeurtenissen en feiten verdraait of verkeerd weergeeft, is het aannemelijk dat Helenes versie van het verhaal (die zij bovendien korte tijd na het gebeuren vastlegde en niet vele jaren later) betrouwbaarder is. Van de Velde (1962), p. 412.
68 HA502147, HKM aan Bob Kröller, 18 juli 1921.
69 Thomas Föhl, *Henry van de Velde. Architekt und Designer des Jugendstils*, Weimarer Verlagsgesellschaft, Weimar 2010; Klaus-Jürgen Sembach, *Henry van de Velde*, Thames and Hudson, London 1989, p. 9-28, 38.
70 Klaus-Jürgen Sembach en Birgit Schulte, *Henry van de Velde. Ein europaeischer Künstler seiner Zeit*, Wienand Verlag, Keulen 1992, p. 364-366.
71 Het is onduidelijk wie dit eerste bericht overbracht. Van de Velde heeft het in zijn brief van 4 augustus over 'un Monsieur' die hij in Düsseldorf ontmoette en belast was hem voor dit project te winnen. Bremmer zou voor de hand liggen, maar Van de Velde en hij kenden elkaar, terwijl de architect lijkt te verwijzen naar een hem onbekende man. HA502713, Henry van de Velde aan Maria van de Velde-Sèthe, 4 augustus 1919.
72 Sembach (1989), p. 28.
73 Van de Velde (1962), p. 413.
74 HA502713, Henry van de Velde aan Maria van de Velde-Sèthe, 4 augustus 1919. ('Concurrence et intrigues ne tarderaient agir contre moi!') Pas in november liet hij aan zijn goede vriend Karl Ernst Osthaus weten dat hij mogelijk voor de Kröllers zou gaan werken, zie: KEO, toeg.nr. Kü/316, inv.nr. 22, Henry van de Velde aan Karl Ernst Osthaus, 12 november 1919.
75 HA502022, HKM aan SvD, 29 oktober 1919.
76 Van de Velde (1962), p. 414-415.
77 KMM, inv.nr. HA502702, Verklaring H.P. Bremmer m.b.t. afspraken tussen

Helene Kröller-Müller en Henry van de Velde, 25 oktober 1919.
78 HA502022, HKM aan SvD, 29 oktober 1919.
79 Föhl (2010), p. 315-317.
80 Van der Wolk (1992), p. 70-71.
81 HA502021, HKM aan SvD, 26 januari 1921; HA502020, HKM aan SvD, 4 september 1921.
82 Van de Velde (1962), p. 418-419.
83 HA502010, HKM aan SvD, [z.d.] september 1922.
84 Sembach (1989), p. 28-29.
85 Idem, p. 29.
86 HA502010, HKM aan SvD, [z.d.] september 1922.
87 HA502020, HKM aan SvD, 4 september 1921. Anton spreekt over een schatting van 'zes, misschien zeven miljoen', zie: HA502009, AGK aan HKM, [september] 1922. De calculering van Van de Velde uit september 1922 kwam uit op ruim 5,7 miljoen gulden. Zie: HA378035, Henry van de Velde aan Helene en Anton Kröller, 6 september 1922.
88 Dit blijkt indirect uit: HA502009, AGK aan HKM, [september] 1922.
89 Sam van Deventer, *Henry Van de Velde und seine Bindungen an das Ehepaar Kröller-Müller*, [s.n.], Eschwege 1957, p. 15; HA501603, HKM aan SvD, 20 juli 1921. Van Deventer geeft aan dat op 20 juni 1921 met de bouw begonnen werd, maar vermoedelijk was dit een maand later, aangezien Helene pas in een brief van 20 juli hieraan refereert.
90 Van de Velde (1962), p. 419.
91 HA501603, HKM aan SvD, 20 juli 1921.
92 Op 11 juli 1919 was de wet aangenomen waarin de achturige werkdag en vrije zondag was vastgelegd, in 1920 trad deze in werking voor fabrieken en werkplaatsen. Luchien Karsten, *De achturendag. Arbeidstijdverkorting in historisch perspectief, 1817-1919*, Stichting Beheer IISG, Amsterdam 1990, p. 303-304.
93 Hesse-Frielinghaus (1971), p. 220-225.
94 Idem, p. 142.
95 Idem, p. 99, 110-111. Het grootste deel van de verzameling werd in 1922 door de erven verkocht aan de stad Essen. Zowel de kunstwerken als de naam van Osthaus' museum werden overgedragen aan het Städtische Kunstmuseum aldaar, dat dan ook tot op de dag van vandaag bekend is als het Museum Folkwang. Het museum in Hagen is tegenwoordig gewijd aan de oprichter en draagt de naam Osthaus Museum.
96 Balk (2006), p. 228-229.
97 HA376333, Henry van de Velde aan HKM, 6 februari 1922.
98 De chahut en de cancan zijn dezelfde dans, die aanvankelijk chahut of chahut-cancan heette en ontstond in Parijse arbeiderskringen. Vanaf de jaren 1880 werd de dans populair onder de bourgeoisie en raakte deze bekend onder de naam cancan. In beide perioden was het hoog opgooien van de benen typisch, maar bij de 'bourgeois' cancan lag de nadruk meer dan voorheen op het lichtzinnige aspect van de dans, die zijn populariteit grotendeels ontleende aan het frivole gebruik van rokken en het tonen van ondergoed. David Price, *Cancan!*, Cygnus Arts, Londen 1998, p. 3 en 25.
99 Kröller-Müller (1925), p. 148.
100 John Rewald, *Seurat. A biography*, H.N. Abrams, New York 1990, p. 193.
101 HA502016, HKM aan SvD, 27 februari 1922.
102 Richard R. Brettell, 'The Bartletts and the Grande Jatte. Collecting modern painting in the 1920s', *Art Institute of Chicago Museum Studies*, 12(1986)2, p. 104. *La Grande Jatte* is ruim twee bij drie meter.
103 HA501999, HKM aan SvD, 6 februari 1924. Het werk wordt in deze brief niet bij naam genoemd, maar gezien de datering en context moet zij met 'het schilderij van Seurat' dat Bremmer in Parijs voor haar hoopt te kopen op *La Grande Jatte* doelen.
104 HA502017, HKM aan SvD, [z.d.] april 1924.
105 Balk vermoedt dat rivaliteit Bremmer tot het advies bracht voorlopig van koop af te zien, omdat hij het moeilijk kon verkroppen dat er weer een belangrijk werk op advies van Van de Velde aan de collectie dreigde te worden toegevoegd. Helene schreef echter over Bremmers advies in april, terwijl de brief van Henry van de Velde gedateerd is in oktober. Zie: Balk (2006), p. 230; HA502017, HKM aan SvD, [z.d.] april 1924; HA502616, Henry van

de Velde aan Tilly Laubheimer (assistent HKM), 21 oktober 1924.
106 In de veilingcatalogus staan de handgeschreven bedragen Ffr.20.000/32.000 vermeld, waarbij het tweede bedrag waarschijnlijk de verkoopprijs was. De Franse franc was in 1922 circa 0,213 gulden waard, waardoor de koopprijs iets meer dan 6800 gulden bedroeg (zie: www.measuringworth.org/datasets/exchangeglobal). Aukje Vergeest, *The French collection. Nineteenth-century French paintings in Dutch public collections*, Van Gogh Museum/Amsterdam University Press, Amsterdam 2000, p. 294.
107 Merkwaardig is dat Henry van de Velde nog in oktober van dat jaar Helene aanspoorde om *La Grande Jatte* bij Lucie Cousturier te gaan bekijken. Uit documenten in het Art Institute of Chicago blijkt dat het schilderij al in juli naar de VS werd verscheept. Vermoedelijk was Van de Velde niet goed ingelicht. Een verkeerde datering van zijn brief lijkt niet aan de orde te zijn, aangezien hij in dezelfde brief antwoord geeft op een verzoek van Helene van enkele dagen eerder. Vergelijk: Brettell (1986), p. 104; HA502638, Tilly Laubheimer (assistent HKM) aan Henry van de Velde, 18 oktober 1924 en HA502616, Henry van de Velde aan Tilly Laubheimer, 21 oktober 1924.
108 HA501629, HKM aan SvD, 11 maart 1922; De Vries (1973), p. 84.
109 HA501644, HKM aan SvD, [z.d.] vermoedelijke september 1922.
110 HA501639, HKM aan SvD, 17 augustus 1922; HA502010, HKM aan SvD, [z.d.] september 1922.
111 HA502010, HKM aan SvD, [z.d.] september 1922. Van Deventer zegt dat de bouw al in mei 1922 definitief werd gestaakt, terwijl uit een brief van Helene blijkt dat zij op dat moment wel vermoedde dat Anton hierop aanstuurde, maar nog de juiste manier zocht om haar dit te vertellen. Ook uit brief HA502010 blijkt dat de definitieve beslissing pas in september werd gemaakt. Zie: Van Deventer (2004), p. 97; HA501628, HKM aan SvD, 7 mei 1922.
112 HA501639, HKM aan SvD, 17 augustus 1922.
113 HA502009, AGK aan HKM, [september]

1922; HA502010, HKM aan SvD, [z.d.] september 1922.
114 HA502010, HKM aan SvD, [z.d.] september 1922.
115 Idem.
116 HA502012, HKM aan SvD, 22 december 1922.
117 Emile Vandervelde, 'Lettre de La Haye. Vincent van Gogh et Henry Van de Velde', *Le Peuple. Organe Quotidien de la Democratie Socialiste* 17 december 1922.
118 Föhl (2010), p. 322-323; Van de Velde (1962), p. 421-423. Overigens deed het artikel niet veel goeds en riep het in België vooral een storm van protest op.
119 HA376337, HKM aan Emile Vandervelde, 20 december 1922.
120 Idem.
121 Idem.
122 HA501439, HKM aan SvD, 19 augustus 1914.
123 Voor de NDV, zie: Ismee Tames, 'De Nederlandsch-Duitsche Vereeniging en het verlangen naar ware cultuur', in: Frits Boterman en Marianne Vogel (red.), *Nederland en Duitsland in het interbellum. Wisselwerking en contacten: van politiek tot literatuur*, Verloren, Hilversum 2003, p. 53-67.
124 NIOD/NDV, toeg.nr. 175b, inv.nr. 1a, 'Ledenlijst der Nederlandsche-Duitsche Vereniging', 1933, 1936. Uit het artikel van Tames (2003) blijkt dat Helene vlak na de oprichting lid werd en Anton de NDV in diezelfde tijd duizend gulden schonk. Helaas is de doos met de betreffende correspondentie zoekgeraakt bij het NIOD, waardoor ik deze niet heb kunnen raadplegen. Overigens komen ook Paul en Helene jr. Brückmann vanaf de jaren twintig voor op deze ledenlijsten.
125 Johan de Vries, *Ontsloten poorten. Vijftig jaren volksuniversiteit in Nederland, 1913-1963*, Van Gorcum, Assen 1963, p. 84. Zie ook: W.W. van der Meulen, *Ontwikkeling en doel van de Volksuniversiteit. Rede gehouden ter gelegenheid van de opening der Haagsche Volksuniversiteit op zaterdag 7 october 1916*, Wolters, Groningen/Den Haag 1916.
126 KMM, inv.nr. HA415614, 'Volksuniversiteit 's-Gravenhage. Lijst der leergangen 1917-1918'.
127 HA501521, HKM aan SvD, 9 februari 1916.

128 In leergangenlijst (HA415614) wordt Helene genoemd als 'penningmeesteresse'.
129 Zie bijvoorbeeld: Volksuniversteit te 's-Gravenhage, *Eerste jaarverslag van de Volksuniversiteit te 's-Gravenhage*, [s.n.], [s.l.] 1916-1917, p. 11. Tot 1927 staat het Lange Voorhout 1 onder 'programma' genoemd als leslocatie.
130 Het is niet met zekerheid te zeggen wanneer Helene haar lezingen gaf. In een brief uit februari 1924 geeft ze aan dat de mensen die haar lezingen hebben gevolgd nog eens gezamenlijk naar de verzameling kwamen kijken, in februari en maart refereerde ze ook nog aan lezingen die ze in die periode gaf. Aangezien ze eenmaal per week les gaf en de reeks uit zes lezingen bestond, is het daarom aannemelijk dat ze de reeks tweemaal verzorgde. Zie: HA501991, HKM aan SvD, 25 februari 1924.
131 Kröller-Müller (1925), p. 9. Tenzij anders vermeld, zijn gegevens over Helenes visie op de lezingenreeks ontleend aan de het voorwoord van dit boek.
132 Idem, p. 38.
133 Idem, p. 9-10.
134 Idem, p. 10.
135 KMM, inv.nr. HA360687, Ruprecht-Karls-Universität Heidelberg, 23 november 1923, oorkonde met benoeming tot Ehrenbürger. Helene werd in 1915 in deze kliniek geopereerd en bleef daarna in contact met geneesheer-directeur Menge. Vermoedelijk doneerde zij een substantieel bedrag aan de kliniek, hiervoor is echter geen ander bewijs gevonden dat de oorkonde met eretitel, waarin gesproken wordt over haar edelmoedige hulp in moeilijke tijd.
136 HA502017, HKM aan SvD, [z.d.] april 1924.
137 Wanneer dit ontwerp precies is ontstaan is onduidelijk; het beeldmerk staat wel op het omslag van *Die Entwicklung der modernen Malerei* uit 1927, maar niet op de Nederlandse uitgave van twee jaar eerder. Het embleem symboliseerde de verheffing van het geestelijke boven het materiële – vandaar dat het kruis iets boven het gewei uitsteekt. Toen Van de Velde het kruis en gewei in 1927 uit de hand op een reproductie van een portret van Helene plaatste zodat beide symbolen op gelijke hoogte stonden, kreeg het voor haar nieuwe betekenis, 'die de Prof wel niet meende, maar die ik er toch uit lees: vleesch of beter gezegd materie & geest zijn een, zijn elkander dekkende begrippen'. Waarschijnlijk is dan ook rond dat moment de spreuk ontstaan, die bij gelegenheid aan het embleem werd toegevoegd. HA501874, HKM aan SvD, 8 januari 1927; Kröller-Müller (1925); Helene Kröller-Müller, *Die Entwicklung der modernen Malerei. Ein Wegweiser für Laien*, Klinkhardt & Biermann, Leipzig 1927.
138 Idem, p. 44. Een diepgaande analyse van het boek laat ik hier achterwege, omdat Helenes visie op kunst zoals deze verwoord wordt in de *Beschouwingen*, in de voorgaande hoofdstukken aan de orde zijn gekomen. Daarbij is het boek als belangrijke bron gebruikt.
139 Kröller-Müller (1925), p. 19, 123, 139.
140 Idem, p. 135-137.
141 Idem, p. 182.
142 In 1987 organiseerde het Haags Gemeentemuseum in navolging van het Los Angeles County Museum of Art, de tentoonstelling The Spiritual in Art, waarin een soortgelijke spirituele opvatting van abstracte kunst centraal stond. Zie: Marty Bax, *Het mysterie van de abstracten. 1890-1985*, Haags Gemeentemuseum, Den Haag 1987.
143 Idem, p. 242.
144 HA502018, HKM aan SvD, 3 mei 1924.
145 Kröller-Müller (1925), p. 248.
146 Richard Roland Holst, 'Mevrouw H. Kröller-Müller. Beschouwingen over problemen in de ontwikkeling der moderne kunst', *De gids*, 90(1926), p. 137-138.
147 Mea Nijland-Verwey (red.), *Kunstenaarslevens. De briefwisseling van Albert Verwey met Alphons Diepenbrock, Herman Gorter, R.N. Roland Holst, Henriette van der Schalk en J.Th. Toorop*, Van Gorcum, Assen 1959, p. 228-229; Balk (2006), p. 225.
148 A.M. Hammacher, 'Beschouwingen over problemen in de ontwikkeling der moderne schilderkunst', *Utrechtsch Dagblad* 17 januari 1926. Zie ook: De Ruiter (2000), p. 237.
149 HA501835, HKM aan SvD, [z.d.] juni 1926.

150 HA502018, HKM aan SvD, 3 mei 1924.
151 HA501990, HKM aan SvD, [z.d.], vermoedelijk half maart 1924.
152 HA501711, HKM aan SvD, 27 maart 1924; HA502018, HKM aan SvD, 3 mei 1924. In maart 1924 dreigde het uit 1765 stammende dak van Groot Haesebroek in te storten. Dat was voor de Kröllers de aanleiding om het huis te voorzien van een rieten kap. Deze paste bij het rieten dak van Wildrust en loste tevens 'alle misère van te koud & te warm op de zolderverdieping' op, waarmee Helene doelde op de klachten van haar personeel dat daar gehuisvest was. HA501717, HKM aan SvD, 13 april 1924. In tegenstelling tot wat Van der Wolk vermoedt en wat Haak als feit presenteert, vond deze verbouwing dus niet plaats ten tijde van de verhuizing in 1916 en evenmin was Berlage hierbij betrokken. Van der Wolk (1992), p. 33; Haak en Siegers (2003), p. 30.
153 HA501710, HKM aan SvD, 23 maart 1924.
154 HA502018, HKM aan SvD, 3 mei 1924.
155 HA502005, HKM aan SvD, [z.d.] vermoedelijk mei 1924. Het verblijf kostte 1500 rijksmark per week. De mark was destijds ongeveer 0,59 gulden waard (zie: www.measuringworth.org/datasets/exchangeglobal).
156 HA501719, HKM aan SvD, 14 mei 1924.
157 Dieter Ziegler, *Großbürger und Unternehmer. Die deutsche Wirtschaftselite im 20. Jahrhundert*, Vandenhoeck & Ruprecht, Göttingen 2000, p. 131-132.
158 HA501798, HKM aan SvD, 12 mei 1925.
159 HA501783, HKM aan SvD, 20 april 1925.
160 Idem.
161 HA501723, HKM aan SvD, 2 juli 1924.
162 GAR/IM, toeg.nr. 1256, inv.nr. 1657, Marc Seesing, 'Pionierswerk in externe berichtgeving. De eerste consolidatie in Nederland in 1926 door Wm. H. Müller & Co', doctoraalscriptie Rijksuniversiteit Limburg 1993, p. 34.
163 Heldring (1970), p. 539.
164 Appeldoorn (1990), p. 26.
165 De Vries (1973), p. 86, 123-124.
166 Heldring (1970), p. 539 en 559.
167 De diplomatieke functies van Anton zijn ontleend aan: Moret (1985), p. 13.
168 De inventaris van het archief van Müller & Co in het Gemeentearchief Rotterdam toont een eindeloze reeks dochterondernemingen, die zich vertakken over de meest uiteenlopende branches, evenals de deelnemingen in andere bedrijven, zie: GAR/WMC, toeg.nr. 615.
169 HA502148, AGK aan HKM, 28 februari 1920.
170 KMM, archiefcode 57, doos 104, H.J. Verhoeven, 'Geschiedenis van de commanditaire vennootschap Wm. H. Müller & Co van 1888 tot 1963', ongepubliceerde scriptie, 1990, p. 27.
171 Over Van der Lecq, zie: idem, p. 29. Daarentegen hadden Robaver, Ernst Heldring en accountant Rein Heyne weinig fiducie in Van Deventer. Zie: Heldring (1970), p. 559. Heyne noemt Van Deventer 'den onbekwamen en doortrapt slechten hoofddirecteur', zie: R. Heyne, *Open brief no. 1 aan Dr. A.G. Kröller resp. de Comm. Venn. Wm. H. Müller & Co*, [s.n.], Hillegersberg, juli 1931, p. 6. Zie ook de zes andere brochures van Heyne, alle te raadplegen in het Stadsarchief van Amsterdams, inv.nr. 1069, toegangsnr. 9.
172 KMM, archiefcode 57, doos 104, H.J. Verhoeven, 'Over aandelen en andere geldzaken', ongepubliceerd materiaal behorende bij scriptie uit 1990.
173 Johan Beyen, *Het spel en de knikkers. Een kroniek van vijftig jaren*, Ad. Donker, Rotterdam 1968, p. 42-44. Ernst Heldring noemde het mogelijke bankroet van Robaver, 'een nationale ramp [...], waarin een groot deel van ons bedrijfsleven mede gesleurd zou worden'. Heldring (1970), p. 562.
174 Voor de betrekkingen tussen Van Hengel en Anton cq. Müller & Co, zie: Boissevain (1950), p. 344-345; Beyen (1968), p. 43; Jonker (2009).
175 Berend ten Bosch, *Het preferente aandeel en de achtergestelde obligatie als instrumenten voor de financiering van de onderneming*, NIBE/Kluwer, Amsterdam/Deventer 1980, p. 25-26.
176 De betaling van het dividend mag eventueel wel opgeschort worden tot er weer winst wordt gemaakt.
177 Appeldoorn (1990), p. 26.
178 Idem, p. 27-29.
179 GAR/IM, toeg.nr. 1256, inv.nr. 1657, Marc Seesing, 'Pionierswerk in externe berichtgeving. De eerste consolidatie in

Nederland in 1926 door Wm. H. Müller & Co', doctoraalscriptie Rijksuniversiteit Limburg 1993, p. 39-40.
180 GAR/WMC, toeg.nr. 615, inv.nr. 453, anoniem, 'C.V. Wm. H. Müller & Co., Rotterdam', 18 september 1940, p. 2.
181 Idem. Anton trad toe tot de Raad van Commissarissen van de nieuwe onderneming.
182 Frederik Brevet, 'Dr. Anthony George Kröller in 1926 en 1927', *Rotterdams Jaarboekje*, Brusse, Rotterdam 1974, p. 234-240.
183 HA501881, HKM aan SvD, 18 januari 1927.
184 Maar zie bijvoorbeeld ook: Johan Willem Rosenstok, *Brochure over de N.V. Wm. Müller en Co's Erts- en Scheepvaartbedrijf. Hoofdkantoor te 's-Gravenhage, Lange Voorhout no. 3*, [s.n.], Rotterdam 1930.
185 Heyne (1931 a), p. 7. Zie voor dit onderwerp ook: Wim Wennekes, 'Schone Zaken. Kröller-Müller: de verdachte financiering van een kapitale collectie', NRC *Handelsblad* 24 september 1988.
186 R. Heyne, *Open brief No. 2 aan Dr. A.G. Kröller resp. de Comm. Vennootschap Wm. H. Müller & Co.*, [s.n.], Hillegersberg, september 1931, p. 14.
187 Idem, p. 12-13.
188 Johan de Vries, *Geschiedenis der accountancy in Nederland. Aanvang en ontplooiing, 1895-1935*, Van Gorcum, Assen/Maastricht 1985, p. 195-196.
189 Het bestuur van het NIVA beschouwde de positie van Molengraaff dan ook als onhoudbaar, omdat hij als lid van de Raad van Advies mede verantwoordelijk was voor de gecamoufleerde boekhouding. Idem, p. 196.

12

1 KMM, inv.nr. HA379561, H.P. Bremmer, 'Aankopen Mevr. Kröller 1915-1922'; KMM, inv.nr. HA379624-HA379626, H.P. Bremmer, 'Overzicht aankopen Kröllers (omstreeks) 1925 t/m 1931'. Aangezien de aankoopboeken niet volledig zijn, is tevens gebruikgemaakt van: Gribling en Hefting (1970). Het exacte aantal verwervingen is echter niet met zekerheid te geven, omdat tekeningen, beeldhouwwerk, aardewerk en Aziatica niet zijn opgenomen in deze catalogus.

2 Hilhorst (1999), p. 142. In oktober 1925 schreef Bremmer aan Bart van der Leck dat hij wegens bezuinigingen niet langer op zaterdag voor de Kröllers werkte.
3 HA502014, HKM aan SvD, 10 maart 1924.
4 Idem.
5 HA501777, HKM aan SvD, [3 april] 1925.
6 HA502175, AGK aan HKM, [18 januari] 1924. Uit de erfenis van Nico kwam geen kapitaal vrij, omdat hij meer schulden dan vermogen bezat blijkens een financiële nota uit 1934, zie: KMM, inv.nr. HA414739, Mr. W.H. van Mastrigt, 'Nota betreffende de Kröller-Müller Stichting', 4 mei 1934.
7 HA501725, HKM aan SvD, 12 juli 1924.
8 Uit de nota van notaris Van Mastrigt (inv.nr. HA414739) blijkt dat deze erfenis na aftrek van onder meer de schulden van Nico Kröller, ruim 3,2 miljoen gulden bedroeg, waarvan 860.000 gulden aan aandelen en winstbewijzen.
9 HA501741, HKM aan SvD, 5 september 1924.
10 HA502649, SvD aan Henry van de Velde, 28 januari 1925.
11 KMM, inv.nr. HA378036, Henry van de Velde, 'Schatting van bouwkosten museum Hoenderlo [sic]', [1927].
12 HA501777, HKM aan SvD, [3 april] 1925.
13 HA501776, SvD aan HKM, 7 april 1925.
14 HA376809, HKM aan prof. Wilhelm Strohmayer, [z.p.], 21 december 1925. Hierin spreekt Helene van 'eine aesthetische Baracke'. In dezelfde passage schreef zij: 'Wir bauen augenblicklich [...] ein provisorisches Museum'. Aangezien er geen bewijs is dat in 1925 de werkzaamheden werden hervat, mag worden aangenomen dat zij het ontwerpproces ook tot de bouw rekende. Wilhelm Strohmayer was een kinderpsycholoog uit Jena, die Helene begin jaren twintig leerde kennen in het sanatorium Bellevue in Kreuzlingen waar zij en Bob enige tijd verbleven. Tussen hem en Helene ontstond een levendige correspondentie die ruim een decennium duurde. Zie ook: Anke Demmler, *Wilhelm Strohmayer (1874-1936). Ein Wegbereiter der Kinder- und Jugendpsychiatrie*, proefschrift Friedrich-Schiller-Universität, Jena 2003.
15 Sembach en Schulte (1992), p. 398.
16 Van de Velde (1962), p. 420.
17 HA376809, HKM aan prof. Wilhelm Strohmayer, 21 december 1925.

18 Sembach en Schulte (1992), p. 397-398; Van de Velde (1962), p. 421-424.
19 HA501842, HKM aan SvD, [juni 1926].
20 HA501803, HKM aan SvD, 9 oktober 1925.
21 HA501842, HKM aan SvD, [juni 1926].
22 HA501846, HKM aan SvD, 13 juni 1926.
23 HA502644, HKM aan Henry van de Velde, 10 september 1926.
24 Gegevens over de aankopen in deze periode zijn gebaseerd op: KMM, inv.nr. HA379624, HA379625 en HA379626, H.P. Bremmer, 'Overzicht aankopen Kröllers (omstreeks) 1925 t/m 1931'; Gribling en Hefting (1970).
25 Dirk Nijland was de zoon van Hidde Nijland. Deze deed hem in 1896, op zestienjarige leeftijd, in de leer bij de schilder Antoon Derkinderen. Tot zijn ontmoeting met Bremmer maakte hij hoofdzakelijk tekeningen en schilderijen. Zie: Marijo Ariëns-Volker, *Dirk Nijland, 1881-1955*, Drents Museum en Gemeentemuseum Helmond, Assen en Helmond 1993, p. 18 en 60-64.
26 HA376772, Dirk Nijland aan HKM, 3 januari 1928.
27 HA376774, Dirk Nijland aan HKM, 20 maart 1928.
28 Balk (2006), p. 289.
29 Komter had jarenlang een kunsthandel (hoofdzakelijk oude en inheemse kunst) aan het Rokin in Amsterdam. In 1925 besloot hij zijn zaak van de hand te doen en zich geheel te wijden aan zijn kunstenaarschap. De veiling van de boedel vond plaats in maart 1926. Marijke Peters en Hettie Whitlau, *Innig aanschouwen. De schilder Douwe Komter*, Singer Museum, Laren 1989, p. 12-18.
30 Volgens Bremmer werd het werk van Léger omstreeks 1926 gekocht. Het schilderij kostte echter zesduizend gulden, wat het onwaarschijnlijk maakt dat de Kröllers dit juist in het rampjaar 1926 kochten, toen Müller & Co op de rand van faillissement balanceerde.
31 HA410509, HKM aan Ottilie Schwarz-Neese, 31 oktober 1924 HA410509.
32 HA501759, HKM aan SvD, 19 november 1924 HA501759.
33 HA501761, HKM aan SvD, 21 november 1924 HA501761.
34 HA377196, Kunsthandel C.M. van Gogh aan HKM, 24 november 1927.
35 Zie bijvoorbeeld: HA377236, Heinz Gruenwald aan HKM, 9 januari 1928 en HA377234, HKM aan Heinz Gruenwald, 11 januari 1928. Het portret is tegenwoordig te bezichtigen in Tate Britain.
36 HA413637, Katherine Dreier aan HKM, 1 juni 1926.
37 Schwitters en zijn gezin verbleven deze zomer in Kijkduin. Hij vergezelde Dreier een week lang op haar zoektocht naar geschikte kunst voor de 'International Exhibition of Modern Art', die in 1926-1927 zou plaatsvinden. Meta Knol, *Kurt Schwitters in Nederland. Merz, De Stijl & Holland Dada*, Stadsgalerij/Waanders, Heerlen/Zwolle 1997, p. 30.
38 De tentoonstelling werd vanwege de grote belangstelling verlengd, zie: Brooklyn Museum Archives. Records of the Department of Public Information. Press releases 1916-1930, inv.nr. 101, Persbericht Brooklyn Museum, 27 december 1926 (te raadplegen via: www.brooklynmuseum.org/opencollection/exhibitions/1082/International–Exhibition–of–Modern–Art–Assembled –by–Société–Anonyme).
39 Welsh en Joosten (1998), deel II, p. 134 en List of Exhibitions in deel III, p. 33-34.
40 HA413636, Katherine Dreier aan Tilly Laubheimer (assistent HKM), 18 juni 1926.
41 HA413635, Tilly Laubheimer aan Katherine Dreier, 2 juli 1926. Noch in de collectie van de familie Bremmer (HGA/FB), noch in die van Van der Leck (RKD/BvdL) is correspondentie te vinden die hierover uitsluitsel geeft. In 1952/1953 was het werk van Van der Leck alsnog te zien in het MoMA, toen dit museum een tentoonstelling wijdde aan De Stijl, zie: Philip C. Johnson (voorwoord), 'De Stijl. The Museum of Modern Art Bulletin', 20(1952)2.
42 HA411370, Alfred Barr aan HKM, 1 november 1927.
43 Barr voltooide dit proefschrift nooit, omdat hij in 1929 het directoraat van het MoMA op zich nam. Pas in 1946 ontving hij zijn doctorstitel voor zijn onderzoek naar Picasso. Zie: Ralph Smith, 'MoMA as educator: the legacy of Alfred H. Barr Jr. (review)', *Journal of aesthetic education* 39(2005)2, p. 102-103.

44 HA413483, onbekende medewerker HKM aan Städtische Kunsthalle Mannheim, 14 december 1927. De map 'Aanvragen en bruikleen afgewezen/niet doorgegaan' bevat honderden documenten, waaruit onder meer blijkt dat alleen al tussen 1927 en 1930 ruim veertig internationale instellingen vergeefs en vaak meerdere malen verzoeken indienden voor bruiklenen. Zie documenten behorende bij: KMM, inv.nr. HA413468, 'Tentoonstellingen. Aanvragen en bruikleen afgewezen/niet doorgegaan', 1939.
45 Zie bijvoorbeeld de poging van OK&W om een aantal werken van Van Gogh uit de Kröller-Müller-collectie in bruikleen te krijgen voor tentoonstellingen in Londen en Kopenhagen. HA413595, Marius Waszink (minister van Onderwijs Kunsten en Wetenschappen) aan HKM, 12 april 1928 en HA413587, ministerie van Onderwijs Kunsten en Wetenschappen aan HKM, 11 januari 1929.
46 HA412125, HKM aan Arthur de Pury, 16 februari 1927; HA412131, Wilhelm Barth aan HKM, 4 maart 1927. In beide brieven wordt verwezen naar de eerdere afwijzing, maar zonder vermelding van de betreffende tentoonstelling. Op basis van de tentoonstellingslijst van De la Faille, mag aangenomen worden dat het gaat om de tentoonstelling in de Kunsthalle in maart en april 1924. De la Faille (1970), p. 692.
47 KMM, inv.nr. HA414732, Kröller-Müller Stichting, 'Ontwerp. Vergadering van januari 1933 [...]', 1933, p. 5.
48 Zo liet Helene aan de Kunsthalle in Mannheim weten, zie: HA413483, onbekende medewerker HKM aan Städtische Kunsthalle Mannheim, 14 december 1927.
49 HA412125, HKM aan Arthur de Pury, 16 februari 1927.
50 HA501899, HKM aan SvD, 27 augustus 1927.
51 KMM, inv.nr. HA377887, onbekende medewerker HKM, 'Programma en kostenraming Van Gogh-tentoonstellingen', 19 augustus 1927.
52 In Basel kwamen 7120 betalende bezoekers, daarnaast bezocht nog circa 5600 scholieren, studenten en leden van de Kunstverein de tentoonstelling gratis of tegen gereduceerd tarief. Zie: HA412200, A. Merz aan Tilly Laubheimer (assistent HKM), 5 augustus 1927. In Bern bezochten 6200 mensen de tentoonstelling. Het bezoekersaantal in Karlsruhe bedroeg circa 11.400, waarvan 8000 mensen in de eerste zes weken. Zie: HA412408, Arthur von Schneider aan HKM, 22 november 1928; HA412762, Leo van Puyvelde aan HKM, 15 oktober 1932. Gegevens uit de genoemde bronnen zijn aangevuld met KMM, inv.nr. HA415388, Helene Kröller-Müller, 'De kunstverzameling.' 1932, waarin Helene de bezoekersaantallen van de diverse tentoonstellingen opsomt. Omdat dit document tot doel had haar verzameling in een gunstig daglicht te stellen, zijn deze getallen mogelijk te hoog. Daarom is tevens gebruikgemaakt van andere bronnen.
53 KMM, inv.nr. HA415606, Département Ministère des Affaires Étrangères, 'Benoeming Helene Kröller-Müller tot ridder in de Belgische kroonorde', 22 november 1927; HA415450, Ministère des Affaires Étrangères aan HKM, 1 december 1927.
54 HA415496, HKM aan Marie Kröller, 28 november 1927 HA415496.
55 Eerdere Van Gogh-tentoonstellingen van deze omvang vonden buiten Nederland plaats tijdens de Sonderbundausstellung in Keulen (1912) en bij de kunsthandel van Paul Cassirer in Berlijn (1914). Hier waren respectievelijk 125 en 146 werken te zien. In Parijs (1908), Antwerpen (1914), Basel en Zürich (beide 1924) waren eerder tentoonstellingen georganiseerd die circa honderd tekeningen en schilderijen telden. De la Faille (1970), p. 691-692.
56 Tijdens de tentoonstelling in Düsseldorf waren naast de Van Goghs, beelden en schilderijen te zien van onder anderen Altorf, Braque, Breitner, Degouve de Nuncques, Fantin-Latour, Herbin, Isaac Israels, Metzinger, Mondriaan, Rädecker en Seurat, evenals tientallen werken op papier van Redon. Ook ruim vertegenwoordigd waren Van der Leck en Toorop met respectievelijk circa veertig en vijftig schilderijen en Mendes da Costa, van wie Helene meer dan twintig beelden uitleende. H. P. Bremmer (inleiding), *Sammlung der Frau H. Kröller-Müller, Den Haag.*

Ausgestellt zu Düsseldorf, Schwann, Düsseldorf 1928. Deze tentoonstelling werd door 15.000 mensen bezocht. In Berlijn en Hamburg kwamen resp. circa 30.000 en 10.000 op de tentoonstelling af. KMM, inv.nr. HA415388, Helene Kröller-Müller, 'De kunstverzameling.' 1932, p. 6.
57 Zie: KMM, inv.nr. HA412550, diverse krantenartikelen december 1928-februari 1929.
58 Angelika Wesenberg, Ruth Langenberg [e.a.], *Im Streit um die Moderne. Max Liebermann. Der Kaiser. Die Nationalgalerie*, Nicolai, Berlin 2001, p. 47-48.
59 Ontleend aan: Henk Tromp, *De strijd om de echte Vincent van Gogh. De kunstexpert als brenger van een onwelkome boodschap, 1900-1970*, Mets & Schilt, Amsterdam 2006.
60 Tenzij anders vermeld zijn gegevens over de Wacker-affaire ontleend aan Tromp (2006), p. 33-42. Zie wat dit uitvoerig bestudeerde onderwerp aangaat bijvoorbeeld ook: Roland Dorn en Walter Feilchenfeldt, 'Genuine or fake? On the history and problems of Van Gogh connoisseurschip', in: Tsukasa Kōdera (red.), *The mythology of Vincent van Gogh*, TV Asahi/John Benjamins, Tokyo/Amsterdam 1993, p. 265-307; Walter Feilchenfeldt, 'Van Gogh fakes: the Wacker affair, with an illustrated catalogue of the forgeries', *Simiolus. Netherlands quarterly for the history of art*, 19(1989)4, p. 289-316; Cornelis Veth, *Schoon schip! Expertise naar echtheid en onechtheid inzake Vincent van Gogh*, De Spieghel/Het Kompas, Amsterdam/Mechelen 1932.
61 Balk (2006), p. 411-415.
62 Dit citaat is overgenomen uit *Het Vaderland*, waarin passages uit Bremmers artikel in de *Deutsche Allgemeine Zeitung* vertaald werden overgenomen. Anoniem, 'De z.g. valsche Van Goghs', *Het Vaderland* 11 december 1928.
63 Balk (2006), p. 413-415. Deze bleek ook uit de weigering van Bremmer (en Helene) 1928 om lid te worden van de Vereeniging Vrienden van Vincent van Gogh, die De la Faille in maart 1928 oprichtte. Tromp (2006), p. 32.
64 Veth (1932), p. 14.
65 Behalve Helene kocht Willem Scherjon een schilderij, evenals Sam van Deventer die *Zelfportret* (door De la Faille als authentiek verklaard, en genummerd F385) en *De cypressen* (genummerd F614) aanschafte. Beide schilderijen bleken later vervalsingen te zijn, zie: Feilchenfeldt (1989), p. 302 en 314.
66 HA410176, HKM aan Henrika Rogge, 22 december 1928 HA410176.
67 HA415141, HKM aan de redactie van de *Vossische Zeitung*, [z.p.], 5 september 1930. Citaat uit: Anoniem, 'Vincent van Gogh. De z.g. vervalschingen. Naar aanleiding van den aankoop voor de verzameling Kröller', *Nieuwe Rotterdamsche Courant* 18 januari 1929. Dit artikel is een vertaling van een bericht uit de *Vossische Zeitung*. Zie wat betreft *Zeegezicht te Saintes-Maries-de-la-Mer* de bijdrage van Jos ten Berge over dit schilderij in: Ten Berge en Meedendorp (2003), p. 225-229.
68 Een vertaling van dit artikel verscheen in: Anoniem, 'Vincent van Gogh. De z.g. vervalschingen. Naar aanleiding van den aankoop voor de verzameling Kröller', *Nieuwe Rotterdamsche Courant* 18 januari 1929.
69 In een krantenartikel (vermoedelijk in de *Vossische Zeitung*) gaf Justi duidelijk te kennen dat hij de Wacker-schilderijen als vals beschouwde en riep mensen op om het verschil in zijn museum te komen bekijken, waar op dat moment 'Eine Fülle von echten Bildern van Goghs' werd tentoongesteld (daarmee verwijzend naar de collectie van Helene) evenals twee valse. Het wordt uit het artikel niet duidelijk of hij met een van die twee op het zeegezicht doelde. Ludwig Justi, 'Van Gogh, Kenner und Schriftsteller', *Im dienste der Kunst*, Korn, Breslau 1936, p. 193-198.
70 Tromp (2006), p. 54-55.
71 HA415510, HKM aan Paul Fechter, 16 januari [1929].
72 HA412581, HKM aan Ludwig Justi, 7 februari 1929. Balk chargeert de situatie door te stellen dat Helene met haar brief het dreigement van Bremmer kracht bijzette om de gehele verzameling terug te trekken. Volgens Balk zou dit de reden zijn dat Justi het werk alsnog tentoonstelde. Hoewel Helene er niet voor terugdeinsde grote woorden te gebruiken, is daar in het geval van deze brief geen sprake van. Voor Bremmers dreigement, waarvan Ten Berge ook spreekt, heb ik

geen bewijs kunnen vinden. Balk (2006), p. 419, Ten Berge en Meedendorp (2003), p. 226.

73 Ook uit Justi's artikel (zie noot 69) blijkt dat hij slechts ten dele gehoor gaf aan de politieverordening door toch twee valse werken voor het publiek tentoon te stellen. Deze hing hij echter op de begane grond en niet in de zalen op de bovenste verdieping, waar de Kröller-Müller-verzameling was ondergebracht

74 Een uitvoerige beschrijving van het proces wordt gegeven in: Tromp (2006), p. 105-127.

75 Idem, p. 43.

76 Was Bremmer in 1913 de initiator geweest van de eerste tentoonstelling aan het Lange Voorhout, nu nam Helene de organisatie zelf voor haar rekening. Overigens schreef Bremmer wel de inleiding bij de catalogus. H. P. Bremmer (inleiding), *Tentoonstelling van werken door B. van der Leck*, [s.n.] Den Haag 1927.

77 HA412249 (persbericht), onbekende medewerker HKM aan diverse redacties van dagbladen, 1927; KMM, inv.nr. HA412234, diverse artikelen over tentoonstelling Bart van der Leck, juli-oktober 1927. De zaalwachten werden overigens pas aangetrokken bij de tentoonstelling van Dirk Nijland in het voorjaar van 1928. Zie: HA412321, Tilly Laubheimer (assistent HKM) aan dienst Gemeentebelastingen (Vermakelijkhedenbelasting), 14 juni 1928.

78 Toegangsprijs ontleend aan: HA412254, Tilly Laubheimer aan dienst Gemeentebelastingen (vermakelijkhedenbelasting), 29 oktober 1927. Deze prijs gold ook voor de latere tentoonstellingen die hieronder aan de orde komen. Winst werd er niet gemaakt met deze entree, maar dat lijkt ook niet het doel te zijn geweest.

79 Sam van Deventer noemt de bezoekersaantallen in: HA412104, SvD aan HKM, 25 juli 1927.

80 Ook bij deze tentoonstelling was Bremmer niet betrokken. Dat blijkt onder meer uit een brief die een medewerker van Helene aan Bremmer stuurde, waarin verzocht werd om een bruikleen uit zijn collectie. HA412260, onbekende medewerker HKM aan H. P. Bremmer, 1 februari 1928.

81 KMM, inv.nr. HA412258, diverse artikelen over tentoonstelling Dirk Nijland en Joseph Mendes da Costa, februari 1928.

82 HA412313, Tilly Laubheimer (assistent HKM) aan Ella Bezemer, 23 april 1928. Uit een opgave voor de vermakelijkhedenbelasting blijkt dat de Nijland-tentoonstelling 976 betalende bezoekers trok. Zie: HA412321, Tilly Laubheimer aan dienst Gemeentebelastingen (Vermakelijkhedenbelasting), 14 juni 1928.

83 Zie bijvoorbeeld: HA412065, Tilly Laubheimer aan redactie *Leidsch Dagblad*, [z.p.], 7 mei 1928. Ruim duizend mensen bezichten deze tentoonstelling.

84 Citaat ontleend aan: Cornelis Veth, 'Meester der Chimere. Odilon Redon in Museum Kröller', *De Telegraaf* 17 mei 1929. Te raadplegen in KMM, inv.nr. HA411097.

85 A. M. Hammacher, 'De Kröller-Müller-Stichting. Odilon Redon', *Nieuwe Rotterdamsche Courant* 6 april 1929. Te raadplegen in: KMM, inv.nr. HA411092.

86 Zie: Idem en Rusticus, 'Tentoonstelling Odilon Redon. Museum Kröller. Lange Voorhout', *Residentiebode* [z.d.] 1929. Beide te raadplegen in archief KMM: inv.nrs. HA411092 en HA411098.

87 [Helene Kröller-Müller], *Odilon Redon 1840-1916*, [s.n.] [1929].

88 HA410408, HKM aan haar nicht Lotte Scheibler-Müller, 1 september 1928.

89 KMM, inv.nr. HA412326, Kröller-Müller Stichting, 'Persbericht tentoonstelling Odilon Redon', 1929.

90 Zie onder meer: HA412332, Persbureau M. S. Vaz Dias aan Tilly Laubheimer, 6 juli 1929; HA412337, Nederlandsche Spoorwegen aan Tilly Laubheimer, 19 augustus 1929; HA412338, Tilly Laubheimer aan Nederlandsche Spoorwegen, 22 augustus 1929.

91 KMM, inv.nr. HA412348, Gastenboek, 'Van Gogh tentoonstelling 1929'.

92 HA416316, HKM aan [Karl Koetschau], directeur van het Städtische Kunstmuseum in Düsseldorf], 25 februari 1928.

93 Anoniem, 'Museum-Kröller. B. v. d. Leck', *Algemeen Handelsblad* [19 juli] 1927. Te raadplegen in: KMM, inv.nr. HA412234.

94 HA502645, HKM aan Henry van de Velde, 1 maart 1927.

95 Idem.

96 Gegevens over het herstel van Müller & Co zijn ontleend aan: Appeldoorn (1990), p. 30-33 en 41-44; Boissevain (1950), p. 345; Anoniem, 'Commanditaire Vennootschap Wm. H. Müller & Co', *Nieuwe Rotterdamsche Courant* 30 januari 1928.
97 Anoniem, 'Commanditaire Vennootschap Wm. H. Müller & Co', *Nieuwe Rotterdamsche Courant* 30 januari 1928.
98 Een soortgelijke truc werd tachtig jaar later toegepast door de bankier Rijkman Groenink. Vlak voordat 'zijn' ABN Amro in 2007 werd overgenomen door een consortium van drie banken, bracht hij de zestienduizend stuks tellende kunstcollectie onder in een (reeds bestaande) stichting. De statuten liet hij wijzigen zodat de bestuurders van deze stichting voortaan door de stichting zelf en niet door de bank werden benoemd. Zodoende behield hij als voorzitter de macht over de collectie en voorkwam hij de mogelijke verkoop en versplintering van het geheel. Zie onder meer: Olav Velthuis, 'Groenink heerst over kunst ABN Amro', *de Volkskrant* 22 december 2007.
99 HA414862, mr. Gerard Lambert aan Anton Kröller, Rotterdam, 10 februari 1928. Hierin wordt melding gemaakt van een al eerder toegezonden concept. De bijlage met het concept ontbreken. Elders in het KMM-archief is een conceptakte gevonden met daarop diverse aantekeningen in het handschrift van Anton, wat mogelijk het betreffende document is. Zie: KMM, inv.nr. HA502537, Concept voor oprichtingsakte met aantekeningen Anton Kröller, 1928.
100 Van Deventer (2004), p. 130.
101 KMM, inv.nr. HA414741, Kantoor van de notarissen mrs. Lambert en Nauta, 'Afschrift eener akte, waarbij in het leven wordt geroepen een stichting, genaamd: "Kröller-Müller Stichting" gevestigd te 's-Gravenhage', 14 maart 1928.
102 Wanneer ook de provincie niet binnen twee maanden akkoord ging met de schenking, diende het bestuurslid dat was aangewezen door het ministerie van Buitenlandse Zaken een vereniging of stichting aan te wijzen, waarbij de bezittingen konden worden ondergebracht. Als ook dit geen gevolg kreeg, was het bestuur gemachtigd om onroerend goed (behalve het museum en directe omgeving) uit het bezit te verkopen, om de financiële problemen op te lossen.
103 Zie artikel 16 van de oprichtingsakte (inv.nr. HA414741).
104 Ook werd bepaald dat na het overlijden van Anton en Helene altijd een van hun nakomelingen in het bestuur zitting zou hebben. Dit is met uitzondering van een korte periode na de oorlog ook altijd het geval geweest.
105 HA414918, Bestuur KMS aan Frans Beelaerts van Blokland (conceptbrief), 23 april 1928.
106 HA417804, Frans Beelaerts van Blokland aan Anton en Helene Kröller-Müller, 27 augustus 1928.
107 KMM, inv.nr. HA502549, Secretaris KMS, 'Ontwerp notulen van een te houden Vergadering van het Bestuur der Kröller-Müller Stichting', december 1928. Deze concept notulen verschillen van de definitieve versie, zie: KMM, inv.nr. HA414725, Secretaris Kröller-Müller Stichting, 'Notitie inzake de Kröller-Müller Stichting. Punten ter behandeling in de eerstkomende bestuursvergadering', januari 1929; Van Deventer (2004), p. 131-132.
108 De stichters doneerden ieder duizend gulden bij de oprichting, zie de oprichtingsakte (HA414741). Wat betreft de donatie van Bob, zie: HA418256, Bob Kröller aan KMS, 14 maart 1928; HA418365, KMS aan Bob Kröller, 20 maart 1928. Uit de nota van Van Mastrigt (inv.nr. 414739) blijkt dat Anton de eigenlijke schenker van deze aandelen was. Vermoedelijk schonk hij ze via Bob om zijn eigen vermogen schijnbaar niet te verkleinen. Wellicht vermoedde hij dat zijn andere kinderen zich zouden beroepen op hun legitieme portie en daarmee de schenking (deels) ongedaan maken na zijn overlijden. Wat betreft legitieme portie, zie: Burgerlijk Wetboek (oud), boek 4, artikel 960.
109 KMM, inv.nr. HA414725, Secretaris Kröller-Müller Stichting, 'Notitie inzake de Kröller-Müller Stichting. Punten ter behandeling in de eerstkomende bestuursvergadering', januari 1929. Medio 1928 was de beurswaarde van deze vijfhonderd

aandelen 480.000 gulden, waar 6 procent dividend over betaald werd, wat in theorie een uitkering inhield van 28.800 gulden per jaar (in de praktijk echter bleken de aandelen snel waardeloos te worden). Zie het uitgiftebericht: Anoniem, 'Wm. H. Müller & Co. Uitgifte van f10.000.000,- 6 pCt. Cum. Pref. Winstdeelende Commanditaire Aandeelen', *Nieuwe Rotterdamsche Courant* 28 oktober 1917 en KMM, inv.nr. HA414739, Mr. W.H. van Mastrigt, 'Nota betreffende de Kröller-Müller Stichting', 4 mei 1934, p. 11. De huur en verzekering bedroegen resp. vijf- en zesduizend gulden per jaar, Bremmer kon rekenen op een vergoeding van drieduizend gulden, plus tweeduizend gulden aan reis- en onkosten.

110 KMM, inv.nr. HA414741, Kantoor van de notarissen mrs. Lambert en Nauta, 'Afschrift eener akte, waarbij in het leven wordt geroepen een stichting, genaamd: "Kröller-Müller Stichting" gevestigd te 's-Gravenhage', 14 maart 1928.

111 KMM, inv.nr. HA379635, Mr. Gerhard Nauta, '[Schenkingsakte Maria Helene Kröller]', 4 april 1928. Met dank aan hoogleraar notarieel recht Wilbert Kolkman van de Rijksuniversiteit Groningen voor hulp bij de interpretatie van de verschillende akten en financiële overeenkomsten, die op deze schenking betrekking hebben. Opmerkelijk genoeg wordt in eerdere publicaties nooit gesproken over deze vreemde constructie en de rol van Marie, terwijl deze gedestilleerd kan worden uit stukken die al jaren in het bezit zijn van het Kröller-Müller Museum. Vergelijk bijvoorbeeld: Oxenaar en Hammacher (1988), Nijhof (2006); Beukhof en van Essen (2005). Alleen Sam van Deventer maakt er een cryptische opmerking over, wanneer hij schrijft: 'Met volle instemming van zijn zuster werd een regeling uitgedacht, die het mogelijk maakte het behoud van de kunstverzameling te verzekeren'. Van Deventer (2004), p. 130.

112 KMM, inv.nr. HA414732, Kröller-Müller Stichting, 'Ontwerp. Vergadering van januari 1933 [...]', 1933, p. 4.

113 HA502146, HKM aan SvD, [z.d.] mei 1928.

114 KMM, inv.nr. HA502563, Mr. Gerhard Nauta, 3 april 1928, afschrift van notariële akte waarin een financiële overeenkomst getroffen wordt tussen Anton, Helene en Marie Kröller.

115 De overige negentig werken bleven in het bezit van Anton en Helene en werden later verkocht, alsnog geschonken aan het museum of geërfd door hun kinderen. Veel van deze kunstwerken werden oorspronkeljik gekocht door Anton, zoals Van Goghs *Rozen en pioenen* (zie ook: Ten Berge en Meedendorp, p. 146, noot 2). Wat betreft Maries lijfrente: in de akte van 3 april 1928 (inv.nr. HA502563) wordt alleen gesproken van een 'minimum jaarlijks inkomen'. Uit een akte uit 1934 blijkt dat dit inkomen dertigduizend gulden per jaar bedroeg, zie: KMM, inv.nr. HA502571, Overeenkomst tussen CV Müller & Co, Müller & Co NV, Anton Kröller en Marie Kröller, 1 december 1934. Hoewel dit een buitengewoon royaal inkomen was (hoogleraren verdienden destijds circa zevenduizend gulden per jaar), zou Marie – op dat moment bijna zeventig jaar oud – nog veertig jaar moeten leven wilde ze met die lijfrente alleen maar de aandelen terugbetaald krijgen. Het verschil lijkt ruim gecompenseerd te worden door de waarde van de collectie – ware het niet dat zij hiervan de volgende dag alweer afstand deed. De overweging haar broers een eerbetoon te brengen, zal dan ook tenminste deels hebben meegespeeld in Maries beslissing om in te stemmen met het plan haar collectie te laten schenken. Anders is het moeilijk te verklaren waarom zij een jaarinkomen van dertigduizend gulden accepteerde, waar zij eigenlijk 2,3 miljoen geërfd had. Vermoedelijk heeft zij als dame op leeftijd ook meer behoefte gehad aan een vast jaarinkomen dat ruim in haar behoeften voorzag dan aan fluctuerende aandelen, die zij actief moest beheren. Ook zal Anton haar verteld hebben dat men voornemens was de nominale waarde van deze aandelen binnen afzienbare tijd flink naar beneden bij te stellen, waardoor een vaste lijfrente nog aantrekkelijker werd.

116 KMM, inv.nr. HA502563, Mr. Gerhard Nauta, 3 april 1928, afschrift van notariële akte waarin een financiële overeenkomst getroffen wordt tussen Anton, Helene en Marie Kröller.

117 HA410071, HKM aan Anna Müller, 13 augustus 1928.
118 Schuldeisers kunnen zich beroepen op de eeuwenoude actio pauliana, die bepaalt dat zij bevoegd zijn om op te treden tegen een rechtshandeling (in dit geval de schenking aan de stichting) die hen benadeeld heeft. Zie thans Burgerlijk Wetboek, boek 3, artikel 45. Deze wet was in 1928 ook van kracht, zij het in licht andere bewoordingen. Daarnaast kunnen kinderen zich beroepen op een legitieme portie en daarmee een schenking (deels) ongedaan maken na het overlijden van de schenker. Voor het recht uit 1928 over deze materie zie: Burgerlijk Wetboek (oud), boek 4, artikel 960. Met dank aan prof. dr. Wilbert Kolkman.
119 Deze taxatie is niet bewaard gebleven. Het taxatiebedrag wordt genoemd in: KMM, inv.nr. HA414739, Mr. W.H. van Mastrigt, 'Nota betreffende de Kröller-Müller Stichting', 4 mei 1934, p. 11.
120 HA414010, Tilly Laubheimer aan D. Hudig & Co, 3 november 1928. Het vermoeden dat dit een redelijker waardebepaling is dan de genoemde 2,4 miljoen gulden, wordt bevestigd door een rapport uit 1929 waarin de waarde van de verzameling op ruim 4,4 miljoen gulden wordt getaxeerd. Zie: KMM, inv.nr. 413742, Kröller-Müller Stichting, Taxatierapport verzekering 1929.
121 Voor de berekening van die waarde, evenals voor een analyse van de manier waarop de aandelen werden ingezet bij de schenking, zie: KMM, inv.nr. HA414739, Mr. W.H. van Mastrigt, 'Nota betreffende de Kröller-Müller Stichting', 4 mei 1934, p. 18-26.
122 HA410071, HKM aan Anna Müller, 13 augustus 1928. Het doel om haar verzameling voor de gemeenschap bewaard te laten blijven, spreekt uit diverse brieven. Zie bijvoorbeeld HA410960, HKM aan Werner Jäger, 20 april 1928 en HA412635 HKM aan Karl Koetschau, 23 april 1928.
123 HA411027, HKM aan Truusje Kröller-Jesse, 17 juni 1931.
124 Zie de lijst van schenkingen in: KMM, inv.nr. HA414732, Kröller-Müller Stichting, 'Ontwerp. Vergadering van januari 1933 [...]', 1933, p. 8-10.

125 HA415370, SvD aan HKM/KMS, 4 april 1928.
126 HA378406, SvD aan KMS, 1 mei 1930. Het grootste gedeelte van deze tekeningen kocht hij enkele jaren eerder *en bloc* van Bremmer.
127 Voor de aankopen, zie: KMM, inv.nr. HA360661, Kröller-Müller Stichting, 'Aangekocht na Maart 1928. Schilderijen', [z.d.] en KMM, inv.nr. inv.nr. HA379624-HA379626, H.P. Bremmer, 'Overzicht aankopen Kröllers (omstreeks) 1925 t/m 1931', [z.d.].
128 HA502692, H.P. Bremmer aan SvD, 6 juli 1928.
129 De wederwaardigheden omtrent de aankoop van de Nijland-collectie zijn alleen door Sam van Deventer opgetekend in Van Deventer (1957 a), p. 16. Er is weinig reden om aan de betrouwbaarheid daarvan te twijfelen, aangezien zijn verhaal grotendeels gereconstrueerd kan worden aan de hand van Bremmers brief van 6 juli en een nota van Kleykamp (KMM, inv.nr. HA415134, Kunsthandel Kleijkamp, 'Nota collectie Vincent van Gogh (verz. Hidde Nijland)', 28 juli 1928). Onduidelijk echter blijft de rol van de Amerikaan, die Van Deventer in zijn publicatie niet bij naam noemt. Teio Meedendorp maakt het aan de hand van een heldere analyse aannemelijk dat het Sachs was aan wie aanvankelijk een rol was toebedacht in deze aankoop, zie: Meedendorp (2007), p. 401.
130 KMM, inv.nr. HA414732, Kröller-Müller Stichting, 'Ontwerp. Vergadering van januari 1933 [...]', 1933, p. 11.
131 KMM, inv.nr. HA379624, HA379625 en HA379626, H.P. Bremmer, 'Overzicht aankopen Kröllers (omstreeks) 1925 t/m 1931'; Gribling en Hefting (1970).
132 HA411574, AGK aan Ernst Heldring, 24 mei 1929.
133 HA378039, N.V. Nederlandsche Aanneming Maatschappij aan Anton Kröller, 5 mei 1928. Deze maatschappij was de voortzetting van aannemersbedrijf Boersma, dat in de jaren tien de bouw van Sint Hubertus had gerealiseerd.
134 HA410189, HKM aan Henrika Rogge, 23 december 1930.
135 HA410187, HKM aan Henrika Rogge, 21 november 1930.

136 HA502648, onbekende medewerker HKM aan Henry van de Velde, 17 oktober 1928.
137 HA502650, HKM aan Henry van de Velde, 17 december 1928; HA502634, Henry van de Velde aan HKM, 10 januari 1929.
138 Dit vermoeden wordt bevestigd door het gegeven dat Van de Velde in zijn autobiografie op geen enkele manier verwijst naar de herbouw van Groot Haesebroek. Van de Velde (1962).
139 HA502655, HKM aan Henry van de Velde, 21 juni 1929.
140 HA502660, HKM aan Henry van de Velde, 7 augustus 1929; HA502659, AGK aan Henry van de Velde, 11 augustus 1929.
141 HA501923, HKM aan SvD, 26 september 1930.
142 HA413932, Firma D. Hudig & Co (makelaars in assurantiën) aan Tilly Laubheimer, 18 maart 1930.
143 HA501921, HKM aan SvD, 18 september 1930.
144 Zie bijvoorbeeld La Nouvelle Maison in Tervuren, het huis dat hij in 1926/1927 voor zichzelf bouwde en het woonhuis, dat hij ontwierp voor de industrieel Raymond Wolfers in Brussel. Sembach (1989), p. 199-201. Groot Haesebroek is tegenwoordig de residentie van de Canadese ambassadeur.
145 HA410884, Tilly Laubheimer namens HKM aan Emmy Hensel-Müller, 30 mei 1931.
146 CvAB, Hildegard Brückmann aan Helene Brückmann-Kröller, 2 februari 1927.
147 HA412803, Eduard Polak aan HKM, 30 mei 1930. Voor de paragraaf over de Van Gogh-tentoonstelling in 1930 is, tenzij anders vermeld, gebruikgemaakt van Tromp (2006), p. 91-99.
148 SMA, map 2964 'Vincent van Gogh tentoonstelling 1929-1930', David Röell aan Jacob-Baart de la Faille, 21 juni 1930.
149 De la Faille was namelijk voorzitter van de vereniging Vrienden van Vincent van Gogh.
150 HA376835, HKM aan prof. Wilhelm Strohmayer, 8 september 1930.
151 *Vincent van Gogh en zijn tijdgenooten. 6 september-2 november 1930*, Gemeente Amsterdam/Stedelijk Museum, Amsterdam 1930, met een voorwoord van directeur Cornelis Baard; *Tentoonstelling van werken van Vincent van Gogh. Stedelijk Museum Amsterdam. 6 september-2 november 1930*, Kröller-Müller Stichting, Den Haag 1930; HA412816, SvD aan Cornelis Baard, 1 mei 1931. De catalogus van de Kröller-Müller Stichting was niet voorzien van een voorwoord. Hierin was slechts een stamboom van de familie Van Gogh opgenomen en een summiere levensbeschrijving van de kunstenaar. De beschrijving van de kunstwerken werd, zoals ook in de andere catalogi van de stichting, afgewisseld met fragmenten uit de brieven van Van Gogh.
152 Zie de grote hoeveelheid krantenknipsels in: KMM, inv.nr. HA412799, diverse artikelen over tentoonstelling Vincent van Gogh in het Stedelijk Museum Amsterdam, augustus-november 1930.
153 HA376835, HKM aan prof. Wilhelm Strohmayer, 8 september 1930.
154 Het bezoekersaantal wordt onder meer genoemd in het *Algemeen Handelsblad*, zie: KMM, inv.nr. HA412799, diverse artikelen over tentoonstelling Vincent van Gogh in het Stedelijk Museum Amsterdam, augustus-november 1930.
155 HA501922, HKM aan SvD, 19 september 1930.
156 Ontleend aan Appeldoorn (1990), die spreekt over 'De eerste druppels van de millioenenregen', p. 13.
157 Idem, p. 46.
158 HA376837, HKM aan prof. Wilhelm Strohmayer, 23 december 1930.

13

1 Kossmann (1986), deel II, p. 126-127.
2 Müller & Co's Algemeene Exploitatie Maatschappij was nog steeds eigenaar van de gronden en had in het verleden dit bedrag geleend van de rechtsvoorgangers van het Algemeen Burgerlijk Pensioenfonds, dat nu schuldeiser was. Zie: Elio Pelzers, 'De oprichting van de Stichting het Nationale Park de Hoge Veluwe', *Bijdragen en Mededelingen/Vereniging Gelre*, LXXXII (1991), p. 79-80.
3 Voor de beschrijving van het succes van de NSDAP is gebruikgemaakt van: Ian

Kershaw, *Hitler 1889-1936. Hoogmoed*, Het Spectrum, Utrecht 1999, p. 436-439.

4 In september 1930 waren de NSDAP-stemmers voor 40 procent afkomstig uit de middenklasse en voor 25 procent bestonden zij uit arbeiders. Ten minste 75 procent van de stemmers was protestant en het merendeel vrouw, zie: idem, p. 438.

5 HA379271, HKM aan Paul Fechter, 11 januari 1932.

6 Zie bijvoorbeeld: HA376947, HKM aan haar nichtjes Klara en Emmy Bornebusch, 1 juni 1933.

7 HA410208, Henrika Rogge aan HKM, 20 maart 1932.

8 HA410726, HKM aan haar voormalige klasgenoot Tony Hammerschmidt, 4 mei 1932.

9 Idem; HA410210, HKM aan Henrika Rogge, 13 mei 1932.

10 Deze lezing vond plaats op 27 januari 1932, zie Kershaw (1999), p. 464. Ik heb geen documenten kunnen vinden die uitsluitsel geven of Anton ook daadwerkelijk deze lezing heeft bezocht. Wel was hij lid van de Industrie Club Düsseldorf, zie: KMM, inv.nr. HA502562, Anton Kröller, 'Balans per 31 december 1936 en Staat van Baten en Lasten 1936 met specificaties', 28 mei 1937.

11 Braunschweig was de eerste stad die geheel onder NSDAP-bewind kwam. Klagges bezoek aan Nederland had waarschijnlijk dan ook tot doel de zogenaamde zegeningen van het nationaalsocialisme in het buitenland te verkondigen. Zie bijvoorbeeld: Ernst-August Roloff, *Bürgertum und Nationalsozialismus 1930-1933. Braunschweigs Weg ins Dritte Reich*, Verlag für Literatur und Zeitgeschehen, Hannover 1961.

12 Anoniem, 'Het nationaal-socialisme in het onderwijs', *Het Vaderland* 14 januari 1932 (avondblad).

13 HA501936, HKM aan SvD, 14 januari 1932.

14 L. de Jong, *Het Koninkrijk der Nederlanden in de Tweede Wereldoorlog. Deel I: Voorspel*, Nijhof, Den Haag 1969, p. 160.

15 Kershaw (1999), p. 526-535.

16 HA376728, Walter Gleich aan HKM, Hamburg, 9 februari 1933. Gleich was een voormalig topman bij de Hamburgse Berenberg Bank, maar werkte vanaf de jaren dertig als financieel medewerker voor het Deutsches Kohlen-Depot.

17 Voor een gedetailleerde uiteenzetting over deze gang van zaken, zie: Kershaw (1999), p. 535-546. Zie ook: Henry Ashby Turner Jr., *Hitler's thirty days to power. January 1933*, Bloomsbury, London 1996.

18 Kershaw (1999), p. 573-574, 598-599 en 603.

19 H. van Galen Last, *Nederland voor de storm. Politiek en literatuur in de jaren dertig*, Fibula-Van Dishoeck, Bussum 1969, p. 5-11; J.C.H. Blom, *De muiterij op De Zeven Provinciën*, Fibula-Van Dishoeck, Bussum 1975.

20 Blom (1975), p. 84-85.

21 Voor de Nederlandse verslaglegging van de politieke ontwikkelingen in Duitsland, zie: Frank van Vree, *De Nederlandse pers en Duitsland 1930-1939. Een studie over de vorming van de publieke opinie*, Historische Uitgeverij, Groningen 1989.

22 *De Tijd* 10 mei 1933, geciteerd naar: Nic. Schrama, *Dagblad De Tijd 1845-1974*, Valkhof Pers, Nijmegen 1996, p. 284.

23 Van Vree (1989), p. 275.

24 Anoniem, 'De roep om gezag', *De Standaard* 4 maart 1933. Zie ook: Van Vree (1989), p. 292-293.

25 Anoniem, 'De roep om gezag', *De Standaard* 4 maart 1933.

26 Blom (1975), p. 85.

27 Schrama (1996), p. 282-283; Anoniem, 'De heldentijd keert weer – D'r op of d'r onder – Politiek strategische punten bezet', *De Tijd* 18 februari 1933.

28 Van Vree (1989), p. 259.

29 Van Galen Last (1969), p. 27.

30 Menno ter Braak, 'Hitler, Ebenbild des Herrn', *Forum. Maandschrift voor letteren en kunst* 2(1933)5, p. 341.

31 CPB, SvD aan Annie Cramer-van Deventer, 14 februari 1933. Sam vertelde aan zijn zuster hoe iedereen, die hij sprak ontzet was over de politieke verwikkelingen en vreesde voor de implicaties voor Nederland. Hij noemde in deze context Helene niet bij naam, maar aangenomen mag worden dat zij ook tot die gesprekspartners behoorde en deze beleving dus deelde. Zelf bestempelde hij Hitlers programma in deze brief als 'gebral'.

32 HA376729, HKM aan Walter Gleich, 24 maart 1933.

33 Kershaw (1999), p. 601-602.
34 HA376729, HKM aan Walter Gleich, 24 maart 1933.
35 HA376947, HKM aan haar nichtjes Klara en Emmy Bornebusch, 1 juni 1933.
36 Anoniem, 'De eendaagsche boycot tegen de Duitsche joden', *Het Vaderland* 2 april 1933.
37 Vanaf het midden van de jaren dertig zou de buitenlandredactie van *Het Vaderland* zich een uitgesproken pro-Duitse opstelling aanmeten. Dit overigens met uitzondering van Menno ter Braak die zich fel bleef verzetten tegen het nationaalsocialisme. Van Vree (1989), p. 135 en 139. Zie ook hoofdstuk 25 'Een journalist zonder krant', in: L. H. M. Hanssen, *Sterven als een polemist. Menno ter Braak 1930-1940*, Balans, Amsterdam 2001.
38 Zie bijvoorbeeld onder de vele andere artikelen uit deze periode: Anoniem, 'De actie tegen de joden. Het boycot werpt zijn schaduw vooruit', *Nieuwe Rotterdamsche Courant* 1 april 1933.
39 Van Vree (1989), p. 127, 131-134. Uiteindelijk zou de *Nieuwe Rotterdamsche Courant* zwichten voor de Duitse pressie, wat leidde tot het ontslag van Van Blankenstein.
40 HA410742, HKM aan Tony Hammerschmidt, 16 mei 1933.
41 Op 2 mei 1933 werden in Duitsland alle vakbonden verboden. Een aantal vakbondsleiders, onder meer in Duisburg, werd die dag door nazi's gemarteld en vermoord. Michael Schneider, *Unterm Hakenkreuz. Arbeiter und Arbeiterbewegung 1933 bis 1939*, Dietz, Bonn 1999, p. 101-102.
42 Johannes Houwink ten Cate, *'De mannen van de daad' en Duitsland, 1919-1939. Het Hollandse zakenleven en de vooroorlogse buitenlandse politiek*, SDU Uitgevers, Den Haag 1995, p. 148-149.
43 HA376947, HKM aan Klara en Emmy Bornebusch, 1 juni 1933.
44 HA410742, HKM aan Tony Hammerschmidt, 16 mei 1933. Deze bijeenkomst wordt uitgebreid besproken in: Robin te Slaa en Edwin Klijn, *De NSB. Ontstaan en opkomst van de Nationaal-Socialistische Beweging, 1931-1935*, Boom, Amsterdam 2009, p. 257-260.
45 Over Anton Mussert en de totstandkoming van de NSB, zie: Jan Meyers, *Mussert. Een politiek leven*, Aspekt, Soesterberg 2005 [eerste druk 1984].
46 Het waren leden van de NSNAP-Van Waterland die het deze avond op Mussert gemunt hadden. Na de oprichting in 1931 was de NSNAP al snel uiteen gevallen in drie nog kleinere splintergroeperingen, die zich allemaal NSNAP noemden. Alle drie waren zij fel antisemitisch en veel sterker dan de NSB – die zich expliciet als Nederlandse beweging profileerde – op Duitsland gericht. De NSNAP-Van Rappard hing zelfs de groot-Duitse gedachte aan, waarin Nederland een positie als provincie van het Duitse Rijk was toebedeeld. A. A. de Jonge, *Crisis en critiek der democratie. Antidemocratische stromingen en de daarin levende denkbeelden over de staat in Nederland tussen de wereldoorlogen*, Van Gorcum, Assen 1968, p. 196-204.
47 HA376947, HKM aan haar nichtjes Klara en Emmy Bornebusch, 1 juni 1933.
48 Hitler zat tussen 11 november 1923 en 20 december 1924 een gevangenisstraf uit, omdat hij op 8/9 november in München een poging had ondernomen tot een lokale staatsgreep. Voor een nauwkeurige studie naar *Mein Kampf*, zie: Werner Maser, *Adolf Hitlers Mein Kampf. Geschiedenis – fragmenten – commentaren*, Aspekt, Soesterberg 1998. De intellectuele totstandkoming van *Mein Kampf*, wordt onder meer uiteengezet in: Timothy W. Ryback, *Hitler's private library. The books that shaped his life*, Knopf, New York 2008.
49 Alleen al tussen februari 1933 en december van dat jaar werden 1.500.000 exemplaren van het boek verkocht. In totaal werd *Mein Kampf* tot 1945 tien miljoen keer verkocht, wat niet in de laatste plaats te danken was aan de propagandamachine van de NSDAP, die ervoor zorgdroeg dat ieder nieuw bruidspaar een exemplaar overhandigd kreeg en dat soldaten werden voorzien van een speciale frontuitgave. Maser (1998), p. 38-40.
50 Gerard Groeneveld, *Zwaard van de geest. Het bruine boek in Nederland 1921-1945*, Vantilt, Nijmegen 2001, p. 55-68. Echte populariteit kreeg het boek hier vanaf 1939 toen de Nederlandse vertaling, *Mijn kamp*, verscheen. De eerste druk van drieduizend

stuks raakte direct de eerste dag uitverkocht. Groeneveld (2001), p. 61.
51 Johan Nederbragt, 'Hitler, de Duitser, als denker', *Antirevolutionaire Staatkunde* VIII(1932)10, p. 417.
52 HA501634, HKM aan SvD, 30 april 1922.
53 Blom en Cahen onderscheiden drie vormen van antisemitisme in Nederland; het anti-judaïsme dat vooral in christelijke kringen bestond en gericht was tegen het geloof zelf, het sociale antisemitisme dat zich uitte in allerlei stereotyperingen en destijds gangbare negatieve uitdrukkingen zoals 'jodenstreek' en 'brillejood', en het antisemitisme dat een semiwetenschappelijk en politiek jargon hanteerde om joden als een inferieur ras aan te merken. Zie: J.C.H. Blom en J.J. Cahen, 'Joodse Nederlanders, Nederlandse Joden en Joden in Nederland', in: J.C.H. Blom [e.a.] (red.), *Geschiedenis van de Joden in Nederland*, Balans, Amsterdam 1995, p. 284-287.
54 Idem, p. 284-287; Karin Hofmeester, 'Antisemitismus in den Niederlanden im 19. und 20. Jahrhundert', in: Horst Lademacher [e.a.] (red.), *Ablehnung, Duldung, Anerkennung. Toleranz in den Niederlanden und in Deutschland. Ein historischer und aktueller Vergleich*, Waxmann, Münster 2004, p. 604-606 en 623-630.
55 HA501779, HKM aan SvD, 24 april 1925. Oppenheim was jarenlang algemeen directeur van Agfa, zie: Werner Mosse, *The German-Jewish economic élite, 1820-1935. A socio-cultural profile*, Clarendon Press, Oxford 1989, p. 132.
56 HA410742, HKM aan Tony Hammerschmidt, 16 mei 1933.
57 HA410266, HKM aan Hans Petersen, 25 augustus 1933. Hans Petersen was een jonge ingenieur die rond 1930 enige tijd werkte voor Müller & Co – vermoedelijk voor de Batavierlijn. Hij voldeed trouw aan het verzoek van Helene om nog eens wat van zich te laten horen en schreef één tot tweemaal per jaar over zijn loopbaan. Soms, zoals in 1933 en 1936, kwam in die correspondentie ook de politiek ter sprake. Petersen deelde Helenes opvatting dat het optreden van lagere organisaties binnen de NSDAP het moeilijk maakte om geheel kritiekloos tegenover de partij te staan. Zie bijvoorbeeld ook: HA410265, Hans Petersen aan HKM, 4 augustus 1933.
58 Kershaw (1999), p. 678.
59 Max Domarus, *Hitler. Reden und Proklamationen 1932-1945*, Schmidt, Neustadt a.d. Aisch 1962, p. 440-444.
60 HA501944, HKM aan SvD, 18 augustus 1934.
61 Idem.
62 Domarus (1962), p. 442.
63 HA501946, HKM aan SvD, 21 augustus 1934.
64 Frank van Vree toont in zijn studie duidelijk aan dat de ontwikkelingen in Duitsland ruime aandacht kregen in de Nederlandse pers van de jaren dertig, zelfs wanneer er geen spectaculaire gebeurtenissen plaatsvonden. Van Vree (1989), p. 224-227.
65 HA410269, HKM aan Hans Petersen, 21 januari 1936.
66 HA410269, HKM aan Hans Petersen, 21 januari 1936.
67 Radiotoespraak Adolf Hitler 1 februari 1933, 'Aufruf der Reichsregierung an das deutsche Volk', in: Domarus (1962), p. 191-194.
68 Overigens nemen sommige auteurs het tegenovergestelde standpunt in. De Duitse bevolking zou volgens hen goed op de hoogte zijn geweest van de gruwelijkheden die onder het nationaalsocialistisch regime werden begaan. Zij beargumenteren dat Hitler niet zozeer de massa dirigeerde, maar dat de massale aanhang Hitlers macht tot ongekende hoogten dreef. Zie bijvoorbeeld: Robert Gellately, *Backing Hitler. Consent and coercion in Nazi Germany*, Oxford University Press, Oxford 2001. Daniel Goldhagen gaat nog een stap verder en gaat uit van de gedachte dat 'eliminationist antisemitism' een typische eigenschap van de Duitse volksaard was. Daniel Jonah Goldhagen, *Hitler's willing executioners. Ordinary Germans and the Holocaust*, Knopf, New York 1996.
69 Zie bijvoorbeeld: HA410269, HKM aan Hans Petersen, 21 januari 1936. In andere brieven komt haar terughoudendheid meer indirect naar voren. Zo schreef zij aan haar nicht Helene Schäfer: 'in vielen sind wir ja auch d'accord', maar dus niet

met alles. HA410388 HKM aan Helene Schäfer, 12 december 1935.
70 HA410388 HKM aan Helene Schäfer, 12 december 1935.
71 HA410745, HKM aan Tony Hammerschmidt, 14 juni 1933.
72 Heinz-Dietrich Fischer (red.), *Deutsche Zeitungen des 17. bis 20. Jahrhunderts*, Verlag Dokumentation, München 1972, p. 296.
73 Volker Ullrich, 'Eine grandiose Täuschung. Der bedeutende DDR-Historiker Fritz Klein hat seine Erinnerungen geschrieben', *Zeit Online. Literartur* 9 maart 2000, via: www.zeit.de/2000/11/200011. p-klein–.xml [bekeken 10 mei 2010].
74 HA410269, HKM aan Hans Petersen, 21 januari 1936.
75 HA410388 HKM aan Helene Schäfer, 12 december 1935.
76 HA377542 HKM aan H. P. Bremmer, 24 oktober 1932.
77 Voor de geschiedenis van het ontstaan van Het Nationale Park de Hoge Veluwe is gebruikgemaakt van: GA/HV, toeg.nr. 909, inv.nr. 286, Jacob Bakker, ongepubliceerde brochure zonder titel, 1950 en Pelzers (1991).
78 KMM, inv.nr. HA414614, Welkomstrede door jhr. Gerard van Tets van Goidschalxoord bij persconferentie inzake een Nationaal Park de Hooge Veluwe, 16 mei 1933; KMM, inv.nr. HA414616, Lezing door ir. Carolus Moerlands bij persconferentie, 'Parkaanleg als steun der Boomkwekerij', 16 mei 1933.
79 KMM, inv.nr. HA414614, Welkomstrede door jhr. Gerard van Tets van Goidschalxoord bij persconferentie inzake een Nationaal Park de Hooge Veluwe, 16 mei 1933.
80 HA418286, [Commissie der Nederlandse Kweekers] aan HKM, 25 november 1932.
81 HA410214, HKM aan Henrika Rogge, 15 december 1932.
82 KMM, inv.nr. HA414411, Onderzoekscommissie o.l.v. Anton van Doorninck, '[Onderzoeksrapport inzake op te richten stichting Nationaal Park De Hoge Veluwe]', 27 februari 1933.
83 KMM, inv.nr. HA414617, Lezing door prof. Jacob Jeswiet bij persconferentie inzake een Nationaal Park de Hooge Veluwe, 'Het arboretum', 16 mei 1933.

84 Werkverschaffing werd vanaf 1915 van overheidswege ingevoerd om grote aantallen werklozen een nuttige tijdsbesteding geven. Deze werden in groepen – en vaak onder erbarmelijke omstandigheden – aan ongeschoold werk gezet, waarvoor zij in ruil een minimaal loon ontvingen. Bij weigering werd hen sociale steun ontzegd, waardoor zij aangewezen raakten op de armenzorg. Joop Peeneman, 'Kalm temidden van de strijd. Verhoudingen tussen Heidemij en overheid', *Heidemijtijdschrift 100 jaar*, 99(1988)4, p. 178-181.
85 KMM, inv.nr. HA414614, Welkomstrede door jhr. Gerard van Tets van Goidschalxoord bij persconferentie inzake een Nationaal Park de Hooge Veluwe, 16 mei 1933.
86 HA414412, AGK aan Charles Ruijs de Beerenbrouck (brief inclusief exposé), 14 december 1923. De brief is alleen door Anton ondertekend, maar de inhoud en toon van het exposé doen sterk vermoeden dat Helene hier tevens aan heeft bijgedragen. Informatie over hun plannen is tevens ontleend aan de conceptversie van dit exposé, waarin bepaalde motieven in meer detail worden uitgelegd, zie: KMM, inv.nr. HA414413, Anton [en Helene Kröller-Müller], 'Het landgoed "De Hooge Veluwe"', 1932.
87 Zie ook hoofdstuk 11, noot 137. Het embleem is afgebeeld op het omslag van *Die Entwicklung der modernen Malerei* uit 1927, maar ontbreekt op de Nederlandse uitgave van 1925.
88 Voor deze obligaties moesten derden garant staan, wat neerkwam op garantstelling door de Nederlandse Staat.
89 KMM, inv.nr. HA415388, Helene Kröller-Müller, 'De kunstverzameling.' 1932, nota behorend bij voorstel aan inisterie van Binnenlandse Zaken inzake 'Het landgoed de Hooge Veluwe' (HA414412); KMM, inv.nr. HA419323, Helene Kröller-Müller, 'Het te stichten museum', 1932, nota behorend bij voorstel aan ministerie van Binnenlandse Zaken inzake 'Het landgoed de Hooge Veluwe' (HA414412).
90 KMM, inv.nr. HA415388 (zie noot 89).
91 KMM, inv.nr. HA419323 (zie noot 89).
92 Het toegankelijk maken van cultuur werd pas na de Tweede Wereldoorlog een

prominent onderwerp in het Nederlandse cultuurbeleid, hoewel het aanvankelijk nog veel weg had van het vooroorlogse ideaal van volksverheffing. Eind jaren tachtig deed het begrip cultuurspreiding zijn intrede, waarmee beoogd werd kunst en cultuur zowel geografisch als sociaal eerlijker te verdelen. In 2003 publiceerde Richard Florida *The Rise of Creative Class*, wat een wereldwijde interesse in *city marketing* tot gevolg had, in het bijzonder door een stad aantrekkelijk te maken voor (intellectuele en artistieke) creatievelingen om zo de economie te stimuleren. Hoewel beide termen relatief nieuw zijn, mag duidelijk zijn dat de concepten dat bepaald niet zijn. Mirjam Westen (red.), *Met den tooverstaf van ware kunst. Cultuurspreiding en cultuuroverdracht in historisch perspectief*, Martinus Nijhoff, Leiden 1990; Richard Florida, *The rise of the creative class. And how it's transforming work, leisure, community and everyday life*, Basic Books, New York 2002.
93 Zie bijvoorbeeld: HA410214, HKM aan Henrika Rogge, 15 december 1932; HA376841, HKM aan prof. Wilhelm Strohmayer, 19 december 1932; HA411036, HKM aan prof. Carl Kronacher, 19 december 1932.
94 HA411036, HKM aan prof. Carl Kronacher, 19 december 1932.
95 Pelzers (1991), p. 81-82.
96 Voor het onderstaande is gebruikgemaakt van: KMM, inv.nr. HA411049, Helene Kröller-Müller, 'Enkele opmerkingen naar aanleiding van de vraag, hoe later het museum met de collectie der Kröller-Müller Stichting beheerd zal worden', 26 januari 1933; KMM, inv.nr. HA411051, Helene Kröller-Müller, 'Enkele opmerkingen naar aanleiding van "Eenige aanteekeningen bij de nota van Mevrouw Kröller" door den Heer Visser', 21 februari 1933.
97 KMM, inv.nr. HA411049, Helene Kröller-Müller, 'Enkele opmerkingen naar aanleiding van de vraag, hoe later het museum met de collectie der Kröller-Müller Stichting beheerd zal worden', 26 januari 1933.
98 KMM, inv.nr. HA415388, Helene Kröller-Müller, 'De kunstverzameling.' 1932, nota behorend bij voorstel aan ministerie van Binnenlandse Zaken inzake 'Het landgoed de Hooge Veluwe' (HA414412).
99 KMM, inv.nr. HA411049, Helene Kröller-Müller, 'Enkele opmerkingen naar aanleiding van de vraag, hoe later het museum met de collectie der Kröller-Müller Stichting beheerd zal worden', 26 januari 1933.
100 KMM, inv.nr. HA411051, Helene Kröller-Müller, 'Enkele opmerkingen naar aanleiding van "Eenige aanteekeningen bij de nota van Mevrouw Kröller" door den Heer Visser', 21 februari 1933.
101 Hoewel de commissie deskundigen had gehoord, die hun twijfels uitspraken bij de bouw van een museum in een dergelijk desolaat gebied, meende zij dat deze locatie niettemin voldoende publiek zou trekken door de unieke combinatie van park, wildbaan, arboretum en museum. KMM, inv.nr. HA414411, Onderzoekscommissie o.l.v. Anton van Doorninck, '[Onderzoeksrapport inzake op te richten stichting Nationaal Park De Hoge Veluwe]', 27 februari 1933.
102 NA/MF, inv.nr, 2.08.41, toeg.nr. 3399, minister van Economische Zaken en Arbeid T.J. Verschuur, 'Wijziging van het tiende hoofdstuk der Rijksbegrooting [...]', 3 april 1933.
103 W.J.N. Smeenk, 'Een Nationaal Park en een On-nationale Daad', *Haagsche Post* 4 maart 1933 (ingezonden brief); Anoniem, 'Vijf millioen voor Hooge Veluwe?' *De Telegraaf* 25 maart 1933.
104 Anoniem, 'Nationaal park op de Veluwe. De heer Kröller verloochent ook thans zijn ware aard niet', *Vooruit. Blad voor de Arbeiderspartij* 30 maart (avondblad) 1933.
105 CPB, SvD aan [Annie Cramer-van Deventer], 11 april 1933. Op 15 februari ontbond het kabinet de Tweede Kamer, omdat deze weigerde om nog voor de verkiezingen in mei te stemmen met bezuinigingen. De verkiezingen werden vervolgens met twee maanden vervroegd.
106 NA/MF, inv.nr, 2.08.41, toeg.nr. 3399, 'Uittreksel Handelingen Tweede Kamer', 6 april 1933.
107 HA503127, SvD aan Henry van de Velde, 1 augustus 1933. In zijn autobiografie geeft Van de Velde blijk van een behoorlijk vertekende herinnering wat dit aangaat. In plaats van de verwerping van het museum-

plan meende hij dertig jaar later dat de Nederlandse regering juist ter ere van zijn verjaardag had besloten de bouw van het museum te financieren. Helaas voor de Kröllers was niets minder waar. Van de Velde (1962), p. 430.
108 Pelzers (1991), p. 82.
109 KMM, inv.nr. HA414600 en HA414601, diverse artikelen over mogelijke aankoop Hooge Veluwe door de Nederlandse Staat, november 1933.
110 Anoniem, 'Reorganisatie concern Wm. H. Müller & Co', *Het Vaderland* 23 september 1934; Appeldoorn (1990), p. 58.
111 Appeldoorn (1990), p. 52.
112 HA411040, HKM aan prof. Carl Kronacher, [december 1933].
113 Anoniem, 'Kröller-Müller Stichting', *Het Vaderland* 1 november 1933.
114 HA411040, HKM aan prof. Carl Kronacher, [december 1933].
115 HA411041, HKM aan prof. Carl Kronacher, 18 januari 1934.
116 Moret (1985), p. 15. August Frederik (Guus) Lodeizen was de vader van de latere dichter Hans Lodeizen, zie: Koen Hilberdink, *Hans Lodeizen. Biografie*, Van Oorschot, Amsterdam 2007.
117 GAR/WMC, toeg.nr. 615, inv.nr. 453, anoniem, 'C.V. Wm. H. Müller & Co., Rotterdam', 18 september 1940, p. 5.
118 Appeldoorn (1990), p. 57-59.
119 KMM, inv.nr. HA502570, 'Overeenkomst tussen C.V. Wm H. Müller & Co, Anton Kröller en Helene Kröller-Müller', 9 oktober 1934.
120 Voorheen ontvingen Anton en Helene tussen 1917 en 1927 jaarlijks een gezamenlijk salaris 100.000 gulden (blijkens KMM, inv.nr. HA414739, Mr. W.H. van Mastrigt, 'Nota betreffende de Kröller-Müller Stichting', 4 mei 1934). Vanaf 1935 werd dat teruggebracht tot een gezamenlijk bedrag van maximaal zestigduizend gulden per jaar. Dit bedrag kon verder verlaagd worden wanneer de firma bepaalde winstmarges niet haalde. Zie: KMM, inv.nr. HA502569, 'Overeenkomst tussen C.V. Wm H. Müller & Co, Wm H. Müller & Co N.V., Anton Kröller en Helene Kröller-Müller', 25 oktober 1934.
121 KMM, inv.nr. HA502571, 'Overeenkomst tussen C.V. Wm H. Müller & Co, Wm H. Müller & Co N.V., Anton Kröller en Marie Kröller', 25 oktober 1934; KMM, inv.nr. HA502573, 'Overeenkomst tusschen: de [CV] Wm H. Müller & Co; Dr. Anthony George Kröller; Robert Anthony Kröller; de [NV] Wm H. Müller & Co', 20 juni 1934.
122 Dit blijkt uit twee tegenonderzoeken, die Anton en Helene op hun beurt door twee afzonderlijke notarissen lieten uitvoeren: KMM, inv.nr. HA414739, Mr. W.H. van Mastrigt, 'Nota betreffende de Kröller-Müller Stichting', 4 mei 1934; KMM, inv.nr. HA419330, Mr. Toon Nysingh, 'Advies van Mr. A.E.J. Nysingh inzake Kröller-Müller Stichting', 4 augustus 1934.
123 KMM, inv.nr. HA414739, Mr. W.H. van Mastrigt, 'Nota betreffende de Kröller-Müller Stichting', 4 mei 1934, p. 29-35.
124 NA/CABR, toeg.nr. 2.09.09, inv.nr. 96758, Politieke Recherche afd. Rotterdam, 'Proces verbaal ten laste van W.N.A. Kröller [...]', 9 juni 1947, p. 79.
125 HA415499, Eduard von der Heydt aan HKM, 5 oktober 1934. Over Von der Heydt, zie: Francesco Welti, *Der Baron, die Kunst und das Nazigold*, Huber Verlag, Frauenfeld 2008.
126 HA415498, SvD aan Eduard von der Heydt, 11 oktober 1934. Overigens zou Von der Heydt in 1937 proberen zijn buitengewone verzameling niet-Europese kunst onder te brengen in het Kröller-Müller Museum, waar deze mooi aansloot bij de collectie Aziatica en andere oudheden. Hiervan is het echter nooit gekomen, omdat het nationaalsocialistische regime in Duitsland weigerde Von der Heydts in bruikleen gekregen stukken af te staan. Karl With, *Autobiography of ideas. Memoirs of an extraordinary art scholar*, Mann, Berlin 1997, p. 193. Met dank aan Renée Steenbergen.
127 Gegevens over deze plannen zijn ontleend aan: Elio Pelzers, '"De Hooge Veluwe productief gemaakt." Het plan voor de aanleg van een autoracecircuit op het landgoed', *De Schouw. Vereniging 'Vrienden van de Hoge Veluwe'*, 39(1992)2, p. 50-51.
128 Pelzers (1991), p. 83-84; KMM, archiefcode 201, Johannes Memelink, 'Levensbeschrijving van J.H. Memelink', 1956 (ongepubliceerd manuscript), p. 105-106.

129 KMM, archiefcode 201, Memelink (1956), p. 105.
130 Henri Marchant, 'De Hoge Veluwe', De Groene Amsterdammer 25 mei 1935, p. 2.
131 De voorgestelde prijs was lager dan de taxatie van juli 1932, die de totale waarde van de gronden op 1,1 miljoen gulden stelde. GA/HV, toeg.nr. 909, inv.nr. 286, Jacob Bakker, ongepubliceerde brochure zonder titel, 1950, p. 10. Beide bedragen stonden in geen verhouding tot de tien miljoen gulden, die werkelijk in het landgoed was geïnvesteerd. GAR/WMC, toeg. nr. 615, inv.nr. 453, anoniem, 'C.V. Wm.H. Müller & Co., Rotterdam', 18 september 1940, p. 6.
132 Voor de financiële details, zie: Pelzers (1991), p. 84-85.
133 Niet te verwarren met de NOT, die Anton in 1914 mede oprichtte. Hoewel beide maatschappijen tot doel hadden de internationale handel tijdens de eerste Wereldoorlog te bevorderen, richtten zij zich op verschillende branches.
134 KMM, inv.nr. HA414609, Stichting Het Nationale Park de Hoge Veluwe, 'Grondregelen van de Stichting Het Nationale Park de Hoge Veluwe [...]', 26 april 1935.
135 Deze nieuwe spelling bepaalde onder meer dat veel dubbele klinkers vervielen en in de meeste gevallen de eind -sch vervangen werd door een enkele -s. Voor de totstandkoming van de 'spelling-Marchant', zie: Cornelis Groenewold, H.P. Marchant (1869-1956). 'Le tigre néerlandais', proefschrift Rijksuniversiteit Groningen 1992, p. 245-258.
136 NA/ONT, inv.nr. 2.14.73, toeg.nr. 438, Mr. Gerhard Nauta, 'Copie eener akte van geldleening met hypotheekstelling [...]', 26 april 1935. Zie ook: 'Vragen, door de leden der Kamer gedaan [...] en de daarop door de Regeering gegeven antwoorden', Verslag der Handelingen van de Staten-Generaal 1935-1936, 14 mei en 1 juni 1935, p. 157.
137 GA/HV, toeg.nr. 909, inv.nr. 286, Jacob Bakker, ongepubliceerde brochure zonder titel, 1950, p. 8-9.
138 HA378576, HKM aan Christian Bruhn, 14 februari 1936. De Kröllers stelden hun landgoed sinds 1931 open voor geïnteresseerden. De begunstigers werden deze beginjaren hoofdzakelijk door Sam van Deventer en Jacob Bakker (bestuurslid namens ministerie van Financiën) geworven. Zie bijvoorbeeld: HA414502 SvD aan Jacob Bakker, 2 april 1936; HA414501, Jacob Bakker aan Sam van Deventer, 7 april 1936.
139 HA503434, HKM aan Anton van Doorninck, 23 april 1935. Zij noemde in deze brief niet de vrees voor commerciële exploitatie. Die blijkt onder meer uit een schrijven van Anton aan Gerhard Nauta: HA414799, AGK aan Gerhard Nauta, 6 februari 1936.
140 KMM, inv.nr. HA414901, Mr. Gerhard Nauta, 'Afschrift eener akte inhoudende een garantieovereenkomst tusschen de [...] Kröller-Müller Stichting [...] en de Stichting "Het Nationale Park De Hoge Veluwe [...]"', 26 april 1935.
141 HA418470, KMS aan Rotterdamsche Bankvereeniging, 23 april 1935; HA418469, Rotterdamsche Bankvereeniging aan Kröller-Müller Stichting, 24 april 1935.
142 Zie de post 'schenkingen' in: KMM, inv.nr. HA360727, Kröller-Müller Stichting, 'Grootboek', 1928-1938, p. 44, evenals: KMM, inv.nr. HA414872, correspondentie m.b.t de schenking van 200.000 gulden en kwijtschelding successierechten, 14 mei 1935-17 oktober 1936. De schenking verliep formeel via Mendelssohn & Co, de bank waarvoor Mannheimer werkte, omdat hij voor de buitenwereld anoniem wenste te blijven. Deze gang van zaken was typisch voor de bankier, die ook zijn collectie oude meesters, waaronder werk van Rembrandt, Canaletto, Fragonard en Watteau, door Mendelssohn & Co liet aanschaffen. Hierdoor had hij begin jaren dertig een aanzienlijke schuld bij zijn werkgever. M.D. Haga, 'Mannheimer, de onbekende verzamelaar', Bulletin van het Rijksmuseum 22(1974)2/3, p. 87-95.
143 KMM, inv.nr. HA414618, Mr. Gerhard Nauta, 'Afschrift eener akte van verkoop en koop van het landgoed De Hoge Veluwe [...] door Wm H. Müller & Co's Algemeene Exploitatie Maatschappij N.V. aan de stichting "Het Nationale Park De Hoge Veluwe"', 26 april 1935.
144 KMM, inv.nr. HA379636, Mr. Gerhard Nauta, '[Schenking onder opschortende voorwaarden aan den Staat der Nederlanden gedaan door de Kröller-Müller Stich-

ting, van hare kunstverzameling]', 26 april 1935.
145 Wat betreft de voorwaarden, zie ook: KMM, inv.nr. HA414756, Mr. Gerhard Nauta, 'Afschrift eener akte houdende overeenkomst tusschen de Staat der Nederlanden en de [...] Kröller-Müller Stichting [...]', 15 april 1937.
146 Geciteerd naar: J.J. Talsma (burgemeester van Renkum en lid dagelijks bestuur NPHV), 'De Hooge Veluwe' *Arnhemsche Courant* 29 mei 1935.
147 In de laatste twee weken van mei 1935 berichtte *Vooruit* maar liefst zevenmaal over de 'duistere' manier waarop de aankoop van de Hoge Veluwe werd gefinancierd, zie bijvoorbeeld: Anoniem, 'Stichting "De Hoge Veluwe". Duistere zaak!' *Vooruit* 13 mei (avondblad) 1935. In de Kamer werd deze vraag gesteld door het communistische Kamerlid Kees Schalker, waarop een nota volgde van de ministers Slotemaker de Bruïne en Oud, zie: 'Vragen, door de leden der Kamer gedaan [...] en de daarop door de Regeering gegeven antwoorden', *Verslag der Handelingen van de Staten-Generaal 1935-1936* 14 mei en 1 juni 1935, vel 77, p. 157-159.
148 'Vaststelling van hoofdstuk VII B (Departement van Financiën) der Rijksbegrooting voor 1936.', *Verslag der Handelingen van de Staten-Generaal 1935-1936*, 26 november 1935, p. 619.
149 Henri Marchant, 'De Hoge Veluwe', *De Groene Amsterdammer* 25 mei 1935, p. 3. In augustus van dat jaar ging Marchant nogmaals in op de kwestie, zie: Henri Marchant, 'De Hoge Veluwe gered', *Haagsch Maandblad* 24(1935)2, p. 117-133.
150 Het Nationale Park de Hoge Veluwe werd beheerd door een dagelijks bestuur, bestaande uit vijf leden en een algemeen (toezichthoudend) bestuur dat maximaal vijftig leden telde. Het dagelijks bestuur werd gevormd door een afgevaardigde van het ministerie van OK&W, een regent van de Kröller-Müller Stichting, een bestuurslid van de Vereniging Natuurmonumenten Nederland en twee leden van het algemeen bestuur. Het algemeen bestuur was samengesteld uit onder anderen afgevaardigden van het ministerie van OK&W, Financieën, de ANWB en Stichting het Geldersch Landschap. Bij de oprichting werden Anton, Helene en Marchant benoemd voor het leven, de laatste trad op als voorzitter van beide stichtingen. KMM, inv.nr. HA414609, Stichting Het Nationale Park de Hoge Veluwe, 'Grondregelen van de Stichting Het Nationale Park de Hoge Veluwe [...]', 26 april 1935, p. 6-11.
151 NA/MF, inv.nr, 2.08.41, toeg.nr. 3399, H.P. Marchant en J.J.P. Oud, 'Nota inzake den aankoop van het landgoed "de Hooge Veluwe"', [z.d.].
152 HA415610, Wilhelmina Koningin der Nederlanden aan HKM, 1 mei 1935.

14

1 HA412902, Alfred Barr aan HKM, 15 juni 1935. Tegelijkertijd schreef Barr ook een brief aan Van Deventer, met wie hij blijkbaar begin jaren dertig al had gepraat over de mogelijkheden van een Van Gogh-tentoonstelling in New York. Dit gesprek heeft mogelijk plaatsgevonden tijdens Sams verblijf in de Verenigde Staten in 1929 en 1930. HA412900, Alfred Barr aan Sam van Deventer, [z.d.] juni 1935.
2 Deze uitspraak van Barr is enigszins overdreven: het werk van Van Gogh werd in Amerika al in 1913 tentoongesteld tijdens de Armory Show in New York, waar achttien werken van hem te zien waren. Vervolgens reisden deze door naar het Art Institute in Chicago en Copley Hall in Boston. Na 1913 waren tentoonstellingen met werk van Van Gogh inderdaad sporadisch, maar vonden niettemin plaats in onder meer San Francisco (1915), Cambridge, Massachusetts, Cleveland (beide in 1929), Los Angeles (1933) en San Francisco (1934). New York vormde een uitzondering. In deze stad was Van Gogh tussen 1914 en 1935 achtmaal te zien, waaronder in de Montross Gallery waar in oktober 1920 zevenentwintig schilderijen en vijfendertig werken op papier geëxposeerd werden, en tijdens de First Loan Exhibition in het Museum of Modern Art in 1929, waar achttwintig werken hingen. De la Faille (1970), p. 691-693; William C. Agee, 'Walter Pach and Modernism: A Sampler from New York, Paris, and Mexico City', *Archives of American art journal* 28(1988)3, p. 5.

3 HA412902, Alfred Barr aan HKM, 15 juni 1935.
4 HA412903, Alfred Barr aan HKM, 27 juni 1935.
5 KMM, inv.nr. HA412891, [Overeenkomst tussen de Kröller-Müller Stichting en het Museum of Modern Art New York], 3 augustus 1935.
6 HA412905, SvD aan Alfred Barr, 11 juli 1935. Dit wordt bevestigd in een brief van Helene, waarin ze aan een kennis schreef dat ze het geld wilde gebruiken voor de instandhouding van de collectie en de bouw van het overgangsmuseum. HA410544, HKM aan Hedwig Steves, 14 februari 1936.
7 HA412930, Alfred Barr aan Sam van Deventer, 24 oktober 1935. Het belang dat Barr aan deze vertrouwelijkheid hechtte was zo groot dat hij er in een postscriptum nogmaals op wees.
8 HA412933, SvD aan Alfred Barr, 1 november 1935.
9 HA410544, HKM aan Hedwig Steves, 14 februari 1936.
10 HA412919, Anson Conger Goodyear aan HKM, 24 september 1935.
11 HA412935, Anson Conger Goodyear aan HKM, 6 november 1935.
12 Anoniem, 'New Yorkers become art minded; throngs besiege an exhibition', *The Waco times-herald* 18 november 1935, te raadplegen in: KMM, inv.nr. HA413015, diverse artikelen over tentoonstelling Vincent van Gogh in het Museum of Modern Art New York, oktober 1935-januari 1936.
13 HA412934, Anson Conger Goodyear aan HKM, 6 november 1935. In totaal trok de tentoonstelling bijna 124.000 belangstellenden, zie krantenknipsels in HA413015 (zie noot 12).
14 Anoniem, 'Art show sets record', *The New York Times* 6 januari 1936. Zie ook diverse andere berichten in de Amerikaanse pers over de massale belangstellen in HA413015 (zie noot 12).
15 HA412938, Alfred Barr aan Sam van Deventer, 22 november 1935.
16 HA412941, SvD aan Alfred Barr, 13 december 1935. In de notulen van de Stichting is hierover niets terug te vinden. Waarschijnlijk werd het voorstel dan ook niet voorgelegd aan het bestuur, maar gaf Helene zelf haar goedkeuring.
17 In Boston bezochten in een maand tijd meer dan honderdduizend mensen de tentoonstelling. Zowel hier als in Philadelphia was de opkomst hoger dan in New York, omdat het Museum of Fine Arts in Boston en het Pennsylvania Museum, evenals de musea in Cleveland en San Francisco geen entreegeld vroegen. Zie: HA412947, Alfred Barr aan Sam van Deventer, 14 januari 1936; HA412960, Alfred Barr aan Sam van Deventer, 19 maart 1936.
18 Sybil Gordon Kantor, *Alfred H. Barr, Jr. and the intellectual origins of the Museum of Modern Art*, MIT Press, Cambridge, Massachusetts/Londen 2002, p. 314-321. 'Cubism and Abstract Art' vond plaats van 2 maart tot en met 19 april 1936, 'Fantastic Art, Dada, Surrealism' liep van 7 december 1936 tot en met 17 januari 1937.
19 HA413408, Alfred Barr aan Sam van Deventer, 24 december 1935. In deze brief verzoekt Barr vijf schilderijen van Mondriaan te mogen lenen; uit de *catalogue raisonné* van de kunstenaar blijkt, dat dit er uiteindelijk zes zijn geworden. Joosten en Welsh (1998), p. 163.
20 HA413407, SvD aan Alfred Barr, 7 januari 1936.
21 Kantor (2002), p. 315-318. Zelf noemde Barr de tentoonstelling expliciet een 'historical survey', zie: Alfred Barr, *Cubism and abstract art*, Secker and Warburg, Londen 1975 [eerste editie 1936], p. 9.
22 HA413407, SvD aan Alfred Barr, 7 januari 1936.
23 KMM, inv.nr. HA377734, 'Aan Boymans', 4 december 1935.
24 HA377718, SvD aan Dirk Hannema, 16 december 1936.
25 HA377859, August van Erven Dorens aan HKM, 10 januari 1936.
26 Idem.
27 HA503126, Henry van de Velde aan Sam van Deventer, 10 september 1935.
28 Een jaar later, in 1936, ging Van de Velde met emeritaat en legde hij ook zijn functie als directeur van La Cambre neer.
29 HA410982, HKM aan Thylla van de Velde, 17 februari 1936. Zie o.m. ook tekening KM108.414, Henry van de Velde, 'Platte-

grond, aanzicht en doorsnede A-B',
10 december 1935.
30 KMM, inv.nr. HA411340, L.C. Terwen, 'Begrooting voor den bouw van een provisorisch museum', 1 december 1935.
31 HA378577, HKM aan Christian Bruhn, 9 april 1936.
32 HA378576, HKM aan Christian Bruhn, 14 februari 1936.
33 Jan Lauweriks was de zoon van architect Mathieu Lauweriks. Lauweriks meldde zich op 4 maart in Wassenaar om met Helene over de werkzaamheden te spreken. HA416114, Jan Lauweriks aan HKM, Amsterdam, 27 februari 1936. In december had Helene al contact gezocht met Victorine Hefting, maar van een samenwerking kwam het op dat moment nog niet, vermoedelijk vanwege de trouwplannen van Hefting (zie ook noot 35). HA416536, HKM aan Victorine Hefting, 23 december 1935.
34 Anoniem, 'Uit het raam gevallen. Twee doodelijke ongevallen', *Het Vaderland* 10 augustus 1936.
35 HA416537, Victorine Hefting aan HKM, 17 augutus 1936. In deze brief benadrukt Hefting dat haar trouwplannen voorlopig nog niet tot uitvoering gebracht zullen worden, vermoedelijk bedoeld om twijfel bij Helene weg te nemen. In de niet geannoteerde biografie van Victorine Hefting besteedt Nienke Begemann een paar bladzijden aan de werkzaamheden van Hefting voor de Kröller-Müller Stichting. Jammer genoeg bevat dit relaas op één enkele bladzijde al zo veel feitelijke onjuistheden, dat dit boek niet als bron kan dienen. Zo stelt Begemann dat het Rijk het landgoed en de collectie verwierf voor zes miljoen gulden, terwijl de Hoge Veluwe gekocht werd voor acht ton (door Stichting het Nationale Park de Hoge Veluwe) en de collectie geschonken werd, daarnaast dat Sint Hubertus met steun van het Rijk gebouwd werd en doet zij voorkomen of het Lange Voorhout ten tijde van Heftings aanstelling nog gebruikt werd als tentoonstellingsruimte, terwijl dit pand toen al drie jaar verlaten was. Overigens werd Victorine Hefting in 1947 directeur van het Gemeentemuseum in Den Haag, een functie die ze vervulde tot haar huwelijk met uitgever Bert Bakker in 1950. Nienke Begemann, *Victorine*, Bert Bakker, Amsterdam 1992, p. 144-149.
36 HA416213, Gerrit van Poelje aan HKM, 21 oktober 1936.
37 HA416539, SvD aan Victorine Hefting, 19 januari 1937.
38 HA414719, Jan Rudolf Slotemaker de Bruïne aan het college van Regenten van de Kröller-Müller Stichting, 30 maart 1936. Hieruit blijkt ook dat het ministerie van OK&W dit geld wist vrij te maken door te bezuinigen op andere posten van haar departement.
39 HA502540, HKM aan Jan Rudolf Slotemaker de Bruïne, 16 mei 1936.
40 KMM, inv.nr. HA411340, L.C. Terwen, 'Begrooting voor den bouw van een provisorisch museum', 1 december 1935.
41 HA418258, AGK aan SvD, [z.d.] december 1936. De schenker werd dan ook keurig als 'Mr. X' in het boek gezet, zie: KMM, inv.nr. HA419063, Kröller-Müller Stichting, 'Journal/Memoriaal', 1935-1938.
42 Beide schenkingen werden anoniem, vrij van successierecht en in twee onevenredige delen gedaan. Ook vroeg Sam van Deventer ten tijde van de tweede schenking de correspondentie met Mannheimer van een jaar eerder op bij de secretaresse van de Kröller-Müller Stichting. KMM, inv.nr. HA414872, correspondentie m.b.t de schenking van 200.000 gulden en kwijtschelding successierechten, 14 mei 1935-17 oktober 1936.
43 Voor de perikelen rond de naturalisatie van Mannheimer, zie: Houwink ten Cate (1995), p. 162-167.
44 J.P.B. Jonker, 'Mannheimer, Fritz (1890-1939)', *Biografisch Woordenboek van Nederland,* www.inghist.nl/Onderzoek/Projecten/BWN/lemmata/bwn5/mannheimer (versie 4 juni 2008).
45 KMM, inv.nr. HA419063, Kröller-Müller Stichting, 'Journal/Memoriaal', 1935-1938; KMM, inv.nr. HA418371, Fritz Mannheimer aan Sam van Deventer (KMS) met bijgesloten 'Een gerucht' uit *Volk en Vaderland*, 29 maart 1935.
46 KMM, inv.nr. HA418368, Fritz Mannheimer aan Anton Kröller, 9 april 1935.
47 KMM, inv.nr. HA418285, 'Rotterdamsche Bankvereeniging Amsterdam.

Transactie Hooge Veluwe – Depôt Kröller-Müller Stichting'.
48 HA417289, Toon Nysingh aan Anton Kröller, 28 juli 1936.
49 Mannheimer noemt dit bericht van Anton in: NA/HPM, toeg.nr. 2.21.117, inv.nr. 175, Fritz Mannheimer aan H. P. Marchant, 19 oktober 1936.
50 HA414716, Jan Rudolf Slotemaker de Bruïne aan het College van Regenten van de Kröller-Müller Stichting, 30 juli 1936.
51 Dit was de kersttentoonstelling 'De divisionistische school. Van Seurat tot Toorop'.
52 HA414714, SvD aan HKM, 3 december 1936.
53 Uit een brief van Slotemaker de Bruïne blijkt dat de Kröller-Müller Stichting gerechtigd was de inkomsten uit entree te behouden. HA414713, Jan Rudolf Slotemaker de Bruïne aan het College van Regenten der Kröller-Müller Stichting, 1 april 1937.
54 HA410790, HKM aan Hilde Heisinger, 9 november 1936.
55 Deze eerste goedkeuring werd mondeling medegedeeld door secretaris-generaal Van Poelje op 12 januari en later gevolgd door correspondentie over nadere bepalingen. Zie o.a. HA414792, SvD aan Gerhard Nauta, 8 januari 1937 en HA419339, Gerrit van Poelje aan KMS, 17 februari 1937.
56 HA410428, HKM aan Lotte Scheibler-Müller, 15 januari 1937. De correspondentie tussen het ministerie van OK&W en de Kröller-Müller Stichting was met dit besluit overigens nog lang niet afgelopen. Tot nabije wanhoop van Helene zouden beide partijen nog tot in april aanpassingen blijven maken in het concept van de notariële akte die de bouw, exploitatie en definitieve schenking vastlegde.
57 HA410272, HKM aan Hans Petersen, 5 februari 1937.
58 KMM, inv.nr. HA414756, Mr. Gerhard Nauta, 'Afschrift eener akte houdende overeenkomst tusschen de Staat der Nederlanden en de [...] Kröller-Müller Stichting [...]', 15 april 1937.
59 KMM, inv.nr. HA417170, Gemeente Ede, 'Bouwvergunning tot het bouwen van een museum met een woning', 21 mei 1937. Al op 16 april kreeg de Kröller-Müller Stichting bericht dat de bouwvergunning was goedgekeurd, het duurde daarna nog enkele weken voordat deze verkregen werd in verband met een goedkeuring van het ministerie van Sociale Zaken, zie: HA411326, Gemeente Ede aan Sam van Deventer, Bennekom, 16 april 1937. Wat betreft de werkverschaffing: KMM, inv.nr. HA419346, Kröller-Müller Stichting, 'Begrooting voorloopig museum Hoenderloo', 3 februari 1937 (uitgesplitst naar arbeidsloon en materiaalkosten); en HA418358, Marcus Slingenberg aan Regenten van de Kröller-Müller Stichting, 26 februari 1937.
60 Van Deventer (2004), p. 150.
61 HA378576, HKM aan Christian Bruhn, 14 februari 1936.
62 GAR/WMC, toeg.nr. 615, inv.nr. 453, anoniem, 'C.V. Wm. H. Müller & Co., Rotterdam', 18 september 1940, p. 6.
63 GAR/WMC, toeg.nr. 615, inv.nr. 453, Labouchere & Co N.V., 'Memorandum inzake C.V. Nationaal bezit van aandelen Wm. H. Müller & Co', 10 februari 1940, p. 9.
64 HA360700, HKM aan Jan Rudolf Slotemaker de Bruïne, 30 april 1937.
65 HA413259, HKM aan Algemeen Nederlands Persbureau, 10 juni 1937.
66 HA411139, HKM aan Gemeente Wassenaar, 13 juli 1937.
67 KMM, inv.nr. HA360701, Kröller-Müller Stichting, 'Groot Haesebroek. Museumbezoekers na de openstelling op 15 juni 1937 tot de sluiting op 3 oktober 1937', 1937.
68 HA413298, Koninklijke Meubeltransportmaatschappij De Gruijter & Co aan HKM, 1 oktober 1937.
69 HA413288 M. J. Küp (assistent) aan Helene Brückmann-Kröller, 10 december 1937.
70 KMM, inv.nr. HA413731, H. Brons Jr. Makelaar in Assurantië, 'Verzekeringspolis vervoer kunstwerken', 15 oktober 1937.
71 Op deze voorwaarde werd een uitzondering gemaakt voor het transport van 25 oktober, toen de totale waarde van de te vervoeren schilderijen ruim 900.000 gulden bedroeg. Vermoedelijk bevonden zich in deze vracht een groot aantal Van Goghs.
72 HA413277, HKM aan Jan Rudolf Slotemaker de Bruïne, 6 oktober 1937.

73 HA410548, onbekende medewerker HKM aan Hedwig Steves, 7 oktober 1937.
74 HA502049, AGK aan SvD, 23 februari 1938.
75 HA411154, HKM aan Gustav Bremer (Rijksbouwmeester), 11 januari 1938.
76 HA502044, AGK aan SvD, 6 maart 1938.
77 Voor de toespraak, zie: Domarus (1962), p. 792-805. Op 13 maart zou Oostenrijk zich 'vrijwillig' bij Duitsland aansluiten. Voor de voorgeschiedenis en totstandkoming van de *Anschluss*: Bruce Pauley, *Hitler and the forgotten Nazis. A history of Austrian National Socialism*, Macmillan, Londen 1981, p. 193-215.
78 HA501962, HKM aan SvD, [februari] 1938 en HA501973, HKM aan SvD, [21 februari] 1938.
79 HA502049, AGK aan SvD, 23 februari 1938.
80 Helene had voor deze functie al in februari 1937 een vacature uitgeschreven, die echter niet vervuld werd, omdat de bouw van het overgangsmuseum langer duurde dan zij verwachtte. Willy Auping liet zich hierdoor niet tegenhouden en vroeg 'geheel belangloos' alvast voor het museum werkzaamheden te mogen verrichten. Hij stelde voor om een 'propagandaplan' voor het museum te schrijven, wat hij in oktober 1937 aan Helene overhandigde. Zie bijvoorbeeld HA417014 Willy Auping aan HKM, 7 mei 1937 en KMM, inv.nr. HA411103, Willy Auping, 'Propaganda der Rijksmuseum Kröller-Müller Stichting', 19 oktober 1937. Pas in augustus 1938 werd zijn aanstelling formeel door het ministerie van OK&W in behandeling genomen. HA416691, Gerrit van Poelje aan het bestuur der Kröller-Müller Stichting, 23 augustus 1938.
81 HA502044, AGK aan SvD, 6 maart 1938.
82 HA501963, HKM aan SvD, [februari] 1938.
83 HA501957, HKM aan SvD, [februari] 1938.
84 Uit het archief van het Kröller-Müller Museum blijkt dat Sam van Deventer grotendeels verantwoordelijk was voor de correspondentie rond de bouw van het museum. Ofwel trad hij op als secretaris van de Kröller-Müller Stichting, of hij handelde zaken af namens Helene.
85 HA502044, AGK aan SvD, 6 maart 1938.
86 HA501961, HKM aan SvD, [februari/ maart] 1938.
87 Vergelijk: tekening KM128.809, Henry van de Velde, 'Begane grond, Voorgevel, Doorsnede en Zijgevel', 1925 en tekening KM 123.771, Henry van de Velde, 'Plan overgangsmuseum', juni 1937.
88 Voor een uitgebreide bespreking van het gebouw, zie: Van der Wolk (1992), p. 95-98.
89 Van Deventer (2004), p. 151-152.
90 GAR/IM, toeg.nr. 1256, inv.nr. 1010, transcriptie radioprogramma Het Spoor (VPRO) 29 januari 1995.
91 Jos. de Gruyter, 'Het nieuwe Rijksmuseum Kröller-Müller in het nationale park "De Hoge Veluwe"', *Het Vaderland* 13 juli 1938.
92 KMM, inv.nr. HA417508, Kröller-Müller Museum, 'Gegevens omtrent het gebouw en de verzameling', 1938 (vermoedelijk persdocumentatie).
93 Anoniem, 'Uit de beweging. A.G. Kröller', *Volk en Vaderland* 1 juli 1938. De overlijdensakte meldt 'angina pectoris?', wat waarschijnlijk betekent dat de arts niet zeker was van de doodsoorzaak. GAB, akte 68, D.L.D. Korthuis (arts), 'Verklaring van overlijden Antony [sic] George Kröller', 25 juni 1938.
94 HA501912, HKM aan SvD, 12 april 1929.
95 HA378576, HKM aan Christian Bruhn, 14 februari 1936.
96 Zie bijvoorbeeld de brieven: HA378567, Aleida Bremmer-Beekhuis aan HKM, 28 juni 1938; HA410590, Jo van Stolk-Quintus aan HKM, 29 juni 1938; HA410591, Loes van Stolk aan HKM, 30 juni 1938 en HA410250, Marie Nijland-van der Meer de Walcheren aan HKM, 21 juli 1938.
97 Beide broers hadden een leidende functie binnen de NSB. Uit het in memoriam in *Volk en Vaderland* (zie noot 93) is af te leiden dat Toon kringleider was voor de Veluwe. Wim was kringleider in Rotterdam, wat blijkt uit het dossier dat het Bijzonder Gerechtshof na de oorlog over hem aanlegde, zie NA/CABR, toeg.nr. 2.09.09, inv.nrs. 96758, 70943-I en II. In inventaris 70943-II zijn onder meer zijn stamkaart,

het 'Zakboekje. Nationaal-Socialistische Beweging in Nederland' en zijn afgelegde 'Gelofte van Trouw' aan de NSB opgenomen. Helaas is de brief van Wim niet bewaard gebleven, zodat het onduidelijk blijft welke tekst hij in gedachten had.
98 HA411030, HKM aan Wim Kröller, 23 juli 1938.
99 Dit blijkt uit: HA378327, HKM aan Wim Kröller, 15 augustus 1938.
100 Toons weduwe Truusje Kröller-Jesse heeft de wolfsangel later van het graf laten verwijderen.
101 KMM, inv.nr. HA412045, Kunsten en Wetenschappen ministerie van Onderwijs, 'Uitnodiging voor de opening van Rijksmuseum Kröller-Müller', 1938.
102 Volgens twee van haar kleindochters hield Helenes zwarte kleding direct verband met het overlijden van hun vader (Toon). Interview met mevrouw De Bondt-Kröller en mevrouw Wit-Kröller, 18 maart 2008.
103 Zie de talrijke knipsels in het archief van het Kröller-Müller Museum: KMM, inv.nr. HA417490, HA417560 t/m HA417607, diverse artikelen over opening Kröller-Müller Museum, 13 juli 1938. *Volk en Vaderland* was niet aanwezig bij de persbijeenkomst en schreef ook niets over de opening in de eerstvolgende editie van 15 juli.
104 KMM, inv.nr. HA411267, Kröller-Müller Museum, 'Persbezoek op 11 juli', 1938.
105 KMM, inv.nr. HA417579, anoniem, 'Een groots cultuurmonument te midden der ongerepte natuur', *Vooruit. Blad voor de Arbeiderspartij* 13 juli 1938.
106 Polygoonjournaal, 12 juli 1938.
107 In het archief van het KMM is alleen een concept van deze toespraak aanwezig, waarop met potlood staat vermeld: 'niet gehouden'. Bij gebrek aan het origineel, is hier toch uitgegaan van de conceptversie. HA412049, Henri Marchant aan A. Stein, 8 juli 1938 (abusievelijk gedateerd op 1928).
108 KMM, inv.nr HA412048, Jan Rudolf Slotemaker de Bruïne, 'Lezing bij de opening van het Rijksmuseum Kröller-Müller', 1938.
109 KMM, inv.nr. HA415609, Wilhelmina Koningin der Nederlanden, 'Benoeming tot Ridder in de Orde van den Nederlandschen Leeuw', 1 juli 1938. Deze benoeming doet sterk vermoeden dat Helene haar sympathie voor het nationaalsocialisme niet in brede kring ventileerde.
110 KMM, inv.nr. HA412047, Anton Kröller, 'Lezing bij de opening van het Rijksmuseum Kröller-Müller', 13 juli 1938.
111 HGA/FB, toeg.nr. 0836-01, inv.nr.2, Bertha van der Leck aan Aleida Bremmer-Beekhuis, 14 juli 1938.
112 HA377552, H.P. Bremmer aan HKM, 10 juli 1938.
113 Zie de diverse gastenlijsten, vaak voorzien van een aantekening of betreffende personen al dan niet aanwezig zouden zijn. Onder meer: KMM, inv.nr. HA411267, Kröller-Müller Museum, 'Persbezoek op 11 juli', 1938 en KMM, inv.nr. HA411277, Kröller-Müller Museum, 'Gastenlijst', 13 juli 1938.
114 HGA/FB, toeg.nr. 0836-01, inv.nr. 1, Willem Huinck aan H.P. Bremmer, 14 juli 1938.
115 HGA/FB, toeg.nr. 0836-01, inv.nr.2, Bertha van der Leck aan Aleida Bremmer-Beekhuis, 14 juli 1938.
116 KMM, inv.nr. HA411277, Kröller-Müller Museum, 'Gastenlijst', 13 juli 1938. Hun aanwezigheid blijkt uit twee foto's van de opening: KMM, F000385 en F000386.
117 KMM, inv.nr. HA411278, Kröller-Müller Museum, 'Gulden Boekers', 1938. HA411278. Aangaande Wolf, zie: KMM, inv.nr. HA417741, anoniem, 'De heer D. Wolf koopt een landgoed', los knipsel, krant onbekend, 1938.
118 KMM, inv. nr. HA417490, anoniem, 'Ruïne-sfeer op de "Hoge Veluwe"', *De Telegraaf* 13 juli 1938.
119 HA416679, HKM aan Jan Rudolf Slotemaker de Bruïne, 1 oktober 1938.
120 HA378213, HKM aan Henri Marchant, 22 juli 1938.
121 HA378214, HKM aan Henri Marchant, 28 juli 1938.
122 Zie de uitgebreide correspondentie tussen Toorop en Van Deventer hieromtrent, waaronder: HA415050, Charley Toorop aan Sam van Deventer, 6 november 1935.
123 HA415046, SvD aan Charley Toorop, 30 november 1935.

124 Voor besprekingen van het werk, zie: Balk (2006), p. 275-278; Bosma (2008), p. 134-139.
125 Geciteerd naar: Bosma (2008), p. 138.
126 HA415027, HKM aan Charley Toorop, 30 maart 1939.
127 Behalve in de hierna genoemde brieven van Elsbeth Sperling, werd dit bezoek genoemd in een reisjournaal dat een van de vrouwen bijhield. Gekopieerde fragmenten hieruit bevinden zich in: NA/CABR, toeg.nr. 2.09.09, inv.nr. 108016, Jacob Bakker, 'Notities aangaande de politieke gezindheid van Salomon van Deventer [...], nr. 2', 18 juni 1945. De fragmenten zijn door Bakker overgeschreven, wat deze bron onbetrouwbaar zou kunnen maken, gezien zijn aversie jegens Van Deventer (zie ook het epiloog). Zo veel details komen echter overeen met gegevens uit de correspondentie tussen Elsbeth Sperling, Helene Kröller-Müller en Van Deventer, dat aangenomen mag worden dat de passages integraal zijn overgenomen.
128 Van Deventer noemde zijn bezoek in 1938 aan wat hij de 'Kulturwoche' noemde, in: NA/CABR, toeg.nr. 2.09.09, inv.nr. 108016, Politie Ede/Politieke Opsporingsdienst, 'Betreft onderzoek contra S. van Deventer', 19 juli 1945.
129 Hans Kiener, *Große Deutsche Kunstausstellung 1938 im Haus der Deutschen Kunst zu München. 10. Juli-16. Oktober*, Bruckmann, München 1938, p. 17-25.
130 Beschrijving ontleend aan: www.youtube.com/watch?v=DHjrKaRD98Q [bekeken 19 februari 2010].
131 Gegevens over deze reis zijn gebaseerd op het eerder genoemde reisjournaal (zie noot 127) in: NA/CABR, toeg.nr. 2.09.09, inv.nr. 108016, Jacob Bakker, 'Notities aangaande de politieke gezindheid van Salomon van Deventer [...], nr. 2', 18 juni 1945.
132 HA378282, Elsbeth Sperling aan HKM, 4 juli 1939. Hitler verdeelde Duitsland in diverse districten, die elk bestuurd werden door een *Gauleiter*.
133 Dit blijkt uit een klad voor een telegram, op de achterkant van HA378281, Elsbeth Sperling aan HKM, 10 juli 1939.
134 Idem.
135 HA378280, Elsbeth Sperling aan HKM, 10 juli 1939; HA378281, Elsbeth Sperling aan HKM, 10 juli 1939 en HA410530, HKM aan Elsbeth Sperling, 26 juli 1939. Het is niet duidelijk of Sam ook aanwezig was bij de ontmoeting met Mayr.
136 Adolf Hitler, 'Kunstbolschewismus am Ende. Aus der Rede des Führers zur Eröffnung des Hauses der Deutschen Kunst in München', in: *Führer durch die Ausstellung Entartete Kunst*, p. 28. Deze catalogus is integraal afgedrukt in: Stephanie Barron (red.), *'Entartete Kunst'. Das Schicksal der Avantgarde im Nazi-Deutschland*, Hirmer/Los Angeles County Museum of Art, München/Los Angeles 1992, p. 359-390. Citaat op p. 386.
137 Enkele hoge nazi's permitteerden zich wel het bezit van moderne kunst. Zo bezat Hermann Göring bijvoorbeeld meer dan tien Van Goghs. Voor de dubbele houding van het nationaalsocialisme ten aanzien van Vincent van Gogh: Carel Blotkamp, 'Ruisdael in de Provence', in: Rachel Esner en Margriet Schavemaker (red.), *Overal Vincent. De (inter)nationale identiteiten van Van Gogh*, Amsterdam University Press, Amsterdam 2010, p. 127-141. Behalve de beeldende kunsten, werden in nazi-Duitsland ook theater, literatuur en film 'gezuiverd'. Zie bijvoorbeeld: Jonathan Huener en Francis Nicosia, *The arts in Nazi Germany. Continuity, conformity, change*, Berghahn Books, New York 2006.
138 NA/CABR, toeg.nr. 2.09.09, inv.nr. 108016, Jacob Bakker, 'Notities aangaande de politieke gezindheid van Salomon van Deventer [...], nr. 2', 18 juni 1945. Van Deventer bevestigde deze ontmoeting na de oorlog in een proces-verbaal, zie: NA/CABR, toeg.nr. 2.09.09, inv.nr. 108016, Politie Ede/Politieke Opsporingsdienst, 'Betreft onderzoek contra S. van Deventer', 19 juli 1945.
139 HA410529, Elsbeth Sperling aan HKM, 20 juli 1939.
140 Kershaw (1999), p. 247, 381. Paul B. Jaskot, *The architecture of oppression. The ss, forced labor and the Nazi monumental building economy*, Routledge, Londen 2000, p. 53-54. De propagandafilms die Leni Riefenstahl in 1933 (*Der Sieg des Glaubens*) en 1934 (*Triumph des Willens*) tijdens deze bijeenkomsten maakte, geven een indruk van de grootschaligheid, het machtsvertoon en de sym-

boliek die karakteristiek waren voor de partijdagen.
141 HA410529, Elsbeth Sperling aan HKM, 20 juli 1939.
142 HA410530, HKM aan Elsbeth Sperling, 26 juli 1939.
143 HA410532, SvD aan Elsbeth Sperling, 21 augustus 1939.
144 Dit impliceert dat Helene niet volkomen overtuigd was van de ideeën van de NSDAP. Ook komt zij niet voor op de lijst van in Nederland woonachtige Duitsers, die lid waren van de partij. BA/BDC, NS9, Niederlande box 5, Headquarter's Command, office of military government for Germany (US)/Berlin Document Center, 'Nazi Party Membership Records Netherlands', 30 augustus 1946. Het is overigens maar de vraag of zij lid had kunnen worden als ze dat had gewild, aangezien zij vanwege haar huwelijk Nederlandse was geworden.
145 HA410532, SvD aan Elsbeth Sperling, 21 augustus 1939; HA410533, Elsbeth Sperling aan HKM, 22 augustus 1939.
146 HA378277, Elsbeth Sperling aan HKM, 31 augustus 1939. Hierin verwijst Sperling naar de annulering, het bericht zelf is niet bewaard gebleven.
147 Ian Kershaw, *Hitler 1936-1945. Vergelding*, Het Spectrum, Utrecht 2000, p. 314-317.
148 Het Molotov-Ribbentrop pact was een niet-aanvalsverdrag waardoor Hitler Polen kon binnenvallen, zonder angst dat Rusland hem de oorlog zou verklaren. Kershaw (2000), p. 306-307.
149 HGA/FB, toeg.nr. 0836-01, inv.nr. 2, AGK aan H.P. Bremmer, 8 januari 1940.
150 Interview met mevrouw De Bondt-Kröller en mevrouw Wit-Kröller, 18 maart 2008.
151 Gegevens over Antons diplomatieke werk in 1939 zijn ontleend aan: Kees Schaepman, 'Kröller als geheim diplomaat', in: Alings (1985), p. 21-24.
152 Dahlerus doet hiervan verslag in: Birger Dahlerus, *Der letzte Versuch. London-Berlin Sommer 1939*, Nymphenburger Verlagshandlung, München 1948.
153 HA416560, HKM aan dokter N. van der Horst, 23 november 1939.
154 Het ziekteverloop van Helene is, tenzij anders aangegeven, ontleend aan: HA410804, Willy Auping aan Helenes nicht Hilde Heisinger, 19 december 1939.
155 Deze correspondentie begon al in het voorjaar van 1939 en werd vanaf het najaar intensief. Zie onder veel meer: HA416777, HKM aan de minister van OK&W, 21 maart 1939; HA416739, HKM aan Mr. Jan Karel van der Haagen (OK&W), 28 november 1939.
156 KMM, inv.nr. HA419070, Willy Auping, '[Afspraken betreffende St. Hubertus]', 27 november 1939.
157 Van Deventer (2004), p. 152-153.
158 Het is niet met zekerheid te zeggen welke personen bij haar waren. Sam spreekt in zijn brief aan Bremmer van 'ons allen', wat in ieder geval op hem, Anton en Bob duidde, die deze dagen op Sint Hubertus verbleven. Auping schrijft in zijn brief (zie noot 154): 'Frau Kröller hatte alle wieder erkannt, auch alle Kinder, die anwesend waren [...]'. Het is onduidelijk of hij daarmee Helenes kinderen of kleinkinderen bedoelde. Volgens verpleegster Trudy Schalkwijk waren alleen Anton, Bob en Sam aanwezig. GAR/IM, toeg.nr. 1256, inv.nr. 1010, transcriptie radioprogramma *Het Spoor* (VPRO) 29 januari 1995.
159 Interview met mevrouw Den Uijl-in 't Veld, 27 augustus 2009. Mevrouw Den Uijl werkte eind jaren dertig als dienstmeisje op Sint Hubertus. De dialoog werd haar naverteld door Helenes kamenier, die geschokt was door deze vraag. Zij kende haar mevrouw niet anders dan heel zelfverzekerd.
160 HGA/FB, toeg.nr. 0836-01, inv.nr. 2, AGK aan H.P. Bremmer, 8 januari 1940.
161 Gegevens over de laatste dagen en begrafenis van Helene zijn ontleend aan: Van Deventer (2004), p. 152-154; HGA/FB, toeg.nr. 0836-01, inv.nr. 1, SvD aan H.P. Bremmer, [z.d.] december 1939; HGA/FB, toeg.nr. 0836-01, inv.nr. 2, AGK aan H.P. Bremmer, 8 januari 1940; HA417767, SvD aan Dirk Nijland, 15 december 1939.
162 Vaak wordt aangenomen dat Helene voor de *Vier uitgebloeide zonnebloemen* werd opgebaard, omdat dit haar favoriete schilderij zou zijn. Afgezien van de vraag of zij één favoriet schilderij had, blijkt uit een

brief van Sam van Deventer aan Bremmer dat deze plaats niet alleen werd gekozen vanwege de Van Gogh, maar ook omdat Helene zo de laatste uren in haar museum doorbracht 'met den blik op de Baldung Grien'. HGA/FB, toeg.nr. 0836-01, inv.nr. 1, SvD aan H. P. Bremmer, [z.d.] december 1939.
163 In 1935 kregen de Kröllers toestemming van de gemeente Ede om hier een particuliere begraafplaats aan te leggen. GA/HV, toeg.nr. 909, inv.nr. 209, NPHV aan Burgemeester en Wethouders der Gemeente Ede, 22 juli 1935; GA/HV, toeg.nr. 909, inv.nr. 209, Gemeente Ede aan NPHV, 9 september 1935. Het Nationale Park de Hoge Veluwe stond hiertoe een perceel af en verbond zich het graf 'aan te leggen en ten eeuwigen dage [...] te onderhouden', zie: GA/HV, toeg.nr. 909, inv.nr. 209, Mr. Gerhard Nauta, 'Copie eener overeenkomst tussen de Stichting Het Nationale Park de Hoge Veluwe en den Heer en Mevrouw Kröller', 10 januari 1936.
164 Na Helenes overlijden vroeg Anton aan Henry van de Velde om een grafmonument te ontwerpen, maar het resultaat was te pompeus. Ook de grafstenen die hij ontwierp, werden (vanwege de oorlog) nooit uitgevoerd. In 1949 gaf de Raad van Bestuur van het NPHV opdracht aan architect Jaap Schipper om twee grafstenen voor het echtpaar te ontwerpen. Merkwaardig is dat op de definitieve grafsteen maar liefst twee fouten stonden: 4 in plaats van 11 februari als Helenes geboortedag en haar voornaam was veranderd in 'Helena', wat pas in 1953 werd opgemerkt en hersteld. Zie de correspondentie omtrent het graf in het Gelders Archief, waaronder: GA/HV, toeg.nr. 909, inv.nr. 209, Bob Kröller aan De Raad van Bestuur van het NPHV, Brussel, 21 februari 1948; GA/HV, toeg.nr. 909, inv.nr. 209, Mr. Hendrik Jan Reinink (OK&W) aan J.H. van Tuil (directeur Nationale Park de Hoge Veluwe), 6 januari 1953.

Epiloog

1 Pas in november 1940 werd hij officieel aangesteld als directeur. KMM, inv.nr. HA379618, Kunsten en Wetenschappen ministerie van Onderwijs, 'Benoeming Salomon van Deventer tot directeur van het Rijksmuseum Kröller-Müller', 25 november 1940.
2 Ter verdediging van zijn samenwerking met de Duitsers in deze jaren, schreef Van Deventer in 1968: Sam van Deventer, *De taak. Mei 1940-april 1945. De lotgevallen van het Nationale Park De Hoge Veluwe, het Rijksmuseum Kröller-Müller en het huis St. Hubertus gedurende de bezettingsjaren*, [s.n.], De Steeg 1968.
3 HA502018, HKM aan SvD, 3 mei 1924
4 L. de Jong, *Het Koninkrijk Der Nederlanden in de Tweede Wereldoorlog. Deel 3. Mei '40*, Nijhoff, den Haag 1970, p. 43. Von Zech was degene die op 10 mei 1940 namens de Duitse regering het bericht aan Nederland moest overbrengen dat een grote troepenmacht in aantocht was en ieder verzet zinloos was. De gezant was zo ontdaan dat hij er niet in slaagde het bericht voor te lezen.
5 Van Deventer (1968), p. 10-11.
6 Van Deventer (1968), p. 14-15. Zie ook diverse stukken in het dossier dat het Directoraat voor Bijzondere Rechtspleging over Van Deventer aanlegde: NA/CABR, toeg.nr. 2.09.09, inv.nr. 108016.
7 Van Deventer (1968), p. 53-54; NA/CABR, toeg.nr. 2.09.09, inv.nr. 108016, 'Getuigen à décharge'.
8 Medebestuurslid Snouck Hurgronje noemde Van Deventer een 'verklaard tegenstander der N.S.B.'. Volgens Auping 'spuwde hij op de N.S.B.', zie: NA/CABR, toeg.nr. 2.09.09, inv.nr. 108016, Aarnout Snouck Hurgronje aan Mr. J.W.H. des Tombe (procureur-fiscaal bij het Bijzonder Gerechtshof te Arnhem), 22 juli 1946 en het proces-verbaal van Willy Auping in: NA/CABR, toeg.nr. 2.09.09, inv.nr. 108016, Politie Ede/Politieke Opsporingsdienst, 'Betreft onderzoek contra S. van Deventer', 19 juli 1945.
9 Van Deventer (1968), p. 25.
10 Van Deventer (1968), p. 25.
11 Co van der Zwet, *Oceanus voor en na. Boek en Periodiek/Oceanus/Boek en Periodiek Uitgevers 1924-1958*, masterscriptie Universiteit van Amsterdam 2008, p. 28-31. Zie ook het artikel dat een neerslag is van deze scriptie: Co van der Zwet, 'Vals ingebur-

gerd. Uitgeversmaatschappij Oceanus 1941-1945', *De boekenwereld* 25(2009)4, p. 274-292.
12 Van Deventer (1968), p. 13.
13 Van Deventer (1968), p. 9.
14 HA502048, AGK aan Mary Lehnkering, 26 augustus 1941. Deze in het Duits opgestelde brief is vertaald opgenomen in Van Deventer (1968), p. 26-27.
15 KMM, inv.nr. HA375406, Duitse tekst over beheer Kröller-Müller Stichting en Stichting NPHV, 4 augustus 1940; KMM, inv.nr. HA375390, Aantekeningen over beheer KMS en NPHV, 8 september 1940.
16 KMM, inv.nr. HA375390, Aantekeningen over beheer KMS en NPHV, 8 september 1940.
17 De verkoop van de drie kunstwerken werd na de oorlog onderzocht door de Stichting Nederlands Kunstbezit. Gegevens over dit onderwerp zijn ontleend aan het archief van de SNK, inv.nrs. 726, 228 en 1045. Daarnaast is gebruikgemaakt van Van Deventers relaas over deze kwestie, in *De Taak*, p. 44-50. Zijn datering klopt echter niet; volgens hem zou Mühlmann hem aan het einde van het jaar ontboden hebben, maar in het op 8 september gedateerde document HA375390 wordt al over de beloofde zes ton gesproken. De aanleiding voor het contact was bovendien een bezoek door een aantal hooggeplaatste Duitsers aan het museum, wat vanwege de sluiting tussen half mei en 20 juli moet hebben plaatsgevonden.
18 NA/SNK, toeg.nr. toeg.nr. 2.08.42, inv.nr. 726, Kajetan Mühlmann, 'Bildertausch Kröller-Müller', [z.j.].
19 Lynn H. Nicholas, *The rape of Europa. The fate of Europe's treasures in the Third Reich and the Second World War*, Macmillan, Londen 1994, p. 100.
20 Barron (1992); Carel Blotkamp, 'Ruisdael in de Provence', in: Esner (2010), p. 127-141.
21 Van Deventer (1968), p. 46.
22 Deze toezeggingen zijn onder meer vastgelegd in een *Aktennotiz* van Mühlmann, gedateerd 13 november 1940, zie: KMM, inv.nr. HA375096, 'Dossier schilderijenoverdracht', 23 oktober 1940-6 februari 1941.
23 Hannema en Van Deventer bevonden zich in soortgelijke posities en zouden na de oorlog hun samenwerking met het Duitse gezag met ongeveer dezelfde argumenten verdedigen. Zo was Hannema lid van de Kultuurkamer, maar naar eigen zeggen slechts om zijn museum en het Nederlands kunstbezit te beschermen. Net als Van Deventer werd hij in 1945 geïnterneerd en uit zijn directeursfunctie ontheven. Zie bijvoorbeeld Hannema's autobiografie: Dirk Hannema, *Flitsen uit mijn leven als verzamelaar en museumdirecteur*, Ad. Donker, Rotterdam 1973, p. 118-119.
24 Uit het dossier dat de Stichting Nederlands Kunstbezit over de drie schilderijen aanlegde blijkt dat de zes ton wel degelijk uit de Nederlandse schatkist werd betaald, zie onder meer: NA/SNK, toeg.nr. toeg.nr. 2.08.42, inv.nr. 726, Mr. H.J. Reinink (minister OK&W) aan SNK, 29 maart 1949.
25 Zie de correspondentie en verslagen naar aanleiding van deze ruil in o.a. KMM, inv.nr. HA375096, 'Dossier schilderijenoverdracht', 23 oktober 1940-6 februari 1941; KMM, inv.nr. HA370797, Sam van Deventer [e.a.], 'Aanvulling op de Geheime Verslagen dd. Februari 1941 [...]', oktober 1940-april 1944.
26 Van Deventer (1968), p. 47.
27 Later zou blijken dat een aantal van deze schilderijen eigendom was geweest van joodse verzamelaars, die hun collectie onvrijwillig hadden moeten verkopen. Zo werd bijvoorbeeld *Baigneuse couchée* van Degas in 1946 aan Frankrijk geretourneerd, omdat het uit geroofd bezit afkomstig bleek. In 2008 meldden zich de erven van de Hamburgse bankier George Behrens. Na onderzoek bleek dat *Jonge vrouw bij een bron* van Jean-Baptiste Camille Corot, tegen Behrens' wil was verkocht. Ook dit werk werd vervolgens alsnog aan de erven overgedragen. KMM, inv.nr. HA503454, Hendrik Jeekel, 'Specificatie van de schilderijen aangekocht door het Rijksmuseum Kröller-Müller uit het zeshonderdduizend gulden fonds', 20 oktober 1947; Persbericht Kröller-Müller Museum, 'Kröller-Müller Museum draagt schilderij over aan erfgenamen' 15 september 2008. Zie voor deze problematiek ook: Eelke Muller en Helen Schretlen, *Betwist bezit. De Stichting Nederlands Kunstbezit en de*

teruggave van roofkunst na 1945, Waanders, Zwolle 2002.
28 KMM, inv.nr. HA370797, Sam van Deventer [e.a.], 'Aanvulling op de Geheime Verslagen dd. Februari 1941 [...]', oktober 1940-april 1944.
29 Zie onder meer: KMM, inv.nr. HA372123, Willy Auping aan H. P. Bremmer, 15 november 1945; KMM, inv.nr. HA373162, Bureau Herstelbetalings- en Recuperatiegoederen aan Rijksmuseum Kröller-Müller, 30 juli 1952.
30 Van Deventer (2004), p. 157.
31 NA/CABR, toeg.nr. toeg.nr. 2.09.09, inv.nr. 108016, Centrale vermogensopsporingsdienst van het ministerie van Financiën, 'Bijlage 15. Afschrift testament Anthony George Kröller', 19 juli 1940.
32 NA/CABR, toeg.nr. 2.09.09, inv.nr. 108016, Centrale vermogensopsporingsdienst van het ministerie van Financiën, 'Proces-verbaal R. A. Kröller', 21 november 1948.
33 NA/CABR, toeg.nr. 2.09.09, inv.nr. 108016, Centrale vermogensopsporingsdienst van het ministerie van Financiën, 'Proces verbaal Salomon van Deventer', 30 oktober 1948.
34 KMM, archiefcode 57, doos 104, Müller-directeur Adriaan van der Lecq aan Gerhard Nauta, 29 september 1955.
35 Zie het proces-verbaal van Willy Auping in: NA/CABR, toeg.nr. 2.09.09, inv.nr. 108016, Politie Ede/Politieke Opsporingsdienst, 'Betreft onderzoek contra S. van Deventer', 19 juli 1945.
36 Voor Wims activiteiten tijdens de oorlog is gebruikgemaakt van de dossiers die door het Bijzonder Gerechtshof over hem werden opgesteld in het bijzonder omvangrijke proces-verbaal: NA/CABR, toeg.nr. 2.09.09, inv.nr. 96758, Politieke Recherche afd. Rotterdam, 'Proces verbaal ten laste van W. N. A. Kröller [...]', 9 juni 1947.
37 Citaat uit: Anoniem, 'Tegen de onrustzaaiers. Nog enkele namen van aangehoudenen', *Het Vaderland* 6 mei 1940. Zie ook: Anoniem, 'Per schuit en bus zijn ze weggevoerd door België naar Calais', *Het Vaderland* 3 juni 1940.
38 NA/CABR, toeg.nr. 2.09.09, inv.nr. 96758, Politieke Recherche afd. Rotterdam, 'Proces verbaal ten laste van W. N. A. Kröller [...]', 9 juni 1947, p. 27.
39 Idem, p. 91.
40 NIOD, toeg.nr. 176, 'Inventarisbeschrijving Nederlandse Oost Compagnie NV', te raadplegen via: www.archieven.nl/pls/m/zk2.toon-inv?p-id=50122372&p-vast=298&p-q=49322868&p-w=iid [bekeken 1 april 2010]. Zie ook: NA/CABR, toeg.nr. 2.09.09, inv.nr. 96758, Politieke Recherche afd. Rotterdam, 'Proces verbaal ten laste van W. N. A. Kröller [...]', 9 juni 1947, p. 11-13 en 91-92.
41 NA/CABR, toeg.nr. 2.09.09, inv.nr. 96758, Politieke Recherche afd. Rotterdam, 'Proces verbaal ten laste van W. N. A. Kröller [...]', 9 juni 1947, p. 27.
43 Zie de dossiers die het Nederlands Beheersinstituut over Wim en Else Kröller samenstelde: NA/NBI, beheersdossiers 1945-1967, inv.nr. 116846 t/m 116849. Zie ook het CABR-dossier over het echtpaar, inv.nr. 70943-II.
44 NA/CABR, toeg.nr. 2.09.09, inv.nr. 70943-I, Afschrift uitspraak Bijzonder Gerechtshof Den Haag inzake Willem Nicolaas Anthony Kröller, 31 december 1948; NA/NBI, toeg.nr. 2.09.16, inv.nr. 116848, Afschrift uitspraak Bijzonder Gerechtshof Den Haag inzake Else Kröller-Schäfer, 3 februari 1947. Uiteindelijk kwam Wim na drie jaar weer vrij, zie: NA/CABR, 70943-II, ministerie van Justitie, 'Besluit tot voorwaardelijke invrijheidstelling van W. N. A Kröller', 9 mei 1949.
45 CvAB, Hildegard van Andel-Brückmann aan Helene Brückmann-Kröller, 21 september 1942.
46 CvAB, Hildegard van Andel-Brückmann aan Helene Brückmann-Kröller, 11 februari 1943.
47 Hij pleegde geen zelfmoord, zoals nog wel eens wordt beweerd. Zie bijvoorbeeld: Nijhof (2006), p. 498.
48 Interview met mevrouw Everwijn-Brückmann, 10 mei 2010. De twee schilderijen waren *Composition with Color Planes and Gray Lines 2 en 3* (1918). Helene Kröller-Müller kocht beide schilderijen in 1918 van Bremmer. De twee werken werden niet opgenomen in de Kröller-Müller Stichting en kwamen in 1928 in het bezit van Helene Brückmann-Kröller. Zie

voor de herkomst: Welsh en Joosten (1998), deel II, p. 265-266.
49 Een van hen was de toen zevenjarige Paul Hellmann, die vijf jaar bij de familie Brückmann verbleef, eerst in Ede en later weer in Het Klaverblad. Paul Hellmann, *Mijn grote verwachtingen*, Augustus, Amsterdam 2009.
50 Van Deventer (1968), p. 30; KMM, inv.nr. HA502488, Mr. Gerhard Nauta, 'Copie der akte houdende overdracht door de stichting "Het Nationale Park de Hoge Veluwe" van diverse terreinen [...] aan de Stichting Landelijke Bezettingsschaden', 19 april 1944.
51 HA502479, Jan van Dam en Meinoud Rost van Tonningen aan het dagelijks bestuur van Stichting NPHV, 18 februari 1942.
52 KMM, inv.nr. HA502480, Mr. Gerhard Nauta, 'Statutenwijziging Stichting het Nationale Park de Hoge Veluwe', 23 maart 1942.
53 HA502479, Jan van Dam en Meinoud Rost van Tonningen aan het dagelijks bestuur van Stichting NPHV, 18 februari 1942.
54 Zie voor de tegenstellingen in het bestuur van de stichting: Elio Pelzers, 'Mr. H. P. Marchant en de Stichting het Nationale Park de Hoge Veluwe', *Bijdragen en Mededelingen/Vereniging Gelre*, LXXXIII (1992), p. 135-142.
55 NA/CABR, toeg.nr. 2.09.09, inv.nr. 108016, Aarnout Snouck Hurgronje aan Mr. J.W. H. des Tombe (procureur-fiscaal bij het Bijzonder Gerechtshof te Arnhem), 13 augustus 1946.
56 Van Deventer (1968), p. 32; KMM, inv.nr. 502489, Mr. Gerhard Nauta, 'Copie van de akte houdende overdracht door de Kröller-Müller Stichting [...] van het recht van erfpacht [...] aan den Staat der Nederlanden', 19 april 1944.
57 Van Deventer (1968), p. 35.
58 Uit de dossiers van het Nederlands Beheersinstituut en van het CABR over Van Deventer blijkt hoeveel hem eraan gelegen was het museum uit te breiden. Zo doneerde hij veertigduizend gulden uit zijn eigen vermogen aan de Kröller-Müller Stichting om de uitbouw te helpen financieren. Zie onder meer: NA/NBI 1945-1967, inv.nr.

57606, Jacob Bakker aan de directie van het NBI, 7 maart 1946.
59 Van Deventer (1968), p. 56-57. De bouw zou uiteindelijk pas in 1953 voltooid worden, zie: De Ruiter (2000), p. 282-285.
60 Tony van Verre, *Herman Krebbers. Portret van een kunstenaar*, Meulenhoff, Amsterdam 1981, p. 43.
61 Gegevens over de vervolging van Van Deventer zijn ontleend aan zijn dossiers van het Beheersinstituut: NA/NBI, toeg.nr. 2.09.16, inv.nr. 57606 en 57607, 'Nederlands Beheersinstituut 1945-1967', en van de Bijzondere Rechtspleging, toeg.nr. 2.09.09, inv.nr. 108016.
62 NA/ZBZ, toeg.nr. 2.04.67, inv.nr. 6633, Ir. A. F. H. Blaauw (Luitenant Colonel, Commissaris Militair Gezag in de Provincie Gelderland), [Schorsing S. van Deventer in zijn functie als Directeur van het Rijksmuseum Kröller-Müller], 29 augustus 1945.
63 Van der Wolk (1988), p. 106.
64 Zie het bevel van het Militair Gezag van 26 mei 1945 en de twee *Aide Mémoires* van 29 mei 1945 in NA/NBI, toeg.nr. 2.09.16, inv.nr. 57606 en 57607, 'Nederlands Beheersinstituut 1945-1967'. In het tweede memorandum wordt gezegd dat de kinderen in een tehuis zullen worden ondergebracht. Uit een gesprek met de dochter blijkt echter dat de kinderen wel degelijk geïnterneerd werden. Interview met mevrouw Erichson, 13 november 2007.
65 NA/CABR, toeg.nr. 2.09.09, inv.nr. 108016, Procureur-fiscaal bij het Bijzonder Gerechtshof te Arnhem aan de minister van Justitie, 25 november 1947.
66 Zie de diverse verklaringen in: NA/CABR, toeg.nr. 2.09.09, inv.nr. 108016, 'Getuigen à décharge'.
67 NA/NBI, toeg.nr. 2.09.16, inv.nr. 57607, Jacob Bakker aan Burgelijke Stand Ede, 18 oktober 1946.
68 NA/CABR, toeg.nr. 2.09.09, inv.nr. 108016, Mr. B. ter Veer aan de Procureur-fiscaal bij het Bijzonder Gerechtshof te Arnhem, 12 december 1946. Geen van de door de Politieke Opsporingsdienst gehoorde getuigen kon bevestigen dat Van Deventer lid was van de NSDAP, wat ook vreemd zou zijn geweest aangezien hij geen Duits staatsburger was en de partij

niet openstond voor buitenlandse leden. Het is dan ook geen verrassing dat Van Deventer niet voorkomt in de NSDAP-mitgliederkartei in het Bundesarchiv te Berlijn, noch op de lijst van in Nederland woonachtige leden (BA/BDC, NS9, Niederlande box 5, Headquarter's Command, office of military government for Germany (US)/Berlin Document Center, 'Nazi Party Membership Records Netherlands', 30 augustus 1946). Wel heb ik in het CABR een postgiro-opdracht gevonden met als omschrijving 'Begunstigend lid eerste opdracht. Ned. SS Utrecht'. Het afschrift staat op naam van Sam van Deventer, maar de authenticiteit ervan is twijfelachtig. Niet alleen is 'Hoenderloo' verkeerd gedrukt als 'Hoederloo', ook is de opdracht zelf geschreven in een ander handschrift dan dat van Van Deventer. NA/CABR, toeg.nr. 2.09.09, inv.nr. 108016, S. van Deventer, 'Postgiro "Begunstigend lid eerste opdracht"', [z.j.].
69 NA/CABR, toeg.nr. 2.09.09, inv.nr. 108016, Uitspraak zuiveringsraad voor de uitgeverij, 23 april 1947.
70 NA/CABR, toeg.nr. 2.09.09, inv.nr. 108016, Officier van Justitie (Bijzondere Strafkamer) te Arnhem De Walle aan de minister van Justitie, 7 september 1950. In ditzelfde inventarisnummer: Arondissements-Rechtbank te Arnhem, 'Sluiting Gerechtelijk Vooronderzoek', 18 september 1950.
72 GA/HV, toeg.nr. 909, inv.nr. 272, Prof. Willem van Eysinga aan Hendrik Jeekel, 25 juni 1956.
73 GA/HV, toeg.nr. 909, inv.nr. 519, Harry van Medenbach de Rooy (directeur NPHV) aan Hemmo Nauta, 29 maart 1972; CPB, HKM aan SvD, 21 oktober 1911. In deze brief gaf Helene toestemming aan Sam om 'in ons midden, naast mij' te worden begraven. Kennelijk nam hij dat letterlijk op, want na zijn dood schreef zijn vrouw aan het NPHV: 'Mijn man vond het echter niet gepast tussen een echtpaar te worden begraven en heeft daarom de wens geuit op een aparte plek in hun nabijheid te worden bijgezet'. Zie: GA/HV, toeg.nr. 909, inv.nr. 675, Mary van Deventer-Bottler aan het Bestuur van het NPHV, 12 augustus, 1973.
74 GA/HV, toeg.nr. 909, inv.nr. 502, 'Notulen van de 183ste vergadering van het Dagelijks Bestuur, gehouden op 7 April 1972 [...]', p. 2 en 'Notulen van de 184ste vergadering van het Dagelijks Bestuur, gehouden op 19 Mei 1972', p. 2.
75 Anne Higonnet, 'Museum Sight', in: Andrew McClellan (red.), *Art and its publics. Museum studies at the millenium*, Blackwell Publishing, Malden, Massachusetts/Oxford 2003, p. 135.
76 Dit gebeurde onder leiding van Hammacher en tot verontwaardiging van Helene Brückmann, die dit in strijd vond met haar moeders gedachtegoed. Interview met mevrouw Everwijn-Brückmann, 10 mei 2010.
77 Voor Hammachers directoraat van het Kröller-Müller Museum, zie deel III van: De Ruiter (2000).
78 Oxenaar en Hammacher (1988), p. 11.
79 KMM, inv.nr. HA379636, Mr. Gerhard Nauta, '[Schenking onder opschortende voorwaarden aan den Staat der Nederlanden gedaan door de Kröller-Müller Stichting, van hare kunstverzameling]', 26 april 1935.
80 KMM, inv.nr. HA411051, Helene Kröller-Müller, 'Enkele opmerkingen naar aanleiding van "Eenige aanteekeningen bij de nota van Mevrouw Kröller" door den Heer Visser', 21 februari 1933.
81 De Ruiter (2000), p. 262.
82 Oxenaar en Hammacher (1988), p. 11.
83 Zie hoofdstuk 3.4 'Aankopen: nadruk op internationala beeldhouwkunst' in: De Ruiter (2000), p. 262-305.
84 Voor een heldere uiteenzetting van de totstandkoming van de beeldentuin, zie hoofdstuk 3.5 'De beeldentuin', in: idem, p. 306-337.
85 W.G. Quist en R.W.D. Oxenaar, *Rijksmuseum Kröller-Müller. Nieuwbouw 1970-1977*, Rijksmuseum Kröller-Müller, Otterlo 1978.

Tot besluit

1 Geciteerd naar: Richard Holmes, 'The proper study?' in: Peter France en William St Clair (red.), *Mapping lives. The uses of biography*, Oxford University Press, Oxford/New York 2004 [eerste druk 2002], p. 7.
2 Met de term 'biografische methode' bedoel ik het gebruik van de levensbeschrijving als instrument voor historisch

onderzoek. Zie voor deze methode onder meer: Hans Renders, 'De biografische methode', in: Gerrit Voerman en Dirk Jan Wolffram [red.], *Kossmann Instituut. Benaderingen van de geschiedenis van politiek*, Kossmann Instituut, Rijksuniversiteit Groningen 2006, p. 39-42; Carl Rollyson, *A higher form of cannibalism. Adventures in the art and politics of biography*, Ivan R. Dee, Chicago 2005.

3 Barbara W. Tuchman, 'Biography as a prism of history', in: Stephen B. Oates (red.), *Biography as high adventure. Lifewriters speak on their art*, University of Massachusetts, Amherst 1986, p. 93-103.

4 Van Adrichem (2001), in het bijzonder hoofdstukken 5 'Picasso en zijn Nederlandse verzamelaars' en 8 'De vroege receptie van Picasso in Nederlandse musea'.

5 Diane Sachko Macleod, *Art and the Victorian middle class. Money and the making of cultural identity*, Cambridge University Press, Cambridge 1996; Eva Rovers, 'Introduction: The art collector – between philanthropy and self-glorification', *Journal of the history of collections*, 21(2009)2, p. 157-161, dit nummer is geheel gewijd aan verzamelaars uit de negentiende en vroege twintigste eeuw; Bram Kempers, 'Aandelen in onsterfelijkheid. Museaal mecenaat, particulier initiatief en overheid', in: Cas Smithuijsen (red.), *De hulpbehoevende mecenas. Particulier initiatief, overheid en cultuur, 1940-1990*, Boekmanstichting/Walburg Pers, Amsterdam/Zutphen 1990, p. 72-129. Zie ook: Susan Pearce, *Museums, objects and collections. A cultural study*, Smithsonian Institution Press, Washington, DC 1993, p. 65.

6 Kempers (1990), p. 74, 83.

7 George Harvey, *Henry Clay Frick. The man*, Frick, New York 1936, p. 336; Esmée Quodbach, '"I want this collection to be my monument": Henry Clay Frick and the formation of The Frick Collection', *Journal of the history of collections* 21(2009)2, p. 229-240.

8 Zie bijvoorbeeld de veelzijdige en diepgravende studie van Dianne Sachko Macleod, *Enchanted lives, enchanted objects. American women collectors and the making of culture, 1800-1940*, University of California Press, Berkeley, CA 2008, evenals: Charlotte Gere en Marina Vaizey, *Great women collectors*, Philip Wilson/Harry N. Abrams Inc. Publishers, London/New York 1999. Beide publicaties concentreren zich hoofdzakelijk op Amerikaanse verzamelaars. Vrouwelijke Europese verzamelaars krijgen meer aandacht in: Dorothee Wimmer en Christina Feilchenfeldt, *Kunstsammlerinnen. Peggy Guggenheim bis Ingvild Goetz*, Dietrich Reimer Verlag, Berling 2009, waarin tevens de hedendaagse verzamelaarster aan de orde komt.

9 Russel Belk en Melanie Wallendorf, 'Of mice and men. Gender identity in collecting', in: Susan Pearce (red.), *Interpreting Objects and Collections*, Routledge, Londen/New York 1994, p. 242.

10 Rémy Saisselin, *Bricabracomania. The bourgeois and the bibelot*, Thames and Hudson, Londen 1985, p. 67-68.

11 Belk en Wallendorf (1994), p. 242.

12 Pearce (1993), p. 55-56. Russell Belk, 'Possessions and the Extended Self', *Journal of consumer research*, 15(1988)2, p. 139-168.

13 Lee Ellis, 'On the rudiments of possessions and property', *Social Science Information*, 24(1985)1, p. 115-117. Ellis noemt in totaal tien zaken, die mensen als bezit beschouwen (maar die in een aantal gevallen niet letterlijk als eigendom gezien worden): 1. het eigen lichaam, 2. persoonlijke ruimte, 3. voedsel en drank, 4. woongebied, 5. eigen huis, 6. geliefden, 7. kinderen, 8. vrienden, 9. gereedschap en 10. esthetische voorwerpen, amusement en souvenirs.

14 Deze bevrijdende functie van verzamelen in de periode 1800-1940 (in de Verenigde Staten) staat centraal in: Macleod (2008). Volgens Renée Steenbergen gaat dit motief nog steeds op voor een deel van de vrouwelijke verzamelaars, namelijk degenen die getrouwd zijn en geen zelfstandig inkomen hebben. Voor deze huisvrouwen biedt het verzamelen 'een alternatieve mogelijkheid zich te ontplooien en zichzelf uit te drukken'. Steenbergen (2002), p. 80.

15 De manier waarop en de redenen waarom vrouwen verzamelen, is in de twintigste eeuw onder invloed van de emancipatie

(logischerwijs) aan verandering onderhevig geweest. Dit thema wordt nader belicht in: Wimmer en Feilchenfeldt (2009). Zie in het bijzonder de paragraaf 'Die Paradoxien der Geschlechterdifferenzen', p. 10-13.
16 Quodbach (2009), p. 232-233; Martha Frick Symington Sanger, *Henry Clay Frick. An intimate portrait*, Abbeville Press Publishers, New York 1998, p. 239-241.
17 HA502263, HKM aan AGK, 3 november 1915.
18 Idem.
19 Donald J. Winslow, *Life-writing. A glossary of terms in biography, autobiography, and related forms*, University of Hawaii Press, Honolulu 1995 [eerste druk 1980], p. 67.
20 Voor de problematiek rond de autobiografie als bron, zie bijvoorbeeld: Jill Kerr Conway, *When memory speaks. Reflections on autobiography*, Knopf, New York 1998.
21 John Scott, *A matter of record. Documentary resources in social research*, Polity Press, Cambridge 1990, p. 174-175. Voor de benadering van 'biographical evidence', zie ook: William St Clair, 'The biographer archaeologist', in: France en St Clair (2004), p. 219-234.
22 HA502147, HKM aan Bob Kröller, 18 juli 1921.
23 In dit kader maakt Rollyson onderscheid tussen *low biography* en *high biography*. De eerste variant heeft tot doel de gebiografeerde te eren met een waardige herinnering, de zogenaamde herdenkingsbiografie. De tweede, de wetenschappelijk verantwoorde biografie, wordt gekenmerkt door een kritische houding ten aanzien van zowel de bronnen als het onderwerp. Rollyson (2005), zie ook: Hans Renders, *De zeven hoofdzonden van de biografie. Over biografen, historici en journalisten*, Bert Bakker, Amsterdam 2008, p. 17-18.
24 Bowness (1989).
25 Uiteraard zijn er uitzonderingen die de regel bevestigen. Zo heb ik dankbaar gebruikgemaakt van Van Adrichems studie naar de ontvangst van moderne kunst in Nederland, waarin hij veel aandacht besteedt aan het belang van verzamelaars. Ook Renée Steenbergen publiceerde twee onderzoeken, die beide de verzamelaar in Nederland tot onderwerp hebben. De catalogus 'Gedurfd verzamelen' die verscheen bij de gelijknamige tentoonstelling in het Joods Historisch Museum belicht eveneens de rol van (joodse) verzamelaars. Van Adrichem (2001), Steenbergen (2002) en (2008); Huibert Schijf, Edward van Voolen [e.a.], *Gedurfd verzamelen. Van Chagall tot Mondriaan*, Waanders/Joods Historisch Museum, Zwolle/Amsterdam 2010.
26 Malcolm Gee, *Dealers, critics, and collectors of modern painting. Aspects of the Parisian art market between 1910 and 1930*. Garland, New York 1981; Bram Kempers, *Kunst, macht en mecenaat. Het beroep van schilder in sociale verhoudingen 1250-1600*, Arbeiderspers, Amsterdam 1987.

Geraadpleegde archieven

BA Bundesarchiv, Berlijn
   /NSDAP
      NSDAP-mitgliederkartei
   /BDC Berlin Document Center
BG Berlinische Galerie
   /PW Vereinigte Werkstätten für Mosaik und Glasmalerei Puhl & Wagner
CMC Cultureel Maçonniek Centrum Prins Frederik, Den Haag
CVAB
   Collectie familie Van Andel-Brückmann
CPB Collectie Peter Breukink
EKR Evangelischen Kirche in Rheinland
GA Gelders Archief, Arnhem
   /ATH Heidemij, Algemene Technische Dienst
   /BBH Heidemij, Bedrijfsboekhouding
   /HV Stichting het Nationale Park de Hoge Veluwe
GAB Gemeentearchief Barneveld
GAR Gemeentearchief Rotterdam
   /WMC Wm. H. Müller & Co
   /IM N.V. Internationale Crediet- en Handelsvereniging Rotterdam/C.V. en N.V. Wm H. Muller & Co. (Internatio-Muller N.V.)
GEKK
   Gemeindeamt der Evangelische Kirchengemeinde Königssteele, Essen
HCO Historisch Centrum Overijssel
HGA Haags Gemeentearchief
   /FB Familie Bremmer
   /BW Bouw- en Woningtoezicht
   /NL Vereniging Nederlands Lyceum
   /HGC Hockeyclub HGC
   /TS Tymstra's Scholen
KEO Karl Ernst Osthaus Museum, Hagen
KMM Kröller-Müller Museum, Otterlo
NA Nationaal Archief, Den Haag
   /CABR
      Centraal Archief Bijzondere Rechtspleging
   /HPM H. P. Marchant
   /MF Ministerie van Financiën inzake het Nationale Park de Hoge Veluwe
   /NBI Nederlands Beheersintituut
   /ONT Archief ministerie van OK&W, afdeling Oudheidkunde en Natuurbescherming en taakvoorgangers inzake het Nationale Park de Hoge Veluwe
   /SNK Stichting Nederlands Kunstbezit
   /ZBZ Zuiveringsarchieven ministerie van Binnenlandse Zaken (1940-) 1945-1984
NAi Nederlands Architectuur Instituut
   /HPB Collectie H. P. Berlage
   /PK Collectie Piet Klaarhamer
NIOD
   Nederlands Instituut voor Oorlogsdocumentatie, Amsterdam
   /NDV Nederlandsch-Duitsche Vereeniging
NLO Niedersächsisches Landesarchiv, Osnabrück
RKD Rijksinstituut voor Kunsthistorische Documentatie, Den Haag
   /BvdL Collectie Bart van der Leck
   /FM Kunsthandel Frederik Muller & Cie
   /FV Collectie Floris Verster
   /HB Collectie H. P. Bremmer
   /HS Kunsthandel Huinck en Scherjon
   /MdC Collectie Mendes da Costa
SA Stadsarchief Amsterdam
SB Stadtarchiv Bielefeld
SD Stadtarchiv Düsseldorf
SAD Standesamt Düsseldorf
SMA Stedelijk Museum Amsterdam
STA Steeler Archiv
VGM Van Gogh Museum, Amsterdam

Geïnterviewde personen

De heer E. E. van Andel
Mevrouw H. A. Balk
Mevrouw H. M. de Bondt-Kröller
De heer P. Breukink
Mevrouw M. Erichson
Mevrouw H. Everwijn-Brückmann
De heer W. Feilchenfeldt
De heer A. Haak
De heer R. Heijne
De heer P. J. Hellmann
De heer T. Meedendorp
De heer W. H. Nijhof
De heer E. Pelzers
Mevrouw T. Pinkster
De heer M. van Rooy
De heer R. Siegers
Mevrouw W. M. den Uijl-in 't Veld
Mevrouw N. E. Wit-Kröller
De heer J. van der Wolk

Geraadpleegde dag- en weekbladen

Dr. Baudet, 'De watergeneesinrichting te Baarn', *Eigen Haard. Geïllustreerd volkstijdschrift* 13(1887)18, p. 212-214.
Cees Doelman, 'Gesprek met de verzamelaar P.A. Regnault', *De Groene Amsterdammer*, 7 augustus 1948.
Jos. de Gruyter, 'Het nieuwe Rijksmuseum Kröller-Müller in het nationale park "De Hoge Veluwe"', *Het Vaderland* 13 juli 1938.
A.M. Hammacher, 'Beschouwingen over problemen in de ontwikkeling der moderne schilderkunst', *Utrechtsch Dagblad* 17 januari 1926.
A.M. Hammacher, 'De Kröller-Müller-Stichting. Odilon Redon', *Nieuwe Rotterdamsche Courant* 6 april 1929.
Just Havelaar, 'Moderne Stillevenkunst. Kunsthandel d'Audretsch', *Het Vaderland* 12 maart 1926.
David van der Kellen, 'Tentoonstelling van werken nagelaten door wijlen Vincent van Gogh en van C. Spoor, Jr.' *Nieuws van den Dag* 25 december 1892.
Henri Marchant, 'De Hoge Veluwe', *De Groene Amsterdammer* 25 mei 1935.
Wm. H. Müller & Co, 'Uitgifte van ƒ 10.000.000,- 6 pCt. Cum. Pref. Winstdeelende Commanditaire Aandeelen' (advertentie), *Nieuwe Rotterdamsche Courant* 28 oktober 1917.
Nederlandsche Zuid-Afrikaansche Vereeniging, 'De uitvaart van President Kruger', *De Zuid-Afrikaansche Post* 6 oktober 1904.
Elio Pelzers, 'De vergeten wederopbouwarchitect', *De Gelderlander* 2 september 2009.
Rusticus, 'Tentoonstelling Odilon Redon. Museum Kröller. Lange Voorhout', *De Residentiebode* [z.d.] 1929.
H.S., 'Die Versteigerung der Sammlung Stumpf', *8-Uhr-Abendblatt der National-Zeitung*, 1918.
W.J.N. Smeenk, 'Een Nationaal Park en een On-nationale Daad', *Haagsche Post* 4 maart 1933.
J.J. Talsma, 'De Hooge Veluwe', *Arnhemsche Courant* 29 mei 1935.

Volker Ullrich, 'Eine grandiose Täuschung. Der bedeutende DDR-Historiker Fritz Klein hat seine Erinnerungen geschrieben', *Zeit Online. Literartur* 9 maart 2000, via: www.zeit.de/2000/11/200011. p-klein–.xml [bekeken 10 mei 2010].
Emile Vandervelde, 'Lettre de La Haye. Vincent van Gogh et Henry Van de Velde', *Le Peuple. Organe Quotidien de la Democratie Socialiste* 17 december 1922.
Olav Velthuis, 'Groenink heerst over kunst ABN Amro', *de Volkskrant* 22 december 2007.
Cornelis Veth, 'Meester der Chimere. Odilon Redon in Museum Kröller', *De Telegraaf* 17 mei 1929.
Wim Wennekes, 'Schone Zaken. Kröller-Müller: de verdachte financiering van een kapitale collectie', *NRC Handelsblad* 24 september 1988.
–, 'Karakterschets. A.G. Kröller', *De Hollandsche revue* 1(1896)1, p. 355.
–, 'President Kruger's uitvaart', *De Zuid-Afrikaansche Post* 13 oktober 1904.
–, 'Kruger's uitvaart', *De Zuid-Afrikaansche Post* 3 november 1904.
–, 'Adreslijst van personen uit Z.-A., in Europa vertoevende', *De Zuid-Afrikaansche Post* 21 juli, 11 augustus en 1 september 1904.
–, 'Het Zuid-Afrikaansche Museum', *De Zuid-Afrikaansche Post* 25 augustus 1904.
–, 'Plaatselijk nieuws', *Apeldoornsche Courant* 1 december 1909.
–, 'Gustav. H. Müller', *Wereldkroniek* 1 maart 1913.
–, 'Letteren en Kunst. Vincent van Gogh', *Nieuwe Rotterdamsche Courant* 4 juli 1913.
–, 'L'architecture hollandais moderne', *La Gazette de Hollande* 29 oktober 1913.
–, 'A.G. Kröller', *Het Vaderland* 15 juni 1914.
–, 'A.G. Kröller', *Nieuwe Rotterdamsche Courant* 15 juni 1914.
–, 'Engeland verklaart aan Duitschland den oorlog', *Nieuwe Rotterdamsche Courant* 5 augustus 1914
–, 'Beschuldigingen ten laste van de adviseurs der regeering mede in hun qualiteit van lasthebbers voor den aankoop

van tarwe', *Nieuwe Rotterdamsche Courant* 23 juni 1917.
–, 'Kunst en Letteren. Berlage', *Het Volk* 16 augustus 1919.
–, 'Standbeeld vir Genl. De Wet', *Die Burger* 13 september 1922.
–, 'Commanditaire Vennootschap Wm. H. Müller & Co', *Nieuwe Rotterdamsche Courant* 30 januari 1928.
–, 'De z.g. valsche Van Goghs', *Het Vaderland* 11 december 1928.
–, 'Vincent van Gogh. De z.g. vervalschingen. Naar aanleiding van den aankoop voor de verzameling Kröller', *Nieuwe Rotterdamsche Courant* 18 januari 1929.
–, 'Het nationaal-socialisme in het onderwijs', *Het Vaderland* 14 januari 1932.
–, 'De heldentijd keert weer – D'r op of d'r onder – Politiek strategische punten bezet', *De Tijd* 18 februari 1933.
–, 'De roep om gezag', *De Standaard* 4 maart 1933.
–, 'Vijf millioen voor Hooge Veluwe?' *De Telegraaf* 25 maart 1933.
–, 'Nationaal park op de Veluwe. De heer Kröller verloochent ook thans zijn ware aard niet', *Vooruit. Blad voor de Arbeiderspartij* 30 maart 1933.
–, 'De actie tegen de joden. Het boycot werpt zijn schaduw vooruit', *Nieuwe Rotterdamsche Courant* 1 april 1933.
–, 'De eendaagsche boycot tegen de Duitsche joden', *Het Vaderland* 2 april 1933.
–, 'Kröller-Müller Stichting', *Het Vaderland* 1 november 1933.
–, 'Reorganisatie concern Wm. H. Müller & Co', *Het Vaderland* 23 september 1934.
–, 'Stichting "De Hoge Veluwe". Duistere zaak!', *Vooruit* 13 mei (avondblad) 1935.
–, 'New Yorkers become art minded; throngs besiege an exhibition', *The Waco times-herald* 18 november 1935.
–, 'Art show sets record', *The New York Times* 6 januari 1936
–, 'Uit het raam gevallen. Twee doodelijke ongevallen', *Het Vaderland* 10 augustus 1936.
–, 'Uit de beweging. A.G. Kröller', *Volk en Vaderland* 1 juli 1938.
–, 'Ruïne-sfeer op de "Hoge Veluwe"', *De Telegraaf* 13 juli 1938.
–, 'Een groots cultuurmonument te midden der ongerepte natuur', *Vooruit. Blad voor de Arbeiderspartij* 13 juli 1938.
–, 'Tegen de onrustzaaiers. Nog enkele namen van aangehoudenen', *Het Vaderland* 6 mei 1940.
–, 'Per schuit en bus zijn ze weggevoerd door België naar Calais', *Het Vaderland* 3 juni 1940.

Literatuur

Maartje Abbenhuis, *The art of staying neutral. The Netherlands in the First World War, 1914-1918*, Amsterdam University Press, Amsterdam 2006.
Jan van Adrichem, *De ontvangst van de moderne kunst in Nederland 1910-2000. Picasso als pars pro toto*, Prometheus, Amsterdam 2001.
William C. Agee, 'Walter Pach and Modernism: A Sampler from New York, Paris, and Mexico City', *Archives of American art journal* 28(1988)3, p. 2-10.
James C. Albisetti, *Schooling German girls and women. Secondary and higher education in the nineteenth century*, Princeton University Press, Princeton, N.J. 1988.
Wim Alings (red.), *Het bewaarde landschap. Het Nationale Park De Hoge Veluwe 1935-1985*, Sijthoff, Amsterdam 1985.
S. A. Appeldoorn (vermoedelijk), *De geschiedenis van Wm. H. Müller en Internatio Müller 1863-1959*, ongepubliceerd manuscript (bibliotheek Gemeentearchief Rotterdam), 1990.
Marijo Ariëns-Volker, *Dirk Nijland, 1881-1955*, Drents Museum en Gemeentemuseum Helmond, Assen en Helmond 1993.
Haruo Arikawa, '"La Berceuse". An Interpretation of Vincent van Gogh's Portraits', *Annual Bulletin of the National Museum of western art, Tokyo*, 15(1981)1, p. 31-75.

Cornelis Baard (voorwoord), *Vincent van Gogh en zijn tijdgenooten. 6 september-2 november 1930*, Gemeente Amsterdam/Stedelijk Museum, Amsterdam 1930.
Karl Baedeker, *Handbuch für Reisende. Oberitalien mit Ravenna, Florenz und Livorno*, Karl Baedeker, Leipzig 1911.
Karl Baedeker, *Holland. Handbuch für Reisende*, Karl Baedeker, Leipzig 1927.
Hildelies Balk, 'Bremmer en zijn beeldhouwers', *Kunstschrift*, 41(1997)1, p. 24-29.
Hildelies Balk, *De kunstpaus. H. P. Bremmer 1871-1956*, proefschrift Vrije Universiteit Amsterdam 2004.
Hildelies Balk, *De kunstpaus. H. P. Bremmer 1871-1956*, Thoth, Bussum 2006.

Jan Bank en **Maarten van Buuren**, *1900. Hoogtij van burgerlijke cultuur*, SDU Uitgevers, Den Haag 1999.
Stephanie Barron (red.), *'Entartete Kunst'. Das Schicksal der Avantgarde im Nazi-Deutschland*, Hirmer/Los Angeles County Museum of Art, München/Los Angeles 1992.
Felix Baumann, Walter Feilchenfeldt [e.a.] (red.), *Cézanne. Aufbruch in die Moderne*, Hatje Cantz, Ostfildern-Ruit 2004.
Marty Bax, *Het mysterie van de abstracten. 1890-1985*, Haags Gemeentemuseum, Den Haag 1987.
Marty Bax, *Het web der schepping. Theosofie en kunst in Nederland van Lauweriks tot Mondriaan*, SUN, Amsterdam 2006.
Isabella Beeton, *Mrs Beeton's book of household management*, S. O. Beeton Publishing, Londen 1861.
Nienke Begemann, *Victorine*, Bert Bakker, Amsterdam 1992.
Peter Behrens, 'Kunst und Technik', *Elektrotechnische Zeitschrift* 31(1910)22, integraal opgenomen in: Tilmann Buddensieg en Henning Rogge, *Industriekultur. Peter Behrens und die AEG 1907-1914*, Mann Berlijn 1979.
Russell Belk, 'Possessions and the Extended Self', *Journal of consumer research*, 15(1988)2, p. 139-168.
Russel Belk en **Melanie Wallendorf**, 'Of mice and men. Gender identity in collecting', in: Susan Pearce (red.), *Interpreting objects and collections*, Routledge, Londen/New York 1994.
Russell Belk, 'Collecting as luxury consumption: effects on individuals and households', *Journal of economic psychology*, 16(1995)3, p. 477-490.
Russell Belk, 'Collectors and Collecting', in: Christopher Tilley [e.a.] (red.), *Handbook of material culture*, SAGE Publications, Londen 2006, p. 534-545.
Walter Benjamin, *Ik pak mijn bibliotheek uit. Een rede over het verzamelen*, Veen Uitgevers, Utrecht/Amsterdam/Antwerpen 1990.
Christa Berg (red.), *Handbuch der deutschen*

Bildungsgeschichte. Band IV: 1870-1918. Von der Reichsgründung bis zum Ende des Ersten Weltkriegs, Beck, München 1987.
Jos ten Berge, Kees Keijer [e.a.], *Hommes de valeur. Henri Fantin-Latour, Odilon Redon en tijdgenoten*, Waanders/Stichting Kröller-Müller Museum, Zwolle/Otterlo 2002.
Jos ten Berge, Teio Meedendorp [e.a.], *De schilderijen van Vincent van Gogh in de collectie van het Kröller-Müller Museum*, Kröller-Müller Museum, Otterlo 2003.
Ellinoor Bergvelt, Gusta Reichwein [e.a.], *Levende meesters. De schilderijenverzameling van C.J. Fodor (1801-1860)*, Amsterdams Historisch Museum/Stadsuitgeverij, Amsterdam 1995.
H.P. Berlage, 'K.P.C. de Bazel', *Elsevier's geïllustreerd maandschrift* 16(1906)32, p. 73-87.
H.P. Berlage, *Over stijl in bouw- en meubelkunst*, W.L. & J. Brusse, Rotterdam 1908.
H.P. Berlage, *Studies over bouwkunst, stijl en samenleving*, Brusse, Rotterdam 1910.
H.P. Berlage, 'Waar zijn wij aangeland', *De beweging. Algemeen maandschrift voor letteren, kunst, wetenschap en staatkunde*, 8(1912)4, p. 1-13.
H.P. Berlage en **Henriette Roland Holst-van der Schalk**, *Het Pantheon der menschheid. Afbeeldingen van de ontwerpen*, Brusse, Rotterdam 1915.
Émile Bernard, 'Vincent van Gogh', *Les hommes d'aujourd'hui* 8(1891)390.
Henk Beukhof, Frieda van Essen (red.) [e.a.], *De Hoge Veluwe. Natuur en kunst*, Waanders/Stichting Het Nationale Park De Hoge Veluwe, Zwolle 2005.
Johan Beyen, *Het spel en de knikkers. Een kroniek van vijftig jaren*, Ad. Donker, Rotterdam 1968.
Georg Biermann, 'Die Sammlung Marczell von Nemes', *Der Cicerone*, 5(1913), p. 359-384.
Cor Blok, *Piet Mondriaan. Een catalogus van zijn werk in Nederlands openbaar bezit*, Meulenhoff, Amsterdam 1974.
J.C.H. Blom, *De muiterij op De Zeven Provinciën*, Fibula-Van Dishoeck, Bussum 1975.
J.C.H. Blom en **J.J. Cahen**, 'Joodse Nederlanders, Nederlandse Joden en Joden in Nederland', in: J.H.C. Blom [e.a.] (red.), *Geschiedenis van de Joden in Nederland*, Balans, Amsterdam 1995.
Carel Blotkamp, Hans Esser [e.a.], *De beginjaren van De Stijl 1917-1922*, Reflex, Utrecht 1982.
Carel Blotkamp, *Mondriaan. Destructie als kunst*, Waanders, Zwolle 1994.
Carel Blotkamp, Cees Hilhorst [e.a.], *De vervolgjaren van De Stijl 1922-1932*, Veen, Amsterdam 1996.
Carel Blotkamp, 'Ruisdael in de Provence', in: Rachel Esner en Margriet Schavemaker (red.), *Overal Vincent. De (inter)nationale identiteiten van Van Gogh*, Amsterdam University Press, Amsterdam 2010.
Manfred Bock, Pol Bruys [e.a.], *De inrichting van de Beurs van Berlage. Geschiedenis en behoud*, Waanders, Zwolle 1996.
Ron de Bock, *Allemaal voorzien? De Haagse tram in woord en beeld*, Wijt, Rotterdam 1979.
Petrus Boekholt en **Engelina de Booy**, *Geschiedenis van de school in Nederland vanaf de middeleeuwen tot aan de huidige tijd*, Van Gorcum, Assen, Maastricht 1987.
Walrave Boissevain, *Mijn leven, 1876-1944*, Van Dishoeck, Bussum 1950.
Peter Borscheid, *Das Tempo-Virus. Eine Kulturgeschichte der Beschleunigung*, Campus, Frankfurt am Main 2004.
Berend ten Bosch, *Het preferente aandeel en de achtergestelde obligatie als instrumenten voor de financiering van de onderneming*, NIBE/Kluwer, Amsterdam/Deventer 1980.
Mineke Bosch, *Een onwrikbaar geloof in rechtvaardigheid. Aletta Jacobs 1854-1929*, Balans, Amsterdam 2005.
Marja Bosma, *Vooral geen principes! Charley Toorop*, Museum Boijmans Van Beuningen, Rotterdam 2008.
Martin Bossenbroek, *Holland op zijn breedst. Indië en Zuid-Afrika in de Nederlandse cultuur omstreeks 1900*, Bert Bakker, Amsterdam 1996.
Frits Boterman en **Piet de Rooy**, *Op de grens van twee culturen. Nederland en Duitsland in het Fin de Siècle*, Balans, Amsterdam 1999.
Alan Bowness, *The conditions of success. How the modern artist rises to fame*, Thames and Hudson, New York 1989.
Menno ter Braak, 'Hitler, Ebenbild des

Herrn', *Forum. Maandschrift voor letteren en kunst* 2(1933)5, p. 341-345.
H. E. M. Braakhuis en J. van der Vliet, 'Symboliek en symbolisme bij Matthijs Maris (1839-1917)', *Tirade*, 21(1977)225, p. 335-345.
Marianne Braun, *De prijs van de liefde. De eerste feministische golf, het huwelijksrecht en de vaderlandse geschiedenis*, Het Spinhuis, Amsterdam 1992.
H. P. Bremmer, *Practische Aesthetische Studies*, W. Versluys, Amsterdam 1909.
H. P. Bremmer, *Vincent van Gogh. Inleidende beschouwingen*, Versluys, Amsterdam 1911.
H. P. Bremmer, *Een inleiding tot het zien van beeldende kunst*, Versluys, Amsterdam 1914 [eerste druk 1906].
H. P. Bremmer, *Catalogus van de schilderijenverzameling van Mevr. H. Kröller-Müller. 's-Gravenhage, Lange Voorhout 1*, [s.n.], Den Haag 1917.
H. P. Bremmer (inleiding), *Tentoonstelling van werken door B. van der Leck*, [s.n.] Den Haag 1927.
H. P. Bremmer, *Sammlung der Frau H. Kröller-Müller, Den Haag. Ausgestellt zu Düsseldorf*, Schwann, Düsseldorf 1928.
Richard R. Brettell, 'The Bartletts and the Grande Jatte. Collecting modern painting in the 1920s', *Art Institute of Chicago Museum Studies*, 12(1986)2, p. 102-113.
Frederik Brevet, 'Dr. Anthony George Kröller in 1926 en 1927', *Rotterdams Jaarboekje*, Brusse, Rotterdam 1974.
Madelon Broekhuis, 'Verwey's decoratieplannen', *Kunstlicht* 2(1981)2-3, p. 14-17.
Tilmann Buddensieg en Henning Rogge, *Industriekultur. Peter Behrens und die AEG 1907-1914*, Mann Berlijn 1979.
Michael Buchberger [e.a.], *Lexikon für Theologie und Kirche*, Herder, Freiburg 1995.
Gertrude Bussey en Margaret Tims, *Pioneers for peace. Women's international league for peace and freedom 1915-1965*, WILPF, London 1980.

William St Clair, 'The biographer as archaeologist', in: Peter France en William St Clair (red.), *Mapping lives. The uses of biography*, Oxford University Press, Oxford/New York 2004 [eerste druk 2002].
James Clifford, *The predicament of culture. Twentieth-century ethnography, literature, and art*, Harvard University Press, Cambridge/Massachusetts/Londen 1988.
Ch. A. Cocheret en W. F. Lichtenauer (red.), *Bekende Rotterdammers door hun stadgenoten beschreven. Zes en dertig bijdragen over burgers van Rotterdam, die in stadsbestuur, bedrijfsleven en op verscheidene gebieden van de cultuur hun stadgenoten tot voorbeeld zijn geweest of mede het leven en streven van hun stad bepaald hebben*, Brusse, Rotterdam 1951.
Simon Cohen, *Beleggen, het complete handboek*, Contact, Amsterdam/Antwerpen 1999.
Jill Kerr Conway, *When memory speaks. Reflections on autobiography*, Knopf, New York 1998.
Martha Op de Coul, 'In search of Van Gogh's Nuenen studio: the Oldenzeel exhibitions of 1903', *The Van Gogh Museum Journal*, 8(2002)1 p. 104-119.
L. D. Couprie, 'Rafaëls "Sposalizio". Een mathematische analyse van de compositie', *Simiolus. Netherlands quarterly for the history of art*, 2(1967-1968)3, p. 134-144.
Han van Crimpen, 'Johanna van Gogh: a legacy, a mission', in: Tsukasa Kōdera (red.), *The mythology of Vincent van Gogh*, TV Asahi/John Benjamins, Tokyo/Amsterdam 1993.

Birger Dahlerus, *Der letzte Versuch. London-Berlin Sommer 1939*, Nymphenburger Verlagshandlung, München 1948.
Gillian Darley, *John Soane. An accidental romantic*, Yale University Press, New Haven/Londen 1999.
Mary Dearborn, *Minnares van het modernisme. Het leven van Peggy Guggenheim*, Sirene, Amsterdam 2005.
Anke Demmler, *Wilhelm Strohmayer (1874-1936). Ein Wegbereiter der Kinder- und Jugendpsychiatrie*, proefschrift Friedrich-Schiller-Universität, Jena 2003.
Maurice Denis, 'Cézanne', *Kunst und Künstler* 12(1914)1, p. 208-217.
Axel Derks, Jan-Jaap Kuyt [e.a.], *A. J. Kropholler (1881-1973). Terugkeer tot de Hollandse architectuurtraditie*, Stichting BONAS, Rotterdam 2002.
G. J. M. Derks, *Cultuurhistorische Analyse. Het Nationale Park De Hoge Veluwe*, Waanders, Zwolle 2007.
Sam van Deventer, *Kröller-Müller. De*

geschiedenis van een cultureel levenswerk, Tjeenk Willink, Haarlem 1956.
Sam van Deventer, *Kröller-Müller. De geschiedenis van een cultureel levenswerk*, J.S.R. van Deventer, Arnhem 2004 (herdruk met nadere inleiding).
Sam van Deventer, *Dr. H. P. Bremmer. Kunstberater des Ehepaares Kröller-Müller*, Poeschel & Schulz-Schomburgk, Eschwege 1957. (a)
Sam van Deventer, *Henry Van de Velde und seine Bindungen an das Ehepaar Kröller-Müller*, [s.n.], Eschwege 1957. (b)
Sam van Deventer, *De taak. Mei 1940-april 1945. De lotgevallen van het Nationale Park De Hoge Veluwe, het Rijksmuseum Kröller-Müller en het huis St. Hubertus gedurende de bezettingsjaren*, [s.n.], De Steeg 1968.
Marc Dierikx, *Blauw in de lucht. Koninklijke Luchtvaart Maatschappij 1919-1999*, SDU Uitgevers, Den Haag 1999.
Henk van Dijk, Joop Visser [e.a.], 'Regional differences in social mobility. Patterns in the Netherlands between 1830 and 1940', *Journal of social history* 17(1984)3, p. 435-452.
Ron Dirven en **Kees Wouters** (red.), *Verloren vondsten. Vincent van Gogh, het mysterie van de Bredase kisten*, Breda's Museum, Breda 2003.
Max Domarus, *Hitler. Reden und Proklamationen 1932-1945*, Schmidt, Neustadt a.d. Aisch 1962.
A. den Doolaard, 'Veluwse herinneringen', in: Wim Alings, *Ons nationale park de Hoge Veluwe*, Stichting het Nationale Park de Hoge Veluwe, Hoenderloo 1975.
Roland Dorn en **Walter Feilchenfeldt**, 'Genuine or fake? On the history and problems of Van Gogh connoisseurship', in: Tsukasa Kōdera (red.), *The mythology of Vincent van Gogh*, TV Asahi/John Benjamins, Tokyo/Amsterdam 1993.
Michel Draguet, *Het symbolisme in België*, Mercatorfonds, Antwerpen 2004.
Sem Dresden, *De structuur van de biografie*, Daamen/De Sikkel, Den Haag/Antwerpen 1956.
Stephen Duffy en **Jo Hedley**, *The Wallace Collection's pictures. A complete catalogue*, Unicorn Press/Lindsay Fine Art, London 2004.
Thimo te Duits, *Glasfabriek Leerdam, 1915-1934. De kunstnijverheidscollectie van de Glasfabriek Leerdam 1915-1934, Museum Boijmans Van Beuningen*, Waanders/Drents Museum, Zwolle/Assen 1998.
Kristin Duysters, '"Das genügend bekannte, unerquickliche Kapitel". Helene Kröller-Müller, Artur Hennig en de glas-in-lood-ramen in het jachthuis Sint-Hubertus', *Vormen uit vuur. Mededelingenblad Nederlandse Vereniging van Vrienden van Ceramiek en Glas*, 177(2002)1, p. 2-15.
Clifford Edwards, 'Van Gogh's Spiritual Quest: Toward a Theology of Vulnerability', in: Joseph Masheck (red.), *Van Gogh 100*, Greenwood Press, Westport, CT 1996.
Frederik van Eeden, 'Vincent van Gogh', *De Nieuwe Gids*, 6(1891)1, p. 263-270.
Isabella Henriëtte van Eeghen, *Fodor 100 jaar. Tentoonstelling van een keuze uit de collectie Fodor, Museum Fodor, Amsterdam, 12 juli-30 sept. 1963*, Dienst der Gemeentemusea, Amsterdam 1963.
Titus Eliëns, *H. P. Berlage (1856-1934). Ontwerpen voor het interieur*, Waanders, Zwolle 1998.
Lee Ellis, 'On the rudiments of possessions and property', *Social Science Information* 24(1985)1, p. 113-143.
Marleen Ettema, *Lodewijk Cornelis Enthoven (1854-1920). Verzamelaar te Voorburg*, Hapax, Den Haag 2004.
Elsbeth Etty, *Liefde is heel het leven niet. Henriette Roland Holst 1869-1952*, Balans, Amsterdam 1996.
Richard J. Evans, 'Family and class in the Hamburg grand bourgeoisie 1815-1914', in: David Blackbourn en Richard Evans (red.), *The German bourgeoisie. Essays on the social history of the German middle class from the late eighteenth century to the early twentieth century*, Routledge, Londen en New York 1991.
Sjarel Ex en **Els Hoek**, *Vilmos Huszár, schilder en ontwerper, 1884-1960. De grote onbekende van De Stijl*, Reflex, Utrecht 1985.
M. Eyssel, *'s Gravenhage van voorheen en thans. In brieven I en II*, M. M. Couvée, 's Gravenhage 1879.
J.-B. de la Faille, *The works of Vincent van Gogh. His paintings and drawings*, Meulenhoff International, Amsterdam, 1970 [1928].

Cees Fasseur, *Wilhelmina. Krijgshaftig in een vormeloze jas*, Balans, Amsterdam 2001.
Paul Fechter, *Der Expressionismus*, Piper & Co Verlag, München 1914.
Paul Fechter, *Menschen und Zeiten. Begegnungen aus fünf Jahrzehnten*, Bertelsmann, Gütersloh 1948.
Walter Feilchenfeldt, *Vincent van Gogh & Paul Cassirer, Berlin. The reception of Van Gogh in Germany from 1901 to 1914*, Waanders, Zwolle 1988.
Walter Feilchenfeldt, 'Van Gogh fakes: the Wacker affair, with an illustrated catalogue of the forgeries', *Simiolus. Netherlands quarterly for the history of art*, 19(1989)4, p. 289-316.
Walter Feilchenfeldt, 'Vincent van Gogh – verhandeld en verzameld', in: Roland Dorn (red.), *Vincent van Gogh en de moderne kunst*, Waanders, Zwolle 1990.
Heinz-Dietrich Fischer (red.), *Deutsche Zeitungen des 17. bis 20. Jahrhunderts*, Verlag Dokumentation, München 1972.
John Fischer, *That Miss Hobhouse. The life of a great feminist*, Secker & Warburg 1971.
Richard Florida, *The rise of the creative class. And how it's transforming work, leisure, community and everyday life*, Basic Books, New York 2002.
Thomas Föhl, *Henry van de Velde. Architekt und Designer des Jugenstils*, Weimarer Verlagsgesellschaft, Weimar 2010.
Jan Fontijn, *De Nederlandse schrijversbiografie*, HES, Utrecht 1992.
Peter France en William St Clair (red.), *Mapping lives. The uses of biography*, Oxford University Press, Oxford/New York 2004 [eerste druk 2002].
Erich Franz, *Goethe als religiöser Denker*, Mohr, Tübingen 1932.
Sigmund Freud, *De 'culturele' seksuele moraal en de moderne nervositeit. Actuele beschouwingen over oorlog en dood. Vergankelijkheid. Het onbehagen in de cultuur. Waarom oorlog?*, Boom, Meppel/Amsterdam 1984.
Martha Frick Symington Sanger, *Henry Clay Frick. An intimate portrait*, Abbeville Press Publishers, New York 1998.
Georg Fuchs, *Deutsche Form. Betrachtungen über die Berliner Jahrhundertausstellung und die Münchner Retrospektive*, Georg Müller, München 1907.
Manfred Fuhrmann, *Bildung. Europas kulturelle Identität*, Reclam, Stuttgart 2002.
Jan Hein Furnée, *Vrijetijdscultuur en sociale verhoudingen in Den Haag, 1850-1890*, ongepubliceerd proefschrift Rijksuniversiteit Groningen, Groningen 2007.
William Gaunt, *Fantin-Latour. Flower Paintings*, Marlborough Fine Art Limited, Londen 1962.
Peter Gay, *De eeuw van Schnitzler. De opkomst van de burgerij in Europa*, De Bezige Bij, Amsterdam 2002.
Carl Gebhardt, 'Die Neuerwerbungen französischer Malerei in Städelschen Kunstinstitut zu Frankfurt a. M.' *Der Cicerone* 4(1912), p. 761-769.
Malcolm Gee, *Dealers, critics, and collectors of modern painting. Aspects of the Parisian art market between 1910 and 1930.* Garland, New York 1981.
Robert Gellately, *Backing Hitler. Consent and coercion in Nazi Germany*, Oxford University Press, Oxford 2001.
Charlotte Gere en Marina Vaizey, *Great women collectors*, Philip Wilson/Harry N. Abrams Inc. Publishers, London/New York 1999.
Marijke Gijswijt-Hofstra (red.), *Cultures of neurastenia. From Beard to the First World War*, Rodopi, Amsterdam en New York 2001.
Jeroen Giltaij en Yvette Rosenberg, *De verzameling van de Stichting Willem van der Vorm in het Museum Boymans-van Beuningen*, Museum Boymans-van Beuningen, Rotterdam 1994.
Johann Wolfgang von Goethe, 'Egmont', *Goethe Werke. Zweiter Band. Dramen, Novellen*, Insel-Verlag, Frankfurt am Main 1965.
Johann Wolfgang von Goethe, *Faust. Eine Tragödie*, Deutscher Taschenbuch Verlag, München 1997.
Vincent van Gogh, *Briefe an seinen Bruder*, Paul Cassirer, Berlijn 1914.
Vincent van Gogh, *Brieven aan zijn broeder*, Maatschappij voor goede en goedkope lectuur, Amsterdam 1914.
Vincent van Gogh, *Verzamelde brieven van Vincent van Gogh. Deel I*, onder redactie van en Johanna van Gogh-Bonger, Wereldbibliotheek, Amsterdam en Antwerpen 1955.

Daniel Jonah Goldhagen, *Hitler's willing executioners. Ordinary Germans and the Holocaust*, Knopf, New York 1996.

John Golding, *Paths to the absolute. Mondrian, Malevich, Kandinsky, Pollock, Newman, Rothko and Still*, Thames & Hudson, London 2000.

Bart de Graaff, 'Honderd jaar Nederlandse betrokkenheid', in: Bill Nasson, *De Boerenoorlog 1899-1902*, Verloren, Hilversum 1999.

Joan Greer, *The artist as Christ. The image of the artist in the Netherlands, 1885-1902, with a focus on the christological imagery of Vincent van Gogh and Johan Thorn Prikker*, proefschrift Vrije Universiteit, Amsterdam 2000.

Franck Gribling, Paul Hefting [e.a.], *Schilderijen van het Rijksmuseum Kröller-Müller*, Rijksmuseum Kröller-Müller, Otterlo 1970.

Will Elliot Griffis, *The American in Holland. Sentimental rambles in the eleven provinces of the Netherlands*, [s.n.], Londen 1899.

Veronica Grodzinski, 'The art dealer and collector as visionary. Discovering Vincent van Gogh in Wilhelmine Germany 1900-1914', *Journal of the history of collections*, 21(2009)2, p. 221-228.

Gerard Groeneveld, *Zwaard van de geest. Het bruine boek in Nederland 1921-1945*, Vantilt, Nijmegen 2001.

Cornelis Groenewold, *H. P. Marchant (1869-1956). 'Le tigre néerlandais'*, proefschrift Rijksuniversiteit Groningen 1992.

Marjan Groot, *Vrouwen in de vormgeving in Nederland. 1880-1940*, Uitgeverij 010, Rotterdam 2007.

Marijke Gunnink, *St. Hubertus. Het jachthuis van H. P. Berlage voor de familie Kröller-Müller gelegen in het Nationale Park De Hoge Veluwe*, Kröller-Müller Stichting, Otterlo 1985.

Bram Haak en Piet Hofman, *Anton Kröller en De Hoge Veluwe 1909-1935. De geschiedenis van een bijzondere ondernemer*, Stichting Het Nationale Park De Hoge Veluwe/ Vereniging Vrienden van De Hoge Veluwe, Hoenderloo 2002.

Bram Haak en Roelof Siegers, *Het jachthuis Sint Hubertus. Van ontwerp tot monument*, Vereniging Vrienden van de Hoge Veluwe, [z.p.] 2003.

Jannes de Haan, *Villaparken in Nederland. Een onderzoek aan de hand van het villapark Duin en Daal te Bloemendaal 1897-1940*, Schuyt & Co, Haarlem 1986.

M. D. Haga, 'Mannheimer, de onbekende verzamelaar', *Bulletin van het Rijksmuseum* 22(1974)2/3, p. 87-95.

Marlite Halbertsma, *En maar altoos duurt het vitten op het nieuwe raadhuis voort... Het Rotterdamse stadhuis als representatie van Rotterdam 1912-1929*, Waanders, Zwolle 1999.

A. M. Hammacher, *Amsterdamsche impressionisten en hun kring*, Meulenhoff, Amsterdam 1946 [eerste druk 1941].

Dirk Hannema, *Flitsen uit mijn leven als verzamelaar en museumdirecteur*, Ad. Donker, Rotterdam 1973.

L. H. M. Hanssen, W. E. Krul [e.a.] (red.), *J. Huizinga. Briefwisseling III. 1934-1945*, Veen/ Tjeenk Willink, Utrecht/Antwerpen 1991.

L. H. M. Hanssen, *Sterven als een polemist. Menno ter Braak 1930-1940*, Balans, Amsterdam 2001.

George Harvey, *Henry Clay Frick. The man*, Frick, New York 1936.

Karen Hausen, 'Family and role-division: the polarisation of sexual stereotypes in the nineteenth century', in: Richard J. Evans [e.a.] (red.), *The German family. Essays on the social history of the family in nineteenth- and twentieth-century Germany*, Croom Helm, London 1981.

Peter Hecht, Annemieke Hoogenboom [e.a.] (red.), *Kunstgeschiedenis in Nederland. Negen opstellen*, Prometheus, Amsterdam 1998.

Peter Hecht, *Van Gogh en Rembrandt*, Van Gogh Museum/Mercatorfonds/Waanders, Amsterdam/Brussel/Zwolle 2006.

Peter Hecht, *125 jaar openbaar kunstbezit met steun van de Vereniging Rembrandt*, Waanders, Zwolle 2008.

Victorine Hefting, *Jan Toorop. Een kennismaking*, Bert Bakker, Amsterdam 1989.

Werner Hegemann, *Der Städtebau nach den Ergebnissen der Allgemeinen Städtebau-Ausstellung. Erster Teil*, Wasmuth, Berlin 1911.

Freek Heijbroek en Adrie Griensven, *Kunst, kennis en kwaliteit. De Vereeniging van Handelaren in Oude Kunst in Nederland, 1911-heden*, Waanders, Zwolle 2007.

Marien van der Heijden, 'Berlage', *Biografisch woordenboek van het socialisme en de arbeidersbeweging in Nederland*, Stichting Beheer IISG, Amsterdam 1995.

Christiane Heiser-Schmid, *Kunst, Religion, Gesellschaft. Das Werk Johan Thorn Prikkers zwischen 1890 und 1912. Vom niederländischen Symbolismus zum Deutschen Werkbund*, proefschrift Rijksuniversiteit Groningen 2008.

Ernst Heldring, *Herinneringen en dagboek van Ernst Heldring, 1871-1954*, Wolters-Noordhoff, Groningen 1970.

Paul Hellmann, *Mijn grote verwachtingen*, Augustus, Amsterdam 2009.

Herbert Henkels, 'Cézanne en Van Gogh in het Rijksmuseum voor Moderne Kunst in Amsterdam. De collectie van Cornelis Hoogendijk (1866-1911)', *Bulletin van het Rijksmuseum*, 41(1993)3-4, p. 155-295.

Friedrich-Wilhelm Henning, *Düsseldorf und seine Wirtschaft. Zur Geschichte einer Region. Bd. 2. Von 1860 bis zur Gegenwart*, Droste, Düsseldorf 1981.

Roger Henrard, *Wijsheidsgestalten in dichterwoord. Onderzoek naar de invloed van Spinoza op de Nederlandse literatuur*, Van Gorcum, Assen/Amsterdam 1977.

Johan den Hertog, *Cort van der Linden (1846-1935). Minister-president in oorlogstijd. Een politieke biografie*, Boom, Amsterdam 2007.

Herta Hesse-Frielinghaus, August Hoff [e.a.], *Karl Ernst Osthaus. Leben und Werk*, Aurel Bongers, Recklinghausen 1971.

Gerard Heymans, *Gerardus Heymans. Over metafysica en esthetica*, Ambo, Baarn 1987.

R. Heyne, *Open brief No. 1 aan Dr. A.G. Kröller resp. de Comm. Venn. Wm. H. Müller & Co*, [s.n.], Den Haag, 1931. (a)

R. Heyne, *Open brief No. 2 aan Dr. A.G. Kröller resp. de Comm. Vennootschap Wm. H. Müller & Co.*, [s.n.], Hillegersberg, 1931. (b)

Anne Higonnet, 'Museum Sight', in: Andrew McClellan (red.), *Art and its publics. Museum studies at the millenium*, Blackwell Publishing, Malden, Massachusetts/Oxford 2003.

Koen Hilberdink, *Hans Lodeizen. Biografie*, Van Oorschot, Amsterdam 2007.

Cees Hilhorst, 'Bart van der Leck', in: Carel Blotkamp (red.), *De beginjaren van De Stijl. 1917-1922*, Reflex, Utrecht 1982.

Cees Hilhorst, 'Kwartet! Twee teruggevonden Van der Lecks', *Jong Holland* 3(1987)4, p. 4-15.

Cees Hilhorst, *Vriendschap op afstand. De correspondentie tussen Bart van der Leck en H.P. Bremmer*, Thoth, Bussum 1999.

Karin Hofmeester, 'Antisemitismus in den Niederlanden im 19. und 20. Jahrhundert', in: Horst Lademacher [e.a.] (red.), *Ablehnung, Duldung, Anerkennung. Toleranz in den Niederlanden und in Deutschland. Ein historischer und aktueller Vergleich*, Waxmann, Münster 2004.

Richard Holmes, 'The proper study?' in: Peter France en William St Clair (red.), *Mapping lives. The uses of biography*, Oxford University Press, Oxford/New York 2004 [eerste druk 2002].

G.L. Hondius, 'Het Van Stolkpark, geschiedenis van een "Rotterdams" buurtje tussen Scheveningen en Den Haag', *Geschiedkundige Vereniging Die Haghe. Jaarboek 1970*, Voorhoeve, Den Haag [z.j.].

P.J. Horsman, 'Het Zuid-Afrikaans Museum te Dordrecht', *Gemeentelijke archiefdienst Dordrecht. Kwartaal en teken van Dordrecht* 3(1977)3-4, p. 6-9.

Johannes Houwink ten Cate, *'De mannen van de daad' en Duitsland, 1919-1939. Het Hollandse zakenleven en de vooroorlogse buitenlandse politiek*, SDU Uitgevers, Den Haag 1995.

Friedrich Markus Huebner, *Holland*, Klinkhardt & Biermann/Van Munster, Leipzig/Amsterdam 1921. Deel 1 uit de serie: Georg Biermann (red.), *Moderne Kunst in den Privatsammlungen Europas*.

Jonathan Huener en Francis Nicosia, *The arts in Nazi Germany. Continuity, conformity, change*, Berghahn Books, New York 2006.

A.H. Huussen jr., 'Tak van Poortvliet, Joanna Maria (Marie) (1871-1936)', *Biografisch Woordenboek van Nederland*, www.inghist.nl/Onderzoek/Projecten/BWN/lemmata/bwn2/tak (versie 13 maart 2008)

D.A. Imhülsen, 'Willem Westerman (1864-1935)', *Biografisch Woordenboek van Nederland*: www.inghist.nl/Onderzoek/Projecten/BWN/lemmata/bwn3/westerman (versie 13 maart 2008).

Juliane Jacobi, '"Entzauberung der Welt" oder "Rettung der Welt". Mädchen- und Frauenbildung im 19. Jahrhundert in Deutschland', *Zeitschrift für Erziehungswissenschaft* 9(2006)1.

Leo Jansen en Hans Luijten [e.a.] (red.), *De brieven. De volledige, geïllustreerde en geannoteerde uitgave*, Van Gogh Museum/Huygens Instituut, Amsterdam/Den Haag 2009.

Paul B. Jaskot, *The Architecture of oppression. The SS, forced labor and the Nazi monumental building economy*, Routledge, Londen 2000.

Robert Jensen, *Marketing modernism in fin-de-siècle Europe*, Princeton University Press, Princeton, N.J. 1994.

Philip C. Johnson (voorwoord), 'De Stijl. The Museum of Modern Art Bulletin', 20(1952)2.

L. de Jong, *Het Koninkrijk der Nederlanden in de Tweede Wereldoorlog. Deel I: Voorspel*, Nijhof, Den Haag 1969.

L. de Jong, *Het Koninkrijk Der Nederlanden in de Tweede Wereldoorlog. Deel 3. Mei '40*, Nijhoff, den Haag 1970.

A.A. de Jonge, *Crisis en critiek der democratie. Anti-democratische stromingen en de daarin levende denkbeelden over de staat in Nederland tussen de wereldoorlogen*, Van Gorcum, Assen 1968.

Piet de Jonge, HKM: *Helene Kröller-Müller. Een biografische schets in woord en beeld*, Kröller-Müller Museum, Otterlo 2004.

J.P.B. Jonker, 'Kröller, Anthony George (1862-1941)', *Biografisch Woordenboek van Nederland*: www.inghist.nl/Onderzoek/Projecten/BWN/lemmata/bwn6/kroeller (versie 3 december 2009).

J.P.B. Jonker, 'Mannheimer, Fritz (1890-1939)', *Biografisch Woordenboek van Nederland*: www.inghist.nl/Onderzoek/Projecten/BWN/lemmata/bwn5/mannheimer (versie 4 juni 2008).

Joop Joosten, 'Documentatie over Mondriaan (2)', *Museumjournaal* 13(1968)5, p. 267-270.

Ludwig Justi, 'Van Gogh, Kenner und Schriftsteller', *Im dienste der Kunst*, Korn, Breslau 1936.

Hans-Joachim Kadatz, *Peter Behrens. Architekt, Maler, Grafiker und Formgestalter, 1868-1940*, Seemann Verlag, Leipzig 1977.

Ton van Kalmthout, *Muzentempels. Multidisciplinaire kunstkringen in Nederland tussen 1880 en 1914*, Verloren, Hilversum 1998.

Roland Kamzelak en Ulrich Ott (red.), *Harry Graf Kessler. Das Tagebuch. Siebter Band 1818-1923*, Cotta, Stuttgart 2007.

Wassily Kandinsky, *Über das Geistige in der Kunst insbesondere in der Malerei*, Piper, München 1912.

Sybil Gordon Kantor, *Alfred H. Barr, Jr. and the intellectual origins of the Museum of Modern Art*, MIT Press, Cambridge, Massachusetts/Londen 2002.

Luchien Karsten, *De achturendag. Arbeidstijdverkorting in historisch perspectief, 1817-1919*, Stichting Beheer IISG, Amsterdam 1990.

John Keegan, *De Eerste Wereldoorlog 1914-1918*, Balans/Van Halewyck, Amsterdam/Leuven 2000.

Bram Kempers, *Kunst, macht en mecenaat. Het beroep van schilder in sociale verhoudingen 1250-1600*, Arbeiderspers, Amsterdam 1987.

Bram Kempers, 'Aandelen in onsterfelijkheid. Museaal mecenaat, particulier initiatief en overheid', in: Cas Smithuijsen (red.), *De hulpbehoevende mecenas. Particulier initiatief, overheid en cultuur, 1940-1990*, Boekmanstichting/Walburg Pers, Amsterdam/Zutphen 1990.

Ian Kershaw, *Hitler 1889-1936. Hoogmoed*, Het Spectrum, Utrecht 1999.

Ian Kershaw, *Hitler 1936-1945. Vergelding*, Het Spectrum, Utrecht 2000.

Ellen Key, *Über Liebe und Ehe. Essays*, Fischer, Berlijn 1906.

Hans Kiener, *Große Deutsche Kunstausstellung 1938 im Haus der Deutschen Kunst zu München. 10. Juli-16. Oktober*, Bruckmann, München 1938.

Ruth Kinna, *William Morris. The art of socialism*, University of Wales Press, Cardiff 2000.

Frank-Peter Kirsch, *Berliner Militärärzte im Labor von 1870-1895*, proefschrift Charité – Universitätsmedizin Berlin, Berlijn 2009.

Len de Klerk, *Particuliere plannen. Denkbeelden en initiatieven van de stedelijke elite inzake de volkswoningbouw en de stedebouw in Rotterdam, 1860-1950*, NAi Uitgevers, Rotterdam 1998.

Meine Henk Klijnsma, *Om de democratie. De geschiedenis van de Vrijzinnig-Democra-*

tische Bond, 1901-1946, Bert Bakker, Amsterdam 2008.
Meta Knol, *Kurt Schwitters in Nederland. Merz, De Stijl & Holland Dada*, Stadsgalerij/Waanders, Heerlen/Zwolle 1997.
A.J.F. Köbben, 'Sebald Rudolf Steinmetz (1862-1940). Een hartstochtelijk geleerde', in: J.C.H. Blom, P.H.D. Leupen [e.a.] (red.), *Een brandpunt van geleerdheid in de hoofdstad. De Universiteit van Amsterdam rond 1900 in vijftien portretten*, Verloren/Amsterdam University Press, Hilversum/Amsterdam 1992.
Jürgen Kocka, *Bürger und Bürgerlichkeit im 19. Jahrhundert*, Vandenhoeck & Ruprecht, Göttingen 1987.
Robert Koenig, *Deutsche Literaturgeschichte*, Velhagen en Klafing, Bielefeld en Leipzig 1879.
Ype Koopmans, '"Er is thans niets meer te krijgen"', *Kunstschrift*, 41(1997)1, p. 46-51.
Ype Koopmans, *John Rädecker. De droom van het levende beeld*, Waanders, Zwolle 2006.
Toos van Kooten (red.), *Bart van der Leck*, Krüller-Müller Museum, Otterlo 1994.
E.H. Kossmann, *De Lage Landen, 1780-1980. Twee eeuwen Nederland en België. Deel I: 1780-1914*, Elsevier, Amsterdam 1986.
E.H. Kossmann, *De Lage Landen 1780-1980. Twee eeuwen Nederland en België. Deel II: 1914-1980*, Elsevier, Amsterdam 1986.
Walter Kramer, *De Beurs van Berlage. Historie en herstel*, Waanders, Zwolle 2003.
Helene Kröller-Müller, *Beschouwingen over problemen in de ontwikkeling der moderne schilderkunst*, U.M. Holland, Amsterdam 1925.
Helene Kröller-Müller, *Die Entwicklung der modernen Malerei. Ein Wegweiser für Laien*, Klinkhardt & Biermann, Leipzig, 1927.
Kröller-Müller Stichting, *Tentoonstelling van werken van Vincent van Gogh. Stedelijk Museum Amsterdam. 6 september-2 november 1930*, Kröller-Müller Stichting, Den Haag 1930.
W.E. Krul, 'Müller, Julie Emma Laura Helene (1869-1939)', *Biografisch Woordenboek van Nederland*: www.inghist.nl/Onderzoek/Projecten/BWN/lemmata/bwn6/mueller (versie 25 augustus 2008).
Sven Kuhrau, *Der Kunstsammler im Kaiserreich. Kunst und Repräsentation in der Berliner Privatsammlerkultur*, Ludwig, Kiel 2005.

Yme Kuiper, 'Aristocraten contra burgers. Couperus' *Boeken der kleine zielen* en het beschavingsdefensief rond 1900', in: Remieg Aerts [e.a.] (red.), *De stijl van de burger. Over Nederlandse burgerlijke cultuur vanaf de middeleeuwen*, Kok Agora, Kampen 1998.

Paul van de Laar, *Stad van formaat. Geschiedenis van Rotterdam in de negentiende en twintigste eeuw*, Waanders, Zwolle 2000.
Anneke Landheer-Roelants, *Romantisch buitenwonen in de stad. 125 jaar Van Stolkpark*, Stichting Matrijs, Utrecht 1999.
Barbara Lasic, '"Splendid Patriotism". Richard Wallace and the construction of the Wallace Collection', *Journal of the history of collections*, 21(2009)2, p. 173-182.
H. van Galen Last, *Nederland voor de storm. Politiek en literatuur in de jaren dertig*, Fibula-Van Dishoeck, Bussum 1969.
Bart van der Leck, 'De plaats van het moderne schilderen in de architectuur', *De Stijl. Maandblad voor de moderne beeldende vakken*, 1(1917)1, p. 6-7.
Fred Leeman en Fleur Roos Rosa de Carvalho, *Odilon Redon en Emile Bernard. Meesterwerken uit de collectie van Andries Bonger*, Van Gogh Museum/Waanders, Amsterdam/Zwolle 2009.
Christian Lenz, 'De visie van Julius Meier-Graefe op Vincent van Gogh', in: Roland Dorn (red.), *Vincent van Gogh en de moderne kunst*, Waanders, Zwolle 1990.
Helmut Leppien en Gert von der Osten, *Europäische Kunst 1912. Zum 50. Jahrestag der Ausstellung des 'Sonderbundes westdeutscher Kunstfreunde und Künstler' in Köln, 12 September bis 9 Dezember 1962*, Wallraf-Richartz-Museum, Köln 1962.
Gotthold Ephraim Lessing, *Nathan der Weise*, Deutscher Taschenbuch Verlag, München 1997.
W.F. Lichtenauer, 'Plate, Antoine (1845-1927)', *Biografisch Woordenboek van Nederland*: www.inghist.nl/Onderzoek/Projecten/BWN/lemmata/bwn1/plate (versie 13 maart 2008). (a)
W.F. Lichtenauer, 'Stolk, Cornelis Adriaan Pieter van (1857-1934)', *Biografisch Woordenboek van Nederland*: www.inghist.nl/Onderzoek/Projecten/BWN/lemmata/bwn2/stolk (versie 13 maart 2008). (b)

Alfred Lichtwark, 'Der Sammler', *Kunst und Künstler*, 10(1912)5, p. 229-241.
William S. Lieberman, 'Redon: drawings and lithographs', *The Bulletin of the Museum of Modern Art* 19(1952)2, p. 2-15.
Robert van Lit, *Wassenaarse oudheden*, Boeckhuys Wassenaer, Wassenaar 1987.
Margaret Mary Littlehales, *Mary Ward. Pilgrim and mystic*, Burns and Oates, Londen 1998.
Jill Lloyd, *Vincent van Gogh en het expressionisme*, Van Gogh Museum/Waander, Amsterdam/Zwolle 2006.
Aleida Betsy Loosjes-Terpstra, *Moderne kunst in Nederland: 1900-1914*, Haentjes Dekker en Gumbert, Utrecht 1958.
Aleida Betsy Loosjes-Terpstra, *Leo Gestel als modernist. Werk uit de periode 1907-1922*, Noordbrabants Museum/Frans Halsmuseum, 's-Hertogenbosch/Haarlem 1983.

Diane Sachko Macleod, *Art and the Victorian middle class. Money and the making of cultural identity*, Cambridge University Press, Cambridge 1996.
Dianne Sachko Macleod, *Enchanted lives, enchanted objects. American women collectors and the making of culture, 1800-1940*, University of California Press, Berkeley, CA 2008.
Charlotte van Manen, *De Nederlandsche overzee trustmaatschappij. Middelpunt van het verkeer van onzijdig Nederland met het buitenland tijdens den wereldoorlog 1914-1919. Deel 1: 1914*, Nijhoff, Den Haag 1935.
Ron Manheim, 'The "Germanic" van Gogh: a case study of cultural annexation', *Simiolus. Netherlands quarterly for the history of art*, 19(1989)4, p. 227-288. (a)
Ron Manheim, 'Vincent van Gogh en Paul Cassirer', *Jong Holland*, 5(1989)2, p. 32-37. (b)
Henri Marchant, 'De Hoge Veluwe gered', *Haagsch Maandblad*, 24(1935)2 p. 117-133.
Joseph D. Masheck (red.), *Van Gogh 100*, Greenwood Press, Westport, CT 1996.
Werner Maser, *Adolf Hitlers Mein Kampf. Geschiedenis – fragmenten – commentaren*, Aspekt, Soesterberg 1998.
Grant McCracken, *Culture and consumption. New approaches to the symbolic character of consumer goods and activities*, Indiana University Press Bloomington, 1990.
Teio Meedendorp, *Tekeningen en grafiek van Vincent van Gogh in de collectie van het Kröller-Müller Museum*, Kröller-Müller Museum, Otterlo 2007.
W.C. Mees, 'Het koopmanshuis Haringvliet 98', *Rotterdamsch Jaarboekje*, Brusse, Rotterdam 1941.
Julius Meier-Graefe, *Entwicklungsgeschichte der modernen Kunst. Vergleichende Betrachtung der bildenen Künste, als Beitrag zu einer neuen Aesthetik*, J. Hoffmann, Stuttgart 1904.
Julius Meier-Graefe, *Auguste Renoir*, Piper & Co, München 1920.
Julius Meier-Graefe, 'Der Maler Vincent van Gogh', *Ganymed* 3(1921), p. 174-180.
Bronno Meijer, *De Schipborg. Architect H.P. Berlage*, doctoraalscriptie Rijksuniversiteit Groningen 1999.
Johannes Meintjes, *President Steyn. A biography*, Nasionale Boekhandel, Kaapstad 1969.
Martin Meredith, *Diamonds, gold and war. The British, the Boers, and the making of South Africa*, Simon & Schuster, London 2007.
W.W. van der Meulen, *Ontwikkeling en doel van de Volksuniversiteit. Rede gehouden ter gelegenheid van de opening der Haagsche Volksuniversiteit op zaterdag 7 october 1916*, Wolters, Groningen/Den Haag 1916.
Jan Meyers, *Mussert. Een politiek leven*, Aspekt, Soesterberg 2005 [eerste druk 1984].
Paul Moeyes, *Buiten schot. Nederland tijdens de Eerste Wereldoorlog 1914-1918*, Arbeiderspers, Amsterdam 2001.
Ileen Montijn, *Leven op stand. 1890-1940*, Thomas Rap, Amsterdam 2000.
Wam de Moor, *Van Oudshoorn. Biografie van de ambtenaar-schrijver J.K. Feijlbrief*, Arbeiderspers, Amsterdam 1982.
Corrie Moret, 'A.G. Kröller een groot koopman', in: Wim Alings (red.), *Het bewaarde landschap. Het Nationale Park De Hoge Veluwe 1935-1985*, Sijthoff, Amsterdam 1985.
Werner Mosse, *The German-Jewish economic élite, 1820-1935. A socio-cultural profile*, Clarendon Press, Oxford 1989.
Jos de Mul, 'Tussen kunst en wetenschap. Wilhelm Dilthey over de historische biografie', in: Bert Toussaint en Paul van der Velde (red.), *Aspecten van de historische biografie*, Kok Agora, Kampen 1992.
Anna Müller, *Wm. H. Müller. Nach Briefen und nach eigenen Erinnerungen von seiner Schwester Anna*, vierdelig ongepubliceerd

manuscript, Hannover 1924 (KMM inv.nr. HA379637).
Eelke Muller en Helen Schretlen, *Betwist bezit. De Stichting Nederlands Kunstbezit en de teruggave van roofkunst na 1945*, Waanders, Zwolle 2002.
L. von Münching, *De geschiedenis van de Batavierlijn. Nederlands oudste stoomvaartlijn, 1830-1958*, Van Wijnen, Franeker 1994.
Hermann Muthesius, *Das englische Haus. Entwicklung, Bedingungen, Anlage, Aufbau, Einrichtung und Innenraum*, Ernst Wasmuth, Berlijn 1904, 1905, 1908.
Hermann Muthesius, *Landhaus und Garten. Beispiele neutzeilicher Landhäuser nebst Grundrissen, Innenräumen und Gärten*, F. Bruckmann, München 1907.

Walter Naumann, 'Goethe's religion', *Journal of the history of ideas. A quarterly devoted to cultural and intellectual history*, 13(1952)1, p. 188-199.
Johan Nederbragt, 'Hitler, de Duitser, als denker', *Antirevolutionaire Staatkunde* VIII(1932)10, p. 409-419.
Ton Neelissen, *Het tomeloze leven van Johannes Esser. Grondlegger van de plastische chirurgie*, Balans, Amsterdam 2002.
Lynn H. Nicholas, *The rape of Europa. The fate of Europe's treasures in the Third Reich and the Second World War*, Macmillan, Londen 1994.
Friedrich Nietzsche, *Aldus sprak Zarathoestra. Een boek voor allen en voor niemand*, Wereldbibliotheek, Amsterdam 2007.
Wim H. Nijhof, *Anton Kröller (1862-1941), Helene Kröller-Müller (1869-1939). Miljoenen, macht en meesterwerken*, De Valkenberg, Apeldoorn 2006.
Mea Nijland-Verwey (red.), *Kunstenaarslevens. De briefwisseling van Albert Verwey met Alphons Diepenbrock, Herman Gorter, R.N. Roland Holst, Henriette van der Schalk en J.Th. Toorop*, Van Gorcum, Assen 1959.
Thimo de Nijs, *In veilige haven. Het familieleven van de Rotterdamse gegoede burgerij, 1815-1890*, SUN, Nijmegen 2001.
Thimo de Nijs en John Sillevis, *Den Haag. Geschiedenis van de stad. Deel 3. Negentiende en twintigste eeuw*, Waanders, Zwolle 2005.
Thomas Nipperdey, *Wie das Bürgertum die Moderne fand*, Siedler, Berlin 1988.

Karl Ernst Osthaus, 'Peter Behrens', *Kunst und Künstler*, 6(1908)3, p. 116-124.
Karl Ernst Osthaus, *Henry van de Velde. Leben und Schaffen des Künstlers*, Fröhlich & Kaufmann 1984 [eerste druk 1920].
Eva Ornstein-van Slooten, Marijke Holtrop [e.a.], *Het Rembrandthuis. De prenten, tekeningen en schilderijen*, Waanders/ Het Rembrandthuis, Zwolle/Amsterdam 1991.
R.W.D. Oxenaar, *Bart van der Leck tot 1920. Een primitief van de nieuwe tijd*, proefschrift Universiteit Utrecht 1976.
R.W.D. Oxenaar, A.M. Hammacher en Johannes van der Wolk, *Kröller-Müller. Honderd jaar bouwen en verzamelen*, Enschedé, Haarlem 1988.

Erwin Panofsky, *The life and art of Albrecht Dürer*, Princeton University Press, Princeton, N.J. 1971 [eerste druk 1943].
Bruce Pauley, *Hitler and the forgotten Nazis. A history of Austrian National Socialism*, Macmillan, Londen 1981.
Susan Pearce, *Museums, objects and collections. A cultural study*, Smithsonian Institution Press, Washington, DC 1993.
Joop Peeneman, 'Kalm temidden van de strijd. Verhoudingen tussen Heidemij en overheid', *Heidemijtijdschrift 100 jaar*, 99(1988)4, p. 171-186.
Elio Pelzers, 'De oprichting van de Stichting het Nationale Park de Hoge Veluwe', *Bijdragen en Mededelingen/Vereniging Gelre*, LXXXII(1991), p. 79-88.
Elio Pelzers, 'Mr. H.P. Marchant en de Stichting het Nationale Park de Hoge Veluwe', *Bijdragen en Mededelingen/ Vereniging Gelre*, LXXXIII(1992), p. 135-142. (a)
Elio Pelzers, '"De Hooge Veluwe productief gemaakt." Het plan voor de aanleg van een autoracecircuit op het landgoed', *De Schouw. Vereniging 'Vrienden van de Hoge Veluwe'*, 39(1992)2. (b)
Marijke Peters en Hettie Whitlau, *Innig aanschouwen. De schilder Douwe Komter*, Singer Museum, Laren 1989.
Elisabeth Pfeil, 'Die Frau in Beruf, Familie und Haushalt', in: Ferdinand Oeter (red.), *Familie und Gesellschaft*, Mohr, Tübingen 1966.
Albert Plasschaert, 'Schilderkunst. Vincent van Gogh (Oldenzeel)', *De Kroniek* 7 november 1903.

Sergio Polano, *Hendrik Petrus Berlage. Het complete werk*, Atrium, Alphen aan den Rijn 1988.
J.E. van der Pot, 'De kleine Rotterdammer', *Rotterdams Jaarboekje*, Brusse, Rotterdam 1951.
David Price, *Cancan!*, Cygnus Arts, Londen 1998.
Sylvester Primer, 'Lessing's religious development with special reference to his *Nathan the Wise*', PMLA, 8(1893)3, p. 335-379.

W.G. Quist en R.W.D. Oxenaar, *Rijksmuseum Kröller-Müller. Nieuwbouw 1970-1977*, Rijksmuseum Kröller-Müller, Otterlo 1978.
Esmée Quodbach, '"I want this collection to be my monument": Henry Clay Frick and the formation of The Frick Collection', *Journal of the history of collections*, 21(2009)2, p. 229-240.

Richard Reiche (voorwoord), *Internationale Kunstausstellung des Sonderbundes westdeutscher Kunstfreunde und Künstler zu Cöln*, Dumont Schauberg, Keulen 1912.
Maria Antonia Reinhard-Felice (red.), *Sammlung Oskar Reinhart 'Am Römerholz'* Winterthur, Schwabe, Basel 2003.
Hans Renders, 'De biografische methode', in: Gerrit Voerman en Dirk Jan Wolffram [red.], *Kossmann Instituut. Benaderingen van de geschiedenis van politiek*, Kossmann Instituut, Rijksuniversiteit Groningen 2006.
Hans Renders, 'Het zelfbewustzijn van de biograaf. Waarom de biografie geen roman is', *Zacht Lawijd, cultuur-historisch tijdschrift*, 6(2007)2, p. 67-81.
Hans Renders, *De zeven hoofdzonden van de biografie. Over biografen, historici en journalisten*, Bert Bakker, Amsterdam 2008.
John Rewald, *Seurat. A biography*, H.N. Abrams, New York 1990.
Rijksgebouwendienst/Bureau Rijksbouwmeester, 'Bouwhistorische documentatie en waardebepaling. Hoenderloo, Jachthuis Sint Hubertus', 1994.
Mieke Rijnders, *Willem van Konijnenburg. Leonardo van de Lage Landen*, Waanders, Zwolle 2008.
Richard Roland Holst, 'De bouwmeester Berlage in zijn verhouding tot de architecturale beeldhouw- en schilderkunst', *Over kunst en kunstenaars. Beschouwingen en herdenkingen*, Meulenhoff, Amsterdam 1923.
Richard Roland Holst, 'Mevrouw H. Kröller-Müller. Beschouwingen over problemen in de ontwikkeling der moderne kunst', *De gids*, 90(1926), p. 137-138.
Carl Rollyson, *A Higher Form of Cannibalism? Adventures in the Art and Politics of Biography*, Ivan R. Dee, Chicago 2005.
Ernst-August Roloff, *Bürgertum und Nationalsozialismus 1930-1933. Braunschweigs Weg ins Dritte Reich*, Verlag für Literatur und Zeitgeschehen, Hannover 1961.
Jan Romein, *De biografie*, Ploegsma, Amsterdam 1946.
Jan Romein en Annie Romein-Verschoor, *Op het breukvlak van twee eeuwen. Deel I*, Brill/Querido's Uitgeverij nv, Leiden/Amsterdam 1967.
Caroline Roodenburg-Schadd, *'Goed modern werk'. De collectie Regnault in Het Stedelijk*, Waanders, Zwolle 1995.
Caroline Roodenburg-Schadd, *Expressie en ordening. Het verzamelbeleid van Willem Sandberg voor het Stedelijk Museum, 1945-1962*, Stedelijk Museum/NAi Uitgevers, Amsterdam/Rotterdam 2004.
Caroline Roodenburg-Schadd, 'Art collecting and art promotion by P.A. Regnault (1868-1954)', paper gepresenteerd tijdens het congres: 'The Art Collector: between Philanthropy and Self Glorification', Groninger Museum en Rijksuniversiteit Groningen/Biografie Instituut, 5 en 6 juni 2008.
Johan Willem Rosenstok, *Brochure over de N.V. Wm. Müller en Co's Erts- en Scheepvaartbedrijf. Hoofdkantoor te 's-Gravenhage, Lange Voorhout no. 3*, [s.n.], Rotterdam 1930.
Eva Rovers, 'De eerste, het beste, het nieuwste en het meeste. Guggenheim en Kröller-Müller verzamelden tegen de vergetelheid', *De academische boekengids* (2007)64, p. 3-5.
Eva Rovers, '"He is the key and the antithesis of so much": Helene Kröller-Müller's fascination with Vincent van Gogh', *Simiolus. Netherlands quarterly for the history of art*, 33(2009)4, p. 258-272.
Eva Rovers, 'Introduction: The art collector – between philanthropy and self-glori-

fication', *Journal of the history of collections*, 21(2009)2, p. 157-161.
Eva Rovers, 'Monument to an industrialist's wife. Helene Kröller-Müller's motives for collecting', *Journal of the history of collections*, 21(2009)2, p. 241-252.
Peter de Ruiter, *A.M. Hammacher. Kunst als levensessentie*, De Prom, Baarn 2000.
Timothy W. Ryback, *Hitler's private library. The books that shaped his life*, Knopf, New York 2008.

K.S., 'Kunstausstellungen. Berlin', *Kunst und Künstler*, 8(1910)8, p. 419.
Rémy Saisselin, *Bricabracomania. The bourgeois and the bibelot*, Thames and Hudson, Londen 1985.
Kees Schaepman, 'Kröller als geheim diplomaat', in: Wim Alings, *Het bewaarde landschap. Het Nationale Park De Hoge Veluwe 1935-1985*, Sijthoff, Amsterdam 1985.
H.J. Scheffer, *November 1918. Journaal van een revolutie die niet doorging*, De Arbeiderspers, Amsterdam 1968.
Karl Scheffler, *Henry van de Velde. Vier Essays*, Insel, Leipzig 1913.
Huibert Schijf, Edward van Voolen [e.a.], *Gedurfd verzamelen. Van Chagall tot Mondriaan*, Waanders/Joods Historisch Museum, Zwolle/Amsterdam 2010.
Carla Schmincke, *Sammler in Hamburg. Der Kaufmann und Kunstfreund Konsul Eduard Friedrich Weber (1830-1907)*, proefschrift Universität Hamburg, Hamburg 2003.
Michael Schneider, *Unterm Hakenkreuz. Arbeiter und Arbeiterbewegung 1933 bis 1939*, Dietz, Bonn 1999.
Karen Schniedewind, *Begrenzter Aufenthalt im Land der unbegrenzten Möglichkeiten. Bremer Rückwanderer aus Amerika: 1850-1914*, Steiner, Stuttgart 1994.
Christian Schoen, *Albrecht Dürer: Adam und Eva. Die Gemälde, ihre Geschichte und Rezeption bei Lucas Cranach d.Ä. und Hans Baldung Grien*, Reimer, Berlin 2001.
Frits Scholten, 'De inspiratie van Mendes da Costa', *Kunstschrift* 41(1997)1, p. 10-17.
Nic. Schrama, *Dagblad De Tijd 1845-1974*, Valkhof Pers, Nijmegen 1996.
Maria-Katharina Schulz, *Glasmalerei der klassischen Moderne in Deutschland*, Lang, Frankfurt am Main 1987.
Franz Schulze, *Mies van der Rohe. A critical biography*, University of Chicago Press, London 1985.
John Scott, *A matter of record. Documentary resources in social research*, Polity Press, Cambridge 1990.
Klaus-Jürgen Sembach, *Henry van de Velde*, Thames and Hudson, London 1989.
Klaus-Jürgen Sembach en Birgit Schulte, *Henry van de Velde. Ein europaeischer Künstler seiner Zeit*, Wienand Verlag, Keulen 1992.
Michel Seuphor, *Piet Mondrian. Life and work*, Contact, Amsterdam 1956.
Debora Silverman, *Van Gogh and Gauguin. The search for sacred art*, Farrar Straus and Giroux, New York 2000.
Pieter Singelenberg, *H.P. Berlage. Idea and style*, Haentjens Dekker en Gumbert, Utrecht 1971.
Pieter Singelenberg, *Gemeentemuseum Den Haag. H.P. Berlage*, Waanders/Gemeentemuseum Den Haag, Zwolle/Den Haag 1999.
Robin te Slaa en Edwin Klijn, *De NSB. Ontstaan en opkomst van de Nationaal-Socialistische Beweging, 1931-1935*, Boom, Amsterdam 2009.
Ralph Smith, 'MoMA as educator: the legacy of Alfred H. Barr Jr. (review)', *Journal of aesthetic education* 39(2005)2, p. 97-103.
Jan-Pieter Smits, Edwin Horlings [e.a.], *Dutch GNP and its components, 1800-1913*, Groningen Growth and Developement Centre, Groningen 2000.
Susan Sontag, *De vulkaanminnaar. Een romance*, Anthos, Baarn 1993.
Ineke Spaander en Paul van der Velde (red.), *Reünie op 't Duin. Mondriaan en tijdgenoten in Zeeland*, Waanders/Zeeuws Museum, Zwolle/Middelburg 1994.
Piet Spijk, *De Bergense School en Piet Boendermaker. Kunstverzamelaar in Amsterdam en Bergen*, Waanders, Zwolle 1997.
Benedictus de Spinoza, *Ethica*, Prometheus/Bert Bakker, Amsterdam 2002.
Peter Stansky, *Redesigning the world. William Morris, the 1880s, and the Arts and Crafts*, Princeton University Press, Princeton 1985.
Renée Steenbergen, *Iets wat zo veel kost, is alles waard. Verzamelaars van moderne kunst in Nederland*, Vassallucci, Amsterdam 2002.
Renée Steenbergen, *De Nieuwe Mecenas*.

Cultuur en de terugkeer van het particuliere geld, Business Contact, Amsterdam 2008.
Elly Stegeman, 'Bremmer, Van Gogh en de praktische esthetica', *Jong Holland* 9(1993)2, p. 37-48.
Rudolf Steinmetz, *Die Philosophie des Krieges*, Barth, Leipzig 1907.
Fritz Stern, *Droom en waan. Het drama van de Duitse geschiedenis, 1850-1993*, De Arbeiderspers, Amsterdam 1994.
P. R. D. Stokvis, *De wording van modern Den Haag. De stad en haar bevolking van de Franse tijd tot de Eerste Wereldoorlog*, Waanders, Zwolle 1987.
P. R. D. Stokvis, *Het intieme burgerleven. Huishouden, huwelijk en gezin in de lange negentiende eeuw*, Bert Bakker, Amsterdam 2005.
Chris Stolwijk, Han Veenenbos [e.a.], *The account book of Theo van Gogh and Jo van Gogh-Bonger*, Van Gogh Museum/Primavera Pers, Amsterdam/Leiden 2002.
Peter Stressig, 'Hohenhagen – Experimentierfeld modernen Bauens', *Karl Ernst Osthaus. Werk und Leben*, Aurel Bongers, Recklinghausen 1971.
Peter Stressig, 'Karl Ernst Osthaus – der Planer und Bauherr', *Karl Ernst Osthaus. Werk und Leben*, Aurel Bongers, Recklinghausen 1971.
Judy Sund, 'Van Gogh's *Berceuse* and the sanctity of the secular', in: Joseph D. Masheck (red.), *Van Gogh 100*, Greenwood Press, Westport, CT 1996.

Ismee Tames, 'De Nederlandsch-Duitsche Vereeniging en het verlangen naar ware cultuur', in: Frits Boterman en Marianne Vogel (red.), *Nederland en Duitsland in het interbellum. Wisselwerking en contacten: van politiek tot literatuur*, Verloren, Hilversum 2003.
Ismee Tames, 'Oorlog voor onze gedachten'. *Oorlog, neutraliteit en identiteit in het Nederlandse publieke debat, 1914-1918*, Verloren, Hilversum 2006.
Gabriel von Térey, *Katalog der aus der Sammlung des Kgl. Rates Marczell von Nemes-Budapest ausgestellten Gemälde*, Düsseldorf 1912.
Louise Hall Tharp, *Mrs. Jack. A biography of Isabella Stewart Gardner*, Little Brown and Co., Boston 1965.

Sybrand Thissen, *De spinozisten. Wijsgerige beweging in Nederland (1850-1907)*, SDU Uitgevers, Den Haag 2000.
Lieske Tibbe, *R. N. Roland Holst 1868-1939. Arbeid en schoonheid vereend. Opvattingen over gemeenschapskunst*, Architectura & Natura/Stichting Nijmeegse Kunsthistorische Studies, Amsterdam/Nijmegen 1994.
Louis van Tilborgh, Sjraar van Heugten [e.a.], *Van Gogh & Millet*, Waanders/Rijksmuseum Vincent van Gogh, Zwolle/Amsterdam 1988.
Pieter Jelles Troelstra, *Gedenkschriften. Derde deel: Branding*, Querido, Amsterdam 1929.
Henk Tromp, *De strijd om de echte Vincent van Gogh. De kunstexpert als brenger van een onwelkome boodschap, 1900-1970*, Mets & Schilt, Amsterdam 2006.
Barbara W. Tuchman, 'Biography as a prism of history', in: Stephen B. Oates (red.), *Biography as high adventure. Lifewriters speak on their art*, University of Massachusetts, Amherst 1986.
Anna Tumarkin, *Spinoza. Acht Vorlesungen gehalten an der Universität Bern*, Quelle und Meyer, Leipzig 1908.
Henry Ashby Turner Jr., *Hitler's thirty days to power. January 1933*, Bloomsbury, London 1996.

Thorstein Veblen, *The theory of the leisure class*, Modern Library, New York 2001 [eerste druk 1899].
Henk van Veen, *Cosimo I de' Medici vorst en republikein. Een studie naar het heersersimago van de eerste groothertog van Toscane (1537-1574)*, Meulenhoff/Kritak, Amsterdam/Leuven 1998.
Henry van de Velde, *Geschichte meines Lebens*, R. Piper & Co, München 1962.
Adriaan Venema, *Kunsthandel in Nederland, 1940-1945*, De Arbeiderspers, Amsterdam 1986.
Aukje Vergeest, *The French collection. Nineteenth-century French paintings in Dutch public collections*, Van Gogh Museum/Amsterdam University Press, Amsterdam 2000.
Paula Vermeyden en Arend Quak, *Van Ægir tot Ymir. Personages en thema's uit de Germaanse en Noordse mythologie*, SUN, Nijmegen 2000.
Tony van Verre, *Herman Krebbers. Portret*

van een kunstenaar, Meulenhoff, Amsterdam 1981.
Albert Verwey, 'Spinoza's Ethica', *Tweemaandelijksch tijdschrift voor letteren, kunst, wetenschap en politiek*, 2(1896)2, p. 437-447.
Albert Verwey, 'H.P. Bremmer: Vincent van Gogh', *De beweging. Algemeen maandschrift voor letteren, kunst, wetenschap en staatkunde* 8(1912)2, p. 94-95.
Albert Verwey, Joh. Langejan [e.a.], *H.P. Berlage. Ter gedachtenis 21 febr. 1856-12 aug. 1934*, Mouton & Co, Den Haag 1934.
Max Verworn, *Zur Psychologie der primitiven Kunst. Ein Vortrag*, Fischer, Jena 1908.
Cornelis Veth, *Schoon schip! Expertise naar echtheid en onechtheid inzake Vincent van Gogh*, De Spieghel/Het Kompas, Amsterdam/Mechelen 1932.
H.J. Vink, 'Bremmer, Spinoza en de abstracte kunst', *Jong Holland* 3(1987)2, p. 40-47.
Eugène Viollet-le-Duc, *Dictionnaire raisonné de l'architecture française du XIe au XVIe siècle*, A. Morel, Paris 1854.
Joop Visser [e.a.] (red.), *Rotterdamse ondernemers, 1850-1950*, De Hef/Centrum voor Bedrijfsgeschiedenis Erasmus Universiteit Rotterdam, Rotterdam 2002.
Wouter Visser, 'Vincent van Gogh en 's-Gravenhage', *Geschiedkundige Vereniging Die Haghe. Jaarboek 1973*, [s.n.] [z.j.].
Jaap Vogel, *Nabije vreemden. Een eeuw wonen en samenleven*, SDU Uitgevers, Den Haag 2005.
Ludwig Volkmann, *Naturprodukt und Kunstwerk: vergleichende Bilder zum Verständnis des künstlerischen Schaffens*, Kühtmann, Dresden 1903 [1902].
Volksuniversiteit te 's-Gravenhage, *Eerste jaarverslag van de Volksuniversiteit te 's-Gravenhage*, [s.n.], [s.l.] 1916-1917.
Ambroise Vollard (red.), *Lettres de Vincent van Gogh à Émile Bernard*, [s.n.], Paris 1911.
Ambroise Vollard, *Souvenirs d'un marchand de tableaux*, Albin Michel, Parijs 1937.
M.W.R. van Vollenhoven, *St. Hubertus, de patroon der jagers. Geschiedenis, legenden, gebruiken, folklore en gilden*, Kraal, Driebergen 1937.
Frank van Vree, *De Nederlandse pers en Duitsland 1930-1939. Een studie over de vorming van de publieke opinie*, Historische Uitgeverij, Groningen 1989.

Johan de Vries, *Ontsloten poorten. Vijftig jaren volksuniversiteit in Nederland, 1913-1963*, Van Gorcum, Assen 1963.
Johan de Vries, *Hoogovens IJmuiden 1918-1968. Ontstaan en groei van een basisindustrie*, Koninklijke Nederlandsche Hoogovens en Staalfabrieken nv, [IJmuiden] [1968].
Johan de Vries, *De Nederlandse economie tijdens de 20ste eeuw. Een verkenning van het meest kenmerkende*, De Nederlandsche Boekhandel, Antwerpen/Utrecht 1973.
Johan de Vries, *Geschiedenis der accountancy in Nederland. Aanvang en ontplooiing, 1895-1935*, Van Gorcum, Assen/Maastricht 1985.

Peter Washington, *Madame Blavatsky's baboon. Theosophy and the emergence of the western guru*, Secker & Warburg, Londen 1993.
David Watkin, *Morality and architecture. The development of a theme in architectural history and theory from the Gothic revival to the modern movement*, Clarendon Press, Oxford 1977.
Richard M. Watt, *The kings depart. The tragedy of Germany: Versailles and the German revolution*, Weidenfeld and Nicholson, Londen 1968
Max Weber, *Gesamtausgabe. Wissenschaft als Beruf, 1917/1919. Politik als Beruf, 1919*, Mohr, Tübingen 1992.
Gabriel Weisberg, Edwin Becker [e.a.], *De oorsprong van L'Art Nouveau. Het Bing imperium*, Van Gogh Museum, Amsterdam 2004.
Bogomila Welsh-Ovcharov, *Van Gogh in perspective*, Prentice-Hall, Englewood Cliffs, NJ 1974.
Bogomila Welsh-Ovcharov, 'I shall grow in the tempest', in: Joseph D. Masheck (red.), *Van Gogh 100*, Greenwood Press, Westport, CT 1996.
Robert Welsh en Joop Joosten, *Piet Mondrian. Catalogue raisonné of the work of 1911-1944*, V+K Publishing/Cercle d'Art, Blaricum/Paris 1998.
Francesco Welti, *Der Baron, die Kunst und das Nazigold*, Huber Verlag, Frauenfeld 2008.
Angelika Wesenberg, Ruth Langenberg [e.a.], *Im Streit um die Moderne. Max Liebermann. Der Kaiser. Die Nationalgalerie*, Nicolai, Berlin 2001.

Mirjam Westen (red.), *Met den tooverstaf van ware kunst. Cultuurspreiding en cultuuroverdracht in historisch perspectief*, Martinus Nijhoff, Leiden 1990.
Johan Wijne, *De 'vergissing' van Troelstra*, Verloren, Hilversum 1999.
Harry van Wijnen, *Grootvorst aan de Maas. D.G. van Beuningen (1877-1955)*, Balans, Amsterdam 2004.
Thera Wijsenbeek-Olthuis, *Het Lange Voorhout. Monumenten, mensen en macht*, Waanders, Zwolle 1998.
Dorothee Wimmer en Christina Feilchenfeldt, *Kunstsammlerinnen. Peggy Guggenheim bis Ingvild Goetz*, Dietrich Reimer Verlag, Berlin 2009.
Donald J. Winslow, *Life-writing. A glossary of terms in biography, autobiography, and related forms*, University of Hawaii Press, Honolulu 1995 [eerste druk 1980].
Michael Wintle, *Pillars of Piety. Religion in the Netherlands in the Nineteenth Century*, Hull University Press, Hull 1987.
Karl With, *Autobiography of ideas. Memoirs of an extraordinary art scholar*, Mann, Berlin 1997.
Ellen Jellema-van Woelderen, 'De Clown van Renoir in het Museum Kröller-Müller', *Simiolus. Netherlands quarterly for the history of art*, 1(1966-1967)1, p. 46-50.
Johannes van der Wolk, 'Honderd jaar Kröller-Müller', in: R.W.D. Oxenaar, A.M. Hammacher [e.a.], *Kröller-Müller. Honderd jaar bouwen en verzamelen*, Enschedé, Haarlem 1988.
Johannes van der Wolk, *De Kröllers en hun architecten. H.E.L.J. Kröller-Müller, A.G. Kröller, L.J. Falkenburg, P. Behrens, L. Mies van der Rohe, H.P. Berlage, A.J. Kropholler, H. van de Velde*, Rijksmuseum Kröller-Müller, Otterlo 1992.
Auke van der Woud, *Sterrenstof. Honderd jaar mythologie in de Nederlandse architectuur*, Uitgeverij 010, Rotterdam 2008.

Carol M. Zemel, *The formation of a legend. Van Gogh criticism, 1890-1920*, UMI Research Press, Ann Arbor, Michigan 1980.
Dieter Ziegler, *Großbürger und Unternehmer. Die deutsche Wirtschaftselite im 20. Jahrhundert*, Vandenhoeck & Ruprecht, Göttingen 2000.

Ton Zwaan (red.), *Familie, huwelijk en gezin in West-Europa. Van Middeleeuwen tot moderne tijd*, Boom/Open Universiteit, Amsterdam/Heerlen 1993.
Co van der Zwet, *Oceanus voor en na. Boek en Periodiek/Oceanus/Boek en Periodiek Uitgevers 1924-1958*, Masterscriptie Universiteit van Amsterdam 2008.
Co van der Zwet, 'Vals ingeburgerd. Uitgeversmaatschappij Oceanus 1941-1945', *De boekenwereld* 25(2009)4, p. 274-292.

–, 'Karakterschets A.G. Kröller', *De Hollandse revue* 1(1896)1.
–, 'Das Landhaus Dr. Leurings', *Dekorative Kunst. Illustrierte Zeitschrift für angewandte Kunst* 8(1905)2, p. 177-180.
–, *Catalogue des tableaux modernes, aquarelles, dessins et pastels, dépendant des collections formées par M.-C. Hoogendijk de La Haye*, Frederik Muller, Amsterdam 1912.
–, 'Statgehabte Auktionen. Amsterdam II', *Der Cicerone* 4(1912)11, p. 451.
–, *Verslag der handelingen van de Staten-Generaal 1935-1936*.
–, 'Inkomen en vermogen te 's-Gravenhage bezien aan de hand van de belastingstatistiek', *'s-Gravenhage. Maandblad der Gemeente 's-Gravenhage* 10(1955)10, p. 12.

Register

Aalst, Cornelis van (1866-1939) · 265-266
Abbe, Henry van (1880-1940) · 470
Ahn, Ernst (1834-1918) · 317
Albert, Joseph (1886-1981) · 371
Allebé, August (1838-1927) · 353
  Stilleven met pollepels · 353
Altman, Benjamin (1840-1913) · 186, 507
Altorf, Johan (1876-1955) · 308, 530, 543
  Aap · [Kleurafb. 28]
Andersen, Hans Christian (1805-1875) · 335
André, Georg (oudoom van Helene) · 20
André-Müller, Betty (oudtante van Helene) · 20
Andreae, Daniel · 383
Andel-Brückmann, Hildegard van (kleindochter) (1912-1984) · 199-200, 331, 387, 392, 440, 462, 534-535
Angel, Frère · 233, 515
  De levensbron · 233
Arden, Elizabeth (1878-1966) · 512
Arper, Gertrud (1894-1968) · 286, 298, 526, 528
Auping, Willy · 438, 440, 451-452, 461, 466, 468, 561, 564-565
Aurier, Albert (1865-1892) · 90, 493
Avercamp, Hendrik (1585-1634) · 101-102, 180
  IJsgezicht · 101-102

Baas, Gerrit (1897-1977) · 440
Bakel, Willem van (1866-?) · 104
Bakker, Jacob (1886-1973) · 464, 466-467, 556, 563
Baldung Grien, Hans (1484-1545) · 244-245, 249, 336, 453, 459, 518, 565
  Venus en Amor · 244-245, 249, 336, 453, 458-459, 518, [Kleurafb. 12]
Barnes, Albert C. (1872-1951) · 195
Barr Jr., Alfred (1902-1981) · 373, 425-428, 445, 542, 557-558
Barth, Wilhelm · 373-374
Bartlett, Frederic Clay (1873-1953) · 346
Bartlett-Birch, Helen (1883-1925) · 346
Baudelaire, Charles (1821-1867) · 94, 197
Bauer, Leopold (1872-1938) · 524
Bauer, Marius (1864-1932) · 387
Bazel, K. P. C. de (1869-1923) · 228
Beckerath, Adolf von (1834-1915) · 189, 334

Beelaerts van Blokland, Frans (1872-1956) · 383
Beeton, Isabella (1836-1865) · 43
Beffie, Willem (1880-1950) · 497, 516
Behrens, George (1881-1856) · 566
Behrens, Peter (1868-1940) · 13, 144-147, 152-153, 156-161, 163-164, 167, 172-173, 176, 183, 205-209, 212-214, 220, 248, 340, 502, 511
Bellini, Giovanni (ca. 1430-1516) · 124, 134-135
  Pietà · 124, 134-135
Berlage, Cato (1889-1976) · 226, 236
Berlage, H. P. (1856-1934) · 13, 171, 174-176, 187, 205, 208-213, 215-220, 223-232, 261, 267, 273-274, 276-278, 280-281, 284-289, 340-342, 355, 460, 478, 504-505, 511-514, 522-527, 540
  Aanblik oostzijde van het museum te Hoenderloo · [Kleurafb. 16]
  Hal van het museum te Hoenderloo · [Kleurafb. 16]
  Ontwerp voor het jachthuis Sint Hubertus · [Kleurafb. 15]
Bernard, Émile (1868-1941) · 191, 508
Bernheim, Gaston (1870-1953) · 195
Bernheim, Josse (1870-1941) · 195
Berthier, Philippe Alexandre (1883-1918) · 195
Bethmann Hollweg, Theobald von (1856-1921) · 264
Beuningen, D. G. (George) van (1877-1955) · 243, 403, 470
Bijvanck, W. G. C. (1848-1925) · 492
Bing, Samuel (1838-1905) · 149
Blankenstein, Marcus van (1880-1964) · 403
Blavatsky, Helena (1831-1891) · 493
Boendermaker, Piet (1877-1947) · 241-242, 479, 516-517
Bondt-Kröller, Marlene de (kleindochter) (1921-2010) · 331
Bonger, Andries (1861-1936) · 529
Borel, Henri (1869-1933) · 86, 493
Bosch, Jac. van den (1848-1948) · 176
Botha, Louis (1862-1919) · 83
Braak, Menno ter (1902-1940) · 401-402, 551
Bramante, Donato (1444-1514) · 137
Brancusi, Constantin (1876-1957) · 309
Braque, Georges (1882-1963) · 239, 297, 336-337, 373, 543

Breitner, George (1857-1923) · 95, 241, 335, 371, 543
Vrouwelijk halfnaakt · 335, [Kleurafb. 38]
Bremmer, H. P. (1871-1956) · 13-15, 85-106, 109-110, 112, 118, 122, 124-125, 127-129, 147, 152, 155, 157, 164-165, 167-168, 173-174, 176, 178-179, 182-184, 186-187, 190-195, 197-198, 200, 208, 213-215, 219-220, 227, 229, 232, 235-237, 239-240, 242, 245-246, 248-253, 256, 275, 296-298, 301, 303-304, 307-309, 312-313, 318-323, 335, 337, 340, 344, 346, 351, 353-354, 356, 369-372, 377-379, 383, 385, 388, 393, 407, 413, 415, 444-447, 460, 478-479, 491-495, 504, 508-509, 512, 515, 518-519, 528-531, 537, 542, 544-545, 547-548, 565
Dennenbomen (Harscamp) · 314
Bremmer-Beekhuis, Aleida (1866-1945) · 239, 445, 447, 491
Brongersma, Hidde · 163, 168-169
Brückmann, Ernst (kleinzoon) (1916-1944) · 331, 535
Brückmann, Gertrud (kleindochter) (1918-2004) · 331
Brückmann, Hedwig, *zie* Everwijn-Brückmann
Brückmann, Hildegard, *zie* Van Andel-Brückmann
Brückmann, Kurt (neef van Helene) · 248
Brückmann, Paul (schoonzoon) (1879-1940) · 119-120, 160, 165-168, 170, 177, 180, 199-201, 221, 248, 257, 291-293, 462, 482, 505, 510, 527, 534, 538
Brückmann, Ruth (kleindochter) (1914-1917) · 331, 352
Brückmann-Kröller, Helene Maria Emilie (dochter) (1889-1947) · 58, 62, 75-76, 80, 85, 115, 118-123, 160, 164-168, 170, 175-180, 182, 199, 201-202, 217, 248, 257, 291-292, 294, 331, 352, 366, 418, 453, 461-463, 491, 500, 505, 527, 534, 538, 569
Brückmann-Neese, Mathilde (?-1929) · 119, 164
Bruhn, Christian (1868-1932) · 357, 398
Bruyn de Jonge, Barthel (1530-1609) · 316
Portret van een moeder met dochter · 316
Bruyn de Oude, Barthel (1492-1555) · 316-317, 459
Portret van een vrouw · 317, 459, [Kleurafb. 35]
Vanitas · 317, 459, [Kleurafb. 34]
Buisman, Dick · 76
Burgmans, H. · 361-363

Campigli, Massimo (1895-1971) · 317
La toletta · 371
Canaletto (1697-1768) · 246, 556
Carré, Oscar (1846-1911) · 47
Cassirer, Bruno (1872-1941) · 97
Cassirer, Paul (1871-1926) · 97-99, 110, 155, 195, 316, 376, 494, 509, 543
Cézanne, Paul (1839-1906) · 109, 194, 196, 244, 304-305, 460, 496-497, 509, 517
De weg langs het meer · [Kleurafb. 48]
Chagall, Marc (1889-1985) · 239
Chanel, Coco (1883-1971) · 512
Chirico, Giorgio de (1888-1978) · 239, 339, 388
Claesz, Pieter (1597-1660) · 370
Vanitas · 370
Colijn, Hendrik (1869-1944) · 401, 415, 432
Corot, Jean-Baptiste (1796-1875) · 95, 193, 302, 460, 476, 566
Jonge vrouw bij een bron · 566
Cort van der Linden, Pieter (1846-1935) · 264, 266, 526
Courbet, Gustave (1819-1877) · 244, 250, 389
Portret van Madame Jolicler · 389
Cousturier, Lucie (1876-1925) · 345, 538
Cranach de Jonge, Lucas (1515-1586) · 245
Hertenjacht · 245
Cranach de Oude, Lucas · 336, 458-459
Venus met Amor als honingdief · 336, 458, [Kleurafb. 39]
Csáky, Joseph (1888-1971) · 309, 322
Tête de Femme · 322
Cuno, Willy · 147, 152
Cuyp, Albert (1620-1691) · 96, 235, 515
Czernin, Ottokar von (1872-1932) · 328, 534

Daalhoff, Henri van (1867-1953) · 101, 187, 307, 313, 323, 369-370, 388, 460, 530-531
Kerkhofpoort · [Kleurafb. 26]
Dahlerus, Birger (1891-1957) · 450-451, 564
Dam van Isselt, Jet van (1895-1972) · 393-394
Dante Alighieri (1265-1321) · 73, 122, 137, 168, 175, 438
Daubigny, Charles (1817-1878) · 235, 302
Onweersbui boven een korenveld · 235
Daumier, Honoré (1808-1879) · 193
David, Gerard (1460-1523) · 316
Pietà · 316, [Kleurafb. 33]
Degas, Edgar (1834-1917) · 309, 460, 509, 566
Baigneuse couchée · 566

Degouve de Nuncques, William (1867-1935)
· 234, 251-252, 295, 302, 309-310, 316, 519,
529, 543
Het blinde huis ('La maison Rose') ·
[Kleurafb. 13]
Madonna in herinnering verzonken · 252
De zwarte zwaan · 252
Deichmann, Carl Theodor (1866-1931) · 357
Delacroix, Eugène (1798-1863) · 335
Dengler, Franz (1870-1939) · 357
Denis, Maurice (1870-1943) · 240
Derkinderen, Antoon (1859-1925) · 183, 542
Portret van Stéphane Mallarmé · 183
Deventer, Jan Salomon (vader van Sam)
(1858-1945) · 131-132
Deventer, Rudi van (1940-2005) · 140, 466
Deventer, Sam van (1888-1972) · 16, 130-140,
142, 153, 159, 165-168, 170-171, 177-182, 184,
188-189, 191-192, 201-202, 206, 210-211,
213, 218, 227, 231, 243-244, 246-248, 255,
257, 262, 264, 267, 269, 274, 291, 303, 310,
313, 323, 325-326, 333, 335, 352, 356, 358,
361-362, 365-366, 368, 382, 387, 393, 404-
405, 413, 418, 420, 426-428, 432-433, 435,
437-439, 443, 447-449, 452-453, 455-459,
461, 463-468, 477-478, 500, 504, 510, 525,
533, 535, 538, 544, 548, 550, 556-557, 559,
561, 563-566, 568-569
Deventer-Bottler, Mary van (1902-1978) ·
139-140, 457, 466-467, 477
Deyssel, Lodewijk van (1864-1952) · 506
Dijck, Anthonie van (1599-1641) · 244, 246
Doesburg, Theo van (1883-1931) · 301
Dongen, Kees van (1877-1968) · 239
Doorninck, Anton van · 412, 414, 420
Dreier, Katherine (1877-1952) · 372, 542
Drucker, Wilhelmina (1847-1925) · 115
Druet, Eugène (1868-1916) · 192
Dubuffet, Jean (1901-1985) · 469
Duchamp, Marcel (1887-1968) · 372
Duchamp-Villon, Raymond (1876-1918) ·
309
Dullaert, Heyman (1636-1684) · 373
Wandstilleven · 373, [Kleurafb. 46]
Dürer, Albrecht (1471-1528) · 133, 135, 336,
448, 536
Ritter, Tod, Teufel · 133-134
Dusseldorp, Catharinus van · 359-360

Eeden, Frederik van (1860-1932) · 89, 94,
495
Ensor, James (1860-1949) · 389
Het gevecht · 389

Enthoven, Lodewijk (1854-1920) · 189, 334-
335, 507
Erven Dorens, August van (1872-1960) ·
429
Esser, Johannes (1877-1946) · 517
Everwijn-Brückmann, Hedwig (Hetty)
(1919) · 439-440
Eyck, Aldo van (1918-1999) · 469
Eyck, Jan van (1390-1441) · 243

Faille, J.-B. de la (1886-1959) · 376-377, 393-
395, 515, 544, 549
Falkenburg, Leo (1872-1942) · 69-70, 127-
128, 140, 147, 156-157, 161-162, 273, 499
Fantin-Latour, Henri (1836-1904) · 95, 101,
180, 197-199, 251, 291, 295, 338, 353, 371,
388, 429, 441, 460, 543
Femme nue couchée · 388
Mr and Mrs Edwin Edwards · 371
Nature morte (primevères, poires et grenades) ·
290
Portret van Eva Callimachi-Catargi · 197-
198, 429, 510, [Kleurafb. 7]
Faulenbach, Wilhelm (tweede echtgenoot
van Helenes moeder) · 152
Faulenbach-Neese, Emilie (moeder van
Helene) (1843-1924) · 19, 23-24, 26-29, 31,
38-39, 46, 55-56, 221-222, 330, 513
Fechner, Gustav (1801-1887) · 89, 492
Fechter, Paul (1880-1958) · 304-306, 398
Fentener van Vlissingen, Frits (1882-1962) ·
403
Feuerbach, Anselm (1829-1880) · 502
Fischel, Lilli · 495
Fragonard, Jean-Honoré (1732-1806) · 246,
556
Frederik, prins van Oranje Nassau (1797-
1881) · 126
Freud, Sigmund (1856-1939) · 41
Frey, pastor · 36-37, 39-41
Frick, Henry Clay (1849-1919) · 475-476
Fuchs, Georg (1868-1949) · 111-112

Gabriël, Paul (1828-1903) · 100, 250, 495
Il vient de loin · 100, [Kleurafb. 1]
Landschap met sloot · 100
Gauguin, Paul (1848-1903) · 109-110, 196,
334, 460, 497, 517
Gebhardt, Carl (1881-1934) · 111
Gee, Malcolm · 480
Gelder, Hendrik van (1876-1960) · 289
Gérard, Carl · 150
Gerhardi, Ida (1862-1927) · 149

Gestel, Leo (1881-1941) · 234, 241, 370, 517
Giotto (ca. 1267-1337) · 122
Giovanni, Paolo di (ca. 1403-ca. 1483) · 316
Gleich, Walter · 399, 550
Gneist, Rudolph · 264
Goebbels, Joseph (1897-1945) · 402
Goethe, Johann Wolfgang von (1749-1832) · 27, 34, 38-39, 43, 48, 73, 94, 170, 438
Gogh, familie Van · 104, 195, 394, 470, 509, 549
Gogh, Theo van (1857–1891) · 97, 106, 191, 425, 529
Gogh, Vincent van (1853-1890) · 12-14, 95-99, 103-112, 127-128, 150, 154-155, 179-180, 183-198, 213, 233-234, 237-241, 245, 250, 255-256, 269, 295, 302, 304-306, 317, 323, 333-335, 342, 351, 355, 357, 373-379, 381, 384, 388-389, 393-395, 411, 425-427, 429, 435, 438, 440-441, 447-448, 453, 459-460, 494-495, 497, 506, 509, 517, 519, 535, 543, 557, 560, 563, 565
    Aardappelpoters (F41/JH513) · 335, [Kleurafb. 37]
    Arenlezende boerin (tekening) (F1269/JH833) · 192
    At Eternity's Gate (litho) (F1662/JH268) · 184-185, 506
    La Berceuse (F504/JH1665) · 191-192, 508, [Kleurafb. 6]
    Brug te Arles (F397/JH1368) · 193
    De cypressen (F614)* · 544
    Gebed voor de maaltijd (tekening) (F1053/JH357) · 192
    Interieur van een restaurant (F342/JH1256) · 233
    Korenschelven in de Provence (F425/JH1442) · 335
    Korenveld achter het Saint Paul ziekenhuis met maaier (F619/JH1792) · 155
    Landschap met korenschelven en opkomende maan (F735/JH1761) · 192
    Maaier met zeis (naar Millet) (F688/JH1783) · 97-99, 213, 494
    Mand met appels (F378/JH1340) · 110, 192, 355
    Mand met citroenen en fles (F384/JH1425) · 105-106, 233, 496, 515, [Kleurafb. 4]
    Olijfgaard (F585/JH1758) · 192
    Portret van Dr. Gachet (F753/JH2007) · 111
    Portret van Joseph-Michel Ginoux (F533/JH1649) · 192
    Het ravijn (Les Peiroulets) (F661/JH1871) · 192
    Rode en witte anjers (F327/JH1126)* · 535
    Roze perzikboom (Souvenir de Mauve) (F394/JH1379) · 318, 333
    Rozen en pioenen (F249/JH1105) · 96, 494, 547
    Stilleven rond een bord met uien (F604/JH1656) · 245
    Treurende oude man ('At Eternity's Gate') (F702/JH1967) · 185, 197-198, 506, [Kleurafb. 8]
    De tuin van de inrichting in Saint-Rémy (F734/JH1698) · 335
    Vier uitgebloeide zonnebloemen (F452/JH1330) · 105, 453, 495, 564
    Wandelpad in het park (F470/JH1582) · 335
    Weefgetouw met wever (F35/JH478) · 192
    Zaaier (naar Millet) (F689/JH1836) · 105, 179, 333, 535
    De zaaier (F422/JH1470) · 333, [Kleurafb. 37]
    Zeegezicht te Saintes-Maries-de-la-Mer (F418)* · 375-378, 394, 544
    Zelfportret (F385)* · 544
    Met een * gemarkeerde schilderijen zijn vervalsingen.
Gogh, Vincent van, 'de Ingenieur' (1890-1978) · 425
Gogh-Bonger, Johanna van (1862-1925) · 97-99, 155, 194-196, 425, 496, 515
Goodyear, Anson Conger (1877-1964) · 427
Göring, Hermann (1893-1946) · 450, 458-459, 563
Gorter, Herman (1864-1927) · 89, 94, 492
Goyen, Jan van (1596-1656) · 102, 240
    Riviergezicht · 102
Graag, Julie de (1877-1924) · 101, 313, 531
Greco, El (1541-1614) · 244
Gris, Juan (1887-1927) · 234, 237, 239, 336-337, 370
    Guitare sur une table · [Kleurafb. 11]
Groenink, Rijkman (1949) · 546
Gropius, Walter (1883-1969) · 340
Guggenheim, Peggy (1898-1979) · 475, 479-480

Haas, Elizabeth · 72, 452, 489
Hals, Frans (1583-1666) · 186, 243, 246
Hammacher, A. M. (1897-2002) · 234, 380, 468-470, 569
Hannema, Dirk (1895-1984) · 429, 433, 459, 566
Harinxma thoe Slooten, Binnert van · 445
Hartog, Arthur (1891-1986) · 445
Hasselt, Bertha van (1878-1932) · 313, 531
Hefting, Victorine (1905-1993) · 430-431, 559
Hegel, G. W. F. (1770-1831) · 92-93, 493

Heinersdorff, Gottfried (1883-1941) · 314-315, 321, 530, 532
Heinisch, *Hauptmann* · 456
Heisinger, Martha jr. (nicht van Helene) · 268, 306
Heisinger, Wilhelm (zwager van Helene) · 44
Heisinger, Willy (neef van Helene) · 268
Heisinger-Müller, Martha, *zie* Ullner-Müller
Hekker, Theo · 495
Heldring, Ernst (1871-1954) · 350, 521, 532, 540
Heldring, Jerome (1881-1916) · 523
Hellmann, Paul (1935) · 568
Hendrik, prins van Mecklenburg-Schwerin (1876-1934) · 141, 268, 333, 535
Hengel, Arie van (1886-1936) · 361-362
Hennig, Artur (1880-1959) · 283, 307, 321, 525, 530, 532
Henny, Carel · 174, 189, 200, 316, 504
Hensel, Ferdinand · 221
Hensel-Müller, Emmy (zus van Helene) (1872-1936) · 26, 29, 31, 36, 56, 222, 513
Herbin, Auguste (1882-1960) · 199, 234, 250, 337-338, 354, 371, 543
Paysage à Hardricourt · 338
Roses · 199, 250, 337, [Kleurafb. 9]
De waterval · 354
Hettinga Tromp, Truus van (1862-1972) · 101-102, 105, 307, 495, 530
Lijsterbessen · 101
Portret mevrouw Kröller · 102, 495, [Kleurafb. 3]
Heydt, Eduard von der (1882-1964) · 380, 418, 445, 555
Heymans, Gerard (1857-1930) · 89, 492
Heyne, Reinier (1888-1981) · 362, 540
Hindenburg, Paul von (1847-1934) · 398, 400, 405
Hitler, Adolf (1889-1945) · 397-407, 437, 448-451, 458-459, 550-552, 563-564
Hobhouse, Emily (1860-1926) · 80-81, 83, 116-117, 498
Hoogendijk, Cornelis (1866-1911) · 104, 109, 189, 193-196, 198, 235, 295, 334, 496, 507, 509
Hoornik, Clasina (Sien) (1850-1904) · 255
Horta, Victor (1861-1932) · 340, 348
Hudig, Jan (1885-1973) · 211
Huebner, Friedrich (1886-1964) · 237, 241, 509, 516
Huinck, Willem (1881-1966) · 323, 445

Humme, A. A. · 491
Huszár, Vilmos (1884-1960) · 301, 530

Israels, Isaac (1865-1934) · 241, 296, 335, 388, 543
Mata Hari · [Kleurafb. 17]
Israels, Jozef (1824-1911) · 241

Jeekel, Hendrik (1891-1965) · 463
Jesse, Truusje, *zie* Kröller-Jesse
Justi, Ludwig (1876-1957) · 375, 378, 467, 544-545

Kandinsky, Wassily (1866-1944) · 93-94, 239, 516, 528
Kaufmann, Richard von (1850-1908) · 316-317
Kempers, Bram (1953) · 480
Kessler, Harry (1868-1937) · 238, 516
Key, Ellen (1849-1926) · 117
Khnopff, Fernand (1858-1921) · 334
Kickert, Conrad (1882-1965) · 337
Kirchner, Ernst Ludwig (1880-1938) · 110
Kisjes, Titi · 318
Klagges, Dietrich (1891-1971) · 399, 550
Klein, Fritz (1895-1936) · 407
Kluijt-Kröller, Hendrika (tante Anton) (1800-1886) · 49
Koenig, Robert (1828-1900) · 34
Koetschau, Karl (1868-1949) · 313
Komter, Douwe (1871-1957) · 109, 310, 496, 542
König, Leo von (1871-1944) · 496
Konijnenburg, Willem van (1868-1943) · 316, 413, 516, 531
Damherten · 316
Krebbers, Herman (1923) · 465
Kresse, familie · 293
Kröller, Anthony George (vader van Anton) (1805-1989) · 46, 50
Kröller, Anthony George (Anton) (1862-1941) · 11-12, 42, 44-60, 63-70, 73-78, 80-81, 95, 97-99, 102, 105, 117, 126, 129-132, 134-137, 139-140, 143, 145-146, 156-161, 163-164, 166-175, 178-180, 182, 184, 186, 190, 192-193, 196-198, 200-202, 205-209, 213-215, 218-222, 225, 227, 229-230, 236, 247-248, 250-252, 255, 257-260, 262, 264-267, 269, 271-279, 281, 285, 291-293, 310, 312, 314, 323-326, 330-333, 340, 343, 346-347, 358-362, 365-369, 373-374, 382-386, 388-391, 397-399, 403, 407, 409, 411-412, 414-420, 432-439, 442-444, 449-453, 456-460, 463-464, 467-468, 476-477, 488, 494, 500-501,

507-508, 512, 515, 518-521, 523, 527, 531-535, 537-538, 541, 546-547, 550, 555, 557, 564-565
Kröller, Anthony George (Toon, zoon) (1890-1938) · 60, 62, 75-76, 118, 130, 134, 173, 175, 177-178, 180, 202, 221, 228-230, 257, 267, 273, 291-293, 325, 331-332, 366, 371, 418, 442, 535, 561-562
Kröller, Elisabeth Johanna (zus van Anton) (1857-1859) · 49
Kröller, Helene (dochter), *zie* Brückmann-Kröller
Kröller, Maria Helena (Marie, zus van Anton) (1859-1948) · 47, 49-50, 55, 222, 293, 365-366, 374, 384-386, 417-418, 547
Kröller, Marlene, *zie* De Bondt-Kröller
Kröller, Nicolaas Eliza (Nico, broer van Anton) (1854-1924) · 46, 49, 55, 248, 365, 488, 541
Kröller, Nicolien, *zie* Wit-Kröller
Kröller, Robert Anthony (Bob, zoon) (1897-1954) · 11, 62, 76, 97, 117-118, 122, 163, 165, 170-171, 173, 179-180, 182, 202, 217, 256, 257, 294, 325, 345, 358, 366, 383, 388, 417-418, 437, 439, 450, 452-453, 461, 463, 478, 541, 546, 564
Kröller, Wilhelm Nicolaas Anthony (Willem, broer van Anton) (1891-1980) · 42, 45-47, 49, 51, 53, 55-57, 222, 324, 365-366, 384, 385, 487
Kröller, Willem Nicolaas Anthony (Wim, zoon) (1891-1980) · 60, 62, 75-76, 117-118, 130, 134-136, 139, 167, 184, 202, 217, 221, 257, 267-268, 271-272, 292-293, 325, 332, 346, 366, 417-418, 442, 453, 461-463, 500, 518, 562, 567
Kröller-Jesse, Truusje (1872-1962) · 331, 371, 439, 442, 562
Kröller-Kemp, Maria Helena (moeder van Anton) (1824-1865) · 49
Kröller-Schäfer Else (1895-1988) · 332, 346, 462
Kropholler, Alexander (1881-1973) · 339, 457, 504, 536
Kruger, Paul (1825-1904) · 79-83, 490-491
Krupp, Friedrich Alfred (1854-1902) · 63
Kühlmann, Richard von (1873-1948) · 358

Lambert, Gerard · 382, 445
Lanooy, Chris (1881-1948) · 295
Laubheimer, Tilly · 385, 415
Laurens, Henri (1885-1954) · 309
Lauweriks, Jan (1899-1936) · 430-431, 559

Lauweriks, Matthieu (1864-1932) · 559
Lawrence, Thomas (1769-1830) · 246
Leck, Bart van der (1876-1958) · 14, 187-188, 200, 226, 228, 239, 256-258, 275, 286-287, 298-301, 307, 319, 321, 354, 369, 372, 428, 435, 445, 447, 507, 519-520, 526, 528-530, 532, 542-543
  Compositie 1916, nr. 4 · 301, [Kleurafb. 23]
  De kat · 299, [Kleurafb. 22]
  Het Mijnbedrijf (glas-in-lood) · 256-257, [Kleurafb. 14]
  Muzikanten (De zangers) · 299
  Uittocht genie naar het kamp · 200
Leck, Bertha van der (1883-1959) · 256, 445
Leclanché, Maurice (1848-1923) · 371
Lecq, Adriaan van der (1903-?) · 360
Léger, Fernand (1881-1955) · 337, 370, 542
  Naaktfiguren in een bos · 370, [Kleurafb. 45]
Lehmbruck, Wilhelm (1881-1919) · 199, 234
  Staande vrouwenfiguur · 199, 234, [Kleurafb. 10]
Lehnkering, Eugen · 139
Lehnkering-Bottler, Mary, *zie* Van Deventer-Bottler
Lemmen, Georges (1865-1916) · 240
Lepke, Rudolph · 186
Lessing, Gotthold Ephraim (1729-1781) · 34-38, 43, 48, 73, 92
Leuring, Willem · 240, 251, 499, 519, 536
LeWitt, Sol (1928-2007) · 469
Leyden, Lucas van (1494-1533) · 243
Leyds, Willem (1859-1940) · 82
Lichtwark, Alfred (1852-1914) · 188
Lieberman, Max (1847-1935) · 144
Liebknecht, Karl (1871-1919) · 330
Limburg, Joseph (1866-1940) · 249, 404, 518
Lodeizen, Guus (1888-?) · 416-417, 435, 555
Loudon, John (1866-1955) · 265
Luce, Maximilien (1858-1941) · 371
Luik, Hubertus van (ca. 655-727) · 282-283
Luxemburg, Rosa (1871-1919) · 330

Maastricht, Lambertus van (ca. 636-ca. 700) · 283
Maillol, Aristide (1861-1944) · 309, 441, 455, 469
  Baigneuse aux bras relevés · 454
Malevich, Kasimir (1878-1935) · 528
Mallinckrodt, familie · 358
Manet, Édouard (1832-1883) · 197, 460
  Portret van een man · 460
Mannheimer, Fritz (1890-1939) · 421, 431-433, 445, 556, 559

Mantegna, Andrea (1431-1506) · 123, 135, 186
  Dode Christus · 123, 135
  Maria met kind · 186
Marc, Franz (1880-1916) · 110, 497, 516
Marchant, Henri (1869-1956) · 419-420, 422, 431, 433, 443-444, 446, 556-557
Marie, prinses van Oranje Nassau (1841-1910) · 126
Maris, Jacob (1838-1899) · 95, 101, 241, 296
Maris, Matthijs (1839-1917) · 95, 101, 183, 240-241, 296, 334, 506
  Zelfportret · 101
Maris, Willem (1844-1910) · 95, 101, 193, 241, 296, 318
  Landschap met koeien · 193
Matisse, Henri (1869-1954) · 309
Maugham, William Somerset (1874-1965) · 473
Mauve, Anton (1838-1888) · 153, 241, 296, 318, 333
Mayr, Joseph (1900-1957) · 448, 563
Medici, Cosimo I de' (1519-1574) · 218
Mees, Marten (1828-1917) · 50
Meese, Julius (oudoom van Helene) · 19-20
Meese, Minna, *zie* Müller-Meese
Meier-Graefe, Julius (1867-1935) · 108, 110-112, 214, 304, 376, 496
Meissonier, Ernest (1815-1891) · 246
Memelink, Johan (1881-?) · 173-174, 178, 229-230, 419
Mendes da Costa, Joseph (1863-1939) · 189, 239-240, 284, 308-312, 320, 379, 404, 441, 447, 525, 530, 543
  Adam en Eva · 309
  De filosoof · 320
  Monument Christiaan de Wet · 311-312, [Kleurafb. 30]
  Spinoza · 308, [Kleurafb. 27]
Menge, Carl (1864-1945) · 274, 352, 539
Menzer, Artur · 270-272, 522
Mesdag, Emmy · 311
Mesdag, Hendrik Willem (1831-1915) · 132, 412
Metzinger, Jean (1883-1956) · 337, 388, 543
Meurer, Rudolph (1866-1950) · 169, 172
Michelangelo (1475-1564) · 112, 497
Mies van der Rohe, Ludwig (1886-1969) · 13, 160-161, 205-217, 340, 503, 511
Millet, Jean-François (1814-1875) · 95, 97, 100-101, 105, 179, 302, 318, 333, 389, 476, 535
  Le Faucheur · 97
  Het geboortehuis van Millet te Gruchy · 101
  Paysanne enfournant son pain · 318, [Kleurafb. 36]
Minne, George (1866-1941) · 240, 309, 334, 441
Modigliani, Amedeo (1884-1920) · 239
Molengraaff, Willem (1858-1931) · 362, 541
Monchy, Engel Pieter de · 50, 58
Mondriaan, Piet (1872-1944) · 13-14, 93, 187, 234, 237, 296-300, 338, 354, 372, 427-429, 435, 441, 463, 479, 493, 517, 527-528, 543
  Compositie 10 in zwart wit · 296-298, 428, [Kleurafb. 21]
  Compositie in kleur A · 298, [Kleurafb. 21]
  Compositie in kleur B · 298
  Compositie in lijn (tweede staat) · 298
  Compositie met blauw, rood, geel en zwart · 298
  Composition No. 11 · 298, [Kleurafb. 20]
  Composition with color planes and gray lines 2 · 567
  Composition with color planes and gray lines 3 · 567
  Tableau No. 1 · 297, [Kleurafb. 20]
Monet, Claude (1840-1926) · 197, 303, 316, 509
  De schildersboot · 303
Monticelli, Adolphe-Joseph (1824-1886) · 238, 388, 429, 516
  Portret van Joseph Antoine Monticelli · 516
Moroni, Giovanni Battista (ca. 1520-1578) · 517-518
Morosow, Iwan (1871-1921) · 195
Morris, William (1834-1896) · 150, 154, 223, 339
Mouwen, Kees (1853-1913) · 104, 495
Mühlmann, Kajetan (1898-1958) · 458-459, 566
Müller, Anna (1853-1933) · 28, 39, 55
Müller, Betty (1845-1845) · 20
Müller, Emmy, *zie* Hensel-Müller
Muller, Frederik (1817-1881) · 183, 318, 333-334, 389, 506, 508
Müller, Gustav (broer van Helene) (1865-1913) · 25-26, 29, 36, 42, 45, 51-52, 55-57, 95, 216, 220-221, 487
Müller, Heinrich (oom van Helene) (1841-1927) · 20
Müller, Johann Heinrich (grootvader van Helene) (1811-1886) · 19-21, 23
Müller, Julius (oom van Helene) · 20, 25
Müller, Martha, *zie* Ullner-Müller
Müller, Wilhelm Heinrich (vader van Helene) (1838-1889) · 19-32, 34, 36-39, 42-46, 51-53, 55-57, 488

Müller-Abeken, Anne (schoonzus van Helene) · 95, 189, 222, 347, 513
Müller-Meese, Minna (grootmoeder van Helene) (1811-1876) · 19-20
Müller-Neese, Emilie, *zie* Faulenbach-Neese
Mussert, Anton (1894-1946) · 403-404, 456, 462, 551
Muthesius, Hermann (1861-1927) · 524

Nauta, Gerhard (1884-1967) · 382, 384, 420-421, 445
Nauta, Hemmo (1920-1998) · 467
Neese, Emilie, *zie* Faulenbach-Neese
Neese, Emma (tante van Helene) · 25
Neese, Hugo (oom van Helene) · 28, 51
Neese, Laura (tante van Helene) · 25
Nemes, Marczell von (1866-1930) · 244-245
Newel, Stanford (1839-1907) · 67
Nietzsche, Friedrich (1844-1900) · 263, 493, 519
Nieweg, Jaap (1877-1955) · 313, 531
Nigetti, Matteo (ca. 1560/1570-1648) · 125
Nightingale, Florence (1820-1910) · 270
Nijland, Dirk (1881-1955) · 319, 369-370, 379-381, 388, 542, 545
Stilleven met boeken · 369
Nijland, Hidde (1856-1931) · 82-83, 190, 194, 240-241, 389, 491, 509, 516, 542, 548
Nijland-van der Meer de Walcheren, Marie (?-1947) · 531-532
Nolde, Emil (1867-1956) · 110
Noort, Pieter van (1602-1672) · 102
Visstilleven · 102
Nysingh, Toon (1896-1969) · 432

Ommeren, Philippus van (1861-1945) · 50, 58
Oppenheim, Franz (1852-1929) · 404, 552
Oppenheimer, Francis (1870-1961) · 266
Osann, Frieda · 33-34, 40
Osthaus, Gertrud (1880-1975) · 152
Osthaus, Karl Ernst (1874-1921) · 12, 97, 104, 109, 145, 147-156, 172, 238, 339, 344, 502, 526, 536-537
Oud, Pieter (1886-1968) · 422
Oxenaar, Rudi (1925-2005) · 469

Petersen, Hans · 552
Picasso, Pablo (1881-1973) · 13, 237, 239, 297, 309, 336-338, 353, 389, 427-429, 435, 441, 517, 542
Figure · 336

Guitare · 337-338, 427, [Kleurafb. 40]
Violon · 337-338, 353, 427, [Kleurafb. 41]
Vrouwenportret (de Madrileense) · 389
Pierson, Nicolaas (1839-1909) · 79
Pincoffs, Lodewijk (1827-1911) · 50, 487
Plasschaert, Albert (1866-1941) · 104
Plate, Antoine (1845-1927) · 63, 248, 258
Plietzsch, Eduard (1886-1961) · 459
Poelje, Gerrit van (1884-1976) · 419, 560
Polak, Eliazer (Eduard) (1880-1962) · 393-394
Pollock, Jackson (1912-1956) · 480
Posthuma, Folkert (1874-1943) · 266, 324, 521, 532
Poussin, Nicolas (1594-1665) · 246
Pownall, Clifford · 179
Pulzone, Scipione (il Gaetano) (1542-1598) · 245, 250, 518
Pury, Arthur de (1876-1947) · 373

Quist, Wim (1930) · 469-470

Rädecker, John (1885-1956) · 312-313, 445, 460, 530, 543
Gewei · 313, [Kleurafb. 31]
Rafaël (1483-1520) · 102, 123, 135
Drie gratiën · 102
Sposalizio · 123, 125, 134-135, 137
Raffaëlli, Jean-François (1850-1924) · 337
Rambonnet, Frederic · 464
Ranitz, Sebastiaan de (1846-1916) · 82
Rappard, Ernst Herman van (1899-1953) · 551
Ray, Man (1890-1976) · 372
Redon, Camille (1853-1924) · 184
Redon, Odilon (1840-1916) · 184, 193, 234, 237, 239, 295, 302-303, 334, 380, 389, 509, 529, 543
L'écharpe jaune · 183, [Kleurafb. 5]
Oannès · 303, [Kleurafb. 24]
Pégase et l'hydre · 389
Tête de Martyr · 302-303
Regnault, Pierre (1868-1954) · 239
Reinhart, Oskar (1885-1965) · 243
Rembrandt van Rijn (1606/1607-1669) · 111, 186, 243-244, 246, 476, 496, 556
Renoir, Pierre-Auguste (1841-1919) · 14, 150, 154, 302, 304, 318, 413, 509
Het café · 304
De clown (Le clown musicale) · 14, 304, 318, [Kleurafb. 25]
Reusch, Paul (1868-1956) · 531
Rey, Koos de la (1847-1914) · 83

Ribbius Peletier, Gerlach (1856-1930) · 239-240
Riefenstahl, Leni (1902-2003) · 563
Rietveld, Gerrit (1888-1964) · 469
Rijsselberghe, Théo van (1862-1926) · 86, 154, 233, 238, 240, 250, 302, 370, 529
　Portret van mevrouw van Rijsselberghe · 238, 302-303
Rimbaud, Arthur (1854-1891) · 197
Rivera, Diego (1886-1957) · 336
Robertson, Suze (1855-1922) · 460
Rockefeller-Aldrich, Abby (1874-1948) · 445
Rodin, Auguste (1840-1917) · 309, 469
Röell, David (1894-1961) · 393-394
Röell, Jacob (1838-1924) · 79
Röell, Joan (1844-1914) · 66
Roessingh, Bob · 76, 85
Rogge, Henrika (1856-1937) · 32-34, 41, 328, 398
Roland Holst, Henriëtte (1869-1952) · 521
Roland Holst, Richard (1868-1938) · 224-225, 355-356, 495, 513
Romney, George (1734-1802) · 476
Roorda, opzichter · 344
Roosenburg, Dirk (1887-1962) · 232
Rops, Félicien (1833-1898) · 334
Rosenberg, Léonce (1879-1947) · 239, 322, 336-337, 371, 388
Rost van Tonningen, Meinoud (1894-1945) · 456, 461-462
Rousseau, Théodore (1812-1867) · 246
Rubens, Peter Paul (1577-1640) · 186, 244, 246
Rubenstein, Helena (1870-1965) · 512
Ruijs de Beerenbrouck, Charles (1873-1936) · 408, 412
Ruskin, John (1819-1900) · 150
Russel, Emil (1835-1907) · 27-28
Ruyter, Michiel de (1607-1676) · 96

Saatchi, Charles (1943) · 480
Sachs, Paul J. (1878-1965) · 388, 548
Saenredam, Pieter (1597-1665) · 233
　De Sint Bavo te Haarlem van binnen · 233
Saher, Edward von · 337
Schäfer, Else, *zie* Kröller-Schäfer
Schäfer, Helene (nicht van Helene) · 407, 552
Schalkwijk, Trudy · 564
Scheffler, Karl (1869-1951) · 152
Schelfhout, Andreas (1787-1870) · 318
Scherjon, Willem (1881-1966) · 544
Schiller, Friedrich (1759-1805) · 34, 73
Schipper, Jaap (1915) · 565
Schleicher, Kurt von (1882-1934) · 400

Schmidt, Fritz (1903-1943) · 459
Schnitzler, familie Von · 357
Schröder, Bruno (1867-1940) · 357
Schuback, hoofdlerares · 31-32, 36
Schuffenecker, Amédée (1854–1936) · 192, 195, 508
Schuffenecker, Émile (1851-1934) · 195, 508
Schulze, Klara (1874-?) · 391
Schwitters, Kurt (1887-1948) · 372, 542
Serra, Richard (1939) · 469
Seurat, Georges (1859-1891) · 14, 192, 233-234, 237-238, 302, 344-346, 353, 429, 508, 537, 543, 560
　Bout de la Jetée à Honfleur · 192, 508
　Le Chahut · 14, 238, 344-346, [Kleurafb. 44]
　Un dimanche après-midi à l'Île de la Grande Jatte · 345-346, 537-538
　Port-en-Bessin, un dimanche · 344
Severini, Gino (1883-1964) · 239, 337
Seyss-Inquart, Arthur (1892-1946) · 456, 459-460
Shchukin, Sergei (1854-1936) · 195
Signac, Paul (1863-1935) · 150, 154, 192, 233, 237, 250, 371, 508
　Gezicht op Collioure · 192, 508
　La salle à manger · 250
Singer, echtpaar (William en Anna) · 470
Sisley, Alfred (1839-1899) · 303
　La Briquetterie · 303
Slijper, Sal (1884-1971) · 470, 479
Slotemaker de Bruïne, Jan (1869-1941) · 431, 433, 435, 444-445, 557
Sluijters, Jan (1881-1957) · 241, 370, 388, 413, 517
Sluiter, Willy (1863-1949) · 82
Smith-Stolk, Grietie van · 175, 239
Snouck Hurgronje, Aarnout (1882-1951) · 383, 464, 565
Sohns, Charles · 20-21
Spengler, Oswald · 497
Sperling, Elsbeth · 448-450, 563
Spiekman, Hendrik (1874-1917) · 211
Spinoza, Benedictus de (1632-1677) · 89-90, 92-93, 106, 111, 125, 192, 212, 308, 493, 495
Steinmetz, Rudolf (1862-1940) · 85-87, 350, 492, 521
Stewart Gardner, Isabella (1840-1924) · 468, 475
Steyn, Martinus (1857-1916) · 81-83, 116, 311, 320, 490, 491
Steyn-Fraser, Tibbie (Rachel) (1865-1955) · 82, 311, 491

Stockum, familie Van · 68
Stolk, Cornelis van (1857-1934) · 175, 292
Stolk, Georgette van · 175
Stolk, Mies van (1889-?) · 175-177, 291-292
Straaten, Evert van (1948) · 470
Stratingh Tresling, Sibrandus (1836-1897) · 55-56
Strohmayer, Wilhelm (1874-1936) · 398, 541
Stumm-von Rauch, Ludovika von (1866-1945) · 358
Suyver, Hendrik · 278

Tak van Poortvliet, Marie (1871-1936) · 475, 497, 516
Thoma, Hans (1839-1924) · 306-307
Huisje in bergland · 306-307, 316
Thorbecke, Johan Rudolph (1798-1872) · 50, 487
Thorn Prikker, Johan (1868-1932) · 126, 128, 151, 153-154, 180, 239-240, 250, 314-315, 344, 388, 499, 502, 504, 506
Avondlandschap · 315
De bruid · 315, [Kleurafb. 32]
Kruisafname · 250-251
Madonna in tulpenland · 315
Tienhoven, Piet (1876-1950) · 326, 358, 361
Tienhoven, Pieter van (1875-1953) · 491
Tiepolo, Giovanni Battista (1696-1770) · 186
Timmerman, Aegidius (1858-1941) · 302
Titiaan (1487-1576) · 124, 134, 243, 246, 476
Flora · 124, 134
Jongen met honden in een landschap · 243
Toorop, Charley (1891-1955) · 14, 187, 239, 313, 365, 369-370, 435, 445-447, 460, 530
Patiënte uit een krankzinnigengesticht · 364, 370
Portretgroep van H. P. Bremmer [...] · 447, [Kleurafb. 47]
Toorop, Jan (1858-1928) · 86, 95, 101, 193, 224, 239-241, 295-296, 302-303, 313, 318, 334-335, 370, 380-381, 388, 413, 429, 435, 460, 495, 506, 529, 543, 560
Evolution · [Kleurafb. 19]
De prentenliefhebber · 302
Les rôdeurs · [Kleurafb. 18]
Treub, Hector (1856-1920) · 172
Treub, Willem (1858-1931) · 248, 258
Trip, Leonardus (1876-1947) · 432
Troelstra, Pieter Jelles (1860-1930) · 261, 330, 350, 534
Troost, Paul Ludwig (1878-1934) · 447
Tumarkin, Anna (1875-1951) · 92
Tutein Nolthenius, Hugo (1863-1944) · 239

Uhde, Wilhelm (1874-1947) · 337
Ullner, Richard · 143, 145-146, 221-222
Ullner-Müller, Martha (zus Helene) (1867-?) · 25-26, 29, 31-33, 36, 44, 97, 128, 143, 221-222, 268, 513

Vandervelde, Emile (1866-1938) · 348-350
Velázquez, Diego (1599-1660) · 246
Velde, Henry van de (1863-1957) · 13, 86, 126, 147, 149, 151-156, 339-345, 347-349, 352, 358, 365-368, 381, 390-392, 409-411, 414, 421, 429-430, 440, 444, 458, 464, 469-470, 518, 536-538, 549, 554, 558, 565
Museum Hoenderloo. Begane grond · [Kleurafb. 43]
Ontwerp voor het museum op de Franse Berg · [Kleurafb. 42]
De Van Goghzaal [...] van het museum op de Franse Berg · [Kleurafb. 42]
Velde, Puppi (Helen) (1899-1935) · 429
Velde, Thylla van de (1904-1955) · 429-430, 461
Velde de Jonge, Willem van de (1633-1707) · 96
Velde-Sèthe, Maria (1867-1943) · 340
Verbeek, Reinier · 258
Verlaine, Paul (1844-1896) · 197
Vermeer, Johannes (1632-1675) · 193, 476
Het melkmeisje · 193
Vermeylen, August (1862-1945) · 86
Veronese, Paolo (1528-1588) · 476
Verschuur, Thimotheus (1886-1945) · 414
Verster, Floris (1861-1927) · 89, 95, 101-102, 105, 126, 163, 239-240, 295, 319, 334-335, 337, 353, 447, 495, 531
Eieren in houten nap · 295
Portret van mevrouw H. Kröller-Müller · 102, [Kleurafb. 2]
Verster-Kamerlingh Onnes, Jenny · 163
Verworn, Max (1863-1921) · 113, 496
Veth, Jan (1864-1925) · 88, 335, 492, 495
Verwey, Albert (1865-1937) · 89, 94, 97, 224, 356, 492, 506
Viollet-le-Duc, Eugène (1814-1879) · 505
Visser, Piet · 393-394, 412-414, 468
Vliet, W. N. van · 276, 523
Voerman, Jan (1857-1941) · 241, 250, 337
Volkmann, Ludwig (1870-1947) · 88, 492
Vollard, Ambroise (1866-1939) · 155, 194-195, 509
Vorm, Willem van der (1873-1957) · 243

Wacker, Otto (1898-1970) · 376-379, 393, 544
Wagner, Adolf (1890-1944) · 448

Wagner, Richard (1813-1883) · 449
Wallace, Richard (1818-1890) · 246-247, 468, 518
Waller, François (1860-1935) · 258
Waterland, Albert van (ps. van De Joode) (1891-?) · 551
Watteau, Jean-Antoine (1684-1721) · 246, 556
Weber, Eduard (1830-1907) · 186, 193
Weber, Max (1864-1920) · 492
Westerman, Willem (1864-1935) · 249, 326, 358, 361
Wet, Christiaan de (1854-1922) · 311-312, 320
Wichert, Fritz (1878-1951) · 99
Wickel, W. F. · 456
Wilhelm II, keizer (1859-1941) · 327
Wilhelmina, koningin (1880-1962) · 67, 80, 141-142, 422, 444
Wilkens, kapitein · 81
Willink, Carel (1900-1983) · 447
Winkelman, Henri (1876-1952) · 461
Wit-Kröller, Nicolien (kleindochter) (1925) · 439
Witsen, Willem (1860-1923) · 296
Wohltat, Helmut (1893-1982) · 459
Wolf, Daniël · 445
Wolfers, Raymond · 549
Wolk, Johannes van der (1945) · 16
Wright, Frank Lloyd (1867-1959) · 228, 278

Zandleven, Jan (1868-1923) · 100-101, 187, 530
Rozen · 100
Zech-Burkersrode, Julius von (1873-1946) · 445, 450, 455, 565
Zijl, Lambertus · 308, 441
Bok · [Kleurafb. 29]
Zimmerman, Alfred (1869-1939) · 211
Zola, Émile (1840-1902) · 197
Zuylen van Nyevelt, Joan Adriaan van (1854-1940) · 67
Zwart, Willem de (1862-1931) · 495